CODE SANITAIRE

DU

SOLDAT.

TRAVAUX DU MÊME AUTEUR.

RECHERCHES sur le degré comparatif de vitalité des globules sanguins de l'homme dans diverses maladies. *Travail fait en collaboration de F.-A. Dujardin, et présenté à l'Institut* (Académie des sciences), *dans la séance du 27 juillet 1846.*

COMPTE RENDU de la clinique chirurgicale de M. le professeur Sédillot à la Faculté de médecine de Strasbourg. (*In Gazette médicale de Strasbourg*, 1847.)

CONSIDÉRATIONS GÉNÉRALES sur le traitement des lésions traumatiques. (*In Gazette des hôpitaux*, 1848.)

DU NOUVEAU PROCÉDÉ d'amputation tibio-tarsienne du professeur Baudens, chirurgien en chef du Val-de-Grâce. (*Id.*, 1848.)

DES AMPUTATIONS PARTIELLES DU PIED et de l'amputation tibio-tarsienne en particulier. (*Thèse pour le doctorat*, 1848.)

REVUE GÉNÉRALE DES BLESSÉS de l'armée pendant les journées de février et de juin 1848. (*In Gazette des hôpitaux*, 1848.)

COMPTE RENDU de huit leçons sur les plaies d'armes à feu, recueillies à la clinique du professeur Baudens, au Val-de-Grâce. (*Id.*, 1848.)

DE L'ENTORSE DU PIED et de son traitement par la méthode du professeur Baudens. (*Id.*, 1849.)

NOTICE TOPOGRAPHIQUE SUR LA CALLE, 1854. (*In Gazette médicale de l'Algérie.*)

CODE DES OFFICIERS DE SANTÉ DE L'ARMÉE DE TERRE, ou Traité de droit administratif, d'hygiène et de médecine légale militaires, complété des institutions qui régissent le service de santé des armées. (1863.)

EN PRÉPARATION :

ESSAI DE MÉDECINE ET DE CHIRURGIE MILITAIRES, ou Manuel pratique des maladies qui se rencontrent le plus communément dans l'armée.

Paris. — Imprimerie Cosse et J. Dumaine, rue Christine, 2.

CODE SANITAIRE

DU

SOLDAT

OU

TRAITÉ D'ADMINISTRATION ET D'HYGIÈNE MILITAIRES,

Complété des dispositions réglementaires relatives à l'exécution du service de santé.

PAR

le Dr A. DIDIOT

Médecin principal de l'armée, Chevalier de la Légion d'honneur,
de l'ordre d'Espagne (Isabelle la Catholique), etc.

« Mon bien le plus précieux, c'est la santé
« du soldat. »

TURENNE.

PARIS

LIBRAIRIE DE LA MÉDECINE, DE LA CHIRURGIE ET DE LA PHARMACIE MILITAIRES

VICTOR ROZIER, ÉDITEUR,

RUE CHILDEBERT, 44,

Près la place Saint-Germain-des-Prés.

1863

AVANT-PROPOS.

Ce livre, à bien dire, ne devait pas être publié avec la destination qu'il reçoit aujourd'hui. Rédigé plus spécialement à l'adresse des officiers de santé de l'armée, il n'est que la deuxième partie d'un autre ouvrage qui a paru sous le titre de *Code des officiers de santé de l'armée de terre.*

Mais, persuadé qu'il pourrait rendre quelques services aux militaires des différentes armes, nous avons cru devoir en faire faire un tirage à part.

Il renferme, en effet, l'ensemble des connaissances hygiéniques que tout officier doit être désireux d'ajouter aux spécialités de son art. « Si, dit Baudens, les élèves de Saint-Cyr consacraient seulement douze heures à écouter douze leçons d'hygiène, ils apporteraient dans l'armée quelques principes d'une science dont les soldats eux-mêmes sentiraient bien vite les bienfaits ; les conseils des médecins seraient mieux écoutés, et les dangers d'épidémie auxquels l'armée est sans cesse exposée seraient plus souvent conjurés. » (*Une mission médicale à l'armée d'Orient*). Paris, 1857 (1).

Nous n'avons pas la prétention de croire que notre travail répondra, sous tous les rapports, au vœu du savant maître dont l'armée, autant que le corps de santé, déplorera longtemps encore la mort prématurée. Toutefois, il nous semble qu'il résume assez complétement toutes les questions relatives à l'hygiène et à l'administration sanitaire qui se trouvent éparses dans d'autres ouvrages plus scientifiques.

Les matières y sont traitées dans leur ordre naturel d'application. Après avoir jeté un coup d'œil sur les forces militaires de la France, sur la constitution et l'administration générale de l'armée, nous avons pris le soldat à sa naissance militaire par le recrutement, pour le suivre, au point de vue sanitaire, dans toutes les positions, jusqu'à la retraite, tant en garnison qu'en route, en campagne et sur les champs de bataille. C'est ainsi que nous avons examiné, sous le rapport de l'hygiène, tout ce qui est relatif à sa nourriture, à son habillement, à son logement, aux soins qu'il reçoit dans les infirmeries, dans les hôpitaux ou dans les ambulances, lorsqu'il est malade ou blessé, à ses exercices et mouvements, à ses mœurs et à ses passions, à la discipline militaire, et enfin aux causes nombreuses des maladies qui l'assiégent surtout en temps de guerre.

––––––––––

(1) Depuis quelques années, un cours d'hygiène militaire a été professé à l'École de Saint-Cyr par M. le médecin principal Garreau et M. le médecin-major Martrès, attachés au service de l'infirmerie de cet établissement. On ne saurait trop applaudir à ces efforts de nos confrères pour répandre parmi les jeunes officiers de l'armée des notions si utiles, sinon indispensables ; ils témoignent une fois de plus de la sollicitude et du dévouement de la médecine militaire aux intérêts de l'armée.

Tous les règlements administratifs, qui sont applicables aux différents objets de l'hygiène du soldat et au service de santé proprement dit, y sont analysés ou reproduits textuellement avec exactitude.

Ces notions sont assurément de la plus grande utilité, aussi bien pour les officiers de l'armée que pour les médecins. « La plupart des maladies, disons-nous avec le docteur Kerckhoffs, sont dues à des influences nuisibles auxquelles les troupes sont exposées, *et qu'on peut le plus souvent éloigner en grande partie*; donc, l'instruction sur ces influences est de la dernière importance; l'État n'y saurait assez prêter son attention dans tous les temps, quoique dans celui de guerre l'application des principes de l'hygiène devienne d'une urgente nécessité; elle est alors aussi utile qu'une prudente tactique de la part d'un général, par rapport à toutes les causes physiques pernicieuses qui assiégent de tous côtés la santé des troupes. » (*Hygiène militaire*, Maestricht, 1815).

Il est bien évident qu'à l'armée, chacun conserve néanmoins toujours son rôle. Si celui du médecin est plus scientifique, celui de l'officier, à quelque arme qu'il appartienne, est pour ainsi dire plus administratif, plus militaire. Le premier a le devoir de conseiller, le second celui d'ordonner, de surveiller l'exécution. Au médecin d'étudier les maladies propres à la troupe, leurs causes, leur mode de développement, leur marche, les mesures préventives qu'elles réclament; à l'officier de s'enquérir des ressources de l'administration, de l'organisation des hôpitaux, des ambulances, etc.

Qui ne comprend, dès lors, qu'une telle intervention ne peut être véritablement utile que si elle est dirigée par une connaissance approfondie des obligations du service de santé et des règlements militaires qui le concernent?

On trouvera, nous l'espérons, dans notre modeste travail ce supplément d'instruction. C'est pourquoi nous le livrons avec confiance au jugement bienveillant de tous les officiers qui, comme les médecins, portent un véritable intérêt à l'hygiène du soldat.

Février 1863.

CODE SANITAIRE

SOLDAT

OU

TRAITÉ D'ADMINISTRATION ET D'HYGIÈNE MILITAIRES.

> « Mon bien le plus précieux, c'est la santé du soldat. »
> (*Turenne.*)

CHAPITRE PREMIER.

Historique, constitution et administration générales de l'armée.

> Le soldat est devenu, dans l'ordre social, un fonctionnaire
> utile, aussi indispensable que tous ceux dont la profession est
> de faire vivre, lui, dont le but premier avait été de détruire.
> (*Broutta.*)

ARTICLE PREMIER.

Considérations historiques sur la formation et l'administration des armées françaises.

Les Galls ou Gaulois qui sont nos véritables ancêtres, étaient un peuple essentiellement belliqueux ; le maniement des armes était leur occupation favorite. Les Francs, Germains occidentaux, qui posèrent les premiers le pied sur les provinces Gallo-Romaines, auxquelles ils devaient donner leur nom, possédaient aussi le génie de la guerre ; l'armée et la nation étaient une seule et même chose. Un chef, sous le titre de *Roi*, élu par l'assemblée de la nation réunie en armes au champ de Mai, la commandait avec une autorité absolue. Ce chef, réputé le plus vaillant était pris dans la caste privilégiée des Mérovingiens : il avait à son service personnel, les Leudes (fidèles) qui combattaient à cheval à ses côtés. Le reste de la nation combattait à pied par bataillons rangés en coin; ses armes défensives et offensives étaient le bouclier, le sayon (gilet serré) de cuir rembourré de laine à l'épreuve du trait, l'arc et la fronde pour quelques troupes légères, et pour le corps de bataille, l'épée courte, le javelot et la francisque (hache à deux tranchants) que les combattants maniaient avec une étonnante habileté. Le Roi seul avait un casque et une cuirasse. C'est avec une semblable organisation militaire que Clovis gagna la fameuse bataille de Tolbiac.

Plus tard, sous les fils de Clotaire, l'activité conquérante des Francs se ralentit, excepté en Austrasie (Metz), où l'élément germanique prédominait; les mœurs s'altérèrent et les institutions militaires furent modifiées. Les Leudes furent seuls tenus personnellement au service militaire, et les provinces sans distinction fournirent dans les occasions de guerre, un certain contingent que les seigneurs conduisirent à l'armée. La durée du service était très-limitée, et ils pouvaient demander la permission de se retirer après 40 jours.

On ne commence à voir des armées plus sédentaires qu'à partir de Charlemagne. Le recrutement, les levées d'hommes furent changés, régularisés et réglementés. Dès qu'une expédition était résolue, le Roi publiait son ban et les seigneurs leur hériban; et aussitôt leurs vassaux ou feudataires venaient se ranger sous leurs drapeaux, pour être conduits au souverain qui en confiait le commandement aux seigneurs les plus distingués par leurs talents militaires. Dans ses campagnes contre les Saxons, son armée était divisée en corps ou colonnes stationnaires de huit à dix mille hommes, à la tête desquels étaient des Rois, des ducs, des marquis et des comtes dont la mission fut permanente, tandis que lui avec une colonne mobile de 70 mille hommes se portait partout où c'était nécessaire.

Mais après la dislocation du grand empire, les seigneurs se consolidèrent dans leurs domaines et aspirèrent à s'assurer l'hérédité des provinces où ils commandaient; et quand, sous Charles le Chauve, l'hérédité des fiefs et des comtés fut consacrée en droit, il n'y eût plus d'armées nationales, plus de recrutement subordonné à la Couronne. Le royaume entier était couvert de châteaux forts, de tourelles; l'infanterie avait disparu, et les seigneurs n'armaient plus, dans les guerres privées, que des cavaliers bardés de fer, qui, la lance en arrêt, chargeaient avec fureur sur leurs adversaires pour les désarçonner.

Toutefois les croisades, en ramenant à des idées d'intérêt commun, mirent fin à cet état de morcellement. Les armées de Godefroi de Bouillon étaient composées d'une nombreuse chevalerie et de fantassins de toutes les conditions, qui se façonnaient à marcher militairement en colonnes, à camper, à combattre selon les règles antiques, et à se rallier aux armoiries de leurs chefs; elles apprirent la balistique et ajoutèrent à leurs armes l'arbalète.

Peu à peu, l'infanterie redevint redoutable, surtout avec les archers des milices, que les communes affranchies mirent sur pied, sous le règne de Louis le Gros. Elle se composait alors de sergents d'armes, armés de pied en cap, d'archers, d'arbalétriers, de piquiers, de satellites, de routiers et de ribauds. Avec ce point d'appui, le domaine royal reprit sa prépondérance et s'agrandit par la confiscation de plusieurs provinces; les guerres privées furent interdites, et les tourelles seigneuriales s'écroulèrent sous le coup des balistes.

Le pouvoir féodal s'affaiblit insensiblement; les changements opérés dans l'art de la guerre par l'invention de la poudre et l'établissement d'armées permanentes et soldées, achevèrent de le renverser; et le chef de l'État devenu vraiment souverain, put, seulement alors, s'occuper d'institutions. La découverte de la poudre, dont les Anglais firent, dit-on, usage pour la première fois, à la bataille de Crécy, en 1346, força de renoncer à la manière de combattre; et Charles VII, en créant des troupes soldées et permanentes, dépouilla d'une manière plus générale la noblesse du privilége d'être à elle seule, l'armée, dont elle occupait hiérarchiquement tous les grades. Il composa la cavalerie ou la gendarmerie de quinze compagnies d'ordonnance, comptant chacune 600 hommes d'armes, et il engagea les communes à se charger de leur entretien. Quant à l'infanterie, elle eut pour noyau un archer d'élite par paroisse, et l'artillerie, qui devait recevoir une organisation plus complète sous Louis XI, eut déjà un grand-maître spécial.

François Ier essaya le premier, de constituer une armée nationale à cause des inconvénients des troupes mercenaires; chaque fraction d'infanterie de 6,000 hommes, divisée en six bandes de 1,000 hommes, prit la dénomination de légion avec le nom d'une province, et fut commandée par un capitaine et des sergents; un tiers des hommes était armé de piques, un tiers de hallebardes et un tiers d'arquebuses. Sous Henri II, l'effectif des bandes ne fut plus que de 200 hommes divisés en piquiers et en mousquetaires (armés de piques et de mousquetons), et il n'y avait pas d'unité de forces. Le duc de Guise, pour donner plus d'unité aux bandes, les réunit sous le nom de régiments, avec un nom de province, et les bandes reçurent celui de compagnies. La cavalerie était divisée en cavalerie de ligne (les gendarmes, armés d'abord de lances et ensuite de mousquets), et la cavalerie légère subdivisée en chevau-légers, carabins, argoulets et dragons.

Cette innovation dans le système des armées modernes n'acquit néanmoins quelque degré de perfection, que sous le règne de Henri IV, et ce ne fut vraiment qu'à partir de cette époque que les troupes françaises prirent une attitude militaire. Avec l'organisation de l'armée, il fixa le sort des militaires, en instituant un ordre et une retraite militaires (1603). Il créa la plupart des services administratifs et notamment celui des hôpitaux. L'armée permanente, qui n'avait été jusqu'à lui que de 10,000 hommes, fut portée à 30,000; elle était de

125,000 quand Louis XIV monta sur le trône. Sous le règne de ce grand roi, toutes les institutions militaires marchent rapidement vers la perfection. Il paraît de nombreux règlements sur la discipline, sur la tactique, sur les récompenses et sur l'administration. Des écoles sont créées pour l'instruction militaire, l'hôtel des Invalides est fondé (1674), et l'ordre de Saint-Louis est créé (1693). L'institution du ban et de l'arrière-ban est remplacée par celle des milices. L'organisation de la cavalerie est perfectionnée, et Colbert ordonne l'achat des chevaux au compte de l'État. Les titres des chefs et les divisions des corps en régiments, bataillons, compagnies deviennent invariables. Les armes anciennes sont abandonnées, la baïonnette est inventée mais elle n'est adoptée qu'en 1703, époque où le fusil remplace le mousquet, comme arme de l'infanterie. Les troupes qui n'était distinguées que par la couleur des écharpes et des aiguillettes que leurs colonels leur avaient fait adopter, reçoivent un habillement uniforme.

Tel est l'aperçu des progrès de l'art, et du développement des institutions militaires sous Louis XIV. Dans le 18e siècle, le régime des milices s'améliore : les compagnies cessent d'être la propriété des capitaines (1762), et le recrutement, les armes et le traitement des hommes passent de leur compte à celui de l'État ; les conseils d'administration sont créés. En 1776 on supprime aussi *la finance* attachée aux emplois militaires, et il fut réglé qu'on ne donnerait plus dans la suite, aucun emploi à prix d'argent.

L'artillerie acquiert de l'importance et ses troupes sont augmentées. De célèbres ingénieurs reculent les bornes de la science des fortifications déjà perfectionnée par le génie de Vauban. L'école de Mézières est instituée pour l'instruction des ingénieurs (1748.)

Le service de santé et les services administratifs sont réglementés (1718 et 1747) ; on crée des hôpitaux militaires à l'intérieur (1765) ; on institue des écoles de santé pour l'instruction des jeunes chirurgiens. (1780).

L'habillement est soumis à des règlements précis ; toutes les parties en sont invariablement déterminées, les grades sont reconnus à des signes certains ; les épaulettes sont adoptées (1759). Il avait déjà été déterminé que les officiers porteraient pour marque distinctive, un hausse-col, et seraient armés de l'esponton et de l'épée.

L'établissement, dans les villes de garnison, de casernes pour le logement des troupes, qui avait été projeté par Louis XIV, reçoit son exécution. Un nouvel ordre militaire est créé (1759), l'*Ordre du Mérite militaire*, pour récompenser les officiers protestants. Mais, sous les derniers règnes, et surtout de 1774 à 1789, le désordre des finances, la dilapidation d'avides entrepreneurs qui étaient chargés des traitements militaires et de leurs subsistances, vinrent entraver les progrès de l'administration, et dans le but de faire des économies, on ne cessa de créer et de détruire pour recréer encore. La formation des milices, l'organisation de l'armée, le mode d'avancement, celui du traitement et de l'administration, ne cessèrent d'éprouver des variations.

La Révolution s'empara largement de toutes les améliorations adoptées ou préparées dans les dernières années de la monarchie; au recrutement indécis, que donnaient le tirage des milices et l'enrôlement volontaire, elle substitua d'abord la levée en masse, ensuite la conscription militaire, qui déclara le service de la patrie également obligatoire pour tous les citoyens (loi du 18 fructidor an VI). Enfin, lorsque par ses vertus guerrières, non moins que par ses institutions, Napoléon Ier eut fixé sous le drapeau de la France le génie de la victoire, l'ordre se rétablit dans toutes les branches de l'administration militaire et les abus furent réprimés. Des *Écoles militaires* furent créées (à Fontainebleau, 8 pluviôse an XI, et à Saint-Germain, 8 mars 1809); des innovations utiles et importantes furent apportées dans l'organisation des troupes, et dans tous les services de l'armée; on publia un grand nombre de règlements salutaires pour rétablir la discipline et perfectionner l'éducation militaire. C'est de cette grande époque que date aussi l'institution de l'*Ordre de la Légion d'honneur* (1802), pour récompenser non-seulement les services militaires, mais encore les services civils rendus dans les sciences et les lettres, dans les arts et dans l'administration.

Depuis, sous les gouvernements qui ont succédé au premier Empire, nos institutions militaires ont encore été perfectionnées: les bases en avaient été établies d'une manière durable par le héros qui avait cessé de présider aux destinées de la France, et les variations nombreuses qu'on leur fit éprouver ne portèrent que sur des améliorations de détails.

Il suffira de jeter un coup d'œil sur les lois, ordonnances et règlements dont se compose le Code militaire actuellement en vigueur, pour être assuré que tout a été prévu et raisonné, touchant l'organisation, l'administration, les devoirs et les droits des armées. Comme il n'entre pas dans le cadre de notre travail, de pousser plus loin ces considérations historiques, nous nous bornerons à indiquer les dates des principales lois constitutives, ordonnances et règlements militaires.

Forces militaires de la France: États-majors, corps spéciaux et corps de troupes. (Loi du 4 août 1839, et ordonnances du 31 mai, du 5 avril et du 13 décembre 1829, du 23 février 1833, du 10 juin 1835 et du 8 septembre 1841.)

Recrutement de l'armée. — (Lois du 21 mars 1832 et du 26 avril 1855; — Instructions du 30 mars 1832, 18 mai 1840, et 29 juin 1840; — Décret du 9 janvier 1856, portant règlement d'administration publique pour l'exécution de la loi du 26 avril 1855.)

Des pensions de l'armée de terre. — (Loi du 11 avril 1831 et ordonnance royale du 2 juillet 1831, rendue en exécution de cette loi; loi du 25 juin 1861).

Etat des officiers, grades, positions, droits qu'ils confèrent. — (Loi du 19 mai 1834 et ordonnance du roi du 21 mai 1836, portant règlement sur les conseils d'enquête institués par cette loi.)

Avancement dans l'armée. — (Lois du 14 avril 1832 et ordonnance du 16 mars 1838, portant règlement sur l'avancement.)

Service des places. — (Ordonnance du 1er mars 1768.)

Service intérieur. — (Infanterie et cavalerie). — (Ordonnances du 2 novembre 1833.)

Service des armées en campagne. — (Ordonnance du 3 mai 1832.)

Etat civil. — (Instructions ministérielles du 8 mars 1823, et 17 août 1831.)

Solde et revues. — (Ordonnance du 25 décembre 1837.)

Chauffage et éclairage. — (Instruction ministérielle du 30 juin 1840.)

Habillement et campement. — Prestations. — (Règlement du 11 juin 1811, cahier des charges du 1er mai 1839.)

Logement. — Casernement. — (Règlements du 17 août 1824 et du 30 juin 1856.)

Lits militaires. — (Instruction du 10 novembre 1840, et règlement du 29 octobre 1841.)

Logement chez l'habitant. — (Loi du 10 juillet 1791, et règlement du 20 juillet 1824.)

Hôpitaux. — (Règlement du 1er avril 1831.)

Service de marche ; Indemnités de route et frais de poste. — Règlement du 20 décembre 1837 et décret du 15 juin 1853.)

Convois militaires. — (Règlements du 31 décembre 1823, et décision ministérielle du 6 juin 1861.)

Transports généraux. — (Traités du 26 juin 1841 et du 2 septembre 1861.)

Equipages militaires. — (Ordonnance du 26 février 1823, règlements du 12 février 1827 et ordonnance du 11 janvier 1842.)

ARTICLE DEUXIÈME.

Composition actuelle de l'armée de terre.

§ 1er. — Constitution, cadres et attributions des différents corps.

L'organisation de l'armée résulte de trois ordres de dispositions distinctes :

1° La loi du recrutement, qui règle le mode d'opérer les levées ;

2° La loi annuelle du contingent qui fixe le chiffre de chaque levée ;

3° La loi annuelle du budget, qui, par des crédits de solde, détermine le nombre des hommes à maintenir sous les drapeaux; et par les crédits de premières mises, le nombre de ceux à y appeler.

L'armée sur le pied de paix est composée des armes et corps ci-après.

I. *État-major général.* — L'état-major général de l'armée se compose : 1° des *maréchaux de France*, dont le nombre est de 6 en temps de paix, et 12 au maximum en temps de guerre (loi du 4 août 1839); 2° des *officiers généraux*, répartis en deux sections ; la première comprend *l'activité et la disponibilité*, et se compose de 80 généraux de division et de 160 généraux de brigade au nombre desquels sont classés les officiers généraux spécialement attachés aux armes spéciales; la deuxième section dite *de réserve*, comprend les officiers généraux qui cessent de faire partie de la première, savoir : les généraux de brigade à 62 ans, et les généraux de division à 65 ans. Ces derniers peuvent toutefois, en vertu du décret du 2 décembre 1852, et par l'application de l'article 5 de la loi du 4 août 1839, être maintenus dans la première section jusqu'à 68 ans, et même sans limites d'âge, quand ils ont commandé en chef devant l'ennemi.

En temps de paix, les généraux de division du cadre d'activité commandent les divisions territoriales, font partie des divers comités consultatifs de la guerre, ou sont chargés de l'inspection générale des différentes armes.

Les généraux de brigade commandent les subdivisions, les écoles militaires, ou sont membres des comités consultatifs de la guerre.

II. *Corps d'état-major.* — Il se compose de 580 officiers, savoir : 35 colonels, 35 lieutenants-colonels, 110 chefs d'escadrons, 300 cataines, 100 lieutenants. (*Décret du* 28 *juin* 1860.) Tous les lieutenants sont pris actuellement parmi les élèves de l'École d'application. (*Ordonnance du* 23 *février* 1833.)

En temps de paix, les officiers d'état-major servent comme aides de camp des officiers généraux autres que ceux de l'artillerie et du génie ; ils sont attachés aux états-majors des divisions, pour aider les chefs d'états-majors dans leurs fonctions ; enfin, ils sont employés au Dépôt général de la guerre, au lever et à la rédaction de la nouvelle Carte de France, ainsi qu'à la collection et à la conservation des archives historiques militaires.

III. *Intendance militaire.* — Ce corps, créé par ordonnance du 29 juillet 1817, est composé, conformément à celle du 10 juin 1835, et au décret du 12 juin 1856, de 264 fonctionnaires dont : 8 intendants généraux inspecteurs, 26 intendants militaires, 50 sous-intendants de 1ʳᵉ classe, 100 de 2ᵉ classe, 56 adjoints de 1ʳᵉ classe et 24 de 2ᵉ classe.

Les intendants généraux inspecteurs forment, auprès du Ministre de la guerre, un Comité permanent d'administration.

Le décret du 26 décembre 1852, a rendu applicables à l'intendance militaire les dispositions du décret du 1ᵉʳ du même mois qui rétablit la 2ᵉ section de l'état-major général de l'armée. (Réserve.)

L'administration des armées en temps de guerre comme en temps de paix, est confiée au corps de l'intendance militaire, dont les attributions spéciales consistent dans l'organisation et l'exécution des divers services administratifs, la surveillance et le contrôle habituel de l'administration et de la comptabilité des corps, l'ordonnancement des dépenses, la vérification et l'arrêté de compte des distributions ou consommations de tous genres; enfin dans tous les détails de l'administration de l'armée, excepté en ce qui concerne le matériel de l'artillerie et du génie.

IV. *Artillerie.*—L'organisation du corps de l'artillerie a été déterminée par le décret du 20 février 1860. Le cadre constitutif de l'état-major et des troupes de l'artillerie comprend : 8 généraux de division, 16 généraux de brigade, 54 colonels, 60 lieutenants-colonels, 226 chefs d'escadrons, 422 capitaines en 1er, 329 capitaines en 2e, 263 lieutenants en 1er, 201 lieutenants en 2e, ou sous-lieutenants faisant fonctions de lieutenant en 2e.

A l'état-major particulier de l'artillerie s'ajoutent encore : le cadre des capitaines en résidence fixe dont le nombre est fixé à 80 ; celui des officiers du train d'artillerie (1 colonel ou lieutenant-colonel, 7 chefs d'escadrons, 26 capitaines en 1er, 25 capitaines en 2e, 32 lieutenants en 1er et 40 lieutenants en 2e, ou sous-lieutenants); et celui des employés d'artillerie (gardes 339, artificiers 28, ouvriers d'état 189).

Les troupes d'artillerie se composent de : 1° *dans la garde*, 1 division à pied (1 batterie et 1 compagnie de pontonniers), 1 régiment monté (8 batteries), 1 régiment à cheval (6 batteries), et un escadron du train d'artillerie (2 compagnies).

2° *dans la ligne*, 20 régiments, savoir : n°s 1 à 5, d'artillerie à pied (16 batteries chacun) ; n° 6, de pontonniers (12 compagnies) ; n°s 7 à 16, d'artillerie, montés (10 batteries chacun) ; n°s 17 à 20, d'artillerie à cheval (8 batteries chacun); de 12 compagnies d'ouvriers d'artillerie, 2 compagnies d'armuriers, 6 escadrons du train d'artillerie (5 compagnies chacun), 4 compagnies de canonniers-vétérans.

L'état-major de chaque régiment comprend trois *médecins :* 1 major de 1re classe, 1 major de 2e classe, 1 aide-major de 1re classe ; celui de chaque escadron du train, deux médecins, 1 major de 2e classe, et 1 aide-major de 1re classe, excepté celui de la garde, qui ne comprend qu'un médecin aide-major.

L'état-major particulier de l'artillerie est réparti dans 13 commandements, dont 1 pour la garde, 11 pour l'intérieur, et 1 pour l'Algérie, et dans 26 directions, y compris 3 directions pour l'Algérie, 13 écoles d'artillerie, 1 école de pyrotechnie, 8 arsenaux, 1 dépôt central, 1 atelier de précision, 1 musée, 1 bibliothèque, 3 fonderies, 1 inspection et 6 sous-inspections de forges, 5 manufactures d'armes, 12 poudreries (dont 1 à Constantine), 6 raffineries de salpêtre, 1 entrepôt de salpêtre, 1 capsulerie de guerre.

En temps de paix, le corps de l'artillerie s'occupe de la fabrication, de la réparation et de la conservation des bouches à feu, affûts, voitures de siége et de place, caissons de munitions, forges de campagne, équipages de ponts, armes portatives offensives et défensives, projectiles de toute espèce, poudres de guerre, de mine et de chasse; capsules de guerre et étoupilles fulminantes. De plus, il construit et entretient les bâtiments qui dépendent spécialement de son service, à l'exception des magasins à poudre et des casernes qui sont dans les attributions du génie.

Dans les batailles, l'artillerie, par la longue portée de ses coups et l'effet moral qu'elle produit, ébranle les lignes ennemies et prépare ainsi les efforts de l'infanterie et de la cavalerie. Elle est également chargée de l'établissement des ponts mobiles au moyen d'équipages, qu'elle mène avec elle à cet effet. Elle approvisionne l'armée d'armes et de munitions de guerre. L'artillerie joue encore un rôle important dans les siéges, soit dans l'attaque, soit dans la défense.

V. *Génie.* — Le cadre constitutif des officiers de l'état-major et des troupes du génie reste fixé, par les décrets du 24 janvier 1855 et 2 mai 1860, ainsi qu'il suit : 6 généraux de division, 9 généraux de brigade, 35 colonels, 35 lieutenants-colonels, 121 chefs de bataillon, 217 capitaines en 1er, 170 capitaines en second, 62 lieutenants en 1er, 47 lieutenants en second ou sous-lieutenants faisant fonctions de lieutenants en second. Sont aussi compris dans l'état-major particulier du génie les employés (gardes et ouvriers d'état) dont le nombre est de 584.

Les troupes du génie se composent de : 1° *pour la garde*, 1 division (deux compagnies) ; 2° *pour la ligne*, 3 régiments à deux bataillons et de 2 compagnies d'ouvriers.

L'état-major de chaque régiment comporte 3 médecins, 1 major de 2° classe et 2 aides-majors de 1re classe.

L'état-major particulier du génie est réparti dans 24 directions pour l'intérieur et 3 pour l'Algérie, 3 écoles régimentaires 1 arsenal du génie, 1 dépôt des fortifications et 1 galerie des plans-reliefs.

En temps de paix, le corps du génie est chargé exclusivement de la construction, de l'amélioration et de l'entretien des postes et places de guerre, ainsi que de tous les bâtiments militaires, casernes et quartiers, hôpitaux militaires, manutentions du service des vivres, magasins aux grains et aux fourrages, magasins pour les effets militaires d'habillement, du harnachement et du campement, des prisons militaires, enfin des magasins à poudre.

Aux armées, le corps du génie est chargé de tous les travaux de fortification relatifs à la défense et à l'attaque des places, des reconnaissances qui se rattachent à ces travaux : de son ressort sont également les travaux de marche et d'opération.

VI. *État-major des places.* — Le cadre renferme 368 emplois : 144 commandants de place de plusieurs classes, 12 majors de place, 173 adjudants de place 25 secrétaires-archivistes divisionnaires, 9 secrétaires-archivistes, de place, 5 aumôniers. Les officiers de tous les grades sont pris dans toutes les armes, pourvu qu'ils aient vingt années de service ; ils ne peuvent pas rentrer dans les cadres de l'armée active.

Le service de santé des places est généralement confié aux médecins militaires de la garnison. Dans quelques places seulement, il y a des officiers de santé spécialement attachés à ce service. Ainsi 2 médecins principaux sont attachés à l'état-major de la 1re division et à la place de Paris ; 1 médecin principal ou major à l'École d'application de l'artillerie et du génie, au pénitencier et à la place de Metz ; 1 médecin-major à chacune des places de Lyon, d'Aix, d'Avignon et d'Alger.

VII. *Gendarmerie.* — C'est une force instituée pour veiller à la sûreté publique et pour assurer dans toute l'étendue de l'Empire, dans les camps et dans les armées, le maintien de l'ordre et l'exécution des lois. Le décret du 1er mars 1854 a réglé le service de cette arme.

La gendarmerie se compose, indépendamment d'un régiment à pied (deux bataillons) et d'un escadron faisant partie de la garde impériale : 1° de 26 légions pour le service des départements ; 2° d'une légion pour le service de l'Algérie ; 3° de 4 compagnies et de 4 détachements pour les colonies ; 4° de la garde de Paris (deux bataillons et quatre escadrons) ; 5° d'une compagnie de gendarmes vétérans.

Le cadre des officiers de gendarmerie comprend : 21 colonels, 11 lieutenants-colonels, 106 chefs d'escadron, 313 capitaines, 274 lieutenants et 94 sous-lieutenants.

L'état-major du régiment de gendarmerie de la garde impériale comprend 2 médecins : 1 principal ou major de 1re classe, et 1 aide-major de 1re classe ; celui de la garde de Paris, 4 médecins : 1 principal ou major de 1re classe, 1 major de 2e classe, 2 aides-majors de 1re classe dont 1 monté (*Décret du 22 octobre* 1859) et 1 pharmacien aide-major de 1re classe (*Décret du 25 juin* 1860). Les médecins du régiment de gendarmerie de la garde impériale et ceux de la garde de Paris ont été rangés, en raison de leurs fonctions, dans la catégorie du service hospitalier par les décisions ministérielles des 4 juin et 29 juillet 1858.

Un médecin-major est spécialement attaché à la compagnie de la Seine (1re légion départementale), et ses fonctions et diverses obligations ont été complétement déterminées par les articles 100 à 111 du chapitre V du règlement sur le service intérieur de la gendarmerie du 9 avril 1858.

Le service de santé des autres compagnies et des brigades de gendarmerie départementale a été organisé de la manière suivante, principalement par les dispositions de la circulaire ministérielle du 1er janvier 1853 :

A l'avenir, dans chacune des places de garnison où se trouvent des médecins militaires, l'un d'eux, ou plusieurs même, s'il y a opportunité, seront désignés par le général commandant la division, ou par ses délégués, pour donner gratuitement et à domicile les soins médicaux nécessaires, non-seulement aux gendarmes employés dans ladite place, mais encore à leurs femmes et à leurs enfants.

Entre divers médecins militaires employés dans la même place, le choix de l'autorité militaire, pour l'accomplissement de cette honorable mission se fixera de préférence sur les plus élevés en grade, et à grade égal sur les plus anciens.

Les désignations portant sur des médecins appartenant aux hôpitaux militaires seront faites de concert avec les fonctionnaires de l'intendance militaire ayant la surveillance de ces établissements.

Dans toute place pourvue d'un hôpital militaire, les médicaments seront fournis par ces établissements, sur bons des médecins appelés à traiter les gendarmes, à la condition d'être conformes aux prescriptions du Formulaire pharmaceutique des hôpitaux militaires.

Quant à l'imputation du prix des médicaments, le Ministre a décidé (*Circulaire du 11 juillet* 1854) que le montant des décomptes remis par les comptables des hôpitaux militaires sera imputé au fonds de secours institué pour venir en aide aux militaires de l'arme.

L'organisation consacrée par la circulaire du 1er janvier 1853 a été complétée par un ensemble de mesures ayant pour but d'assurer le concours des hôpitaux, des médecins et des pharmaciens civils aux militaires des brigades qui ne sont pas en position d'obtenir les soins des médecins et les médicaments des hôpitaux millitaires. Ainsi :

1° La circulaire du 11 mars 1856 impose aux médecins civils requis pour le service des fractions de corps de troupes l'obligation de traiter, dans la ville où ils sont employés, gratuitement, les brigades de gendarmerie qui y tiennent garnison, et les femmes et les enfants des gendarmes qui y sont domiciliés ;

2° L'article 129 du règlement du 9 avril 1858 dispose que tout sous-officier, brigadier ou gendarme malade peut choisir son médecin pour se faire traiter : mais le commandant de la brigade doit, lorsqu'il le croit utile, faire constater régulièrement son état par le médecin désigné dans la localité pour donner gratuitement des soins aux militaires de la gendarmerie.

Les médicaments nécessaires à ces militaires ou à leur famille peuvent être fournis sur des bons des médecins, par les hôpitaux militaires ou civils.

VIII. *Infanterie.* — L'organisation des différents corps d'infanterie est réglée par l'ordonnance du 8 septembre 1841. Cette arme se compose :

1° De *deux divisions de la garde impériale.* — La première formée du régiment de gendarmerie à pied, de 3 régiments de grenadiers (à 4 bataillons) et d'un régiment de zouaves (à 2 bataillons) ; — la deuxième, de 4 régiments de voltigeurs (à 4 bataillons) et d'un bataillon de chasseurs à pied ; (*Décret du 20 décembre* 1855.)

2° De 100 régiments d'infanterie de ligne (à 3 bataillons) ; — de 20 bataillons de chasseurs à pied ; — de 3 régiments de zouaves (à

3 bataillons); — d'un bataillon de sapeurs-pompiers de la ville de Paris ; — de 3 bataillons d'infanterie légère d'Afrique ; — de 5 compagnies de fusiliers de discipline ; — de 2 compagnies de pionniers de discipline ; — de 5 compagnies disciplinaires des colonies ; — d'un régiment étranger (à 3 bataillons) ; — de 3 régiments de tirailleurs algériens (à 3 bataillons) ; d'une compagnie de sous-officiers vétérans ; — d'une compagnie de fusiliers vétérans.

L'état-major de chaque régiment, à quatre bataillons, comprend 4 médecins; 1 major de 1re classe, 1 major de 2e classe et 2 aides-majors de 1re classe ; celui des autres régiments à 3 bataillons, 1 major de 1re classe, 1 major de 2e classe et 1 aide-major. — Le régiment de zouaves de la garde (à 2 bataillons), et les bataillons formant corps comportent deux emplois d'officier de santé, 1 major de 2e classe et 1 aide-major. — Le bataillon des sapeurs-pompiers de la ville de Paris comprend dans son cadre, fixé par le décret du 7 décembre 1859, trois médecins, 1 major et 2 aides-majors.

La garde impériale doit être considérée comme une réserve puissante sur le champ de bataille, et comme une troupe d'élite offrant à l'armée un nouveau moyen de récompenses pour tous ceux qui se sont distingués par des services ou par des actions d'éclat (*Lettre de l'Empereur Napoléon III, du 26 avril 1857, au Ministre de la guerre.*)

Sauf les actions d'éclat, il faut pour entrer dans la garde, pour tous les officiers, depuis le lieutenant ou médecin aide-major de 1re classe jusqu'au général de division, deux ans de grade. — En temps de guerre, tous les officiers, après un an de grade, peuvent être admis.

En temps de paix, la garde n'a que le privilége de garder le Souverain ; elle jouit de certains avantages de solde, et tout officier ayant six années d'exercice de son grade dans la garde au moment où la retraite l'atteint, doit être promu au grade supérieur. (*Décret du 17 juin 1857.*)

En temps de paix, l'infanterie n'est occupée que des exercices, manœuvres et évolutions militaires, suivant l'ordonnance du 4 mars 1831, et l'instruction du 13 février 1861, et du service des villes et des places, où elle tient garnison. Son service intérieur est réglé par l'ordonnance du 2 novembre 1833.

L'infanterie est, de toutes les armes, la plus importante : toujours prête à marcher, à passer par tous les chemins, emportant avec elle ses armes et sa subsistance, elle s'arrête partout où les circonstances de la guerre l'exigent ; l'infanterie de la ligne n'agit en général que comme masse et sur les champs de bataille ; l'infanterie légère, plus mobile que l'autre, agit habituellement par fractions de troupes.

IX. *Cavalerie.* — La composition et l'organisation des cadres sont réglées par l'ordonnance du 8 septembre 1841. La cavalerie se compose :

1° D'une *division de la garde impériale*, formée de l'escadron de gendarmerie, de 2 régiments de cuirassiers, d'un régiment de dragons, d'un régiment de lanciers, d'un régiment de chasseurs et d'un régiment de guides, constituant 3 brigades de cavalerie (de réserve, de ligne et légère); (*Décret du 20 décembre* 1855.)

2° De 12 régiments de *cavalerie de réserve* (2 de carabiniers et 10 de cuirassiers);

De 20 régiments de *cavalerie de ligne* (12 de dragons et 8 de lanciers);

De 23 régiments de *cavalerie légère* (12 de chasseurs, 8 de hussards, 3 de chasseurs d'Afrique ;

De 3 régiments de spahis et de 10 compagnies de cavaliers de remonte.

Tous les régiments de cavalerie ont été portés à 6 escadrons par le décret du 20 avril 1854. L'état-major de chacun comprend 3 officiers de santé, 1 médecin-major de 2ᵉ classe et 2 aides-majors.

En temps de paix, la cavalerie s'exerce aux évolutions suivant l'ordonnance du 6 décembre 1829. Elle contribue pour sa part à la garde des villes où elle tient garnison. Son service intérieur est réglé par l'ordonnance du 2 novembre 1833.

En temps de guerre, la cavalerie, par sa rapidité, sa mobilité et l'impétuosité de son choc, décide souvent du sort des combats. Elle prépare ou achève la victoire.

X. *Troupes de l'administration.* — Les troupes de l'administration se composent :

1° De 14 *sections d'ouvriers militaires d'administration* commandées par des officiers d'administration du service des subsistances militaires (*Décret du 14 août* 1854), et d'une section pour le service de l'habillement et du campement, commandée par un officier de ce service ;

2° Du *corps des équipages militaires* qui comprend : 6 escadrons du train, dont 1 faisant partie de la garde impériale, 4 compagnies d'*ouvriers constructeurs* pour les subsistances, l'habillement et le campement, 3 parcs de construction, et une direction centrale, à Vernon.

Un médecin-major est compris dans le cadre de l'état-major de chacun des escadrons du train et dans celui du parc de construction de Vernon.

Les ouvriers militaires d'administration comprennent :

1° Les *ouvriers d'art* (maçons ou fumistes, menuisiers, charpentiers, tourneurs ou charrons, serruriers, mécaniciens ou forgerons ;

2° Les *ouvriers d'exploitation*, exerçant l'une des professions qui se rattachent à l'exécution des diverses branches du service des subsistances militaires (meuniers, boulangers, bouchers, tonneliers, botteleurs, commis aux écritures).

Les équipages militaires sont affectés aux transports qui se rattachent aux services administratifs des hôpitaux militaires et des ambulances (blessés, malades et matériel), des subsistances, de l'habillement et du campement ; ils transportent aussi, en temps de guerre, les archives des états-majors et de l'intendance militaire. — Les parcs de construction des équipages sont chargés de la construction et de l'entretien du matériel de transport, de la confection et de l'entretien du harnachement des chevaux des équipages.

XI. *Enfants de troupe.* — Le nombre des enfants de troupe est fixé à 1 par compagnie pour les divers corps d'infanterie, à 2 par compagnie, escadron ou batterie pour les régiments du génie, de cavalerie et d'artillerie, à 2 par compagnie pour le train des équipages, à 2 pour chaque compagnie formant corps ou section d'ouvriers d'administration.

Sont seuls susceptibles d'être reçus comme enfants de troupe les fils légitimes des médecins aides-majors et majors de 2ᵉ classe. (*Décret du 22 mai 1858.*)

XII. *Service de santé.* (*Voir* Iʳᵉ partie, chapitre Iᵉʳ.)

XIII. *Services administratifs.* Le personnel des services administratifs est réparti en cinq sections :

1ʳᵉ SECTION.—*Officiers d'administration des hôpitaux.*—Le décret du 21 septembre 1854 en a constitué le cadre ainsi qu'il suit : principaux 10 ; comptables de 1ʳᵉ classe 40, de 2ᵉ classe 50 ; adjudants en premier 120, en second 130. Total 350.

Ce corps a, sous sa direction, un personnel d'infirmiers militaires administrés par compagnie et dont le nombre, par hôpital, en *infirmiers-majors* et *ordinaires* est variable à raison du nombre des malades.

2ᵉ SECTION.—*Officiers d'administration de l'habillement et du campement.* —Principaux 4 ; comptables de 1ʳᵉ classe 14, de 2ᵉ classe 14 ; adjudants en 1ᵉʳ 24, en second 24. Total, 80. (*Décret du 26 mai 1854.*)

3ᵉ SECTION.—*Officiers d'administration des subsistances militaires.*—Le décret du 30 juin 1855 en a porté le nombre à 400 ; principaux 12 ; comptables de 1ʳᵉ classe 70, de 2ᵉ classe 85 ; adjudants en premier 115, en second 118.

Ces trois premières sections ont été organisées et réglementées par l'ordonnance du 28 février 1838.

4ᵉ SECTION. — *Officiers d'administration des bureaux de l'intendance militaire.*—Ce corps, organisé par décret du 1ᵉʳ novembre 1853 est composé, conformément au décret du 11 juin 1854, ainsi qu'il suit : principaux 10 ; officiers d'administration de 1ʳᵉ classe 40 ; de 2ᵉ classe 40 ; adjudants en premier 110, en second 200.

5ᵉ SECTION.—*Officiers d'administration du service de la justice militaire.* —Ce corps a été organisé par le décret du 29 août 1854, qui en a constitué le cadre ainsi qu'il suit :

1ʳᵉ PARTIE.—*Greffe des tribunaux militaires.*—Officiers d'administration de 1ʳᵉ classe 12, de 2ᵉ classe 11 ; adjudants en 1ᵉʳ 10, en second 13. Total, 46 greffiers.

2ᵉ PARTIE.—*Officiers comptables et adjudants adjoints dans les établissements pénitentiaires.* — Officiers comptables de 1ʳᵉ classe 4, de 2ᵉ classe 9 ; adjudants en premier 8, en second 5. Total, 26.

XIV. *Vétérinaires militaires et remonte générale.*—La position hiérarchique, les attributions, la solde et la retraite des vétérinaires militaires, ont été améliorées par le décret du 28 janvier 1852 ; le cadre constitutif a été fixé ainsi qu'il suit par les décrets des 14 janvier et 20 février 1860 : principaux 5 ; vétérinaires en 1er 125, vétérinaires en 2e 139 ; aides-vétérinaires 96 , aides vétérinaires stagiaires 20. Total 385.

Les vétérinaires militaires sont choisis parmi les vétérinaires ayant obtenu leur diplôme dans les écoles vétérinaires du Gouvernement. L'*École vétérinaire d'Alfort* se trouve dans les attributions du Ministre de l'agriculture et du commerce , mais le Ministre de la guerre y entretient 40 élèves militaires destinés à devenir vétérinaires dans les corps de troupes à cheval.—*Remonte générale.*(Ordonnance du 11 avril 1831, et règlements du 23 mars 1837 et 3 juillet 1855.)

Les dépôts et les succursales de remonte sont institués pour encourager la production et l'élève des chevaux, et effectuer l'achat de ceux qui sont propres au service de la guerre. Il y a en France 14 dépôts de remonte, et 8 succursales et annexes et 5 écoles de dressage ; et, en Algérie, 3 dépôts, 1 haras et 2 dépôts d'étalons. (Voir *chapitre V de la Ire partie, Remonte des officiers de santé.*)

XV. *Interprètes titulaires de l'armée d'Algérie.*—Le cadre constitutif des interprètes militaires pour l'Algérie a été fixé par le décret du 4 juin 1862 : interprètes principaux 5 ; interprètes de 1re classe 8, de 2e classe 12, de 3e classe 15. Total 40.

XVI. *Écoles militaires.*—Les écoles impériales placées dans les attributions du Ministre de la guerre, sont :

1° L'*École impériale Polytechnique*, qui fournit des officiers aux corps d'état-major, du génie et de l'artillerie, au génie maritime, à l'artillerie de marine et au corps des ingénieurs hydrographes, aux poudres et salpêtres, aux mines, aux tabacs et aux lignes télégraphiques ; enfin, accidentellement à l'infanterie et à la cavalerie. Le service de santé de l'école est fait par deux officiers de santé, un médecin principal ou major et un aide-major ;

2° L'*École impériale spéciale militaire*, à Saint-Cyr, qui forme des officiers pour l'infanterie, la cavalerie, le corps d'état-major et l'infanterie de marine. Le service de santé est confié à un médecin principal ou major, et à 2 aides-majors ;

3° L'*École impériale de cavalerie*, à Saumur, instituée par le décret constitutif du 17 octobre 1853, pour former des instructeurs destinés à reporter dans les corps de troupes à cheval un mode d'enseignement uniforme, en ce qui concerne les principes d'équitation et les autres connaissances qui se rattachent à l'arme de la cavalerie.

Le service de santé de l'École est fait par un médecin aide-major. —Le service de l'infirmerie qui est établi sur les bases d'un hôpital, est confié à trois officiers de santé, un médecin principal ou major, un aide-major et un pharmacien-major ;

4° L'*École impériale d'application d'état-major*, à Paris.—Instituée par ordonnance du 6 mai 1818. Elle est destinée à former des élèves pour le service de l'état-major. Le service de santé est fait par un médecin principal ou major;

5° L'*École impériale d'application de l'artillerie et du génie*, à Metz, instituée pour donner aux jeunes officiers sortant de l'École polytechnique dans l'artillerie et le génie, l'instruction spéciale à ces deux armes.—Le service de l'infirmerie de l'école est confié à un médecin principal ou major;

6° *École impériale d'application de médecine et de pharmacie militaires*, au Val-de-Grâce, à Paris. Instituée par décret du 13 novembre 1852; (*Voir* Ire partie, chapitre III.)

7° *École préparatoire du service de santé militaire*, près la Faculté de médecine, à Strasbourg. Instituée par décret du 12 juin 1856;

8° *Prytanée impérial militaire*, à la Flèche. Institué par décret du 23 mai 1853, principalement pour l'éducation des fils d'officiers sans fortune ou de sous-officiers morts au champ d'honneur, il a été réorganisé par le décret du 8 novembre 1859.

C'est le seul établissement dépendant du ministère de la guerre, dont le service de santé ne soit pas confié à des médecins militaires. Il est assuré par deux médecins civils: l'un seulement porte le titre de médecin consultant qui est appelé dans les maladies graves ou en cas de difficulté sur l'admission des élèves pour cause de santé (sur la demande du commandant de l'École);

9° *École normale de tir*, à Vincennes. Un sous-lieutenant ou lieutenant y est envoyé annuellement par chaque corps de troupes ou par chaque bataillon formant corps. La durée des cours est de 4 mois;

10° *École normale de gymnastique*, à la redoute de la Faisanderie, près Vincennes.

Le service de santé de ces deux Écoles est fait par un médecin-major de 2e classe.

Il existe aussi un *gymnase musical* à Paris, dont le service médical est confié au médecin-major attaché au service intérieur de l'administration centrale de la guerre.

Cinq *gymnases divisionnaires* organisés à Lyon, Strasbourg, Montpellier, Metz et Arras, sont destinés à fournir des moniteurs pour les cours de gymnastique qui se font dans les corps de l'armée. — Le service de santé est fait dans chacun par un médecin militaire de la garnison.

Les autres établissements militaires sont :

1° L'*administration centrale du ministère de la guerre* et le *Dépôt de la guerre*. Le service de santé pour le personnel des bureaux (chefs, sous-chefs, commis) et des gens de service est confié à un médecin major attaché au 5e bureau (service intérieur) de la 7e direction;

2° L'*hôtel des Invalides*, à Paris; 49 *hôpitaux militaires* et 5 établissements hospitaliers civils avec salles militaires dans l'intérieur,

37 hôpitaux ou ambulances permanentes en Algérie, dans lesquels se trouve répartie plus de la moitié du personnel des officiers de santé militaires ;

3° Les *pénitenciers militaires,* au nombre de 6 : à Metz, à Besançon, à Avignon, à Alger (1 à Babazoun et 1 à Bab-el-Oued) et à Douéra ;

4° Les *ateliers de condamnés aux travaux publics*, au nombre de 6, en Algérie : à Cherchell (n° 1), à Tenès (n° 2), à Oran (n° 3), à Bône (nᵒˢ 4 et 6), à Mers-el-Kébir (n° 5) ;

5° Les *prisons militaires,* au nombre de 47, et les prisons cellulaires de correction, au nombre de 4, tant dans l'intérieur qu'en Algérie (11 prisons civiles seulement reçoivent des militaires).

Le service de santé est assuré dans les pénitenciers, les ateliers de condamnés et les prisons militaires, par des médecins de l'armée, sous les ordres des commandants de place.

§ 2. — Grands commandements. — Corps d'armée et divisions territoriales.

I.—Dans le but de concentrer sous une seule autorité les troupes de ligne réparties dans l'intérieur de l'Empire, il a d'abord été établi *cinq grands commandements,* confiés à des maréchaux de France, avec le titre de *commandants supérieurs. (Décret du 27 janvier* 1858.) Cette disposition a été ensuite étendue à l'armée d'Afrique par le décret du 31 août 1858, qui crée un commandement supérieur des forces de terre et de mer en Algérie.

Aujourd'hui, les troupes stationnées sur le territoire de l'Empire et en Algérie sont réparties, par décision impériale du 17 août 1859, en sept grands commandements ou corps d'armée :

Le 1ᵉʳ corps d'armée, comprenant les 1ʳᵉ et 2ᵉ divisions (*quartier général* à Paris) ; — le 2ᵉ, comprenant les 3ᵉ et 4ᵉ divisions (*quartier général* à Lille) ; — le 3ᵉ, comprenant les 5ᵉ, 6ᵉ et 7ᵉ divisions (*quartier général* à Nancy) ; — le 4ᵉ, comprenant les 8ᵉ, 9ᵉ, 10ᵉ, 17ᵉ, 20ᵉ et 22ᵉ divisions (*quartier général* à Lyon) ; — le 5ᵉ, comprenant le 15ᵉ, 16ᵉ, 18ᵉ, 19ᵉ et 21ᵉ divisions (*quartier général* à Tours) ; — le 6ᵉ, comprenant les 11ᵉ, 12ᵉ, 13ᵉ et 14ᵉ divisions (*quartier général* à Toulouse) ; — et le 7ᵉ, comprenant les divisions militaires de l'Algérie (*quartier général* à Alger).

Les maréchaux commandants de corps d'armée exercent en temps de paix, sur les généraux commandant les divisions territoriales, une action analogue à celle qu'ils sont appelés à exercer en campagne sur les généraux commandant les divisions actives.

L'exercice du commandement, les rapports avec la gendarmerie, les inspections générales, les rapports avec les autorités civiles et les rapports à adresser au Ministre, ont été l'objet d'une instruction ministérielle du 6 février 1858, qui a reçu, le 9 février suivant, l'approbation de l'Empereur pour l'exécution du décret qui institue les grands commandements.

II. *Divisions et subdivisions militaires*. — Les troupes stationnées dans les diverses garnisons de l'intérieur et de l'Algérie composent 25 divisions militaires commandées par des généraux de division. (*Décret du 26 décembre* 1851 *et Décision impériale du 9 avril* 1860.)

Ces 25 divisions comprennent 104 subdivisions commandées chacune par un général de brigade; ce sont :

1re Division (à Paris). — *Subdivisions* : 1re Seine (Paris). — 2e Seine-et-Oise (Versailles). — 3e Oise (Beauvais). — 4e Seine-et-Marne (Melun. — 5e Aube (Troyes). — 6e Yonne (Auxerre). — 7e Loiret (Orléans). — 8e Eure-et-Loir (Chartres).

2e Division (à Rouen). — *Subdivisions* : 1re Seine-Inférieure (Rouen). — 2e Eure (Evreux). — 3e Calvados (Caen). — 4e Orne (Alençon).

3e Division (à Lille). — *Subdivisions* : 1re Nord (Lille). — 2e Pas-de-Calais (Arras). — 3e Somme (Amiens).

4e Division (à Châlons-sur-Marne). — *Subdivisions* : 1re Marne (Châlons-sur-Marne). — 2e Aisne (Laon). — 3e Ardennes (Mézières). —

5e Division (à Metz). — *Subdivisions* : 1re Moselle (Metz). — 2e Meuse (Verdun). — 3e Meurthe (Nancy). — 4e Vosges (Épinal).

6e Division (à Strasbourg). — *Subdivisions* : 1re Bas-Rhin (Strasbourg). — 2e Haut-Rhin (Colmar).

7e Division (à Besançon). — *Subdivisions* : 1re Doubs (Besançon) ; — 2e Jura (Lons-le-Saulnier), — 3e Côte-d'Or (Dijon). — 4e Haute-Marne (Chaumont). — 5e Haute-Saône (Vesoul).

8e Division (à Lyon). — *Subdivisions* : 1re Rhône (Lyon). — 2e Loire (Saint-Etienne). — 3e Saône-et-Loire (Châlons-sur-Saône). — 4e Ain (Bourg). — 5e Drôme (Valence). — 6e Ardèche (Privas).

9e Division (à Marseille). — *Subdivisions* : 1re Bouches-du-Rhône (Marseille). 2e Var (Toulon). — 3e Basses-Alpes (Digne). — 4e Vaucluse (Avignon). — 5e Alpes-Maritimes (Nice).

10e Division (à Montpellier). — *Subdivisions* : 1re Hérault (Montpellier). — 2e Aveyron (Rodez). — 3e Lozère (Mende). — 4e Gard (Nîmes).

11e Division (à Perpignan). — *Subdivisions* : 1re Pyrénées-Orientales (Perpignan). — 2e Ariége (Foix). — 3° Aude (Carcassonne).

12e Division (à Toulouse). — *Subdivisions* : 1re Haute-Garonne (Toulouse). — 2e Tarn-et-Garonne (Montauban). — 3e Lot (Cahors). — 4e Tarn (Albi).

13e Division (à Bayonne). — *Subdivisions* : 1re Basses-Pyrénées (Bayonne). — 2e Landes (Mont-de-Marsan). — 3e Gers (Auch). — 4e Hautes-Pyrénées (Tarbes).

14e Division (à Bordeaux). — *Subdivisions* : 1re Gironde (Bordeaux). — 2e Charente-Inférieure (La Rochelle). — 3e Charente (Angoulême). 4e Dordogne (Périgueux). — 5e Lot-et-Garonne (Agen).

15e Division (à Nantes). — *Subdivisions* : 1re Loire-Inférieure (Nantes). — 2ᵉ Maine-et-Loire (Angers). — 3ᵉ Deux-Sèvres (Niort). — 4ᵉ Vendée (Napoléon-Vendée).

16ᵉ Division (à Rennes). — *Subdivisions :* 1ʳᵉ Ille-et-Vilaine (Rennes). — 2ᵉ Morbihan (Vannes). — 3ᵉ Finistère (Brest). — 4ᵉ Côtés-du-Nord (Saint-Brieuc). — 5ᵉ Manche (Cherbourg). — 6ᵉ Mayenne (Laval).

17ᵉ Division (Corse) à (Bastia). — *Subdivision unique* : Corse.

18ᵉ Division (à Tours). — *Subdivisions :* 1ʳᵉ Indre-et-Loire (Tours), — 2ᵉ Sarthe (Le Mans) ; — 3ᵉ Loir-et-Cher (Blois) ; — 4ᵉ Vienne (Poitiers).

19ᵉ Division (à Bourges). — *Subdivisions :* 1ʳᵉ Cher (Bourges). — 2ᵉ Nièvre (Nevers). — 3ᵉ Allier (Moulins). — 4ᵉ Indre (Châteauroux).

20ᵉ Division (à Clermont-Ferrand). — *Subdivisions :* 1ʳᵉ Puy-de-Dôme (Clermont-Ferrand). — 2ᵉ Haute-Loire (le Puy). — 3ᵉ Cantal (Aurillac).

21ᵉ Division (à Limoges). — *Subdivisions :* 1ʳᵉ Haute-Vienne (Limoges). — 2ᵉ Creuse (Guéret). — 3ᵉ Corrèze (Tulle).

22ᵉ Division (à Grenoble). — *Subdivisions :* 1ʳᵉ Isère (Grenoble). — 2ᵉ Hautes-Alpes (Gap). — 3ᵉ Savoie (Chambéry). — 4ᵉ Haute-Savoie (Annecy).

— 1ʳᵉ Division de l'Algérie (*Province d'Alger*) à Blidah. — *Subdivisions* : 1ʳᵉ Alger ; — 2ᵉ Dellys ; — 3ᵉ Aumale ; — 4ᵉ Médéah ; — 5ᵉ Milianah ; — 6ᵉ Orléansville.

— 2ᵉ Division de l'Algérie (*Province d'Oran*) à Oran. — *Subdivisions :* 1ʳᵉ Oran ; — 2ᵉ Mostaganem ; — 3ᵉ Sidi-bel-Abbès ; — 4ᵉ Mascara ; — 5ᵉ Tlemcen.

— 3ᵉ Division de l'Algérie (*Province de Constantine*) à Constantine. — *Subdivisions* : 1ʳᵉ Constantine ; — 2ᵉ Bône ; — 3ᵉ Bathna ; — 4ᵉ Sétif.

Chaque division militaire a un état-major composé d'un général de division commandant, un colonel ou lieutenant-colonel d'état-major, chef d'état-major, et plusieurs officiers du corps d'état-major.

L'état-major d'une subdivision ne comprend que le général de brigade, commandant, à la disposition duquel peut être détaché, en qualité d'officier d'ordonnance, un lieutenant ou sous-lieutenant de l'un des corps compris dans la subdivision.

III. *Composition et effectif de l'armée*. — L'armée se compose 1° de l'effectif entretenu sous les drapeaux ; 2° de la réserve, qui comprend les hommes du contingent non encore appelés et ceux qui ont été renvoyés dans leurs foyers par anticipation.

La force totale de l'armée, non compris les états-majors, est de 450,000 hommes, et 97,000 chevaux. Les cadres peuvent, au besoin, recevoir un effectif de 600 à 800 mille hommes, et suffire à la formation des armées destinées à toutes les éventualités.

La *réserve* est commandée et administrée par les commandants des dépôts de recrutement ; l'organisation de ces dépôts est réglée par les ordonnances des 13 mars et 15 décembre 1841, par la décision du 6 décembre 1850 et le décret du 12 décembre 1854. Il en existe un par département ; il est, selon l'importance de la localité, de 1ʳᵉ ou de 2e classe. Un médecin principal ou major est spécialement chargé du service du dépôt de recrutement de la Seine ; des médecins militaires assurent celui des autres dépôts dans l'intérieur et en Algérie.

Il a été également établi (*Décision impériale du* 28 *mai* 1861) des dépôts d'instruction, dans les principales garnisons de l'intérieur, où sont réunis, chaque année, pendant quelques mois, les jeunes soldats non appelés, formant la deuxième portion du contingent.

Une telle organisation de la réserve, en constituant des centres d'instruction qui deviennent autant d'écoles d'infanterie et de cavalerie, ne peut manquer de remédier à tous les inconvénients de l'ancien mode d'appel. Les jeunes soldats de la réserve, tout en trouvant à s'instruire dans toutes les opérations de l'art militaire, n'en continueront pas moins à se livrer aux rudes travaux de la campagne, et à endurcir par degré leurs corps aux maux inévitables de la guerre.

IV. *Garnisons.* — L'annuaire militaire fait connaître, chaque année, la manière dont les garnisons de l'intérieur sont réparties ; une décision ministérielle, prise en 1852, dispose que les changements de garnison ne doivent s'effectuer qu'au printemps.

ARTICLE TROISIÈME.

§ 1er. — Notions militaires succinctes.

I. La *hiérarchie militaire* est réglée par l'ordonnance royale du 16 mars 1836. Elle comprend les différents grades de caporal ou brigadier à maréchal de France. L'autorité et la responsabilité du commandement appartiennent toujours au grade le plus élevé entre militaires de divers grades, de quelques armes qu'ils soient, et au plus ancien, entre militaires du même grade. Ce principe est la base de toute la discipline de l'armée.

Dans les revues, parades et cérémonies, le rang des différentes armes est fixé comme suit : artillerie, génie, infanterie, cavalerie (*Décision du* 29 *brumaire an* VI) ; mais lorsque l'artillerie n'est pas à pied, elle prend la droite de la cavalerie et vient, par conséquent, après l'infanterie. (*Circulaire du* 11 *septembre* 1816.)

Dans l'ordre de bataille, les troupes de l'artillerie et du génie sont au centre des brigades, divisions et corps d'armée dont elles font partie. (*Ordonnance du* 3 *mai* 1832.)

Dans tous les cas où les gardes nationales marchent avec les corps soldés, elles ont le pas sur eux. (*Loi du* 22 *mars* 1831.)

La gendarmerie prend la droite de toutes les troupes de ligne ; les sapeurs-pompiers prennent rang après la gendarmerie.

Une décision ministérielle du 24 août 1822, assigne le premier rang dans l'armée aux Invalides.

Le décret du 1er mai 1854, portant organisation de la Garde impériale, statue que dans les prises d'armes et cérémonies, la Garde aura la droite sur les autres troupes, les cent-gardes exceptés.

II. La *division* est la base de toute formation d'armée, et la réunion de plusieurs divisions sous un seul chef constitue, soit une *armée*, soit un *corps d'armée*, soit une *aile* ou un *centre d'armée*, soit enfin une *réserve*.

Une *division* est ordinairement composée de deux ou trois brigades, soit d'infanterie, soit de cavalerie, et, en outre, de troupes de différentes armes dans les proportions nécessaires.

Une *brigade* est formée de deux *régiments* au moins ; suivant les circonstances, on organise des *brigades mixtes* d'infanterie ou de cavalerie légère, qui sont ordinairement chargées du service d'avant-garde.

L'*infanterie*, propre aux fatigues et aux combats de toute espèce, est le fond d'une armée ; elle entre dans l'effectif totale de l'armée combattante pour 0.64.

La *cavalerie* décide souvent les combats et en complète le succès ; elle protége l'infanterie et fait les expéditions rapides ; elle entre dans l'effectif total pour 0.18.

L'*artillerie* appuie les troupes, éloigne l'ennemi et le tient en échec. En ordre de bataille elle occupe les saillants et les parties faibles par la nature des troupes ou du terrain ; elle entre pour 0.10 dans l'effectif total.

Le *génie* entre dans la composition d'une armée d'une manière variable, selon la nature du pays et l'espèce de guerre que l'on fait ; mais, moyennement, son effectif est de $1/20^e$ de celui de l'infanterie.

L'effectif de la *gendarmerie* est de 0.05 ; celui du train des *équipages* est d'environ 1/30 ; il devient plus considérable, si les lignes d'opération sont très-longues.

III. Les armées sont commandées par les maréchaux de France ou des généraux de division ; les corps d'armée et les divisions, par des généraux de division, et les brigades par des généraux de brigade.

Le rang des différentes armes est réglé de la manière suivante : l'infanterie légère, l'infanterie de ligne, les hussards, les chasseurs, les lanciers, les dragons, les cuirassiers, les carabiniers ; les troupes de l'artillerie et du génie sont au centre des brigades, divisions ou corps d'armée dont elles font partie.

En marche on forme toujours une avant-garde et une arrière-garde avec des troupes légères, afin de couvrir le mouvement des corps dont elles font partie, et d'arrêter l'ennemi jusqu'à ce que le général commandant ait eu le temps de faire ses préparatifs pour repousser l'attaque.

Les *convois* ont pour objet le transport des munitions de guerre, de l'argent, des subsistances, des effets d'habillement et d'armement, des malades, etc., etc. On les fait toujours escorter par des troupes, dont le nombre et la qualité dépendent de la nature du convoi et des circonstances de la guerre.

§ 2. — Notions générales d'administration militaire.

I. L'*administration militaire* a pour objet de pourvoir à l'entretien de l'armée en général et en particulier à tous les besoins de l'homme de guerre, en quelque position qu'il se trouve, en activité ou en repos, en santé ou en maladie.

Elle étend son activité sur les corps, depuis leur organisation jusqu'à leur licenciement; sur les individus, depuis leur entrée au service jusqu'à leur retour à la vie civile ou jusqu'à leur mort.

Ses moyens sont le logement, l'habillement, l'équipement, la nourriture, la santé des militaires, en un mot leur bien-être, qui s'augmente par une solde; et elle pourvoit à ces différentes nécessités au moyen de services administratifs particuliers : ainsi le service des vivres, le service de l'habillement et du campement, le service des hôpitaux, etc. Ces services sont chargés, chacun selon sa spécialité, de gérer, nanutentionner et distribuer les objets qui composent les prestations militaires.

Le chef de l'administration militaire est le Ministre de la guerre, membre responsable du Gouvernement. Après le Ministre, viennent les agents de la haute administration qui reçoivent ses ordres, impriment la direction aux différentes opérations administratives, et communiquent avec détails la volonté supérieure aux agents secondaires. Tels sont certains employés des bureaux de la guerre, de hauts fonctionnaires de l'intendance et les chefs de service.

Au-dessous de ces agents principaux viennent les agent secondaires dont la plupart sont spécialement attachés à chaque service, et dont d'autres font partie des différents corps de l'armée.

Dans tous les régiments et dans tous les corps, on a établi un conseil, composé d'un certain nombre d'officiers pour servir d'intermédiaire administratif entre le Ministre, chef de l'administration, et les militaires, qui sont les administrés : c'est ce conseil que l'on nomme *Conseil d'administration*. Il fait connaître au Ministre les besoins et les droits de chacun aux prestations de toute nature. Il reçoit de lui ces prestations en argent ou en matières, se charge de leur distribution et doit justifier de leur emploi.(*Voyez ordonnance du 10 mai 1844 pour toutes les dispositions relatives à l'administration des corps de troupes.*)

Les fonctionnaires du corps de l'intendance militaire surveillent toutes les parties de l'administration : ils exercent la police administrative sur tous les individus et sur toutes les choses qui sont l'objet d'une dépense permanente ou accidentelle au compte du département de la guerre, et particulièrement : sur les militaires sans troupe, sur les corps de troupes, sur les services administratifs, et sur tous les établissements qui en dépendent. On entend par *police administrative* le droit et le devoir : 1° de constater par les revues l'existence des hommes et des choses, et de faire à cet effet toutes vérifications et investigations utiles ; 2° de déterminer et de régler les droits que cette existence donne aux prestations ou allocations quelconques ; 3° de surveiller la gestion des Conseils d'administration et celle des officiers ou agents comptables des différents services ; 4° de contrôler toutes les dépenses et d'en arrêter les comptes.

II. On désigne sous le nom de *prestations militaires* tout ce qui est alloué aux hommes de guerre, en argent, en vivres ou en effets de toute nature, en raison des positions où ils se trouvent. Les positions sont les différents modes d'existence des militaires, soit isolés, soit réunis et organisés militairement ; elles sont générales: ainsi le pied de guerre, le pied de paix et le pied de rassemblement ; et individuelles, la présence (au corps, sous les drapeaux, ou au poste assigné par un ordre légal, en route, en mission, en témoignage), l'absence (en congé, à l'hôpital, à l'hôpital en congé, en détention, en captivité).

Les prestations comprennent les *prestations en deniers* et les *prestations en nature*. Les prestations en deniers comprennent la solde, les accessoires de la solde et les masses.

Les prestations en nature se composent des fournitures de subsistances, de chauffage et de logement.

1° Le *service de la solde* est chargé de pourvoir à toutes les prestations en deniers qui entrent dans la composition du traitement, soit des corps de troupes considérés comme parties prenantes collectives et directes, soit des militaires considérés individuellement.

La solde des officiers et les masses (individuelle et générale d'entretien) sont payables à raison du douzième de la fixation annuelle. La solde de la troupe est fixée par jour et acquittée à l'avance par quinzaine.

La distribution du *prêt* se fait tous les cinq jours et à l'avance, sur des *feuilles de prêt* portant décompte, certifiées et quittancées par les commandants de compagnies, qui sont directement responsables envers le conseil d'administration pour les diverses prestations.

2° Le *service des subsistances* est chargé de pourvoir à toutes les prestations en nature qui servent à la nourriture des militaires en santé, et à celle des chevaux de l'armée. Ce service se divise en trois branches distinctes : les vivres, les fourrages, les approvisionnements de siége.

Le service des vivres pour le pain, les vivres de campagne, les liquides.

Le service des fourrages pour le foin, la paille, l'avoine, le vert.

On rattache encore au service du fourrage la fourniture de la paille de couchage et de baraquement aux troupes qui ne sont ni casernées ni logées chez l'habitant.

Le service des approvisionnements de siége est chargé de procurer toutes les denrées nécessaires pour la nourriture des hommes, des chevaux et des bestiaux, ainsi que pour les besoins du service des hôpitaux ; il comprend, en outre, le chauffage et l'éclairage.

Le service des subsistances est administré par la voie économique directe ; cependant les fournitures de blé froment ont lieu par suite d'adjudications par voie de soumission cachetée.

L'organisation du service des vivres, adoptée en 1851, soumet à la gestion directe des officiers d'administration, agissant sous la surveillance des fonctionnaires de l'intendance militaire, les places de guerre, et celles où ce mode de gestion est commandé par des considérations militaires ou par des circonstances locales. On confie à l'entreprise les fournitures à faire dans les autres places de garnison et dans les gîtes d'étape.

Toutes les denrées destinées à la subsistance des hommes et des chevaux sont converties et distribuées en rations, dont la composition, le poids ou la mesure sont déterminés par des tarifs ;

3° Le *service du|chauffage* est destiné à pourvoir à la fourniture et à la distribution : 1° des combustibles alloués, soit pour la cuisson des aliments, soit à titre de chauffage d'hiver ; 2° du chauffage et de l'éclairage des corps de garde ; 3° de l'éclairage (excepté pour le département de la Seine, pour lequel il existe un marché particulier) des forts, des citadelles, camps, prisons et autres bâtiments militaires.

Le service du chauffage est exécuté par entreprise et par division militaire, l'entrepreneur ayant un agent dans chacun des lieux de consommation ;

4° Le *service de l'habillement* est chargé de pourvoir aux fournitures et aux allocations de fonds qui servent à donner les moyens d'équiper et d'habiller les hommes, et de harnacher les chevaux de troupe. Il a pour annexe le *campement*. Le personnel et les magasins sont communs à l'habillement et au campement.

Le service de l'habillement est administré, dans son ensemble, par la voie économique directe ; il offre toutefois cette particularité remarquable que les étoffes de laine, les objets de coiffure et de grand équipement sont procurés par le mode de l'entreprise.

Les conseils d'administration des corps de troupes prennent une part essentielle à l'exécution du service de l'habillement ; des établissements entretenus sous le nom de *magasins généraux* y concourent aussi (à Lille, Strasbourg, Bayonne, Metz, Lyon, Perpignan, Paris, La Rochelle, Saint-Omer, Marseille, Toulon, Montpellier et Rennes) ;

5° Le *logement* est dû dans les bâtiments militaires : 1° aux sous-officiers, caporaux ou brigadiers et soldats des corps de troupes en garnison ; 2° aux officiers de troupe en garnison jusqu'au grade de capitaine inclusivement (et aux militaires sans troupe des mêmes grades ou autres considérés comme tels en exercice de fonctions), dans les places où il existe des logements disposés pour eux, conformément à ce qui est réglé pour leur grade ou emploi. Le logement dans les bâtiments militaires peut être fourni aux officiers et autres considérés comme tels, avec ou sans meubles, sous la réserve de jouir, dans ce dernier cas, de l'indemnité d'ameublement en argent attribuée à leur grade ou emploi.

Il est pourvu à l'*ameublement* des bâtiments militaires, en ce qui concerne le couchage, par l'*entreprise des lits militaires*; en ce qui concerne les autres objets d'ameublement et les ustensiles qui ne sont pas à la charge des corps, par les soins et sur les fonds du génie.

La forme, les dimensions, la qualité et le poids de chacun des objets entrant dans la composition du mobilier du service des lits militaires, ainsi que la quantité de matières à employer pour la confection des effets de literie, sont déterminés par les traités. Les distributions sont faites sur des états de demande : ces états sont nominatifs pour les officiers et collectifs pour les corps.

6° Le *service des hôpitaux* a pour objet en général le traitement des militaires malades ou blessés en activité de service. (*Voir* chapitre V.)

Les hôpitaux sont régis par économie ou par entreprise. Dans les premiers, les denrées et objets de consommation sont fournis par voie d'adjudication publique. Dans les hôpitaux en entreprise le service se fait moyennant un prix ferme.

Le service des hôpitaux s'exécute sous la police et la surveillance immédiate des membres du corps de l'intendance militaire; cette police s'exerce sur le personnel, le matériel et le service intérieur des établissements, conformément aux règles contenues dans le Règlement du 1er avril 1831.

III. *Des différentes masses.* — Il existe plusieurs espèces de masses : 1° la masse générale d'entretien; 2° la masse individuelle; 3° la masse d'entretien des bâts et ferrage des chevaux ou mulets de bât, pour les corps qui, en temps de guerre, sont pourvus de chevaux ou de mulets de bât et de cantines d'ambulance; et 4° la masse générale d'entretien du harnachement et du ferrage (pour les corps de cavalerie, d'artillerie, du train des équipages militaires).

L'allocation faite à tous les corps de troupes sous le nom de *masse générale d'entretien et d'habillement*, est formée au moyen d'une première mise, lors de la constitution du corps, et s'augmente chaque année d'une allocation spéciale, et des versements des masses individuelles acquises à l'État. L'administrateur de cette masse est le Conseil d'administration.

Cette masse se divise en deux parties distinctes. La première est exclusivement affectée aux dépenses de la musique, la seconde aux dépenses diverses d'entretien, y compris les frais de l'infirmerie (médicaments et linge à pansement), et de la salle des convalescents, les achats de bandages herniaires, les frais pour blouses et pantalons d'infirmerie, le sac d'ambulance, les registres et fournitures de bureau des officiers de santé, la sépulture des hommes morts à la chambre, le vin distribué aux convalescents, enfin toutes les dépenses non définies par une allocation spéciale.

La *masse individuelle* est le petit capital que l'État alloue à chaque soldat à l'effet de pourvoir : 1° à l'achat des effets de linge et chaussure et autres, compris sous le nom d'effets de petit équipement ; 2° au remboursement du prix des effets de toute nature, perdus ou dégradés par suite de négligence, de maladresse ou de mauvais vouloir ; 3° au remboursement des frais occasionnés par suite de dégradations ou de dégâts, soit dans les bâtiments militaires, soit chez l'habitant ; 4° au remboursement des frais occasionnés par suite de dégradations faites aux lits militaires en service ; 5° à l'imputation du montant des avances faites en route aux hommes voyageant isolément.

Le premier fond de la masse individuelle est une somme dite *première mise de petit équipement*, qui varie suivant l'arme, et qui est allouée à tout soldat nouveau arrivé au corps. Ce capital est alimenté au moyen d'une prime journalière d'entretien, variable suivant les armes, et peut aussi être augmenté par différents versements (volontaires, pour cause de service payé).

Le complet de la masse est fixé à 35 francs pour l'infanterie. Le règlement en est fait tous les trimestres, et l'excédant en est payé à l'homme sous le nom de *décompte*.

La masse devient la propriété de l'homme à l'époque de sa libération ou de son départ, s'il est congédié par réforme, retraite ou passage aux Invalides. Dans le cas de cessation de service pour cause de mort, désertion ou condamnation à des peines afflictives, captivité ou renvoi pour infirmités dont l'origine est antérieure à l'entrée au service, elle fait retour à l'État.

IV. *Du livret des hommes de troupe.* — Chaque soldat reçoit, à son arrivée au corps, un livret sur lequel les renseignements qui constatent son état civil, son signalement, le titre sous lequel il a été incorporé, sont exactement transcrits d'après la matricule de la compagnie. Tous les autres renseignements, relatifs aux états de service, que présente cette matricule, sont transcrits sur le livret ; il contient aussi l'inscription des recettes et dépenses de la masse individuelle, les détails de ce que l'homme possède en effets d'habillement, de coiffure, d'armement, de grand ou petit équipement, ainsi que les époques auxquelles ces effets ont été mis en service. Il est destiné, en un mot, à résumer les rapports administratifs de chaque soldat avec la compagnie et le régiment dont il fait partie. *La 5° page doit être signée par le médecin-major,* qui indique l'état de l'homme sous le rapport de la vaccination. (*Circulaire ministérielle du 8 mars 1842.*)

V. *Administration d'une armée en campagne.* — L'administration de toute armée, de tout corps d'armée ou de toute aile, de tout centre, de toute réserve d'armée, a lieu par division, conformément aux principes de la formation des armées.

Lorsque plusieurs armées sont réunies sous un même commandement, il est nommé un intendant militaire de ces armées, avec le titre temporaire d'*intendant en chef*.

Il est attaché à chaque armée un intendant, avec le titre temporaire d'*intendant de* telle *armée ;* il en est attaché de même à chaque corps d'armée avec le titre d'*intendant de* tel *corps d'armée.*

On attache à chaque division un sous-intendant qui, lorsque la force de la division l'exige, a près de lui, pour le seconder, un sous-intendant militaire adjoint.

Il est attaché à chaque aile, centre ou réserve d'armée, pour le service de son quartier général, un sous-intendant ou un sous-intendant adjoint.

Il peut être exceptionnellement placé auprès de chaque brigade mixte ou détachée, un sous-intendant militaire ou un adjoint; des membres de l'intendance sont en outre placés près de l'intendant en chef et des intendants d'armée pour la direction des services administratifs, pour le service du grand quartier général, pour celui des parcs et pour les missions.

Des officiers de santé, des employés et des troupes d'administration, dont le nombre et la composition se règlent sur la force de l'armée ou du corps d'armée et eu égard au pays où l'on doit agir, sont mis à la disposition des membres de l'intendance, pour assurer sous leurs ordres immédiats, l'exécution des divers services administratifs. (*Ordonnance du 3 mai 1832, sur le service des armées en campagne.*)

§ 3. — Administration centrale de la guerre.

Le ministère de la guerre, où se centralisent toutes les affaires relatives à l'armée et à la défense de la France, a été organisé complétement par l'ordonnance royale du 17 janvier 1844, par les arrêtés des 26 février et 2 mars suivants, par le décret du 7 janvier 1852 et la décision impériale du 11 avril 1855.

Les attributions du ministre de la guerre sont nombreuses, importantes et variées; elles réclament, outre les lumières d'un fonctionnaire d'une haute capacité, le concours d'hommes spéciaux dans les diverses branches du service confié au Ministre par le pouvoir exécutif et le pouvoir législatif.

De là a été reconnue, dès les premiers temps, la nécessité de créer, sous les ordres de ce haut fonctionnaire une administration où viennent se centraliser les différents services qui forment l'ensemble du ministère.

Cette vaste administration, par la centralisation qu'elle opère, peut sans cesse établir des points de comparaison, éclairer son jugement

3.

et se mettre à même de diriger, avec connaissance de cause, les opérations dont les résultats viendront converger sous ses yeux.

L'administration centrale, qui n'est autre chose que la représentation développée des attributions du Ministre, a subi toutes les réformes qui étaient la conséquence des changements de Ministre, et plus encore des revirements politiques. Aujourd'hui, outre *le cabinet du Ministre*, elle comprend sept *directions*, six *comités consultatifs* d'armes; un *comité* permanent d'*administration*, un *Conseil de santé*, et quatre *commissions*.

I. Directions. — *1re Direction :* 1er Bureau (correspondance générale et opérations militaires); — 2e Bureau (états-majors et Écoles militaires); — 3e Bureau (recrutement); — 4e Bureau (justice militaire); — 5e Bureau (infanterie).

— *2e Direction :* 1er Bureau (cavalerie, remontes); — 2e Bureau (gendarmerie).

— *3e Direction :* Service de l'artillerie, — 1re Section (personnel); — 2e Section (matériel et comptabilité).

— *4e Direction :* Service du génie. — 1re Section (personnel); — 2e Section (matériel et comptabilité).

— *5e Direction :* Intendance militaire et services administratifs. — 1er Bureau (intendance militaire, service de marche, transports, équipages militaires); — 2e Bureau (subsistances militaires, chauffage); — 3e Bureau (personnel des officiers de santé, hôpitaux militaires, hospices civils, infirmeries régimentaires, invalides); — 4e Bureau (habillement, lits militaires, campement); — 5e Bureau (solde, revues de comptabilité, administration intérieure des corps de toutes armes).

— *6e Direction :* Dépôt de la guerre. — 1re Section : géodésie, topographie, dessin et gravure; — 2e Section : travaux historiques, statistique militaire, bibliothèque, archives historiques, cartes et plans.

— *7e Direction :* Comptabilité générale. — 1er Bureau (contrôle des dépenses, contentieux, budgets généraux); — 2e Bureau (fonds, ordonnances, comptes généraux); — 3e Bureau (comptes-matières); — 4e Bureau (pensions, secours); — 5e Bureau (service intérieur); — 6e Bureau (lois, archives, décorations).

II. *Comités et commissions.* — 1° Comité consultatif d'état-major; — 2° Comité consultatif de la gendarmerie; — 3° Comité consultatif de l'infanterie; — 4° Comité consultatif de la cavalerie; — 5° Comité consultatif de l'artillerie; — 6° Comité consultatif des fortifications; — 7° Comité permanent d'administration; — 8° Conseil de santé des armées.

— 1° Commission supérieure de la dotation de l'armée; — 2° Commission d'hygiène hippique; — 3° Commission mixte des travaux publics; — 4° Commission de défense des côtes.

Une *section de la guerre, de la marine, des colonies et de l'Algérie, au conseil d'État,* forme au ministère de la guerre un *comité* dont une des principales attributions consiste dans la révision de la liquidation des pensions.

CHAPITRE DEUXIÈME.

Du recrutement de l'armée.

Les intérêts civils et les intérêts militaires se trouvent également servis par un bon recrutement. (*Instruction du Conseil de santé,* 14 *novembre* 1845.)

Depuis les premiers rois de la seconde race jusqu'à l'institution des milices, le recrutement de l'armée est resté confié, soit aux gouverneurs des villes, qui proclamaient le ban et l'arrière-ban du roi, et décimaient indistinctement la population pour l'armée, soit aux chefs qui recueillaient çà et là, à prix d'argent, tous ceux qui voyaient dans la guerre une occasion de fortune. Louis XIV donna le premier quelque régularité à cette levée d'hommes, par le système des milices; mais si les engagements des racoleurs avaient le côté fâcheux d'amener le plus souvent la lie de la population dans les rangs, le tirage à la milice, en ne portant pas également sur toute la France, avait l'inconvénient de dépeupler les campagnes et d'épargner les villes.

La suppression des milices fut arrêtée en 1789 et confirmée par le décret du 4 mars 1791; le décret du 16 décembre 1789 dispose que les troupes françaises seront recrutées par enrôlement volontaire. Et bientôt à cette masse d'enrôlements volontaires, qui fut le prélude de nos grandes guerres, succédèrent, d'abord la levée en masse (*Loi du 4 juin* 1791) et ensuite la réquisition. Ainsi, par la loi du 24 février 1793, tous les citoyens âgés de 18 à 40 ans furent mis en état de réquisition permanente, et cette même loi posa le principe, 1° de l'enrôlement volontaire; 2° celui des appels; 3° celui du remplacement.

La conscription militaire fut introduite dans la législation française par la loi du 19 fructidor an VI : par elle, tout Français devenait soldat et se devait à la défense de la patrie. Mais ce système de recrutement, tout en procurant de grands avantages, dont on perdit même le souvenir, devait devenir odieux, parce que, sous l'Empire, il épuisa la France de jeunesse et même d'hommes faits; aussi fut-il aboli par la Charte de 1814. On voulut en revenir aux enrôlements volontaires, et on créa une prime de 50 francs. Toutefois cet essai de retour à l'ancien régime ne fut pas heureux, et en 1818, le maréchal Gouvion Saint-Cyr, ministre de la guerre, reconnaissant la nécessité de ramener le recrutement aux vrais principes, présenta aux Chambres un projet de loi comprenant les engagements volontaires, les appels et les rengagements. Dans la loi du 10 mars 1818, l'engagement volontaire fut le principe de recrutement; le second fut les appels par un tirage au sort, en cas d'insuffisance des engagements volontaires; et pour répondre à de nombreuses récriminations, elle établit la répartition du contingent dans les départements, d'après la proportion de la population générale.

La durée du service, fixée d'abord à six ans, fut portée à huit ans par la loi du 9 juin 1824. Ce mode fut employé jusqu'en 1830.

Aujourd'hui, ce sont les lois du 21 mars 1832 et du 26 avril 1855 qui régissent le recrutement de l'armée. De même que la législation antérieure, la loi de 1832 fait dépendre l'appel au service du tirage au sort, admet de justes et utiles exemptions, autorise la substitution des numéros et le remplacement, et rend l'engagement volontaire à sa pureté par la suppression de la prime en argent; elle règle enfin le rengagement des militaires sous les drapeaux. Les applications de cette loi sont complétées par les instructions du 18 mai et du 29 juin 1840, faisant suite à celle du 30 mars 1832, en ce qui concerne les opérations des conseils de révision et par la circulaire ministérielle du 10 avril 1857, qui réunit toutes les dispositions propres à assurer la bonne et complète exécution des opérations.

Quant à la loi du 26 avril 1855, il est impossible de n'en pas reconnaître l'importance et la moralité. En fondant d'abord la caisse de dotation de l'armée, elle lui crée des ressources destinées à alimenter et à augmenter les pensions de retraite des sous-officiers, caporaux ou brigadiers et soldats; en même temps, en favorisant les rengagements et les engagements militaires et en supprimant le mode de remplacement établi par la loi du 21 mars 1832, elle annule en fait les compagnies de remplacement et frappe du même coup certaines pratiques honteuses à l'usage des enfants perdus du remplacement militaire.

ARTICLE PREMIER.

Loi du recrutement.

§ 1er.—Dispositions générales.

La loi du recrutement du 21 mars 1832 prescrit à la fois de quelle manière se compose et s'entretient l'armée, et comment on procède à cette organisation.

L'armée se recrute par des appels et par des engagements volontaires (art. 1er).

Chaque année fournit son contingent sous le nom de classe. Le contingent annuel est voté par le Corps législatif et le Sénat.

L'armée se compose dans les proportions qui résultent des lois annuelles de finances et du contingent : 1° de l'effectif entretenu sous les drapeaux; 2° des hommes qui sont laissés ou renvoyés en congé dans leurs foyers (*réserve*) (art. 3).

Par son article 2 : *nul n'est admis dans les troupes françaises s'il n'est Français*, cette loi revient au seul et unique principe de tout bon système de recrutement : *Tout Français se doit à la défense de la patrie*. Il n'y a d'exclus du service militaire que les individus entachés d'infamie ou de déshonneur.

Les jeunes gens de vingt ans sont inscrits sur un tableau qu'on affiche et qu'on rectifie, après quoi ils tirent tous au sort des numéros déposés dans une urne. Les porteurs des numéros les moins élevés sont réservés en nombre double du contingent demandé, pour passer à l'examen d'un conseil qui décide les exemptions et les réformes.

Les art. 13 et 14 déterminent trois catégories d'exemptions; elles ont lieu, *dans l'intérêt de l'armée* : 1° pour la taille au-dessus de 1 mètre 56 centimètres; 2° pour les infirmités qui rendent impropre au service; *dans l'intérêt des familles*, 1° l'aîné d'orphelins de père et de mère; 2° le fils unique ou l'aîné des fils ou à défaut de fils ou de gendre, le petit-fils unique ou l'aîné des petits-fils d'une femme actuellement veuve, ou d'un père aveugle ou entré dans sa soixante-dixième année; 3° le frère d'un militaire servant à tout autre titre que pour remplacement, ou qui serait mort en activité de service, ou aurait été réformé, admis à la retraite pour blessures reçues dans un service commandé, ou infirmités contractées dans les armées; dans les cas prévus dans les paragraphes ci-dessus notés 2° et 3°, le frère puîné jouira de l'exemption, si le frère aîné est aveugle ou atteint de toute autre infirmité qui le rende impotent; *dans l'intérêt de l'État,* 1° les engagés volontaires; 2° les jeunes marins; 3° les élèves des écoles, les membres de l'instruction publique, les élèves des grands séminaires, et les grands prix de l'université ou de l'institut.

Parmi les militaires considérés comme étant sous les drapeaux et qui, servant à tout autre titre que pour remplacement, confèrent à leurs frères le droit à l'exemption, sont compris les officiers de santé de l'armée, lorsqu'ils sont employés activement. (*Instruction du 30 mars 1832.*)

Sont considérés comme ayant satisfait à l'appel et comptés numériquement en déduction du contingent à former, les jeunes gens désignés par leurs numéros pour faire partie du contingent, qui se trouveraient dans les cas suivants : 1° ceux qui seraient déjà liés au service, en vertu d'un engagement volontaire, d'un brevet ou d'une commission sous la condition qu'ils seront dans tous les cas tenus d'accomplir le temps de service prescrit par la loi; 2° les officiers de l'armée et les élèves commissionnés. (*Art. 14 de la loi, et Instruction du 30 mars 1832.*)

§ 2. — Des conseils de révision.

1. *Composition du conseil de révision.* — Le conseil de révision est un tribunal chargé de revoir les opérations du recrutement, d'entendre les réclamations, et de juger en séance publique les causes d'exemption et de déduction.

Pour obtenir un résultat équitable, et dans l'intérêt de l'État, de l'armée et des familles, la loi, d'après l'art. 15, a composé le conseil de révision :

1° Du préfet ou d'un conseiller de préfecture, président ;

2° D'un conseiller de préfecture ;

3° D'un membre du conseil général du département ;

4° D'un membre du conseil d'arrondissement ; tous trois à la désignation du préfet ;

5° D'un officier général ou supérieur désigné par l'Empereur.

On leur adjoint un *membre de l'intendance militaire*, qui représente le Gouvernement et n'a qu'un droit d'observation, sans voix consultative ; le *sous-préfet* de l'arrondissement, qui peut donner d'utiles renseignements sur le compte des jeunes gens, et enfin le *médecin*, qui doit examiner et constater les cas d'infirmités.

Le commandant du dépôt de recrutement suit le conseil de révision dans sa tournée ; il prend note, concurremment avec l'officier général et le sous-intendant, de l'aptitude militaire des jeunes gens, sous le rapport de la taille, de la profession et de la constitution physique.

Les généraux de brigade ne peuvent, sous aucun prétexte, hors le cas de maladie ou de raisons majeures de service, se dispenser de remplir les fonctions de membres du conseil de révision. Au besoin, ils peuvent être suppléés par des officiers supérieurs du grade de colonel ou de lieutenant-colonel pris dans les corps de troupe de la division.

Les médecins militaires qui doivent accompagner le conseil de révision sont choisis par les préfets sur l'indication des intendants divisionnaires parmi les médecins des corps de troupes ou des hôpitaux militaires qui sont susceptibles d'être distraits de leur service habituel.

Le choix doit porter *exclusivement* sur les officiers de santé militaires ayant au moins le *grade de médecin-major de 2ᵉ classe*. Les mêmes ne peuvent être désignés deux années de suite. Ceux qui sont attachés à des régiments ne peuvent être désignés pour assister les conseils de révision dans les départements où leurs régiments sont en garnison.

Les préfets doivent s'abstenir de désigner, pour la tournée, le médecin en chef d'un hôpital militaire, dans les cas où l'intendant militaire de la division aurait fait connaître qu'une absence aussi prolongée de la part de cet officier de santé serait essentiellement nuisible aux soins journaliers que les malades réclament.

Afin qu'ils puissent échapper à toute espèce d'obsessions, ces officiers de santé ne connaissent leur désignation que le jour le plus rapproché possible de celui où commencent les opérations auxquelles ils doivent prendre part.

Les intendants militaires se concertent avec les préfets pour que les officiers de santé désignés arrivent à temps auprès des conseils de révision et n'y soient pas retenus sans nécessité. (*Circulaires des 25 juin 1834 et 20 avril 1852, et Instruction du 18 mai 1840.*)

Le concours de deux officiers de santé n'est pas nécessaire, à moins de circonstances extraordinaires.

Une indemnité de 15 francs par jour est allouée aux officiers de santé militaires, lorsque, déplacés du lieu de leur résidence ou de leur garnison, ils ont assisté le conseil de révision pendant sa tournée hors du chef-lieu du département; mais ils n'ont droit, par journée de séjour à ce chef-lieu, pour les opérations du conseil, qu'à une indemnité de 5 francs. (*Circulaire du 11 juillet 1836.*)

Les officiers de santé civils qui, à défaut d'officiers de santé militaires, sont appelés près le Conseil de révision, reçoivent aussi une indemnité de 15 francs par jour pour le temps pendant lequel, étant déplacés du lieu de leur résidence habituelle, ils ont assisté aux opérations du Conseil; mais lorsque ces opérations s'effectuent dans le lieu de leur résidence, ils ne sont payés que par vacations, dont la quotité proportionnée à la durée des séances doit être réglée d'après le tarif établi par le décret du 18 juin 1811 pour les experts et les gens de l'art. Ces vacations sont fixées à 10 francs par journée entièrement employée à la visite des recrues, à 3 francs pour chaque séance d'une heure ou de moins d'une heure, et à 2 francs par heure pour les séances dont la durée aura été de deux, trois et quatre heures. (*Circulaire du 24 avril 1849.*)

Les officiers de santé militaires, détachés pour assister dans leurs tournées les conseils de révision du recrutement, continuent à jouir de l'indemnité du logement pendant la durée de leur mission. (*Décision du 31 janvier 1854.*)

II. *Opérations du conseil de révision.* — Le conseil de révision se transporte dans les divers cantons; toutefois, suivant les localités, le préfet peut réunir plusieurs cantons dans le même lieu. (*Art. 15 de la loi.*) La durée moyenne de la tournée du conseil de révision est de vingt-trois jours dans chaque département.

Lorsque les conseils de révision sont en séance, les membres de ces conseils doivent être revêtus du costume et des insignes extérieurs auxquels on peut reconnaître leur caractère public. (*Inst. du 18 mai 1840, n° 14.*)

Le conseil de révision statue d'abord sur les cas d'exemption et de déduction.

Dans les cas d'exemption pour infirmités, les gens de l'art sont consultés. (*Art.* 16 *de la loi.*)

Les conseils de révision doivent avoir soin de faire remarquer aux jeunes gens qu'il est de leur propre intérêt de se laisser visiter par les officiers de santé : car il est arrivé souvent que des jeunes gens qui n'alléguaient aucun motif d'infirmité ont été reconnus, après la visite, avoir des droits à l'exemption pour faiblesse de constitution, vice de conformation, etc.

Les jeunes gens ne seront visités qu'à *huis clos*, afin qu'ils soient tenus à l'abri d'une curiosité indiscrète.

Toutefois, un ou plusieurs membres du conseil de révision pourront toujours assister à cette visite, et le président du conseil pourra même permettre l'entrée du lieu réservé pour cette opération au maire de la commune, ainsi qu'au père et au tuteur du jeune homme examiné ; mais cette faculté ne saurait être réclamée par d'autres personnes, attendu que, si les séances des conseils de révision sont publiques, il ne faut pas confondre la salle où se tiennent les séances avec le lieu où, lorsque la décence l'exige, les conseils font visiter à *huis clos* les jeunes gens. (*Instruction du* 18 *mai* 1840, n° 5, *art.* 17 *et* 18.)

De la visite exacte et sévère des jeunes gens dépend en grande partie la bonne composition du contingent. L'administration a donc le plus grand intérêt à ce que tous les hommes qui se présentent devant le conseil de révision soient examinés avec détail, afin de constater leur état physique. C'est également un moyen de mettre la fraude en défaut. Un langage persuasif et paternel est le meilleur moyen à employer par les conseils de révision pour vaincre la répugnance naturelle des jeunes gens à se laisser visiter ; mais ce qui est indispensable, c'est que l'itinéraire des conseils soit calculé et arrêté de manière à ce qu'ils aient le temps nécessaire pour examiner sans précipitation les jeunes gens. (*Durat-Lasalle, Code de l'officier.*)

Des conseils de révision se sont plaints de l'état de malpropreté dans lequel beaucoup de jeunes gens se présentent à leur examen. Sans parler de ce qu'il y a d'irrespectueux dans un pareil état de choses, il ne peut en résulter que des conséquences préjudiciables aux intérêts des jeunes gens eux-mêmes. En effet, dominés par ce sentiment de dégoût qu'inspire toujours la vue d'hommes malpropres, et soupçonnant aussi qu'il peut y avoir de leur part un calcul frauduleux, les conseils de révision sont naturellement portés à user d'une plus grande sévérité, et il ne serait pas impossible que, pour ce motif, des jeunes gens, peut-être susceptibles d'être exemptés, fussent compris dans le contingent.

Il sera donc facile de faire comprendre aux jeunes gens l'intérêt qu'ils ont de se présenter devant les conseils de révision dans un état convenable, et, à cet effet, les maires auront soin de leur adresser des observations en temps utile. (*Circulaire du 14 avril 1853.*)

Toute détermination de la part d'un conseil de révision qui ferait entrer dans le contingent des hommes non évidemment propres à faire un bon service, serait une violation de son mandat et un oubli inexplicable de l'importante mission qui lui est confiée.

Les conseils de révision ne sauraient apporter trop de soin et de scrupule dans le choix des jeunes soldats. Ils doivent à cet égard, se rappeler que l'article 13 de la loi a dit : *Seront exemptés ceux que leurs infirmités rendront impropres au service.* Or, ce serait mal interpréter la loi, ce serait en violer le texte, en méconnaître l'esprit, que d'envoyer sous les drapeaux des hommes qui constituent l'État en frais inutiles, dont l'existence se traîne d'hôpitaux en hôpitaux où ils finissent par succomber s'ils ne sont pas rendus immédiatement à leurs familles. Signaler des résultats aussi graves à la sollicitude des conseils de révision, c'est y mettre un terme. (*Instruction du 16 nov. 1833.*)

L'instruction du 2 avril 1862, qui a remplacé celle du 14 novembre 1845 dont l'utilité a été si bien reconnue, doit servir de guide dans l'appréciation des causes qui rendent impropre au service militaire.

Il importe, au surplus, de se tenir continuellement en garde contre la fraude qui est souvent employée, lorsque l'exemption est demandée pour surdité, bégayement, myopie, épilepsie, folie, etc., et généralement dans les cas où l'infirmité, n'étant pas apparente, peut être facilement simulée. Les conseils doivent toujours accorder des délais, conformément à l'art. 27 de la loi du 21 mars 1832, et faire procéder, pendant ces délais, à des investigations scrupuleuses, au besoin même à des enquêtes sur les lieux, afin d'être complétement éclairés sur la réalité des infirmités alléguées. Comme présidents des conseils de révision, les préfets veilleront à ce que ces prescriptions soient strictement observées. (*Circulaire du 24 avril 1849.*)

Dans l'intérêt de l'armée et du Trésor et aussi dans l'intérêt de la population elle-même, les conseils de révision doivent prononcer l'exemption de tout homme qui n'est pas évidemment propre à faire un bon service. L'appelé qui se trouve avoir tout à la fois des droits à l'exemption : 1° pour infirmités; 2° pour défaut de taille, etc., doit être exempté de préférence pour infirmités, attendu que cette espèce d'exemption ne donne pas lieu à la déduction indiquée à l'article 13 de la loi. (*Instruction du 18 mai n° 43.*)

Les Conseils de révision ne peuvent ajourner et renvoyer à l'hôpital les individus malades ou atteints d'infirmités, attendu que la loi n'autorise aucun ajournement, lorsqu'il n'y a pas intervention des tribunaux ou qu'un délai n'est pas accordé pour production de pièces. (*Id.*, n° 25.)

L'autorité militaire fait convoquer devant elle les jeunes gens qui résident en Algérie, afin de reconnaître s'ils ont au moins la taille requise : elle les soumet de plus en sa présence à une visite et à une contre-visite de médecins militaires, à l'effet de constater s'ils n'ont pas des infirmités qui les rendent impropres au service. (*Id.*, n° 35.)

Le Conseil de révision statue également sur les substitutions et les demandes de remplacement. (*Art.* 17 *de la loi.*)

On entend par *substituant* tout jeune homme qui ayant concouru au tirage d'un même canton et qui ayant un haut numéro, change de numéro avec son frère ou tout autre parent qui en a un plus bas, pour marcher à sa place, si toutefois il est reconnu propre au service par le Conseil.

Les substitutions de numéros peuvent avoir lieu jusqu'à la date de l'ordre de route des jeunes soldats immatriculés.

Les Conseils de révision doivent se tenir en garde contre les menées des compagnies ayant pour objet la substitution.

La loi du 26 avril 1855, en supprimant le remplacement, a eu pour but de mettre un terme à de honteux trafics, et il importe de ne pas les laisser se reproduire sous une autre forme. L'intervention de tous agents de ce genre entre les familles et l'administration doit donc être repoussée de la manière la plus absolue. Ce serait même tout à fait agir dans l'esprit de la loi du 26 avril 1855 que d'exclure comme substituants les individus qui se présenteraient sous de pareils auspices. La loi ne saurait plus admettre les remplacements déguisés que les remplacements ostensibles. (*Circulaire du* 26 *février* 1856.)

La substitution autorisée par ladite loi ne peut avoir lieu qu'entre frères, beaux-frères et parents jusqu'au sixième degré, concourant au tirage de la même classe, et dans le même canton. (*Loi du* 17 *mars* 1858.)

En posant en principe l'obligation du service militaire, la loi a conservé cependant la faculté du remplacement. D'après l'article 10 de la loi du 26 avril 1855 modifié par la loi du 17 mars 1858, le mode de remplacement établi par la loi du 21 mars 1832 n'est aujourd'hui possible qu'entre frères, beaux-frères et parents jusqu'au *sixième* degré.

D'un autre coté, les Conseils de révision sont seuls compétents pour statuer sur ces remplacements, en sorte qu'il ne peut plus en être admis après la mise en route des jeunes soldats. (*Art.* 69 *du décret du* 9 *janvier* 1856 *portant règlement d'administration publique pour l'exécution de la loi du* 26 *avril* 1855, *et n°* 45 *de la circulaire explicative du* 26 *du même mois.*)

Néanmoins le jeune soldat maintenu en sursis de départ pourra, pendant la durée de son sursis, être admis à se faire remplacer.

Tout en restreignant le remplacement dans les limites ci-dessus indiquées, la loi du 26 avril 1855 n'a rien changé aux conditions qui lui étaient précédemment imposées. Les prescriptions contenues aux n° 71 et suivants de l'instruction du 18 mai 1840 devront donc continuer à être observées.

Pour se faire remplacer il faut être compris définitivement dans le contingent de son canton (*art.* 19 *de la loi*). Tout individu conditionnellement inscrit sur la liste du contingent ne peut être admis à se faire remplacer.

La faculté de se faire remplacer devant le conseil de révision cesse pour les jeunes soldats immatriculés au moment où un ordre de route leur est notifié.

Les Conseils de révision doivent apporter un soin particulier dans l'examen des individus qui se présentent pour remplacer. Ils ne renverront donc jamais cet examen à la fin d'une longue séance, alors que l'attention du Conseil se trouve nécessairement fatiguée. (*Instruction du* 18 *mai* 1840 *n*°76.)

Malgré les recommandations pressantes contenues dans les circulaires ministérielles au sujet de l'admission des remplaçants, on a souvent été obligé de réformer soit au corps soit à la revue de départ, beaucoup de remplaçants, comme étant atteints d'infirmités contractées antérieurement à leur examen par les Conseils de révision. Ces abus n'avaient pas échappé à l'investigation des Chambres à l'occasion de l'examen du projet de loi relatif à l'appel de la classe de 1834 :

Les Conseils de révision montrent trop souvent dans l'admission des remplaçants une facilité, pour ne rien dire de plus, que nous devons hautement blâmer. Ces Conseils ne causent pas seulement à l'État un dommage notable en admettant des remplaçants impropres au service, mais encore en envoyant dans les régiments des jeunes gens valétudinaires ou atteints d'infirmités qui les mettent dans l'impossibilité absolue de servir. Ni les recommandations instantes et réitérées du Ministre de la guerre, ni les protestations énergiques des sous-intendants militaires, ni les avertissements solennels des Commissions qui ont successivement examiné les projets de loi sur le recrutement, n'ont pu arrêter ni même diminuer un abus si préjudiciable à l'armée et au pays. Les Conseils de révision ne se pénétrent pas assez de l'esprit de la loi ; ils oublient qu'elle a pour but essentiel de donner à l'armée des soldats non-seulement exempts de toute espèce d'infirmités, mais encore robustes et aptes, par leur constitution physique, à soutenir les fatigues de la guerre. (*Séance de la Chambre des députés du* 25 *avril* 1835 ; *Rapport de la Commission.*)

Chaque année, des plaintes spécifiées par les résultats mis sous les yeux des Chambres s'élèvent du sein de votre Commission contre les opérations des Conseils de révision qui ne se montrent pas assez sévères dans l'acceptation des remplaçants et qui souvent négligent, pour des intérêts de localité, ceux de l'armée et du Trésor, en envoyant dans les corps des hommes non-seulement impropres au service militaire, mais encore d'une moralité plus que suspecte. (*Séance de la Chambre des pairs du* 6 *juin* 1835.)

Le remplaçant doit réunir les qualités requises pour faire un bon service, c'est-à-dire qu'il doit être robuste, bien constitué et n'avoir aucune infirmité apparente ou cachée. (*Instruction du 30 mars 1832, n° 85*.)

Au nombre des conditions exigées pour le remplacement, se trouve aussi celle *de n'avoir pas été réformé du service militaire*. Un jeune homme exempté pour cause d'infirmités par le Conseil de révision au moment de la formation du contingent de la classe ne peut donc, plus tard, se représenter comme remplaçant. En effet : 1° le Conseil de révision ne peut rendre sur cet individu deux décisions définitives et contradictoires entre elles, comme serait celle d'admettre comme remplaçant l'homme jugé pour son compte impropre au service; 2° Il y a analogie parfaite entre le militaire réformé dont parle l'article précédent et le jeune homme exempté pour infirmités. (*Circulaire ministérielle du 25 juin 1834*.)

Les jeunes gens qui, pour infirmités ou faiblesse de constitution, ont été exemptés en vertu de l'art. 13 de la loi, se trouvant dans une position parfaitement analogue à celle des militaires réformés (*art. 19*), il s'ensuit qu'ils sont inhabiles à être admis en qualité de remplaçants. (*Instruction du 18 mai 1840, n° 77*.)

Ce serait peut-être le lieu de rappeler ici toutes les observations qui ont été faites au sujet du remplacement. Il nous suffira de faire seulement remarquer que le mode de remplacement par les compagnies d'assurances était essentiellement vicieux; celui des remplacements par les corps offrait plus de garantie; mais il présentait aussi ses inconvénients, tel qu'il se pratiquait avant *la loi du 26 avril 1855, relative à la création d'une dotation de l'armée, au rengagement, au remplacement et aux pensions militaires;* aussi était-il à la fois moral et conforme à la dignité et à l'honneur de l'armée, que l'État prît lui-même, sous sa responsabilité et sa surveillance, cet acte qui n'était plus qu'une transaction de commerce et trop souvent même une industrie coupable.

La loi du 26 avril 1855 statue : 1° que le mode de remplacement établi par la loi du 21 mars 1832 est *supprimé*, si ce n'est entre frères, beaux-frères et parents jusqu'au sixième degré, que la substitution du numéro autorisée par cette loi est maintenue (*art. 10, modifié par la loi du 17 mars 1858*);

2° Que les jeunes gens compris dans le contingent annuel obtiennent *l'exonération du service*, au moyen de prestations versées à la Caisse de la dotation et destinées à assurer leur remplacement dans l'armée par la voie du rengagement d'anciens militaires (*art. 5*).

En cas d'insuffisance du nombre des rengagements et des engagements volontaires après libération, comparé à celui des exonérations, des remplacements sont effectués *par voie administrative*, et le prix de ces remplacements est à la charge de la dotation de l'armée. (*Art. 15*.)

Les décisions du Conseil de révision sont définitives et irrévocables. (*Art. 25 de la loi*.) Du moment qu'elles ont été proclamées par le président, les jeunes gens une fois compris dans le contingent ou définitivement libérés ne peúvent, dans aucun cas, être l'objet d'une autre décision de ce Conseil.

Les généraux ou officiers supérieurs membres des Conseils de révision et les sous-intendants militaires dresseront un état nominatif des hommes qui auraient été admis dans le contingent malgré leurs observations et contrairement à l'avis de l'officier de santé militaire employé près du Conseil de révision. Cet état doit accompagner le rapport de l'officier général ou supérieur sur les opérations de la classe. (*Circulaire du 24 avril* 1849.) Il comprend dans autant de colonnes distinctes : 1° les noms et prénoms; 2° la désignation des cantons auxquels les jeunes gens appartiennent ; 3° la date de l'admission dans le contingent; 4° l'opinion motivée de l'officier général, du sous-intendant militaire et du médecin militaire; 5° observations. Il est certifié exact et véritable par ces trois fonctionnaires qui le signent, et est envoyé au Ministre lors même qu'il serait négatif.

Après que le Conseil de révision a statué sur les exemptions, déductions, substitutions, remplacements, ainsi que sur toutes les réclamations auxquelles les opérations du recrutement ont pu donner lieu, la liste du contingent cantonal est arrêtée et signée par le Conseil de révision. Le Conseil ne peut statuer ultérieurement sur les jeunes gens portés sur les listes du contingent que pour les demandes de substitution ou de remplacement.

III. *Répartition des jeunes soldats.* — Les jeunes gens définitivement appelés ou ceux qui ont été admis à les remplacer, sont immédiatement répartis entre les corps de l'armée.

Ils sont divisés en deux classes d'après l'ordre de leurs numéros : 1° la première, de ceux qui doivent être mis en activité ; 2° la seconde, de ceux qui sont laissés dans leurs foyers et ne peuvent être mis en activité qu'en vertu d'un décret du chef de l'État. (*Art.* 29 *de la loi.*)

La désignation des jeunes soldats pour les divers corps est faite par les soins du général membre du Conseil de révision, assisté du commandant du dépôt de recrutement. Ils sont désignés pour chaque corps selon leur aptitude physique et leur profession.

Les contingents des corps sont fournis dans l'ordre déterminé d'après la taille à laquelle chacun de ces corps se recrute, en commençant par les régiments de carabiniers, pour lesquels on exige la taille de 1^{m}76, et en finissant par ceux d'infanterie de ligne et légère dont le minimum de la taille exigé est de 1^{m}56.

Il ne peut y avoir de tolérance que pour les armes spéciales. Elle est autorisée encore pour les professions de maréchal-ferrant, sellier ou bourrelier, armurier, tailleur ou cordonnier des armes spéciales ou des différents corps de cavalerie, lorsque les contingents annuels n'offrent pas un nombre suffisant d'hommes exerçant ces professions de la taille exigée. Toutefois le minimum de tolérance est 1m61 ; tous ceux qui n'atteignent pas cette taille doivent être affectés à l'infanterie (1).

Les jeunes soldats, étudiants en médecine et en pharmacie qui justifient de leur qualité sont, sur leur demande, répartis proportionnellement entre les corps d'infanterie en garnison à Strasbourg, et dirigés sur ces corps : ils sont ensuite placés dans l'hôpital militaire d'instruction de cette ville, et lors de l'examen spécial ils peuvent être admis comme *élèves du service de santé militaire.*

Les remplaçants anciens militaires sont affectés à un corps de l'armée dont ils ont déjà fait partie, excepté ceux sortant de la cavalerie, qui le sont en totalité aux régiments de chasseurs d'Afrique.

Les jeunes soldats destinés aux armes spéciales doivent être particulièrement robustes et fortement constitués.

1° Pour les régiments de cavalerie, d'artillerie, le corps du train des équipages militaires, les jeunes soldats doivent être choisis de préférence parmi ceux habitués soit à soigner les chevaux, soit à conduire les voitures ou qui sont selliers, bourreliers ou maréchaux-ferrants ; des ouvriers en fer ou en bois seront en outre affectés, autant que possible, aux régiments d'artillerie ;

2° Pour le régiment de pontonniers, il ne doit recevoir que des bateliers, cordiers, charpentiers de bâteaux ou de bâtiments, charrons, ouvriers en fer ou calfats ;

3° Pour les compagnies d'ouvriers du génie, d'artillerie et des équipages militaires, ils ne se recrutent que dans les professions de forgeur, serrurier, taillandier, cloutier, charron, charpentier, menuisier ou tonnelier et maçon.

4° Pour les régiments du génie, on ne devra prendre que parmi les ouvriers en bois, en pierre, en fer, selliers, bourreliers, maréchaux ferrants, conducteurs de chevaux ou de voitures, terrassiers, maçons, ouvriers des mines et des carrières ;

5° Pour les sapeurs-pompiers de la ville de Paris, les hommes doivent savoir lire et écrire, et être maçons, couvreurs, charpentiers ou d'une profession analogue ;

6° Pour les bataillons de tirailleurs ou chasseurs à pied, il est nécessaire que les hommes soient lestes, vigoureux, bien constitués, d'une taille moyenne et bien prise, et qu'ils aient, autant que possible, l'habitude de la chasse et des armes à feu ;

---

(1) Le décret du 13 avril 1860 a réduit de 1 centimètre le minimum de taille pour toutes les armes qui se recrutent au-dessus de la taille de 1m,56 jusques et y compris celle de 1m,70. Le tableau qui y est annexé indique les conditions d'aptitude exigées pour l'admission dans les divers corps de l'armée, ainsi que la taille qui demeure fixée ainsi qu'il suit :

Carabiniers, 1m,76 ; cuirassiers, 1m,73 ; artillerie, pontonniers, dragons et lanciers, compagnies d'ouvriers du génie, 1m,69 ; ouvriers d'artillerie et train d'artillerie, 1m,68 ; train des équipages, chasseurs, hussards, génie, 1m,66 ; sapeurs-pompiers de Paris, 1m,64 ; infanterie de ligne, chasseurs à pied, ouvriers d'administration et infirmiers militaires, 1m,56.

7° Pour les ouvriers d'administration, ils doivent exercer particulièrement la profession de boulanger, ou de boucher, ou, à défaut, celle de botteleur, charpentier, serrurier, menuisier ou maçon ;

8° Pour les infirmiers militaires, ils doivent être d'une moralité bien connue, habitués à une vie régulière et laborieuse, et savoir lire et écrire. Il serait nécessaire qu'un certain nombre d'entre eux eussent, autant que possible, des connaissances en pharmacie, herboristerie, ou qu'ils fussent de la profession de cuisinier, tailleur, cordonnier ou peintre en bâtiments.

Le service en qualité d'infirmiers entretenus, vu sa spécialité, ne peut être rigoureusement imposé comme destination obligée aux jeunes soldats. (*Instruction du 29 juin* 1840.)

IV. *Durée du service militaire.*—La durée du service des jeunes soldats appelés est de sept ans, qui comptent du 1er janvier de l'année où ils ont été inscrits sur les registres matriculés des corps de l'armée.

§ 3.— Mise en activité des jeunes soldats.

Revue de départ. — Les jeunes soldats immatriculés sont mis en route sur l'ordre du Ministre de la guerre. Avant leur départ pour leurs corps respectifs, ils sont convoqués au chef-lieu du département, où le général commandant la subdivision les passe en revue sur le terrain.

Le général se fait accompagner par le sous-intendant militaire, le commandant du recrutement et par un médecin militaire dont il prend l'avis pour *statuer sur la position des jeunes soldats qui seraient ou se diraient infirmes.*

Lorsque de jeunes soldats se présentent malades à la revue, le général peut leur accorder un sursis de départ pour rester chez eux afin d'y rétablir leur santé, ou il les envoie à l'hôpital.

Les jeunes gens qui étant malades ne peuvent pas se rendre à la revue de départ, sont tenus de justifier de leur position par la production d'un certificat des gens de l'art et du maire de leur commune, visé par le sous-préfet de l'arrondissement.

S'il se présente à la revue de jeunes soldats atteints d'infirmités et reconnus impropres au service, ils sont examinés avec le plus grand soin par le général, assisté d'un ou de plusieurs médecins militaires; s'ils ne sont pas évidemment propres au service, ils sont renvoyés avec les certificats constatant les résultats de ce premier examen, devant la commission spéciale instituée par l'art. 15 de l'Instruction du 3 mai 1844.

Si, parmi les hommes appelés à l'activité, il s'en trouve qui soient atteints de maladies syphilitiques ou cutanées, ils doivent être admis immédiatement dans les hôpitaux, et l'autorité militaire veille à ce qu'ils ne soient mis en route qu'après leur guérison complète. (*Circulaire ministérielle du* 23 *septembre* 1844.)

S'il s'en présente qui se soient mutilés volontairement, le général de brigade en rend compte au général commandant la division qui, suivant les circonstances, devra, aux termes de l'art. 4 de la loi, déférer les prévenus aux tribunaux.

En attendant le jugement, le jeune soldat infirme est envoyé à l'hôpital du lieu où il est consigné ; s'il n'est ni malade ni infirme, il est mis en subsistance dans la compagnie de vétérans la plus voisine. (*Instruction du* 4 *juillet* 1832.)

La revue étant passée, les jeunes soldats sont mis en route pour leur destination dans les 24 heures à partir de la revue passée.

A l'arrivée au corps des jeunes soldats, soit isolément, soit en détachement, ils sont de nouveau soumis à la visite des médecins militaires qui consignent leurs observations sur le *Registre d'incorporations.*

§ 4. — Des engagements volontaires et des rengagements. — Des remplacements par voie administrative.

I. *Engagements volontaires.* — Les engagements volontaires contribuent dans une proportion variable à composer l'armée.

Les engagements volontaires contractés conformément aux articles 32, 33 et 34 de la loi du 21 mars 1832, ont été maintenus par la loi du 26 avril 1855 ; ils forment une catégorie dans laquelle figurent :

Les hommes qui, n'ayant pas encore servi, demandent à contracter un premier engagement ; — Les anciens militaires libérés du service depuis plus d'une année, etc.

Ces engagements doivent être reçus dans les formes prescrites par l'ordonnance du 15 janvier 1837, et, dans aucun cas, ils ne donnent droit aux allocations prévues par l'article 12 de la loi du 26 avril 1855.

Le décret du 10 juillet 1848 a fixé l'âge de dix-sept ans accomplis pour être admis à contracter un engagement volontaire dans l'armée de terre ; et le décret du 17 janvier 1852, en abrogeant celui du 31 mars 1848, qui autorisait les engagements volontaires de deux ans, et dont l'application avait produit de fâcheux résultats, a confirmé la disposition de l'article 33 de la loi du recrutement qui fixe la durée de l'engagement volontaire à sept ans.

Indépendamment des conditions exigées par les articles précités de cette loi, il faut, pour contracter un engagement volontaire, *être sain, robuste et bien constitué, avoir la taille et les qualités physiques requises pour le service de l'arme.*

Le jeune homme qui désire s'engager doit se présenter devant le chef du corps dans lequel il désire prendre du service, s'il tient garnison dans la Place ; ou, dans le cas contraire, devant l'officier de recrutement du département, ou, enfin, devant l'officier de gendarmerie le plus voisin de sa résidence. Il est ensuite soumis à la visite d'un médecin militaire ou civil pour constater *qu'il n'est atteint d'au-*

cune infirmité apparente ou cachée, qu'il est d'une constitution saine et robuste, et il lui est délivré *un certificat d'acceptation*, qui doit être signé par le médecin chargé de la visite et par l'officier en présence duquel il s'est présenté.

Des engagés ont été reconnus chétifs, mal constitués et n'ayant ni la taille ni les qualités requises. Les officiers qui délivrent des certificats d'acceptation sont rendus responsables des frais qu'ils occasionneront au Trésor par leur négligence dans l'accomplissement d'un devoir d'où dépend en partie la bonne composition des corps de l'armée. (*Instruction du 4 mai 1832*.) Le Ministre, dans son rapport au roi (1835), signale la trop grande facilité de la délivrance des certificats d'acceptation constatant l'aptitude militaire. «Un tel résultat, dit-il, est trop grave pour ne pas y mettre un terme, et je ferai appliquer avec une juste sévérité la disposition réglementaire d'après laquelle les officiers qui délivrent des certificats d'acceptation sont rendus responsables des frais qu'ils occasionnent au Trésor par leur négligence. »

Les militaires qui ont été réformés et qui ne peuvent être admis comme remplaçants, peuvent l'être comme engagés volontaires, s'ils réunissent d'ailleurs les conditions d'aptitude. (*Instruction du 4 mai 1832, art. 35*.)

Les jeunes gens désignés par le sort pour faire partie du contingent de leur classe pourront être reçus à s'engager jusqu'au jour de la clôture de la liste du contingent de leur canton.

L'engagé volontaire peut s'engager pour le corps dont il a fait choix, s'il réunit les conditions d'aptitude voulues pour ce corps.

Si, à son arrivée au corps, l'engagé est reconnu impropre au service de ce corps, il est renvoyé dans un corps d'arme différente pour lequel il est reconnu apte ; et s'il est reconnu impropre à toutes les armes, il est renvoyé dans ses foyers, et toutes les dépenses qu'il a occasionnées sont sans ménagement imputées au compte des officiers qui ont délivré le certificat d'acceptation.

— La loi du 26 avril 1855 assure des avantages exceptionnels aux anciens militaires qui contractent des engagements volontaires *après libération*, dans les formes et sous les conditions qu'elle détermine dans son article 13.

En principe, les engagements volontaires après libération, comme les autres engagements, ne peuvent être contractés pour moins de sept ans, si un décret spécial ne les a autorisés, par exception, pour une durée plus restreinte (1). — Ils donnent droit à la prime et à la

---

(1) La loi du 24 juillet 1860 autorise les engagements de 2 ans au moins et de 7 ans au plus. Ils ne peuvent être contractés que par des militaires qui accomplissent leur septième année de service, soit dans l'armée active, soit dans la réserve, ou par les engagés volontaires qui sont dans leur quatrième année de service.

haute paye, quand ils sont contractés dans la quatrième année de service, ou moins d'une année après la libération.

II. *Rengagements.* — La loi du 26 avril 1855 n'admet que des rengagements de deux ans au moins et sept ans au plus. (*Art. 11, modifié par la loi du 24 juillet 1860.*) — Ces rengagements donnent droit à la prime et à la haute paye journalière, s'ils sont contractés pour sept ans par des militaires en activité et pendant leur dernière année de service (1).

Pour qu'un militaire puisse s'engager après libération ou se rengager, il doit être muni d'un certificat d'acceptation semblable à celui indiqué plus haut, et dans lequel il est déclaré qu'*il est sain, robuste, et encore en état de faire un bon service.*

Aujourd'hui que les avantages offerts par la loi du 26 avril 1855 favorisent les rengagements d'anciens militaires, il devient plus important que jamais que la matricule médicale ou le registre des incorporations soit tenu avec la plus grande exactitude, et que les officiers de santé des corps de troupes consignent avec soin dans la colonne d'observations les maladies dont chaque homme a été atteint pendant le temps de son service, ainsi que les entrées aux hôpitaux, ces renseignements devenant très-utiles à consulter lors de la visite obligatoire pour le rengagement.

III. *Remplacements par voie administrative.* — Lorsque le nombre des rengagements et des engagements après libération est insuffisant pour couvrir celui des exonérations, un arrêté du Ministre de la guerre, rendu sur la proposition de la Commission supérieure de la dotation de l'armée, autorise les remplacements par voie administrative. (*Règlement pour l'exécution de la loi du 26 avril* 1857, *art.* 57.)

Les remplaçants sont examinés par une commission spéciale établie au chef-lieu de chaque département, et composée ainsi qu'il suit :

L'officier général ou supérieur commandant le département, président ; le sous-intendant militaire chargé du service du recrutement ; le commandant de gendarmerie ; le commandant du dépôt de recrutement. La Commission est assistée d'un médecin militaire. (*Id. art.* 61.)

Après vérification des pièces produites par le remplaçant, et examen de son aptitude physique, la Commission spéciale de remplacement prononce, s'il y a lieu, son admission. (*Id. art.* 64.)

Chaque mois, la Commission spéciale de remplacement dresse, pour être déposée au dépôt de recrutement, la liste nominative des rempla-

---

(1) La faculté de se rengager dès la 4e année de service a été étendue en vertu d'un décret impérial du 6 octobre 1860, à tous les militaires indistinctement. — L'engagement de 2 à 7 ans contracté après libération dans les conditions précitées, et moins de 2 ans après cette libération, donne droit, suivant sa durée, aux avantages de la prime et de la haute paye.

çants qu'elle a admis pendant le mois précédent, et le sous-intendant militaire en envoie au Ministre de la guerre un état numérique. (*Id.*, *art.* 68.)

Aux termes de l'Instruction ministérielle du 5 mai 1859, les Commissions spéciales de remplacement administratif sont assistées d'un officier de santé ou, à défaut, d'un médecin civil.

Les indemnités à accorder dans ces circonstances sont à la charge de la dotation. Elles sont les mêmes que celles qui sont attribuées aux médecins chargés d'opérer près les conseils de révision. (*Instruction ministérielle du* 27 *juin* 1852.)

§ 5. — Dispositions pénales.

La loi a réglé la pénalité à exercer contre les auteurs ou complices des fraudes ou manœuvres par suite desquelles un jeune homme a été omis sur les tableaux de recrutement, contre les insoumis et leurs complices (*art.* 38, 39 *et* 40).

Elle a aussi réglé les peines dont sont passibles les jeunes gens appelés à faire partie du contingent de leur classe, qui sont prévenus de s'être rendus impropres au service militaire, soit temporairement, soit d'une manière permanente, dans le but de se soustraire aux obligations imposées par la loi. Si leurs complices sont des médecins, officiers de santé ou pharmaciens, ils sont punis d'un emprisonnement de deux mois à deux ans, indépendamment d'une amende de deux cents francs à mille francs, qui pourra être prononcée et sans préjudice de peines plus graves dans les cas prévus par le Code pénal (*art.* 44).

Les médecins ou officiers de santé qui, appelés au Conseil de révision à l'effet de donner leur avis conformément à l'article 16, auront reçu des dons ou agréé des promesses pour être favorables aux jeunes gens qu'ils doivent examiner, seront punis d'un emprisonnement de deux mois à deux ans.

Cette peine leur sera appliquée, soit qu'au moment des dons ou promesses ils aient déjà été désignés pour assister au conseil, soit que les dons ou promesses aient été agréés dans la prévoyance des fonctions qu'ils auraient à y remplir.

Il leur est défendu, sous la même peine, de rien recevoir, même pour une réforme justement prononcée (*art.* 45).

Ils doivent également s'abstenir de visiter aucun homme avant qu'il se soit présenté devant le conseil de révision. (*Circulaire du* 12 *mai* 1833.)

Les règlements et instructions en vigueur disposent que MM. les présidents des conseils de révision auront soin de donner connaissance de l'art. 45 de la loi, tel qu'il est rapporté ci-dessus, aux gens de l'art qui seront appelés pour examiner les jeunes gens convoqués; mais il est bon de faire remarquer que cette formalité n'implique pas la prescription de faire connaître le texte de la loi en séance publique et à haute voix, comme cela se pratique au début de la première séance dans les conseils de révision de quelques départements.

§ 6. — Dispositions particulières.

Les jeunes gens appelés au service en exécution de la loi du recrutement, reçoivent, dans le corps auquel ils sont attachés et autant que le service militaire le permet, l'instruction prescrite pour les écoles primaires. (*Art. 47 de la loi.*)

Il résulte de cette mesure que l'instruction s'étend dans l'armée, et le bien-être du soldat doit y gagner sous tous les rapports, surtout quand il est rentré dans ses foyers. L'importance d'une mesure aussi bienveillante de la part du Gouvernement ressort bien davantage encore quand on examine le nombre des militaires instruits à côté de ceux qui manquent complétement d'instruction ; ainsi, en 1851, sur un effectif de 364,675 hommes, il y avait 102,550 soldats ne sachant ni lire ni écrire ; 46,000 élèves étaient désignés pour suivre les écoles régimentaires.

ARTICLE DEUXIÈME.
Dispositions et instructions relatives à l'opération médicale du recrutement.

§ 1er. — Dispositions réglementaires.

Les jeunes gens seront *examinés* par le conseil de révision ; dans le cas d'exemption *pour infirmités*, les gens de l'art seront *consultés*. (*Art. 16 de la loi.*) Tel est le principe de l'intervention des officiers de santé militaires ou civils dans les conseils de révision, qu'ils doivent assister tant pendant la tournée que lors des opérations ultérieures, aux chefs-lieux des départements.

La visite ou l'examen des jeunes gens devant le conseil de révision, a donc pour but de faire constater leur aptitude physique au service militaire, et reconnaître s'ils n'ont point d'infirmités qui puissent les faire exempter. C'est en raison de sa spécialité que le médecin, et le médecin militaire particulièrement, est chargé de cette visite ; mais il est appelé seulement à donner son avis, à éclairer les membres du conseil de révision, comme ceux des commissions spéciales instituées pour d'autres opérations relatives au recrutement par l'instruction du 3 mai 1844.

Les instructions ministérielles relatives à la formation des contingents ont constamment recommandé de ne choisir autant que possible, pour assister les conseils de révision, que des officiers de santé militaires. « Les conseils de révision ne sauraient trop apprécier combien les officiers de santé des corps ou des hôpitaux militaires sont préférables pour la visite des jeunes gens. Ils le sont même dans l'intérêt des localités, car ils sont étrangers à toute espèce de parti ou de patronage. Ils ont acquis par leur position une plus grande expérience pour déterminer l'aptitude au service militaire, et ils laissent souvent aux familles des hommes que d'autres moins exercés auraient fait partir. » (Durat-Lasalle, *Code de l'officier*.)

Dans toutes ces opérations le médecin n'a, en définitive, qu'une voix *consultative;* son devoir n'est ni d'admettre ni de refuser, mais de donner seulement, après examen, son avis motivé dans les cas pouvant porter exemption pour infirmités, au conseil de révision, qui prononce l'admission ou l'exemption, comme de formuler son opinion dans les certificats auprès des commissions spéciales qui délibèrent et prononcent sur la position des hommes visités.

Malgré ce simple rôle d'expert auprès des conseils de révision, l'officier de santé n'en représente pas moins les intérêts de l'armée ; il est dans ses attributions de contribuer à ce que la loi, dans son application, soit interprétée dans son acception la plus favorable à l'armée. Il doit toujours agir de concert avec l'officier général ou supérieur, seul membre militaire du conseil de révision, et avec l'officier de l'intendance, dont les observations doivent toujours être entendues.

Le médecin militaire, dit la Circulaire du 6 avril 1844, précisera son opinion sur tous les hommes qu'il aura jugés impropres au service, d'un commun accord avec l'officier général et le sous-intendant militaire. Il signe l'état nominatif des hommes admis dans le contingent malgré les observations de l'autorité militaire et contrairement à son avis.

La loi n'a rien prescrit de fixe relativement aux cas d'exemption ou de réforme ; l'appréciation des infirmités ou maladies qui rendent impropre au service militaire est laissée à la conscience, au savoir et à l'expérience des officiers de santé. Le seul document officiel qu'ils doivent consulter aujourd'hui est l'instruction du 2 avril 1862, rédigée par le Conseil de santé des armées, pour servir de guide aux officiers de santé, et approuvée par le Ministre de la guerre pour régulariser les opérations des conseils de révision.

Cette instruction donnant avec quelques développements la nomenclature des infirmités qui, plus particulièrement, rendent impropre au service militaire, nous croyons utile d'en reproduire une analyse à la suite et comme complément de cet article, et nous en reproduirons seulement ici les observations préliminaires.

— Le service militaire, en raison des exercices qui lui sont propres, des fatigues, des intempéries, des privations auxquelles il expose et des émotions qu'il excite, exige, de la part des sujets qui entrent ou qui se trouvent dans les cadres de l'armée, certaines conditions d'aptitude déterminées autant dans l'intérêt de la population que dans celui de l'État.

Soit donc que le sujet à examiner obéisse à la loi commune du recrutement, ou qu'il s'enrôle volontairement sous les drapeaux, soit qu'il demande à être admis dans une école militaire, dans le service de santé ou dans une des branches de l'administration de la guerre, une condition préalable est à remplir, condition à laquelle il demeure soumis après l'incorporation : c'est d'être d'une complexion forte, de jouir de la plénitude de ses facultés physiques et intellectuelles ; enfin, de n'avoir aucune infirmité apparente ou cachée, de nature à le rendre impropre au service militaire.

Les maladies ou infirmités incompatibles avec le service militaire entraînent *l'exemption* pour les sujets appelés à être visités devant les conseils de révision, et la *réforme* pour ceux qui font partie des cadres de l'armée.

Les militaires doivent être sains et vigoureux, non-seulement pour exécuter les travaux matériels qui leur sont imposés et résister aux fatigues qui en sont souvent la suite, mais aussi pour puiser dans le sentiment de la force organique l'énergie nécessaire pour lutter contre les intempéries, réprimer les besoins, braver les obstacles et les périls, se roidir contre les revers, s'habituer à toutes les vicissitudes auxquelles expose le métier des armes en temps de guerre, et même en temps de paix.

Par un heureux concours, les exigences de ces diverses conditions sont également favorables aux intérêts civils et aux intérêts militaires. En effet, l'homme incapable, par vice de conformation ou par débilité, de rendre à l'armée les services qu'elle réclame, peut souvent, dans une autre profession, payer à la société le tribut de son travail, améliorer sa santé et prolonger avec utilité sa carrière, tandis que l'admettre à la vie militaire ou le contraindre à y entrer, ce serait le condamner à végéter dans les hôpitaux, à y voir sa constitution se détériorer de plus en plus, et très-souvent, enfin, à y trouver une mort prématurée. L'homme fort revient dans ses foyers plus vigoureux, plus propre au travail ; l'homme faible succombe ou rentre valétudinaire, épuisé, à charge à sa famille ou à sa commune.

C'est donc, sous tous les rapports, chose très-grave que le choix des hommes à admettre dans les rangs de l'armée ; et les médecins arbitres essentiellement compétents, appelés par la loi à concourir à ce choix, comme experts, doivent bien se pénétrer de la responsabilité qu'ils partagent avec les conseils de révision et les autorités militaires ; la probité la plus sévère et le sentiment de l'humanité doivent être ici, comme partout ailleurs, les mobiles de leur conduite ; mais ces deux qualités ne suffiraient pas, si elles n'étaient dirigées par un savoir solide, fruit de l'étude, de l'expérience et de la réflexion ; car, s'il est des infirmités visibles à tous les yeux et assez facilement appréciables pour que chacun puisse, sans hésitation, se prononcer sur leur nature, il en est d'autres, et en assez grand nombre, qui, sous de trompeuses apparences, sont liées à des altérations intimes, qu'un praticien instruit, exercé, attentif, peut seul discerner et juger. Or, celles-ci, qui siègent dans les organes essentiels à la vie, sont ordinairement les plus graves ; non-seulement elles mettent le sujet dans l'impossibilité de faire un bon service, mais encore elles nécessitent de fréquents et onéreux séjours dans les hôpitaux, et souvent, empirant par l'effet des circonstances défavorables dans lesquelles le militaire se trouve tout à coup placé, le font succomber avant le temps. Le jugement, dans ce cas, dépend en grande partie de la sagacité du médecin et de la confiance que la manifestation de son caractère et de ses connaissances a pu inspirer à l'autorité.

La gravité de cette situation où l'homme de l'art intervient dans le débat de l'un des grands intérêts de la société, a déterminé à rappeler sérieusement, par une instruction officielle, l'attention et les méditations des médecins sur les devoirs qu'elle impose, les difficultés qui l'entourent, les moyens de surmonter ces difficultés, afin qu'en ayant fait à l'avance l'objet de leurs réflexions, ils soient toujours prêts à remplir une si importante mission, suivant le vœu de la loi qui la leur défère.

Les difficultés dont il vient d'être question se rapportent à trois points, savoir : 1° à l'obscurité qui enveloppe souvent le diagnostic médical, et contre lequel il n'y a de remède que dans l'instruction et l'expérience précédemment acquises; 2° aux tromperies auxquelles on est exposé de la part des sujets que l'on examine; enfin, dans quelques cas, aux procédés mêmes de l'opération.

Les individus soumis à l'examen peuvent chercher à se soustraire au service, et, dans ce but, ils allèguent quelque infirmité; ou, au contraire, intéressés à se faire admettre ou maintenir au service, ils taisent, ils dissimulent les imperfections qui pourraient motiver leur exclusion.

Dans la première catégorie se trouvent les jeunes gens appelés par la loi; dans la seconde, tous ceux qui se présentent pour servir sous les différents titres d'engagés volontaires, de substituants, de remplaçants, de rengagés ou les jeunes soldats qui devancent la mise en activité. Cependant cette distinction ne doit pas être absolue : elle se modifie même nécessairement suivant que l'on considère les mêmes individus avant ou après l'incorporation. Ainsi, dans les contingents, on trouve des sujets qui, soit par indifférence ou manque de ressources, soit par exaltation factice et momentanée ou instinct sincère et généreux, passent sous silence des accidents réels et dissimulent, même avec artifice, des infirmités qu'ils pourraient faire valoir pour être exemptés. D'autres, après avoir échoué dans leurs tentatives de fraude aux conseils de révision, à la visite générale qui précède la mise en activité, à celle qui se fait à l'arrivée au corps, prennent résolûment leur parti et se montrent soldats irréprochables. Au contraire, il n'est pas rare de voir des engagés volontaires se repentir d'une détermination irréfléchie, s'abandonner au découragement et chercher par la ruse à se soustraire à l'obligation qu'ils ont contractée. Ce changement de dispositions est beaucoup plus commun encore parmi les remplaçants : aussi la visite de ceux-ci exige-t-elle une circonspection toute spéciale, qu'il s'agisse de les accepter, ou, qu'après avoir été reçus, il soit question de les réformer. Il faut reconnaître cependant que les nouvelles dispositions législatives concernant le remplacement diminuent l'importance de cette observation.

La qualité sous laquelle se présente un jeune homme pour être admis dans l'armée, appelé, engagé volontaire ou remplaçant, donne au médecin un élément précieux d'appréciation, puisqu'il sait que chez le premier, s'il doit surtout déjouer la simulation, il doit au contraire s'attacher principalement, chez les derniers, à découvrir les affections dissimulées.

Quelle que soit, du reste, la position des individus soumis à son examen, le médecin, également en garde contre toute espèce d'omission ou de fraude, doit chercher, 1° s'il n'y a pas une infirmité dont le sujet ignorerait l'existence ou la gravité, qu'il passerait sciemment sous silence, ou enfin qu'il dissimulerait artificieusement ; 2° si l'infirmité alléguée existe réellement ou si elle est feinte. Dans ce dernier cas, après avoir constaté la simulation, il ne faudrait pas moins procéder à un examen complet et rigoureux, car l'imposteur pourrait, à son insu, présenter un véritable motif d'incapacité. Dans le premier cas, après avoir reconnu la réalité de l'infirmité, il reste à établir si, par son essence ou sa gravité, elle rend inhabile au service militaire ; et subsidiairement, lorsqu'il y a inaptitude, si l'infirmité n'a pas été *provoquée* à dessein.

La question principale est susceptible d'une solution différente, suivant les circonstances dans lesquelles elle se présente. Ainsi, d'après le n° 25 de l'instruction du 18 mai 1840, les conseils de révision ne peuvent ajourner ni envoyer à l'hôpital les individus malades ou atteints d'infirmités, attendu que la loi n'autorise aucun ajournement lorsqu'il n'y a pas intervention des tribunaux, ou qu'un délai n'est pas accordé pour production de pièces ou pour cas d'absence. Il résulte de cette disposition que le médecin est le plus souvent dans l'obligation de se prononcer séance tenante ; cependant le conseil peut toujours, dans les cas douteux, décider l'ajournement pour se procurer les pièces de l'enquête qui seraient jugées nécessaires. Il usera surtout de cette faculté que la loi lui accorde à l'égard des maladies aiguës siégeant dans des organes importants à la vie. En effet, ces affections, lorsqu'elles ont une certaine intensité, peuvent avoir une issue funeste ou une convalescence longue et entraîner à leur suite des désordres sérieux qui exigeraient l'exemption ; mais elles peuvent aussi se terminer promptement, et malgré les symptômes les plus alarmants, ne laisser après elles aucune conséquence fâcheuse. Aux termes des instructions ministérielles, cette décision doit être favorable à tout homme qui n'est pas *évidemment* propre à faire un bon service : par conséquent, le médecin doit se prononcer pour l'*exemption* chaque fois qu'il n'y a pas probabilité d'une prompte et durable guérison ; à plus forte raison, chaque fois que cette guérison ne peut être obtenue que par une opération sanglante, car on n'a pas le droit d'y recourir contre le gré de l'appelé, et l'on ne pourrait d'ailleurs répondre du succès d'une opération, quelque légère qu'elle fût, surtout si elle était faite dans des conditions si défavorables sous le rapport de l'état moral du sujet ; l'incertitude exige que l'on s'abstienne.

La *réforme* commande la plus stricte réserve. Il y aurait, en effet, danger moral si l'armée avait immédiatement sous les yeux l'exemple fréquent d'une trop grande facilité dans l'application de ce moyen de libération. L'État a intérêt, d'un autre côté, à ne pas se dessaisir d'un homme qui ne serait point remplacé, et qui, façonné à la discipline, exercé aux détails du service, peut être très-utile encore, soit dans une arme sédentaire, s'il ne conserve plus assez de vigueur pour accomplir toutes les obligations du service, soit même dans les rangs de l'armée active, si l'infirmité qu'il accuse n'est point réelle ou si l'art possède les moyens de la guérir. Dans cette dernière circonstance, d'ailleurs, c'est un devoir pour l'administration de donner des soins assidus à tout militaire qui a déjà consacré une partie de son temps à la patrie, supporté des fatigues, couru des dangers, compromis sa santé ou reçu des blessures, contracté enfin des infirmités qui, si elles ne sont pas assez graves pour le mettre hors d'état de pourvoir à ses besoins et lui mériter une pension, peuvent cependant avoir affaibli ses moyens d'existence. Ainsi l'on ne doit provoquer la réforme d'un homme qu'après avoir épuisé toutes les ressources de l'art pour le guérir, et qu'après l'avoir reconnu hors d'état de continuer à servir activement et incapable de faire un bon service sédentaire, dans le cas où il réunirait les conditions voulues pour être admis dans les vétérans. (*Instructions annuelles pour les revues d'inspections générales des corps d'infanterie et de cavalerie.*)

L'inaptitude bien constatée implique, comme on l'a dit, la question de savoir si elle ne résulte pas d'une mutilation ou d'une provocation volontaire, délit prévu par l'art. 41 de la loi de 1832, ainsi conçu : « Les jeunes gens appelés à faire partie du contingent de leur classe, qui seront prévenus de s'être rendus impropres au service militaire, soit temporairement, soit d'une manière permanente, dans le but de se soustraire aux obligations imposées par la présente loi, seront déférés aux tribunaux par les conseils de révision, etc. . . . . . . Seront également déférés aux tribunaux les jeunes soldats qui, dans l'intervalle de la clôture du contingent de leur canton à leur mise en activité, se seront rendus coupables du même délit. » Le médecin, dans cette conjoncture, doit redoubler de prudence et à la fois de fermeté pour éviter de tomber dans l'un ou l'autre de ces deux écueils, savoir : d'exposer légèrement un innocent à des poursuites judiciaires, ou de faire prononcer l'exemption d'un sujet qui aurait, au contraire, encouru les sévérités de la loi, au préjudice d'un numéro plus élevé. A l'égard des militaires présents sous les drapeaux, c'est à l'officier de santé à faire spontanément au chef du corps, après y avoir mûrement réfléchi, les déclarations que sa conviction lui suggère.

Les difficultés, enfin, naissent quelquefois des circonstances dans lesquelles l'examen a lieu. Quand on a affaire à des militaires présents sous les drapeaux, on peut, soit au corps, soit dans un hôpital, les soumettre préalablement à une observation minutieuse et prolongée, à des épreuves variées et suivies; on peut s'éclairer des avis de ses confrères, préparer et rassembler à loisir tous les éléments de diagnostic. Mais quand il s'agit d'hommes à admettre dans les rangs de l'armée, on est obligé de se prononcer, dès la première visite, après une courte et rapide exploration ou après un ajournement qui ne se prête point à une observation attentive et suivie. Cette nécessité a pu être la cause de l'admission sous les drapeaux de beaucoup d'hommes impropres au service; et, pour éviter ce grave inconvénient, il faut que les officiers de santé apportent l'attention la plus scrupuleuse à l'accomplissement d'un devoir d'où dépend la bonne composition des corps de l'armée.

Pour atténuer, autant que possible, les difficultés qui viennent d'être exposées, deux conditions sont indispensables : la première, de bien connaître la nature du service auquel les officiers de santé sont appelés dans ces circonstances ; la seconde, de procéder invariablement à l'examen de chaque homme suivant un ordre arrêté d'avance et propre à rappeler à la mémoire, comme des points de repère, tous les détails sur lesquels l'attention doit se porter successivement.

Modes d'exploration. — L'examen de l'individu soumis à la visite comprend plusieurs opérations distinctes :

1º *Examen d'ensemble.* L'homme se présente entièrement nu : on le fait poser les pieds placés sur un tapis ou sur une natte, les talons rapprochés, les bras pendant sur les côtés du corps, les mains étalées et leur paume dirigée en avant. On jette alors sur tout l'individu un regard d'ensemble qui fait apercevoir et juger d'emblée les grands vices de conformation, ceux qui ne peuvent permettre aucun doute sur l'inaptitude au service, tels que le *marasme* ou l'*obésité*, les *difformités considérables de la face*, les *taches larges, livides, poilues, hideuses,* et les *déperditions de substance des joues,* la *perte des deux yeux* ou *d'un seul œil,* du *nez, d'un membre* ou *d'une partie essentielle d'un membre,* de la *verge,* les *difformités des membres,* les *pieds-bots,* etc. C'est à ce groupe d'affections très-diverses que s'appliquent de prime abord la sagacité du coup d'œil, la promptitude de l'examen et la précision du jugement de la part du médecin, qualités qui bien souvent serviront de base à la confiance qu'il doit inspirer au Conseil.

2º *Examen de détails.* Mais le premier coup d'œil ne suffit pas toujours : un examen attentif et minutieux est souvent nécessaire, et ce que la vue ne découvre pas se perçoit quelquefois au toucher, dont les modifications éclairent le diagnostic d'une foule de maladies

externes. L'intervention des autres sens et de méthodes artificielles
d'investigation peuvent le compléter utilement.

On passe donc successivement à l'examen particulier et détaillé
des différentes régions du corps, en commençant par la tête et en
procédant dans chaque région de l'extérieur à l'intérieur. On inter-
roge par tous les moyens d'investigation chaque organe, dans le but
de s'assurer : 1° si rien ne porte obstacle à la liberté et à la plénitude des actes propres à la profession des armes ; 2° si aucune partie
ne doit souffrir du port du vêtement, de l'armure ou de l'équipement ; 3° si, par suite de faiblesse, de dispositions morbides ou de
maladie existante, la santé et même la vie du sujet ne serait pas
compromise par quelqu'une des circonstances ordinaires dans la carrière militaire ; 4° enfin si une infirmité qui ne gênerait pas l'exercice
des fonctions, mais qui serait de nature à exciter le dégoût parmi les
autres soldats, ne s'opposerait pas à l'existence en commun des
soldats.

On a proposé l'emploi des *anesthésiques*, pour reconnaître la simulation de certaines maladies. Tout en appréciant l'importance de ce
moyen de diagnostic, des motifs de haute convenance et les dangers
qui y sont inhérents ne peuvent en autoriser l'usage devant les Conseils de révision. On ne doit même y recourir qu'avec une extrême
réserve dans les hôpitaux militaires sur des sujets incorporés et lorsqu'il s'agit d'affections susceptibles d'entraîner la *réforme*.

—Nous n'avons rien à ajouter concernant les règles à suivre dans
l'examen des jeunes gens appelés au service militaire ; elles sont
méthodiquement tracées dans les considérations qui précèdent ; nous
croyons cependant qu'il est utile que les médecins militaires désignés
pour assister les Conseils de révision aient soin de se munir, non-
seulement de leur trousse, mais encore d'instruments d'exploration,
tels qu'une bonne loupe, le stéthoscope, le spéculum auris, les
sondes en caoutchouc, s'ils veulent n'éprouver aucun empêchement
à une visite minutieuse dans certains cas douteux. Les lunettes à
verres concaves et convexes sont des instruments qui offrent une
grande ressource pour l'épreuve dans la myopie et la presbyopie ;
les Conseils de révision doivent toujours en être pourvus.

Le médecin chargé de visiter les jeunes gens appelés au recrutement de l'armée ne saurait être trop en garde contre les causes d'erreur dont il est entouré ; il faut qu'il soit rigoureux dans son examen, qu'il soit attentif, soupçonneux, et qu'il se tienne dans une dé-
fiance continuelle, s'il veut déjouer la fraude.

Les maladies ou infirmités qui rendent impropre au service peuvent être réelles, prétextées, provoquées, simulées ou dissimulées.

Les maladies *prétextées* n'offrent pas de caractères matériels actuels
ou anciens. Les névralgies en général, les douleurs articulaires ou
musculaires, sans trace d'inflammation locale, la gêne dans certains
mouvements d'un membre, des douleurs qui sont consécutives ou que

l'on prétend avoir succédé aux premiers effets d'une chute, de blessures ou d'accidents, etc., tels sont la plupart des sujets de plainte dont le médecin peut être chargé d'apprécier la réalité.

Dans le genre des maladies et lésions *provoquées,* il existe une lésion matérielle, et la mission du médecin est alors de rechercher si la cause de cet état ne réside pas dans des manœuvres coupables, si la maladie n'est pas simulée par provocation. Les maladies des yeux, et l'amaurose particulièrement, la perte des dents et la mutilation de quelques doigts de la main droite sont au nombre des moyens employés par des jeunes gens pour être réformés du service militaire.

Dans les maladies *simulées* proprement dites, les effets apparents de certaines maladies sont reproduits avec une telle vérité, que toute la sagacité de l'observateur le plus attentif a souvent été mise en défaut. Quelques maladies peuvent être simulées par imitation : ainsi l'aliénation mentale, le strabisme, la surdité, l'aphonie, le bégaiement, la chute de la paupière supérieure, l'épilepsie, la paralysie ou l'hémiplégie récente, l'incontinence d'urine, les rhumatismes, ne peuvent être reconnus que par une observation plus ou moins prolongée, par la séquestration temporaire des individus et par l'emploi de ruses qui puissent déjouer celles qui leur sont familières.

En résumé, dirons-nous avec Bégin (1), les moyens propres à déjouer la fraude en matière d'infirmités ou de lésions des organes se réduisent aux suivants : 1° appréciation de la situation morale du sujet et des motifs qui peuvent le porter à simuler, à cacher, à imputer à autrui ou même à avoir provoqué la maladie dont il se prétend atteint ; 2° comparaison de cette maladie avec l'âge, le sexe, le tempérament, la manière de vivre de l'individu ; 3° examen attentif des parties malades, des symptômes locaux qu'elles présentent ; des empêchements dans l'exercice des fonctions qui résultent de leurs lésions, ou qu'on leur attribue ; 4° rapprochement attentif de ces lésions avec le développement, la coloration et les autres dispositions générales de l'organisme ; 5° étude des causes auxquelles la lésion réelle ou prétendue est attribuée ; 6° interrogation méthodique du sujet relativement aux circonstances qui ont accompagné le développement du mal, aux sensations, aux douleurs, aux impossibilités d'action qu'il détermine ; 7° emploi convenable de moyens thérapeutiques en rapport avec les indications fournies par l'état morbide et l'observation de leurs effets ; 8° excitations morales propres à distraire l'attention en même temps que l'on examine les parties ou qu'on les fait mouvoir.

§ 2.—Des vices de conformation, maladies ou infirmités qui peuvent être causes d'exemption du service militaire ou de réforme.

Les vices de conformation, maladies ou infirmités, qui rendent im-

---

(1) *Dictionnaire de médecine et de chirurgie pratiques,* article *Réforme.*

propre au service militaire, sont énumérés au *Tableau n° 4 des comptes rendus du recrutement*. Ils forment la nomenclature n° 1 de l'instruction ministérielle du 14 juin 1862, relative à la statistique médicale de l'armée (voir à la fin du volume). Mais, dans toutes les opérations de recrutement et de réforme, les officiers de santé militaires devront toujours consulter l'Instruction ministérielle du 2 avril 1862, qui a été rédigée par le Conseil de santé des armées, pour leur servir de guide dans l'examen des hommes soumis à leur visite, dans les modes d'exploration et de diagnostic qu'ils doivent employer, particulièrement dans les cas de maladies simulées, provoquées et dissimulées. Nous renvoyons pour les détails aux développements de l'Instruction officielle, et nous ne ferons dans le tableau suivant qu'une analyse succincte des particularités essentielles à connaître.

I. MALADIES GÉNÉRALES. — 1° *Faiblesse de constitution* : — peut être provoquée, n'être qu'*apparente*, ou consécutive à une maladie aiguë grave ; — bien constatée entraîne E et R (1).

2° *Anémie* : — peut être *provoquée*, non simulée : très-prononcée et devant exiger un long travail de reconstitution organique ; E et R.

3° *Scrofules* : E, quand le caractère écrouelleux est bien démontré, et R, quand l'affection scrofuleuse s'est montrée rebelle aux moyens thérapeutiques.

4° *Syphilis* : — E, quand elle est constitutionnelle, et dans les cas d'accidents primitifs devant laisser après eux des cicatrices étendues et difformes.

La syphilis primitive, même simple, doit toujours faire rejeter un engagé volontaire ou un remplaçant.

5° *Scorbut* : — général et grave E et R.

6° *Autres cachexies* (*paludéenne, saturnine, mercurielle*) : — altérations organiques profondes E, et R, quand les moyens hygiéniques et médicaux ont échoué.

7° *Tubercules* : — diathèse bien constatée E ; affection au 2e et au 3e degré R.

8° *Mélanose*. 9° *Cancer*. 10° *Cancroïde et tumeurs fibroplastiques* : — bien constatée E et R, sous quelque forme que se présente l'affection, et quelle que soit la région qu'elle occupe, en raison de sa tendance à se reproduire.

II. MALADIES DES TISSUS.—1° *Maladies de la peau* : — les *dartres* (eczéma et lichen) E et R, quand elles sont chroniques et développées : le *pityriasis* E, s'il est étendu et chronique ; le *lupus* E et R toujours ; la *pellagre* E toujours. Les *affections dartreuses* (ecthyma, pemphygus, rupia) E, lorsque leur ancienneté et leur opiniâtreté sont dûment constatées, et qu'elles coexistent avec un état cachectique prononcé, et R, lorsqu'elles se sont montrées incurables ; — les *ulcères chroniques* E, s'ils sont de mauvaise nature, et R, s'ils sont incurables (peuvent être simulés ou provoqués) ; — les *nævi materni*, E s'ils sont étendus et siégent à la face ; — les *tumeurs érectiles* E aussi si elles ont leur siége à la face, ou si elles sont très-étendues et incommodes dans une autre région ; — les *cicatrices* adhérentes et difformes, E et R, lorsqu'elles gênent l'exécution des mouvements ; — les *productions pileuses et cornées* E, lorsqu'elles déterminent une pression gênante et nuisent au libre exercice des mouvements, R, quand elles ne peuvent être détruites par des moyens chirurgicaux.

---

(1) E indique l'exemption, et R la réforme.

2° *Maladies du tissu cellulaire* : — la *maigreur* E si elle est extrême et portée jusqu'au *marasme* ; l'*obésité* E, quand elle est de nature à gêner la marche ; — l'*anasarque* et l'*œdème* sont ordinairement symptomatiques d'une affection qui motivera le jugement ; — les *abcès aigus* E, quand ils sont étendus et doivent laisser un vaste décollement ; les *abcès froids*, et *par congestion*, E et R ; — les *lipômes* et les *kystes* E, s'ils sont volumineux et exposés à la pression des vêtements ou d'une partie du corps.

3° *Maladies des membranes séreuses* : — l'*hydropisie* E et R, quand le traitement a été infructueux.

4° *Maladies des artères* : — les *anévrysmes* E et R, même après guérison.

5° *Maladies des veines* : — les *varices* affectant surtout les membres inférieurs ; il en sera traité plus loin.

6° *Maladies du système lymphatique* : — la *dilatation* des vaisseaux lymphatiques, l'*angioleucite*, l'*adénite lymphatique* E, quand elles sont chroniques, et R quand elles sont liées à un état constitutionnel et qu'elles ont résisté à tout traitement ; — la *morve* et le *farcin* E et R toujours.

7° *Maladies des nerfs* : la *paralysie* (peut-être simulée), qu'elle soit *saturnine*, par *dégénérescence graisseuse*, par *cause externe*, *générale progressive*, *le tremblement habituel*, E et R ; — l'*atrophie partielle*, E et R, si elle est considérable ; — la *contracture* E et R ; — les *névroses*, E et souvent R.

8° *Maladies des muscles, des tendons et de leurs gaines* : les *rétractions* et les *ruptures* des tendons E et R, quand elles apportent un obstacle sérieux à l'exécution des mouvements.

9° *Maladies des os et des articulations*. 1er genre : *courbures* défectueuses, *déviations, raccourcissement, spina ventosa, ostéo-sarcôme, fausses articulations, distensions articulaires, ankylose*, toujours E et R ; — 2e genre : *nécrose* et *carie, fistules* osseuses ou articulaires, *engorgements chroniques, tumeurs blanches, hydropisies* des articulations, *corps mobiles* articulaires, E et aussi R, sous la condition d'incurabilité ; — 3e genre : *périostoses* et *exostoses*, si elles sont anciennes et accidentelles d'origine traumatique ; elles ne sont point incompatibles avec le service militaire, à moins qu'elles ne gênent les mouvements, et n'exercent une compression douloureuse pendant le coucher sur un plan dur et résistant ; E, si elles sont liées à un état cachectique, syphilitique, et R, conditionnellement.

III. MALADIES PAR RÉGIONS. — 1° *Maladies du cuir chevelu* : la *teigne* E sous ses diverses formes : *faveuse* (favus), toutes les fois qu'il existe avec ses caractères distinctifs ; *furfuracée*, si elle est accompagnée d'exfoliation farineuse considérable, si les cheveux sont rabougris et lanugineux, si la constitution générale est détériorée ; *tonsurante* (trichophyton) ; *eczéma du cuir chevelu* (teigne amiantacée) ; *impétigo* (teigne granulée), lorsque les produits sécrétés sont abondants, que l'affection s'étend à une partie considérable de la tête, que les cheveux sont altérés dans leur texture, et surtout lorsque le sujet présente les caractères de la constitution lymphatique ou de la diathèse scrofuleuse ; — R, quand la teigne est bien établie et qu'elle paraît incurable.

— La *calvitie* ou *alopécie* E, quand elle est complète ou lorsque les cheveux qui restent sont grêles, courts, rabougris, cassants et manifestement en quantité insuffisante pour préserver la tête des pressions douloureuses de la coiffure du soldat ou des variations brusques de température ; R, quand le sujet a été observé pendant un temps assez long pour que la certitude de l'incurabilité soit acquise.

— Les *tumeurs* variées (loupes érectiles, fibreuses, fongueuses, abcès froids ou par congestion) E, si de mauvaise nature, ou située de façon à causer une gêne ou une douleur avec la coiffure militaire ; R seulement dans le cas de tumeur fongueuse de la dure-mère.

— Les *cicatrices* étendues, inégales, peu solides, qui sillonnent largement le cuir chevelu, E et R.

2° *Maladies du crâne* : — l'*ossification incomplète* des os du crâne, la *déformation*, les *fractures* et les *pertes de substance*, les *fongus*, E et R.

3° *Maladies de l'encéphale et du système nerveux* : — l'*idiotie*, l'*imbécillité*, le *crétinisme*, l'*aliénation mentale* (lypémanie, monomanie, manie) et la *démence*, E, lorsque l'affection est avérée et confirmée par des certificats authentiques ; R, lorsque l'affection a été mise hors de doute par une observation suivie, intelligente, et que la thérapeutique est impuissante.

— L'*épilepsie*, le *vertige épileptiforme*, la *catalepsie*, l'*extase*, E et R, avec les considérations précédentes.

— Le *somnambulisme*, E et R, s'il est habituel et bien constaté.

— La *chorée*, le *delirium tremens*, E, d'après des certificats authentiques ; R relativement, suivant que, dans le cours du traitement, le sujet se montre plus ou moins susceptible de récidive, ou que la maladie a résisté aux moyens employés.

— La *nostalgie*, R, lorsqu'elle est de longue durée, a résisté aux moyens de traitement moral, et a déterminé une altération profonde de l'organisme.

4° *Maladies des oreilles* : — la *perte du pavillon de l'oreille*, E et R ; on pourra conserver dans l'armée active, ou pour le moins dans les compagnies de vétérans, les militaires qui demanderont à y rester malgré cette perte, si l'on a constaté que l'audition n'a éprouvé aucune altération ; *développement excessif de la conque auriculaire*, son envahissement par des *tumeurs érectiles*, E toujours, et R lorsque ces affections sont de nature à résister à des opérations chirurgicales parfois indiquées ; *oblitération entière* ou *rétrécissement considérable* et *déviation du conduit auditif externe*, *végétations* dans sa cavité, *écoulement purulent et fétide*, qu'il provienne du méat lui-même ou de la caisse du tympan ; toutes ces lésions E et R.

— L'*écoulement puriforme*, E, et R quand l'incurabilité a été démontrée par l'inefficacité de traitements appropriés.

— Les *excroissances polypeuses* : — E toujours, et R quand elles sont inattaquables et qu'elles repullulent après l'excision.

— Les *lésions de la trompe d'Eustache* (*obstruction, rétrécissement, oblitération de la trompe d'Eustache*), E et R, après avoir toutefois essayé la guérison de celles qui ne sont pas incurables.

— La *surdité* (dysécie ou cophose), E et R si elle est bien avérée.

— La *surdi-mutité*, E, si elle est certifiée par la notoriété publique.

5° *Maladies de la face* : — la *laideur* résultant d'une vicieuse conformation des traits ou d'un manque de symétrie, les *difformités* et *exostoses du front*, les *tumeurs* diverses (kystes, tumeurs érectiles), les *ulcères* graves, les *fistules* dentaires, les *dartres* (couperose, mentagre), les *névralgies*, la *paralysie* partielle, l'*hémiplégie faciale*, E toujours, et R dans le cas d'incurabilité.

Les *mutilations*, causes de difformités accidentelles, E et R, en raison de leur étendue, de la gêne fonctionnelle et de l'aspect de la physionomie.

6° *Maladies des yeux* : *affections du globe oculaire* : *exophthalmie*, E toujours, et R, quand il y a impossibilité de détruire la cause qui repousse l'œil ; *strabisme*, E et R, quand il affecte l'œil droit ; *ptérygion, taies, abcès, ulcères, perforations de la cornée, procidence de l'iris, son adhérence à la cornée ; ab-*

sence ou *occlusion* de la pupille; *staphylôme* de la sclérotique ou de la cornée; *hypopion; hydropisie, cataracte; glaucôme* ou *opacité de l'humeur vitrée, atrophie* générale de l'œil, toutes ces lésions E et R, bien que quelques-unes soient guérissables.

— La *myopie*, E, si le réclamant lit à 30 ou 35 centimètres de distance du nez avec des verres bi-concaves des n°s 4 et 5, et s'il distingue nettement les objets éloignés avec le n° 6 ou 7.

— L'*amaurose*, E et R, même quand la guérison aurait été obtenue.—Souvent *prétextée* ou *simulée* (le diagnostic pourra réclamer l'emploi de l'ophthalmoscope).

— *Affections des paupières : kystes* assez volumineux pour occasionner une gêne considérable et opposer un obstacle à l'exercice de la vision, E ; *tumeurs squirrheuses et dégénérescences cancéreuses*, E ; *clignotement continuel*, E ; *paralysie des paupières* (du *releveur*, de *l'orbiculaire*), E, quand elle est bien constatée, R, quand elle a résisté aux moyens de traitement qu'on peut lui opposer ; *inflammation chronique de la conjonctive, flux puriforme ou purulent, ulcération* du bord libre des paupières, E, si les parties affectées présentent des désordres plus ou moins considérables, avec coexistence d'un tempérament lymphatique prononcé ou de scrofules, R, si la résistance aux moyens curatifs les mieux appropriés à la nature et aux causes de l'affection a démontré qu'elle est incurable ; *chute des cils*, E et R, quand elle laisse l'œil sans défense contre la vivacité de la lumière et le contact irritant des corps suspendus dans l'air ; *ectropion, entropion, trichiasis*, E toujours, et R seulement dans les cas où une opération chirurgicale n'est point susceptible d'amener la guérison.

— *Affections des voies lacrymales : tuméfaction de la glande lacrymale*, E et R ; *larmoiement habituel*, E et R, parce qu'il est ordinairement la conséquence de lésions variées, qu'il importe de rechercher ces dernières, plutôt que leur résultat, devant motiver la décision à intervenir ; *destruction, oblitération des points lacrymaux*, E et R ; *déviation des points et conduits lacrymaux*, E et non R, car elle est assez souvent susceptible d'une guérison radicale ; *tumeur et fistule lacrymale*, E et R ; *encanthis*, E toujours ; R, lorsque son volume empêche d'en faire l'ablation, ou lorsque, après celle-ci, il est resté quelque infirmité grave, telle que le larmoiement continuel ou le renversement de la paupière.

7° *Maladies du nez et des fosses nasales :* — la *difformité du nez*, E et R, si elle est portée au point de gêner manifestement la respiration et la parole, ou seulement l'une de ces fonctions ; *lupus*, E et R ; *couperose*, E et R, quand elle est disgracieuse et repoussante ; *polypes*, E et R, si après opération, ils repullulaient ou occasionnaient des accidents incurables ; *punaisie* (ozène), E et R, après avoir toutefois recherché avec soin les causes (on se comporte suivant les chances de curabilité).

8° *Maladies des sinus de la face et des os maxillaires :* — les maladies organiques des sinus frontaux ou maxillaires, l'occlusion des derniers (avec hydropisie), les difformités résultant de lésions congénitales ou accidentelles des os maxillaires, la perforation de la voûte palatine, les fractures mal consolidées, l'ankylose de l'articulation temporo-maxillaire, E et R ; la gravité des désordres doit être prise en considération pour le prononcé du jugement.

9° *Maladies de la bouche :* — les *affections des lèvres, dartres, mentagre*, E, chaque fois qu'elles ne paraîtront pas devoir évidemment et promptement céder à un traitement rationnel, et R, quand elles sont très-étendues, et ont fait, en s'étendant, des ravages hideux sur les différentes parties du visage ; *épaississement de la lèvre supérieure*, E, si l'hypertrophie est portée au point qu'elle constitue une infirmité incommode et nuise à la netteté de la prononciation, R, s'il y a incurabilité ; *bec-de-lièvre* (*congénial ou accidentel*), E, quand il est assez étendu pour embarrasser la manducation ou la parole, R, s'il est non susceptible de guérison ; *tumeur fongueuse ou érectile, bouton chancreux* ou *dégénérescence cancéreuse*, E toujours, et R, laissée à l'appréciation des officiers de santé, excepté pour toute affection cancéreuse, qui est un cas absolu de R ; *paralysie labiale*, E, quand elle est bien constatée, R, quand elle a résisté aux divers moyens de traitement.

— La *perte des dents*, le *mauvais état des gencives*, E, quand il y a perte ou carie des dents incisives et canines de la mâchoire supérieure ou de l'inférieure, perte, carie et mauvais état de la plupart ou d'un grand nombre des autres dents ; R, quand le mauvais état des dents est accompagné du ramollissement, de l'ulcération chronique des gencives, et que la constitution est faible, détériorée.

— La *perte de substance de la langue, l'hypertrophie*, E et R ; *ulcération et dégénérescences cancéreuses de la langue*, E et R ; *adhérences anormales de la langue*, E et R, seulement quand elles sont au-dessus des ressources de l'art, ou qu'elles se reproduisent avec une opiniâtreté insurmontable ; *bégaiement*, E ; *matité*, E.

— L'*écoulement involontaire de la salive* dépend constamment d'une autre infirmité ou maladie qui seule doit être prise en considération, telle qu'une perte de substance de la lèvre inférieure, une paralysie, etc. ; *grenouillette*, E, mais non R, parce qu'elle est le plus ordinairement curable par des moyens chirurgicaux.

— L'*hypertrophie des amygdales*, E, quand elle est chronique, considérable, et que ces organes gênent notablement la déglutition, l'audition ou la respiration, R rarement, parce que la guérison peut être le résultat d'une simple rescision ; *allongement de la luette*, E et R, seulement dans le cas d'hypertrophie accompagnée d'une dégénerescence squirrheuse manifeste ; *divisions du voile du palais*, E et R, lorsqu'elles altèrent la voix et nuisent à la déglutition des aliments ou des boissons.

— La *paralysie des organes de la déglutition*, E et R, si elle ne peut être guérie ; *coarctation de l'œsophage*, E et aussi R, alors même que, pa l'emploi prolongé des dilatants, la guérison paraîtrait avoir été obtenue.

10° *Maladies du cou* : — les *ulcères et engorgements scrofuleux*, R, quand le caractère écrouelleux est bien démontré, et R quand l'affection scrofuleuse s'est montrée rebelle aux moyens thérapeutiques ; *cicatrices adhérentes, brides*, E et R, lorsqu'il y a eu destruction de la peau dans une grande étendue et qu'il en est résulté des brides ou des adhérences capables de gêner les mouvements de la tête, en produisant une inflexion permanente de cette partie ; — le *torticolis* (*suite de cicatrices ; congénial ou datant de l'enfance ; par rétraction musculaire ; par paralysie*), E toujours et R, lorsque, dû à des cicatrices ou à des accidents traumatiques, il est au-dessus de la puissance de l'art ou rebelle aux moyens dont il indique l'usage.

— Les *loupes ou tumeurs enkystées*, E, lorsque, par leur situation et leur volume, elles occasionnent ou peuvent occasionner une gêne réelle et prononcée ; *engorgements chroniques* ou *squirrheux divers*, E, et R seulement quand ils sont incurables, même par les opérations de la chirurgie ; *goître*, E, et R, quand l'incurabilité est bien démontrée ; *anévrysme du cou* (*des a. thyroï-*

diennes, carotides ou de leurs branches principales) E, et R, quand les opérations sont impraticables, ou quand l'opération a laissé à sa suite des cicatrices ou d'autres lésions incompatibles avec la continuation du service.

— La *laryngite chronique*, E et R, quand il y a coexistence de maladies des poumons ; *aphonie permanente*, E et R, quand elle est avec lésion matérielle et incurable.

11° *Maladies de la poitrine et du dos :* — les *ulcères et tumeurs à la surface du thorax*, E dans les cas de cicatrices étendues et fragiles, d'ulcères longs et profonds, de saillies anormales, d'engorgement des glandes mammaires, qui pourraient s'opposer au port de l'équipement, et R, quand il y a incurabilité.

— Les *difformités de la colonne vertébrale* (*mal vertébral de Pott, déviation de la colonne vertébrale*), E et R.

— Le *raccourcissement de la taille* mérite l'attention de l'officier de santé lorsqu'au toisage la taille est seulement de 1 à 5 millimètres au-dessous de la hauteur exigée.

— La *configuration vicieuse du thorax*, E, quand le thorax proémine fortement en forme de carène ; quand il présente des enfoncements quelquefois considérables de la partie inférieure du sternum et de l'appendice xiphoïde.

— Les *maladies des organes thoraciques*. — *Phthisie pulmonaire* E et R ; *hémoptysie*, E et R, quand elle est constatée d'une manière bien authentique ; *lésions organiques du cœur*, E et R ; *lésions de l'aorte thoracique*, E et R ; *asthme*, avec ou sans lésion organique, E et R.

12° *Maladies des lombes ou de l'abdomen :* — les *diverses tumeurs*. — Le jugement à porter dépend de la nature, du volume et de la position de ces tumeurs ; *abcès par congestion*, E et R ; *anévrysme de l'aorte abdominale*, E et R ; *hernies*, E, quand elle est produite, ou quand il y a prédisposition anatomique à cette affection, et R seulement dans les cas d'*éventration*, d'*exomphale*, de *hernies inguinales* ou *crurales* doubles et volumineuses, difficiles à réduire ou à contenir à l'aide d'un bandage approprié.

— Les *maladies chroniques et engorgements des viscères abdominaux*, E et R, quand toutefois on a préalablement donné aux malades tous les secours que la science indique.

13° *Maladies du périnée, de l'anus et du rectum :* — les *hémorrhoïdes*, E, à l'état de tumeur interne ou externe ulcérée ou non, et R, en tenant compte de la fréquence des accidents, de l'influence du flux sur l'insomnie, de la difficulté de réduire les tumeurs ; *procidence de la muqueuse du rectum*, E et R, dans les cas graves ; *incontinence des matières stercorales*, E et R, quand elle est liée à d'autres désordres graves ; *constriction spasmodique et fissure à l'anus*, E, quand la fissure est profonde, multiple et si elle est liée à l'existence de quelque altération du poumon, et R, quand elle sera incurable ; *rétrécissement, tumeur squirrheuse ou cancéreuse du rectum*, E et R ; *anus contre nature*, E ; *fistule à l'anus*, E et R, si elle a résisté à tout traitement ; *déchirures du périnée*, R.

14° *Maladies des organes génito-urinaires :* — la *perte du pénis* (mutilation ou amputation chirurgicale), *l'hypospadias et l'épispadias*, E et R (l'hypospadias qui s'ouvre à l'extrémité de la verge sous le gland et *qui permet au sujet d'uriner sans se salir*, est seul compatible avec le service militaire) ; *fistules urétrales et vésicales*, E et R, après qu'on en a entrepris la guérison, chaque fois qu'il y a lieu de l'espérer ; *rétention d'urine et dysurie* [par *des rétrécissements de l'urètre* (permanents), E et R, seulement après avoir échoué dans toutes les tentatives de traitement, et par *maladies diverses de la prostate, calcul, tumeur vésicale*, E et R ; par *paralysie de la vessie* (étant toujours symptomatique, le jugement à porter est subordonné à la maladie primitive) ; *incontinence d'urine*, E et R, si elle est bien constatée et si elle est rebelle à tout traitement ; *hématurie*, E et R aussi, lorsque l'art n'a pu détruire les causes diverses qui peuvent l'occasionner.

— Les *affections dartreuses du scrotum* : *prurigo chronique*, E ; *eczéma chronique*, E, si on a la preuve irrécusable qu'il est ancien, et qu'il a résisté à divers traitements rationnels ; *anasarque* ou *hydrocèle par infiltration*, E (à cause des affections dont elle est la conséquence).

— La *cirsocèle*, E, quand par son volume elle apporte une gêne prononcée dans la marche ou dans l'exercice des autres mouvements (si elle se développe après l'incorporation, le sujet sera placé dans les vétérans) ; *varicocèle*, E et R, quand elle est considérable ou symptomatique d'une affection du testicule ou du cordon spermatique ; *hydrocèle*, E, mais non R, la guérison étant possible.

— L'*absence* ou *altération grave des testicules* (*perte, atrophie, dégénérescence de l'un d'eux*), E et R ; *testicule dans l'anneau inguinal*, E.

15° *Maladies des membres* : — la *transpiration* (des mains et des pieds) *abondante et fétide*, E, si elle est attestée par des témoignages authentiques ou si elle persiste avec une grande intensité après avoir soumis l'individu à des lotions savonneuses ; *ulcères chroniques*, E, s'ils sont de mauvaise nature, et R, s'ils sont incurables ; *affections dartreuses*, E, lorsque leur ancienneté et leur opiniâtreté sont dûment constatées et qu'elles coexistent avec un état cachectique prononcé, et R, lorsqu'elles se sont montrées incurables ; *cicatrices adhérentes*, E et R, lorsqu'elles gênent l'exécution des mouvements.

— Les *anévrismes*, E et R, même après guérison ; *varices*, E quand on ne peut expliquer leur existence par aucune cause locale ou aucune influence professionnelle, et quand elles sont très-multipliées et très-volumineuses, chez des sujets d'ailleurs bien constitués, et R, quand elles sont compliquées d'ulcères et s'opposent au service des vétérans.

Les *névralgies* (*sciatique, douleurs rhumatismales chroniques*), E, quand elles sont chroniques et ont déterminé un amaigrissement des membres, et R, quand elles sont incurables et apportent un empêchement réel à l'exercice de la profession militaire ; *paralysie* (*saturnine* ou *par cause externe*), E, et R, après un traitement complet ; *tremblement habituel* (*métallique*), E et R ; *contractures*, E et R.

— Les *lésions des os* et des *articulations*. — 1° *Courbes défectueuses, dépressions profondes, inégalité, déviation et raccourcissement des membres, fausses articulations, entorses, luxations anciennes, ankyloses, spina ventosa, ostéosarcôme*, E et R ; 2° *engorgements chroniques, tumeurs blanches, hydarthroses, fistules osseuses* ou *articulaires, nécrose, carie, corps étrangers articulaires*, E et aussi R, sous la condition d'incurabilité ; 3° *état cagneux des membres, longueur inégale* par suite d'une disposition congéniale (laissés à l'appréciation des juges militaires); *périostoses, exostoses* ; si elles sont anciennes et accidentelles, d'origine traumatique, elles ne sont point incompatibles avec le service militaire, à moins qu'elles ne gênent le mouvement des membres; E, si elles sont liées à une cachexie syphilitique, et R, conditionnellement.

— Les *lésions des mains et des pieds*. — *Doigts ou orteils surnuméraires*, E, quand ils sont incommodes et nuisent à la liberté des mouvements ; *doigts ou orteils palmés*, E (*pour la main*), quand la membrane s'observe à tous les doigts d'une main, lors même qu'elle ne s'étend qu'à la première articulation phalangienne, ou quand deux doigts sont réunis d'un bout à l'autre ; (*pour les orteils*) quand ils sont réunis en une seule masse par la membrane depuis leur insertion jusqu'à leur extrémité ; *mutilations des doigts et des orteils*, E dans les cas suivants : 1° perte totale d'un pouce, d'un gros orteil, d'un index ou de deux autres doigts ; 2° perte partielle du pouce ou de l'index de la main droite ; 3° perte simultanée de la deuxième et de la dernière phalange d'un doigt ou de toutes les dernières phalanges d'une main ou d'un pied ; *pieds plats et pieds déviés*, E (les pieds simplement plats n'exemptent pas) ; *direction vicieuse des orteils, chevauchement*, E, quand la déviation est ancienne ; *orteil en marteau (marcher sur l'ongle)*, E, quand la difformité est prononcée ; *ongle incarné*, E, mais R, seulement dans des cas très-rares.

— La *claudication* (souvent simulée), E et R, quand elle est bien constatée.

— L'*impotence* (impossibilité, par suite d'infirmités congéniales ou acquises, de pourvoir à sa propre subsistance et de venir en aide à sa famille), E, les frères puînés, lorsque l'infirmité est reconnue incurable chez les frères aînés.

Conclusion. — En donnant avec quelques développements la nomenclature des infirmités qui plus particulièrement rendent impropre au service militaire, et en indiquant les caractères auxquels, généralement, elles se reconnaissent, l'instruction du Conseil de santé des armées ne pose pas des règles absolues, invariables ; elle ne constitue pas un code de prescriptions formelles ; mais les indications qu'elle présente, combinées judicieusement avec les résultats de chaque examen individuel, doivent diriger les officiers de santé et peuvent même concourir à éclairer les diverses autorités chargées de statuer. Lorsque les officiers de santé qui assisteront les Conseils de révision croiront devoir donner des développements à leur avis et le maintenir nonobstant l'opinion opposée du Conseil, ils le feront toujours avec la modération et la respectueuse déférence que commandent la position officielle et le caractère des juges, aussi bien que la dignité de leur propre profession. Il y a à ce sujet un principe capital à rappeler : c'est que le médecin expert ne doit pas acquérir pour lui seulement la conviction de l'existence du fait sur lequel il est interrogé ; il doit faire passer cette conviction dans la conscience des juges et dans celle des assistants. Or, pour cela, il convient qu'il se tienne le plus rarement possible à une déclaration pure et simple ; il doit, chaque fois qu'il y a possibilité de le faire, s'appuyer sur une démonstration sensible matérielle, emportant l'évidence. Mais en suivant cette voie, il y a un écueil à éviter : c'est de se laisser entraîner par la facilité de démontrer les infirmités externes et de négliger les lésions internes, presque toujours beaucoup plus graves. Les Conseils de révision sont disposés, en général, à accorder l'exemption pour des infirmités visibles ou palpables, quoique souvent légères, telles que les *varices*, la *cirsocèle* ou *varicocèle*, etc.; et, cependant, comme cette facilité doit, par la force des choses, avoir des bornes, ils se montrent plus rigoureux au sujet des altérations viscérales, qui ne frappent pas leurs sens ; c'est le contraire qui devrait avoir lieu, et le médecin s'efforcera de faire prévaloir, dans les limites convenables, cette importante considération.

Des jeunes gens montrent quelquefois de la répugnance à se laisser visiter par les gens de l'art. Le Ministre a fréquemment invité les Conseils de révision à s'efforcer, par un langage simple et persuasif, de faire apprécier l'utilité de cette visite, autant dans l'intérêt de la population que dans celui de l'armée.

Les officiers de santé qui en sont chargés doivent, par la manière dont ils s'en acquittent, répondre au vœu du Ministre. On ne saurait procéder avec trop de douceur, de patience et d'attention ; on ne négligera jamais, surtout, de mettre les jeunes gens à l'abri d'une curiosité indiscrète, et de prendre toutes les précautions nécessaires pour ménager les délicates susceptibilités des familles.

Les instructions ministérielles pour la formation des contingents et les comptes annuels du recrutement, témoignent que les officiers de santé militaires justifient de plus en plus la confiance qui leur est accordée, et sans nul doute, les considérations morales exposées dans le préambule de l'instruction du Conseil de santé suffiront toujours pour les retenir dans la ligne de leur devoir. C'est donc pour ordre que les prescriptions suivantes sont rappelées ici :

« Les médecins, chirurgiens ou officiers de santé qui, appelés au Conseil de « révision, à l'effet de donner leur avis, conformément à l'art. 16, auront reçu « des dons ou agréé des promesses pour être favorables aux jeunes gens qu'ils « doivent examiner, seront punis d'un emprisonnement de deux mois à deux « ans.

« Cette peine leur sera appliquée, soit qu'au moment des dons ou pro- « messes, ils aient déjà été désignés pour assister au Conseil, soit que ces dons « ou promesses aient été agréés dans la prévoyance des fonctions qu'ils auront « à y remplir.

« Il est défendu, sous la même peine, de rien recevoir, même pour réforme « justement prononcée. » (*Art. 45 de la loi du 21 mars* 1832.)

« Il est expressément interdit aux officiers de santé d'examiner préalable- « ment chez eux, soit les jeunes gens appelés devant les Conseils de révision, « soit les hommes qui se proposeraient pour servir comme remplaçants. » (*N° 12 de l'Instruction ministérielle du 18 mai* 1840.)

Les médecins chargés de la visite des jeunes gens appelés au service militaire ne sauraient en effet trop se mettre en garde contre les tentatives de corruption de toute nature auxquelles ils sont en butte pendant toute la durée de leur mission ; qu'il nous suffise de dire qu'il ne manque pas de malheureux confrères de la classe civile qui, coupables de faiblesse, de complaisance ou de cupidité, savent exploiter le moindre acte de confraternité pour favoriser de jeunes conscrits ou des compagnies de remplacement quand leurs démarches ne vont point jusqu'à de blâmables et odieuses propositions, ainsi que les journaux en ont rapporté plusieurs exemples (1).

L'expérience a appris qu'une bonne règle de conduite consiste à repousser toutes relations avec des personnes de la localité, même avec des médecins, jusqu'à la fin des opérations cantonales ; et si, malgré ces précautions, des tentatives de corruption étaient faites, c'est un devoir de les porter à la connaissance du préfet ou de l'autorité militaire d'après la marche suivie par beaucoup de nos honorables confrères de l'armée.

----

(1) Voir *Revue scientifique et administrative des médecins des armées*, tom. 2, pag. 122 et 203.

ARTICLE TROISIÈME.

Réserve. — Dispositions relatives au service de santé des dépôts de recrutement et de réserve. — Congés de réforme n° 1 et n° 2. — Commissions spéciales des départements de l'intérieur et des subdivisions de l'Algérie.

I. Dans son article 3, la loi statue que l'armée se compose : 1° de l'effectif entretenu sous les drapeaux ; 2° des hommes qui sont laissés ou envoyés en congé dans leurs foyers, et le 3e paragraphe de l'article 30 vient servir de complément à cette disposition ; il porte que, *lorsqu'il y aura lieu de réduire l'effectif, des congés illimités seront délivrés dans chaque corps aux militaires les plus anciens de service effectif sous les drapeaux et de préférence à ceux qui les demanderont.* Ces congés sont accordés pour satisfaire aux prescriptions du budget.

Enfin, les hommes laissés ou envoyés en congé pourront être soumis à des revues et à des examens périodiques qui seront fixés par le Ministre de la guerre.

Ainsi, comme on le voit, le principe de la réserve est consacré, ce principe d'une institution nouvelle dont le maréchal Soult avait déjà présenté un projet en 1833 à la Chambre des députés, et auquel on semble vouloir revenir aujourd'hui.

La réserve, telle qu'elle est constituée actuellement, comprend : 1° les jeunes soldats non encore appelés à l'activité ; 2° les militaires pourvus de congés illimités ou de six mois. Jusqu'au jour de leur libération définitive, ils sont à la disposition du Ministre et sous l'inspection du dépôt de recrutement. Ils ne peuvent quitter leur résidence pour plus de 15 jours, changer de domicile ou se marier, sans autorisation.

Les généraux commandant les subdivisions font deux appels périodiques dans la réserve le premier dimanche de mars et le premier dimanche de septembre.

La décision impériale du 28 mai 1861 a prescrit la formation de *dépôts d'instruction* pour les jeunes soldats de la deuxième portion du contingent. Ils doivent y être réunis pendant les mois d'octobre, de novembre et de décembre, et aux termes de la circulaire ministérielle du 12 décembre 1861, les mêmes doivent y être exercés de nouveau pendant deux mois de l'année suivante.

Conformément à l'instruction du 14 juin 1862 sur la statistique médicale de l'armée, les dépôts d'instruction doivent fournir six états spéciaux : 1° état des mutations survenues dans le dépôt ; 2° résumé du service de santé (mouvement des malades) ; 3° état récapitulatif des maladies, blessures ou infirmités qui ont motivé l'envoi des hommes du dépôt d'instruction aux hôpitaux ou hospices ; 4° état spécial des maladies, blessures, infirmités ou accidents qui ont été cause de décès parmi les hommes du dépôt d'instruction ; 5° état spécial relatif à la vaccination et à la variole chez les hommes du dépôt d'instruction ; 6° état spécial des maladies, blessures ou infirmités qui ont motivé la sortie définitive des hommes du dépôt d'instruction.

Ces états comprennent toute la période de fonctionnement du dépôt d'instruction, depuis l'arrivée des premières recrues jusqu'au jour de la fermeture.

Les jeunes soldats sont divisés par catégories suivant le temps qu'ils ont passé au dépôt, c'est-à-dire suivant qu'ils sont de la première ou de la deuxième année. Cette distinction doit être observée avec soin.

Les observations générales sur la santé du dépôt seront inscrites au bas de l'état n° 2. L'état n° 1 est établi par l'officier commandant le dépôt; les autres sont faits par le médecin chargé du service de santé.

II. Lorsque des militaires appartenant à la réserve demandent à entrer à l'hôpital, un officier de santé militaire ou civil désigné par l'autorité locale est chargé de constater s'ils sont dans le cas d'y être admis.

C'est ordinairement par l'un des officiers de santé des corps de troupes ou des hôpitaux de la place que doit être fait le service de santé du dépôt de recrutement et de réserve dans chaque département; il n'y a d'exception que pour Paris, Lyon, Metz, Aix et Avignon, où ce service est spécial ou réuni à celui de la place pour la visite des isolés et des passagers, et à celui de l'infirmerie des prisons.

Le service de santé des dépôts de recrutement et de réserve consiste encore à visiter :

1° Les jeunes soldats de la classe, au moment de leur départ pour leurs corps respectifs (*Mise en activité des contingents*);

2° En tout temps, les hommes qui demandent à devancer l'appel en activité ;

3° Les engagés volontaires, ou les anciens militaires qui désirent rentrer sous les drapeaux ;

4° Les déserteurs étrangers qui désirent prendre du service dans un corps à la solde de la France, tel que la légion étrangère.

Les officiers de santé peuvent encore être consultés sur l'aptitude physique des jeunes soldats pour les armes spéciales, pour la marine, et au moment où l'on fait la répartition des hommes de la classe pour ces différentes armes.

Nous avons déjà fait l'analyse des dispositions relatives à la *mise en activité des contingents* et par conséquent à la visite de départ. (*Voir art. 1er, § 3.*)

Quant au *devancement d'appel à l'activité,* il a été réglé ainsi qu'il suit par l'instruction du 29 juin 1840.

Les jeunes soldats ont la faculté de devancer l'appel à l'activité pour un corps de leur choix, après que la liste du contingent de leur canton a été arrêtée et signée par le conseil de révision. Ils doivent avoir la taille et les qualités requises pour les corps dans lesquels ils demandent à être admis.

Le commandant du dépôt de recrutement devant lequel ils sont tenus de se présenter fait constater en sa présence, par un officier de santé, si *l'homme n'a aucune infirmité apparente* ou *cachée*, si enfin *il est sain, robuste et bien constitué,* et lui délivre un certificat d'aptitude, qui doit être signé par l'officier de santé et par lui.

Si de jeunes soldats, autorisés à devancer l'appel à l'activité, étaient renvoyés des corps avec des congés de réforme n° 2, les officiers qui auraient délivré les certificats d'aptitude seraient rendus responsables des frais qu'ils auraient occasionnés au Trésor, attendu qu'ils n'auraient pas dû délivrer des certificats de cette nature à des hommes impropres au service. (*Instruction du 4 mai* 1832 *et circulaire du 15 septembre* 1835.)

Mais c'est surtout dans la visite des *engagés volontaires* que l'officier de santé doit apporter la plus grande attention.

Nous avons, dans le § 4 de l'article 1er, rapporté les dispositions réglementaires relatives aux engagements et aux rengagements, et nous avons vu que, parmi les conditions exigées par la loi, étaient les suivantes : 1° être sain, robuste et bien constitué ; 2° avoir la taille et les qualités physiques requises pour le service de l'arme.

L'examen doit donc porter non-seulement sur la constitution, mais aussi sur l'aptitude de l'homme au service de l'arme à laquelle il se destine, et le certificat d'acceptation dans lequel il est déclaré que l'engagé n'a *aucune infirmité apparente ou cachée, qu'il est d'une constitution saine et robuste,* devra spécifier encore qu'*il est apte,* ou qu'*il ne convient pas cependant à l'arme dont il a fait choix.* Ainsi, pour citer un exemple parmi les pièces qui accompagnent le mémoire de proposition pour faire admettre un candidat comme élève trompette à l'école de cavalerie, est compris le certificat de visite constatant qu'outre les qualités physiques exigées pour le service militaire en général, le candidat présenté possède celles qui sont nécessaires pour le service spécial auquel il est destiné, c'est-à-dire qu'il a toutes ses dents, et qu'elles sont bien rangées, les lèvres saines, entières, sans excès de grosseur ni de flaccidité ; la poitrine large et sonore, toutes les voies aériennes, les cavités nasales surtout, libres et exemptes de tout embarras ou prédisposition à des excroissances polypeuses et autres ; les régions ombilicale et inguinale ne présentant aucune trace de hernie ni prédisposition à ce genre d'affection.

L'officier de santé doit donc se montrer rigoureux dans l'examen qu'il est appelé à faire des jeunes gens qui veulent contracter un engagement pour le service militaire. Il doit se prononcer sur l'admission ou le rejet avec d'autant plus de sévérité que le jeune homme est d'un âge moins avancé. Cet âge a été fixé à seize ans pour l'engagement dans l'armée de mer (*art.* 32 *de la loi*), et à dix-sept ans pour être admis dans l'armée de terre. (*Décret du* 10 *juillet* 1848.)

Lorsque les jeunes gens de cet âge sont bien constitués, disent MM. Maillot et Puel, et qu'ils ont une véritable vocation pour la carrière des armes, ils sont susceptibles de faire d'excellents soldats. Mais il ne faut pas perdre de vue qu'il y a peu de sujets qui, à cet âge, soient déjà propres au métier des armes. Le corps n'a pas atteint la vigueur nécessaire, les organes ne sont pas encore arrivés à cet état de force qui leur permettra un jour de passer rapidement, et sans transition ménagée, du repos à un exercice violent; et notez bien que, sous ce nom d'organes, nous ne voulons pas seulement désigner ceux du mouvement, comme pourraient le faire croire les expressions de *repos* et d'*exercice* que nous venons d'employer, mais nous entendons désigner aussi les viscères eux-mêmes.

Ainsi, à cet âge, la muqueuse gastro-intestinale est trop facilement surexcitable, ainsi les poumons sont trop impressionnables. C'est l'époque des congestions pulmonaires, des hémoptysies, de ces bronchites tenaces dont le retour fréquent mène presque inévitablement à la phthisie. A cette époque aussi le système nerveux est loin d'être parvenu au summum de son développement fonctionnel, son jeu est encore des plus irréguliers. Comment donc, avec des conditions aussi désavantageuses, affronter avec succès les fatigues et les chances de la guerre? Comment, avec un estomac irritable, s'accommoder des nourritures les plus diverses et souvent des plus grossières? Comment, avec des poumons si disposés à s'affecter, supporter les variations si brusques de température, le chaud, le froid, l'humide? Comment bivouquer, comment coucher dans la boue, dans la neige, sans abri, sans feu...? Comment, avec un système nerveux encore incomplet, au moins sous le rapport fonctionnel, trouver en soi assez d'énergie morale pour lutter avec bonheur contre toutes les causes de destruction qui entourent le soldat en campagne? (*Aide-mémoire cité*, page 2.)

L'examen des anciens militaires et des déserteurs étrangers qui désirent contracter un engagement ou un rengagement doit également être fait scrupuleusement. Mais les préceptes énoncés plus haut sont surtout de rigueur pour les anciens militaires qui sont porteurs d'un congé de réforme; aux termes de l'instruction ministérielle du 4 mai 1832 (art. 55), ces militaires réformés peuvent être admis à contracter un engagement volontaire lorsqu'il est bien prouvé qu'ils sont guéris des infirmités qui avaient fait prononcer leur réforme. Le moindre doute à cet égard motive suffisamment le refus de l'officier de santé de signer le certificat d'acceptation.

Enfin, l'officier de santé peut encore être appelé à donner son avis pour la répartition des hommes dans les différentes armes. L'appréciation de cette aptitude est le rôle de l'officier de recrutement.

Dans l'intérêt de la répartition du contingent entre les corps de l'armée, l'instruction du 18 mai 1840 (n° 11) prescrit à l'officier de recrutement de prendre, au moment où les jeunes gens sont examinés par le Conseil de révision, une note exacte de leur aptitude militaire sous le rapport de la profession, de la taille et de la *constitution physique.*

On comprend alors combien l'avis de l'officier de santé peut être utile dans une semblable opération.

La répartition des jeunes soldats dans les diverses armes se fait en ayant égard non-seulement à la taille, aux forces et à la constitution, mais aussi aux habitudes, aux travaux, à la profession et au pays de chacun. Il ne faut pas perdre de vue, en effet, que le service est différent dans chaque arme, dans chaque corps, que pour les uns le travail est très-rude et de tout instant, tandis que les autres ont des occupations moins fatigantes.

En général, les armes spéciales, l'artillerie et le génie, et même la grosse cavalerie, prennent les hommes d'élite, les sujets à haute stature, à large poitrine, à muscles fortement prononcés. Ceux dont la taille est moins élevée, mais qui cependant offrent d'heureuses dispositions, passent dans la cavalerie légère. Les grandes villes fournissent toujours un grand nombre d'ouvriers propres à tous les travaux qu'on exige de la part des troupes du génie. Il est donc naturel de les prendre pour cette arme, puisque leur apprentissage est déjà largement ébauché au moment où ils tirent au sort. Il en est de même pour la cavalerie : on conçoit que des hommes déjà habitués à élever des chevaux et à les monter, comme les jeunes gens des départements du Nord, de la Lorraine et de l'Alsace, peuvent devenir rapidement d'excellents cavaliers. On doit, avant tout, s'attacher à avoir pour la cavalerie des sujets robustes et fortement constitués, car il ne faut pas oublier que le métier de cavalier est très-fatigant. On devra donc en exclure tous les individus dont la poitrine est irritable, et qui sont disposés aux hémoptysies.

Avec un tel mode de faire, il est évident qu'on ne place guère dans l'infanterie que les hommes dont les autres armes n'ont pas voulu. Et cependant on n'ignore ni l'importance ni l'utilité de l'infanterie, qui est de beaucoup la partie la plus considérable de notre force militaire, et sur laquelle, à la guerre, roulent la plupart des opérations.

Toutefois, quant aux chasseurs à pied, il est encore à remarquer que la spécialité de leurs manœuvres et les fatigues qu'ils sont appelés à supporter en campagne réclament des conditions particulières d'aptitude, et exigent qu'on en exclue tous les sujets prédisposés aux congestions viscérales et dont le cœur est volumineux.

Il importe enfin de relater ici une dernière disposition relative au recrutement et qui se trouve aussi dans les attributions de l'officier de santé.

Une loi du 22 mars 1841 a soumis à certaines règles *l'emploi des enfants dans les manufactures et usines,* afin de ménager leurs forces, d'entourer leurs travaux des conditions de sûreté et de salubrité nécessaires, d'assurer enfin leur développement moral et intellectuel par l'instruction primaire et l'enseignement religieux. Au double point de vue de l'intérêt général et de celui du recrutement de l'armée en particulier, il est important d'observer l'influence qu'a exercée l'application de cette loi dans les divers centres d'industrie manufacturière. Les médecins militaires employés près des Conseils de révision, à raison de leurs connaissances spéciales et de la nature de la mission qui leur est confiée, peuvent donner à cet égard d'utiles renseignements et faciliter ainsi à l'administration les moyens d'apprécier le véritable état de choses.

En conséquence, ces officiers de santé devront apporter une attention toute particulière dans l'examen des jeunes gens de la classe appartenant comme ouvriers aux manufactures ou usines. Ils réuniront, dans un rapport spécial et circonstancié, leurs observations sur l'état physique de ces jeunes gens et sur les causes des maladies ou infirmités qui auront été constatées; ils joindront à ce rapport un relevé numérique conforme au modèle (qui se trouve dans les bureaux de la préfecture), et remettront le rapport et le relevé au préfet, qui les fera parvenir au Ministre avec son rapport sur les opérations de l'appel. (*Circulaire ministérielle du* 17 *avril* 1850.)

Ce relevé numérique comprend dans autant de colonnes séparés : 1° l'indication des cantons auxquels les jeunes gens appartiennent ; 2° le nombre des jeunes gens qui ont été reconnus propres, et le nombre de ceux qui ont été reconnus impropres au service ; 3° l'énumération des diverses espèces de maladies, infirmités ou difformités dont sont atteints les jeunes gens impropres au service et le nombre des jeunes gens pour chacune de ces espèces ; 4° les observations.

On suivra autant que possible pour les diverses colonnes (de l'énumération) l'ordre et la nomenclature des infirmités désignées dans le tableau D des comptes rendus annuels sur le recrutement de l'armée. Les médecins ouvriront d'ailleurs des colonnes pour les maladies ou infirmités qui ne sont pas désignées dans cette nomenclature et sur lesquelles ils jugeront que l'attention doit être particulièrement appelée, comme provenant plus spécialement de la profession exercée par les jeunes gens.

III. *Des congés de réforme n° 1 et n° 2. — Commissions spéciales de l'intérieur et de l'Algérie.* — Il y a deux espèces de congés de réforme, conformes aux modèles annexés à l'instruction du 3 mai 1844.

Le congé *modèle n° 1* est délivré, lorsque la réforme est prononcée :

1° Pour blessures reçues *dans un service commandé ;*

2° *Pour infirmités contractées dans les armées de terre ou de mer*, et pouvant dès lors donner ouverture au droit d'exemption prévu par le paragraphe 7° de l'article 13 de la loi du 21 mars 1832, c'est-à-dire qu'il confère l'exemption aux frères.

Le congé *modèle n° 2* est délivré lorsque la réforme est prononcée :

1° Pour des blessures reçues *hors* du service ;

2° Pour des infirmités contractées *hors* des armées de terre ou de mer.

Le titulaire de ce congé n'a droit, dans aucun cas, aux exemptions prévues par le paragraphe 7 de l'article 13 de la loi du 21 mars 1832, c'est-à-dire que l'exemption n'est pas conférée aux frères.

Aussi tous les jeunes soldats dont les infirmités sont antérieures, soit à leur admission dans le contingent de leur classe, soit à leur incorporation, doivent recevoir des congés *de réforme* du modèle n° 2.

Les congés de *réforme n° 1* sont établis par les Conseils d'administration des corps auxquels les hommes appartiennent et au titre de ces corps. Ils sont approuvés par l'officier général chargé d'inspecter le corps, et visés par le sous-intendant militaire.

Les documents à remettre à l'inspecteur général sur la position des hommes à réformer sont les certificats de visite que le Conseil a fait établir à l'avance et toutes les pièces propres à l'éclairer sur la position des militaires qui, après avoir été visités, lui seraient désignés comme incapables de servir.

Si l'inspecteur général reconnaît, d'après les rapports ou certificats officiels ou autres documents authentiques constatant la date, l'origine et les circonstances des blessures et infirmités qui motivent la réforme, que ces blessures ou infirmités rentrent dans le cas prévu par le paragraphe 7 de l'article 13 de la loi du recrutement, il fait procéder en sa présence à la contre-visite des hommes dans cette position. Cette contre-visite est faite par deux officiers de santé qu'il a désignés parmi ceux attachés aux hôpitaux militaires ou, à défaut, parmi ceux qui sont employés dans les hôpitaux civils.

Si ces officiers de santé déclarent que les militaires contre-visités *sont hors d'état de faire jamais un service actif*, l'inspecteur général prononce leur réforme et ordonne en conséquence de leur délivrer immédiatement un congé de *réforme n° 1*.

En dehors des inspections générales et des revues trimestrielles, il pourra être, dans des cas exceptionnels, délivré des congés de *réforme n° 1* aux militaires dont l'incapacité de servir aura été régulièrement constatée.—La délivrance de ces congés sera exclusivement ordonnée par les généraux commandant les divisions territoriales.— Toutefois, lorsque, pour cause d'éloignement, le général commandant la division n'aura pu assister en personne à la contre-visite des hommes désignés pour être réformés, la position de ces hommes lui sera signalée par le général commandant la subdivision, en présence duquel cette contre-visite aura été faite, et la réforme sera, s'il y a lieu, prononcée sur sa proposition par le général divisionnaire. (*Circulaire ministérielle du 15 juillet* 1852.)

Les congés de *réforme modèle n° 2* remplacent les anciens *congés de renvoi*.

Ils sont établis, d'après les décisions d'une commission spéciale, par les commandants des dépôts de recrutement et de réserve, et au titre de ces dépôts. Ils sont approuvés par le général de brigade commandant la subdivision.

Une commission spéciale composée :

1° Du général de brigade commandant la subdivision, président ;

2° Du sous-intendant militaire chargé du recrutement dans le département ;

3° Du commandant de la gendarmerie départementale ;

4° Du commandant du dépôt de recrutement et de réserve ;

se réunit au chef-lieu de chaque département. Elle est chargée de prononcer définitivement sur la position des hommes qui, après avoir été visités, sont désignés comme devant obtenir un congé de *réforme n° 2.*

Dans les départements où le général commandant la subdivision ne réside pas, l'officier le plus élevé en grade en activité dans la garnison fera partie de la commission. La présidence de la commission appartiendra, dans ce cas, au membre du grade effectif ou correspondant le plus élevé dans la hiérarchie.—A égalité de grade, la présidence reviendra au membre le plus ancien de grade ; toutefois, le fonctionnaire de l'intendance ne présidera qu'à défaut de titulaire du grade auquel le sien correspond. (*Décision ministérielle du 19 janvier 1849.*)

La commission se fait assister d'officiers de santé choisis comme il a été dit plus haut. Ces officiers de santé procèdent, en présence de la commission, à la contre-visite des hommes à réformer, et constatent, par un certificat dans la forme ordinaire, les résultats de leur examen.

La commission s'assemble, toutes les fois que cela est nécessaire, d'après les conventions du président.

Lorsque de jeunes soldats sont reconnus impropres au service au moment de leur mise en route, l'officier général les fait examiner avec le plus grand soin par les officiers de santé, et ceux qui sont jugés ne pas réunir l'aptitude physique nécessaire sont renvoyés, avec les certificats constatant les résultats de ce premier examen, devant la Commission spéciale.

Aussitôt après le départ des jeunes soldats valides, la Commission se réunit alors au chef-lieu de chaque département pour faire procéder en sa présence à l'examen de ces jeunes soldats.

Si ces jeunes soldats sont reconnus *évidemment impropres à toute espèce de service*, des congés de réforme n° 2 leur sont délivrés, et ils sont immédiatement renvoyés dans leurs foyers.

Il est procédé de même à l'égard des militaires qui, après incorporation, sont jugés impropres au service, soit pour des causes antérieures à cette incorporation, soit pour des causes étrangères au service, et qui, par conséquent, n'ont pas droit au congé de réforme n° 1.

Ils sont aussi renvoyés devant la Commission spéciale du département où se trouve le corps ou la portion de corps à laquelle ils appartiennent. Toutefois les chefs de corps ne doivent envoyer devant cette Commission que les hommes qui, présentés aux inspecteurs généraux ou aux généraux de brigade délégués par eux pour procéder aux opérations des revues trimestrielles ou générales, leur auront paru susceptibles d'obtenir des congés de réforme n° 2, en raison de l'origine de leurs blessures ou infirmités.

Au nombre des pièces à produire à la Commission se trouvent les certificats constatant la visite qu'ils ont subie au corps devant le Conseil d'administration.

Les militaires reconnus *réellement impropres au service militaire* recevront, comme les jeunes soldats, un congé de réforme n° 2.

Ceux des militaires et jeunes soldats dont l'inaptitude sera déclarée douteuse seront maintenus dans leur position antérieure, pour être examinés de nouveau ultérieurement, c'est-à-dire que les jeunes soldats seront maintenus dans leurs foyers et que les militaires seront renvoyés à leurs corps.

Ces militaires et ces jeunes soldats devront être l'objet d'une surveillance particulière, de manière que leur situation puisse être bien appréciée lorsqu'ils devront paraître de nouveau devant la Commission.

Il sera définitivement statué sur leur aptitude ou inaptitude dans un délai qui ne devra jamais excéder six mois, à partir de la décision de l'ajournement.

Les jeunes soldats résidant en Algérie, et les militaires incorporés dans des corps ou portions de corps qui y sont stationnés, et qui seraient signalés comme impropres au service pour des causes ne donnant pas droit à la délivrance du congé de réforme n° 1, sont renvoyés devant une Commission spéciale qui s'assemble dans le chef-lieu de chacune des subdivisions de l'Algérie.

Cette Commission est composée :

1° Du commandant de la subdivision ;

2° D'un sous-intendant militaire ;

3° D'un officier supérieur pris dans l'un des corps stationnés dans la subdivision ;

4° Du commandant de la gendarmerie.

Elle procède de la même manière que celles constituées à l'intérieur.

CHAPITRE TROISIÈME.

De l'alimentation des troupes.

Une bonne alimentation consiste dans la variété et la bonne
qualité des denrées plus encore que dans leur quantité. (*Instruction du Conseil de santé des armées du 5 mars 1856*.)

L'expérience a démontré de tout temps que les approvisionnements
de vivres sont la meilleure fortification des places et des camps, et
la plus sûre garantie pour la subsistance des troupes en marche ; aussi
les plus grands généraux ont-ils reconnu qu'il n'y a point de système
militaire complet sans un service de subsistances régulier et bien
organisé.

Cependant on ne commence à voir un essai d'organisation du service des subsistances militaires que dans les temps modernes. Avant
et pendant les guerres de la Révolution, et même sous l'Empire, ce
service était confié à d'avides entrepreneurs dont les dilapidations
sans cesse renaissantes épuisèrent les ressources de l'État, et furent
un véritable scandale pour la France ; les plans les plus sages des
Ministres les plus éclairés se trouvèrent alors paralysés par l'intrigue,
le crédit et l'intérêt particulier. Ce n'est que plus tard, après l'adoption et le rejet tour à tour de systèmes plus ou moins coûteux, que
l'on arriva à mettre plus de précision dans les achats, dans la conservation, dans les transports et dans la distribution des vivres, et qu'on
apporta une amélioration véritable et bien sentie, en ajoutant un
contrôle facile et de tous les instants à un ensemble parfait dans
toutes les parties du service relatif aux diverses fournitures à faire
aux troupes. Aujourd'hui le service des subsistances militaires est
encore réglé par le règlement du 1er septembre 1827 ; mais il a été
souvent modifié par de nouvelles dispositions, qui ont eu pour résultat d'en perfectionner l'exécution par autant d'améliorations que nous
aurons le soin de faire remarquer dans le cours de ce chapitre.

ARTICLE PREMIER.

Des aliments.

Sous cette dénomination nous passerons en revue les denrées que
le service des subsistances comprend sous les noms de *vivres-pain* et
de *vivres de campagne*.

§ 1er. — Des vivres-pain.

Les *vivres-pain* se composent des denrées ci-après : grains, froment, farines brutes, blutées ; pain de munition ordinaire ; biscuité, demi-biscuité, au quart biscuité ; pain d'hôpital ; biscuit. (*Règlement du 1ᵉʳ septembre 1827, art.* 395.)

Les *vivres de campagne* comprennent les denrées ci-après : riz ou légumes secs, pois, haricots, fèves, lentilles ; sel, viande fraîche ou bœuf salé et lard salé. (*Id., art.* 434.)

Depuis 1574, date de l'organisation de la première compagnie des vivres pour les armées, le pain dit *de munition* n'a cessé de former la base de la nourriture du soldat ; il était alors de 2/3 de farine de froment et d'un tiers de seigle, sans extraction de son, et, en 1778, dans les proportions de 3/4 de la première farine et de 1/4 de la seconde. En 1792, on ajouta le blutage des farines à quinze livres d'extraction de son par quintal ; mais ce n'est que beaucoup plus tard, le 1ᵉʳ février 1823, que le pain des troupes de la garnison de Paris, d'abord, fut entièrement formé de farine de froment blutée. Le règlement du 1ᵉʳ septembre 1827 porte que le blutage de la farine sera réglé à raison de 10 pour 100 d'extraction pour toutes les troupes. En 1840, les garnisons de Paris, Versailles, Saint-Germain, ont reçu du pain fabriqué avec de la farine blutée à 15 pour 100, et une décision ministérielle du 2 décembre 1845 a rendu cette mesure générale pour toutes les troupes du royaume, à compter du 1ᵉʳ janvier 1846.

Tel était le taux de blutage adopté pour la manutention du pain de munition ; mais l'extraction du son, portée nominalement à 15 kilogrammes, n'en dépassait pas 12 néanmoins, par suite du mode adopté à cette époque pour la fixation du rendement.

Au nombre des réformes reconnues nécessaires après la révolution de 1848, l'importante question de l'alimentation des troupes fut aussi mise à l'ordre du jour, et, sous le ministère du général d'Hautpoul, on fit l'essai d'un nouveau système de subsistances pour l'armée.

Cet administrateur éclairé, frappé de l'insuffisance du peu de variété, et surtout de la qualité inférieure de l'alimentation du soldat, avait chargé le Conseil de santé des armées de rédiger une notice sur cette question, et dans son instruction du 5 mars 1850, le Conseil émit l'avis, basé sur une longue expérience, que 800 à 875 grammes de pain blanc et 300 à 350 grammes de viande doivent constituer pour le soldat la base d'une alimentation plus substantielle et plus propre à l'entretien de la santé et au développement de ses forces, surtout si on introduit une certaine variété dans la préparation de la nourriture ; c'est en conséquence de toutes ces considérations que la circulaire ministérielle du 7 mars eut pour objet de faire mettre à l'essai, dans plusieurs régiments, un nouveau système d'ordinaire qui consistait dans l'achat direct du pain chez les boulangers au moyen d'une indemnité de 16 centimes par jour et par homme.

Cette mesure devait avoir pour résultat d'appliquer l'économie faite sur la quantité de pain à l'achat de bonne viande de bœuf, mouton ou veau, et quelquefois de vin, et par conséquent pour avantage de procurer au soldat une nourriture plus substantielle et plus variée. (*Circulaire ministérielle du 14 juin 1850.*) Au système coûteux des manutentions, le Ministre substituait une prime en argent, qui, venant s'ajouter aux fonds de l'ordinaire, permettait au soldat d'acheter son pain des repas, comme il achète le pain de soupe, la viande et les légumes, et ce mode, tout en produisant une amélioration dans la nourriture du soldat, procurait une économie considérable au Trésor. On supprimait quarante-deux manutentions, et on ne conservait que les établissements principaux où devait être concentré le personnel nécessaire pour former le noyau du service des subsistances en cas de guerre.

Mais des considérations administratives et financières furent bientôt invoquées à l'appui du retour à l'ancien système manutentionnaire : « c'est mon opinion personnelle, s'exprime le Ministre, général Randon, qu'il y a nécessité de rendre à l'autorité militaire et au Gouvernement la sécurité que peut seule offrir la distribution régulière du pain par les soins de l'administration. On se prémunira ainsi en même temps, au moyen de larges approvisionnements, contre le retour de récoltes moins favorables qui grèverait le budget d'une charge qu'une prévoyance éclairée peut éviter à l'État. » (*Rap. au Présid. de la République,* 8 *février* 1851.) Et, par décision présidentielle de même date, le système manutentionnaire fut rétabli, mais toutefois avec des perfectionnements dans l'exécution du service, et avec des améliorations qui, portant sur un mode plus parfait d'épuration des grains et des farines (*criblage, blutage*), devaient équivaloir, dans l'ensemble de leur résultat, à une augmentation de blutage de 3 pour 100. Le taux d'épuration réelle de 15 pour 100 que l'on obtenait ainsi, et les progrès très-marqués que l'administration réalisait dans la fabrication donnèrent au pain de munition une qualité inconnue jusqu'alors; néanmoins elle laissait encore à désirer, parce que, si le pain était bon, sain et substantiel, il ne réunissait pas encore toutes les conditions désirables pour la soupe.

Telles avaient été les améliorations proposées par la haute commission des subsistances instituée au ministère de la guerre, en 1850, dans le but d'examiner les résultats obtenus par le système de l'achat direct du pain confié aux ordinaires. Cette commission, après s'être livrée à divers essais de panification et à l'analyse chimique du pain de munition distribué aux troupes des puissances européennes, du pain des hospices civils de Paris, des farines de manutention et de celles du commerce, avait reconnu que, si le pain de nos manutentions est moins riche en matières azotées que le pain de première qualité de la boulangerie civile, il l'est plus que celui des troupes de toutes les puissances européennes, que le pain des hospices civils et celui fabriqué avec la farine de seconde qualité. C'est donc dans la fabrication même du pain de munition qu'il a fallu chercher les causes de l'infériorité qu'il présente souvent; car tout en tenant compte de l'augmentation du taux de blutage, il importe de considérer aussi le mode de confection, l'état de la pâte au moment de la mettre au four, la cuisson, etc.

M. le pharmacien inspecteur Poggiale, alors professeur de chimie à l'École du Val-de-Grâce (1), et qui faisait partie de la haute commission des subsistances, a prouvé par ses analyses que c'est le pain des troupes françaises qui renferme le plus de gluten, et celui des troupes de Prusse qui en renferme le moins. Après le pain de la manutention de Paris, sont classés pour la richesse nutritive, évaluée par le dosage de l'azote, les divers pains de munition européens suivants : du grand duché de Bade, du Piémont, de Belgique, de Hollande, de Stuttgard, d'Autriche, d'Espagne, de Francfort, de Bavière, de Prusse.

La quantité d'azote est bien, en général, en rapport assez exact avec le degré de propriété nutritive de la farine et du pain ; quant au son, il est considéré par quelques chimistes comme une substance nuisible ou fort peu nutritive. Les résultats des analyses du professeur du Val-de-Grâce l'ont conduit à faire cette remarque digne d'attention, qu'il ne suit pas de ce qu'une substance est azotée, qu'elle soit nutritive, toute partie azotée n'étant pas nécessairement assimilable. Le son qu'on laisse dans la farine peut être utile en ce sens, qu'il retient plus longtemps dans les organes digestifs les principes assimilables. En effet, beaucoup de physiologistes admettent que la puissance nutritive des aliments n'augmente pas d'une manière absolue, en raison directe de la concentration des éléments assimilables qui entrent dans leur composition, et que, pour être digérés, les principes nutritifs ont besoin d'être mélangés avec des matières plus réfractaires. Ce serait le rôle du son lorsqu'il se trouve en proportion convenable avec le pain de munition. Sous ce rapport seulement, le son doit être regardé comme utile à la digestion : c'est un véritable lest pour l'estomac. Quelque divisé qu'il soit, il ne fait que du poids et non du pain ; il rend celui-ci plus compacte et plus lourd et il l'empêche de se conserver frais longtemps. Loin d'améliorer le pain dans lequel on l'introduit, il le rend donc plus difficile à digérer ; son insolubilité et sa résistance à l'absorption doivent le faire admettre. Toutefois il faut reconnaître qu'avec un pain trop léger, trop prompt à traverser l'appareil digestif, des jeunes gens robustes, soumis, comme le sont les soldats, à des exercices et à des labeurs souvent pénibles et prolongés, ne sauraient être aussi bien nourris qu'avec le pain de munition.

C'est une opinion commune que la mauvaise qualité du pain tient surtout à *la quantité de son qu'on laisse dans la farine* (*Manuel du boulanger*) ; et l'administration de la guerre l'a de tout temps compris,

_____

(1) Voyez son Mémoire lu à l'Académie de médecine, séance du 26 juillet 1853.

puisque le blutage de la farine de blé tendre a été successivement porté de 10 à 12, puis à 15 pour 100. La haute commission des subsistances avait proposé, en 1850, une augmentation de blutage de 2 pour 100, et dans le but de rendre le pain de munition propre au double usage du repas et de la soupe, un décret en date du 30 juillet 1853 a élevé l'épuration des farines de blé tendre au taux de 20 pour 100.

Depuis le 1er septembre 1853, les troupes ont été appelées à jouir de ce bienfait dans toutes les places de l'intérieur où il existe une manutention militaire. Quant à l'Algérie, la décision du 30 novembre 1851 a réglé qu'il ne sera employé pour la fabrication du pain que des farines de blé dur blutées à 12 p. 100.

L'extraction de la plus grande partie de son de la farine est sans doute une des conditions les plus importantes pour obtenir un pain bon, sain et substantiel; mais pour réaliser un véritable progrès, il a fallu aussi perfectionner le mode d'exécution du service, en assurant des achats de farines de bonne qualité et une bonne panification. Car il est bien reconnu que le procédé qui perfectionne la préparation du pain le rend encore plus agréable, plus sapide et en même temps plus nutritif.

C'est à cet effet qu'il a été institué dans toutes les places à manutention (*Décision du 14 mars* 1851) une *commission* dite *de vérification*, pour apprécier la qualité des blés, des farines et du pain.

Cette commission est composée : *Dans les places chefs-lieux de division :* 1° du sous-intendant militaire ayant la surveillance administrative du service des vivres, président; 2° d'un officier de troupe du grade de chef de bataillon; 3° d'un officier d'administration chef du bureau de centralisation; 4° d'un officier de santé de troupe ou d'hôpital, et 5° du syndic de la boulangerie; *et dans toutes les autres places :* 1° du sous-intendant militaire chargé du service des vivres ou de son suppléant légal, président; 2° du commandant de place ou, à défaut, d'un officier de troupe; 3° d'un officier de santé de troupe ou d'hôpital, et 4° du syndic de la boulangerie. La commission, toutes les fois qu'elle le juge convenable, appelle le comptable dans son sein, à titre consultatif. En cas de contestations sur la qualité des blés, des farines et du pain, lors des livraisons et des distributions, la commission de vérification est appelée, et procède dans le sens et la forme déterminés par les dispositions réglementaires concernant le service des fourrages. Il en est de même pour toutes les matières employées dans la fabrication.

A Paris une *commission centrale* est appelée à établir le classement général, sous le rapport de la qualité des produits de toutes les manutentions du territoire; cette commission se compose : de l'intendant militaire de la 1re division, président; d'un membre de l'Institut, de deux officiers supérieurs, d'un membre du Conseil de santé des armées, et du doyen des syndics de la boulangerie de Paris. « Entourée des garanties que lui assure le Gouvernement, il serait impossible que l'administration ne réalisât pas le but proposé : celui d'améliorer à un tel point la fabrication, que tout le monde reconnaisse l'incontestable supériorité du pain de munition sur le pain de seconde qualité de la boulangerie civile. » (*Instruction ministérielle du 13 mars 1851.*)

La position toute spéciale des officiers de santé dans la commission de vérification et leur intervention dans maintes circonstances où il s'agit d'apprécier la qualité des substances alimentaires et des boissons destinées à la nourriture du soldat, leur imposant le devoir de connaître parfaitement les caractères des denrées de bonne qualité et les moyens de reconnaître leurs sophistications, nous ferons en sorte de rendre l'exposé suivant aussi complet que possible, pour les mettre à même de remplir toujours facilement leur tâche, et de donner un avis utile lorsqu'ils sont consultés (1).

I. *Grains.* — Les *grains* destinés au service des subsistances doivent être de bonne qualité; il doivent être choisis dans les produits de la dernière récolte et de même provenance et toujours dans les meilleurs échantillons de la deuxième qualité, sans descendre, à moins de circonstances exceptionnelles, au-dessous du poids de 74 kilogrammes par hectolitre. Les grains ne peuvent être reçus que nets, bien criblés, dégagés de toute matière hétérogène et susceptibles d'être convertis en farine sans subir de nouvelles préparations. (*Règlement du 1er septembre 1827, art. 396.*)

On reconnaît les bons blés à leur couleur franche, soit d'un jaune légèrement doré, soit d'un gris glacé argenté, soit d'un brun très-clair et brillant; leur rainure est peu profonde, ils sont bombés, bien remplis et sonores, et ils glissent aisément entre les doigts. Ils cassent nettement sous la dent et présentent dans l'intérieur une substance compacte d'un blanc légèrement doré et brillant, dont l'odeur et le goût sont ceux de la colle fraîche. Le blé le plus pesant à volume égal est le meilleur.

Les blés peuvent éprouver diverses altérations causées, soit par l'humidité, soit par la piqûre du charançon ou d'autres insectes qui en détruisent le gluten, soit enfin par des maladies (ergot, carie, charbon, rouille), qui s'attaquent au périsperme ou au grain tout entier. Ils produisent alors un pain peu substantiel et de mauvaise qualité; le mélange dans le blé de grains d'ivraie, de mélampyre, de nielle, de vesce, de gesse dans certaines proportions, peuvent même lui donner des propriétés toxiques.

Une des conditions les plus essentielles pour la nuance favorable

---

(1) La rédaction de ce chapitre date de 1854, et les développements dans lesquels nous sommes entrés pourront paraître moins opportuns depuis que la publication du *Formulaire des hôpitaux militaires* a rendu officielle l'Instruction qui y a été annexée pour guider les officiers de santé dans leurs analyses et expertises. (Voyez *Formulaire, page 447.*)

Nous recommandons aussi l'*Instruction faisant suite à la loi du 28 nivôse an III*, qui renferme les plus utiles indications. (*Bulletin de l'Intendance, tome III.*)

et la bonne qualité de pain, c'est que le nettoyage des blés soit complet avant qu'on les mette sous la meule. Il importe ensuite que la transformation des grains en farine ait lieu d'après les procédés les mieux appropriés à la nature et à l'essence des blés, de manière à produire des farines affleurées aussi complétement que possible et dont les parties inférieures soient facilement extraites par l'opération du blutage. En général plus le chiffre de la farine affleurée est élevé, plus le résultat est satisfaisant.

La moyenne de 70 à 75 indique la meilleure mouture. Le poids du son est encore un bon indice du degré de perfection de la mouture ; un son bien fait et bien écuré ne doit pas peser plus de 19 à 19 kil. 1/2 à l'hectolitre comble.

II. *Farines.* — La farine de bonne qualité est d'un blanc jaunâtre, douce au toucher, sèche et pesante : elle n'a qu'une faible odeur et elle laisse à la bouche une saveur approchant de celle de la colle fraîche. Pressée dans les mains, la farine blutée forme une espèce de pelote en conservant la forme qu'on lui a imprimée, et laisse adhérer aux mains une fleur de farine très-blanche et très-fine. Par les épreuves du tamisage, on doit toujours obtenir 70 au moins de farine affleurée (*Instruction du 16 mars 1851*), le minimum de 65 n'étant toléré que pour les places qui ne possèdent encore que d'anciens moulins. Si ce chiffre n'était pas atteint, ce serait la preuve que la mouture est ce qu'on appelle *trop basse ;* la farine n'aurait pas de corps et rendrait moins, et le pain serait moins blanc.

En général, après cette opération, il faut qu'il y ait analogie dans la nuance des divers produits depuis la farine jusqu'au son ; car c'est la meilleure preuve que l'on puisse avoir que ces produits viennent du même blé. Ainsi, s'il se trouvait que le froment contînt du seigle, cette analogie n'existerait plus ; le fond de la farine serait jaune ou blanc, les gruaux auraient une teinte verte. On peut compléter la vérification, comme il est d'usage depuis longtemps à la manutention de Paris, par l'opération des pâtons, qui consiste à prendre 25 parties de farine et 10 parties d'eau : on fait une petite cavité au milieu de la farine, dans laquelle on verse l'eau, et on tourne le doigt jusqu'à ce que la pâte devienne adhérente et forme une petite boule assez consistante. On laisse ensuite reposer ce petit pâton pendant une heure ; au bout de ce temps on peut juger à la fois de la qualité du blé, de celle de la farine et de la nuance qu'aura le pain. Si la farine provient d'un lieu sain et sec, le pâton deviendra ferme et s'allongera pour se casser en le tirant ; la nuance sera jaune ou grise suivant la provenance du blé ; bien que chacune de ces nuances soit l'indice du bon rendement, le jaune cependant doit être préféré. Si la farine provient d'un blé humide ou trop tendre, au bout d'une heure la pâte s'amollira, se déchirera entre les doigts sans s'allonger, et le produit en pain sera d'autant plus faible que le blé aura été plus humide. Que si l'on avait fait du mélange frauduleux de seigle, d'orge ou de maïs par exemple, on s'en apercevrait sans beaucoup de difficultés. Pour le seigle, le pâton serait beaucoup moins ferme que pour le blé, il se formerait difficilement et s'attacherait fortement au doigt ; d'un autre côté les parcelles de son auraient une teinte verte. Pour l'orge, même difficulté dans la confection du pâton : l'eau serait difficilement absorbée, et les pellicules du son provenant de l'orge se reconnaîtraient à la couleur blanche luisante. Pour le maïs, le pâton serait encore plus difficile à confectionner, et il recevrait de la farine de maïs une teinte jaune prononcée.

Ainsi c'est à la qualité et à la quantité de gluten renfermée dans la farine qu'est due l'élasticité de la pâte ; il est donc toujours important de pouvoir apprécier non-seulement la quantité, mais encore la qualité du gluten. C'est pour atteindre ce but que M. Roland a imaginé un petit instrument qu'il désigne sous le nom d'*aleuzomètre* (mesure des farines) ; c'est un cylindre creux, en cuivre, de 15 centimètres de long sur 2 à 3 centimètres de diamètre. La partie inférieure de l'instrument est formée par une sorte de capsule de 5 centimètres de longueur qui peut contenir 15 grammes de gluten frais et qui se visse au reste du cylindre. Une tige mobile en cuivre, graduée et terminée inférieurement par une plaque du diamètre du cylindre, est reçue dans celui-ci dans lequel il descend jusqu'à son tiers, de façon que, entre le gluten et la plaque de la tige mobile, il y ait un espace à peu près double du volume du gluten. L'appareil ainsi disposé, on l'introduit dans un bain d'huile chauffée à 200° ; à cette température le gluten se gonfle ; en augmentant de volume, il s'élève dans le cylindre, atteint la tige graduée et la soulève plus ou moins, selon qu'il est de plus ou moins bonne qualité. Les bonnes farines donnent un gluten qui augmente de quatre à cinq fois son volume ; si le gluten provient d'une farine altérée, loin de se boursoufler, il devient visqueux et presque fluide, adhère aux parois du cylindre et développe même quelquefois une odeur désagréable ; celle du bon gluten rappelle l'odeur du pain chaud.

Un autre mode d'essai a été proposé par M. Robine. Il est fondé sur la propriété que possède l'acide acétique étendu d'eau, de dissoudre tout le gluten et la matière albumineuse contenus dans une farine, sans toucher à la matière amylacée, et sur la densité qu'acquiert la solution de ces substances dans l'acide acétique, densité qui est d'autant plus considérable qu'il s'est dissous plus de gluten et de matière albumineuse, et par conséquent, que la farine est susceptible de fournir une plus grande quantité de pain. A cet effet, M. Robine a construit un aréomètre, nommé *appréciateur des farines*, et gradué de manière que chaque degré représente un pain du poids de 2 kilogrammes, lorsqu'on emploie la quantité de farine contenue dans un sac de 159 kilogrammes.

Parmi les altérations de la farine, nous signalerons d'abord celle qui provient de l'humidité : celle-ci altère le gluten et le rend impropre à produire une bonne panification, et d'autre part, elle favorise la formation des sporules de divers champignons qui, plus tard, se développent abondamment dans le pain. Les farines altérées sont souvent aigres ou ont subi la fermentation putride, et alors elles sont infectes, d'un blanc terne ou rougeâtre, avec un goût âcre et piquant plus ou moins prononcé.

La farine peut être altérée par son mélange à la farine *mélampyrée;* elle provient alors d'un blé mal criblé contenant de la graine de mélampyre des champs ou rougelle. Le pain qui en résulte a ordinairement une teinte violâtre, une odeur piquante et nauséabonde, une saveur amère.

Pour reconnaître cette altération, M. Dizé a indiqué de pétrir 15 grammes de farine suspecte avec une quantité suffisante d'acide acétique étendu de 2/3 d'eau; on en forme une pâte très-molle que l'on met dans une cuiller d'argent; on chauffe graduellement jusqu'à l'évaporation complète de l'eau et de l'acide. Le petit morceau de pâte se détache alors de la cuiller, on le coupe; la coloration en rouge violacée de la partie interne de la section indique l'addition de farine mélampyrée. Plus cette couleur est foncée, plus le mélange est considérable.

Mais les falsifications les plus communes sont celles qui s'effectuent avec la fécule de pommes de terre, avec les farines de légumineuses (féveroles, pois, haricots, vesces).

Quoique ce soit une falsification peu avantageuse, on ajoute quelquefois à la farine de froment de la *fécule de pomme de terre.* Au-dessus de la proportion de 10 à 25 pour 100, la panification n'est plus possible; au-dessous on n'a pas un avantage réel à la fraude, mais on peut toujours la reconnaître au moyen du procédé indiqué par M. Roland, ancien boulanger fort expérimenté.

On commencera par séparer le gluten de l'amidon en prenant 25 grammes de farine à essayer, la mélangeant dans une tasse à l'aide d'une baguette de verre, avec 12 grammes 1/2 d'eau. On malaxera ensuite cette pâte dans le creux de la main, sous un très-petit filet d'eau, ou mieux dans une cuvette à moitié pleine d'eau; dans ce dernier cas, on peut retrouver les petites portions qui s'échappent et se mêlent à l'amidon qui tombe au fond de l'eau. Quand la farine a été mal fabriquée, le gluten est grenu et se rassemble difficilement en masse; lorsque l'eau de lavage n'entraîne plus rien, le résidu que l'on a dans la main est le gluten pur. On agite alors le mélange d'amidon et d'eau contenu dans la cuvette et on le jette dans un verre à expériences, où on le laisse reposer au moins une heure; on décante, avec un siphon, l'eau qui surmonte le dépôt qui s'est formé et qu'il faut se garder de troubler; deux heures après, on aspire avec une pipette l'eau qui aura encore surnagé. A cette époque de l'opération, le dépôt est formé de deux couches distinctes : une supérieure, grise, qui est du gluten divisé, non élastique, et de l'albumine; l'autre couche d'un blanc mat est de l'amidon. On enlève avec précaution, avec une cuiller à café, toute la couche de gluten et d'albumine ; une résistance, qu'il ne faut pas chercher à vaincre, indique que l'on est arrivé à la couche d'amidon, qu'il faut laisser sécher jusqu'à solidification. On détache alors du fond du verre ce pain conique d'amidon, en prenant soin de lui conserver sa forme, on le renverse la pointe en haut et on le laisse sécher ainsi ; la fécule de pommes de terre, plus pesante que celle du blé, s'étant précipitée la première, se trouve placée au sommet du cône. On prend, en conséquence, cette portion supérieure du cône et on la triture avec de l'eau froide dans un mortier d'agate ; la fécule de pommes de terre, insoluble dans l'eau froide, acquiert par la trituration une divisibilité qui lui permet de prendre, au contact de la teinture d'iode concentrée, une couleur d'un bleu foncé, ce qui la différencie de la farine de froment, qui, dans les mêmes circonstances, ne présente avec la teinture d'iode qu'une couleur jaune. Toutefois nous ferons remarquer qu'il faut employer un mortier d'agate exclusivement à tout autre ; car si l'on se servait d'un mortier de verre ou de porcelaine, leur surface trop unie laisserait glisser la fécule sans la déchirer. Un mortier en biscuit ne lui convient pas par la raison inverse.

Ce n'est que dans les proportions de 10 à 25 pour 100 que les meuniers trouvent de l'avantage à falsifier la farine ; donc, pour apprécier la quantité relative de fécule ajoutée à la farine, on n'a à étudier que ces proportions en les indiquant par cinquièmes. En enlevant du cône d'amidon, mentionné ci-dessus, cinq couches successives d'un gramme chaque, et, en les éprouvant par ordre, la coloration bleu foncé que donnera l'épreuve de l'iode fera positivement reconnaître l'addition de 5 pour 100 de fécule par couche éprouvée.

D'après les expériences de Galvani, pharmacien à Venise, la *farine de haricot* et *celle de vesce* auraient la propriété de détruire le gluten de la farine de froment.

Orfila et M. Barruel pensent au contraire que le gluten n'est que très-divisé, mais que la fleur de farine de froment contenant un tiers de son poids de farine de haricot fournit du pain mat, dont on peut cependant faire usage sans inconvénient, et que la même farine, mêlée avec le tiers de son poids de farine de vesce de première tamisation, donne du pain mat d'une odeur et d'une saveur assez désagréables, pour qu'on ne puisse pas l'employer dans l'économie domestique.

La sophistication au moyen de la farine de *féveroles* est une de celles qui est le plus généralement répandue, bien qu'on ne la pratique que depuis peu de temps. En 1839, année pendant laquelle le prix du blé fut très-élevé, presque toutes les farines vendues sur la place de Paris étaient ainsi mélangées. Dans certaines contrées du midi de la France, les mélanges se font dans les proportions de 10 à 15 pour 100 de farine de féveroles.

On ne peut, au moyen des propriétés physiques, reconnaître cette sophistication, car une farine bien travaillée, des mélanges bien faits, mettent l'œil en défaut. La farine de féveroles, bien préparée, est d'un blanc jaunâtre, douce au toucher ; elle se pelotonne, colle moins dans la bouche que celle du froment ; elle a une saveur particulière, âcre, qui rappelle celle des haricots crus ; elle ne contient pas de gluten. Des essais ont prouvé que cette farine pouvait seule et sans levûre subir la fermentation.

Parmi les moyens peu nombreux indiqués jusqu'à ce jour pour reconnaître cette falsification, le suivant est généralement reconnu le meilleur ; il est d'ailleurs d'une exécution facile.

On prend : farine, 16 grammes ; grès en poudre, 16 grammes ; eau, 1/16 de litre ; on triture dans un mortier de biscuit ou de porcelaine, la farine avec du grès pendant cinq minutes (la farine de féveroles pure donne plus de peine) ; au bout de ce temps, on ajoute l'eau par petites portions de manière à former une pâte homogène que l'on délaie ensuite avec le reste de l'eau : on jette sur un filtre de papier. On a remarqué que l'eau qui provient de la farine mélangée de féveroles filtre moins vite et reste toujours louche ; cependant il n'en est pas toujours ainsi. Lorsque l'eau est filtrée, on prend un 32ᵉ de la liqueur filtrée que l'on met dans un verre à expériences, puis on y ajoute un 32ᵉ de litre d'eau iodée préparée à l'instant en triturant un gramme d'iode dans 100 grammes d'eau distillée. Si l'on agit comparativement sur de la farine pure et sur de la farine mêlée de féveroles (10 pour 100), on voit : 1° que l'eau qui provient de la farine pure est colorée en rose tirant sur le rouge ; 2° que si l'on agit sur de la farine mêlée de féveroles, le liquide prend la couleur de chair (rose), laquelle est plus ou moins prononcée, et disparaît plus ou moins vite, selon la quantité de farines de féveroles que contient le mélange. La farine de féveroles pure donne un liquide qui, par l'iode, prend une coloration ardoise.

La farine est, de plus, sujette à d'autres altérations et falsifications que l'on peut attribuer à la négligence ou à une cupidité coupable. Ainsi, outre qu'elle peut s'altérer rapidement dans les magasins humides, fermenter et perdre de son gluten, qui est la partie la plus essentielle à la panification, celle qui donne à la pâte son liant et son élasticité, elle peut encore être attaquée, comme le blé, par des vers, des insectes destructeurs (charançons, blattes), qu'il est toujours facile de reconnaître même à l'œil nu, du moins avec la loupe. Mais les altérations les plus fâcheuses sont celles qui résultent des mélanges de la farine avec du sable, de la poudre de cailloux blancs, du plâtre (sulfate de chaux), de la craie (carbonate de chaux), du carbonate de potasse ou de l'alun, des carbonates de magnésie et de soude.

On reconnaît facilement le *sable* en délayant une certaine quantité de farine dans de l'eau froide : il ne tarde pas à gagner le fond de l'eau.

Les *cailloux blancs* brisés et blutés donnent une poudre blanche tout à fait analogue à la farine de froment. D'après M. Robine, syndic des boulangers de Paris, il est impossible de reconnaître par le simple toucher et en la mettant sous la dent, de la farine qui contiendrait de 3 à 4 pour 100 de cette matière étrangère ; au delà de cette proportion, on ressent un craquement sous la dent, mais on ne peut apprécier la quantité exacte de cette substance hétérogène ; pour s'assurer d'une telle falsification de la farine, il faut faire une dissolution à froid de 20 grammes de farine dans 60 grammes d'eau distillée, bien délayer et filtrer sur un filtre que l'on aura pesé à l'avance étant bien sec ; la substance pierreuse restera sur le filtre, et le poids du papier, après la filtration et après une nouvelle dessiccation, fera connaître le poids des cailloux pilés contenus dans la farine.

Pour le *sulfate de chaux*, il faut faire bouillir deux ou trois minutes la farine dans de l'eau distillée, décanter et faire bouillir de nouveau le précipité dans de l'eau distillée de manière à le dissoudre. La dissolution filtrée donne avec l'eau de baryte un précipité blanc de sulfate de baryte insoluble dans l'eau et dans l'acide nitrique, et par l'oxalate d'ammoniaque un précipité blanc d'oxalate de chaux soluble dans l'acide nitrique.

Si la falsification était due à la présence de la *craie*, après avoir opéré comme précédemment, on verrait le précipité résultant de la décantation se dissoudre avec effervescence dans l'acide nitrique affaibli ; le nitrate résultant donne par l'oxalate d'ammoniaque un précipité blanc d'oxalate de chaux soluble dans l'acide nitrique et laissant pour résidu de la chaux vive lorsqu'on le calcine dans un creuset (*Orfila*). Si l'on suppose que l'on a mêlé à la farine du *carbonate de potasse*, dans le dessein de favoriser l'élévation de la pâte et la cuisson du pain, on en délaie une certaine quantité dans de l'eau distillée, on en décante ensuite le liquide qui surnage, et on voit qu'il verdit le sirop de violettes, qu'il fait effervescence avec les acides et qu'il précipite en jaune serin l'hydrochlorate de platine, s'il contient du carbonate de potasse. Du reste, la farine ainsi frelatée offre une saveur alcaline.

On procéderait de même pour y découvrir la présence des cendres.

Pour rendre le pain plus blanc on ajoute quelquefois de l'*alun* à la farine : si on délaie une partie avec six parties d'eau distillée et qu'on décante 24 heures après, la liqueur a une saveur astringente, précipite en blanc par l'ammoniaque, le carbonate de potasse et l'hydrochlorate de baryte. Le précipité fourni par ce dernier réactif est du sulfate de baryte insoluble dans l'eau et dans l'acide nitrique. La liqueur évaporée donne de l'alun cristallisé.

III. *Pain.* — Dans le service, on admet : le pain de munition ordinaire, biscuité, demi-biscuité et au quart biscuité, le pain d'hôpital et le biscuit.

D'après les termes de l'instruction du 14 mars 1851, aucune limite lixe n'étant imposée pour la conservation des denrées, pour le rendement du blé en pain, pour les frais d'exploitation, le soldat a le droit d'espérer des efforts et des soins de l'administration, l'amélioration la plus avantageuse qu'il soit possible d'apporter dans son régime journalier. Le froment est en effet de toutes les céréales celle qui renferme le plus de gluten et qui donne le pain le meilleur, et avec des farines de blé de premier ordre blutées à 20 pour 100, avec tous les perfectionnements introduits dans le service manutentionnaire, il est impossible qu'on n'obtienne pas de pain de bonne qualité, agréable au goût, blanc, spongieux, élastique et supérieur au pain de deuxième qualité de la boulangerie civile.

L'emploi du sel dans la fabrication du pain est facultatif, mais par place et non par corps; on suit en cela les usages locaux.

La qualité du pain se juge par l'odeur et plus encore par le goût. Pour être bon, il ne doit pas être brûlé; il doit être bien cuit et d'une couleur dorée également. La croûte ne doit pas se détacher de la mie. A l'ouverture d'un bon pain, on sent une odeur douce, balsamique; on voit la mie semée de petits yeux innombrables et serrés; à la dégustation, une saveur agréable comme un goût de noisette reste dans la bouche.

Il arrive quelquefois qu'en l'ouvrant on le trouve spongieux, et l'on pense qu'il y est entré trop d'eau à sa fabrication. C'est une erreur : la pâte ne prend jamais plus d'eau qu'elle ne doit; le défaut de ce pain est de n'être pas cuit, soit qu'il ait été saisi d'abord, soit que le four n'ait pas été assez chauffé, soit enfin que le pain n'y soit pas resté assez longtemps; c'est la cuisson, quand elle est bien dirigée, qui donne au pain le degré qui lui convient entre le sec et l'humide.

Un pain bien fabriqué doit être de forme ronde bombée dans le milieu, et il présente au plus quatre de ces entamures que l'on nomme baisures. (*Règlement du 1er septembre* 1827, articles 398, 414 et suivants.)

De même que la farine, le pain peut subir des altérations qui proviennent de la fraude ou qui lui sont inhérentes, comme la moisissure. Cette moisissure est due au développement d'un champignon microscopique nommé *oïdium aurantiacum*. M. Gilgencrantz pense que cette moisissure ne tient pas à la qualité des farines employées, c'est-à-dire que les sporules du champignon n'ont pas préexisté dans le froment et dans la farine. Les circonstances les plus favorables au développement des champignons du pain sont : 1° l'humidité du pain et celle de l'atmosphère; 2° une température de 30 à 40 degrés; 3° une grande quantité de remoulage adhérente à la croûte inférieure; 4° l'accès de la lumière. (*Rapport de la Commmission spéciale nommée par le Ministre de la guerre en* 1842.)

Les sophistications que le pain peut éprouver sont faites généralement avec des substances qui lui donnent un meilleur aspect, plus de blancheur et passent pour le faire mieux lever : tels sont le sulfate de zinc, l'alun, le sous-carbonate d'ammoniaque, le sulfate de cuivre, le sous-carbonate et le carbonate de magnésie, le bicarbonate et le carbonate de potasse, la craie, le plâtre, la chaux, la terre de pipe.

Les moyens de reconnaître ces diverses sophistications du pain doivent être parfaitement connus de l'officier de santé militaire : nous leur consacrerons quelques développements, en empruntant beaucoup au *Dictionnaire des altérations et falsifications des substances alimentaires de M. A. Chevallier*, 1852, et à l'ouvrage de MM. Jules Garnier et Harel, *sur les falsifications des substances alimentaires*, 1844.

1° *Sulfate de zinc.* — Employé dans le but de donner au pain une teinte plus belle, de lui donner plus de blancheur, on reconnaît sa présence en prenant un morceau de pain que l'on divise et que l'on fait macérer dans un vase avec de l'eau distillée pendant 2 ou 3 heures. On jette le magma sur un linge propre ; on exprime ; on filtre le liquide et on le fait évaporer à siccité dans une capsule de porcelaine au moyen d'un bain de sable. On traite le résidu sec par de l'eau distillée ; on filtre de nouveau et on partage la liqueur en deux portions égales ; on verse dans l'une quelques gouttes de solution de potasse à l'alcool, qui donne lieu à un précipité d'oxyde de zinc soluble dans un excès de réactif ; on verse dans la seconde portion une solution de cyanure rouge de potassium et de fer, qui fournit un précipité jaune s'il y a du zinc. (*Procédé de M. Kuhlmann.*)

2° *Alun.* — On incinère 100 grammes de pain et après avoir porphyrisé les cendres, on les traite par l'acide azotique. On fait évaporer le mélange à siccité ; puis on délaie le résidu dans 10 grammes d'eau distillée, et on ajoute à la liqueur de la solution de potasse à l'alcool en excès. On chauffe un peu, on filtre, et à l'aide du chlorhydrate d'ammoniaque, on précipite l'alumine de la solution filtrée. On porte le liquide à l'ébullition pendant quelques instants pour opérer la solution totale de l'alumine que l'on recueille sur un filtre. On détermine ensuite, d'après le poids de l'alumine obtenue, la quantité d'alun contenue dans le pain. (*Kuhlmann.*)

3° *Sous-carbonate d'ammoniaque.* — On prend un morceau de pain (30 grammes environ), on verse dessus un peu de solution de potasse à l'alcool, et l'on tient au-dessus du morceau de pain un tube préalablement mouillé avec de l'acide acétique à 10 degrés ; si le pain contient un sel à base d'ammoniaque, on voit paraître des vapeurs qui entourent le tube de verre ; ces vapeurs sont formées par la combinaison de l'ammoniaque mise en liberté par la potasse et de l'acide acétique qui forme un acétate d'ammoniaque.

4° *Sulfate de cuivre.* — Les avantages que trouvent les boulangers à introduire du sulfate de cuivre dans le pain sont : 1° de pouvoir employer des farines mélangées et de qualité médiocre ; 2° d'avoir moins de main-d'œuvre ; 3° d'obtenir une panification plus prompte, la mie et la croûte étant plus belles ; 4° de pouvoir introduire dans le pain une plus grande quantité d'eau. Ces résultats s'obtiennent avec des quantités très-faibles de sel cuivreux, telles que, par exemple, 30 grammes d'une solution faite avec 31 grammes 25 centigrammes de sulfate sur un litre d'eau pour 200 kilogrammes de pain.

Bien que des proportions aussi minimes paraissent ne pouvoir exercer aucune influence fâcheuse sur la santé des personnes bien constituées, toutefois, à la longue, les tempéraments faibles doivent s'en ressentir ; d'ailleurs, ne peut-il arriver, par la négligence d'un garçon boulanger, que la solution vénéneuse soit inégalement répartie, et que, par conséquent, un ou quelques pains, sur la masse, la contiennent exclusivement à tous les autres ? et alors il y aura lieu à de véritables empoisonnements.

Voici le procédé mis en usage par M. Kuhlmann pour déceler la présence du cuivre dans le pain, n'y en eût-il même qu'une partie sur 70,000, ce qui représente une partie de cuivre métallique sur 300,000 parties de pain. Le résidu porphyrisé est mélangé dans une capsule de porcelaine, à 4 ou 5 grammes d'acide azotique ; ce mélange est évaporé jusqu'à consistance poisseuse, puis on délaie dans 10 grammes d'eau distillée, et on facilite la solution par la chaleur. On filtre pour séparer les parties non attaquées par l'acide, et l'on verse dans le liquide filtré un excès d'ammoniaque liquide et quelques gouttes de solution de sous-carbonate d'ammoniaque ; après refroidissement, on sépare par le filtre le précipité blanc abondant, et la liqueur filtrée est soumise à l'ébullition pendant quelques minutes pour volatiliser l'excès d'ammoniaque et réduire le liquide au quart de son volume ; ce liquide étant rendu légèrement acide par une goutte d'acide azotique, on le partage en deux portions ; sur l'une on fait réagir le prussiate jaune de potasse qui détermine, s'il y a du cuivre, une coloration rose immédiate, et la formation, au bout de quelques heures, d'un précipité cramoisi ; sur la seconde portion, on essaie l'action de l'acide sulfhydrique ou sulfhydrate d'ammoniaque, qui communique au liquide recelant du cuivre une couleur légèrement fauve, avec formation, par le repos, d'un précipité brun, moins volumineux toutefois que celui obtenu par le prussiate de potasse.

5° *Sous-carbonate de magnésie.*—On incinère 200 grammes de pain, on porphyrise les cendres qui sont plus blanches et plus volumineuses quand le pain a été additionné de sous-corbonate de magnésie ; lorsque ces cendres sont porphyrisées, on les délaie dans de l'acide acétique ; on évapore jusqu'à siccité pour chasser l'excès d'acide, on traite par l'alcool le résidu desséché et on filtre. Ou évapore de nouveau à siccité la liqueur filtrée, et le produit de l'évaporation est redissous dans une petite quantité d'eau. Quand la solution est opérée, on y verse un léger excès de soluté de bicarbonate de potasse, et on filtre ; si le pain contient du sous-carbonate de magnésie, la magnésie se sépare lorsqu'on fait bouillir la liqueur filtrée, on recueille;

dans ce cas, le précipité, on le lave et on en prend le poids après l'avoir desséché.

6° *Bicarbonate et sous-carbonate de potasse.* — On prend 2 à 300 grammes de pain, on le divise et on le laisse macérer pendant 2 ou 3 heures dans un vase avec de l'eau ; on jette le magma sur un linge et on exprime ; on obtient un liquide que l'on filtre ; la liqueur filtrée est évaporée à siccité dans une capsule en porcelaine, à la chaleur d'un bain de sable ; on retire la capsule du feu ; on laisse refroidir ; quand le résidu est froid, on y verse de l'alcool, et on facilite la solution des substances solubles en agitant avec une baguette de verre ; on filtre le liquide alcoolique et on le fait évaporer à siccité ; on reprend le résidu par une très-faible proportion d'eau ; on filtre derechef et on essaie la liqueur suffisamment rapprochée, par une solution très-concentrée de chlorure de platine, qui accuse la présence du sous-carbonate de potasse, en présentant dans ce cas un précipité jaune serin adhérent au vase.

6° *Plâtre, craie, terre de pipe.* — L'incinération du pain soupçonné de renfermer ces substances, que l'on n'y ajoute que pour augmenter son poids, suffira pour faire apercevoir ces sortes de fraudes par l'augmentation du poids des cendres ; on carbonise le pain dans une capsule de platine ; on porphyrise le charbon et on l'incinère dans un creuset de porcelaine. On peut activer la calcination, qui est fort lente, en ajoutant au charbon une petite quantité d'acide azotique parfaitement pur. Quand la calcination est complète, on pèse le résidu, qui doit être de 1,07 à 1,50 pour 200 grammes de pain ; si le résidu excède ce poids, on doit en conclure que le pain est mélangé de substances étrangères ; on procède alors pour s'assurer si la sophistication est due à un sulfate ou à un carbonate.

L'introduction de la fécule, des farines de légumineuses dans le pain, et toutes fraudes provenant d'additions faites avant la panification, rentrent dans la catégorie de celles que nous avons examinées au sujet des farines. La farine de féveroles donne au pain une teinte rose vineux ; celle de haricots lui communique un goût amer, désagréable ; celle de seigle lui donne un gout spécifique très-prononcé. Néanmoins les procédés de M. Donny sont applicables à la recherche directe de ces substances dans le pain ; et nous croyons devoir compléter cet article en insérant ici l'instruction méthodique du 26 août 1847, rédigée par les membres de la Commission chargés d'expérimenter les procédés de M. Donny, pour leur application à la recherche des farines et du pain falsifiés.

Examen des farines. — Pour procéder à l'examen des farines, l'on doit rechercher :

1° La fécule de pomme de terre ;

2° Les farines de tourteau de lin, de pois, des vesces, de féveroles, de haricots, de fèves et de lentilles ;

3° Les farines de maïs, de riz et de sarrasin ;

On forme ainsi trois groupes. La fécule de pommes de terre, qui se trouve exclusivement dans le premier, se caractérise par une seule réaction.

Dans le second groupe, on recherche successivement la farine de tourteau de lin, qui s'isole de suite des farines du même groupe : puis celles de vesces, de féveroles, de pois, et indistinctement de toute légumineuse ; on revient, par une réaction spéciale aux farines de vesces et de féveroles.

Dans le troisième groupe, on sépare assez nettement la farine de sarrazin ; mais les farines de maïs et de riz restent confondues.

1er GROUPE. — *Fécule de pommes de terre.* — On étend la farine suspecte, en couche mince, sur le porte-objet d'une loupe montée, ou d'un microscope donnant un grossissement de 15 à 20 diamètres ; on mouille la farine avec quelques gouttes d'une eau alcaline contenant 1,50 à 2 pour cent de potasse caustique ; la farine de céréale n'éprouve, à ce contact que peu ou point de changement, tandis que les grains de fécule de pomme de terre se développent, se gonflent comme des vessies et s'étalent ensuite en plaques minces et transparentes.

On rend ces différences encore plus sensibles en séchant, avec précaution, le verre ou porte-objet, et en y ajoutant ensuite quelques gouttes d'une solution aqueuse d'iode. Toute la matière amylacée prend une teinte bleue prononcée.

2e GROUPE. — *Farine de tourteau de lin et de légumineuses.* — On agit comme pour la recherche de la fécule de pomme de terre ; mais on prend une lessive alcaline plus forte, contenant 14 pour cent de potasse. Lorsque la farine falsifiée par la farine de tourteau de lin a été délayée, on reconnaît, avec un grossissement de 30 diamètres, un grand nombre de corps plus petits que les granules de fécule, d'un aspect vitreux, le plus souvent colorés en rouge et formant ordinairement des carrés et des rectangles très-réguliers.

Si l'on ne peut découvrir ces débris de l'enveloppe corticale de la graine de lin, on passe à la recherche de la farine de légumineuses.

On blute la farine suspecte, puis on la traite par une lessive alcaline, contenant 10 pour cent de potasse ; s'il existe quelque farine de légumineuse, les principes albuminoïdes se dissolvent, la fécule devient translucide, et le tissu de *cellulose,* propre aux fruits de cette famille, reste visible à un grossissement de 20 à 30 diamètres et montre ses débris.

Les farines de féveroles, de vesces, de pois, de haricots, de fèves et de lentilles, se confondent par un aspect analogue ; mais on caractérise les farines de féveroles et de vesces par la réaction successive de l'acide nitrique et de l'ammoniaque liquide.

Pour cela, on enduit une partie du contour d'une petite capsule de porcelaine ayant 7 à 8 centimètres d'une couche mince de farine, que l'on colle avec un peu d'eau ou de salive.

On fait tomber, au fond de la capsule de 7 à 8 gouttes d'acide nitrique que l'on volatilise sur la lampe d'alcool, en arrêtant le dégagement trop rapide de l'acide, au moyen d'une lame de verre qui ferme imparfaitement la capsule. Lorsqu'une partie de la farine est devenue jaune, on remplace l'acide, au fond de la capsule, par de l'ammoniaque, et l'on abandonne la capsule à l'air.

On voit, sous l'influence des vapeurs ammoniacales, se développer une belle couleur rouge dans la zone moyenne de la capsule, c'est-à-dire, là où l'action de la vapeur nitrique n'a été ni trop forte ni trop faible.

Si l'on opère sur un mélange de farine de froment, et de l'une ou de l'autre des deux farines indiquées, on remarque une teinte rosée d'autant plus faible, que la proportion des féveroles ou des vesces, est moindre.

Au reste, le résultat qui présente souvent une nuance équivoque à l'œil est toujours très-net à la loupe : car cette teinte ne résulte pas d'une coloration uniforme de la masse, mais de la présence de petits grains d'un rouge foncé, disséminés dans une masse blanche ou légèrement jaunâtre : c'est ainsi que l'on reconnaît les farines de vesces et de féveroles. Si ce dernier caractère de coloration manque, on n'a plus pour signe distinctif que les débris de *cellulose* qui se sont montrés à la suite de l'action de la lessive alcaline au 10°, et l'on en conclut que le mélange a été fait avec la farine de pois, de haricots, de fèves ou de lentilles.

3ᵉ GROUPE. — *Farines de maïs, de riz et de sarrazin.* — Lorsque les épreuves précédentes ont été négatives, on malaxe la farine suspecte, bien blutée, sous un filet d'eau, en recevant le liquide sur un tamis de soie ou sur un morceau de toile de tamis renfermant de 32 à 34 mailles par centimètre. L'eau qui traverse la toile laisse déposer l'amidon ; on le recueille, on le lave et on l'examine à la loupe, en enlevant de préférence, pour l'observation, l'amidon qui dépose le premier. Le riz et le maïs laissent apercevoir les fragments anguleux et demi-translucides de leur périsperme corné.

Pour la farine de sarrasin, les fragments polyédriques qui résultent de l'agglomération des grains amylacés sont souvent allongés, et l'œil habitué à cette comparaison délicate les distingue des fragments de riz et de maïs. Ces derniers n'ont aucun signe qui les différencie.

Examen du pain fabriqué. — *Pain contenant de la fécule de pomme de terre.* — On verse, sur le porte-objet de la loupe, deux à trois gouttes de la solution alcaline, contenant de 1,75 à 2 pour 100 de potasse ; on y écrase un très-petit fragment de mie de pain, et l'on aperçoit les grains de fécule fortement distendus. On peut aussi, par la solution aqueuse d'iode, les colorer en bleu.

Pain contenant de la farine de tourteau de lin. — On procède comme dans le cas précédent ; mais on emploie une lessive plus forte, contenant 14 pour 100 de potasse. Après avoir écrasé un peu de mie de pain dans quelques gouttes de solution potassique, on recherche les corpuscules rouges, carrés ou rectangulaires.

Pain contenant de la farine de vesces et de féveroles. — Dans l'analyse du pain comme dans celle des farines, les deux légumineuses ne peuvent se distinguer l'une de l'autre. Pour les rechercher, on détache environ 60 grammes de mie, que l'on délaie très-finement dans de l'eau froide où on la fait macérer quelque temps, deux heures au plus.

On jette, ensuite, la bouillie sur un tamis à travers lequel passe la partie fluide, qu'on rapporte, à deux ou trois reprises, sur le tamis. Par le repos, la liqueur tamisée se sépare en deux couches : la couche supérieure, décantée et évaporée à un feu très-doux jusqu'à consistance, est épuisée par l'alcool. La dissolution alcoolique, évaporée à son tour, laisse sur les bords de la capsule une couche de matière qui se colore en beau rouge par l'action successive des vapeurs d'acide nitrique et d'ammoniaque. Il faut, toutefois, se prononcer ici avec réserve, et M. Donny recommande de se familiariser d'abord avec les résultats de cette manipulation, en agissant sur de la farine de féveroles pure.

Au reste, une comparaison faite avec des farines d'une provenance certaine et des mélanges connus, guide toujours très-utilement dans la recherche des fraudes dont il vient d'être fait mention. L'on ne doit négliger aucun moyen de fixer son jugement, lorsqu'il s'agit de décisions dont les conséquences peuvent être bien graves.

Examen de la farine falsifiée par des substances calcaires et argileuses. — Les procédés pour découvrir ce genre de falsification sont nombreux et bien connus ; il n'en sera fait ici mention que d'une manière très-succincte, et seulement pour compléter la présente notice.

Lorsque la farine contient de la craie ou d'autres mélanges crayeux, la falsification se constate par la décomposition du carbonate calcaire au moyen d'un acide. On délaie un peu de farine suspecte dans son volume d'eau, et l'on verse dans cette espèce de bouillie quelques gouttes d'acide nitrique ou d'acide chlorhydrique dilué. S'il s'y produit la moindre effervescence, il y a falsification. Dans ce cas, la masse, étendue d'eau et jetée sur un filtre, donne une liqueur qui possède tous les caractères d'une dissolution calcique.

En cas de fraude par d'autres matières calcaires ou par des substances argileuses, on peut recourir également à l'emploi des réactifs liquides ; mais les résultats sont moins tranchés, et il est préférable d'agir par incinération.

— Le pain de munition se divise en pain *ordinaire, pain biscuité, demi-biscuité, au quart biscuité.*

Le pain biscuité n'est en usage qu'en campagne, et il n'en est fabriqué que d'après les ordres exprès des intendants et sous-intendants militaires. Il est fait d'une pâte plus ferme, et il subit une cuisson plus forte que le pain ordinaire.

Le pain de munition ordinaire ou biscuité comprenant deux rations doit peser 1 kilogramme et demi, 24 heures après qu'il a été retiré du four.

La vérification se fait sur 25 pains pris au hasard et mis ensemble sur la balance. Les dimensions sont ordinairement d'environ 25 centimètres de diamètre sur 8 centimètres d'épaisseur au centre.

Le pain de munition ordinaire doit pouvoir se conserver 5 jours en été et 8 jours dans les autres saisons; le pain biscuité de 40 à 50 jours; le pain à demi-biscuité de 20 à 30 jours, et le pain au quart biscuité de 10 à 15 jours. (*Règlement du* 1er *septembre* 1827, *art.* 398 *et* 399.)

Pendant les chaleurs d'été, il importe de mettre le pain à l'abri de l'humidité, qui le fait noircir, et des insectes qui viennent y déposer leurs larves.

En route, le soldat qui porte son pain derrière son sac a surtout à le défendre contre la pluie, le soleil et la poussière : aussi serait-il avantageux d'adopter pour toute l'armée les petits étuis de toile imperméable que le général Achard avait eu l'heureuse idée de faire acheter, il y a quelques années, aux troupes placées sous son commandement.

Le pain est dû, sur le pied de paix, à tous les sous-officiers, caporaux, brigadiers, soldats et enfants de troupe, tant en station qu'en route, lorsqu'ils marchent en corps ou en détachement; il est dû, sur le pied de guerre, aux officiers. (*Ordonnance du* 25 *décembre* 1837, *art.* 276 *et* 277.)

Le nombre des rations attribuées à chaque grade est déterminé par un tarif : la ration est de 750 grammes par jour et par homme. Il est de plus accordé par jour et par homme 250 grammes de pain blanc pour la soupe. Le pain est distribué tous les 4 jours en hiver et tous les 2 jours en été.

IV. *Pain d'hôpital.* — Le pain d'hôpital doit être fabriqué avec de la farine de froment pur, mais blutée à 22 pour 100.

Il est fourni, dans l'intérieur et en Algérie, par des boulangers civils, qui doivent se soumettre aux obligations du cahier des charges.

V. *Biscuit.* — Le biscuit se compose de farine de froment pur, blutée à 20 pour 100 d'extraction de son et nouvellement moulue.

On le prépare en mettant en levain au moins le tiers de la pâte que l'on fait cuire, environ pendant trois heures, dans un four bien chaud; on le laisse ensuite sécher à la soute.

Le biscuit doit avoir à l'extérieur une couleur fauve pâle, et offrir dans l'intérieur une pâte fine et serrée d'un blanc doré; il doit être sonore et se casser difficilement; sa surface ne doit pas avoir de soufflures, et il est parsemé de trous faits avec un instrument nommé *piquoir* qui facilitent sa dessication complète. La cassure doit présenter des faces lissées, vitreuses et non déchirées. Il se fabrique sans sel.

Les dimensions des galettes prêtes à être enfournées sont de 15 centimètres carrés ou de 20 centimètres de diamètre, lorsqu'elles sont rondes, sur 1 centimètre 8 millimètres d'épaisseur.

Il est très-essentiel pour la conservation du biscuit qu'il soit bien ressuyé avant d'être mis en caisses ou en boucauts ; il est toujours prudent de n'admettre le biscuit en réception que quinze jours après sa fabrication. Une fois en magasin, il faut avoir bien soin de le défendre de l'humidité, car il s'altérerait promptement. Il doit pouvoir se conserver un an.

La distribution du biscuit se fait à la pesée, à raison de 550 grammes par jour et par homme.

Les débris ou morceaux (mais non les morceaux mis en poudre) peuvent entrer dans la distribution pour un trentième.

Le biscuit étant beaucoup moins volumineux et beaucoup moins pesant que le pain, et par conséquent plus facile à transporter, réunit plusieurs avantages qui le rendent extrêmement précieux dans les longues expéditions, surtout en mer et pendant les siéges. Aussi nourrissant que le pain de munition et lestant l'estomac aussi convenablement, il n'est incommode que pour les hommes âgés et pour ceux qui ont de mauvaises dents. Pendant les expéditions, quels que soient les moyens que l'on emploie pour sa conservation, il est exposé à deux genres d'altération, la moisissure et la production des insectes. Lorsqu'il est humide, il acquiert des propriétés irritantes et cause la diarrhée ; il faut, dans ce cas, l'exposer de nouveau à la chaleur du four pour le sécher et pour faire périr les insectes et leurs larves.

VI. *Viande.* — Après le pain et le biscuit, la viande est sans contredit l'aliment le plus essentiel pour le militaire. Cependant ce n'est qu'en temps de guerre qu'on en distribue aux troupes ; pendant la paix, le soldat ne reçoit que la simple ration de pain et doit se procurer avec une portion de sa solde la viande dont il a besoin pour la soupe, ainsi que les légumes et le sel nécessaire pour l'assaisonner. Il est mis matin et soir pour chaque homme 125 grammes de viande à la marmite.

Aujourd'hui que les règlements et les ordonnances de police prescrivent la plus grande sévérité à l'égard des abattoirs et des boucheries, on a moins à craindre qu'autrefois que les soldats achètent de la viande de mauvais choix ou provenant de bestiaux malades ou trop jeunes. Cependant les médecins des régiments doivent, comme les officiers de troupe, apporter la plus grande attention et la surveillance la plus complète sous ce rapport.

La bonne viande doit avoir une couleur vive qui dénote sa fraîcheur, être ferme sans être dure, entremêlée de graisse, d'une odeur presque nulle et n'offrir aucune partie saignante, gluante, livide ou blafarde. La meilleure est celle qui provient d'animaux abattus dans l'âge adulte et qui n'ont pas été excédés de fatigue. Les animaux trop jeunes donnent une viande pâle et mucilagineuse ; celle des animaux trop vieux est d'une couleur foncée, les chairs sont longues et fibreuses. Ces deux espèces de viande sont en général peu substantielles. Celle des animaux malades est livide et d'une teinte pâle inégale. La moëlle des os longs au lieu d'être solide et d'un blanc rosé, est plus fluide, brune, quelquefois piquetée de noir. La corruption des viandes s'annonce indépendamment de la sensation qu'elle produit sur l'odorat par des taches marbrées de diverses nuances et par des mucosités qui se développent à leur surface.

En campagne, il ne peut être admis, dans les parcs, aucune bête qui n'ait été reconnue parfaitement saine et dans un état d'embonpoint convenable. Sauf le cas où des bestiaux de petite race seraient reconnus remplir les conditions nécessaires pour fournir un bon service, il n'en est point admis au-dessous des poids bruts ci-après, savoir : pour les bœufs, 280 kilogr. ; pour les vaches, 160 kilogr. ; pour les moutons, 25 kilogr.

La reconnaissance des bestiaux que l'entrepreneur introduit dans les parcs a lieu de la manière suivante : les bestiaux présentés par l'entrepreneur sont préalablement renfermés et privés de nourriture pendant six heures ; ils sont ensuite examinés par deux experts nommés contradictoirement par le sous-intendant militaire et par l'entrepreneur, et par un vétérinaire, soit du pays, soit des corps de troupes, désigné par le sous-intendant militaire pour apprécier et donner leur avis sur l'état sanitaire et la qualité des bestiaux. (*Règlement du* 1er *septembre* 1827, *art.* 455.)

Les distributions de viande fraîche aux troupes se composent de trois quarts de bœuf et d'un quart de vache ou de mouton. Les têtes et les fressures font toujours partie des distributions, ainsi que les rognons couverts de leur graisse, qui doivent demeurer attachés aux quartiers de viande distribuée ; les pieds et les jarrets, jusqu'à la jointure, sont rejetés (*Id., art.* 479.)

La fourniture de la viande aux hôpitaux se compose de deux tiers de bœuf et d'un tiers de mouton ou de veau. Les têtes, fressures longues, pieds et saignures ne peuvent en faire partie. Les veaux abattus pour les hôpitaux doivent avoir plus de six semaines. (*Id., art.* 481.)

Les distributions de viande ne doivent avoir lieu que douze heures après l'abat des animaux, et lorsque la viande est bien refroidie et le sang complétement égoutté.

Les morceaux doivent être nettement coupés selon les diverses parties des animaux. Les distributions ont lieu tous les quatre jours en hiver et tous les deux jours en été.

En remplacement de viandes fraîches, toutes les fois que le service n'a pu être assuré, on distribue des viandes salées (bœuf et lard), que l'on conserve dans les magasins d'approvisionnements, surtout pour les cas de siége.

Les salaisons doivent être récentes et faites avec du sel blanc. La viande de cochons ladres, les pieds et les têtes des animaux abattus ne sont point admis. La viande de bœuf salé doit provenir d'animaux de première qualité, dont on rejette les pieds, la tête, le cou et les jarrets qui doivent être coupés à quatre doigts au-dessous de la jointure ainsi que le gros os et la moëlle. (*Règlement du 1er septembre 1827, art.* 440.)

Les salaisons les mieux préparées sont celles dont les viandes ont le mieux conservé leurs formes et leurs couleurs, qui sont d'une cuisson facile, qui perdent aisément de leur surabondance de sel, et n'ont aucun goût d'âcreté.

La portion de viande salée est, par jour et par homme, de 250 grammes de bœuf ou 200 grammes de lard.

L'usage des viandes salées, quoique constituant une nourriture saine et tonique, n'est pas sans danger pour la santé des troupes lorsqu'il est trop longtemps prolongé. On peut éviter les accidents qui en sont la suite en faisant alterner autant que possible les distributions de viandes salées et de viandes fraîches. Il est arrivé que, dans des expéditions lointaines et de longue durée, on a même manqué de ces viandes, et que l'on a été dans l'obligation de se nourrir de la chair d'autres animaux (cheval, mulet, ânon, chameau). La substitution des conserves de bœuf (système Fastier) aux salaisons de bœuf nous paraît une modification désirable, dont l'application a déjà été faite dans la marine. Ces conserves constitueraient pour le soldat un aliment savoureux, d'un aspect agréable, et ayant la plupart des qualités restauratrices des viandes fraîches.

En campagne, les soldats doivent toujours faire bouillir leur viande; c'est le moyen d'en obtenir le plus de matières nutritives, et par conséquent de la rendre le plus profitable. « Lors même que l'on a pas de pain, dit Bégin, ce moyen de préparation me paraît encore préférable. Campés en avant de Witepsk, en Russie, et n'ayant que de la viande pour nourriture, nous voulûmes la manger grillée; mais une diarrhée insupportable nous força bientôt d'y renoncer, et cette maladie se dissipa spontanément lorsque nous eûmes adopté l'usage du *bouilli*. »

VII. *Aliments herbacés.*—Dans les garnisons de l'intérieur les soldats font communément usage de plantes potagères (*oseille, laitue, choux, chicorée*); de légumes verts (*haricots verts, petits pois*); de racines (*carotte, navet, radis, pommes de terre*), et de fruits, selon les localités qu'ils occupent.

Lorsque ces substances végétales sont parvenues à maturité, elles ne peuvent être que d'un usage salutaire; mais tout en l'encourageant, il faut apporter une certaine surveillance dans les achats, et empêcher que les soldats se procurent, à vil prix, des fruits qui ne sont pas mûrs, des racines et des légumes de mauvais choix et autres végétaux pourris et avariés.

C'est surtout quand les troupes sont cantonnées dans un pays étranger que cette surveillance doit être exercée activement; on doit leur défendre, sous les peines les plus sévères, de rapporter de la campagne, où ils vont souvent marauder, des productions qui ne leur sont pas familières et dont l'usage peut être malfaisant. Au nombre des substances délétères et dangereuses nous citerons les champignons de mauvais choix, la ciguë qui peut être prise pour le persil, l'œnanthe dont la racine ressemble à celle du panais, la jusquiame blanche que l'on prend souvent pour une plante chicoracée, etc. Nous insisterons particulièrement sur *l'œnanthe crocata*, qui a été, tant à cause de ses racines que de son feuillage, confondue non-seulement avec la carotte, le navet ou le panais aquatique, mais aussi avec le céleri, le cerfeuil, le bubon ou persil de macédoine, et nous rappellerons que c'est surtout en Bretagne que l'on a remarqué chez les militaires des cas d'empoisonnement par l'œnanthe. Il importe donc d'éclairer toujours les soldats et de les prémunir contre des méprises et des imprudences auxquelles ils sont si exposés et si enclins, et qui peuvent leur devenir si funestes. « Il conviendrait, dit M. Judas, lorsque dans les environs d'une garnison, les officiers de santé militaires auraient reconnu l'existence de l'une des plantes précédemment indiquées, qu'ils provoquassent la mise à l'ordre de la place ou du corps d'un avertissement motivé et détaillé (1). »

Les champignons offrent à l'homme un aliment agréable et nourrissant, aussi, dans quelques provinces de la France, en fait-on une consommation considérable. Les soldats les recherchent, mais ils confondent malheureusement trop souvent les champignons vénéneux avec les champignons comestibles, et s'exposent ainsi aux accidents les plus graves. Il importe donc de les éclairer et de leur apprendre à distinguer, *autant que la science le permet*, par des caractères faciles, les bonnes espèces des espèces dangereuses, et de leur faire connaître en même temps les moyens propres à combattre l'empoisonnement qu'elles peuvent déterminer.

C'est dans ce but que le Conseil de santé a rédigé l'instruction suivante (2) :

1° *Caractères propres à distinguer les champignons comestibles des champignons vénéneux.* — Quelques caractères généraux permettent de distinguer, le plus souvent, les espèces comestibles des espèces vénéneuses. Ainsi, les premières croissent habituellement dans les lieux élevés et aérés, dans les terrains en friche, tandis que les champignons dangereux se trouvent dans les bois et dans les lieux sombres et humides. Les espèces alimentaires ont une

---

(1) *Recueil des Mémoires de médecine militaire*, 2ᵉ série, tome 5.
(2) *Recueil des Mémoires de médecine militaire*, 3ᵉ série, tome 2.

chair compacte et cassante ; celles dont la chair est molle et aqueuse doivent toujours être rejetées.

Les bons champignons ont un parfum agréable, quoique ce caractère appartienne aussi à quelques espèces nuisibles : une odeur forte et désagréable est l'indice constant de qualités malfaisantes.

On doit rejeter, d'une manière absolue, les champignons qui secrètent un suc laiteux, et ceux qui présentent une saveur âcre, astringente, amère, acide ou salée.

Il faut se méfier des champignons qui ont une teinte brillante, rouge, verte ou bleue, dont les lames sont colorées en brun ou en bleu. La chair des espèces comestibles est, en général, blanche ; cependant, un beau champignon, l'*agaric oronge*, est considéré comme l'espèce la plus fine et la plus délicate.

Les bons champignons ne changent pas de couleur au contact de l'air lorsqu'on les coupe : ceux dont la chair se colore d'une teinte brune, verte ou bleue, sont vénéneux. On doit considérer comme dangereux ceux auxquels les insectes ne touchent pas.

Il faut s'abstenir des champignons, quelles que soient d'ailleurs les qualités apparentes, lorsqu'ils ont atteint leur entier développement, lorsqu'ils ont éprouvé un commencement d'altération, lorsque, même, ils sont cueillis depuis plus de 24 heures ; les propriétés toxiques peuvent se développer lorsque le champignon vieillit ou se dessèche.

On voit donc que les caractères négatifs ont plus de valeur que les caractères positifs ; et en appliquant rigoureusement les principes que nous venons d'exposer, on pourra, sans doute, écarter certaines espèces comestibles, erreur qui n'est point préjudiciable, mais on sera certain de rejeter toutes celles qui pourraient être nuisibles.

Parmi les champignons alimentaires, on n'autorise, dans les grandes villes, que la vente de ceux qui ne peuvent donner lieu à aucune erreur ; encore sont-ils soumis au contrôle d'agents spéciaux.

Les champignons autorisés à Paris, sont :

1° Le champignon de couche (*agaricus edulis*, Bulliard), cultivé en grand dans les carrières des environs, où on le récolte toute l'année, et qui suffit presque à la consommation toute entière ;

2° La morille comestible (*agaricus cantharillus*, L...), qui croît dans les bois ; espèce d'un jaune chamois, d'une odeur agréable, récoltée en juillet et en août.

3° Le bolet comestible (*boletus edulis*, B...), qui est coupé par morceaux, desséché et expédié dans les diverses parties de la France. Cette espèce n'est jamais vénéneuse.

On n'autorise la vente d'aucune espèce appartenant aux genres qui renferment des champignons comestibles et vénéneux, tels sont les mousserons (*agaricus albellus*, D. C., et *agaricus tortilis*, D. C.), et les oronges (*amanita aurantiaca*, Bull., et *aminata muscaria*, Muss.).

Une espèce dangereuse, l'*amanite vénéneuse* ou *agaric vénéneux*, ressemble beaucoup au champignon de couche, cependant il est facile de distinguer ces deux espèces aux caractères suivants :

Agaric comestible.	*Agaric vénéneux.*
Chapeau convexe, lisse, mou, visqueux et se pelant facilement.	Chapeau souvent couvert de verrues, visqueux. La peau adhère fortement à
La face inférieure du chapeau est	la chair.

garnie de lames rosées qui deviennent brunes en vieillissant.

Le pédicule ou support du chapeau n'est pas entouré à la base par une bourse qu'on nomme *volva*.

Odeur et saveur agréables.

Croît spontanément dans les lieux secs et exposés au soleil.

Lames toujours blanches ; ce caractère est constant et ne permet pas de confondre ces deux espèces.

Le pédicule est entouré à la base par la *volva*.

Odeur vireuse et saveur désagréable.

Croît spontanément dans les bois humides.

On connaît trois variétés d'amanite vénéneuse : la première est blanche, la seconde est jaune, et la troisième verte.

La variété blanche est la plus dangereuse, parce qu'elle ressemble au champignon de couche, et l'on peut affirmer que c'est elle qui cause les accidents les plus fréquents et les plus graves.

Après le champignon de couche, l'*oronge*, qui croît dans les bois en automne, est l'espèce dont il se fait la plus grande consommation. Malheureusement on la confond souvent avec la *fausse oronge*, qui est un des champignons les plus vénéneux. Voici quelques caractères qui permettent de les distinguer facilement.

Oronge comestible.

Chapeau rouge, lisse, strié sur les bords, sans verrues ni enduit visqueux.

Les lames sont jaunes.

Le pédicule est jaune, lisse, plein et porte un anneau jaune et renversé.

Dans sa jeunesse, il est complétement enveloppé dans une volva blanche.

Odeur et saveur agréables.

Oronge vénéneuse.

Chapeau d'un beau rouge, un peu visqueux, non strié sur les bords et ordinairement couvert de verrues blanches.

Les lames sont blanches.

Le pédicule est blanc, un peu écailleux, et porte un anneau blanc.

La volva est incomplète.

Saveur un peu astringente.

Il importe de se prémunir contre l'opinion, si répandue, qu'on peut aisément distinguer les bons champignons des mauvais en les soumettant à certaines épreuves telles que les suivantes :

Si l'on applique une pièce ou une lame d'argent sur un champignon vénéneux, elle noircit ;

En les faisant cuire avec des oignons blancs, ceux-ci noircissent si le champignon est vénéneux.

Ces épreuves n'ont aucune valeur, et l'absence des caractères que nous venons d'indiquer ne prouverait nullement en faveur de la bonne qualité des champignons.

En résumé, on voit que la science ne possède aucun caractère certain, absolu, qui établisse une limite bien tranchée entre les champignons comestibles et ceux qui sont vénéneux à un degré plus ou moins élevé ; le mieux est de s'en abstenir dès qu'il existe le plus léger doute sur leur qualité.

2° *Préparation des champignons.* — Lorsqu'on veut faire usage de champignons sur la qualité desquels il reste des doutes, il importe, avant leur préparation, de les laver convenablement avec de l'eau acidulée par le vinaigre. Pour cela, on les coupe par tranches et on les laisse macérer pendant une heure dans de l'eau vinaigrée composée d'un litre d'eau et de trois cuillerées de vinaigre. On les lave ensuite avec de l'eau bouillante puis on les apprête.

Il résulte d'expériences certaines que les champignons les plus dangereux, tels que la fausse oronge et l'agaric bulbeux, peuvent perdre leurs principes vénéneux quand on les traite préalablement par l'eau vinaigrée.

Mais il est difficile de déterminer le moment où tout le principe toxique est entraîné.

3° *Symptômes de l'empoisonnement par les champignons.* — Les symptômes qui indiquent cet empoisonnement varient suivant les espèces de champignons dont on a fait usage, la quantité ingérée et leur mode de préparation. Leur action se manifeste, en général, par des vertiges, des nausées, des vomissements, des douleurs gastralgiques intestinales, qui deviennent bientôt continues et prennent une extrême intensité. La soif est vive. Des déjections alvines, souvent noirâtres, muqueuses et sanguinolentes, accompagnées de ténesme, se joignent à ces premiers symptômes. Fréquemment on observe des sueurs froides, des convulsions partielles ou générales, le refroidissement des extrémités. Le pouls s'affaisse graduellement. Il survient quelquefois du délire, soit seul, soit alternant avec le coma ; d'autres fois, l'intelligence conserve toute sa lucidité. Les forces s'éteignent, les joues s'excavent, le ventre se rétracte, tout le corps s'émacie et prend parfois une teinte cyanosée, et la mort termine ordinairement en deux ou trois jours cette scène de douleur.

La série de ces accidents graves se développe quelque temps après le repas : sept, huit et même dix heures, lorsque le travail digestif est terminé et que les principes toxiques ont été transportés dans le torrent circulatoire. Il importe donc, chaque fois qu'on est en présence de vomissements de nature suspecte, de s'informer, non-seulement, des aliments pris au dernier repas, mais encore à celui qui l'a précédé.

4° *Traitement de l'empoisonnement par les champignons.* — La première indication à remplir, quelle que soit l'époque à laquelle on est appelé, consiste à favoriser l'évacuation des champignons à l'aide de l'émétique, et mieux encore, de l'émétique et d'un purgatif administrés en même temps. A cet effet, on dissout, dans un demi-litre d'eau chaude, 25 centigramme d'émétique et 20 grammes de sulfate de soude ou de magnésie, puis on administre par portions cette solution tiède, jusqu'à ce qu'elle produise l'effet désiré. On favorise d'ailleurs les vomissements en faisant boire de l'eau tiède au malade et en chatouillant le fond de la gorge avec le doigt ou avec les barbes d'une plume.

Lorsqu'on soupçonne qu'une partie de la substance toxique est arrivée dans les intestins, il faut, sans ralentir l'action des vomitifs, favoriser leur évacuation par le bas, en administrant des lavements purgatifs préparés avec le séné, le sulfate de soude et l'émétique.

L'expérience a démontré combien il importe de continuer longtemps l'emploi de ces moyens, et alors même qu'on pourrait croire les voies digestives entièrement débarassée du poison.

Le lait est recommandé à toutes les périodes de l'empoisonnement, concurremment avec les vomitifs, mais surtout après qu'on a cessé leur emploi. On peut remplacer cet agent par des blancs d'œufs battus et mélangés à une boisson émolliente ou même à de l'eau.

Après l'expulsion complète du poison, il convient d'employer les médicaments mucilagineux adoucissants, les potions éthérées, les fomentations émollientes et en général tous les moyens propres à calmer la douleur et à combattre l'inflammation.

Les révulsifs extérieurs, comme les sinapismes, les frictions stimulantes sur les membres et le tronc, etc., sont des moyens qu'il ne faut pas négliger tant que la réaction n'est pas opérée, et qu'il faut continuer avec énergie.

C'est aussi pour signaler les dangers auxquels s'exposent en Algérie les militaires qui mangent des fruits vénéneux,[1] que les recommandations suivantes ont été rendues officielles :

Les soldats, soit en garnison, soit surtout en station dans les camps ou pendant les marches expéditionnaires, ont une déplorable disposition à manger des fruits ou d'autres parties de végétaux qu'ils ne connaissent point, mais dont ils présument les qualités sur des analogies de saveur, des apparences trompeuses et de fausses ressemblances. — Ils sont fréquemment victimes de cette imprudence. En différents temps, on a vu des accidents graves d'empoisonnement, et, trop souvent, une mort prompte et douloureuse en être la suite.

Des exemples s'en sont particulièrement montrés à diverses reprises en Algérie, et entre autres récemment, pendant la dernière expédition de la Kabylie, chez des militaires qui, en traversant la partie boisée de ce pays, ont mangé des fruits d'un arbuste que l'on a reconnu être le *redoul* appelé aussi *coriaire à feuilles de myrte*, lequel est employé dans le midi de la France pour la tannerie et la teinture. — Cet arbuste a une hauteur d'environ un mètre et demi (quatre ou cinq pieds). Les fruits sont des baies disposées en grappes, et, par leur forme, leur couleur et leur saveur, ils ont une certaine ressemblance avec les mûres ou fruits de la ronce sauvage, ce qui a été probablement la cause de l'erreur qui a occasionné la mort de plusieurs soldats.

Afin de prémunir les troupes contre le retour de si regrettables méprises, lorsqu'une colonne devra se mettre en marche, le chef de la colonne, par un ordre spécial, fera connaître les faits signalés ci-dessus et recommandera à tous les officiers et sous-officiers de veiller à ce que les soldats ne mangent d'aucune plante dont l'innocuité ne sera point parfaitement connue. (*Note minist. du 16 déc. 1851.*)

§ 2. — Des vivres de campagne.

Indépendamment de la viande et du pain, les *vivres de campagne* se composent de riz ou légumes secs et de sel.

Le riz et les légumes secs sont donnés par distributions alternatives ou en remplacement l'un de l'autre.

1° Les *riz* de la Caroline, du Piémont et de l'Inde, admis dans les magasins de l'État doivent être de qualité dite, dans le commerce, *bon courant*, entièrement nets, dégagés de toute matière hétérogène et de poussière, et tels que les débitants les livrent aux particuliers. Ils ne doivent être affectés d'aucun vice qui pourrait les altérer pendant leur conservation.

Les meilleurs riz de quelque origine qu'ils soient, sont ceux dont tous les grains sont entiers, d'une forme et d'un volume à peu près pareils, qui sont les plus blancs, les plus durs et les mieux dégagés de leurs balles.

Leur cuisson est plus facile que celle des riz qui n'ont pas atteint leur maturité ou qui ont été mal récoltés.

Les propriétés nutritives du riz, son petit volume et sa conservation facile le rendent l'aliment le plus précieux en temps de guerre ; et souvent en temps de paix, il est avantageusement employé par les soldats atteints d'irritations du gros intestin.

On peut, dans certaines circonstances, en conseiller l'usage ; il est alors acheté sur les fonds de l'ordinaire et la coction en est opérée dans la marmite avec la viande et les légumes.

2° *Les légumes secs* comprennent les pois, haricots, fèves et lentilles ; ils doivent toujours être pris dans les produits de la récolte qui a précédé immédiatement l'époque de l'achat. Ils doivent être choisis dans les bonnes secondes qualités du pays de leur cru, être nets, sans mélange de graines ou semences étrangères à leur espèce.

Les meilleures qualités sont les plus pesantes et celles dont les graines sont les plus égales en grosseur, luisantes et coulant dans la main. Ils doivent être susceptibles d'être conservés pendant un an. Ils ne sont admis dans les magasins qu'après une épreuve qui assure qu'ils sont d'une cuisson facile.

Les légumes secs sont des aliments aussi substantiels qu'agréables, quand ils sont nouveaux et convenablement préparés, mais lorsqu'ils sont devenus durs et coriaces en vieillissant, ils résistent à la coction et à la digestion. Il serait préférable de les donner réduits en farine, leur préparation serait moins longue, et, d'après les expériences de Rumford sur les soupes économiques, les bouillies épaisses que les soldats en feraient fourniraient une plus grande quantité de matériaux nutritifs. Ce qui les détériore encore plus que la simple vétusté, ce sont les ravages des charançons qui en détruisent toute la matière nutritive.

On doit veiller avec attention à ce que ces semences légumineuses n'entrent pas dans les distributions lorsqu'elles sont altérées. La ration de légumes secs est de six décagrammes, celle de riz est de trois décagrammes ; les distributions se font tous les quatre jours.

Depuis quelques années, les légumes pressés (conserves Chollet) sont entrés pour une certaine part dans la ration du soldat en expédition. L'essai de cette substitution des légumes desséchés et pressés aux légumes secs a été fait sur le rapport favorable d'une commission instituée à Alger, à la date du 30 août 1852. Cette commission a, en effet, reconnu l'excellente qualité de ces produits, et faisant ressortir, d'une part, les avantages qu'ils offriraient pour l'hygiène alimentaire du soldat, d'une autre part, leur inaltérabilité qui leur permet de supporter sans détérioration le transport sur des cantines à dos de mulet, sous la pluie et le soleil, et cela, pendant plusieurs mois ; elle a émis le vœu que les pommes de terre, les choux, les juliennes et les haricots flageolets, conservés par les procédés Chollet-Masson, entrassent dans la ration des troupes en campagne.

3° *Le sel*, que l'on est d'accord aujourd'hui à considérer comme un condiment indispensable, non-seulement à la facilité de la digestion, mais essentiel à l'entretien de la vie et à la régularité des diverses fonctions, est l'assaisonnement presque exclusif des aliments qui entrent dans le régime des soldats. La consommation du sel diminue en proportion de la qualité des aliments, et on sait qu'elle augmente d'autant plus que les aliments deviennent plus farineux ou plus grossiers. Ainsi il faut près de 30 grammes de sel pour faire digérer un litre de haricots, et il n'en faut pas moins pour donner de la saveur au riz et à la pomme de terre.

La dépense du sel est prise sur l'ordinaire. Chaque soldat en consomme de douze à trente grammes par jour.

En campagne, la ration de sel est de 1/60 de kilogramme, son choix n'exige pas d'autre attention que celle de s'assurer qu'il soit net et purgé de matière hétérogène. Les sels gris de toute origine sont admis dans les magasins militaires : leur durée de conservation est indéfinie. (*Règlement du 1er septembre 1827, art. 437.*)

Le sel peut être sophistiqué au moyen de l'addition des substances suivantes :

1° *L'eau* qui en augmente le poids. Cette falsification est rare; toutefois, on peut la découvrir et l'apprécier en faisant dessécher une certaine quantité de sel pulvérisé dans une capsule de porcelaine au bain-marie. Si la portion d'eau évaporée dépasse 8 à 10 p. 100, il y aurait addition d'eau pour le surplus.

2° Le *sel marin des salpétrières* que l'on nomme dans le commerce *sel de salpêtre*. Dans la fabrication du salpêtre, il y a un résidu formé par les sulfate et hydrochlorate de potasse et le sulfate de soude employés; ce résidu présente une valeur et par conséquent un prix, moindres que les sels de salines. Ce résidu contient quelquefois de l'iode dans des proportions qui le rendent dangereux; mais, malgré tous les essais faits par M. A. Chevalier, on n'a pu jusqu'à ce jour trouver le moyen de constater le mélange du sel de salpêtre avec le sel de salines; toutefois, si le sel suspecté renfermait de l'iode, on pourrait en avoir la preuve au moyen du procédé que nous indiquerons plus bas en parlant de l'addition du sel marin des soudes de Varech.

3° *Le sulfate de soude.* — Cette sophistication est une de celles qui sont le moins préjudiciables à la santé, puisque le sulfate de soude, à très-petites doses, n'a pas d'effet bien marqué sur l'économie. Ce sel étant d'ailleurs d'un prix plus élevé que les sels de varech, on l'emploie rarement à falsifier le sel de cuisine. Pour reconnaître la présence du sulfate de soude dans le sel de cuisine, et pour apprécier la proportion dans laquelle il a été mélangé, on fait dissoudre

100 grammes du sel suspecté dans de l'eau distillée ; on filtre le
liquide, on lave le filtre ; on mêle les eaux de lavage à la dissolution,
et après avoir réuni les liqueurs, on y verse du chlorure de barium
jusqu'à ce qu'il ne se forme plus de précipité. On laisse reposer, on
décante le liquide clair, on lave à l'eau distillée, puis on traite à
chaud par l'acide azotique ; on laisse reposer, on décante et on jette
sur un filtre ; on lave une dernière fois à l'eau distillée bouillante, on
fait sécher le précipité détaché du filtre dans un creuset en platine et
on pèse. Le poids du sulfate de baryte obtenu fait reconnaître celui
de l'acide sulfurique et par suite aussi celui du sulfate de soude.

4° *Le sel marin provenant des soudes de varech.* — Le sel marin retiré des soudes de varech est fréquemment mélangé au sel de cuisine,
par la raison que le premier de ces produits, étant la suite d'opérations chimiques nécessitées dans les arts, coûte peu et ne paye aucun
droit à la régie. Il y a quelques années (1832), sur 67 échantillons
pris sur divers marchands de Paris, 22 contenaient de 10 à 20
pour 100 de sel de varech. Cette fraude est fort dangereuse, en raison de l'iode que renferme toujours le sel blanc, de préférence au
sel gris. — Pour le reconnaître, on prépare de la colle d'amidon, on
la mêle à parties égales d'acide chlorhydrique et de chlore liquide,
puis on met une pincée de sel dans ce liquide, si le sel est mélangé
de sel de varech ; le liquide se colore en rouge-violet, en violet ou en
bleu, selon la proportion du sel de varech ajouté et selon que ce sel
contient plus ou moins d'iode à l'état d'iodhydrate.

5° *La terre, le grès ou sablon.* — Cette fraude grossière est facile à
reconnaître au craquement qui se produit sous la dent ; on parvient
à apprécier la proportion du corps hétérogène mêlé au sel, en dissolvant celui-ci, le jetant dans un filtre et en pesant le résidu insoluble
resté sur le filtre.

6° *Le sulfate de chaux, plâtre* réduit en poudre très-fine. — Cette
sophistication est une de celles qui se pratiquent avec autant d'im-
punité que d'effronterie, puisqu'à Paris on vend publiquement du
sulfate de chaux cru sous le nom de *poudre à mêler au sel.* — Le
plâtre est ordinairement mêlé au sel dans la proportion d'un dixième,
et ce mélange est assez difficile à reconnaître quand le sel est humide. Toutefois on y arrive en traitant une quantité donnée de sel
par de l'eau distillée froide qui dissout le sel et laisse le plâtre intact ;
on jette sur un filtre et on pèse, après dessication, le résidu en tenant compte du résidu normal que l'on trouve dans les sels de bonne
qualité et qui s'élève à environ 1,40 sur 98,60 de sel soluble et d'eau
de cristallisation.

7° *Le carbonate de soude et de chaux.* — Cette falsification provient de ce qu'on a mêlé au sel du chlorure de sodium provenant des
sels de varech et qui n'est pas parfaitement pur. On reconnaît la présence d'un carbonate par le bouillonnement ou l'effervescence qui se
produit par suite du contact de ce sel avec un acide.

4° *Le poivre.* — Il est aussi un condiment très-recherché par les soldats ; leur habitude est d'en saupoudrer la soupe, les légumes et particulièrement le *rata.* Il est vrai que le poivre mélangé avec les aliments stimule les forces digestives de l'estomac et facilite la digestion des substances qui, sans lui, ne seraient probablement pas assimilées ; tels sont surtout les aliments végétaux, et en particulier les choux, les navets, etc. ; mais comme il a une action irritante et qu'il entre pour beaucoup dans les maladies du tube digestif, quand on en fait un grand abus, comme dans les pays chauds, on devra veiller à ce que le poivre soit mêlé modérément aux aliments et s'efforcer de détruire le préjugé qui existe chez les militaires que c'est un rafraîchissant pour là santé.

— Les vivres de campagne sont dus aux officiers, sous-officiers et soldats sur le pied de guerre, suivant les règles prescrites pour l'allocation de la solde de guerre ; la fourniture en est faite pour les sous-officiers et soldats sur le pied d'une ration par homme et par jour, pour les officiers à raison du nombre de rations de subsistances déterminé par le tarif pour chaque emploi. (*Art.* 282 *du Règlement sur la solde, du* 25 *décembre* 1837.)

Sur le pied de paix, les vivres de campagne peuvent être accordés éventuellement en vertu de décisions spéciales du Ministre aux sous-officiers et soldats. (*Ordonnance du* 19 *mars* 1833 *et Règlement du* 25 *décembre* 1837.)

Toutes les denrées destinées à la subsistance des hommes et des chevaux sont converties et distribuées en rations dont la composition, le poids ou la mesure sont déterminés par le tarif n° 2. Une indemnité représentative de 18 centimes cinq millièmes de franc est accordée aux troupes de l'armée d'Algérie en remplacement des rations de viande, de légumes secs et de sel. Un supplément du cinquième, pour la viande, est alloué aux troupes en expédition ou dans une position y assimilable ; l'indemnité est alors portée à 21 centimes 5 millièmes, dont 18 centimes représentant la valeur de la ration de viande. (*Décision ministérielle du* 4 *décembre* 1852.)

Des substitutions de denrées sont quelquefois ordonnées par les sous-intendants militaires, de concert avec les généraux commandants, et après avoir pris l'avis des officiers de santé pour les vivres. Le Ministre seul peut accorder un supplément aux rations. (*Règlement du* 1er *septembre* 1827, *art.* 222 *et* 224.)

Toutes les denrées du service des subsistances doivent remplir des conditions de bonne qualité et de possibilité de conservation spécifiées dans les règlements. Lorsqu'il y a lieu de procéder à expertise, les experts désignés par le sous-intendant doivent être choisis, autant que possible, parmi les experts jurés ou parmi les personnes patentées, s'il en existe sur les lieux, et, à leur défaut, parmi les personnes ayant des connaissances pratiques dans la partie du service qui donne lieu aux expertises. (*Id., art.* 376 à 381.)

Les distributions sont faites sur des *bons* établis séparément pour le pain, pour chaque espèce de vivres de campagne et pour les four-rages. (*Articles 85, 86, 87, 152, 157 de l'Ordonnance du 2 novembre 1833, et 149 de l'Ordonnance du 3 mai 1832 sur le service des armées en campagne.*)

Les subsistances militaires sont transportées à la suite des armées dans des caissons à quatre roues attelés de quatre chevaux ou sur des mulets de bât. Le poids de 750 kilogrammes auquel est limité le chargement d'un caisson peut être représenté dans le service par : 1,000 rations de pain, 1,300 rations de biscuit en caisse (à peu près), 1,350 rations de farine (à peu près), 2,500 rations de riz, 12,500 de légumes secs, 10,000 d'eau-de-vie, 185 rations d'avoine (au poids moyen de 4 kilogrammes par ration). Le chargement d'un mulet de bât étant fixé à 75 kilogrammes, 40 mulets sont nécessaires pour re-présenter le service d'un caisson.

Quand le pain n'est pas fait et qu'il n'y a pas de four, on peut, en vingt-quatre heures, en faire établir un de campagne au moyen des ouvriers du génie ou d'administration. Cinq hommes font cinq four-nées par jour de 500 rations chacune.

En campagne, le soldat porte pour plusieurs jours de vivres (biscuit, lard, riz, café, sel). Il doit toujours en avoir de réserve, aux-quels il ne peut toucher sans l'ordre du général. On sait que c'est cette réserve qui fit le salut du corps d'armée de Davoust en Russie ; son approvisionnement était du lard et un sac de farine.

ARTICLE DEUXIEME.

Des boissons.

Le service des liquides comprend les denrées ci-après, savoir : vin ; bière ou cidre (en remplacement du vin); eau-de-vie ; vinaigre, lorsque le Ministre juge à propos de faire faire cette prestation en nature.

Ce service comprend aussi les transports d'eau potable, dans les casernes qui sont à une grande distance des sources ou fontaines d'eaux salubres. (*Subsistances, règlement du 1er septembre 1827, arti-cle 494.*)

§ 1er. — Eau.

L'eau est la boisson habituelle du soldat ; c'est du reste, parmi les boissons, la plus avantageuse à l'homme sain, faisant un exercice modéré et remplissant toutes les conditions prescrites par l'hygiène.

Nous ne pensons pas qu'on doive attribuer d'autre inconvénient à son usage que ceux qui peuvent résulter d'une boisson quelconque prise froide et sans précaution lorsque surtout le corps est en sueur.

Puisque l'eau est une boisson nécessaire aux troupes, on doit donc apporter une grande attention à son choix ; du reste les officiers de santé peuvent être appelés à décider si les eaux des sources, des puits, des ruisseaux qui sont à proximité des casernes, des camps, etc., sont potables ou insalubres.

Privés le plus souvent, en campagne surtout, de tous les réactifs chimiques nécessaires, ils peuvent, dans tous les cas, assurer que l'eau qui n'a pas de saveur désagréable, qui dissout parfaitement le savon et fait bien cuire les légumes, peut être bue sans danger pour la santé.

Une remarque générale à faire, c'est que les eaux puisent en partie leurs propriétés dans la nature des terrains qui leur livrent passage et s'imprègnent des sucs des herbes qu'ils nourrissent. L'eau recueillie au sommet des montagnes est toujours de la meilleure qualité ; et celle que l'on puisera sur les pentes des montagnes sera moins impure que celle des plaines. Ainsi les eaux de sources ou de fontaines et principalement celle des lieux élevés sont les plus salubres. Les eaux des rivières rapides qui courent sur un lit de sable ou de cailloux sont également très-bonnes. Les puits, quand ils sont superficiels, n'offrent généralement que de l'eau impure souvent limoneuse ; l'eau des puits profonds peut avoir les inconvénients d'être froide, de manquer d'air et d'être pesante à l'estomac : quelquefois elle tient en dissolu- des sels calcaires, du sulfate de chaux, en proportions assez considé- rables pour qu'elle ne soit pas potable et qu'elle soit même nuisible. L'eau de citerne ou pluviale est regardée comme la plus légère, mais aussi comme la plus corruptible, tant à cause des matières étran- gères dont elle s'est chargée en traversant les couches atmosphéri- ques que de celles qui proviennent des conduits et réservoirs dont il est fait usage. Il est inutile d'ajouter que les eaux les plus insalubres et non potables sont les eaux marécageuses, les eaux saumâtres ou chargées de matières salines.

L'eau de bonne qualité a une saveur vive et fraîche, sans amer- tume et sans mauvaise odeur ; elle est limpide, elle renferme une certaine quantité d'air.

Elle doit se troubler à peine par le nitrate d'argent et par l'hydro- chlorate de baryte dissous, parce qu'elle ne contient que très-peu d'hydrochlorates, de carbonates et de sulfates. L'oxalate d'ammonia- que n'y fait point naître un précipité abondant, ce qui arriverait si elle contenait une assez forte proportion de sels calcaires. Si elle renfermait beaucoup de matière animale, le chlore et l'infusion al- coolique de noix de galle la précipiteraient sensiblement.

Les *eaux dures* sont celles qui renferment beaucoup de carbonates calcaires et du sulfate de chaux (celles de puits, de citerne), cuisent mal les légumes et transforment le savon en grumeaux.

Celles qui renferment une forte proportion de carbonate calcaire, tenu en dissolution à la faveur d'un excès d'acide carbonique, sont acidulées, rougissent la teinture de tournesol et se troublent à une température élevée par le dégagement de l'excès d'acide; elles précipitent aussi par l'eau de chaux et par l'oxalate d'ammoniaque, et sont impropres aux usages domestiques.

Les eaux courantes de rivières et de sources sont, comme nous l'avons déjà dit, plus agréables et plus salutaires que celles des puits et des citernes ; et lorsque les circonstances réduisent à l'obligation de se servir d'eau de puits ou de citernes, ou de celle plus insalubre des marais ou des étangs, on pourrait corriger sa mauvaise qualité en y ajoutant une très-petite quantité de vinaigre ou d'acide tartrique, ou, mieux encore, avec de l'eau-de-vie, qui est préférable au vinaigre. L'eau additionnée d'une petite quantité d'eau-de-vie convient surtout dans les pays chauds et humides ; elle soutient le ton des organes et modère les sueurs trop abondantes ; l'eau vinaigrée, au contraire, nuit certainement à la digestion par son action sur l'estomac.

La mauvaise eau doit être sévèrement interdite aux soldats. Dans les camps et dans les siéges, on est cependant quelquefois dans la triste nécessité de se servir d'eau corrompue. Il faut alors recourir aux filtres de charbon, qui, en lui enlevant les matières étrangères causes de son insalubrité, lui ôtent toute qualité malfaisante. On peut composer de ces filtres sur place au moyen de simples tonneaux dans lesquels on dispose plusieurs couches de cailloux, de sable, de craie et de charbon pilé, à travers lesquels on laisse filtrer les eaux troubles et insalubres. On ferait bien ensuite de la mélanger avec du vin, de l'eau-de-vie ou du vinaigre.

«Les corps expéditionnaires sont souvent exposés à n'avoir en campagne et pendant les siéges que des eaux plus ou moins impures, et obligés par nécessité à en faire usage, au détriment du bien-être et de la santé des troupes. Les officiers de santé ne sauraient trop s'appliquer à se rendre familiers les moyens de les rendre potables et salubres. Avec un peu de réflexion et un appel aux souvenirs, ils acquerront l'expérience nécessaire ; avec des ustensiles de ménage, communs en tout pays, tonneaux, coffres et autres grands vases de bois ou de terre, ils parviendront efficacement à former des appareils temporaires de filtration, et à convertir en très-peu de temps de l'eau bourbeuse, sinon en eau parfaitement limpide, du moins en boisson très-supportable. Si elle n'est que troublée par les torrents ou par la crue des rivières, on établira un de ces filtres, muni d'une cannelle ou d'un robinet, sur un support à un pied du sol ; on mettra dans le fond du gravier assez gros pour ne pas nuire à l'écoulement ou être entraîné ; par-dessus, une matière très-perméable à l'eau ; de la paille fraîche et inodore, hachée ou contuse afin que les fragments se rapprochent facilement entre eux plus ou moins, peu ou point tassée ; la promptitude de la filtration, condition à remplir, guidera à ce sujet ; de l'étoupe incisée menue ; des tissus poilus, de fil et mieux de laine ; une éponge ; beaucoup d'autres objets qui

8.

s'offriront sous la main à un sage discernement, suffiront pour la débarrasser du limon qui en trouble la transparence. Si l'eau tient en dissolution des matières organiques, que la saveur en soit fade ou putride, intercalez dans la masse filtrante une couche de charbon dont l'effet bien connu est de les absorber, et maintenez le tout supérieurement par des galets roulés. L'eau que vous y ferez verser filtrera instantanément. Il est d'une grande importance que chacun devienne expert à diriger ces manœuvres aussi simples qu'utiles, et d'autant plus aisées à exécuter que les bras intéressés ne manqueront pas. » (*Formulaire des hôpitaux militaires, édition de* 1839, *page* 213.)

L'eau de glace fondue, quoique belle et pure, est difficile à digérer. On doit avoir le soin de la battre longtemps en plein air, avant de la consommer.

Mais si l'on manquait d'eau tout à fait, il faudrait faire mâcher aux hommes de jeunes pousses d'arbres, des feuilles, des racines, ou promener dans la bouche des balles de fusil ou de petits cailloux, afin d'exciter la salivation.

Il est très-essentiel d'empêcher les hommes de boire trop d'eau en marchant. On doit leur recommander de ne boire qu'après une halte de quelques instants, et après s'être rafraîchi la figure et les mains, d'observer la précaution de n'avaler que lentement et à plusieurs reprises.

L'eau étant le premier des agents réfrigérants internes, on doit, pendant les chaleurs, rechercher les moyens de lui conserver sa fraîcheur.

On sait que le moyen le plus en usage est l'évaporation, et qu'il convient de placer les récipients dans des endroits où l'air circule facilement en les soustrayant du reste aux rayons solaires. Les gargoulettes (*alcarazas*) dont on se sert dans les pays chauds doivent être suspendues dans un courant d'air et enveloppées d'une étoffe imbibée d'eau (1).

— Les transports d'eau ne peuvent avoir lieu que dans l'intérieur et sur le pied de paix seulement, aux troupes casernées dans des bâtiments éloignés de plus de 500 mètres des sources et d'eau potable et salubre ; encore ces transports ne peuvent-ils être exigés lorsque les troupes se sont pourvues elles-mêmes de tout temps, à moins de circonstances extraordinaires dûment constatées. (*Règlement du* 1er *septembre* 1827, *art.* 516.)

Les transports d'eau sont autorisés par le Ministre, d'après un rapport du sous-intendant dressé de concert avec l'officier du génie sur la demande écrite du chef de corps. (*Id., art.* 517.)

---

(1) Consultez pour plus de développements l'intéressante monographie de M. Grellois, intitulée : *Études hygiéniques sur les eaux potables*, dans le Recueil des Mémoires de médecine militaire, 3e série, tome 2, page 120.

La quantité allouée ne peut jamais excéder 4 litres par homme et par jour pendant l'été et 2 litres pendant l'hiver. La coupure a lieu aux 1er avril et 1er octobre de chaque année. (*Id.*, *art.* 518.)

§ 2. — Boissons alcooliques.

Les boissons fermentées ou alcooliques dont les troupes font communément usage, selon les pays dans lesquels elles sont en garnison ou en cantonnements, sont le vin, la bière, le cidre et l'eau-de-vie.

I. *Vin et eau-de-vie.* — Sur le pied de guerre, on fait autant que possible une distribution journalière de vin ou d'eau-de-vie : la ration de vin est de un quart de litre, celle d'eau-de-vie est de un seizième.

En temps de paix, il n'est fait de distribution de liquides qu'extraordinairement, les jours des grandes fêtes nationales et à l'époque de la revue annuelle d'inspection. (*Règlement sur le service de la solde du* 25 *décembre* 1837, *art.* 286.)

Les vins achetés pour ces distributions éventuelles doivent être francs, naturels, bien clarifiés, sans aucune mixtion et de la qualité à l'usage des artisans dans le lieu de la consommation. (*Règlement du* 1er *septembre* 1827, *art.* 495.)

Chaque année, pendant la saison des chaleurs, les troupes stationnées dans l'intérieur reçoivent des distributions journalières d'eau-de-vie, à raison de un trente-deuxième de litre par homme, pour assainir l'eau qu'elles boivent. (*Règlement sur le service de la solde, art.* 288.)

Ces distributions sont autorisées par les généraux de division commandant les divisions territoriales, qui convoquent préalablement l'intendant divisionnaire et les officiers de santé chefs des hôpitaux militaires ou civils, afin de prendre leur avis sur la nécessité actuelle de ces distributions et sur le terme à leur assigner. (*Id.*, *art.* 289.)

L'eau-de-vie pure prise en petite quantité à la fois convient particulièrement comme boisson pendant les nuits froides et humides de l'hiver; elle est également utile aux troupes bivouaquées ou à la suite des marches forcées, lorsqu'elles ont été longtemps exposées à la pluie, et dans toutes les circonstances où il est nécessaire de remonter momentanément le ton de l'organisation.

En été, il faut y ajouter de l'eau; par le mélange de cette liqueur spiritueuse avec l'eau, les soldats se composent une boisson salubre et propre à faciliter la digestion des aliments.

Bues dans leur état naturel, les liqueurs spiritueuses irritent l'estomac et en augmentent la soif, disposent les hommes à boire avidement de l'eau dont la crudité peut souvent être nuisible. Il est donc indispensable, pour éviter les accidents, que la consommation de l'eau-de-vie, qui doit avoir lieu avec celle des aliments, soit l'objet d'une surveillance particulière de la part des médecins des corps, comme le prescrit le Règlement du 2 novembre 1833. En conséquence, d'après l'avis du Conseil de santé, le mélange doit être fait dans la proportion d'une mesure d'eau-de-vie sur onze mesures égales d'eau ; et les officiers de santé des corps doivent s'assurer journellement, lors de leurs visites dans les chambres, que les rations d'eau-de-vie ont été fidèlement mêlées à l'eau destinée à la boisson des repas dans la proportion indiquée ci-dessus.

Cette boisson, qui sera pendant les chaleurs celle de l'ordinaire pour les hommes en bon état de santé, ne peut être donnée aux malades, qui ne doivent prendre d'autres boissons que celles prescrites par les officiers de santé dans leurs visites à l'infirmerie. (*Décision ministérielle*, 1836, *J. M., page* 304.)

En 1852, au 23e de ligne, on employait avec avantage la boisson suivante, dont nous recommandons l'usage pour les troupes pendant les fortes chaleurs de l'été, tant parce qu'elle constitue une boisson agréable que parce que les dépenses qu'elle occasionne ne s'élèvent pas au delà du taux de l'économie applicable à la ration de un seizième de litre et fixée par le tarif du 26 avril 1849 (0,03 *centimes par homme et par jour*). Ainsi les dépenses consistaient dans l'achat par jour, pour un ordinaire de 80 hommes, de 2 litres d'eau-de-vie à 0,70 centimes le litre, soit 1 fr. 40, de 800 grammes de racine de réglisse à 0 fr. 50 le kilogr., soit 0,40, de 4 citrons à 0,15 la pièce, soit 0,60. Total par jour, 2 fr. 40 ou montant de la somme allouée pour 80 hommes à 0,03 par homme.

On coupe la racine de réglisse par petits morceaux, on les contond; on coupe les citrons par tranches fines et on met le tout dans une cruche pleine d'eau; après une heure on verse le tout dans une petite barrique contenant 20 litres d'eau et on ajoute les deux litres d'eau-de-vie. On peut opérer soir et matin.

Cette boisson est saine et rafraîchissante; elle a l'avantage de désaltérer à un plus haut degré que le mélange simple d'eau-de-vie, parce qu'elle contient des principes aromatiques légèrement acidulés et excitants qui la rendent aussi agréable que bienfaisante dans les grandes chaleurs.

Il est pourvu aux distributions d'eau-de-vie par l'allocation d'une indemnité représentative en argent, à moins qu'il n'existe dans les magasins de l'État des approvisionnements dont il soit convenable de prescrire la consommation immédiate. (*Règlement sur la solde, art.* 290.)

Mais, par suite d'une décision du 20 novembre 1851, il ne doit plus être fait de distributions d'eau-de-vie des magasins militaires dans les divisions territoriales de l'intérieur. La durée réglementaire de l'allocation de l'indemnité en remplacement de la ration hygiénique d'eau-de-vie est fixée ainsi qu'il suit :

Dans les 1re, 2e, 3e, 4e, 5e, 6e, 7e, 15e, 16e, 18e, 19e, 20e, 21e divisions du 21 juin au 31 août.

Dans les 8e, 9e, 10, 11e, 12e, 13e, 14e et 17e divisions du 1er juin au 30 septembre. (*Tarif du* 18 *mars* 1859.)

Cette indemnité n'est pas due pour les militaires présents dans les salles de convalescents, parce qu'ils ont déjà droit à une ration journalière de vin. (*Décision ministérielle du 12 mars 1846.*)

— Le vin destiné à des approvisionnements doit être susceptible de se conserver pendant 18 mois au moins, à compter du jour de son entrée dans les magasins. On doit préférer en général les vins rouges aux vins blancs. La propriété de se bonifier par une garde bien entendue est une condition essentielle dont on doit s'assurer à l'égard des vins. Il faut ensuite qu'ils soient naturels, d'un goût agréable et qu'ils aient du corps. (*Règlement du 1er septembre 1827, art. 495.*)

En Algérie les fournitures seront faites en produits des départements méridionaux de la France (Provence, Languedoc ou Roussillon), de la bonne qualité du vin qui est connu sous la désignation de *vin de campagne*, et à l'exclusion de celui qui est appelé *vin de chaudière*. Toutefois, les produits du département de l'Hérault ne pourront entrer dans la fourniture que pour la moitié des livraisons.

Au moment de l'admission, le vin devra remplir les conditions exprimées ci-après : — n'avoir reçu aucune mixtion ou préparation, même d'esprit-de-vin ou de toutes autres substances, employées quelquefois pour donner au vin une force, une couleur ou une qualité apparentes ; être *naturel*, en un mot, droit en goût, soutiré au clair fin, parfaitement limpide, suffisamment *corsé*, et susceptible, par suite, de se conserver pendant une année, à partir de sa réception dans les magasins militaires.

Le vin présentera au moins onze degrés centigrades (bien couverts) d'alcool, dans les épreuves de distillation qui seront faites au moyen de l'appareil Dunal.

Vérification de la qualité du vin. — Il sera procédé, dans chaque place de destination, à l'admission des fournitures par une commission composée ainsi qu'il suit, savoir :

Président : — Le sous-intendant militaire ayant la surveillance administrative des subsistances.

Membres : — Un officier du génie, et, à défaut, un officier supérieur, ou un capitaine de toute autre arme ; — un officier de santé militaire ; — un négociant désigné par l'autorité civile ; — le comptable du service.

La commission, après s'être fait représenter les pièces justifiant la provenance du chargement, examinera si le vin est droit en goût, soutiré au clair fin, parfaitement limpide et suffisamment *corsé*. Elle aura recours, pour s'assurer si le vin est naturel, à l'emploi des réactifs nécessaires, notamment d'une dissolution de muriate de baryte, et même à l'analyse chimique, au besoin. — Ce premier examen terminé, la commission procédera à la distillation d'un échantillon prélevé sur un hectolitre de vin qui aura été composé de parties égales prises à toutes les pièces présentées en livraison. — Si les résultats de l'opération sont douteux, quant au nombre de degrés d'alcool qu'on doit obtenir, il sera fait autant d'épreuves partielles que les circonstances l'exigeront.

Les délibérations de la commission seront consignées dans un registre spécial, coté et paraphé à cet effet. (*Cahier des charges pour les fournitures de vin à faire en Algérie*, 1er novembre 1848.)

En conséquence des conclusions formulées dans le rapport de M. l'inspecteur Michel Lévy à la Commission supérieure et consultative des subsistances (29 novembre 1853), le Ministre a décidé que les vins plâtrés seraient écartés de l'adjudication des fournitures de vins destinés à l'armée, et que l'administration devait rechercher son approvisionnement en vins auprès des propriétaires de la Gironde. (Voyez *Mémoires de médecine militaire*, 2e série, tome XIII.)

Les eaux-de-vie doivent être le produit de la distillation du vin ou du marc de raisin.

Elles doivent être limpides, droites au goût et d'un parfum agréable. Quand on en frotte quelques gouttes entre les mains, l'évaporation s'opère promptement et complétement en laissant un parfum aromatique. Elles doivent marquer, au moment de la distribution, 47 degrés à l'alcoomètre de Gay-Lussac, à la température de 15 degrés centigrades. Elles doivent pouvoir se conserver indéfiniment. (*Règlement du 1er septembre 1827, art. 497.*)

En cas d'impossibilité de se procurer des eaux-de-vie de raisin, le Ministre ou les intendants peuvent autoriser la distribution d'eaux-de-vie provenant de grain, genièvre ou autres produits naturels. Ces liquides doivent avoir le degré de force ci-dessus déterminé. (*Id., art.* 498.)

Falsification du vin et de l'eau-de-vie. — Outre l'ivresse causée par l'emploi excessif de ces boissons, les médecins militaires sont souvent à même de remarquer les funestes effets résultant de leur mélange avec des substances nuisibles.

C'est donc un devoir pour l'autorité militaire de veiller avec le plus grand soin sur le débit qui se pratique principalement au voisinage des casernes. Obligé d'acheter au plus bas prix, et de rechercher par conséquent les boissons du plus mauvais choix, le soldat, peu scrupuleux d'ailleurs sur la qualité de celles qu'il se procure, ne se plaint jamais des sophistications qui s'opèrent dans les cabarets et les auberges qu'il fréquente. Et il est important pour le médecin militaire, dont l'intervention peut être réclamée, d'être à même de reconnaître facilement les falsifications que l'on fait subir principalement au vin et à l'eau-de-vie.

La fraude la moins coupable est celle qui consiste à mélanger une certaine quantité d'eau au vin (*mouillage*) ; pour lui rendre alors de la force, les marchands y ajoutent de l'alcool, et à moins d'avoir une grande habitude de déguster les vins, il est difficile de reconnaître cette falsification; ce n'est que lorsqu'il y a une grande quantité d'eau-de-vie qu'elle est sensible au goût et à l'odorat; elle produit aussi une déflagration quand on en projette quelques gouttes sur un foyer ardent.

Si, pour exalter la couleur des vins et leur communiquer une saveur astringente et douceâtre, le débiteur est soupçonné d'y avoir ajouté de l'alun, de la céruse ou de la litharge, des oxydes de cuivre ou même de l'acide arsénieux, il faudra recourir à une analyse qui consiste, si le vin est rouge, à le décolorer d'abord au moyen du charbon animal bien lavé, à ajouter à la liqueur bien filtrée quelques gouttes d'acide chlorhydrique, à la faire évaporer, et quand elle est réduite au tiers, à essayer les réactifs des sels de plomb, d'alun, de cuivre et d'arsenic. (*Orfila.*)

Pour foncer la couleur des vins, les commerçants emploient aussi les bois d'Inde, le tournesol, les baies d'yèble et de myrtille, l'indigo. Traités par la potasse, ces vins donnent des précipités bleus, violets ou roses. Les vins nouveaux donnent un précipité de couleur verte, quand on ajoute un excès de potasse.

La saveur et l'odeur suffisent pour faire distinguer l'eau-de-vie de vin de celle faite de toute pièce avec l'alcool et l'eau; de plus, l'eau-de-vie de vin, contenant toujours de l'acide acétique, rougit le papier de tournesol, propriété que ne possède pas l'eau-de-vie faite avec de l'alcool.

Pour augmenter la saveur de l'eau-de-vie, lui donner de la force et du montant, on peut y ajouter du poivre, du poivre long, du stramoine, du pyrèthre et de l'ivraie. On reconnaît la fraude par l'évaporation, qui donne un résidu d'une saveur forte et âcre.

Si l'on y ajoute de l'alun, l'évaporation laissera le sel à nu et les réactifs chimiques en feront reconnaître les caractères.

La falsification la plus fâcheuse est celle qui est faite par l'addition d'acide sulfurique ou d'eau de laurier-cerise, dans le but de donner à de mauvaises eaux-de-vie de grains ou de pommes de terre, une saveur plus forte et plus agréable. Lorsque la proportion de laurier-cerise est considérable, il peut en résulter des accidents fâcheux et même l'empoisonnement. On en reconnaît l'existence au précipité bleu que fournit la liqueur quand on la traite par un mélange de proto et de persulfate de fer.

II. *Bière et cidre.* — La substitution de la bière et du cidre au vin est autorisée dans les localités où cette dernière boisson n'est pas habituelle à la classe des artisans.

La bière et le cidre doivent être choisis dans les bonnes qualités du pays. La ration est de 1/2 litre. (*Règlement du 1er septembre* 1827, *art.* 496.)

La bière de bonne qualité doit offrir les propriétés suivantes : 1° Elle doit être transparente et nullement floconneuse ; sa saveur doit être aigrelette, alcoolique et légèrement amère ; 2° elle doit contenir une assez grande quantité de gaz acide carbonique pour produire une assez vive effervescence lorsqu'on la traverse ; 3° elle doit rougir le papier de tournesol. Lorsqu'elle agit fortement sur cette couleur et qu'elle ne produit point d'écume quand on la traverse, elle a éprouvé la fermentation et sa saveur est désagréable ; 4° l'oxalate d'ammoniaque, l'acétate de plomb et le nitrate de baryte doivent y déterminer des précipités peu abondants ; 5° l'hydrochlorate de platine doit la troubler à peine, parce qu'elle ne renferme qu'une petite quantité de sel à base de potasse. (*Orfila.*)

L'usage de la bonne bière, quand il est modéré, n'a rien de nuisible ; c'est une boisson excellente, qui apaise la soif, stimule légèrement l'estomac et est en même temps légèrement alimentaire. Les bières fortes de l'Allemagne, de l'Alsace, celle dite de *Mars* particulièrement, prises en trop grande quantité, déterminent une ivresse stupide et avec des vertiges, et leur usage prolongé peut diminuer l'énergie du courage et conduire à l'abrutissement. Les bières légères et pures, boissons assez recherchées par nos militaires, ne peuvent déterminer aucun accident fâcheux : bues avec excès, elles causent quelquefois des coliques, de la diarrhée et aussi des écoulements muqueux de l'urèthre, par suite de la stimulation qu'elles exercent sur les muqueuses digestive et uréthrale.

Les falsifications qu'on lui fait subir sont les mêmes que celles qui se pratiquent sur les vins, et on les reconnaîtrait par les mêmes procédés. Lorsque la bière est aigre, on emploie pour la corriger de la chaux, de la potasse, de la magnésie, etc. Dans certaines circonstances aussi, cette boisson contient des oxydes de cuivre ou de plomb, provenant des vases dans lesquels elle a été cuite ou gardée. Mais les falsifications les plus fâcheuses sont celles qui résultent de l'emploi dans sa fabrication de substances végétales narcotiques pour lui donner plus de force, ou de substances amères à bon marché, dans le but d'économiser le houblon, parce que l'on ne possède pas encore un moyen certain de découvrir ces empoisonnements, ces substitutions.

Comme la modicité des ressources pécuniaires du soldat le porte souvent à rechercher les boissons à bon marché, c'est à l'autorité militaire et aux officiers de santé de surveiller le débit à bas prix de certaines boissons et particulièrement de la bière dans les cabarets et même dans les cantines.

Le liquide consommé sous le nom de bière, dit M. Champouillon [1], n'est souvent que le produit grossier et insalubre de manipulations frauduleuses dont il importe de connaître les procédés les plus usités.

Les fabricants remplacent le malt d'orge par du sirop de fécule, et le houblon par une décoction de buis, de coloquinte, de centaurée, par le fiel de bœuf. Ils lui donnent ensuite la consistance mucilagineuse, la

_____

[1] *Moniteur de l'armée*, n° 45, année 1852.

saveur piquante et la coloration brune qui lui manquent en y versant de l'eau de chaux, en y faisant cuire les dépouilles de veau, de cheval, de mouton ou bien les différents débris gélatineux et invendables de la boucherie, pour la disposer à la fermentation.

D'autres fois une tonne de bière forte, ou de deuxième *trempe*, est étendue de la moitié ou des deux tiers de son poids d'eau, et on lui donne du goût avec une substance amère, de l'eau-de-vie de grains, de la chaux.

Tandis que la bière houblonnée apaise la soif et concourt à la digestion, la bière frelatée produit au contraire dans la bouche un sentiment de sécheresse et d'âcreté qui augmente ou entretient le besoin de boire; prise en grande quantité, elle détermine le ballonnement du ventre, l'indigestion et la phlegmasie du tube·digestif.

Il est facile de se rendre compte de ces désordres quand on réfléchit aux quantités prodigieuses de chaux qui doivent se trouver dans la bière artificielle à l'état de sulfate et de carbonate provenant du sirop de fécule, de l'eau de Paris et d'additions directes. Dans ces conditions, la bière peut être comparée pour ses effets laxatifs et indigestes à l'eau sélénitéuse la plus chargée; elle emprunte, en outre, aux principes extractifs amers et au ferment dont elle ne s'est point encore séparée, une action drastique et énergique.

Le *cidre*, qui n'est guère employé que dans le nord et l'ouest de la France, n'a par sa composition rien de nuisible; son inconvénient le plus habituel est de déterminer facilement des coliques et des diarrhées et quelquefois même des dysenteries, quand il a été fait avec des pommes peu mûres; mais l'ivresse qu'il produit est de courte durée et n'est jamais fâcheuse.

Le cidre peut être altéré par plusieurs substances : 1° par diverses matières colorantes, telles que les fleurs de coquelicot, les baies d'yèble, de sureau, la cochenille; sa couleur est alors plus foncée, ce qui le fait paraître plus fort; mais c'est sans inconvénient; 2° par l'eau-de-vie dans le dessein de lui donner plus de force; 3° par de la chaux, de la craie ou des cendres qui saturent les acides libres; 4° par des préparations de plomb, telles que la litharge, la céruse, qui corrigent sa saveur désagréable, quand il a subi la fermentation acide. On met quelquefois aussi dans le cidre de la cannelle pour lui donner plus de saveur. Nous renvoyons au paragraphe que nous avons consacré aux falsifications des vins pour les procédés à mettre en usage lorsqu'il s'agit de constater la présence des substances dont il s'agit.

III. *Vinaigre.*—Le vinaigre de vin est seul admis dans les distributions à faire aux troupes. Il doit être de bonne qualité, clair, franc, bien soutiré, et susceptible, lorsqu'il y a lieu d'en former des approvisionnements, de se conserver 18 mois au moins à compter de son entrée en magasin. Il doit marquer 2 degrés 2/10 au pèse-vinaigre de Vincent. (*Règlement du 1ᵉʳ septembre* 1827, *art.* 499.)

Son acidité ne doit avoir rien d'âcre ni ne brûlant, et il a un parfum spiritueux qui se développe quand on s'en frotte les mains. Il ne doit avoir aucun goût de fumée.

Toutefois, le vinaigre de bière peut être admis sur une autorisation spéciale du Ministre ou des intendants.

La ration est de 1/20 de litre.

Pour distinguer le vinaigre de vin, on fait disparaître l'acidité en mêlant au vinaigre une dissolution d'un peu de potasse caustique pure dans l'eau ; alors le bon vinaigre a une odeur vineuse faible, sa couleur devient plus brune s'il résulte de vin rouge, et il ne forme pas de dépôt ; un vinaigre qui n'est pas bon et qui ne provient pas de vin prend, après ce mélange, une odeur fade ; si c'est du vinaigre rougi, il se forme un dépôt plus ou moins considérable, selon que la liqueur est plus ou moins colorée.

Nous insisterons peu sur l'usage du vinaigre ; c'est un condiment agréable au goût, qui, en petite quantité, rend certains aliments plus apéritifs, plus frais, et facilite leur dissolution dans le suc gastrique ; il a de plus l'avantage d'agir comme antiseptique, et de favoriser la digestion d'aliments qui auraient subi un commencement d'altération.

Étendu d'eau, il peut remplacer tous les autres liquides acidulés et constitue une des boissons les plus agréables pendant les chaleurs de l'été.

Les Romains en firent une grande consommation, et c'est Percy qui s'est élevé le premier contre l'usage de cette boisson dans les armées françaises, en prétendant qu'elle cause des sueurs extrêmement abondantes, et qu'elle débilite promptement l'action des organes digestifs et du système musculaire.

L'abus du vinaigre, et surtout du vinaigre concentré, peut être nuisible ; on veillera donc à ce qu'il ne soit employé dans les cantines qu'avec la plus grande réserve.

Le vinaigre peut être frelaté :

1° Par du poivre, de la moutarde, des graines de paradis, l'écorce du garou, la racine de pyrèthre, d'arum et autres substances d'une saveur piquante que l'on y met infuser pendant un temps plus ou moins long pour lui donner de la force et du montant.

On reconnaît cette fraude en faisant évaporer le liquide dans une capsule de porcelaine à une douce chaleur, jusqu'à ce qu'il soit réduit au sixième de son volume. On l'abandonnera à lui-même pendant 24 heures, puis on le décantera pour le séparer des sels qui sont déposés, on le fera évaporer de nouveau jusqu'en consistance d'extrait mou. Cet extrait aura une saveur âcre, amère, si le vinaigre contient quelques-unes des substances dont nous parlons, tandis que la saveur sera simplement acide, si le vinaigre était sans mélange (Orfila) ;

2° Par des acides minéraux (acide sulfurique, chlorhydrique, nitrique). On en reconnaîtra facilement la présence par les réactifs particuliers de ces acides.

IV. *Liqueur d'absinthe.* — On sait que c'est une boisson alcoolique fort en usage parmi les troupes de l'armée d'Afrique. Nous rappellerons d'abord qu'elle est préparée avec les sommités d'absinthe, le calamus aromaticus, la badiane, la racine d'angélique et l'alcool. On la colore en vert avec les feuilles ou le suc d'ache, les épinards, les orties, le génépi des Alpes, toutes substances qui ne sont pas nuisibles à la santé.

Elle peut être falsifiée par le sulfate de cuivre qu'on emploie pour la colorer (M. Derheims). On a même signalé sa sophistication par le chlorure d'antimoine (M. Stanislas Martin). On comprend que de telles falsifications pourraient devenir très-préjudiciables à la santé. Le sulfate de cuivre se reconnaîtrait en évaporant une certaine quantité de la liqueur suspecte en consistance d'extrait, puis incinérant et traitant la solution acide de ces cendres par les divers réactifs des sels de cuivre.

On ferait la même opération si on soupçonnait la présence du sel d'antimoine. (A. Chevallier, *Traité déjà cité.*)

La liqueur d'absinthe (*alcoolat*) prise modérément est regardée comme stimulant des forces digestives ; mais par son prix, par les sophistications dont elle est l'objet et par l'abus qu'on en fait dans l'armée, elle doit être considérée comme la plus meurtrière et la plus perfide des boissons qui soit à la disposition du soldat. Aussi doit-on approuver la mesure qui a défendu l'usage de la liqueur d'absinthe aux troupes, et qui en a prohibé la vente dans les camps, les cantines et autres endroits fréquentés par les militaires. (*Décisions ministérielles des 27 septembre et 11 octobre 1845.*)

§ 3. — Café et tabac.

Il nous paraît également utile de parler de ces deux substances, puisque l'usage en est établi réglementairement aujourd'hui dans l'armée.

I. *Café.* — L'infusion de café est une liqueur délicieuse, stimulante et tonique, qui détermine sur l'organisme quelques-uns des effets des boissons alcooliques, sans avoir aucun de leurs inconvénients. C'est la boisson favorite des peuples méridionaux, et tout le monde sait que c'est après avoir suivi la mode indigène, et avoir reconnu les bons effets de cette infusion pendant les marches et les expéditions, que l'on en a introduit l'usage dans le régime des troupes de l'armée d'Afrique.

Ainsi il est fait régulièrement, en remplacement de vin et d'eau-de-vie, des distributions mixtes de 16 grammes de café et de 21 grammes de sucre à chaque soldat d'Afrique, et c'est afin de rendre impossible toute espèce de falsification que la graine est distribuée aujourd'hui toute torréfiée aux compagnies qui sont chargées elles-mêmes de la moudre. Par *décision du* 23 *avril* 1853, sauf distributions exceptionnelles de vin qui pourront être prescrites à titre hygiénique, la ration mixte de café et de sucre sera seule délivrée aux troupes en expédition ; il en sera de même pour les troupes en garnison dans l'intérieur des terres auxquelles M. le gouverneur général de l'Algérie jugera à propos d'appliquer ce régime. Dans toute autre situation les distributions de vin seront alternées de deux jours l'un avec celles de sucre et de café.

Le café est une boisson salutaire dont les propriétés stimulantes le rendent précieux non-seulement pour résister à l'action accablante d'une température très-élevée, mais aussi pour corriger les effets d'une constitution froide et humide de l'atmosphère. Comme substance amère, il a même été reconnu qu'il pourrait être employé avec avantage à titre d'antiseptique dans le but de prévenir les effets de l'insalubrité locale, et c'est ce que fait encore mieux l'indication de son emploi dans les pays marécageux et en temps d'épidémie.

Le café se fait le matin en campagne ; le soldat tient généralement à n'en obtenir qu'une infusion faible, ou une décoction étendue dans laquelle il trempe son pain, à la façon d'une soupe. C'est son premier déjeuner. Pendant les marches, il est dans l'habitude de le prendre avant le départ, et les plus prévoyants se réservent toujours une petite quantité de cette boisson pour la prendre chaude à la suite du repas qui se fait à la grande halte.

Tous les médecins militaires ont été à même de reconnaître les avantages que les troupes en campagne retirent de cet usage sous le rapport de l'hygiène alimentaire. Baudens en a signalé l'utilité en faisant ressortir les bénéfices que l'armée de Crimée en a retirés en 1855 et 1856 (1), et, selon les recommandations de M. l'inspecteur baron H. Larrey, l'Empereur en a permis la distribution régulière aux troupes de la garde au camp de Châlons en 1858 (2). Pourquoi, si l'utilité d'une telle mesure est reconnue, n'en étendrait-on pas l'application à toute l'armée en temps de paix comme en temps de guerre ?

II. *Tabac.*—Le tabac a pris place, pour ainsi dire, dans les rations du soldat. Dans sa sollicitude pour le bien-être de la troupe, l'Empereur s'est occupé des moyens de lui donner à bas prix le tabac qu'elle peut consommer, et par *décret impérial rendu le* 29 *juin* 1853, il est délivré du tabac de cantine à fumer, au prix de 1 franc 50 centimes le kilogramme, aux sous-officiers et soldats, à raison de 10 grammes par jour.

L'usage du tabac est inhérent et nécessaire à la vie du soldat ; c'est

(1) Une mission médicale à l'armée d'Orient, Paris, 1857.
(2) Rapport sur l'état sanitaire du camp de Châlons, sur le service de santé de la garde impériale et sur l'hygiène des camps.

pour lui un besoin de tous les jours, non-seulement lorsqu'il est paisiblement en garnison, mais surtout pendant les longues nuits qu'il passe au bivouac ; aussi devons-nous le considérer comme un moyen très-utile de distraction et de compensation à ses misères.

Aussi, malgré les inconvénients qu'il cause et les conséquences fâcheuses qui résultent quelquefois de son abus, ce serait affecter un rigorisme déplacé que de lutter contre un usage qui procure au moins des consolations dans les situations les plus critiques. Vauban fait remarquer que l'usage de la pipe a pour effet de pallier les sensations de la faim et de la soif ; l'habitude de fumer a été regardée aussi comme pouvant servir de correctif à l'air ambiant, et la fumée de tabac est conseillée par un très-grand nombre d'auteurs dans les maladies épidémiques, et, en général, pour se garantir des miasmes.

Le tabac à fumer peut être usé de deux manières différentes à l'état de fumée ou mâché. Le tabac mâché ou la chique est la forme la plus usitée parmi les matelots ; l'usage de la pipe ou du cigare est plus répandu parmi les soldats de l'armée de terre. La chique irrite la bouche, détermine un flux abondant de salive, et son suc avalé peut nuire aux digestions et causer même des vomissements.

Outre les inconvénients de l'irritation, de la salivation et de l'odeur, qui non-seulement imprègne l'haleine, mais encore les mains et les vêtements, la pipe altère les dents, dont elle use l'émail, brûle et décolore les lèvres, qu'elle ulcère quelquefois, désavantages que n'offre pas le cigare, qui comporte d'ailleurs une odeur moins désagréable. La diminution de la sensibilité du goût peut aussi être la conséquence de l'habitude de fumer.

L'hygiène des fumeurs consiste à avoir soin de se rincer la bouche à l'eau fraîche, ou mieux chlorurée ou additionnée d'alcoolé de camphre, et dans le cas de maladies irritatives de la bouche, d'ulcération ou de ramollissement des gencives, d'user de collutoires et de gargarismes adoucissants ou acidulés.

ARTICLE TROISIÈME.
Composition du régime alimentaire des troupes.

Toute alimentation, pour être bonne, doit être suffisamment abondante, substantielle et variée. C'est là un précepte d'hygiène d'une haute importance, que nous trouvons développé dans l'instruction du 5 mars 1850, que le Conseil de santé des armées a rédigée à l'effet de guider les troupes dans la composition de leur régime alimentaire et dont la circulaire ministérielle en date du 7 mars n'est que la mise en pratique. Nous croyons utile de l'insérer ici tout entière.

§ 1er. — Composition du régime.

Le régime alimentaire se compose des aliments solides et des boissons :

I. *Aliments solides.* — Les substances animales (*viande et poisson*), le pain.

les végétaux mucilagineux ou féculents et les fruits, sont les aliments solides dont le soldat doit faire habituellement usage.

L'expérience a démontré irréfragablement : 1° qu'aucune substance alimentaire prise seule, pendant un temps prolongé, ne suffit à la nourriture complète de l'homme, ni quelquefois même à l'entretien de la vie. Ainsi, la viande, le pain, les légumes, le riz, etc., ne peuvent, chacun isolément, fournir une alimentation suffisante ; 2° que l'usage persistant et invariable des mêmes préparations alimentaires amène graduellement, dans les organes digestifs, un état ou de langueur ou d'irritation, et toujours de satiété, si ce n'est de dégoût, qui nuit à la bonne élaboration des aliments, et, par suite, à la nutrition et à l'entretien des forces.

De ces faits, appuyés sur les données les plus positives de la science, découle le double principe : 1° de composer, autant que possible, chaque repas d'aliments divers, en proportions convenables, comme viande, pain, légumes, poisson, etc.; 2° *de varier le régime de telle sorte que chaque jour ne ramène pas les mêmes aliments.*

Il est démontré encore que, pour être bien digérées et fournir au corps de l'homme tous les éléments de réparation matérielle et d'énergie dynamique dont il a besoin, les substances alimentaires doivent être accompagnées de substances seulement stimulantes, qui constituent des assaisonnements. Le sel, le poivre, le girofle, l'oignon, l'ail, les principes aromatiques de quelques autres végétaux, comme le persil, le cerfeuil, le thym, etc., constituent ces assaisonnements qui excitent les surfaces muqueuses, provoquent des élaborations plus complètes, et peut-être, entrant en combinaison avec les sucs nutritifs, ou passant en nature dans le sang, vont porter dans tout le corps une stimulation favorable à l'entretien de la vitalité.

1° *Proportion des divers aliments solides.* — La proportion de ces divers aliments exerce une grande influence sur la santé des hommes.

La viande, par les matériaux abondants qu'elle fournit aux organes, presque immédiatement, sous un petit volume et sans grands efforts de la part de l'estomac, doit prendre *le premier rang* dans le régime du soldat. L'expérience a prouvé la supériorité de l'alimentation animale pour l'entretien des forces et leur augmentation progressive, sur celle dont la base est formée de végétaux.

Il conviendrait, en conséquence, que le soldat pût disposer de 300 à 350 grammes de viande par jour. C'est de ces termes qu'il importe de se rapprocher toutes les fois que les circonstances le permettent, et, pour y arriver, des économies peuvent être faites sur les autres parties de l'ordinaire.

Le pain peut n'être considéré que comme *la seconde* des parties fondamentales du régime.

800 à 875 grammes de pain suffisent, en général, à l'alimentation journalière du soldat. Lorsque le pain est bien préparé et de bonne qualité, il peut être employé en même temps pour la soupe et pour être mangé à la main ; le pain spécialement destiné à la soupe peut aussi être supprimé avec avantage au profit de la viande. Si, au contraire, on continuait à faire usage d'un pain particulier pour la soupe, il est bien entendu que celui-ci serait prélevé sur le poids total indiqué plus haut.

Les légumes, enfin, ne doivent former que *la troisième et la plus faible partie* des éléments du régime des soldats. Ils sont, en général, peu nourrissants ; mais leur usage, en certaines proportions, est indispensable à une alimentation complète et à l'entretien de la santé.

2° *Qualités que doivent avoir les divers aliments solides.* — Les viandes doivent être fraîches, bien saignées, provenant d'animaux sains et adultes. Les parties composées de chairs musculaires épaisses et massées sont plus nutritives que celles qui ne forment que des lames minces, entremêlées de lames blanches et filamenteuses, qui constituent le tissu cellulaire et les aponévroses.

Ces parties celluleuses, tendineuses et aponévrotiques ne nourrissent que peu.

Les viandes provenant d'animaux gras et vigoureux sont plus alibiles et plus salubres que celles fournies par des animaux maigres et languissants ; celle de bœuf est préférable à celle de taureau ou de vache.

La graisse, dans la viande, nourrit peu, mais elle fournit à l'homme un principe dont il a besoin. Les viandes accompagnées d'une médiocre quantité de graisse sont donc préférables à celles qui sont exclusivement compactes et sèches.

Bien qu'il paraisse que les viandes provenant d'animaux malades, même de ceux frappés par les épizooties, ne soient pas immédiatement malfaisantes, il est cependant prudent de les éviter. Il n'est permis d'en faire usage qu'en cas de nécessité absolue, urgente, et jamais cet usage ne doit être prolongé, car il entraînerait inévitablement le développement de maladies très-graves parmi les troupes.

Les viandes conservées, séchées, fumées, salées, nourrissent moins bien que les viandes fraîches. Si leur usage prolongé et constant ne soutient pas convenablement les forces, excite la répugnance et dispose aux maladies, comme la stomatite (inflammation de la bouche), le scorbut, etc., cependant, son introduction en certaines proportions dans le régime est non-seulement sans inconvénient, mais salutaire, en augmentant la variété.

Les poissons, et plus particulièrement les poissons salés, comme les morues, les harengs, les saumons, sont dans le même cas que les viandes salées. Les poissons frais de rivière ne nourrissent pas assez pour pouvoir constituer la base des repas habituels du soldat. Parmi les poissons de mer, frais ou salés, les plus gros, ceux dont la chair est la plus ferme et la plus colorée, nourrissent mieux que ceux qui sont plus petits, mous et blancs. On préférera donc les morues, les raies, les maquereaux, les saumons, les thons, les esturgeons, etc.

Le pain très-épuré et très-blanc nourrit moins que le pain de seconde qualité. Bien que les parties corticales du grain ou le son n'ajoutent pas sensiblement, pour l'homme, aux éléments nutritifs du pain, et soient, sous ce rapport, bien inférieures à la fécule ou amidon, cependant elles communiquent au pain une substance aromatique, un goût spécial, et surtout une résistance à une dissolution digestive trop prompte, qui favorisent manifestement l'action physiologique et la rendent indirectement plus réparatrice.

Il faut que le pain soit bien levé, c'est-à-dire pourvu d'yeux assez grands dans toutes ses parties ; qu'il exhale l'odeur agréable qui lui est spéciale ; que la mie soit homogène, élastique, et que les yeux y reparaissent quand on l'a modérément pressée ; enfin, que la croûte soit dorée, sonore et partout attachée à la mie. Le pain est de mauvaise qualité, mal préparé ou mal cuit, quand il a une odeur fade ou de moisi ; quand sa teinte est trop foncée et inégale ; quand il contient des grumeaux de farine ; quand la mie se pelotonne en masse compacte ne revenant pas sur elle-même après la pression ou est diffluente et grasse ; enfin, quand la croûte est molle, blanche ou brûlée et séparée en dessus de la mie.

Il importe de se tenir en garde contre l'addition, dans le pain, de substances étrangères à la farine de froment, et contre la diminution, dans celle-ci, de la quantité proportionnelle et nécessaire de gluten. On y parvient par l'examen des farines et par celui du pain, à l'aide de procédés et d'instruments qui sont à la disposition des officiers de santé, et qui ont déjà fait l'objet d'une instruction insérée plus haut.

Les légumes frais sont, en général, préférables aux légumes conservés et secs. Les légumes farineux, comme la pomme de terre, les haricots, les lentilles, les pois, nourrissent plus que les racines et les légumes herbacés, tels que les choux, les épinards, l'oseille, etc.; cependant il y a de l'inconvénient à s'en nourrir d'une manière trop continue, trop exclusive. De temps à autre, en de certaines proportions, les choux, les navets, les carottes, constituent des aliments très-salubres, qu'il ne faut point négliger. On peut ranger, sous le rapport de l'alimentation, à côté des végétaux précédents, certains produits des céréales, savoir le gruau, le riz, le millet, etc. Ils se rapprochent des légumes féculents secs.

3° *Préparation des aliments.* — La meilleure préparation de la viande, comme base du régime, est celle qui consiste à la faire bouillir et à obtenir de la soupe. Les ragoûts et les rôtis ne conviennent qu'à titre d'addition à la base fondamentale du régime ; mais cette addition sera d'une grande utilité et ne doit jamais être négligée, lorsque les circonstances le permettent.

Pour la préparation de la soupe, il convient que la viande soit mise d'abord dans l'eau froide, et le feu poussé de manière que la marmite entre aussi vite que possible en ébullition. Alors on enlève avec l'écumoire ce qui arrive à la surface de l'eau. Après cette opération, il faut ajouter le sel, et le feu doit être ralenti de manière à ne plus produire qu'un léger frémissement dans le liquide.

C'est une très-grande erreur que de penser obtenir une cuisson plus rapide en faisant bouillir promptement une marmite. L'eau n'élève jamais, à l'air libre, sa température au delà de 100 degrés ; c'est à ce degré que la cuisson s'opère. Quand on fait bouillir fortement la marmite, l'eau, sans devenir plus chaude, s'évapore plus vite et entraîne avec elle les éléments aromatiques du bouillon, c'est-à-dire ce qui lui donne la sapidité qui constitue une de ses principales conditions.

Quatre ou cinq heures sont nécessaires pour faire une bonne soupe. Après la première heure ou plus tard, selon leur nature, on ajoute les légumes à la marmite. De ces légumes, les uns ont pour objet d'aromatiser, de colorer le bouillon, de le rendre plus sapide et plus agréable; les autres, d'augmenter la quantité de substance nutritive destinée au repas. Des oignons et des carottes brûlés ou séchés au four, une poignée de persil, quelques clous de girofle et un peu d'ail, plusieurs panais, des poireaux et des carottes fraîches, constituent les végétaux aromatisants. Nous le répétons, ils sont nécessaires, non-seulement comme assaisonnement agréable, mais comme excitateurs du travail de la digestion.

Parmi les végétaux nourrissants, se trouvent les pommes de terre, les choux, les haricots, les pois, les lentilles et quelques produits de céréales, comme le gruau et le riz. Jamais les légumes ne doivent être mis en telles proportions qu'ils altèrent profondément le bouillon et lui fassent perdre son goût spécial. Les légumes frais sont préférables aux légumes secs ; les farineux à écorce comme les haricots, les pois et les lentilles, doivent, autant que possible, être alternés avec le gruau, le riz et surtout les herbacés associés aux

racines, comme les choux, les pommes de terre, les carottes, etc. Les légumes
farineux, et plus particulièrement les pois et les haricots, doivent être cuits
de manière que les enveloppes soient crevées et leur intérieur accessible
au bouillon. Les légumes herbacés et les racines doivent être devenus fondants,
sans dureté, et ne pas croquer sous la dent. Il ne faut [pas cependant qu'ils
aient perdu leur forme et une certaine fermeté. Le gruau est dans le même
cas. Le riz ne doit jamais être assez cuit pour perdre sa forme et pour se
fondre dans la bouche. Arrivé à cet état, il ne constitue plus qu'un corps
diffluent, sans goût et sans faculté nutritive, la fécule étant presque entièrement décomposée.

La proportion d'eau à mettre dans la marmite est telle que, pendant la
cuisson, la réduction soit de un tiers et laisse à l'homme une quantité raison-
nable de bouillon pour tremper sa soupe. Jamais il ne faut ajouter, après la
cuisson, de l'eau à la marmite pour augmenter la quantité de bouillon. Cette
pratique nuisible fait perdre à l'aliment ses meilleures qualités.

La soupe ne doit être ni trop épaisse ni trop claire. Le bouillon, versé bouillant sur le pain, doit l'avoir pénétré et ramolli dans toutes ses parties, sans
lui avoir fait perdre sa forme et toute sa consistance. C'est à l'instant où l'on
va tremper la soupe que le poivre doit être jeté sur le pain, en proportion
telle que le goût s'en fasse sentir, mais sans âcreté et sans échauffer la bouche
et le gosier.

Les ragoûts qui peuvent être faits avec le bœuf frais ou déjà bouilli, le
mouton, le porc frais ou salé, substances auxquelles on ajoutera toujours des
légumes nourrissants et des assaisonnements convenables, ces ragoûts doivent
être préparés de telle sorte que les viandes, divisées par morceaux, y soient
parfaitement cuites, et que les légumes y aient été bien pénétrés des sucs et
des principes aromatiques de ces viandes. Il en sera de même des poissons et
des ragoûts composés avec eux.

Les rôtis au four ou à vase clos conviennent mieux, pour l'alimentation du
soldat, que les rôtis à feu nu, difficiles à surveiller et qui perdent par l'évaporation une partie considérable de leurs éléments liquides et aromatiques.
Autour des rôtis au four, on peut placer des légumes tels que pommes de
terre, carottes, etc., qui ajoutent à leur goût et augmentent avec avantage la
quantité de l'aliment.

Des légumes seuls peuvent être préparés, à certains jours, lorsque leur
abondance le permet, soit au lard, soit à la graisse, dans des conditions de
bonne cuisson; ils fourniront une ressource très-utile dans le régime du
soldat.

Cette observation s'applique parfaitement à certains fromages fermes, qui
contiennent tous les éléments du lait, sans avoir subi d'altération profonde
par la fermentation, tels que les fromages de Gruyère et de Hollande. Dans les
contrées abondantes en laitage, et dans des circonstances que les officiers de
santé détermineront, les fromages frais et le lait caillé, avec du pain ou des
pommes de terre, pourront être employés, avec réserve, à la nourriture du
soldat.

Les fruits bien mûrs et de bonne qualité, pris en petite quantité, à la fin des
repas, ne peuvent qu'être utiles, en ajoutant à la variété de l'alimentation et
en excitant agréablement le goût, ce qui est toujours une condition favorable
à la digestion; mais ils ne conviennent point entre les repas, surtout si l'on
prend en même temps des boissons aqueuses, et de très-graves maladies, ainsi

que le constatent des expériences trop nombreuses, peuvent résulter de leur abus.

II. *Boissons.* — L'eau, les liquides fermentés et les liqueurs alcooliques provenant de la distillation, sont les boissons dont l'homme fait généralement usage. Les boissons sont des aliments liquides qui fournissent à l'homme, non-seulement l'eau nécessaire pour diviser, suspendre et dissoudre les matériaux solides, mais encore des éléments qui, par leur combinaison, augmentent la masse de ces matériaux. Plusieurs boissons contiennent de plus, en solution, des éléments nutritifs ou stimulants et aromatiques ; telles sont : la bière, le cidre, le vin.

L'eau est la boisson la plus naturelle à l'homme et aux animaux. Elle doit être liquide, légère, dissolvant le savon sans former de grumeaux, et cuire bien les légumes secs. Il est utile, lorsqu'on doit faire longtemps usage de la même eau, de s'assurer de ses effets et de sa composition en prenant des renseignements auprès des habitants qui se trouvent à proximité et au moyen de l'examen que tous les officiers de santé sont à même de faire. Certaines eaux de source et de puits, les eaux provenant des neiges fondues à peu de distance dans les montagnes, ou artificiellement, ne contiennent pas d'air et sont pesantes à l'estomac : il faut les agiter ou les transvaser plusieurs fois, en les versant de haut, pour leur faire absorber le principe qui leur manque, et qui est indispensable pour les rendre faciles à digérer. Les eaux stagnantes, qui exhalent une odeur de marais ou de putridité, doivent être bouillies ou mieux encore, filtrées au charbon ; dans le premier cas, il faut leur restituer, par l'agitation, l'air que l'ébullition leur a fait perdre. Enfin, on débarrasse les eaux des matières boueuses qui les troublent, en les faisant filtrer sur du sable et du gravier.

Il est de la plus grande importance, pour la conservation de la santé, d'éviter l'usage trop abondant de l'eau, surtout entre les repas. La présence d'une grande quantité de ce liquide dans l'estomac le fatigue, lui fait perdre de son énergie et rend les digestions subséquentes plus pénibles. Les aliments mal élaborés ensuite fournissent des sucs imparfaits. Des diarrhées et d'autres affections abdominales se développent, et la vie peut être très-gravement compromise.

Toutes les fois que les circonstances et les ressources de l'ordinaire le permettront, il sera utile à la santé du soldat de boire, indépendamment de l'eau, une certaine quantité de liquide fermenté. A défaut de vin rouge, qui est préférable sous tous les rapports, la bière, le cidre, le poiré, pourront être employés. Tous ces liquides doivent être *francs*, sans mélange, sans sophistication. Coupé avec de l'eau, le vin rouge forme, pendant les chaleurs de l'été, la meilleure boisson désaltérante pour le soldat. Les vins blancs, plus excitants, sont moins salutaires.

A défaut des liquides fermentés, généralement employés parmi les populations, le soldat peut préparer des bières légères, telles que celle de M. Durand, dont la formule a été publiée, et dont l'essai, fait dans plusieurs garnisons, a été très-satisfaisant. Dans les pays chauds, l'infusion du café est une boisson excellente.

L'eau-de-vie, même la meilleure, prise habituellement, est peu favorable. Prise à jeun, le matin, elle est pernicieuse et doit être généralement interdite. L'eau-de-vie ne peut être employée qu'à défaut de vin ou d'autre liquide fermenté, et étendue d'eau dans les proportions réglementaires. Il faut alors faire le mélange instantanément, dans des vases en grès revêtus intérieurement d'une bonne couverte vernissée. On peut y ajouter avec avantage de la réglisse, afin de la rendre plus agréable.

L'absinthe et les liqueurs analogues nuisent à la santé et déterminent d'autant plus promptement et plus sûrement des irritations des organes digestifs et du cerveau qu'elles sont prises plus habituellement, plus fortes, à plus hautes doses et à des intervalles plus rapprochés.

§ 2. — Composition des repas.

En général, on observe que deux repas seulement pour 24 heures ne suffisent pas à la bonne alimentation et à l'entretien convenable des fonctions digestives chez le soldat. Entre le repas du soir de la veille et celui du matin, le lendemain, l'intervalle de 16 à 17 heures est trop prolongé ; l'estomac accuse son malaise par des tiraillements douloureux, et des hommes, en assez grand nombre, ou ne suffisent qu'à peine aux exercices ou même tombent en défaillance.

Il serait donc utile de faire prendre au soldat, le matin avant les travaux de la journée, un premier repas, léger, composé ou d'une partie de la viande bouillie la veille ou d'un potage, facilement et instantanément préparé comme la soupe aux poireaux, aux oignons, etc., ou enfin de fromage. Cette mesure doit être d'autant plus recommandée qu'elle pourra contribuer puissamment à détruire la pernicieuse habitude qu'ont trop de militaires de prendre de l'eau-de-vie à jeun.

Le second repas est le repas principal : il doit, en station, se composer invariablement de la soupe, du bœuf et des légumes qui ont formé la marmite.

Le troisième repas, celui du soir, peut encore, à certains jours, se composer de la soupe et du bœuf ; mais, le plus ordinairement, ce repas doit être fait avec une autre préparation, déterminée d'après les circonstances de la saison et des ressources du pays.

Il est à désirer que le régime soit assez bien préparé, assez abondant et assez varié, pour que le soldat n'ait que le moins de propension possible à aller dans les cabarets et les cantines, chercher à y apporter des suppléments presque toujours de mauvaise qualité et nuisibles à sa santé sous tous les rapports; il serait avantageux que la vie de l'ordinaire et les repas pris en commun lui devinssent assez agréables pour l'éloigner des autres lieux de réunion.

Comme on n'avait pas bien compris généralement le but et la portée de cette instruction, le Ministre a ajouté les instructions suivantes :

Il doit être bien entendu :

1° Que la liberté des ordinaires reste entière et que rien n'est changé aux règlements qui régissent et qui déterminent la surveillance que les officiers doivent exercer sur l'emploi des fonds et sur la qualité des denrées ;

2° Que l'instruction n'a d'autre but et ne pourra avoir d'autre effet que d'*éclairer* la liberté laissée aux ordinaires.

Cela résulte des termes mêmes de ma circulaire du 7 mars relative à l'achat direct du pain de table.

L'avant-dernier paragraphe de cette circulaire est peut-être rédigé dans un sens qui a pu paraître trop absolu : il ne peut et ne doit être considéré que comme une invitation aux corps qui continuent à percevoir le pain de munition, d'essayer d'entrer, autant que possible, dans la voie ouverte par l'avis éclairé du Conseil de santé, et qu'ils auraient pu croire applicable seulement aux régiments se procurant leur pain au moyen d'une allocation en argent. (*Circulaires ministérielles du 6 mai* 1850 *et des* 15 *février et* 7 *mars même année.*)

Ces instructions et prescriptions ministérielles répondaient à la nécessité généralement comprise à l'époque, d'apporter des améliorations dans la nourriture du soldat. Il était facile surtout de les réaliser quand l'achat du pain de table était fait directement par les ordinaires des corps de troupes.

Ainsi, les essais tentés dans plusieurs régiments démontrent que par la seule réduction du pain de soupe, il a été possible d'augmenter la portion de viande et de la porter en moyenne jusqu'à 300 grammes par homme et par jour, de donner une fois par semaine une ration de vin au repas du soir. Un régiment, le 6e lanciers, tout en percevant le pain de munition, par une administration plus intelligente de l'ordinaire, a pu le composer d'une soupe à l'oignon le matin, à cinq heures, avant de monter à cheval, une soupe grasse et 150 grammes de viande au repas de dix heures ; un ragoût de mouton, veau ou lard avec addition de pommes de terre ou haricots, au repas du soir. (*Circulaire ministérielle du* 14 *juin* 1850.)

Toutefois, pour réaliser complétement ces améliorations qui concernent la quantité, la variété et, jusqu'à un certain point, la qualité des aliments composant le regime alimentaire, il serait à désirer que le soldat pût verser à l'ordinaire 3 à 5 centimes de plus par jour, chose possible assurément, si on ne prélevait pas sur les fonds de l'ordinaire de quoi subvenir aux dépenses de blanchissage, d'éclairage, etc.

Dans certains corps spéciaux, comme la garde de Paris, la gendarmerie d'élite (en 1852), qui ne touchent pas le pain en nature, la gestion de l'ordinaire est tout à fait conforme aux prescriptions ci-devant énoncées. Le régime alimentaire, au lieu de se composer invariablement de deux soupes par jour, comprend : 1° le matin, la soupe grasse faite avec la viande de bœuf, à raison de 500 grammes pour trois, et de légumes (choux, carottes, etc.); 2° le soir, un plat de viande (bœuf à la mode, veau ou mouton, lapin, volaille, poisson) et un plat soit de légumes, soit de macaroni, de salade, etc. Quelquefois le repas du soir se compose du ragoût de pommes de terre et navets avec de la viande de mouton (rata) et d'un aliment léger.

Dans ces corps, il est versé par chaque homme 70 centimes à l'ordinaire; mais qu'on n'oublie pas qu'avec cette somme, il faut payer le bois de chauffage des chambres et de la cuisine, l'éclairage, les personnes employées au service de la cuisine (une cuisinière et un garçon de corvée), et enfin toutes les petites dépenses de la compagnie (blanchissage, cirage, perruquier, abonnement du blanc et du jaune, etc.), qui s'élèvent environ à 30 centimes par homme et par jour.

Telles sont les améliorations qu'il est à souhaiter de voir s'étendre insensiblement dans l'alimentation de tous les corps de l'armée.

On ne peut contester qu'il en résulterait une compensation avantageuse pour l'État; car améliorer l'alimentation des troupes, c'est augmenter leur bien-être, c'est améliorer leur état sanitaire et diminuer d'autant les entrées aux hôpitaux et par conséquent la mortalité dans l'armée (1).

ARTICLE QUATRIÈME.

**De la gestion des ordinaires et de la cuisson des aliments.
— Budget du soldat.**

§ 1er. — Gestion des ordinaires.

Nous terminerons le chapitre de l'alimentation des troupes en faisant un court résumé de la gestion des ordinaires et de l'administration des compagnies, ces notions nous paraissant utiles et même indispensables pour celui qui désire connaître complétement tout ce qui se rattache à l'administration et à l'hygiène des armées.

Les capitaines sont les administrateurs responsables de leurs compagnies, les intermédiaires indispensables du soldat auprès du Conseil d'administration. Les officiers de section, le lieutenant et le sous-lieutenant, s'occupent des détails administratifs sous la direction du capitaine; le lieutenant est plus spécialement chargé de la surveillance et de la gestion de l'ordinaire. Quant au sergent-major, c'est l'agent le plus habituel du capitaine; il est chargé des détails administratifs pour les écritures, aidé à cet effet par le fourrier, qui est chargé, en outre, des distributions et du casernement.

Les prestations d'une compagnie sont obtenues au moyen d'une *feuille* dite *de prêt* pour l'argent, et par des *bons de distributions* pour les prestations en nature. Les bons de distributions sont présentés au Conseil d'administration, qui réclame aux différents services les prestations qui sont dues.

Le prêt, qui se fait tous les cinq jours, se décompose en *centimes de poche*, 7 centimes à distribuer à chaque homme, et en *fonds de l'ordinaire*, à raison de 20 centimes par jour en campagne, 33 en station et 45 avec le pain en route.

---

(1) Le mode actuel de gestion des ordinaires, mis en pratique depuis le 1er avril 1861, permettra sans doute de réaliser toutes ces améliorations.

La portion versée à l'ordinaire peut être augmentée de 2 centimes en station, si la cherté des denrées l'exige, et sur l'ordre de l'officier général commandant sur les lieux : cette augmentation est prise sur les deniers de poche qui, en aucun cas, ne peuvent être de moins de cinq centimes par homme et par jour.

La masse de l'ordinaire peut s'augmenter de produits additionnels, comme de la totalité des centimes de poche des hommes punis de salle de police, de prison ou de cachot, des versements des travailleurs, des permissionnaires, des sous-officiers vivant à l'ordinaire (5 *centimes chacun*), de la vente des eaux grasses, etc.

Les dépenses faites sur les fonds de l'ordinaire sont relatives :

1° A l'achat des aliments, à raison de 250 grammes de viande et 125 grammes de pain de soupe par repas, pour chaque homme (1);

2° Au blanchissage d'un mouchoir et d'une chemise par homme, chaque semaine (depuis le 1er janvier 1854, la masse individuelle doit payer ce blanchissage d'après la quotité fixée par le Ministre, au fur et à mesure de l'établissement des buanderies économiques (voir au chapitre IV).

Le perruquier, l'éclairage des chambres, l'achat des balais, du cirage, des gamelles, etc., sont encore au compte de la masse d'ordinaire.

Avant la mise en pratique du nouveau système de gestion des ordinaires, un caporal *chef d'ordinaire* était chargé de faire les achats des prestations chez les bouchers, les boulangers et les épiciers. Il était accompagné d'un soldat de corvée qui avait la faculté de débattre les prix et d'aller chez d'autres marchands, et qui rapportait les provisions.

Le chef d'ordinaire devait acheter des denrées saines et nourrissantes et dans les prix les moins élevés.

La viande de bœuf réunissant ces conditions, était habituellement la seule en usage. Les légumes devaient être quelquefois fournis par l'épicier, mais il était plus économique de se les procurer au marché ou bien à la campagne, et d'en faire même des provisions.

Le chef de bataillon et le capitaine étaient chargés de la surveillance de cette partie du service, qu'ils devaient diriger à l'avantage du soldat, sans toutefois restreindre la faculté que les règlements assuraient au chef d'ordinaire et à l'homme de corvée qui l'accompagnait, de débattre les prix des denrées et de choisir les fournisseurs.

Actuellement, le mode de gestion des ordinaires consiste « à faire « par voie directe les achats en gros, à s'assurer les fournitures par « des marchés, et à faire profiter les ordinaires de toute la différence « entre le prix en gros et le prix de détail. » Ce nouveau système,

_____

(1) Par décision ministérielle du 19 janvier 1855, les quantités de pain que les corps sont autorisés à percevoir pour tremper la soupe sont fixées à 250 grammes par homme et par jour, et en campagne à 185 grammes de biscuit.

pratiqué depuis le 1ᵉʳ avril 1861, est soumis aux dispositions d'un règlement provisoire du 20 février 1861, qui a été approuvé par l'Empereur, et dont voici les plus importantes :

L'achat, la réception et la distribution des denrées et des objets qui sont à la charge des ordinaires, sont assurés dans chaque régiment par les soins d'une *commission* dite *des ordinaires*.

Cette commission est composée : d'un chef de bataillon ou d'escadron, *président;* de quatre capitaines de compagnie, d'escadron ou de batterie, *membres;* et (en cas de besoin) elle est assistée, pour les opérations de détail, par un officier ou par un ou plusieurs officiers désignés par le colonel. (*Art.* 2.)

La commission agit pour le corps entier. — En principe, elle procède soit par adjudication, soit de gré à gré. — Cependant, si les circonstances l'exigent, elle peut opérer à la halle, traiter directement avec le producteur ; enfin, acheter sur facture, préférant alors aux détaillants les marchands en gros ou en demi-gros. — Les marchés sont rédigés à la suite d'une formule ministériélle du cahier des charges que la commission complète au besoin. (*Art.* 7.)

Les denrées et objets de toute nature sont livrés à la caserne. Un local approprié à usage de magasin est mis, à cet effet, à la disposition de la commission. (*Art.* 9.)

Un membre de la commission, délégué à tour de rôle et chaque semaine par le président, reconnaît les livraisons. — En cas de contestations, et si le fournisseur refuse de remplacer immédiatement les denrées ou objets non acceptés, la commission est convoquée ; elle prononce définitivement. Lorsque le besoin l'exige, elle fait acheter au compte de l'entrepreneur les quantités jugées nécessaires. (*Art.* 10.)

Deux modes de procéder, qu'il appartient au colonel de prescrire distinctement ou simultanément, peuvent être employés, savoir : la fourniture simple, la gestion par la commission.

1ᵉʳ *mode.* — Aussitôt après leur réception, les denrées ou objets sont distribués directement aux ordinaires par les soins des fournisseurs.

2ᵉ *mode.* — La commission fait emmagasiner les quantités reçues et les distribue à chaque ordinaire, suivant ses besoins.

Quel que soit le mode adopté, la viande est livrée par quartiers entiers. (*Art.* 11.)

Les distributions se font dans l'ordre et aux heures déterminés à l'avance ; le membre délégué de la commission les surveille personnellement ; il est assisté par un ou plusieurs officiers, que le président est autorisé à désigner chaque jour parmi ceux qui sont chargés de la direction des ordinaires. — Chaque compagnie, à tour de rôle, est servie la première. (*Art.* 12.)

Nous avions déjà vu expérimenter, dès 1853, ce nouveau système des achats directs et en gros par les troupes campées à Satory et celles de la garnison de Versailles. Des bouchers entrepreneurs étaient chargés de la fourniture totale des denrées ; ils étaient exonérés des remises que, d'après le mode généralement suivi, ils n'étaient que trop souvent obligés de faire, malgré le stricte surveillance exercée sur la gestion des ordinaires par les commandants de compagnie. Une commission dont un officier de santé faisait partie, était chargée d'examiner les denrées à leur livraison, afin d'en assurer la bonne qualité et la sincérité du poids. Ces mesures avaient le véritable avantage de procurer la fourniture de la viande aux ordinaires en qualité bien supérieure à celles qu'ils auraient pu obtenir chez les bouchers de la ville, et à des conditions infiniment plus favorables.

Depuis, des résultats analogues, obtenus par des moyens semblables dans d'autres localités, ont confirmé l'excellence du système, non-seulement par les économies qui en résultent et les améliorations qu'il apporte dans l'alimentation du soldat, en permettant une abondance relative et plus de variété dans les denrées, mais encore par la cessation des nombreux abus dont se trouve entaché l'ancien mode de gestion. De tels avantages ne pouvaient manquer de frapper l'attention d'un Ministre éclairé, déjà préoccupé de la cherté croissante des subsistances ; ce qui rend de plus en plus difficile l'alimentation de la troupe ; c'est pour toutes ces considérations qu'ont été provoquées les nouvelles mesures, dont l'essai généralisé dans toute l'armée ne tardera pas à apporter d'heureuses modifications dans le régime et la réglementation des ordinaires.

§ 2. — Service des cuisines et cuisson des aliments.

Toutes les subsistances, excepté le pain de munition, sont en commun dans la compagnie.

Les soldats sont commandés à tour de rôle pour faire la soupe. Il semble qu'il y aurait avantage à avoir toujours le même cuisinier, car il conduirait mieux la cuisson et le feu, et il en résulterait non-seulement amélioration dans la nourriture, mais aussi économie dans le combustible.

La cuisine, située toujours au rez-de-chaussée, doit avoir un fourneau avec marmites, un billot et une consigne pour l'entretien du feu. Le cuisinier est tenu de remettre les ustensiles de cuisine dans le plus grand état de propreté au cuisinier qui le relève.

Le chauffage et les légumes sont placés dans un endroit de la cuisine où ils ne puissent pas gêner ; la viande est pendue à l'air et garantie du soleil et des mouches. (*Art. 172 et 174, ordonnance du 2 novembre* 1833.)

Le service du chauffage (*règlement du 25 décembre* 1837) des troupes comporte deux systèmes différents d'allocation : les rations collectives pour les corps mis en possession de fourneaux économiques et les rations individuelles. La ration collective d'ordinaire est allouée en raison du nombre de marmites ; elle est fixée, pour les fourneaux, à une marmite par fourneau et par jour, en bois à 25 kilog., et en charbon à 14 kilog. ; pour les fourneaux ancien modèle à 2 marmites, en bois à 42 kilog., et en charbon à 24 kilog. ; pour les fourneaux Choumara à double marmite, par fourneau et par jour, savoir : pour celles de 75 litres et au-dessous, en bois 40 kilog., en charbon 22 kilog. ; et pour celles au-dessus de 75 kilog., en bois 45 kil., et en charbon 25 kilog.

Quand la compagnie n'a pas de marmite ou que l'effectif dépasse 75 hommes, on accorde des rations individuelles à raison de 80 décag. en bois, et 40 décag. en charbon, par homme et par jour.

Comme nous l'avons déjà vu, le règlement accorde aux chefs de corps le droit de prélever, sur les rations allouées pour les cuisines en faveur de l'infirmerie régimentaire et des hommes les plus nécessiteux, tels que les hommes mariés. Toutefois, ce prélèvement ne peut dépasser, dans aucun cas, 2 kilog. par ration de 25 kilog., et 4 kilog. par ration de 45 kilog.

Jusqu'en 1815, la cuisson des aliments se faisait dans les chambrées ; mais ce mode avait de grands inconvénients, tant sous le rapport de la malpropreté que de l'insalubrité qui en résultaient. On réunit alors les cuisines dans un même lieu, et dès 1819, on adopta l'usage des fourneaux, qui offraient une grande économie au point de vue du chauffage. Les premiers fourneaux furent à simple marmite ; le système à deux marmites fut ensuite mis en usage, et en 1825 on adopta définitivement la double marmite Choumara, du capitaine du génie de ce nom ; elle est de 65 à 75 litres et suffit, par conséquent, aux besoins d'une compagnie entière ; car l'effectif de celle-ci, en temps de paix, ne s'élève pas au delà de 65 à 75 hommes, et un litre d'aliments est reconnu suffisant pour la ration de chaque homme.

La quantité d'eau mise à la marmite est proportionnée au poids et à la qualité de la viande ; on met ordinairement un litre d'eau pour 250 grammes de bœuf.

Les officiers de semaine doivent non-seulement s'assurer de la qualité et de la pesée des denrées, mais aussi tenir la main à l'exécution de la police des cuisines et des principes prescrits par la théorie du chauffage.

Le feu sera conduit d'abord avec vivacité, et l'ébullition du liquide aura bientôt lieu ; lorsqu'elle aura duré quelque temps, l'écume commençant à monter à la surface, le registre dit *clef* sera fermé à moitié, de manière à diminuer l'ardeur du feu : il pourra même être fermé tout à fait lorsque le bois sera entièrement réduit en braise, et cela dans le but d'entretenir une très-légère ébullition.

L'expérience a démontré qu'on obtenait plutôt une bonne soupe en modérant ainsi le feu qu'en le poussant outre mesure, comme le soldat le fait souvent dans l'idée qu'il accélère la cuisson, lorsque, par le fait, il n'obtient d'autre résultat qu'une consommation inutile de combustible. (*Instruction du 30 juin* 1840.)

Nous pensons cependant qu'il vaut mieux conduire le feu toujours modérément, même avant l'ébullition, afin que l'albumine des couches superficielles de la viande ne se coagule pas trop tôt (50°) et ne la durcisse pas de manière à empêcher une bonne cuisson, et par conséquent la dissolution complète des principes immédiats de la viande qui développent l'arôme et font le bon bouillon, et des autres principes, tels que la gélatine, les sels, la graisse, etc.

Avant de tremper la soupe et pour éviter que de petits fragments d'os, en se mêlant au bouillon, n'occasionnent des accidents, il est d'un usage obligatoire de le tamiser à travers une passoire en fer-blanc. (*Décision ministérielle du 6 mai* 1843, *et Circulaire du 8 mars* 1843.)

Cette utile recommandation doit être observée d'autant plus strictement que son infraction a souvent causé la mort déplorable de militaires par l'introduction de fragments d'os dans l'œsophage.

Les officiers de santé doivent apporter une grande surveillance à l'exécution de cette mesure ; il est de leur devoir aussi de s'assurer souvent de la qualité des denrées, de goûter le bouillon afin de juger s'il est sapide et bien préparé. Ils doivent encore apporter leur attention à ce que les fourneaux soient construits de manière à donner le moins de fumée possible, afin de protéger les yeux des cuisiniers contre son action irritante. (*Ordonnance du 2 novembre* 1833, *et Circulaires ministérielles des 8 mars et* 30 *août* 1842.)

Il était convenable, sous le rapport de l'hygiène, que l'emploi du régime alimentaire fût subordonné à certaines règles qui constituent la distribution des repas et les heures où ils doivent s'accomplir. C'est, en effet, une nécessité pour l'homme de prendre ses repas à des heures fixes et déterminées. Dans l'armée, les règlements n'établissent que deux repas, le premier à 9 heures du matin et le second à 5 heures du soir, lorsque les opérations de la journée sont terminées.

Le caporal d'ordinaire veille à ce que la distribution des aliments se fasse avec une exacte justice. Une *décision ministérielle du 24 décembre* 1852, a substitué les petites gamelles individuelles à la gamelle commune. Les corps en campagne toutefois conservent l'usage de cette dernière. L'adoption de cette mesure avait déjà été tentée dans plusieurs régiments dont les soldats s'en montraient partisans, et c'est avec une satisfaction générale qu'elle a été reçue dans l'armée.

§ 3.—Administration des compagnies.—Budget du soldat.

I. *Administration des compagnies.*—Dans les notions générales préliminaires sur l'organisation de l'armée (*Voir* chapitre Ier, art. 3, § 2), nous avons déjà exposé succinctement le système d'administration militaire, actuellement en pratique. Ici, pour mieux faire saisir le mécanisme des moyens que nous n'avons alors qu'indiqués, nous croyons devoir ajouter les détails suivants relatifs à l'administration des compagnies, et par une analyse du budget du soldat, nous ferons ressortir plus complétement encore les étonnants résultats qui peuvent être obtenus par une administration intelligente et économe.

Comme nous l'avons dit plus haut, c'est le conseil d'administration qui est chargé de réclamer les diverses prestations militaires.

La solde des officiers est demandée à terme échu ; la solde de la troupe à l'avance.

La solde des officiers, les masses (générale d'entretien et individuelle) sont payables par douzièmes. La solde de la troupe est perçue par quinzaine ; elle est obtenue à une compagnie au moyen de la feuille de prêt. Le prêt se fait à l'avance et tous les cinq jours (les 1er, 6, 11, 16, 21 et 26 de chaque mois).

Les prestations en nature sont demandées à l'avance ; elles sont allouées d'après les demandes établies dans chaque compagnie, d'après l'effectif, sur bons des capitaines. Ces bons, totalisés en un bon général signé par le major et visé par le sous-intendant militaire, sont échangés contre les prestations.

Le pain est donné tous les deux jours en été, tous les quatre en hiver ; le bois de chauffage tous les 4 ou 10 jours.

Les demandes d'effets sont faites au 1er juillet en prévision des besoins pour l'année à venir ; mais la demande générale d'habillement n'est envoyée au Ministre que dans les commencements de l'année. Les prestations d'habillement sont délivrées sur bons signés du capitaine dans la compagnie. Les demandes sont faites à titre de première mise et à titre de remplacement.

Les effets de linge et chaussure sont délivrés de la même manière.

Les effets de casernement sont toujours demandés d'après l'effectif du corps ; ceux des lits militaires le sont d'après l'effectif de présence.

De même que l'administrateur de la masse générale d'entretien est le Conseil d'administration, c'est le capitaine de la compagnie qui est l'administrateur des masses individuelles.

L'inscription des effets reçus par l'homme se fait sur son livret et en sa présence. Ce livret, dont le soldat doit toujours être porteur, est réglé à chaque mutation et tous les trimestres. Il constitue, avec le registre de compagnie, les deux pièces justificatives importantes servant à couvrir la responsabilité du capitaine envers le Conseil d'administration.

Le capitaine procédant toujours par demandes, la comptabilité de la compagnie est réglée tous les trois mois par l'établissement des feuilles de journée qui sont contrôlées par le trésorier et ensuite par le sous-intendant militaire.

Pour justifier de l'emploi des prestations, le Conseil a une série de registres qui ne sont autres que le développement des livres de compagnie. Tous les ans, il est fait des comptes généraux pour la solde et l'habillement qui sont soumis à l'approbation du Ministre.

Le major est chargé de tous les détails de l'administration du corps et de la surveillance des officiers comptables.

Le contrôle de l'administration des corps est confié d'abord à des sous-intendants militaires, qui, tous les trois mois, font des revues d'effectif et vérifient les effets dont les hommes sont pourvus, ainsi que la comptabilité, et ensuite aux intendants divisionnaires et intendants généraux inspecteurs, qui opèrent une dernière vérification lors de leurs inspections administratives.

II. *Budget du soldat* (1). — Le fusilier d'infanterie, le simple soldat du centre ne coûte annuellement à l'État que 320 francs, et avec cette simple somme, nous allons voir que non-seulement il ne manque de rien, mais qu'il a même quelquefois de plus que le strict nécessaire.

Le nombre des malades dans l'intérieur ne dépassant pas, en moyenne, le vingt-troisième de l'effectif, M. Hausmann suppose que le jeune soldat valide et faisant son service pendant 349 jours de l'année, est malade à l'hôpital pendant les 16 jours restants, et voici comment cet ancien fonctionnaire de l'intendance répartit les 320 francs dont nous venons de parler :

1° La solde en station et sans accessoires du fusilier d'infanterie, qui reçoit le pain des magasins de l'État, est de 40 centimes par jour, dont 32 à 34 sont prélevés pour être versés à l'*ordinaire ;* les centimes restants constituent l'*argent de poche* remis au soldat le jour du prêt :

349 jours de santé à 40 centimes donnent. . . . . . . 139 fr. 60 c.

2° La ration de munition de 750 grammes chaque jour est évaluée au budget, en moyenne, à 16 centimes et demi, et avec les dépenses du personnel administratif du service, à 17 centimes comme prix total de revient. — Les 349 rations distribuées font une dépense de.. . . . 59 33

3° Le combustible pour cuisson des aliments et chauffage des chambres occasionne une dépense annuelle, toujours en moyenne, de 5 francs 7 centimes pour chaque homme.. . . . . 5 07

4° Les distributions de liquides en nature sont éventuelles et réservées pour certaines solennités; en supposant que chaque homme reçoive par année 14 rations

A reporter. 204 00

---

(1) Voyez *Moniteur universel*, n° 249, 5 septembre 1852, l'article *Budget du soldat*, par M. Hausmann, auquel nous empruntons ces documents.

Report. . . . . 204 fr. 00 c.

de vin d'un quart de litre chacune et du prix de 9 centimes, c'est au total 1 franc 26 centimes; et pour l'eau-
de-vie mêlée à l'eau pendant la saison des chaleurs, une
dépense de 3 francs, on a une dépense totale pour les
liquides de. 4   26

5° Les journées d'hôpital étant portées au budget à
raison de 1 franc 25 centimes, montent à 1 franc 78 centimes, si on y ajoute ce que coûte le personnel médical
et administratif et l'entretien du matériel, soit pour les
16 jours de maladie. 28   48

6° L'habillement et la coiffure, qui sont fournis en nature aux frais de la masse générale d'entretien, coûtent,
chaque année, environ 29 francs 48 centimes; en y ajoutant 80 centimes pour les réparations ordinaires qui ne
sont pas au compte de l'homme, on a une dépense totale de 30 francs 20 centimes, pour l'habillement complet et son entretien. 30   20

7° Les effets de linge et chaussure sont payés par le
soldat : 1° sur le montant d'une *première mise de petit
équipement*, 40 francs, qu'il reçoit à son arrivée au
corps; et comme il ne passe pas plus de six ans sous les
drapeaux, sa première mise de 40 francs, répartie entre
ces six années, donne pour portion annuelle. 6   67

Et 2° sur le produit d'une *prime journalière d'entretien
de la masse individuelle*, qui est de 10 centimes par homme
et par jour, soit 36 francs 50 centimes pour l'année entière. 36   50

8° Les militaires étant casernés dans des bâtiments
de l'État, les dépenses d'entretien peuvent être évaluées
à 3 francs par homme et par an; et le loyer des lits militaires étant de 6 francs 89 centimes, le logement du
soldat coûte annuellement. 9   89

Total. 320   » »

M. Hausmann ajoute, en terminant son intéressant article : « Une
« conséquence d'un très-grand intérêt politique, philosophique et
« moral résulte de tout ce que nous venons d'exposer : c'est que le
« soldat libéré du service militaire, qui rentre dans la vie civile avec
« une instruction acquise sous les drapeaux, dont l'étendue de son
« intelligence trace seule la limite, avec le respect des lois et de l'au-
« torité qui les applique, avec le sentiment de sa dignité personnelle
« et des devoirs qu'elle lui impose (précieuses conquêtes de sa vie
« des camps), rapporte aussi le besoin de la continuité d'un bien-
« être dont un trop grand nombre d'habitants de nos campagnes
« sont encore privés. Il y apporte, en outre, les habitudes d'ordre,

« de régularité, d'économie, sans lesquelles ce bien-être n'aurait pu
« exister pour lui, à si peu de frais surtout, pendant sa carrière de
« soldat, et qui lui fourniront les moyens d'y pourvoir de nouveau.

« Il y a là une cause permanente de progrès social intellectuel et
« matériel dont l'effet se produit d'une manière sensible jusque dans
« nos plus humbles villages depuis l'existence du mode actuel de re-
« crutement de nos troupes. C'est une heureuse et favorable com-
« pensation aux charges qu'entraîne le service militaire : nous
« croyons sincèrement que le pays y a plus gagné en amélioration
« dans son état social qu'il ne pourrait y avoir perdu, même en ad-
« mettant les calculs exagérés des adversaires de l'armée. »

CHAPITRE QUATRIÈME.

Du vêtement du soldat et des soins corporels et de propreté.

> Chaque état doit avoir le genre d'habillement le plus con-
> venable à ses fonctions journalières. *(Jourdan Lecointe.)*

Jusqu'à l'invention de la poudre à canon, qui apporta des modifications complètes dans l'armement des troupes et dans la manière de
combattre, il n'y eut pas d'uniformité dans leur vêtement. Les armures de fer (cuirasse, casque, jaque, cotte de mailles, haubert,
bouclier, etc.), qui constituaient pour elles de véritables armes défensives, couvraient le corps entièrement ou presque entièrement, et les
guerriers n'étaient distingués que par la couleur des écharpes et celle
des aiguillettes; les chefs des régiments portaient des signes de reconnaissance aux couleurs qu'ils avaient choisies et les faisaient adopter par les troupes placées sous leur commandement. Mais avec l'introduction des armes à feu (arquebuse, mousquet, fusil à baïonnette)
dans les manœuvres de guerre, le lourd vêtement de fer disparut, et
il ne resta insensiblement des armes des anciens que le casque et la
cuirasse.

C'est Louis XIV qui, le premier, ordonna l'uniformité de l'habillement des troupes ; mais cette uniformité resta encore abandonnée
aux caprices des chefs, et il faut arriver aux ordonnances du 28 mai
1733 et de 1747 pour voir déterminer d'une manière précise toutes
les parties de l'habillement; les officiers portèrent pour marques dis-
tinctives un hausse-col et furent armés de l'épée et de l'esponton ; les
grades furent reconnus à des signes certains. Toutefois, les épaulettes
ne furent adoptées qu'en 1759, et leur forme pour tous les grades ne
fut fixée que par les ordonnances du 25 avril 1767 et 21 février 1779.
Des modifications importantes furent encore apportées à l'uniforme

sous Louis XVI par les ministres maréchal de Ségur et lieutenant général Saint-Germain. Ce dernier particulièrement, cherchant à établir pour l'armée une organisation simple et régulière, lui donna entr'autres un habillement économique et commode. Lors de la réorganisation de l'armée, en 1793, l'habit bleu seulement a remplacé l'habit blanc.

Mais c'est depuis soixante ans que le vêtement des troupes a subi les plus nombreuses et les plus importantes transformations. Ce n'est point que, s'il fallait faire ici l'appréciation des vêtements adoptés aujourd'hui pour certains corps spéciaux de l'armée, nous n'ayons à reprocher que l'on a sacrifié encore trop les règles de l'hygiène à l'élégance de la forme et à l'effet d'ensemble pour les parades, mais l'on doit avouer que la partie de l'armée qui supporte le plus de fatigues en campagne, l'infanterie, a vu dans ces dernières années, après des essais et des réformes sagement exécutés, son habillement et son équipement subir des modifications aussi avantageuses à l'agilité des hommes que favorables à la conservation de leur santé.

Toutes les parties de l'uniforme des corps de toutes armes ont été définitivement réglées par les ordonnances ministérielles insérées au journal officiel depuis une série d'années. Nous y renvoyons pour les détails d'ordre, et nous ne ferons, dans le cours de l'article suivant, que l'extrait de toutes les indications utiles à connaître pour bien apprécier les préceptes de l'hygiène relatifs à l'habillement et à l'équipement militaires.

ARTICLE PREMIER.

De l'habillement.

Il ne faut jamais perdre de vue que toutes les parties qui composent le vêtement du soldat doivent avoir avant tout la santé pour objet, mais aussi que toutes les fois qu'il sera possible de les modifier et de les convertir, sans inconvénient pour celle-ci, en armes défensives, on ne devra pas hésiter à le faire.

L'homme de guerre est destiné par état à faire campagne ; et dans son habillement comme dans son équipement, il ne doit rien avoir qui ne favorise cette destination. C'est pourquoi la tenue de parade, qui ne ferait que les surcharger d'un poids inutile pendant les marches, doit être supprimée tant pour les officiers que pour les soldats : « La tenue dans laquelle, dit Vaidy, le militaire est prêt à marcher à « l'ennemi, lorsqu'elle est propre, est toujours belle, et le seul luxe « qui lui convienne, c'est le luxe des armes. »

Après de nombreuses modifications successivement mises à l'essai dans l'habillement des troupes, les décisions ministérielles du 20 novembre 1858 et des 30 mars et 27 avril 1860, ont définitivement déterminé la forme des effets d'un usage commun à tous les corps de ligne de la cavalerie et de l'infanterie.

§ 1er. — Des différents objets d'habillement.

L'hygiène n'ayant point à s'occuper des particularités qui se rattachent aux uniformes spéciaux des corps de l'armée, nos considérations ne porteront que sur les effets d'un usage commun dont se compose l'habillement. Il comprend :

Dans l'infanterie : un habit ou une tunique (services administratifs), une capote, une veste d'ordonnance ou de travail, un pantalon d'ordonnance ou de travail, un shako, un bonnet de police, une calotte de travail.

Dans la cavalerie : un habit ou une tunique, un pantalon d'ordonnance, de cheval ou d'écurie, une veste, un manteau ou un burnous, un shako, talpack, czapska, casque ou chechia et turban, un bonnet de police, et une calotte d'écurie.

I. *Coiffure.* — Les conditions de toute coiffure, pour être bonne et commode, sont d'être légère, de ne pas comprimer la tête et de préserver les yeux, aussi bien de la pluie que de l'action des rayons solaires. Or, de toutes les coiffures mises en usage dans l'armée, seul le bonnet de police à visière ou képy les réunit toutes, et on l'a si bien reconnu, que jusqu'à ce jour c'est encore l'unique coiffure adoptée pour les troupes de l'armée d'Afrique. C'est la véritable coiffure de campagne, et s'il était possible d'y ajouter une garniture de même étoffe appropriée pour se rabattre sur la nuque et les oreilles, elle garantirait ces parties dans les temps froids, de la pluie, du vent et de la neige. On a bien cherché à réaliser cet avantage par l'adoption d'un nouveau bonnet de police. (*Décision impériale du* 13 *avril* 1860.) Il est de la forme dite *en soufflet*, et ses deux *rabats latéraux* sont disposés pour recouvrir les oreilles ou servir de visière et de couvre-nuque. Mais les troupes ne doivent en être pourvues qu'au fur et à mesure des remplacements et après épuisement complet des bonnets de police ancien modèle. (*Décision ministérielle du* 15 *mai* 1860.)

Pour les corps de cavalerie et d'artillerie, il doit y être ajouté une mentonnière de 20 millimètres de large. (*Décision ministérielle du* 6 *avril* 1861.)

Le shako actuel de l'infanterie est, par suite de la suppression des plaques de métal et des autres garnitures, beaucoup plus léger que l'ancien, et par conséquent plus supportable. Il est tout en cuir ou à carcasse de carton comme celui des chasseurs à pied.

Le cercle de la base de cette coiffure ne doit pas exercer de compression douloureuse à la tête, et doit en embrasser la circonférence assez exactement pour rester en équilibre pendant l'action des différents mouvements. Des ventouses opposées doivent être ménagées à la partie supérieure, sur les côtés, près du calot ; une garniture en toile de coton ordinaire ou imperméable peut y être adaptée comme couvre-nuque, de manière à garantir le cou des intempéries de l'atmosphère.

Par dérogation aux dispositions de la circulaire du 18 octobre 1860, qui prescrit l'adoption du shako nouveau modèle, les troupes de l'armée d'Afrique continuent provisoirement à faire usage de bonnets de police dits à visière, dans les circonstances où elles porteraient le shako en cuir, si elles en étaient pourvues. (*Décision ministérielle du 8 avril* 1861.)

Depuis longtemps on a proposé de remplacer les shakos par des casques à la romaine, en cuir verni, garnis d'une visière en avant et d'un couvre-nuque par derrière ; une ventouse ouverte sous le cimier permettrait à la transpiration de s'évaporer. « Au lieu de chapeaux, « disait le maréchal de Saxe, je voudrais des casques à la romaine ; ils « ne pèsent pas plus, ne sont point du tout incommodes, garantissent « des coups de sabre, et sont un très-bel ornement. » C'est la coiffure adoptée pour l'infanterie prussienne, et dans ces dernières années on a proposé d'en faire l'application à toute notre infanterie. Le casque est en effet la coiffure de guerre la plus convenable ; fait en cuir verni, il n'aurait pas les inconvénients du casque de métal qui est pesant et acquiert en été une chaleur insupportable. Ce dernier est cependant d'une grande utilité aux troupes à cheval (dragons, cuirassiers, carabiniers) qui combattent le plus ordinairement avec le sabre et sont exposés aux effets des armes blanches.

Quant aux bonnets à poil et aux colbacks usités pour certains corps spéciaux, et pour les sapeurs de l'infanterie, ce sont des coiffures incommodes et dont le plus grand inconvénient est d'entretenir une abondante transpiration du cuir chevelu.

En Algérie, la coiffure des zouaves, des tirailleurs indigènes et des spahis, est très-bien appropriée au climat. Elle se compose d'une calotte rouge ou chechia, et d'un turban en tissu de laine ou de coton.

En Chine et en Cochinchine, les troupes du corps expéditionnaire ont fait avantageusement usage, à l'imitation des Anglais dans l'Inde, de coiffures légères en moelle de bambou, et de la forme d'un casque. Le peu de conductibilité de cette substance, sa légèreté, et le mode de confection intérieure, qui permet à la fois d'adapter solidement le chapeau au contour de la tête et à l'air de circuler facilement, et de se renouveler entre le vertex et son fond où est ménagée une ouverture, sont autant de conditions hygiéniques qui recommandent cette coiffure pour les troupes appelées à expéditionner dans des latitudes chaudes comme dans le sud de l'Algérie.

II. *Col et cravate.* — Les cols d'ordonnance doivent être souples et assez bas ; il est essentiel qu'ils protégent le cou mais sans l'étreindre, et, pour remplir ces conditions, ils ne doivent exercer aucune compression qui puisse gêner la circulation des veines superficielles. Lorsqu'ils sont appliqués d'une manière trop serrée, ils peuvent devenir la cause d'épistaxis et d'opthalmie, sinon de congestions cérébrales et même d'apoplexies. Lorsque la carcasse en baleine très-fine

10.

ou en poil de sanglier qui entre dans leur confection n'est pas souple, ils déterminent par leur dureté une irritation continuelle qui amène le développement des adénites cervicales. C'est surtout dans les marches d'été et pendant les manœuvres que le col peut devenir la cause d'accidents cérébraux graves, à cause de la gêne et de la chaleur locale qu'il entretient. On doit toutefois surveiller les soldats pour qu'ils ne s'en débarrassent point quand ils sont en transpiration, une angine ou un coryza pouvant en être la conséquence.

En Afrique le col est remplacé, depuis longtemps, par une cravate en tissu de coton qui est plus favorable à l'absorption de la sueur, et qui, en préservant suffisamment des intempéries, laisse aux vaisseaux du cou la liberté que réclame leur mode d'action. La décision ministérielle du 30 mars 1860 en a étendu l'usage dans l'intérieur à à tous les corps d''infanterie.

III. *Tunique, capote, habit, veste et pantalon.*—Ces vêtements doivent être faits de telle sorte que l'encolure, le corps et les manches, soient suffisamment larges, pour ne pas comprimer la base du cou, la poitrine et les articulations des membres supérieurs et inférieurs, de manière à laisser la plus grande liberté à toutes les régions du corps, condition indispensable à la santé, à la célérité des mouvements et à la promptitude de l'action.

L'*habit uniforme* de certains corps de cavalerie, comme la *veste* adoptée pour le service journalier, sont des vêtements appropriés en général à leur destination. La veste de corvée est d'une grande utilité parce que non-seulement elle ne gêne point les mouvements, mais encore qu'elle constitue un vêtement de pardessous pendant la saison rigoureuse; quant à l'habit, il ne figure guère qu'aux revues et aux parades, et il doit, sans perdre de l'élégance de la forme, être cependant assez ample pour permettre la liberté de la circulation.

La *tunique*, telle qu'elle existe aujourd'hui pour les cuirassiers et les carabiniers (décision impériale du 14 décembre 1859), et qui est encore partie constituante de l'uniforme du personnel des services administratifs, est moins gracieuse que l'habit frac ou à courtes basques; mais elle a sur lui l'avantage de couvrir entièrement l'abdomen, les organes de la génération et le haut des cuisses, et de les préserver de l'humidité.

L'*habit-tunique* de l'infanterie (nouveau modèle), a des basques en forme de jupe courte qui présente, dans sa coupe sur le devant, une surface terminée par deux courbes plus ou moins développées suivant la grosseur de l'homme, et, vers le milieu des basques, une fente verticale pour dégager la hanche. Bien qu'ajusté au corps, l'habit doit cependant être assez ample du corsage et des manches pour que l'homme soit parfaitement libre dans ses mouvements. Le collet doit être très-long pour que l'encolure soit basse et donne à l'homme toute facilité pour placer, sans avoir le cou serré, la cravate de tissu de coton.

La *grande capote* adoptée depuis 1805, est le vêtement d'hiver du fantassin : elle lui tient lieu de manteau au bivouac ; elle ne se porte *jamais seule*, mais par-dessus la veste ou par-dessus l'habit. Croisant sur la poitrine, elle doit être assez ample pour ne gêner l'homme dans aucun de ses mouvements, lorsqu'il la porte par-dessus l'un ou l'autre de ces effets ; elle remplirait, selon nous, toutes les conditions hygiéniques désirables, si l'on y apportait les modifications importantes du collet rabattu à la saxe, qui, relevé, préserve les oreilles, et des parements larges et doubles que le soldat pourrait rabattre sur ses mains, comme il est dans l'usage de le pratiquer avec la capote criméenne. On pourrait aussi la compléter d'un capuchon mobile qu'on y adapterait temporairement pour la nuit, ainsi qu'on l'a réglementairement admis pour le caban d'officier d'infanterie, nouveau modèle (16 octobre 1861).

Dans les bataillons de chasseurs à pied, les régiments de zouaves et de tirailleurs algériens, la grande capote est remplacée par un collet à capuchon, sorte de petit manteau qui offre précisément le dernier avantage que nous venons de signaler. Nous n'avons à lui reprocher que de gêner les mouvements des bras et d'empêcher le maniement du fusil ; aussi pour remplir toutes les conditions d'un bon vêtement, pourrait-il être remplacé par un petit manteau à manches, dont la forme se rapprocherait assez de celle du caban.

Le *pantalon*, substitué aux culottes depuis 1820, ne devrait pas dépasser la ligne de démarcation de la taille ; il doit trouver un point d'appui au-dessus des hanches, sur lesquelles le retient une ceinture bouclée. Montant trop haut, et soutenu à l'aide de bretelles non extensibles, il comprime la base de la poitrine et l'épigastre, et peut déterminer une gêne désagréable.

Dans les marches à travers des chemins boueux et buissonneux, le pantalon embarrasse tellement, que le soldat en expédition avait pris l'habitude de le rentrer dans ses guêtres.

La décision du 30 mars 1860 en a réglementé l'usage pour toutes les troupes d'infanterie, en adoptant un pantalon plus ample, et assez large du bas pour se retrousser facilement en dedans, et des *jambières* en peau de mouton fauve, dessinant le mollet, et s'appuyant sur la cheville du pied ; elles ne doivent être adaptées que pour les marches, le pantalon devant être habituellement rabattu dans toute sa longueur. C'est une imitation de la culotte à la turque que portent les zouaves et les tirailleurs indigènes. Celui des chasseurs à pied doit avoir une longueur telle qu'après avoir été ajusté autour du jarret au moyen d'un poignet sur lequel il est froncé, il retombe à peu près à mi-jambes. (*Décision du 27 avril* 1860.)

Une décision impériale, du 24 mars 1860, a supprimé l'usage du pantalon blanc dans l'armée d'une manière absolue, aussi bien pour les officiers que pour la troupe ; ce n'est qu'exceptionnellement aux troupes à cheval, pour le service d'écurie et durant les fortes chaleurs en Afrique, aux zouaves et aux cavaliers que l'on fait porter le pantalon en treillis écru pour les soldats et en coutil écru pour les officiers et sous-officiers. (*Décision ministérielle du* 15 *juillet* 1862.)

IV. *Chemises, ceintures et caleçons.* — Le linge de corps du soldat se compose de la chemise et du caleçon. En campagne, il doit de plus faire usage d'une ceinture de flanelle.

La chemise est en toile de lin ou de chanvre, ou en cretonne de coton écrue. Cette dernière étoffe a l'avantage d'être plus souple, plus chaude et aussi de conserver et d'évaporer plus lentement les produits de la transpiration que le tissu de lin ou de chanvre, et par conséquent d'exposer moins au refroidissement subit de la peau. Ces considérations hygiéniques l'avaient fait adopter d'abord pour les corps employés en Afrique, en Italie et en Corse. En 1854, l'usage en a été étendu aux troupes de l'armée d'Orient, et une décision ministérielle, du 10 avril 1858, ouvre à tous les corps, sans exception, la faculté de faire usage, à leur choix, de chemises en toile de lin ou de chanvre, ou de chemises en cretonne ou de coton écru.

La forme, les dimensions et la taille des chemises confectionnées ont été déterminées par la Note ministérielle du 13 juin 1860; celle du 13 août suivant est relative aux chemises sans col à l'usage des zouaves, des tirailleurs indigènes et des spahis.

Les expéditions d'Afrique ont rendu d'un usage habituel dans l'armée la ceinture de laine rouge ou bleue, faisant plusieurs fois le tour du corps. C'est une addition qui a même été faite à l'uniforme des corps indigènes ou spéciaux de l'Algérie ; elle est d'une ressource hygiénique très-grande en abritant le ventre et les lombes contre les causes de refroidissement, et en prêtant aux muscles et aux viscères abdominaux un soutien large et uniforme lors de la production des efforts ; mais pour les troupes en campagne, en général, elle ne fait pas réglementairement partie de l'uniforme, et on y a suppléé par une petite *ceinture de flanelle*, que le soldat doit porter constamment appliquée sur le ventre, comme moyen prophylactique contre les impressions du froid et de l'humidité. Mais nous ne saurions approuver la continuité de cette obligation, et, avec un médecin militaire distingué, M. Armand, nous dirons : « Que l'homme souffreteux, convalescent, conserve sa ceinture de flanelle en permanence ; que le soldat valide la tire de son sac pour se l'appliquer quand il passe la nuit au bivouac ou en faction ; qu'il la prenne s'il vient de faire une course fatigante ; qu'il la prenne surtout s'il vient d'être mouillé par la pluie, alors qu'il rentre sous la tente ou au quartier, voilà qui est excellent ; mais qu'un homme dans toute la vigueur de l'âge, à riche sanguification, à puissance de calorification énergique, soit vêtu, pendant les grandes chaleurs, de façon à avoir, en plein midi, flanelle sur le ventre, caleçon, pantalon croisé, capote croisée, c'est le soumettre à une asphyxie locale, le tenir au supplice d'un bain de vapeur permanent, et lui faire perdre tous

« les bénéfices qu'il pourrait, retirer de l'application de sa ceinture
« prise seulement en moment opportun. Mais, dira-t-on, le moyen
« d'obtenir du soldat cette précaution en temps voulu? Ce moyen
« est fort simple : on ordonne en été de prendre la veste une partie
« de la journée pour prendre le soir la capote ; il suffit de prescrire
« le soir aussi la mise de la ceinture de flanelle qui sera gardée dans
« dans les camps jusqu'à la soupe du matin.

« Du reste, notre avis est qu'il serait bon de laisser ce soin à la
« charge de l'homme; il sait fort bien lui-même faire usage, quand
« il le faut, de ce qui lui est utile. En voulant trop agir pour lui, on
« manque parfois le but qu'on se propose, et trop souvent on l'ob-
« sède par la lettre des prescriptions ordonnées dans son intérêt. »
(*L'Algérie médicale*, page 489.)

Des inconvénients pouvant résulter, pour l'hygiène du soldat, de
l'absence d'un effet qui puisse garantir son dos de l'action du froid,
quand il a déposé son sac, M. Th. Josset, médecin sous-aide, a
adressé, en 1853, un Mémoire au Conseil de santé des armées sur
l'imperfection du vêtement militaire à ce point de vue, et a proposé
d'admettre au nombre des effets de l'homme de troupes un gilet de
flanelle sans manches; destiné à être porté par-dessus la chemise, les
hommes le garderaient pendant les travaux de fourbissage, de nettoyage, de pansage des chevaux, etc., auxquels ils se livrent ordinairement après avoir déposé la tunique, la capote et même souvent
la veste, au risque des courants d'air. La proposition de M. Josset paraît digne d'être prise en considération, et nous croyons comme lui
qu'il serait à désirer qu'on délivrât à tous les soldats, en campagne,
un gilet de flanelle ou une sorte de vareuse bleue analogue à celle
des marins, qui a rendu des services si justement appréciés aux
militaires du corps expéditionnaire en Chine et en Cochinchine en
1860-61. La laine est en effet un excellent préservatif non-seulement
en soustrayant l'enveloppe cutanée à l'impression immédiate des
changements de température, mais encore c'est un vêtement indispensable contre l'humidité froide des nuits dans les climats chauds
comme celui de l'Algérie, et l'adoption de ce simple moyen préviendrait beaucoup des maladies abdominales qui entrent pour une si
grande part dans la pathologie africaine.

Le *caleçon* est en tissu de coton ; il ne doit pas être attaché à l'aide
d'une ceinture trop étroite, et les liens de fixation aux jambes ne
doivent pas étreindre trop fortement celles-ci. Sa destination est d'absorber le produit de l'exhalation cutanée et d'empêcher que le pantalon, qu'on ne lave pas, n'en demeure imprégné.

Un seul caleçon ne suffisant pas, il devient nécessaire qu'on en
accorde un second pour permettre au soldat d'en avoir constamment
un sur le corps pendant que l'autre est au blanchissage.

V. *Chaussures et gants.* — Les *chaussures* doivent réunir les conditions
de solidité et de rigidité à un certain degré de souplesse qui leur

permette de se ployer aux diverses courbures du pied, sans toutefois le blesser. C'est surtout pour le fantassin que les chaussures doivent être bien établies, car, par leurs défectuosités, elles gênent beaucoup la marche, et les ampoules et les durillons en sont la conséquence. En campagne, on ne cire pas la chaussure, on doit seulement la graisser, de façon à l'assouplir et à lui assurer une plus longue durée.

Les *souliers* constituent la meilleure chaussure pour le fantassin; les *guêtres* en sont le complément. Celles en cuir ont l'inconvénient de se durcir très-vite, et quand elles ont perdu leur souplesse, elles blessent dans les marches fatigantes les malléoles et le coude-pied; aussi les a-t-on remplacées pour la route par des guêtres en toile. Mais les unes et les autres d'ailleurs n'embrassent pas tellement bien le soulier, qu'elles ne laissent passer entre elles et lui, avec la plus grande facilité, l'eau, la boue, le gravier, la poussière, de sorte que souvent les hommes sont obligés de se déchausser en s'arrêtant pour se débarrasser de ces corps étrangers qui leur blessent les pieds. Un autre inconvénient, c'est qu'à chaque instant, les sous-pieds, les lacets, les boutons se cassent ou se détachent, et ensuite, comme il faut beaucoup de temps pour les lacer, surtout la nuit, cela peut être funeste en cas d'alerte, où le soldat doit être promptement chaussé. Toutes ces considérations réunies ont engagé plusieurs médecins militaires à proposer l'usage de la bottine, celle-ci étant préférable pour la simplicité, la rapidité avec laquelle on la chausse ou la déchausse et l'obstacle qu'elle apporte à l'introduction des corps étrangers. Son prix, du reste, ne dépasserait pas celui des souliers et des guêtres (5 fr. 50 c. et 3 fr. 50 c., au total, 9 f.).

La *botte* légère est la chaussure du cavalier : elle doit être assez large et assez souple pour lui permettre de faire une marche à pied, comme il y est forcé quand il lui arrive d'être démonté.—La grosse botte et la botte dite à l'écuyère ne sont en usage que dans quelques corps de cavalerie (cuirassiers et carabiniers) et certains corps spéciaux (gendarmerie et cavalerie impériale).

Les *chaussettes* et les *bas* ne sont pas en usage parmi les militaires; l'introduction de ces objets dans le vêtement du soldat serait utile, parce qu'ils ont l'avantage de se charger du produit de la transpiration cutanée abondante que la marche et l'exercice déterminent; le soldat diminue bien cet inconvénient en se graissant les pieds avec du suif, ce qui les rend aussi moins impressionnables au froid et à l'humidité; mais l'usage des chaussettes devient un besoin réel pendant l'hiver pour quelques cavaliers.

Quant aux *gants*, ils ont été adoptés pour toute l'armée; ils sont en peau pour les cavaliers et en tissu de coton pour les fantassins; outre qu'ils ajoutent à l'élégance de l'uniforme, ils protégent les mains contre les froids rigoureux.

La *calotte de coton*, qui sert de bonnet de nuit, les mouchoirs de poche, que la propreté rend indispensables, sont encore des parties accessoires du vêtement.

Il est à souhaiter de voir donner en plus au soldat une *serviette* ou *essuie-mains*, pour lui faire perdre la fâcheuse habitude de s'essuyer avec ses draps, et un *suspensoir* pour les organes génitaux, dont l'utilité est si bien appréciée par les cavaliers comme par ceux qui font de la gymnastique.

§ 2. — De l'habillement dans les corps.

Autrefois les colonels recevaient une certaine somme pour subvenir aux besoins de l'habillement des soldats de leurs régiments. On a établi ensuite des magasins centraux pour les fournitures d'habillement à faire aux troupes. Le drap est acheté par l'État et envoyé comme les toiles, de ces magasins dans les corps, où les effets sont confectionnés d'après les modèles publiés par le Ministre. Il n'est fait d'allocation que pour les effets de petit équipement.

La confection des effets est confiée à un maître tailleur, qui a sous ses ordres des ouvriers tailleurs pris parmi les soldats de la compagnie hors rang.

I. *Effets d'habillement et d'équipement réglementaires.* — Les sous-officiers, caporaux ou brigadiers et soldats reçoivent aux frais de l'État les *effets d'habillement et d'équipement* ci-après, savoir :

Dans l'infanterie : un *habit*, dont la durée est fixée à 3 ans (18 mois pour la grande tenue, et 18 mois pour la petite tenue et les corvées); des *épaulettes*, dont la durée est la même : une *capote* (à taille pour les sous-officiers), dont la durée est fixée à 3 ans; une *veste*, d'une durée de 3 ans, ou un second habit dit de corvée (1); un *pantalon*, dont la durée est fixée à 1 an; un *bonnet de police*, d'une durée de 3 ans; un *schako*, d'une durée de 4 ans.

Ils reçoivent, en outre, comme effets de grand équipement qui sont confectionnés dans les magasins de l'État :

Une *giberne*, un *ceinturon*, un *sabre*, un *fourreau de bayonnette*, une *bretelle de fusil* et un *sac à distribution*.

Dans la cavalerie : un *habit*, dont la durée est fixée à 18 mois pour les sous-officiers, et à 3 ans pour les soldats; un *manteau*, de la durée de 9 ans; aux hommes non montés, dans l'artillerie, une *capote*, dont la durée est fixée à 8 ans; une *veste d'écurie*, dont la durée est de 18 mois; un *pantalon d'ordonnance* et un *pantalon de cheval*, devant parcourir chacun une durée de 18 mois; un *bonnet de police*, d'une durée de 3 ans; un *porte-manteau*, d'une durée de 8 ans.

Dans les carabiniers et cuirassiers : un *casque*, de 12 ans de durée, et une *matelassure*, de 4 ans de durée. Dans les autres corps, un

---

(1) Par décision impériale du 3 novembre 1860, la veste dite de corvée est supprimée dans les régiments d'infanterie et les bataillons de chasseurs à pied; elle est remplacée par un second habit. (*Décision ministérielle du 9 novembre 1860.*)

schako, de 4 ans de durée; une *giberne*, un *porte-giberne* et un *porte-mousqueton*, un *ceinturon de sabre*. Dans les hussards, une *sabretache*, une *ceinture* et un *cordon de pelisse*.

Les *effets de petit équipement*, qui comprennent les effets de linge et chaussure, et les *effets de petite monture*, sont au compte des masses individuelles. — Les *effets de linge et chaussure* sont : les souliers, du prix de 5 francs 30 centimes la paire (le soldat en a deux paires); les bottes, la paire 16 francs : les bottines 12 francs; les guêtres en cuir 3 francs 60 centimes; en toile 1 franc 27 centimes; les jambières en peau de mouton, la paire 4 francs; le caleçon 1 franc 65 centimes; les chemises en toile 4 francs 10 centimes; en cretonne blanche 3 francs 10 centimes, et écrue 2 francs 60 centimes (le soldat doit en avoir trois); le couvre-nuque en cretonne de coton dégrisonnée, 35 centimes; la cravate en tissu de coton bleu foncé, 60 centimes; les cols en satin turc 1 franc (le soldat en a deux); la calotte de coton, qui sert de bonnet de nuit, 30 centimes; les gants, la paire 70 centimes pour l'infanterie, et 1 franc 60 centimes pour la cavalerie; les bretelles 45 centimes; un couvre-schako, un pompon, un étui d'habit, un couvre-giberne, un havresac et sa courroie et le livret sur lequel sont inscrits tous ces objets.

Les *effets de petite monture* sont : un tampon de fusil, une boucle de pantalon, une épinglette, trois écheveaux de fil blanc et noir, trois aiguilles, un dé à coudre, une paire de ciseaux, une alène, un peigne, deux mouchoirs, une patience et une brosse à reluire, une brosse à habit, une double brosse à cirage, une boîte à cirage.

On voit que le règlement répond assez complétement aux besoins du soldat. Tous les trois mois, le capitaine de la compagnie fait une revue pour constater et renouveler les effets qui lui sont nécessaires.

Si nous avons ajouté ces détails de l'habillement des troupes, c'est parce qu'ils nous paraissent se rattacher plus ou moins directement à l'hygiène du soldat.

Quand les troupes entrent en campagne, on doit spécialement porter l'attention sur l'habillement et la chaussure. Il est recommandé d'empêcher les hommes de se charger d'autres vêtements que ceux prescrits par l'ordonnance : la grande capote et la tunique ou l'habit. Le soldat emporte avec lui : un *petit bidon* de 3/4 de litre, et destiné à recevoir le mélange d'eau et d'eau-de-vie, une *enveloppe de paillasse*, dans laquelle est mise la paille de distribution, et sur laquelle le soldat se couche; une *couverture* et un *sac de campement* dit *tente-abri*. (*Voir chapitre V*.)

Le soldat en campagne est aussi porteur soit d'une pioche, soit d'une pelle, d'une hache ou d'une serpe. Il y a par escouade ou réunion de huit hommes, une marmite, une gamelle et un bidon de 10 litres pour une réunion de seize hommes. Le caporal est chargé de porter le sel.

II. *Du fardeau militaire*. — Le poids du fardeau militaire ne doit pas moins fixer notre attention. Les troupes devant être légères avant tout, autant pour supporter les fatigues pendant les routes ou les expéditions, que pour combattre avec une grande mobilité, le fardeau doit être sagement déterminé de manière à ne pas paralyser les forces du soldat, du fantassin surtout, qu'une trop lourde charge mettrait bientôt hors de service.

Le soldat ne doit donc porter que ce qui lui est strictement nécessaire, pour les changements de garnison à l'intérieur comme pour les marches en campagne. Outre l'habillement, l'équipement et l'armement, nous avons vu que le havresac renfermait les effets indispensables, des souliers, du linge, etc. ; que le poids total de ces objets pouvait s'augmenter de sa réserve de cartouches, d'une petite quantité de vivres, de son bidon, de sa couverture de campement, de son sac de couchage et d'autres ustensiles. Dans les marches à l'intérieur, le fusilier d'infanterie porte 18 kilogrammes 438 grammes ; le grenadier, 21 kilogrammes 312 grammes, tandis que le soldat du génie porte 24 kilogrammes 700 grammes. Ce fardeau est réglé en raison du choix des hommes et du développement des forces physiques. Or il a été reconnu que la fatigue qu'il fait éprouver est telle, que pendant l'étape, même sur une bonne route et par un temps favorable, beaucoup d'hommes sont forcés de mettre leur sac à la voiture, lorsqu'ils n'y montent pas eux-mêmes, et si l'on réfléchit à la dépense de force qu'exige ce poids pendant toute une expédition, on concevra aisément qu'un grand nombre de militaires, particulièrement les nouveaux venus, ne puissent la fournir. Aussi est-il dans l'usage, à moins d'empêchement absolu, d'employer des animaux de charge pour transporter les approvisionnements et pour alléger le fardeau de l'homme. Et quoiqu'il soit indispensable que le soldat reçoive des vivres pour plusieurs jours, on ne doit jamais perdre de vue qu'il ne faut surcharger son fardeau que dans le cas de nécessité absolue ; car, disait le maréchal de Saxe, « c'est dans les jambes qu'est tout le secret des manœuvres et des combats, « C'est dire qu'il est aussi dans le fardeau. Le général Rogniat (*Considérations sur l'art de la guerre*) déclare avoir trouvé que le soldat romain portait 90 livres. Tout ce que nous savons, c'est que le soldat romain portait, dans certaines circonstances, jusqu'à 15 jours de vivres (*Cicéron*).

Le fardeau du fantassin français se compose ainsi qu'il suit (1) :

	kil.	gr.
Habillement..	7	025
Grand équipement.	4	690
Armement.	7	206
Munitions..	4	450
Linge et chaussure.	6	808
Total.	24	479

(1) Voir *Hygiène militaire comparée et statistique médicale des armées de terre et de mer*, par M. Boudin, tome 64 du *Recueil des mémoires de médecine militaire*.

Pour peu que l'on ajoute à ce fardeau les vivres et les quelques objets dont le soldat est porteur en campagne, on arrive à plus de 30 kilogrammes ou 60 livres.

Ainsi, report.	24 kil.	479 gr.
Pain et viande pour 2 jours. .	2	500
Petit bidon rempli de liquide. .	2	500
Marmite de fer blanc.	4	750
Couverture de campement. .	2	000
Total.	30	879

ARTICLE DEUXIÈME.

De l'armement.

§ 1er. — Des armes défensives.

Nous avons déjà dit plus haut que les armures diverses, mises en usage autrefois, ont été pour la plupart abandonnées aussitôt qu'il fut reconnu qu'elles ne préservaient pas les parties du corps des effets des projectiles lancés par la poudre à canon. Aujourd'hui, le hausse-col, les épaulettes, le casque, la cuirasse et les buffleteries sont les seules armures défensives qui aient été conservées.

On comprend l'utilité du casque et de la cuirasse, la tête et la poitrine étant les régions qui renferment les organes les plus indispensables à la vie, et celles où les blessures sont le plus dangereuses et presque toujours mortelles. Le casque, qui sert en même temps de coiffure, préserve la tête du soldat des coups de sabre auxquels elle est exposée; la cuirasse, malgré son poids et l'incommodité qu'elle cause, protége la poitrine et les épaules contre les effets non-seulement des armes de main, mais aussi des armes à feu (1). Aussi ces deux armures sont-elles d'une utilité incontestable aux troupes qui combattent ordinairement avec le sabre (cuirassiers et carabiniers), et aux sapeurs du génie durant les travaux de siége. Nous n'en devons pas moins ajouter que, hygiéniquement parlant, elles présentent de graves inconvénients, en retenant la transpiration à la surface de la tête et de la poitrine, qu'elles échauffent et qu'elles exposent continuellement à des affections graves.

Les buffleteries (baudrier, ceinturon, porte-giberne et courroies du havresac), la giberne et le havresac constituent aussi pour le soldat de véritables armures défensives. La suppression des buffleteries croisées sur la poitrine a été une modification des plus avantageuses apportées à l'uniforme de l'infanterie; le baudrier du sabre a été rem-

---

(4) La *cuirasse* du cuirassier n'est pas à l'épreuve du fusil de munition à 150 mètres, ni du pistolet à 35 mètres. La cuirasse des sapeurs est à l'épreuve du fusil de munition et de la carabine courte à 24 mètres, mais elle est percée à cette distance par le fusil de rempart et la carabine longue.

placé par un ceinturon en cuir agrafé sur le devant. Ce ceinturon soutient en même temps la cartouchière ou la giberne, l'arme blanche et le fourreau de baïonnette.

La giberne portée derrière est moins gênante pour la marche, mais c'est défavorable dans le combat. Aussi le mode d'attache et de suspension de la giberne au ceinturon permet-il de la ramener sur le devant pour la charge pendant l'action.

La giberne portée sur le devant donne il est vrai au soldat plus de rapidité dans la charge, mais elle fatigue beaucoup et, en comprimant les viscères abdominaux, elle peut déterminer des hernies.

Le havresac a aussi un mode de suspension préférable, il se fait à l'aide de passants qui rattachent la bretelle du sac au ceinturon.

Pour ne pas blesser les parties du corps sur lesquelles elles portent, les buffleteries doivent être larges et en cuir assez fort pour servir en même temps d'armures protectrices.

§ 2. — Des armes proprement dites.

Les armes mises en usage dans l'armée française sont de deux ordres : les armes blanches, les armes et les bouches à feu. (1)

I. Los *armes blanches* sont les sabres de diverses formes, selon les armes, les sabres-baïonnettes de chasseurs à pied, les épées et les baïonnettes pour les corps d'infanterie, les lances hampées pour les lanciers, les haches d'infanterie et les haches de campement.

II. Les *armes à feu* sont à percussion ou à piston, et comprennent les fusils simples (modèle 1840), les fusils dits *à tige*, et les fusils rayés pour les corps d'infanterie, les carabines rayées dites de munition (modèle 1846 transformé et modèle 1853) pour les chasseurs à pied et les zouaves, les mousquetons d'artillerie, de gendarmerie et de cavalerie en général, et les pistolets pour la cavalerie et la gendarmerie.

C'est en 1700 que le fusil de munition fut généralement adopté, peu différent de ce qu'il est aujourd'hui en apparence, mais en réalité très inférieur, plus long, plus lourd, d'une moindre portée. Depuis 1842, il ne pèse que 4 kilog. et demi, autrefois il pesait 7 kilogrammes.

C'est en 1703, sur l'avis de Vauban, qu'on a ajouté la baïonnette au fusil de munition.

Aujourd'hui, les armes à percussion sont généralement adoptées, et c'est sans contredit la modification la plus avantageuse qui ait été apportée à la batterie du fusil, dès 1828. La capsule est formée d'une

---

(1) Il y a en France quatre manufactures d'armes du Gouvernement, dont trois pour les armes à feu seulement : Saint-Etienne. Tulle et Mutzig, et une à la fois pour les armes blanches et les armes à feu : Châtellerault. La direction et la surveillance en sont confiées à des officiers d'artillerie.

enveloppe de feuille mince de cuivre qui renferme quelques centi-‘grammes de fulminate de mercure.

La cartouche est faite d'une enveloppe cylindrique de carton mince ou de papier, dans laquelle on tasse la poudre, environ 8 à 9 grammes, sur laquelle on met une balle. Le poids des balles est de 18 au demi kilogramme; c'est-à-dire que cette quantité de plomb doit fournir 18 balles de 24 grammes chacune.

Les feux de l'infanterie produisent de très-grands effets quand ils sont effectués avec précision et à bonne distance. Ils sont peu redoutables quand le tir a lieu sans précision et de trop loin. D'après le relevé des longues guerres, sur 10,000 coups de fusil un seul atteindrait l'ennemi. En 1830, pendant l'expédition d'Alger qui a duré 15 jours, on a consommé 3 millions de cartouches. Avec la balle de 16 mill. 3 et une charge de poudre de 9 grammes 5, les effets de justesse du fusil d'infanterie sont à 200 mètres de 75 pour 100, à 300 mètres de 49 pour 100, et à 400 mètres de 25 pour 100. Les balles des fusils de rempart et des carabines forcées commencent à devenir moins meurtrières à 500 mètres, et les balles de munition à 300 mètres; bien que ces derniers blessent à des distances beaucoup plus grandes, ce n'est qu'à 200 mètres que l'on regarde le feu de l'infanterie comme devenant réellement efficace.

Des expériences faites à Vincennes ayant démontré qu'une pointe de Paris de 30 mill. de longueur enfoncée dans la partie postérieure d'une balle donnait quatre fois plus de justesse qu'avec la balle simple. MM. Thouvenin et Minié ont modifié le fusil et la carabine en adaptant une tige métallique au fond du canon, à la pièce de culasse qui permet à la poudre d'en garnir le pourtour jusqu'à son extrémité. La balle de forme cylindro-conique, du poids de 47 grammes, s'appuie sur la tige et se force au moyen d'une forte baguette qui l'aplatit légèrement; le fusil a le canon lisse, la carabine est rayée. Les effets de justesse et de pénétration sont bien supérieurs à ceux obtenus avec les fusils et les carabines en usage; ainsi, avec une charge de poudre moindre que celle du fusil ordinaire, la balle est lancée à 1 kilomètre et avec précision; une échelle de graduation dite hausse mobile, permettant d'ajuster sous des angles et à des distances variées.

Toutefois, l'adoption des armes à tige n'a point prévalu et n'a jamais été généralisée dans l'armée; de nombreuses expériences ayant bientôt démontré que les simples rayures faites à l'intérieur du canon suffisaient pour donner au tir à la fois plus de justesse et plus de portée. C'est pourquoi depuis la mise en service des armes rayées dans toute l'armée et la suppression de la tige dans les carabines et les mousquetons d'artillerie, on a réduit à deux le nombre des modèles de cartouches en usage, savoir: la cartouche de chasseurs, modèle 1859, et la cartouche d'infanterie, modèle 1857. La première doit être employée avec les carabines modèle 1853 terminées, et 1846 transformées; la seconde est employée avec toutes les autres armes rayées, telles que fusils d'infanterie et de dragons, mousquets de gendarmerie, d'artillerie transformée, et pistolets de cavalerie.

La note ministérielle du 13 juillet 1860 prescrit de continuer provisoirement l'usage de la cartouche à balle oblongue dans les corps ayant encore des armes à tige, et de la cartouche à balle sphérique dans ceux dont les armes ne sont pas encore rayées.

III. — Les *bouches à feu* comprennent les canons, les obusiers et les mortiers. Les canons et les obusiers sont dits de siége, de place ou de campagne : leur longueur est réglée d'après les conditions de leur service. Pour la dénomination des bouches à feu de chaque espèce, on a conservé à celles dont les projectiles sont pleins, les anciennes désignations qui se rapportaient alors au poids de ces projectiles (de 24, 16 et 12), mais qui ne sont plus considérés que comme des noms propres ; les bouches à feu à projectiles creux sont désignées par les diamètres de leurs projectiles exprimés en nombres ronds de centimètres (obusiers de 22 c., de 16 c. et 15 c. ; mortiers de 32 c., 27 c., 22 c. et 15 c.). Les pièces de siége sont de 24, 36 et 48 ; les plus fortes sont celles de 24 ; quant aux pièces de campagne, il n'y en a que de 12 et de 8 : pour la guerre de montagnes, en Algérie par exemple, nous avons une artillerie qui se démonte et se transporte à dos de mulet. Le diamètre de la pièce de 12, calibre le plus ordinaire est de 121 centimètres, celui du boulet de 2 millimètres de moins, la charge de la pièce pour tirer à boulet est de 1 kilogramme 959 grammes.

Toutes les pièces sont en bronze (100 parties de cuivre et 11 d'étain), excepté celles de la marine, qui sont en fer. Les divers calibres portent à 2,800 mètres, tirés sous un angle de 15 degrés.

Tous les projectiles, à l'exception des balles pour boîtes de campagne et de montagne sont en fer coulé ; celles-ci sont en fer battu, pour leur donner plus de poids. On distingue les projectiles pleins (boulets, grenades, balles en fer coulé ou en fer battu), et les projectiles creux.

Dans ces dernières années, une savante innovation a été apportée dans le système d'artillerie de campagne ; elle est due à l'Empereur Napoléon III. Sans nuire ni à la solidité, ni à la puissance, ni à la justesse du tir, la nouvelle et unique bouche à feu réalise toutes les conditions de service : légèreté, mobilité et simplicité de matériel ; il nous suffira d'indiquer qu'elle est du calibre de 12, qu'elle est en même temps canon et obusier et qu'elle pèse 300 kilogrammes environ de moins que le canon de 12 ancien. Toutes ces modifications ont été jugées nécessaires pour permettre d'utiliser le *canon-obusier* dans toutes les circonstances que la guerre peut présenter, et l'unité de calibre offre aussi sur les autres systèmes, le précieux avantage de permettre de se servir de son dernier canon et de brûler sa dernière cartouche.

Mais le tir de la carabine de munition ayant reçu une portée de mille mètres au lieu de deux cent cinquante, il a fallu que la portée des bouches à feu devint en rapport avec ce progrès. De là, l'application des rayures au canon, dont l'idée remonte à plus de deux cents ans, mais qui ne fut adoptée avec tous ses perfectionnements que depuis 1857. Ce système permet de lancer avec une très-grande justesse à 5,000 mètres des projectiles beaucoup plus meurtriers que les boulets vulgaires. Ces mêmes projectiles atteignent avec l'obusier de campagne près de 3 kilomètres de portée.

Le matériel est d'une si grande légèreté que le caisson et la pièce ne pèsent guère que 1,200 kilogrammes, et que quatre chevaux suffisent pour l'attelage.

ARTICLE TROISIÈME.

Des soins de propreté.

§ 1er. — Des soins de propreté corporelle.

La discipline militaire a fait un devoir des soins de propreté, tant pour les fournitures du coucher et le logement que pour le vêtement. Des règles ont été également établies pour les soins non moins importants de propreté corporelle ; nous voulons parler de la nécessité de changer le linge de corps, des lotions et des ablutions, des bains et des onctions.

Réglementairement, le linge de corps doit être renouvelé exactement une fois la semaine, et l'autorité ne saurait se montrer trop vigilante à s'assurer que les chemises ont le degré de blancheur qu'on doit avoir d'une bonne lessive, et que la siccité est complète. Cette dernière précaution est surtout nécessaire à l'égard du caleçon que le soldat est dans l'habitude de laver lui-même, surtout en expédition, parce qu'il n'en possède qu'un seul, car on doit craindre plus l'effet du linge mouillé sur le corps que l'action irritante d'une laine grossière sur la peau.

L'usage des chaussettes serait assurément très-avantageux pour l'absorption de la transpiration des pieds, mais il est facile de comprendre que leur entretien serait difficile et coûteux et que ce serait encore augmenter le bagage du soldat fantassin, qui sait y remédier par des onctions. On ne peut assurément le blâmer de cette habitude, dont l'utilité est reconnue dans les marches ; mais comme la transpiration des pieds peut, en s'accumulant dans les chaussures, y former un dépôt concret qui exhale souvent une odeur insupportable, il est de règle de prescrire de fréquents lavages pour les pieds, et de faire gratter l'intérieur des souliers. Cette mesure, qui est simple et d'une exécution facile, peut contribuer beaucoup à diminuer le nombre des éclopés pendant les expéditions, en éloignant les causes de maladies auxquelles ils sont le plus souvent exposés, comme les écorchures, les ampoules, les contusions, etc.

C'est pour maintenir plus facilement la propreté de la tête et favoriser la transpiration du cuir chevelu, en évitant l'accumulation des produits de l'exhalation qui se fait à sa surface, que le soldat est astreint à une règle invariable pour la chevelure et pour la barbe.

Les cheveux doivent être coupés à deux centimètres du cuir chevelu : l'officier de santé est consulté pour désigner les militaires que leur état de santé oblige de soustraire momentanément à cette opération; ainsi les convalescents et les hommes atteints de bronchite, d'otite, de carie dentaire, d'adénite cervicale, d'angine et d'ophthalmie.

Les moustaches et la barbe, en général, doivent, comme les cheveux, être soumis à des soins particuliers; il est d'usage de les peigner, de les laver et de les brosser pour les conserver dans un état constant de propreté, empêcher qu'elles retiennent après elles la poussière, la sueur, et les insectes parasites dont l'infection est toujours accompagnée d'inconvénients graves.

Le visage, la bouche, les mains du soldat doivent être lavés chaque jour, et c'est une sage mesure que d'avoir exigé des militaires qu'ils se frottent les dents avec une brosse douce exactement chaque matin, afin d'enlever la couche limoneuse résultant de la sécrétion des gencives pendant la nuit. On doit assurément à cette pratique la disparition d'un grand nombre de caries dentaires, de gengivites et de stomatites ulcéreuses, qui étaient autrefois si communes dans l'armée.

Les organes génitaux demandent aussi des soins ordinaires de propreté. Les visites sanitaires permettent souvent de reconnaître des balanites qui sont plutôt les résultats de la malpropreté que de la contagion syphilitique : aussi les officiers de santé doivent-ils exiger du soldat qu'il apporte une attention particulière de ce côté.

Le nettoyage du linge est le complément de la propreté personnelle. Et aujourd'hui, que les procédés de blanchissage reposent sur des données positives, l'hygiène ne peut manquer de s'intéresser aussi à toutes les améliorations à apporter dans le mode de blanchissage du linge de l'armée. C'est le système des buanderies à la vapeur qui paraît offrir le plus d'avantages, non-seulement pour l'économie de main-d'œuvre, de combustible et de savon, mais aussi par l'amélioration notable dans la propreté du linge et la prolongation de sa durée; il a reçu un commencement d'application pour le blanchissage du linge de la troupe et des hôpitaux à partir du 1er janvier 1854, par suite du décret du 10 décembre 1853, rendu sur les conclusions des rapports favorables d'une commission spéciale et du Ministre de la guerre. « Il est incontestable, dit le Ministre, que l'usage habituel de linge de corps plus fréquemment et mieux blanchi apportera dans l'état sanitaire de l'armée une amélioration qui indemnisera un jour le Gouvernement de ses avances (pour l'installation des buanderies militaires) par la diminution du nombre des journées d'hôpital, et compensera le temps consacré au blanchissage en laissant un plus grand nombre d'hommes disponibles pour le service. »

L'article 1ᵉʳ du décret précité dispose que la masse individuelle supportera toutes les dépenses de blanchissage au moyen d'un abonnement trimestriel. Le taux de cet abonnement a été fixé par le règlement ministériel à 65 centimes par trimestre et par homme, pour les troupes à pied, et à 1 franc 5 centimes pour les troupes à cheval.

Les résultats économiques de ce nouveau mode de blanchissage ont été constatés depuis que l'installation des buanderies militaires a été étendu à plusieurs garnisons. Un grand nombre d'hôpitaux militaires l'ont déjà mis en pratique. Toutes ces considérations nous amènent à entrer dans quelques détails sur le lessivage du linge, que nous extrairons d'ailleurs du savant rapport de M. Humbert à la Commission d'hygiène du VIᵉ arrondissement (1).

L'opération du lessivage se compose de cinq manipulations distinctes : 1° l'échangeage ; 2° le lessivage ; 3° le savonnage ; 4° le rinçage ; 5° enfin le séchage.

L'échangeage, c'est remuer grossièrement le linge dans de l'eau froide ; on y ajoute quelquefois du savon. Quand le blanchissage se fait à la vapeur, on supprime assez souvent cette opération ; c'est ainsi que l'on en use à l'École militaire. C'est une mauvaise économie de temps : l'échangeage est toujours utile ; beaucoup de matières sont aussi solubles dans l'eau que dans la dissolution alcaline.

2° Le lessivage est l'opération la plus importante ; « elle consiste à mettre en contact dans des conditions favorables le linge avec des dissolutions alcalines qui, en saponifiant les graisses, rendent solubles dans l'eau les matières dont l'étoffe est souillée et permettent ensuite de les enlever par le lavage. » Il est utile de rappeler les premières conditions à remplir pour que le lessivage soit bon : 1° une température de 100 à 110° est nécessaire pour que la saponification puisse se faire complétement. A une température de 300 à 400 degrés, les alcalis les plus faibles détruisent les fibres des tissus ; à une température même de 100 degrés, les dissolutions trop concentrées (6 ou 7° du pèse-lessive), surtout celles de soude ou de potasse caustiques, attaquent les tissus ; « 2° l'on a reconnu que tout changement trop brusque de température du linge peut crisper les fibres textiles et que, de plus, l'action d'un liquide bouillant ou d'un jet de vapeur sur le linge froid, fixe et réunit en quelque sorte les matières animales et albumineuses qui ne peuvent être ensuite enlevées que par l'emploi du savon et un frottement prolongé. »

En Angleterre, en Belgique, en Hollande et dans une partie de l'Allemagne, l'on fait bouillir longtemps le linge dans de l'eau de

---

(1) Voyez *Dictionnaire d'hygiène publique*, par A. Tardieu, article *Lavoirs*.

savon. C'est un procédé long et dispendieux, qui exige ensuite que l'on frotte longtemps le linge. On a inventé beaucoup de mécaniques pour éviter le frottage par les mains ; mais ces inventions offrent cet inconvénient, que le linge est frotté, usé partout ; à la main, ce n'est que l'endroit sali qui est particulièrement frotté.

« L'emploi direct des alcalis est évidemment plus économique que le savon, puisque, dans les dissolutions alcalines qui coûtent moins cher, les alcalis se trouvent immédiatement en contact avec les impuretés de l'étoffe pour se combiner avec elles ; à la vérité, à la température ordinaire, les carbonates de soude et de potasse dissolvent bien moins les impuretés, le dégagement de l'acide carbonique s'opérant moins facilement que la composition de l'oléate neutre ; mais si l'on emploie le carbonate potassique à une température de 100°, l'acide carbonique est chassé par l'ébullition, et il produit le même effet que l'eau de savon. »

En France, en Italie, en Espagne, l'on emploie généralement pour les lessives les dissolutions alcalines, soit qu'on les obtienne par le lavage des cendres, ou, ce qui est préférable, que l'on se serve des sous-carbonates de soude ou de potasse. Pour opérer avec les cendres, on entasse dans un grand cuvier percé au fond, le linge plus fin, au bas ; on couvre d'une grosse toile, on place les cendres de bois sur cette toile, on recouvre d'une seconde grosse toile et l'on jette l'eau chaude. L'eau pénètre dans le linge, on la reçoit dans un vase à sa sortie du cuvier, et on la rejette. Il faut de 12 à 18 heures pour que cette opération soit faite dans des conditions satisfaisantes. Ce mode de procéder ne permet pas le dégagement de toutes les saletés, il les tient seulement en dissolution ; il faut ensuite reprendre le linge, le laver, le savonner.

Pour remédier aux vices de ces procédés primitifs, grossiers, l'on a inventé divers systèmes, qui tous laissent plus ou moins à désirer.

Les conditions à remplir sont celles-ci : s'assurer que la température de 100 degrés soit uniforme, et ne s'élève jamais au-dessus de 110 ; que tout le linge reçoive également la dissolution ; qu'il n'y ait jamais de brusque changement de température ; que l'opération dure aussi peu de temps que possible.

Le blanchissage à la vapeur est le procédé qui paraît le mieux répondre à toutes ces exigences. Dès 1807, Chaptal établissait que le blanchissage à la vapeur était le plus satisfaisant : c'est le seul mode, disait-il, qui permette d'imprégner de lessive à peu près également tout le linge. Berthollet, Cadet-Devaux, Curaudau, ont exprimé la même opinion. Ce qui a empêché ce mode de blanchir le linge d'être plus tôt adopté, c'est que les premières machines créées étaient incomplètes et onéreuses. En 1837, le baron Bourgnon publia une brochure en faveur du blanchissage à la vapeur ; il éclaira l'opinion, il effaça bien des préjugés. Vers 1844, un industriel, M. Charles, livra des appareils à vapeur d'un assez bon usage. En 1853, le Ministre de la guerre nomma une commission pour étudier la question du blanchissage de l'armée. Cette commission se prononça pour le blanchissage à la vapeur, qui, dit-elle, « nettoie parfaitement le linge, ne le brûle aucunement et assure sa conservation, en ce sens que l'emploi de la brosse et du battoir devient complétement inutile pour le lavage ; la lessive est faite en beaucoup moins de temps que par le coulage ordinaire » (6 heures au lieu de 24).

M. Humbert préfère également le blanchissage à la vapeur à tout autre.

Voici quelles sont les conditions qu'il indique comme les plus sûres, pour obtenir les meilleurs résultats : « Le linge doit être immergé à sec dans une dissolution de sous-carbonate de soude à 2 1/2 ou 3 degrés au plus du pèse-lessive. On peut d'ailleurs proportionner la force de la dissolution alcaline à la nature et à l'état de la saleté du linge, avantage que l'on n'a pas avec l'ancien procédé.

« Lorsque le linge est très-sale, on doit commencer par l'essanger en ayant soin de le tordre pour enlever l'eau en excès ; et il faut alors le plonger dans une dissolution un peu plus concentrée de sous-carbonate, afin qu'après son immersion, le liquide accuse encore 2 1/2 ou 3 degrés au pèse-lessive.

« On doit avoir soin de tremper le linge le moins sale et le plus fin le premier ; on entasse le linge dans le cuvier en ménageant des vides pour la circulation de la vapeur. Dans les appareils Charles, les vides sont conservés par des bâtons verticaux espacés de 0m25 à 0m35 ; dans ces appareils, la chaleur est au-dessous du cuveau. » La chaleur doit être poussée insensiblement, et ne jamais dépasser de 100 à 110 degrés. Dès que toute la masse du linge a atteint 100 degrés, la condensation de la vapeur n'a plus lieu, et elle s'échappe autour du couvercle du cuvier, couvercle qui ne doit pas fermer hermétiquement, pour laisser un passage à la vapeur. L'opération est terminée quand la vapeur s'échappe ainsi ; on éteint le feu, on laisse la vapeur pendant quelques heures bien imprégner le linge, établir la saponification ; puis on retire et on rince, en savonnant les parties que la vapeur n'a pas entièrement nettoyées.

Pour abréger cette dernière opération, abusivement on se sert de brosses, de battoirs, ou de planches cannelées ; on a même inventé depuis peu diverses machines ; mais toutes ces machines ont le grave inconvénient de trop user le linge. L'appareil de M. Jearrard est un des plus complets. Il serait bien préférable de ne rincer qu'à la main.

Mais il convient de parler plus longuement des agents du blanchissage : de l'eau et du savon. L'eau de pluie, la plus pure que l'on trouve dans la nature, est la plus propre au blanchissage. Si l'on doit se servir d'eau de puits pour le lessivage, il conviendra d'ajouter de 30 à 35 grammes de carbonate de soude (cristaux de soude) par hectolitre d'eau ; ce sel décomposera les sels de chaux, qui la plupart se précipiteront. Autant que possible, il est désirable que l'on puisse rincer le linge dans une eau courante. Quant au savon, on peut se servir pour les torchons, pour les linges grossiers et très-sales, de savon noir ; mais il importe de rappeler qu'il laisse au linge une odeur désagréable. L'expérience peut seule indiquer à la ménagère quel est le meilleur savon.

Quant au séchage, on a inventé des roues fermées par un grillage. On y place le linge ; on tourne à la main ces petites machines, de façon à donner une vitesse à la circonférence extérieure d'environ 20 mètres par seconde ; en dix minutes on peut ainsi enlever à 40 ou 45 kilogrammes de linge tout l'excès d'eau qu'il renferme. On étend ensuite le linge encore un peu humide pour compléter le séchage, ou on le place dans des étuves. Les machines à sécher employées au lavoir Napoléon, ou celles dont on se sert à l'École militaire, peuvent servir de modèles ; elles sont bien conçues.

§ 2. — Des bains.

Les bains devraient être d'un usage réglementaire. Aujourd'hui encore, les troupes ne peuvent prendre des bains de propreté que dans les lieux voisins d'un cours d'eau, et seulement pendant la saison chaude. C'est ce qui a fait souvent exprimer aux administrateurs comme aux médecins le désir de voir instituer des baignoires publiques où les soldats seraient admis facilement à prendre des bains en toute saison.

Outre que les bains sont un des moyens de propreté les plus efficaces, ils exercent des modifications avantageuses sur l'organisme.

Ils délassent les organes, tempèrent l'action nerveuse, modèrent l'exercice des fonctions pour les stimuler ensuite. L'action du bain dépend, du reste, de la constitution individuelle, et il appartient aux officiers de santé de régler la bonne administration des bains pour la troupe. Les moments les plus convenables pour prendre des bains frais sont le matin, après le lever du soleil, ou le soir, avant le repas ; il est important que les militaires aient l'estomac libre, et qu'on les empêche de se jeter à l'eau lorsqu'ils sont en sueur. L'usage des bains froids doit être de plus interdit aux hommes chez lesquels les fonctions respiratoire et circulatoire sont un peu embarrassées, chez ceux qui sont faibles, qui ont la diarrhée, et dans d'autres états de l'économie dans lesquels on a à redouter leur fâcheuse influence. Ainsi on a reconnu qu'ils étaient funestes dans les localités de l'Algérie où la fièvre paludéenne règne endémiquement.

Les bains tièdes ne sont connus dans l'armée que par l'usage qu'on en fait dans les hôpitaux et les infirmeries régimentaires, et cependant leur introduction dans l'hygiène du soldat aurait les meilleurs résultats. Tout homme à son arrivée au corps devrait prendre un bain de propreté avant d'être habillé et d'être mis en contact avec ses camarades ; dans les villes, comme dans les saisons où l'on ne peut profiter des bains de rivière ou de mer, les soldats pourraient être conduits dans des maisons de bains après les fatigues obligées par les changements de garnison, et pendant la période de l'année consacrée aux exercices et aux manœuvres. La dépuration cutanée qu'opère le bain humide, la sédation générale qu'il produit, la souplesse et la force qu'il rend aux membres le recommandent particulièrement dans ces circonstances.

Quelques officiers de santé, et entre autres M. le docteur Lecard, ont proposé d'utiliser le surcroît de calorique des fourneaux de cuisine pour alimenter une sorte de piscine dans laquelle seraient reçus tous les jeunes soldats, et où chaque homme du régiment, à tour de rôle, pourrait passer tous les mois. Une telle mesure, dit M. Grellois (1), serait assurément excellente, et on ne saurait trop engager les médecins militaires à en faire ressortir les avantages dans toutes les garnisons où l'assiette du casernement permettrait cette installation. Il suffirait de disposer, dans une chambre voisine de la cuisine et en communication facile avec elle, un bassin susceptible de contenir un nombre déterminé d'individus et où l'eau chaude serait directement amenée des fourneaux par un tuyau garni d'un robinet.

L'organisation récente des dépôts de recrutement, ajoute l'honorable secrétaire du Conseil de santé, en rassemblant sur un même point un grand nombre de jeunes soldats, exigerait surtout, dans ces centres de mouvement militaire, l'installation de bains pour la troupe, et les résultats qu'on doit en attendre seraient assez importants pour qu'une piscine, dépendant ou non du feu des cuisines, fût immédiatement établie auprès de chacun d'eux. Ce serait une bien faible dépense comparée aux avantages qu'elle procurerait.

Cependant, dans les saisons qui ne permettent pas l'usage des bains extérieurs, dans les localités où il ne peut être établi de piscines, le médecin pourra presque toujours suppléer en partie, par son zèle, aux moyens efficaces que l'autorité militaire ne saurait mettre à sa disposition. A défaut de bains proprement dits, il sera toujours facile d'assurer la propreté des arrivants, avant qu'on les habille, à l'aide de bains de vapeur qu'on peut obtenir sans dépense. Rien n'est plus simple que le procédé à mettre en usage. L'homme, placé dans une chambre voisine de la cuisine ou dans celle-ci même, assis sur une chaise ou un tabouret, s'enveloppe d'une couverture ; un petit vase de forme et de matière quelconques, contenant une faible quantité d'eau, est placé entre les jambes sous la couverture, et, dans ce vase, on projette de temps à autre un caillou rougi au feu. Des vapeurs se dégagent en abondance, et emprisonnées sous la couver-

---

(1) Recueil des mémoires de médecine militaires, 3e série, tome 5, page 287.

ture, elles se condensent à la surface du corps. D'autre part, la température élevée de ces vapeurs provoque une transpiration active, et, sous cette double influence, l'eau ruisselle bientôt sur toute l'étendue des téguments. Quelques frictions énergiques, faites par l'homme lui-même, suffisent à le débarrasser de toutes les impuretés dont il est couvert, et impriment à la peau une souplesse qui assure le libre exercice de ses fonctions.

§ 3. — Des onctions et frictions hygiéniques.

La coutume des onctions n'a été conservée dans l'armée que pour les pieds ; c'est à la fois pour les rendre moins sensibles au froid et à l'humidité que le soldat en graisse la surface avec le suif pur ou mélangé à l'eau-de-vie, et, pour les marches, il se garde d'oublier ce genre de précaution. C'est aussi dans l'espoir de rendre la peau plus dure et d'éviter les ampoules que le fantassin fait usage de frictions avec le vinaigre ou avec un mélange de sous-acétate de plomb, une couche de blanc d'œufs, de suif, de colle.

Les frictions hygiéniques ou médicamenteuses sont employées comme agents curatifs pour combattre les insectes parasites. Le pou du pubis ou morpion, et le pou de corps sont détruits à l'instant à l'aide de frictions avec la pommade mercurielle simple ; le sarcopte de la gale ne résiste pas aux frictions des pommades sulfureuses et alcalines. Nous rapporterons plus loin (chapitre V, section I, art. 2, § 5), les dispositions réglementaires qui sont relatives à la prophylaxie et au traitement de cette affection cutanée, et nous terminerons nos considérations sur les soins de propreté, en rappelant qu'aux termes d'une instruction ministérielle du 12 mars 1861, la poudre dite *pyrèthre du Caucase* doit être employée pour la destruction des punaises, des puces et autres insectes incommodant la troupe dans les casernes et les différents locaux occupés par elle. Cette poudre fait partie de la nomenclature des substances à tirer des hôpitaux militaires. (*Décision ministérielle du 5 octobre 1861.*)

Il convient, pour faire pénétrer cette poudre partout où se réfugient les punaises, puces, etc., de l'insuffler à l'aide d'un soufflet à entonnoir, absolument semblable à celui dont on se sert pour soufrer la vigne malade.

Cette opération, qui doit être faite assez vite, ne demande d'autres précautions que celle indispensable de tenir les portes et fenêtres exactement fermées pendant tout le temps qu'elle dure, et pendant cinq à six heures après, afin d'éviter des courants d'air pouvant entraîner la poudre loin de l'insecte que l'on veut détruire. Il est bon aussi de ne pas balayer les locaux le jour de l'opération.

L'insufflation doit se faire dans tous les locaux du casernement, y compris les cantines, salles de police, prisons, corps de garde, etc., par les soins des corps de troupes occupants, deux fois par an : la première fois, vers la fin de mars ou le commencement d'avril, époque de la ponte des œufs de punaise ; la seconde fois, au mois de juillet.

La quantité de poudre nécessaire pour chaque insufflation doit être de 6 grammes par homme présent, sur lesquels 4 à 5 grammes seront employés dans les chambrées : le reste est réservé pour les accessoires du casernement.

La destruction des insectes rentrant essentiellement dans la catégorie des soins de propreté, a lieu d'après les ordres du chef de corps et sous sa surveillance.

Nous ajouterons, à titre de renseignements, que pour détruire les insectes tels que puces, punaises, on a aussi conseillé d'employer un mélange de 2 parties d'essence de térébenthine, de 4 d'alcool, ou mieux une solution très-concentrée de bichlorure de mercure, pour laver les tenons, les mortaises des lits, les rainures des boiseries, et en général tous les endroits où ces insectes peuvent se réfugier. Ce dernier moyen nous a parfaitement réussi à plusieurs reprises dans les infirmeries des divers corps de troupes auxquels nous avons appartenu.

Dans tous les cas, on peut toujours parvenir, dans les casernes, à empêcher la reproduction des insectes, non-seulement par une très-grande propreté, mais encore en ayant soin, vers la fin de l'automne ou au commencement du printemps, d'exposer à une très-forte chaleur les effets que l'on supposerait en être infectés.

Quant aux autres insectes, comme les mouches, les moustiques, qui deviennent si importuns dans certaines saisons, et les derniers surtout pendant la nuit, nous pensons, tout en proscrivant les poudres et les papiers *tue-mouches*, dans la composition desquels entrent quelques préparations arsenicales, que l'on pourrait efficacement faire usage des *papiers agglutinatifs*, tels que ceux qui sont employés en Angleterre. Les *moustiquaires* devraient même être généralisés dans les corps de troupes qui expéditionnent dans certaines contrées tropicales, comme dans notre nouvelle colonie de la basse Cochinchine.

CHAPITRE CINQUIÈME.

De l'habitation ou logement des troupes.

> L'hygiène et l'art de l'ingénieur se doivent un mutuel
> échange de tolérance et de conciliation pour réunir la salu-
> brité et la sécurité dans toute habitation militaire.

Le logement du soldat ne mérite pas moins l'attention que les aliments et le vêtement dont il fait usage. L'influence qu'exerce la demeure sur la santé de l'homme est immense, et la statistique médicale de l'armée a très-manifestement démontré qu'elle est, parmi les
troupes, l'une des causes les plus communes de certaines affections, telles que les engorgements ganglionnaires, la fièvre typhoïde, la phthisie, etc., dans la production desquelles les viciations de l'air, résultant
de l'agglomération d'un grand nombre d'individus dans le même espace, et d'autres sources d'infection, jouent un rôle incontesté.

Dans l'intérieur, il faut le reconnaître, les bâtiments affectés au logement des troupes ne présentent point encore, dans leur ensemble,
des dispositions basées sur toutes les convenances, et les plus graves
intérêts de l'armée et du pays ont eu souvent à réclamer que leur
appropriation soit établie d'une manière plus conforme aux enseignements de l'expérience. Nous ne pouvons donc qu'insister sur la
nécessité de soumettre la construction des casernes à des règles sanitaires en rapport avec les connaissances acquises sur l'influence
que la santé reçoit de la condensation d'un grand nombre d'hommes
dans le même milieu, et pour qu'elles réunissent en même temps la
sûreté, la commodité, la facilité des communications, le maintien de
la discipline et l'économie.

Le règlement du 30 juin 1856 sur le service du casernement paraît
avoir déjà réalisé un progrès en ce sens. Sous son titre XIII, il comprend non-seulement les dispositions relatives aux travaux de constructions nouvelles, mais aussi celles qui concernent l'appropriation
et l'amélioration, et par conséquent tous les changements de destination à exécuter dans les établissements militaires. Il a surtout ré-
pondu aux besoins du service du casernement, en définissant mieux
le mode d'administration de ces établissements et la réglementation
des rapports entre les autorités chargées de cette administration, et
en consacrant et généralisant, en raison des avantages qu'ils présen-
taient, certains usages qui s'étaient introduits dans certaines localités.

Les officiers de santé peuvent être, au besoin, consultés dans les
cas de travaux concernant les établissements hospitaliers (*Art.* 131).

Mais aucune disposition ne règle leur intervention dans les projets du service du génie relatifs à la construction de nouvelles casernes et à l'installation des autres bâtiments militaires.

Nous devons d'autant plus le regretter que, par la spécialité de ses connaissances, le médecin pourrait avoir souvent à donner, dans les commissions du génie, un avis très-utile au point de vue de l'hygiène et de la conservation de la santé du soldat.

En campagne, l'armée manque souvent d'abris suffisamment protecteurs : les tentes, des baraques constituent, avec les maisons particulières le plus souvent dévastées et dépourvues de moyens de couchage, les habitations plus ou moins insalubres affectées au cantonnement des troupes. En face des nécessités de la guerre, on comprend que les règles de l'hygiène soient souvent dominées par les événements et restent en général méconnues ; mais il appartient aux représentants de toute médecine vigilante et éclairée d'intervenir à propos, en réclamant le plein exercice de ses attributions, et d'indiquer alors les mesures de salubrité qu'une connaissance exacte des locaux à habiter leur permettra toujours de formuler dans ces circonstances exceptionnelles.

L'importance du rôle du médecin militaire dans de semblables opérations va, du reste, ressortir de l'examen que nous serons amené à faire dans le cours de ce chapitre, des conditions que doivent offrir les bâtiments qui servent au logement des troupes pendant la paix, en garnison, en marche ou en cantonnement, et les divers modes de campement pendant la guerre.

SECTION PREMIÈRE.

Casernement.

Dans les premiers temps de la monarchie française, le logement des gens de guerre était une source d'abus et de vexations. Charles VII, qui créa les armées permanentes, dut penser, le premier, tenir à ses soldats réunis dans des habitations communes ; mais c'est seulement sous les règnes suivants que quelques provinces ou villes, pour alléger les habitants, firent construire des pavillons et des casernes, et mirent l'exemption de loyer au rang de leurs plus précieuses immunités. Ce fut ainsi que le casernement s'établit et devint une charge locale. La première ordonnance qui parut sur le casernement des troupes date de Louis XIV (3 *décembre* 1691), qui chargea Vauban du soin d'élever des casernes dont la construction pût se rattacher à un système général de défense. La loi du 10 juillet 1791 réunit au domaine militaire de l'État les casernes et autres bâtiments militaires, et après des modifications législatives successivement apportées au casernement, la *loi du 13 mai et l'ordonnance du*

5 *août* 1818 ont, ainsi que le *règlement du* 30 *juin* 1856, définitivement
réglé tout ce qui lui est relatif.

Les bâtiments militaires que l'on consacre au logement des troupes dans les villes de garnison comprennent : 1° les casernes d'infanterie ; 2° les quartiers de cavalerie ; 3° les corps de garde ; 4° les salles de police et les prisons ; 5° les infirmeries ; 6° les établissements
hospitaliers.

ARTICLE PREMIER.

Des casernes.

Les casernes sont loin d'être partout, sous le rapport de leur situation, de leur construction et de leur disposition intérieure, conformes
aux règles salutaires de l'hygiène ; «des raisons de stratégie, de finance
ou de localité, dit M. Lévy (1), ont presque toujours gêné le choix
du lieu, de l'exposition et du mode d'édification des casernes ; dans
les villes fortes, on en voit qui sont presque adossées à des remparts
élevés et dont les étages inférieurs ne sont jamais visités par un
rayon solaire : ailleurs, elles sont encaissées au milieu des ruelles les
plus étroites et les plus misérables d'une cité populeuse, ou jetées
en corps de bâtiments distincts sur les deux rives de rivières à cours
lent ou sujettes à débordement. »

Dans quelques villes, les établissements affectés au logement des
troupes sont des couvents, des palais, des habitations privées, des
écuries princières que, malgré des réparations et des dispositions
intérieures nouvelles, on n'est point toujours parvenu à rendre complétement propres à leur destination. Il n'existe encore aujourd'hui
qu'un fort petit nombre de casernes parfaitement appropriées sous
tous les rapports, et qui offrent tous les avantages nécessaires à la
conservation de la santé du soldat et à la discipline : nous citerons
avant toutes la caserne Napoléon et la caserne Saint-Eugène, à Paris, celle des troupes du génie à Metz, celle de la rue de Reuilly à
à Paris, et quelques casernes des forts de la banlieue, où l'on paraît
avoir mis à profit certaines règles de l'hygiène, que les lois de la
physique et que les résultats de l'expérience ont consacrées.

L'attention du médecin militaire doit donc s'attacher aussi bien
aux améliorations et aux modifications à introduire dans les casernes qui existent déjà, qu'aux indications pour celles à construire.
Quant au premier point, on comprend qu'on ne peut établir rien de
général, les dispositions de chacune des casernes actuelles étant loin
de se ressembler. On devra éviter l'encombrement en rassemblant
trop de militaires dans les chambres souvent étroites, et veiller sur-

---

(1) *Traité d'hygiène*, tome 2, page 576.

tout à ce que les moyens de chauffage et de ventilation ne soient pas disposés d'une manière vicieuse.

Relativement aux constructions nouvelles, le système des dortoirs doit être préféré à celui des chambres destinées à contenir seulement un petit nombre d'hommes; ce dernier, en effet, exige plus de lumière, de chauffage, de ventilation et d'entretien; l'encombrement s'y produit avec facilité et la surveillance est très-difficile. Les développements qui suivent renferment du reste la plupart des préceptes relatifs à l'établissement de tous les bâtiments militaires que l'on doit préférer, tant pour le logement des troupes en santé que pour les habitations nosocomiales, attendu que les différences ne portent que sur des dispositions de distribution intérieure et sur les annexes.

§ 1er. — Situation et exposition.

Il importe : 1° que les établissements militaires soient, autant que possible, isolés des autres habitations, loin des murs, des remparts, des églises et autres bâtiments élevés ; 2° qu'ils soient placés dans un lieu un peu élevé et sec, et que le terrain qui les supporte soit sablonneux, légèrement incliné pour favoriser l'écoulement des eaux pluviales, et exposé à tous les vents et à tous les aspects du soleil; s'il était bas et humide, on remédierait à cet inconvénient d'une part en exhaussant le rez-de-chaussée, et de l'autre en assurant le libre écoulement des eaux à l'aide de pentes convenablement disposées : 3° qu'il n'y ait dans leur voisinage ni égouts, ni fumiers, ni fabriques; 4° il est essentiel encore que leur exposition soit différente en raison de la position géographique du pays. Ainsi, on devra tenir compte de la direction des vents dominants et de la nature des surfaces que ceux-ci ont à parcourir ; dans les pays chauds on doit rechercher les vents du nord, et dans les pays froids les vents du midi. Mais tout en tenant compte, pour l'orientation de l'édifice, de la direction des vents dominants et des conditions topographiques locales, on ne doit jamais perdre de vue le précepte important de les mettre surtout à l'abri des vents nuisibles.

§ 2. — Construction et distribution générale des bâtiments.

Le choix des matériaux que l'on emploie pour la construction n'est pas indifférent pour l'hygiéniste; il importe qu'ils soient secs, imperméables et de densité suffisante ; mais les officiers du génie sont les seuls avec les entrepreneurs, que ce choix concerne. On peut regarder les habitations les plus solides comme étant aussi en général les plus salubres. Les pierres de taille, combinées avec l'emploi judicieux des moellons, de bonnes charpentes et du plâtre, constituent les matériaux qui donnent le plus de salubrité en même temps que le plus de solidité à un bâtiment. La meilleure disposition consiste dans plusieurs corps de logis ou pavillons séparés les uns des autres par des cours spacieuses et des jardins. Le nombre des étages doit être proportionné au degré de sécheresse ou d'humidité habituel du pays ; dans les contrées pluvieuses, il est essentiel qu'il y ait plusieurs étages, pour que le rez-de-chaussée ne soit pas habité par les hommes. Le rez-de-chaussée doit être disposé sur de vastes caves voûtées et accessibles à l'air ; les étages seront élevés et la toiture variera selon le climat pour la forme et la nature des subsistances qui servent à la construire. Les planchers en bois sont les plus avantageux ; le carrelage en briques est plus froid et ne doit être préférable que dans les pays chauds. Les plafonds doivent être horizontalement unis. Il est indispensable que les chambres soient assez vastes, régulières, bien percées et enfin appropriées à leur destination ; le nombre des fenêtres, leur exposition et leurs proportions seront aussi réglés suivant l'intensité de la chaleur et de la lumière dont il convient de favoriser ou de tempérer l'accès ; de larges et faciles escaliers, à pente douce et décomposés par de larges paliers, des corridors spacieux, bien aérés, assureront la libre communication et l'habitation salubre de toutes les parties de l'édifice. Enfin, il sera toujours avantageux que les pavillons soient reliés entre eux par de vastes galeries couvertes pour permettre de circuler librement et de se promener à l'abri pendant les jours de pluie.

§ 3. — Ventilation, chauffage et éclairage.

L'air doit être fréquemment renouvelé dans les chambres en y entretenant, autant que le temps le permet, les fenêtres ouvertes, excepté quand on se livre au sommeil. La ventilation pourra, du reste, être établie d'une manière facile et constante au moyen de vasistas placés à la partie supérieure de la chambre près du plafond, au moyen de ventouses multipliées, ou à l'aide de fourneaux ou de cheminées d'appel dont la construction est assez simple (*système Duvoir*), de telle sorte que l'air vicié par la respiration, par les produits de la transpiration et par d'autres causes, l'éclairage et le chauffage, puisse facilement s'écouler au dehors et être incessamment remplacé par de l'air pur.

Les procédés de chauffage mis actuellement en usage dans les bâtiments militaires sont les poêles, les cheminées et les calorifères. Ces moyens peuvent être combinés de façon à assurer le renouvellement facile de l'atmosphère et une pureté plus grande de l'air, et aujourd'hui, on est parvenu à réunir en eux les conditions les plus satisfaisantes de salubrité et d'échauffement. Nous citerons entre autres :

1° Les appareils ingénieux de M. Léon Duvoir (*chauffage par circulation d'eau et ventilation par appel*), qui permettent l'accès dans les enceintes closes d'un air chaud et pur en hiver, et celui d'un air frais en été, en même temps que les bouches d'extraction expulsent l'air vicié de l'intérieur;

2° Ceux de MM. Grouvelle et Chevalier (*ventilation par appel et chauffage par des poêles d'eau dans lesquels circule de la vapeur*);

3° Les ventilateurs mécaniques de MM. Thomas et Laurens (*ventilation par pulsion, et chauffage par des poêles d'eau dans lesquels on fait arriver de la vapeur*), et de M. Van Hecke (*ventilation par pulsion et chauffage à l'aide de calorifères à air chaud*) qui, assurant encore mieux le renouvellement de l'air que la ventilation par appel, conviennent surtout pour les établissements hospitaliers.

Mais nous nous bornons à mentionner tous ces excellents systèmes de chauffage et de ventilation, dont il conviendrait d'étendre l'application à tous les logements militaires, et nous renvoyons pour leur description aux mémoires de leurs auteurs (1), et particulièrement à celui de M. Boudin sur le chauffage, la réfrigération et la ventilation des établissements publics (2), comme au Rapport du Conseil de santé des armées au Ministre de la guerre sur les principaux systèmes de chauffage et de ventilation (3).

Le chauffage des chambres dans la plupart des casernes a lieu encore aujourd'hui au moyen de poêles ou de cheminées; dans le premier cas, il est accordé des rations collectives, et, dans le second, des rations individuelles.

Sous le rapport de l'hiver, la France est partagée en trois régions: dans la région *chaude*, l'hiver s'étend du 1er décembre au 1er mars, et la ration collective par compagnie et par jour est de 20 kilogrammes de bois; dans la région *tempérée*, hiver du 19 novembre au 15 mars, la ration est de 25 kilogrammes; dans la région *froide*, hiver du 1er novembre au 31 mars, la ration est de 30 kilogrammes. Cette ration est répartie proportionnellement à la grandeur des chambres occupées par la compagnie. Les quantités de houille sont moitié moindres. La ration individuelle est de 5 hectogrammes par homme et par jour dans la région chaude, de 7 hectogrammes dans la région tempérée, et de 8 hectogrammes dans la région froide. Quand l'hiver est rigoureux, on accorde des suppléments qui ne peuvent se prolonger, au delà de 15 jours, sauf à les renouveler, s'il y a lieu, et ne pas excéder le tiers de la ration individuelle. Ces prolongations extraordinaires de chauffage peuvent être autorisées par les officiers généraux commandants, et, dans les places où il n'y a pas d'officiers généraux, par une Commission composée du commandant de place, du sous-intendant ou son suppléant, de l'officier de santé en chef de l'hôpital, et d'un officier de santé de corps de troupes. (*Instruction du 29 juin 1840, chapitre V.*)

---

(1) *Annales d'hygiène*, tome 32.
(2) *Recueil des mémoires de médecine militaire*, 2e série, tome 5.
(3) *Recueil des mémoires de médecine militaire*, 3e série, tome 4.

Certaines casernes sont éclairées au gaz dans leur intérieur, à Paris par exemple ; mais, en général, elles le sont à l'huile et d'après un marché conclu avec un entrepreneur. Les corridors sont éclairés aux frais de la masse d'entretien, et les chambres aux frais de l'ordinaire des compagnies. L'éclairage commence une demi-heure après le coucher du soleil, et finit une demi-heure avant son lever.

§ 4. — Assiette du logement. — Ameublement.

La destination de tous les établissements du service du casernement est déterminée, pour chaque place, par décision du Ministre de la guerre.—Le chef du génie rédige le projet d'état d'assiette détaillée du logement dans tous les établissements de la place ; et, lorsqu'il y a lieu d'établir l'assiette du logement, le sous-intendant militaire et le commandant de place sont appelés à examiner et à discuter avec le chef du génie l'état préparé par ce dernier. Ce travail, une fois arrêté de concert, est rédigé définitivement par le chef du génie. Il est signé par les parties qui ont concouru à sa formation et qui y consignent, s'il y a lieu, leurs observations respectives. (*Règlement du 30 juin 1856, art.* 15.)

Du 1er au 15 novembre de chaque année, le commandant de place, le chef du génie et le sous-intendant militaire se réunissent pour reconnaître s'il y a lieu de proposer des modifications à l'assiette du logement. (*Id., art.* 21.)

Il ne peut être apporté de changement à l'assiette du logement qu'en vertu d'ordres du Ministre de la guerre, si ce n'est lorsqu'il y a urgence. (*Id., art.* 22.)

Il est pourvu à l'ameublement des bâtiments militaires : 1° en ce qui concerne le couchage des officiers, sous-officiers et soldats, et les fournitures de corps de garde par l'entreprise des lits militaires ; 2° en ce qui concerne les autres objets d'ameublement et les ustensiles qui ne sont pas à la charge des corps, par les soins et sur les fonds du génie. (*Id., art.* 38 *et suivants.*)

Les chambres sont pourvues d'une couchette en fer ou d'un châlit à tréteaux par homme. Chaque lit doit être adossé, autant que possible, à un mur sans le toucher. Il est établi, à la tête des lits, des tablettes pour recevoir les bagages des hommes, et dans l'espace qui sépare deux lits, des crochets pour porter les objets d'armement et suspendre les souliers. Les porte-armes sont placés sur les côtés de la chambre où il n'y a pas de lit. Une table, deux bans et une planche à pain suspendue au-dessus de la table, constituent l'ameublement d'une chambre de 16 hommes.

Les fournitures de lit consistent en : 1° une paillasse en toile lessivée, avec dix kilogrammes de paille ; 2° un matelas contenant huit kilogr. de laine et deux kilogr. de crin ; 3° un traversin contenant un kilogr. de laine, une couverture de laine, et pendant l'hiver un couvre-pieds fait de vieilles couvertures ; 4° une paire de draps.

En déterminant l'état du logement dans les casernes, on doit avoir égard à la capacité cubique des emplacements, de manière à concilier les moyens de salubrité avec la superficie qui doit être occupée. Les chefs du génie et les sous-intendants doivent tenir la main à ce qu'il ne soit jamais placé dans les chambres un plus grand nombre de lits que celui fixé par l'assiette du logement; il faut, autant que possible, que les chambres aient au moins de 3^m40 à 4^m de hauteur et que leur capacité minimum soit déterminée à raison de 16^m cubes d'air par homme. Entre deux rangées de lits parallèles et consécutives, il doit rester 2^m à 2^m50 d'intervalle ; la distance entre deux lits doit être de $0,^m50$ au plus.

L'article 27 du règlement sur le service du casernement n'accorde par homme qu'un volume d'air de 12 mètres cubes dans les casernes d'infanterie, et de 14 mètres cubes dans celles de cavalerie.

Cette fixation doit paraître trop absolue, en tant que, dans les conditions diverses du casernement, il est difficile de la faire porter sur de l'air parfaitement pur. Tout, en effet, dépend de son renouvellement. Ainsi une pièce, quelque grande qu'elle soit, sera insuffisante si l'air ne s'y renouvelle pas ; tandis qu'un très-petit cabinet pourra n'être point insalubre s'il est suffisamment ventilé. Le chiffre indiqué plus haut n'a donc rien d'absolu ni d'invariable, et dans l'évaluation du cube d'air, il est bien évident qu'il est nécessaire de retrancher tout l'espace qui pourrait être occupé par le lit ou par les meubles qui existeraient dans la pièce.

§ 5. — Annexes.

I. — Les cuisines, les magasins, les bureaux, les cantines, les salles d'exercice ne sauraient être mieux disposés qu'au rez-de-chaussée. — Les ateliers d'ouvriers doivent être vastes, élevés au-dessus du sol, suffisamment isolés pour que la lumière et le soleil y pénètrent et que l'air y circule facilement.

II. — Les latrines doivent être isolées et disposées de manière que les émanations infectes qui s'en exhalent n'atteignent pas les bâtiments habités. Elles doivent autant que possible aboutir à des courants d'eau qui entraînent les immondices, ou être construites sur le modèle des fosses mobiles ou inodores dont l'usage est répandu, et qui sont adoptées avec de grands avantages dans quelques hôpitaux. Dans tous les cas, les lunettes doivent être au ras du pavé, recouvert d'une couche de bitume légèrement inclinée, en sorte qu'il n'y ait aucune anfractuosité où les matières puissent stagner et que toute la surface puisse facilement être lavée. Dans les latrines avec fosses à écoulement, on devra ménager aux voûtes de celles-ci des tuyaux d'évent qui s'ouvriront à l'extérieur au-dessus des toits ou dans le haut de la cheminée des cuisines, afin d'assurer l'ascension continue du courant d'air fétide. Pour plus de détails, nous renvoyons aux observations sur le mode de construction des latrines, qui font l'objet du § 4 de la Circulaire ministérielle du 24 avril 1855.

III. — *Les baquets de propreté*, lorsqu'il y a lieu d'en fournir, sont placés par les soins du génie à raison de 4 par bataillon et 2 par escadron, et en nombre suffisant dans les locaux de punition et dans les infirmeries.

IV. — Des puits ou des citernes, des fontaines même devront être établies dans les cours ou à proximité de la caserne, pour servir aux besoins journaliers des cuisines, de l'infirmerie et à l'entretien de la propreté dans l'établissement.

V. — Les *salles de police*, les cachots, les prisons réclament encore plus que les autres dépendances dans leur disposition l'observance rigoureuse des règles de l'hygiène. (*Voyez chapitre VII.*)

VI. — Les *corps de garde* des casernes, comme ceux des autres postes militaires, ne seront point trop exigus pour la quantité d'hommes qui doivent y séjourner et en subir toutes les influences, à toutes les heures du jour et de la nuit. L'air doit pouvoir y être facilement renouvelé, et on devra veiller à ce qu'ils ne soient pas trop chauffés en hiver. On pourrait à ce sujet régler le degré de calorique d'après l'intensité du froid ou de l'humidité au moyen d'un thermomètre, et faire que la ration de chauffage fût répartie de manière à entretenir une chaleur douce, égale, continuelle (20 *degrés centigrades le jour et* 25 *la nuit*). Ce soin pourrait être confié au sergent sous la surveillance de l'officier de garde ou des officiers de place.

Les corps de garde sont garnis de lits de camp, de tables, bancs, tablettes, planches à pain, planches à consigne et porte-armes à raison du nombre d'hommes. Le service des lits militaires est tenu de leur fournir des capotes de sentinelles, des chandeliers, etc., etc., et, pour le corps de garde où il y a un poste d'officier, un ameublement plus complet.

Sous le rapport du chauffage, les corps de garde sont divisés en quatre classes, d'après le nombre d'hommes. Les quantités de bois allouées, selon l'époque de la saison, sont déterminées par un tarif particulier. Pour les corps de garde, l'hiver dure deux mois de plus que pour les chambres des casernes. L'éclairage se fait au moyen de chandelles ou à l'huile.

§ 6. — Moyens d'assainissement et mesures hygiéniques à observer.

Les différents moyens accessoires d'assainissement des casernes varient selon les lieux, les temps et les circonstances. Ainsi on remédie à l'humidité du sol par des pavés convenablement disposés, par des égouts et des courants d'eau qui donnent un écoulement facile aux eaux pluviales, etc., etc.

Pour entretenir la pureté de l'air, on sable de temps en temps les cours et les galeries ; on arrose pendant l'été, on établit des plantations dans les cours et les galeries et autour des casernes ; on surveille avec le plus grand soin le balayage journalier des chambres, des corridors et des cours, le lavage fréquent des latrines, l'enlèvement exact des immondices ; on fait tenir les fenêtres constamment ouvertes pendant l'été et le plus longtemps possible en hiver ; on fait blanchir de temps en temps les murailles et les plafonds.

Des fumigations, des arrosements chlorurés doivent être faits au moins une fois la semaine et fréquemment répétés, s'il existe parmi les troupes ou dans leur voisinage des maladies épidémiques et contagieuses.

Les baquets et les urinoirs devront toujours être placés à l'extérieur dans les cours, et pour la nuit seulement dans les corridors ; ceux qu'on établira à demeure devront être lavés avec le plus grand soin.

Il a été reconnu qu'avec beaucoup d'attention et de propreté, il ne serait pas nécessaire, à la rigueur, de recourir à l'emploi d'agents chimiques pour conjurer les exhalaisons infectantes ; mais de tels résultats obtenus dans des circonstances favorables par des troupes exceptionnellement soigneuses, on ne peut généralement pas les attendre là surtout où il y a une agglomération d'hommes un peu importante ; on ne saurait contester en outre que si les agents chimiques ne sont pas absolument indispensables, toujours du moins ils facilitent le service en favorisant la désinfection.

C'est pourquoi l'assainissement des latrines et de leurs dépendances, au moyen du sulfate de fer en dissolution, a été l'objet de plusieurs instructions et circulaires ministérielles, entre autres, celles du 3 août 1852 et du 24 avril 1855. On y trouve les prescriptions suivantes :

Que, dans les lavages ayant pour objet de désinfecter le sol et les murs de latrines, il sera fait un emploi d'une dissolution de sulfate de fer mélangé avec l'eau, le sel entrant dans le mélange pour un centième du poids total, proportion consacrée par l'expérience ;

Que les lavages avec cette dissolution ne doivent pas dispenser des lavages fréquents à l'eau seule ;

Que, d'après les bons résultats obtenus, même dans le Midi, on peut considérer comme suffisant un lavage au sulfate de fer tous les trois ou quatre jours en hiver, et tous les deux jours en été ; les lavages à l'eau pure ayant lieu ponctuellement d'ailleurs et se faisant avec soin chaque jour ;

Que, quant aux baquets et urinoirs, il convient de les désinfecter chaque jour au sulfate de fer.

A ces soins doivent être ajoutés, autant que possible, des lavages mensuels et complets, au sulfate de fer, exécutés par les entrepreneurs des vidanges, et le blanchissage deux fois par an des murs et des cabinets des latrines.

Les résultats obtenus au moyen du sulfate de fer paraissent bien constatés ; et ces mesures intéressent à un trop haut degré le bien-être et la santé du soldat, pour que nous ayons omis de les répéter complétement ici.

Il en est d'un autre ordre que nous trouvons formulées de la manière suivante dans le règlement du 29 octobre 1841, sur le service des lits militaires.

On doit apporter un grand soin dans la conservation et l'entretien des lits et des fournitures : les matelas seront souvent étendus à l'air libre, refaits et cardés à des époques déterminées (ceux d'officiers et d'infirmeries tous les ans, et ceux de soldats tous les dix-huit mois). Les paillasses seront convenablement renouvelées tous les six mois pour les fournitures complètes, et tous les quatre mois pour les demi-fournitures. Les couvertures sont secouées, battues et exposées au grand air une fois par semaine.

Les draps de lits ne doivent être remis que bien lessivés, bien lavés et bien secs ; ils sont échangés, savoir : du 1er mai au 30 septembre, tous les quinze jours pour les officiers, et tous les vingt jours pour les soldats ; et du 1er octobre au 30 avril respectivement, tous les vingt et trente jours.

L'échange des serviettes pour officiers a lieu toutes les semaines.

Les diverses mesures et précautions qui viennent d'être indiquées sont très-importantes, et on doit bien se pénétrer que c'est de l'exécution ponctuelle de telles dispositions que dépend en grande partie la conservation de la santé des troupes. Les maladies qui se sont déclarées dans plusieurs corps de troupes et ont même sévi sur différents points, à certaines époques peu éloignées de nous, ont été généralement attribuées à l'air vicié qui régnait dans les casernes par suite de la négligence qu'on apportait dans les soins de propreté, et le Ministre a dû rappeler à l'exécution des dispositions réglementaires de l'ordonnance du 2 novembre 1833 pour le maintien de la propreté et la bonne tenue des casernes (*Circulaire du 5 février 1841*). Et dans les circulaires des 7 et 8 mars 1842 et 30 août de la même année, il a recommandé les précautions hygiéniques qui lui paraissent devoir exercer une influence salutaire sur la santé du soldat. Nous ajouterons celles qui doivent trouver place ici, les autres ayant déjà été indiquées dans ce chapitre, ou devant l'être dans les suivants.

Ainsi, il est rappelé aux chefs de corps de tenir surtout la main à ce qu'on éloigne toute cause accessoire de la viciation de l'air, telle que les provisions de légumes ; qu'il est défendu d'accoler les lits deux à deux, ainsi que cela arrive encore quelquefois dans certaines casernes. Afin de ne point produire, dans les cuisines, des excavations où

12.

séjournent les eaux ménagères, les cuisiniers doivent, conformément aux art. 174-224 de l'ordonnance de 1833, fendre le bois dans les cours. Ils doivent aussi maintenir toujours les ustensiles de cuisine dans le plus grand état de propreté ; et à propos de l'intervention des officiers de santé dans l'exécution de ces prescriptions, je me plais à reconnaître, dit le Ministre, que les officiers de santé doivent apporter tous leurs soins à seconder la sollicitude des chefs de corps en leur proposant les mesures que réclame la santé des troupes.

On ne saurait, en effet, apprécier assez l'influence salutaire qu'exercent sur la santé du soldat la propreté individuelle, celle des chambres et des autres locaux, l'espacement des lits, la ventilation des salles, et l'on comprend que, dans sa sollicitude pour l'armée, le Ministre de la guerre ait souvent recommandé la ponctuelle exécution de ces précautions hygiéniques.

L'observation de ces règles doit s'étendre avec encore plus de sévérité aux salles disciplinaires, aux ateliers d'ouvriers, et aux corps de gardé ; ces derniers doivent particulièrement être l'objet d'une surveillance attentive sous le rapport du chauffage, qui est généralement trop considérable en hiver, et de la faction des hommes de garde dont il est souvent utile d'abréger le temps lorsqu'il faut qu'ils restent absolument exposés, soit au soleil, soit à un froid excessif.

§ 7. — Conditions particulières de salubrité des quartiers de cavalerie, des pavillons d'officiers et des casemates.

I. *Quartiers de cavalerie.* — Les bâtiments affectés aux troupes de cavalerie exigent encore plus impérieusement l'exécution des mesures relatives au maintien de la propreté et de la pureté de l'air qu'on y respire. Il faut en effet que les écuries soient largement aérées, que les cours soient bien pavées, que l'eau y abonde, et qu'elles soient lavées et balayées matin et soir.

Des locaux particuliers devraient être affectés aux selleries, et les hommes se trouveraient ainsi à l'abri des émanations malfaisantes qu'exhale toujours le harnachement. Les soins de propreté individuelle et des chambres doivent être observés particulièrement par les cavaliers, et l'on doit remarquer que c'est surtout aux quartiers de cavalerie, où les causes d'insalubrité sont si nombreuses, que s'adressent les recommandations ministérielles relatives à l'exécution des dispositions réglementaires qui prescrivent des mesures de salubrité. (*Circulaire du 5 février 1841 et suivantes citées plus haut.*)

II. *Pavillons d'officiers.* — Nous n'avons rien à dire touchant les locaux classés sous le nom de *pavillons d'officiers.* En général, ils sont convenablement disposés et présentent les conditions les plus favorables à l'hygiène. Le règlement du 30 juin 1856 a déterminé le nombre de pièces à affecter à chacun des officiers, selon leur grade. (*Voir 1re partie, page 135.*) Quand il n'est pas payé d'ameublement, le service des lits militaires fournit tout ce qui le concerne. Les officiers sont tenus comme la troupe, en cas de départ, de rendre leur logement propre et en état d'être habité sur-le-champ ; autrement, l'opération est faite à leurs frais, et la dépense est constatée et remboursée comme les dégradations qu'ils ont pu faire. .

III. *Casemates.* — Quant aux casemates et autres logements souterrains destinés à être habités durant les siéges, pour y mettre les hommes à l'abri du bombardement, on doit les regarder comme des habitations en général mauvaises pour la santé. Il est difficile que l'humidité n'y règne pas et que l'air s'y renouvelle. Si l'on ajoute que les soldats y sont ordinairement entassés, et y respirent sans cesse les vapeurs corrompues d'un milieu humide et pestilentiel, on comprendra à quelles maladies putrides les assiégés ne sont que trop exposés lorsqu'une si douloureuse situation se prolonge : aussi est-il essentiel d'y établir sur une grande échelle les moyens de chauffage et de ventilation, tels que l'aération y soit suffisante, afin d'atténuer les influences délétères auxquelles le soldat s'y trouve exposé.

ARTICLE DEUXIÈME.

Des infirmeries régimentaires.

L'institution des *infirmeries régimentaires* est antérieure à la création des hôpitaux : elle résulte de l'organisation première du service de santé. Ainsi, sous le règne de Henri II, les chefs de corps avaient une somme spéciale pour faire traiter leurs soldats malades ou blessés au quartier. Sully établit le premier hôpital ambulant au siége d'Amiens (1597), sous Henri IV, et Richelieu, sous Louis XIII, le premier hôpital sédentaire après la prise de Pignerol en Piémont (1630). Mais c'est sous le règne de Louis XIV que les infirmeries régimentaires, dont on avait apprécié l'utilité, se multiplièrent. Le soin des chirurgiens de régiment était borné alors, comme aujourd'hui, à diriger les affections graves sur les hôpitaux et à traiter à la caserne les maladies légères. La création d'hôpitaux dans la plupart des places de guerre nuisit, pendant longues années, aux infirmeries, qui furent ensuite transformées en hôpitaux régimentaires lors de la suppression des hôpitaux militaires en 1788. Mais cette réforme était par trop radicale et n'était point compatible avec la guerre dans laquelle on entrait alors. Les hôpitaux furent rétablis en 1792, et les infirmeries subsistèrent dans chaque régiment pour le traitement des maladies légères, des maladies vénériennes et cutanées simples. Longtemps en défaveur, et n'ayant été pendant longtemps que d'une importance médiocre et considérées comme objet secondaire, elles sont redevenues, sous le ministère du maréchal Soult, l'objet de toute la sollicitude éclairée de l'administration.

Les rapports d'inspection appelaient déjà depuis plusieurs années son attention sur les améliorations à apporter au régime des infirmeries régimentaires, en insistant particulièrement sur l'insuffisance et l'insalubrité des locaux affectés aux infirmeries dans les casernes, d'une part, et de l'autre sur le manque des ressources nécessaires au traitement des maladies et blessures légères, tandis qu'une allocation suffisante permettrait aux officiers de santé de traiter à la caserne un grand nombre de malades qu'on envoyait alors à l'hôpital, et qu'il pourrait en résulter une économie notable en journées de traitement aux hôpitaux ; et c'est d'après le rapport de la commission nommée par le Ministre en 1838 pour la révision du règlement sur les infirmeries, que des modifications avantageuses ont été introduites dans ce service par la circulaire du 28 janvier 1839, qui renferme les dispositions relatives à l'assiette des locaux.

La commission a reconnu que les infirmeries régimentaires améliorées et étendues auront pour résultat de rapprocher des moyens curatifs immédiats, et dès lors plus efficaces, quelques malades à diriger sur des hôpitaux plus ou moins éloignés de la garnison ; de créer des soins de famille dans l'intérieur de chaque corps ; de donner aux officiers de santé des attributions plus médicales, et qui les mettent à même d'acquérir une expérience pratique que ne comportent pas suffisamment leur service, tel qu'il était constitué auparavant dans les garnisons de l'intérieur ; enfin de procurer une économie qui, bien que beaucoup inférieure à celle jugée au premier aperçu, n'en sera pas moins réelle.

La nomenclature annexée au travail de la commission donne l'énumération, aussi complète que possible, des divers cas de maladie dont le traitement doit avoir lieu à l'infirmerie régimentaire. La commission a pensé unanimement que cet établissement devait être réservé uniquement aux *malades dont l'état ne réclame qu'un traitement local, du repos et un régime alimentaire ne différant de celui des hommes valides que sous le rapport de la quantité et de la préparation , c'est-à-dire le régime gras à peu d'exceptions près.* On voit que tous les fiévreux ou classés comme tels dans la division hospitalière, en sont exclus d'une manière absolue, comme aussi les galeux, vénériens et blessés dont les affections sont graves ou chroniques, la commission étant convaincue que ces malades seront toujours plus convenablement traités dans les hôpitaux.

Une amélioration qui doit porter de bons fruits est l'admission à l'infirmerie régimentaire des convalescents sortant des hôpitaux, qui ont besoin de repos et d'un régime plus doux avant de reprendre leur service et de vivre à l'ordinaire. Il est constaté que les rechutes de cette classe de malades sont la cause de la plus grande mortalité dans les hôpitaux, et qu'avec quelques précautions on pourra les prévenir, ou au moins les réduire d'une manière sensible ; c'est ici un acte de bonne administration et d'humanité. (*Rapport du 4 octobre 1838.*)

Les essais déjà tentés au sujet des améliorations à apporter au régime des infirmeries régimentaires ont démontré que la santé des hommes, la discipline et le Trésor pourraient retirer de grands avantages de cette institution, si elle recevait, avec une sage réserve, les développements dont elle est susceptible.

«Après un examen approfondi de cette importante question, et en même temps des graves difficultés que pourrait quelquefois entraîner la mise à exécution de cette mesure, tant pour l'établissement des locaux que pour les détails du régime intérieur des corps et du service de santé dans les infirmeries et dans les hôpitaux, j'ai pensé, dit le Ministre (*Circulaire du 28 janvier* 1839), qu'il serait avantageux de pouvoir traiter dans les infirmeries régimentaires les hommes atteints de plaies, blessures et lésions chirurgicales simples, des symptômes vénériens primitifs, de la gale et autres maladies cutanées simples, les malades, en un mot, dont l'état ne réclame qu'un traitement local, du repos et un régime alimentaire ne différant de celui des hommes valides que sous le rapport de la quantité et de la préparation.

« Les écarts de régime, les excès en tous genres occasionnent trop fréquemment des rechutes funestes aux convalescents ; il a paru qu'on préviendrait ce grave inconvénient en admettant pendant quelques jours à l'infirmerie régimentaire les hommes sortant des hôpitaux, jusqu'à ce qu'ils pussent sans danger reprendre leur service et vivre à l'ordinaire.

« La discipline a aussi beaucoup à gagner à la bonne constitution des infirmeries régimentaires, car les militaires traités à ces infirmeries ne cessent pas d'être sous la surveillance de leurs chefs ; ils ne peuvent y séjourner au delà du terme rigoureusement nécessaire pour leur guérison : ainsi les corps n'auraient plus aussi souvent à porter des plaintes fondées au sujet du grand nombre d'hommes qu'enlèvent au service les séjours abusifs dans les hospices.

«Mais j'ai senti qu'il fallait éviter avec soin de tirer des compagnies un trop grand nombre d'hommes pour soigner leurs camarades; à cet égard, je pense qu'un sous-officier secondé par un caporal chargé de l'ordinaire, un soldat infirmier chargé de la tisanerie et de la cuisson des aliments, et un soldat par vingt hommes à l'infirmerie, pour les bains, pourraient suffire à la police et à la tenue de la comptabilité de l'infirmerie, ainsi qu'aux soins à donner à des militaires atteints de maladies peu graves, sans augmenter dans une proportion trop fâcheuse les dispenses du service général. »

«Le mobilier de l'infirmerie régimentaire devrait être augmenté d'un fourneau, d'un appareil de bains, et des ustensiles les plus indispensables pour la médication et l'ordinaire ; un supplément de combustible serait accordé aux corps ; enfin, la masse générale d'entretien obtiendrait des ressources suffisantes pour pourvoir aux dépenses de l'infirmerie. »

« J'ai prescrit de rechercher et de coordonner les moyens d'exécution propres à assurer le succès de cette mesure ; il doit résulter de cette étude un règlement sur le service des infirmeries régimentaires ; mais avant d'en arrêter les dispositions et de l'adopter définitivement, j'ai besoin de connaître votre opinion sur la facilité de l'appliquer immédiatement dans quelques localités, et la possibilité de l'étendre à d'autres, ainsi que sur les avantages que l'on doit en espérer. »

« Le local destiné à l'établissement de chaque infirmerie régimentaire doit d'abord fixer l'attention, afin de déterminer les casernes qui, dès à présent, permettraient de disposer d'un nombre de pièces suffisant pour compléter ou établir, par échanges de locaux, une infirmerie régimentaire sans nuire au placement des hommes valides, sans enlever les accessoires indispensables pour le service et l'instruction, et sans nécessiter des travaux d'appropriation trop coûteux. »

La circulaire ministérielle du 28 janvier 1839 pose ensuite les bases de l'installation et de l'assiette des locaux destinés au service de l'infirmerie, comme on les trouvera établies ci-après au paragraphe 1er. Ces dispositions sont suivies de l'organisation, qui en a été arrêtée depuis par le règlement du 30 juin 1856, sur le service du casernement en général.

§ 1er. — Installation. — Assiette des locaux.

Le local doit se composer : 1° d'une salle de blessés et vénériens pouvant contenir un nombre de lits calculé à raison de 1 pour 100 hommes dans les régiments d'infanterie, d'artillerie et du génie, et de 1 pour 60 hommes dans les régiments de cavalerie, en prenant pour base le complet d'organisation ; 2° d'une salle séparée pour traitement des galeux, à raison d'un lit avec demi-fourniture seulement, pour 200 hommes dans les régiments d'infanterie, d'artillerie et du génie, et pour 100 hommes dans les régiments de cavalerie ; — 3° d'une salle pour les convalescents sortant des hôpitaux, à raison d'un lit pour 100 hommes ; — 4° d'une chambre à feu servant à la cuisson des aliments, à la tisanerie et autres préparations pharmaceutiques ; — 5° d'une salle contenant trois baignoires pour les régiments d'infanterie, d'artillerie et du génie, et deux pour les autres corps. Dans cette salle, il serait établi un fourneau garni d'une chaudière de la contenance de 180 litres pour trois baignoires, et de 120 litres pour deux baignoires ; — 6° d'une petite pièce isolée et aérée où seraient placés deux baquets de propreté, toutes les fois qu'un corps de bâtiment avec latrines ne pourrait être affecté au service spécial de l'infirmerie ; — 7° d'une chambre à feu pour le logement du sous-officier d'infirmerie où serait placée une petite armoire pour le dépôt de linge à pansement, des appareils et des médicaments extemporanés: cette chambre servirait, en outre, de salle de visite ;—8° d'un cabinet contigu, qui, garni d'étagères, servirait de magasin pour les effets d'habillement, le linge de corps et les ustensiles à l'usage de l'infirmerie.

La salle des blessés et vénériens, celle des convalescents et la pièce de visite, pourraient être en communication et séparées seulement par des cloisons en briques, afin d'établir les divisions nécessaires ; la salle de galeux doit être isolée. La chambre du sous-officier d'infirmerie pourrait, au moyen d'une cloison en planches, comporter le cabinet à étagères pour magasin. Quant à la cuisine-tisanerie, cette pièce peut être établie au rez-de-chaussée, en communication avec la salle des bains ; et si les infirmeries sont placées au premier étage, il ne serait peut-être pas impossible d'établir la communication entre les divers services au moyen d'un escalier intérieur.

Le caporal d'ordinaire et les soldats infirmiers coucheraient dans la salle des convalescents, sans toutefois restreindre le nombre de lits disponibles pour ces derniers.—Il serait surtout essentiel que les chambres destinées au logement des malades et du sous-officier surveillant fussent parfaitement aérées, bien éclairées, à une bonne exposition, contiguës, mais, autant que possible, isolées des autres, afin d'en rendre la police plus facile et de prévenir l'introduction des aliments. On devrait choisir de préférence le premier et le deuxième étage pour l'infirmerie proprement dite, et le rez-de-chaussée pour les locaux accessoires.—Il n'est pas indispensable d'ailleurs que l'infirmerie et ses dépendances soient établies dans la caserne même ; il pourrait être avantageux qu'elles fussent placées dans un local isolé du logement des troupes, mais cependant attenant à la caserne, afin que les hommes à l'infirmerie pussent être l'objet d'une constante et facile surveillance.

La répartition des locaux destinés au service de l'infirmerie a été établie depuis sur les bases suivantes par le règlement du 30 juin 1856 :

NOMBRE ET COMPOSITION DES LOCAUX.	OBSERVATIONS.
Une salle pour les visites, la pharmacie, la tisanerie et le dépôt du linge à pansement.	Au besoin, cette salle sert en même temps de chambre au caporal ou au sous-officier d'infirmerie.
Une pièce pour le caporal ou le sous-officier de l'infirmerie.	Les salles de bains sont organisées au rez-de-chaussée, ou tout au moins à un étage peu élevé.
Un cabinet de bains avec deux baignoires, l'une pour les galeux, l'autre pour les autres malades.	Quand on ne peut pas établir un fourneau avec une chaudière de 120 litres, on chauffe les bains au moyen d'un cylindre.

NOMBRE ET COMPOSITION DES LOCAUX.	OBSERVATIONS.
Une salle de blessés et de vénériens. . . . . Une salle de galeux. . . . . Une salle de convalescents. . . . . Deux cabinets d'aisances, dont un exclusivement consacré aux galeux.	Les locaux affectés aux galeux doivent être séparés le mieux possible du reste de l'infirmerie.

§ 2. — Matériel et objets de mobilier.

L'article 57 du règlement précité relatif au mobilier des infirmeries régimentaires dispose que :

Les salles des infirmeries sont garnies de tables, de bancs, de planches à pain et d'un rang de planches à bagages dans la proportion du nombre de malades qu'elles peuvent contenir. On y place également des chaises à raison d'une par malade. (La circulaire ministérielle du 17 mai 1858 a prescrit d'ajourner cette dernière fourniture, et de continuer à meubler les salles de l'infirmerie comme les chambres de la troupe.)

La salle de visite reçoit une ou deux armoires et une table à tiroir fermant à clef.

Il est fourni, en outre, un poêle en fonte à deux trous pour les tisanes, ainsi que deux marmites : l'une pour la tisanerie, l'autre pour les bains.

Tout cet ameublement est établi, entretenu et renouvelé par les soins et à la charge du service du génie.

Les intendants inspecteurs sont tenus de voir si cet ameublement est au complet, et d'inviter le chef du génie à le compléter conformément aux dispositions précédentes. (*Instruction sur les inspections administratives du* 12 *mai* 1862.)

Le matériel admis pour le service des infirmeries régimentaires comprend, en outre, des effets et objets mobiliers, et des matières, denrées et objets susceptibles de consommation.

Parmi les *effets et objets mobiliers*, nous classons les effets et objets de couchage (fournitures), les effets et objets à l'usage spécial des malades (pantalons et sarraux), les ustensiles et objets divers pour l'exploitation du service, les instruments de chirurgie, les cantines régimentaires d'ambulance, et la bibliothèque médicale régimentaire.

Les *matières, denrées et objets susceptibles de consommation* comprendront les médicaments simples et composés, les denrées médicinales, les objets de pansement et les objets de bureau.

I. *Effets et objets de couchage.* — Les effets et objets de couchage affectés à l'usage de l'infirmerie sont des fournitures complètes et des demi-fournitures que doit procurer le service des lits militaires (*Règlement du 29 octobre* 1841.) Pour l'Algérie, l'instruction du 26 février 1846 dispose qu'il n'y a que des fournitures complètes à l'usage de l'infirmerie, les demi-fournitures étant affectées seulement aux salles de discipline, prisons de police, etc.

Les fournitures d'infirmerie sont spécialement affectées aux militaires atteints de maladies ou de blessures légères traitées dans les infirmeries régimentaires ; les demi-fournitures aux militaires vénériens et galeux.

La *fourniture complète* se compose des objets suivants : une paillasse en toile lessivée, contenant 10 kilogrammes de paille de froment ou de seigle, renouvelable tous les six mois ;—un matelas dont l'enveloppe est en toile lessivée, garni de 8 kilogrammes de laine-mère vive, et de 2 kilogrammes de crin placés en une seule couche au centre du matelas ;— un traversin cylindrique renfermant 1 kilogramme de laine et 500 grammes de crin placé au centre ; — deux paires de draps en toile de ménage convenablement assouplie par les lavages ;—une couverture de laine ;—un couvre-pieds.

Les *demi-fournitures* se composent des objets suivants : une paillasse garnie de 14 kilogrammes de paille de froment ou de seigle ;— un sac à paille semblable au traversin, garni de 2 kilogrammes de paille ;—une couverture ;—un couvre-pieds ;—deux paires de draps.

Les matelas et traversins des fournitures d'infirmerie sont rebattus tous les ans, quel que soit, du reste, le temps pendant lequel ces matelas et traversins ont été occupés depuis leur dernier rebattage. Nonobstant cette manutention périodique, les matelas et traversins d'infirmerie seront rebattus, les enveloppes et la laine seront assainies toutes les fois que l'officier de santé du corps en aura reconnu la nécessité, et qu'un fonctionnaire de l'intendance militaire en aura donné l'ordre. Les draps de lit sont échangés du 1er mai au 30 septembre tous les 20 jours, du 1er octobre au 30 avril tous les 30 jours, et à chaque mutation de malade, ou lorsqu'en raison de la nature de la maladie l'officier de santé juge nécessaire de faire échanger les draps plus fréquemment. L'officier de santé établit alors un certificat constatant cette nécessité, sur le vu duquel l'échange partiel doit avoir lieu.

Le renouvellement de la paille s'opère en entier tous les six mois pour les fournitures et tous les quatre mois pour les demi fournitures.

Les couvertures sont battues et foulonnées, les couvre-pieds battus, nettoyés et lavés, les toiles à paillasses, à matelas et à traversins sont lavées toutes les fois que la nécessité en est reconnue.

Les draps sont retournés avant d'être tout à fait élimés.—L'opportunité de ces manutentions est déterminée par le fonctionnaire de l'intendance militaire ou son suppléant, qui donne au préposé l'ordre de les exécuter.

Les demi-fournitures en service dans les infirmeries régimentaires sont désinfectées à chaque changement de garnison ; les draps et les toiles de paillasse et de sacs à paille sont lessivés, la paille est renouvelée, et les couvertures ainsi que les couvre-pieds sont passés au soufre.

Les fournitures d'infirmerie sont distribuées à raison de 2 pour 100 du nombre des fournitures de soldat attribuées aux corps et détachements d'après leur effectif. Les demi-fournitures d'infirmerie sont délivrées à raison de 1 1/2 pour 100, et celles destinées aux salles de police et aux prisons le sont à raison de 1 pour 100.

Les fournitures et les demi-fournitures d'infirmerie ne doivent pas être employées au couchage des soldats en santé ; tous les objets dont elles se composent sont timbrés des lettres I R ; ceux composant les demi-fournitures portent de plus la marque 1/2.

Les officiers de santé des corps font au moins une fois par mois une visite rigoureuse des effets de literie à l'usage des hommes traités à l'infirmerie, et ils requièrent le remplacement de ceux de ces effets qu'ils jugent imprégnés de miasmes dangereux ; ces effets sont remplacés sur l'ordre du sous-intendant militaire, lequel s'assure que le préposé a soin de les désinfecter.

Les officiers de santé font parvenir au sous-intendant militaire, par la voie hiérarchique, un bulletin constatant le résultat de chaque visite mensuelle.

Indépendamment des rechanges ordonnés au moment de ces visites, les officiers de santé doivent provoquer le remplacement de tout ou partie des effets composant la fourniture ou la demi-fourniture d'infirmerie, lorsqu'à l'arrivée d'un malade ils reconnaissent que ceux qu'on lui destine ont besoin d'être assainis.

Lorsque le nombre des fournitures d'infirmerie est insuffisant, il y est suppléé par des fournitures de soldats. — Les fournitures peuvent être aussi décomplétées lorsqu'il n'y a pas une quantité suffisante de demi-fournitures d'infirmerie ; mais les effets de literie accidentellement affectés au service de l'infirmerie, en remplacement de demi-fournitures, ne peuvent être remis à l'usage des hommes en santé qu'après avoir été assainis, ce qui doit être constaté par procès-verbal. (*Règlement cité, art.* 60 à 81.)

Par suite de la décision ministérielle du 25 juin 1845, qui place sous la responsabilité du médecin-major la conservation du matériel de l'infirmerie, cet officier de santé ou, à son défaut, le médecin aide-major délégué par lui, doit signer les bons des fournitures spécialement affectées au service de l'infirmerie, et il est responsable des dégradations de ce matériel, à moins qu'elles ne proviennent du fait des hommes ou qu'elles ne soient le résultat d'événements de force majeure dûment constatés.

Les pertes et dégradations constatées à la remise des fournitures la veille d'un départ sont donc à la charge de l'officier de santé qui est *responsable*, s'il n'a point eu le soin de les faire imputer aux malades qui en ont été reconnus les auteurs. Il n'est point responsable des pertes et dégradations provenant de l'usé naturel des effets ou du peu de soin que l'entreprise aurait apporté dans leur entretien. Les pertes et les dégradations provenant de force majeure dûment constatées sont à la charge de l'État.

II. *Effets et objets à l'usage spécial des malades.*—La décision du 28 mars 1825 accorde, seulement pour les galeux, 12 blouses et 12 pantalons par bataillon d'infanterie ou régiment de cavalerie; l'achat en est fait sur les fonds de la 2ᵉ portion de la masse d'entretien, et la durée fixée à un an. Cette partie de la réglementation du service de l'infirmerie est incomplète, et nous pensons qu'il serait utile de mettre à la disposition des malades blessés et vénériens des effets d'habillement hors de service.

III. *Ustensiles et objets nécessaires pour l'exploitation du service.*—Le nombre et la nature des objets de cette catégorie ont été déterminés par les dispositions de plusieurs notes et instructions ministérielles. Ainsi les infirmeries doivent être pourvues, par les soins du service des hôpitaux, et sur la demande des Conseils d'administration, des objets de matériel désignés ci-après, savoir :

Une baignoire en zinc, — une baignoire en bois pour les bains sulfureux, — un bain de siége, — un bain de pieds, — des pots et des gobelets à tisane en fer-blanc, suivant le nombre de lits. (*Décision ministérielle du* 13 *mars* 1844.)

Une baignoire au moins doit être mise à la disposition de toutes les infirmeries de régiment et de bataillon, pour l'usage exclusif des galeux. (*Instruction du* 11 *décembre* 1852.)

L'entretien des objets fournis par le service des hôpitaux est à la charge des corps ; les pertes et dégradations sont constatées à chaque changement de garnison et imputées à qui de droit. Un inventaire estimatif doit être établi dans les premiers jours de janvier de chaque année, et une ampliation de cet inventaire est envoyée à l'intendant divisionnaire. (*Dépêche ministérielle du* 26 *août* 1844.)

Lors des changements de garnison, les divers objets mentionnés plus haut sont laissés avec inventaire par les corps à la garde du génie (*Règlement du* 30 *juin* 1856, *art.* 57), et la remise au nouveau corps occupant est faite ensuite par le service du génie, d'après le même inventaire. (*Circulaire ministérielle du* 11 *janvier* 1862.)

Les infirmeries régimentaires doivent aussi être pourvues d'une bassine à cataplasme, en cuivre à fond ovoïde, et de 5 à 8 litres de capacité. (*Note ministérielle du* 19 *août* 1843.) Cette bassine, achetée sur les fonds de la masse générale d'entretien, est la propriété du corps.

Les autres objets mobiliers, les seringues ordinaires, seringués à injections, les cruches en grès pour les tisanes, les cuviers, et généralement tous les menus ustensiles doivent être achetés également sur les fonds de la masse générale d'entretien, renouvelés et entretenus par les corps. On remarquera que les articles énumérés sous le titre *objets divers pour l'exploitation et ustensiles* dans la nomenclature du 31 janvier 1857 (*Voir* à la fin du volume) ne figurent que pour ordre, et qu'un avis ultérieur doit faire connaître le moment où les infirmeries régimentaires pourront en faire la demande.

IV. *Instruments de chirurgie et objets indispensables pour donner les premiers secours.* — Outre la giberne contenant un étui garni d'instruments, dont doivent être munis tous les officiers de santé, un matériel approprié à sa destination a été mis à la disposition des officiers de santé des corps de troupes pour l'exécution de leur service. Il consiste : pour les corps d'infanterie, en un *havre-sac*, et pour ceux de cavalerie en *sacoches d'ambulance* à raison d'un havre-sac d'ambulance par bataillon et d'une paire de sacoches par deux escadrons.

Le *sac d'ambulance* des corps d'infanterie se compose : 1° d'un havre-sac proprement dit; l'intérieur, divisé en plusieurs compartiments, est en fer-blanc; il ferme au moyen d'un cadenas; — 2° d'un rouleau en fer-blanc également cadenassé, recouvert d'un étui en coutil rayé, doublé d'une toile imperméable. Ce rouleau remplace sur le sac l'étui d'habit du soldat. Le sac entier est conforme, pour le poids et les dimensions, à celui de l'infanterie.

Cet appareil contient les objets dont le détail suit, savoir :

Dans le rouleau : — Une trousse contenant les instruments ci-après : 1 tourniquet ou compresseur d'artère à ardillon et 2 pelotes (modèle Charrière), ligature, soie et fil; — 1 sonde œsophagienne, entonnoirs en gomme, double tissu; — 2 sondes élastiques pour la vessie, avec leurs mandrins : — 1 scie moyenne à arbre (modèle Charrière) avec deux lames dont une étroite; — 1 pince à artères, à coulant, disposée pour rester à demeure à volonté; — 1 forte pince tireballe, disposée pour extraire les esquilles d'os et pouvant servir pour polypes, pansements, etc.; — 1 couteau inter-osseux de 12 centimètres dans sa gaîne; — 1 couteau d'amputation à un tranchant, lame de 12 centimètres de longueur dans sa gaîne; — 2 bistouris droits, dont un plus étroit, grandeur ordinaire, châsse en corne noire; — 1 bistouri convexe, châsse en corne noire; — 1 baleine avec éponge servant aussi de mandrin pour la sonde œsophagienne; — 2 aiguilles à sutures, trempées.

Dans le havre-sac : — (Linge à pansements et objets divers.) — *Compartiment supérieur :* — 1/2 livre de charpie de toile; — 5 petites feuilles de coton cardé de 23 centimètres de large sur 20 centimètres de longueur (pour servir de charpie); — 2 attelles moyennes.

Compartiment intermédiaire. — *Case droite :* 11 bandes roulées en tissu de coton (différentes largeurs) ; — 5 bandes roulées en toile (différentes largeurs); — 1 pièce de ruban de fil (de 8 centimètres 8 millimètres de large).

—*Case gauche.* — 3 serre-tête en tissu de coton; — 14 compresses en tissu de coton de différentes grandeurs ; — 7 compresses en toile de différentes grandeurs ; — 1 bandage de corps en toile.

Tiroir ou compartiment inférieur. — *Cases de droite :* — 1 flacon bouché à l'émeri, contenant 60 grammes d'éther sulfurique alcoolisé; — 1 flacon bouché au liége contenant 30 grammes de laudanum de Sydenham ; — 1 flacon bouché à l'émeri, contenant 60 grammes de chloroforme. (*Décision du* 15 *avril* 1848.)

—*Cases de gauche.*—1 flacon bouché au liége contenant 60 grammes d'alcool camphré ; — 1 flacon bouché au liége contenant 60 grammes d'huile d'olive.

Milieu. — 1 gobelet en fer-blanc ; — 1 ventouse ; — 1 éponge ; — 1 vase carré en fer-blanc destiné à servir de cuvette ; — 1 flacon bouché à l'émeri, contenant 30 grammes d'ammoniaque liquide ;—1 tire-bouchon ; — 1 rouleau de sparadrap à l'ichthyocolle ; — 1/2 cent d'é-pingles ; — 1 morceau de cire ; — 1 bougie filée ; — 1 crayon ; — 10 aiguilles à coudre ; — 1 paquet de 2 grammes d'émétique (par paquet de 1 gramme); — 1 paquet de 4 grammes de sulfate de quinine (par paquets de 2 décigrammes) ; — 1 briquet à frottement ; — 1 rouleau de sparadrap ; — 1 morceau d'agaric de chêne ; — 1 peloton de fil gris ; — 1 paquet de bouchons de rechange pour les flacons.

Cet appareil complet est d'une grande utilité dans les manœuvres et dans les marches à l'intérieur ; il est encore plus nécessaire en campagne dans les circonstances où les cantines d'ambulances ne seraient pas à portée des médecins d'un corps. Le linge et les instruments suffisent pour panser trois plaies de tête, une plaie de poitrine, et faire une amputation de bras ou de jambe, ou pour panser environ vingt blessures légères.

Les chefs de corps désigneront la place que devra occuper dans les marches et aux exercices, l'homme chargé de porter le sac d'ambulance, afin qu'il soit toujours aussi près que possible du médecin. (*Note ministérielle du* 22 *décembre* 1839.)

Aux objets contenus dans le sac d'ambulance, la note ministérielle du 8 mars 1840 a ajouté une *petite seringue en étain* n° 2, modèle Charrière, de la contenance d'un décilitre, à piston double, avec une canule portant des oreilles, partie en étain, partie en maillechort, et une autre canule droite en gomme élastique, à olive, montée sur une pièce conique en étain.

Cette petite seringue peut être employée pour débarrasser les voies aériennes des mucosités plus ou moins épaisses dont elles sont ordinairement encombrées dans les cas d'asphyxie par submersion. On peut également en faire usage dans les cas d'empoisonnement, en y adaptant une sonde œsophagienne qui la met en état de servir de pompe aspirante et foulante, pour vider l'estomac des matières qui y seraient contenues.

Les *sacoches d'ambulance* pour les régiments de cavalerie, dont le poids est de sept kilogrammes également répartis, sont en cuir noir de vache corroyé, et renferment la trousse des instruments de chirurgie ainsi que deux coffrets en veau corroyé, avec compartiments en vache étirée, dans lesquels sont placés les médicaments et objets de pansement dont le détail suit :

Objets contenus dans la sacoche de droite.—Une trousse contenant les instruments de chirurgie désignés dans les notes du 22 décembre 1839 et 8 mars 1840.—Les autres objets complétant ce matériel sont ceux ci-après :

Dans la sacoche de droite.—Un coffret renfermant : 2 attelles moyennes ;—1 flacon bouché au liége, contenant 22 grammes de laudanum de Sydenham ; — 1 flacon, bouché à l'émeri, contenant 18 grammes d'ammoniaque liquide ; — 1 flacon bouché au liége, contenant 30 grammes d'huile d'olive ;—1 flacon, bouché à l'émeri, contenant 35 grammes d'éther sulfurique alcoolisé ; — 1 flacon, bouché au liége, contenant 60 grammes d'alcool camphré ; — 1 paquet de 2 grammes d'émétique (par paquets de 1 décigramme);—1 paquet de sulfate de quinine (par paquets de 2 décigrammes) ; — 1 morceau de cire ;— 1 paquet de bouchons de rechange pour les flacons ; — 1 tire-bouchon ;—1 briquet à frottement ;—1 peloton de fil gris ;—1 ventouse; —1 éponge ;—50 épingles ;—1 morceau d'agaric de chêne ;—1 rouleau de sparadrap ;—1 bougie filée ;—1 timbale en étain ;—6 feuilles de taffetas d'Angleterre (sparadrap à l'ichthyocolle);—10 aiguilles à coudre.

Dans la sacoche de gauche.—Un coffret renfermant : 5 petites feuilles de coton cardé, de 23 centimètres de largeur sur 20 centimètres de longueur (pour servir de charpie);—250 grammes de charpie de toile; —14 compresses en tissu de coton ;—7 compresses en toile ;—1 bandage de corps en toile ; — 11 bandes roulées en tissu de coton (différentes largeurs);—5 bandes roulées en toile (différentes largeurs);— 3 serre-tête en tissu de coton (différentes grandeurs);— 1 cuvette en fer-blanc ; — 1 pièce de ruban de fil (2 centimètres 8 millimètres de large);—1 portefeuille ;—1 plume ;—1 crayon.

Les sacoches, placées de chaque côté du cheval, sont attachées au troussequin de la selle (ancien ou nouveau modèle), au moyen d'une traverse double, en cuir, avec deux anneaux et supports composés de deux courroies à doubles pointes. — Les coins de la schabraque, garnis de cuir en dessous, étant relevés en voûte, forment, conjointement avec la couverture du cheval, une espèce de coussinet sur lequel portent les saccoches, et qui préserve les flancs du cheval de leur contact. Une courroie avec boucle est destinée à fixer chaque sacoche au surfaix, et à empêcher qu'elle ne détériore la besace et le porte-manteau.

Si, à la longue, la sacoche du côté gauche se détériorait par le frottement du sabre, il serait facile d'y remédier par l'addition d'une patelette de cuir que l'on fixerait, à volonté, par le moyen de boucles ou de boutons au côté latéral de la sacoche exposé au frottement.

Enfin, si l'on s'apercevait, après quelques jours de marche, d'un frottement sensible sur les flancs du cheval, on pourrait également y remédier en cousant après la doublure de la schabraque un morceau de couverture de laine, simple ou double, qui ne serait pas visible à l'œil et garantirait suffisamment les flancs du cheval.

Les chefs de corps désigneront la place que devra occuper dans les marches et aux manœuvres le cavalier aux soins de qui les sacoches seront confiées, afin qu'il soit toujours aussi près que possible du médecin.

A la suite de l'inspection générale de 1841, le Ministre a été appelé à statuer sur les questions suivantes : 1° si un cavalier doit être spécialement chargé du transport des sacoches d'ambulance ;—2° si ce cavalier restera à la disposition du médecin, et s'il sera dispensé de tout autre service ;—3° enfin, s'il ne devrait pas être débarrassé d'une partie de ses armes.

Après avoir examiné ces différentes questions, le Ministre a reconnu qu'il convient de laisser aux chefs de corps le soin de régler, suivant les besoins du moment, comment et par qui le transport des sacoches doit être effectué en campagne ou en route, le régiment étant réuni ou divisé ; mais que, dans tous les cas, le cavalier chargé de ce soin devra rester soumis à toutes les obligations du service et à l'autorité de ses chefs naturels lorsque, le corps étant arrivé à son étape, il aura remis à qui de droit les objets confiés à sa garde. (*Décision ministérielle du 8 juillet* 1842.)

La note ministérielle du 13 avril 1844, relative aux secours à donner aux asphyxiés, ajoute aux sacs et sacoches d'ambulance :

1° Un peignoir très-long en molleton blanc surmonté d'un capuchon de même étoffe ; 2° un frottoir en serge; 3° deux gants en crin noir ; 4° un exemplaire de l'instruction du Conseil de santé des armées du 14 février 1840 sur les secours à donner aux asphyxiés.

Ces objets, réunis à ceux que contiennent déjà les sacs et sacoches d'ambulance, ont été jugés indispensables par le Conseil de santé des armées, pour administrer des secours aux asphyxiés par submersion. — Le peignoir, le frottoir et les gants sont renfermés dans un étui en coutil rayé, simulant le rouleau contenant la capote du soldat. Cet étui sera substitué sur le sac d'ambulance à celui qui contient les instruments de chirurgie lorsque les troupes iront au bain. Dans les corps de cavalerie, la sacoche de gauche, en enlevant le coffret qu'elle contient, pourra recevoir les nouveaux effets.

13

La décision ministérielle du 15 avril 1848 dispose que le chloroforme fera partie de l'approvisionnement pharmaceutique des sacs et sacoches d'ambulance, à raison de 60 grammes par sac ou par paire de sacoches. Un exemplaire de la note du Conseil de santé sur les précautions et les règles générales qui doivent présider à l'usage du chloroforme, doit être placé dans le sac ou les sacoches, à l'instar de ce qui se pratique pour l'instruction relative aux asphyxiés. Ces nouveaux objets de secours doivent être ajoutés à l'inventaire qui doit toujours être placé dans les sacs ou sacoches d'ambulance.

Les sacs et sacoches d'ambulance et la petite seringue à ajouter sont confectionnés par M. Charrière, fabricant d'instruments de chirurgie, rue de l'École-de-Médecine, n° 6, à Paris ; le prix d'achat, la dépense de renouvellement et d'entretien de tout ce matériel sont supportés par la masse générale d'entretien.

Les régiments d'artillerie doivent avoir un sac d'ambulance et deux paires de sacoches ; les escadrons du train des équipages ont chacun une paire de sacoches.

Dans les corps de troupes, les médecins-majors et aides-majors sont responsables, sauf leur recours contre qui de droit, des sacs et sacoches d'ambulance et de leur contenu. (*Instruction ministérielle du 26 février* 1859, *art.* 23.)

V. *Cantines régimentaires d'ambulance.* — Les corps de troupes doivent être pourvus, au moment d'entrer en campagne, de cantines régimentaires, à raison d'une paire de cantines par bataillon ou par escadron.

Des mulets sont accordés pour le transport des effets d'ambulance (*Arrêté ministériel du* 23 *mars* 1858), et l'instruction du 21 mars 1859 a réglé la forme et les dimensions des bâts et cantines, ainsi que la composition du chargement de ces dernières en effets d'ambulance. (*Voir la nomenclature C'.*)

Il est pourvu à l'achat de l'approvisionnement de ce matériel au moyen d'un fonds de première mise alloué pour cet objet au moment de l'entrée en campagne. Le service des hôpitaux fournit les caisses d'instruments de chirurgie.

L'approvisionnement des cantines est renouvelé, suivant les besoins, d'après les ordres des intendants, au moyen des ressources existant dans les magasins des hôpitaux. (*Règlement du* 1er *avril* 1831 *art.* 1084 *et* 1085.)

VI. *Bibliothèque médicale régimentaire.* — Par arrêté ministériel du 15 septembre 1841, il doit être adressé, pour les archives des corps de troupes dont l'organisation comporte un ou plusieurs médecins militaires, un exemplaire des *Mémoires de médecine, de chirurgie et de pharmacie militaires.* Cet exemplaire doit être inventorié et conservé pour être communiqué toutes les fois qu'ils en font la demande aux officiers de santé.

Un exemplaire de l'*Extrait du Manuel des pensions* doit être mis à la disposition des officiers de santé. Les diverses notes et instructions qui leur sont envoyées par le Ministre de la guerre doivent être soigneusement conservées et tenues en ordre.

Le *Formulaire pharmaceutique des hôpitaux militaires* fait également partie de la bibliothèque régimentaire, et en cas de mutation, le médecin chef de service est tenu de le remettre à son successeur. (*Décision ministérielle du 11 novembre* 1839.)

Enfin les officiers de santé doivent recevoir communication des dispositions insérées au *Journal militaire* qui concernent leur service. (*Instruction sur les inspections médicales.*)

VII. *Médicaments et denrées médicinales.* — La nomenclature des médicaments (*Voir la nomenclature* A) qui, à l'exclusion de tous autres, doivent être consommés dans les infirmeries régimentaires, a été arrêtée par la note ministérielle du 31 janvier 1857, modifiée par celle du 9 mars 1860 qui y a ajouté les médicaments nécessaires pour le traitement de la syphilis, et celle du 9 décembre 1860, qui a substitué l'hydrolé de sulfate de quinine aux pilules employées dans les infirmeries.

Les infirmeries ne doivent pas être constamment approvisionnées de toutes les substances mentionnées dans cette nomenclature. Ce cadre a seulement pour objet d'indiquer celles de ces substances que les médecins des corps sont autorisés à demander au fur et à mesure que la nécessité d'en faire usage se présente pour le traitement des maladies indiquées dans la nomenclature nº 2 de la statistique médicale.

Il est expressément recommandé aux officiers de santé de s'attacher, autant que possible, à faire usage, de préférence, des substances les moins chères et des préparations les plus simples ; à faire récolter, en saison convenable, les plantes qui croissent dans la localité où ils se trouveront ; à ne demander qu'en petite quantité celles qui ne s'emploient qu'à faible dose ou dont la conservation est difficile, savoir :

L'acide nitrique, le sublimé corrosif, l'extrait gommeux d'opium, la liqueur d'Hoffmann, le miel rosat, le nitrate d'argent cristallisé, le sparadrap, la teinture d'iode et celle d'opium ; enfin à ne négliger aucune des précautions indiquées par l'expérience pour la conservation de quelques-uns de ces médicaments, et notamment du sparadrap, du diachylon gommé, qui, lorsqu'on le laisse exposé à l'air libre, se dessèche, se fendille, s'écaille et devient impropre à l'usage auquel il est destiné. Le meilleur moyen de prévenir cette altération consiste à enrouler le sparadrap dans une petite feuille de papier huilé.

On rappelle également aux médecins des corps les dispositions de la note ministérielle du 26 février 1842, relative à la préparation et à l'emploi d'une nouvelle espèce de cataplasme.

13.

D'après l'avis du Conseil de santé, on recommande à leur prudente expérimentation, dans le traitement des gonorrhées, l'emploi des bols composés selon la formule suivante, qui paraissent avoir été administrés avec succès : prendre goudron et alun parties égales; poudre de réglisse, suffisante quantité, pour faire des bols de 3 décigrammes qu'on administre à la dose de 2 à 4 grammes par jour, après avoir employé, s'il y a lieu, les antiphlogistiques, comme dans les méthodes ordinaires. (*Note du* 19 *août* 1843.)

Des expériences ayant été faites au sujet de l'emploi d'une nouvelle espèce de cataplasme, le Conseil de santé des armées, à qui les résultats de ces expériences ont été soumis, a été d'avis : 1° que le cataplasme préparé avec le mucilage de graine de lin et le son peut être introduit avec avantage dans la thérapeutique militaire ; 2° que l'on ne doit pas, toutefois, lui donner dans le service des hôpitaux militaires une préférence absolue et exclusive sur les préparations de même nature; mais que, dans les ambulances, les établissements temporaires et les infirmeries régimentaires, il convient de n'employer à l'avenir que le cataplasme dont on donne ici la formule :

« Prendre 1 partie et demie de semences de lin entières, 3 parties et demie de son, dit recoupette, et 24 parties d'eau; faire macérer pendant deux heures la graine de lin dans l'eau à une température de 60 à 80° centigrades; élever ensuite cette température au degré de l'ébullition, puis ajouter peu à peu la recoupette en agitant et laissant évaporer jusqu'à homogénéité parfaite et consistance convenable. »

Deux conditions sont essentielles à la réussite de l'opération : 1° l'emploi d'un son qui contienne encore une certaine quantité de farine; celui connu dans le commerce sous le nom de recoupette convient parfaitement; 2° l'usage d'une bassine plate et évasée. La semence de lin se ramollissant par l'effet de la macération et de l'ébullition, elle peut rester, sans inconvénient, mêlée au son dans le cataplasme; il serait d'ailleurs trop difficile de la séparer du *maceratum*, vu l'extrême viscosité de celui-ci. Le mucilage de graine de lin s'altérant avec d'autant plus de promptitude qu'il est plus dense et que la température ambiante est plus élevée, le cataplasme dont il s'agit doit être renouvelé toutes les 24 heures, dans les contrées chaudes surtout; au delà de ce terme, il passerait à la fermentation acide, puis putride. (*Note ministérielle du* 28 *février* 1845.)

Parmi les additions assez nombreuses faites à l'ancienne nomenclature, dont on a, en revanche, retranché quelques articles, on remarquera le *sulfate de quinine*, qui, désormais, peut être employé dans tous les corps de troupes indistinctement. Toutefois, la quantité de cette substance à accorder, par trimestre, pour l'infirmerie d'un régiment, en sus des 4 grammes dont se trouve pourvu chaque sac ou paire de sacoches d'ambulance, ne doit pas excéder 12 grammes, délivrés sous forme de pilules de 1 décigramme chacune. Et par la fixation de cette limite, ainsi posée par le Conseil de santé des armées, il reste bien entendu qu'il ne sera fait usage de la médication quinique, dans les corps de troupes de l'intérieur, qu'avec toute la réserve possible et en tenant scrupuleusement compte des observations que renferment, à ce sujet, les notes ministérielles des 23 mars 1849 et 4 janvier 1851, rédigées d'après les vues de ce Conseil, et où il est dit : « Plusieurs médecins ont rapporté d'Afrique une propension trop « prononcée à voir le cachet intermittent dans un certain nombre « d'affections ; et, surtout, là où ce cachet existe réellement, à pre- « scrire le sulfate de quinine et à le prescrire à doses élevées. Non- « seulement ces doses pourraient être presque toujours réduites, mais, « lorsqu'il s'agit de fièvres intermittentes anciennes, sujettes à récidives, « il peut assez souvent suffire, et il est même quelquefois préférable « d'employer d'autres médicaments, tels que les boissons amères, et, « entre autres, la décoction de petite centaurée. D'un autre côté, les « fièvres intermittentes de première invasion, propres au climat de « France, sont, dans certaines localités, très-légères, à tel point « qu'elles peuvent être guéries, non-seulement sans sulfate de qui- « nine, mais par le simple changement de conditions hygiéniques « qui résulte du passage de la caserne à l'hôpital. Lorsqu'une médi- « cation active est nécessaire, il en est plusieurs dans lesquelles la « quinine n'entre point, et dont l'expérience a néanmoins consacré « l'efficacité : telles sont, par exemple, la potion de Peysson, les pré- « parations ferrugineuses, etc. »

La restriction dont il s'agit sera levée à l'égard des corps stationnés en Algérie, dont les dépôts sont en France. Il en sera de même pour les régiments qui reviennent d'Algérie ou d'Italie ; seulement, dans ce dernier cas, l'autorisation de sortir de la limite susindiquée n'excédera pas la durée de six mois, à dater du jour du débarquement. (*Note ministérielle du 31 janvier* 1857, *art.* 10.)

La position toute spéciale dans laquelle se trouvent les corps en Algérie et la nécessité d'y traiter, à la chambre ou sous la tente, des hommes atteints d'affections qui réclament impérieusement l'usage du sulfate de quinine, exigent que les médecins puissent, dans ces circonstances, demander de ce médicament les quantités qu'ils jugeront devoir leur être nécessaires. Mais il n'y sera employé que la *forme pilulaire* à l'exclusion de toute autre, et les demandes adressées aux hôpitaux seront formulées en conséquence (*note ministérielle du 22 juin* 1854). Ceux-ci, de leur côté, aux termes du paragraphe 5 de la circulaire du 16 mars 1842 et conformément au paragraphe 24 de celle du 29 janvier 1853, ne délivreront aux corps que des pilules tirées du dépôt d'Alger et contenues dans des étuis de fer-blanc revêtus d'une étiquette portant ces mots : DÉPÔT DE PHARMACIE D'ALGER : 10 *grammes de sulfate de quinine en* 100 *pilules,* et signée du pharmacien comptable dudit dépôt.

Les états mensuels de consommation de ce sel, prescrits par la note ministérielle du 4 janvier 1851, continueront, comme par le passé, d'être envoyés au Ministre (*Bureau des Hôpitaux*). Sont dispensés toutefois de se conformer à cette disposition, les corps soumis aux conditions énoncées dans le paragraphe 1er de l'art. 10 ci-dessus. (*Id., art.* 11.)

Depuis le 1er janvier 1861, le sulfate de quinine demandé pour les infirmeries des corps de troupes de l'intérieur et de l'Algérie a cessé d'être délivré sous forme de pilules, et, aux termes de la décision ministérielle du 9 décembre 1860, cette préparation doit être réservée pour les besoins du service des troupes en campagne.

Pour les dites infirmeries, il est substitué aux pilules l'emploi d'une solution (hydrolé) titrée au 10e, c'est-à-dire que 10 centimètres cubes de cette solution renferment un gramme de sulfate de quinine.

Afin de faciliter la distribution et le dosage de la solution de sulfate de quinine, un verre gradué en centimètres cubes sera délivré, par le service des hôpitaux, à toutes les infirmeries qui en feront la demande par voie régulière.

VIII. *Objets de pansement.*—Sous ce titre nous réunissons le linge à pansement et les bandages herniaires.

Le linge à pansement comprend : 1° les bandes roulées en toile de chanvre ou de coton ; 2° le grand linge ; 3° le petit linge (linge préparé, compresses assorties), et 4° la charpie de fil de chanvre ou de filasse épurée (*Nomenclature du tarif d'ordre du mobilier des hôpitaux*).

Aux termes des dispositions renfermées dans les notes du 16 novembre 1842 et du 21 juin 1844, les bandages herniaires doivent être délivrés par le service des hôpitaux aux militaires (sous-officiers et soldats) traités dans les hôpitaux, voyageant isolément ou présents à leur corps. Les bandages délivrés à titre de première mise ou en remplacement d'objets usés et représentés, sont distribués gratuitement, au compte du service des hôpitaux ; si les bandages usés ne sont pas représentés, la valeur de ceux qui sont distribués est imputée sur la masse individuelle.

La note du 16 novembre 1842 recommande aux sous-intendants militaires de veiller à ce que les hommes qui réclament des bandages ne soient pas hospitalisés pour ce seul motif. Les officiers de santé ne doivent donc délivrer de billet d'hôpital aux hommes atteints de hernies qu'autant que leur état exigerait un traitement médical, et, dans le cas contraire, c'est-à-dire de hernies simples et faciles à contenir, ils doivent se borner à leur délivrer des bons avec lesquels les militaires se présentent à l'hôpital pour recevoir les bandages dont ils ont besoin. (*Note ministérielle du 8 novembre* 1851.)

Mode d'approvisionnement.—Le mode d'approvisionnement des médicaments, denrées, objets de pansement et ustensiles nécessaires aux infirmeries, a été réglé par les notes ministérielles des 31 janvier 1857 et 9 décembre 1860.

D'après lesdites notes il est entendu que tous les corps de troupes tireront indistinctement à l'avenir du service des hôpitaux, non-seulement tous les médicaments, mais même les ustensiles et les objets de pansement qui leur sont nécessaires, en se renfermant toutefois dans les termes de la nomenclature.

En dehors de la nomenclature, aucun médicament, ustensile ou objet quelconque, ne peut être délivré par le service des hôpitaux ni acheté dans le commerce sans l'autorisation préalable du Ministre.

A défaut d'hôpital militaire dans le lieu où les corps de troupes tiennent garnison les médecins-majors s'approvisionnent auprès de l'établissement hospitalier le plus voisin.

Les corps stationnant à Paris, à Marseille et à Alger, ou dans les environs de ces trois places, au lieu de recourir aux pharmacies des hôpitaux, doivent adresser *trimestriellement* leurs demandes pour Paris, à la pharmacie centrale des hôpitaux militaires, pour Marseille, à la réserve, et, pour Alger, au dépôt des médicaments.

En ce qui concerne spécialement les objets de pansement, la réserve s'approvisionnera à l'hôpital de Marseille, la pharmacie centrale au magasin central des hôpitaux militaires, et le dépôt d'Alger au magasin de réserve de cette place.

Lorsque le service des hôpitaux se trouve dépourvu de l'un ou de plusieurs des objets portés sur les demandes des officiers de santé, l'achat en est effectué dans le commerce de la place, et sur l'autorisation du fonctionnaire de l'intendance par les soins de l'officier comptable.

Les demandes doivent parvenir aux hôpitaux expéditeurs dans les premiers jours du mois qui précède chaque trimestre de l'année, c'est-à-dire au commencement de décembre, pour la demande du 1er trimestre; au commencement de mars pour celle du 2e trimestre, et ainsi de suite pour les deux autres.

Ces demandes ne sont renouvelées que trimestriellement, à moins de *besoins extraordinaires et urgents,* qui nécessiteraient, pendant le cours du trimestre, l'envoi d'une *demande supplémentaire.*

Les demandes trimestrielles de médicaments formées par les officiers de santé des corps de troupes à cheval pour le besoin du service des infirmeries régimentaires doivent être jointes à celles des vétérinaires, dont elles restent toutefois distinctes pour être remises simultanément.

Les états de demandes établis par les officiers de santé doivent être visés, par le major du corps ou par le commandant du détachement, et revêtus ensuite d'un *vu bon à délivrer* du sous-intendant militaire chargé de la surveillance administrative de l'hôpital militaire d'où l'on tire les médicaments et objets de pansement demandés.

Il est expressément recommandé aux médecins, lorsqu'ils établiront leurs demandes, d'observer exactement, dans l'énumération des objets, l'ordre et les dénominations indiqués par la nomenclature. L'omission de ce soin aurait pour résultat de déterminer la radiation, par l'intendant, de substances médicamenteuses réellement portées sous un autre nom dans la nomenclature, mais dont la synonymie est étrangère à l'autorité administrative, chargée d'exercer sur la régularité de ces pièces un contrôle accessoire.

L'indication, selon le cas, du poids, de la mesure, ou du nombre des objets demandés, devra être également portée sur les états d'une manière très-exacte.

Les médecins des corps de troupes doivent, dans leurs prescriptions, s'attacher, autant que possible, aux préparations les plus simples. Ils ne doivent pas élever leurs approvisionnements en médicaments au delà des besoins présumés d'un trimestre.

Afin de guider, pour l'établissement de leur état de demande, ceux de ces officiers de santé qui ne seraient pas encore habitués à apprécier, dans une mesure convenable, l'étendue de leurs besoins, on a indiqué, dans la nomenclature, à titre de renseignement, et après étude faite des consommations moyennes d'un certain nombre d'infirmeries, les quantités de chaque substance qui sont approximativement nécessaires pour l'infirmerie d'un régiment d'infanterie, pendant trois ou quatre mois.

IX. *Objets de bureau.* — Ils comprennent non-seulement les registres et les imprimés réglementaires, mais encore les papiers à états et ordinaires, et les autres objets et matières diverses nécessaires à la tenue des écritures.

Les frais d'achat de ces registres, ainsi que les menus frais de bureau ont pendant longtemps été à la charge des médecins du corps ; la décision ministérielle du 9 juillet 1853 porte qu'à l'avenir les frais de bureau des officiers de santé des corps de troupes, ainsi que l'achat des registres qui leur sont nécessaires seront supportés par la 2e portion de la masse générale d'entretien.

Quant aux imprimés réglementaires dont l'exécution du service de santé réclame l'usage, comme les billets d'hôpital, les certificats de santé et de bonne conduite, les certificats de visite et de contre-visite, les congés de convalescence, ils doivent être réclamés au trésorier du régiment, qui est tenu de les fournir.

§ 3. — Chauffage, éclairage et blanchissage.

Les articles 311 et 313 de l'ordonnance royale du 25 décembre 1837 portant règlement sur la solde et les revues, déterminent le droit des infirmeries régimentaires au chauffage, soit pour la préparation des tisanes, soit pour le chauffage des locaux en hiver ; et dans l'instruction sur le service du chauffage et de l'éclairage du 29 juin 1840, on trouve les dispositions suivantes :

I. *Préparation des tisanes.* — Les chefs de corps prélèvent, sur la distribution générale *des rations de l'ordinaire* (fournitures destinées à la cuisson des aliments) des caporaux ou brigadiers et soldats, une certaine quantité de combustible destinée tant aux besoins de l'infirmerie régimentaire pour la préparation des tisanes qu'à ceux des hommes mariés les plus nécessiteux. Ce prélèvement ne peut, dans aucun cas, s'élever à plus de deux kilogrammes de bois ou d'un kilogramme de charbon par ration, pour les allocations afférentes aux foyers à une marmite, et à plus de quatre kilogrammes de bois ou deux kilogrammes de charbon par ration, pour les allocations concernant les foyers à double marmite.

Le taux des rations de l'ordinaire est le même en été qu'en hiver.

II. *Chauffage des salles de l'infirmerie.* — Il est alloué trois rations collectives de chauffage, dites *rations de chambre* pour le chauffage du petit état-major, de l'infirmerie régimentaire et des ateliers des corps dans l'intérieur et deux rations seulement pour le petit état-major, l'infirmerie et les ateliers des dépôts des régiments employés en Algérie ou hors de France et de bataillons de chasseurs à pied, de tirailleurs indigènes ou d'infanterie légère d'Afrique. Il est reconnu qu'une ration de chambre peut chauffer trois poêles, dont un est destiné à l'infirmerie.

Les distributions de chauffage des chambres en hiver pour les troupes casernées ont lieu, selon les localités, pendant trois, quatre ou cinq mois ; les localités auxquelles s'applique chacune de ces trois durées sont désignées sous le titre *de région chaude, région tempérée, région froide.*

Les allocations diffèrent par région. Ainsi, dans la région chaude la ration collective de chauffage des chambres est de 20 kilog. de bois et de 12 kilog. de charbon ; dans la région tempérée, de 25 kilog. de bois et de 15 kilog. de charbon ; dans la région froide, de 30 kilog. de bois et de 18 kilog. de charbon ; il est alloué en plus par ration trois fagots d'allumage pour le charbon de terre.

Comme on le voit, il n'est alloué qu'un tiers d'une ration de chambre pour un poêle à chauffer à l'infirmerie régimentaire. Cette allocation est toujours insuffisante quand les locaux se composent de plusieurs pièces, et que celles-ci sont considérables. La nécessité d'entretenir du feu pour des hommes malades et privés d'exercices corporels, au moins pendant la saison la plus rigoureuse, oblige alors aux économies que le corps est tenu de faire pendant les temps non rigoureux. Comme les chefs de corps ou commandants de détachements règlent la répartition intérieure du chauffage des chambres d'après les besoins résultant de l'assiette du casernement, ils peuvent prélever, sur cette réserve, la quantité de combustible nécessaire pour les besoins de l'infirmerie.

III. *Chauffage des bains.* — Quant au chauffage des bains, les règlements relatifs au service du chauffage actuellement en vigueur ne prescrivent aucune allocation de combustible. La question est à peine soulevée dans la circulaire ministérielle du 28 janvier 1839; et l'instruction du 11 décembre 1852 sur le traitement de la gale dans les corps de troupes, en rappelant que les prescriptions de cette circulaire doivent recevoir leur entière exécution en ce qui concerne le local destiné aux galeux et la salle des bains dans les infirmeries régimentaires, n'a point réglé d'allocation de combustible pour le chauffage des bains.

La circulaire du 28 janvier 1839 dispose, à la vérité qu'un *supplément de combustible pourra être accordé aux corps*, dans lesquels l'installation de l'infirmerie aura reçu l'extension prescrite; le principe des suppléments d'allocation est donc établi ; et comme, aux termes de l'instruction du 11 décembre 1852, *il importe que les prescriptions de la circulaire ministérielle du 28 janvier 1839 reçoivent leur entière exécution, en ce qui concerne le local destiné aux galeux et la salle des bains,* nous ne mettons pas en doute que les réclamations de supplément pour insuffisance de chauffage, à l'infirmerie ne soient toujours admises par les fonctionnaires de l'intendance, lorsqu'elles leur seront faites par les Conseils d'administration des corps.

L'allocation du combustible nécessaire pour la cuisson des aliments, la préparation des tisanes, le chauffage de l'eau pour les bains, etc., dans les infirmeries régimentaires organisées dans la place de Paris, a été fixée provisoirement par la décision ministérielle du 17 août 1840 (manuscrite), pour la saison d'été à 15 kilog. de bois par jour et en hiver sur le pied d'un corps de garde de 4me classe, savoir : 1° le petit hiver 21 kilog. de bois ; 2° le moyen hiver 32 kilog ; 3° le plein hiver 42 kilog.

VI. *Éclairage.* — L'éclairage de l'infirmerie n'a été fixé par aucune disposition réglementaire. La décision ministérielle du 26 août 1844, relative au matériel des infirmeries régimentaires à organiser pour les corps de la place de Paris, statue seulement que l'éclairage sera réglé conformément aux bases adoptées pour le casernement.

L'éclairage des bâtiments militaires est autorisé par le Ministre sur les rapports des intendants militaires appuyés des procès-verbaux dressés par les sous-intendants militaires de concert avec les commandants de place et les chefs du génie, pour constater la nécessité de l'éclairage, le nombre et la nature des becs de lumière. (*Art.* 71 *de l'instruction du 30 juin* 1856 *sur le service du casernement.*)

Les dépenses de l'éclairage des chambres sont supportées par les fonds de l'ordinaire dans chaque compagnie. Comme aucune disposition analogue ne peut être prise pour l'éclairage des chambres de l'infirmerie, nous croyons que l'on pourrait adopter la mesure de faire subvenir toutes les compagnies, chacune à son tour, aux frais de la fourniture nécessaire à l'éclairage de l'infirmerie régimentaire.

V. *Blanchissage.* — Le blanchissage des sarraux, des pantalons, du linge à pansements et des autres objets mis en usage à l'infirmerie est, avec d'autres dépenses accessoires, comme l'achat de balais, de cruches, etc., supporté par les fonds de la massse d'entretien des corps. Le mémoire de la blanchisseuse doit être signé par l'officier de santé, qui en certifie l'exactitude, et présenté ensuite au Conseil d'administration qui autorise, le trésorier à en payer le montant.

§ 4. — Régime alimentaire des hommes à l'infirmerie.

Les malades traités à l'infirmerie vivent à l'ordinaire de leur compagnie ; ils reçoivent les mêmes vivres que les hommes valides.

L'officier de santé peut seulement modifier leur régime sous le rapport de la quantité.

Pour les infirmeries de la place de Paris, les dispositions suivantes avaient été arrêtées :

Tous les malades traités à l'infirmerie vivront à un ordinaire commun et recevront les aliments prescrits par le médecin-major ; les militaires verseront à l'ordinaire, ainsi que cela a lieu pour les convalescents, toute la portion de la solde fixée dans chaque arme et dans les limites les plus larges des règlements en vigueur. Le sous-officier ou le caporal d'infirmerie tiendra le livret d'ordinaire : ce livret sera conforme au modèle adopté pour les compagnies. L'ordinaire sera fait par une cantinière désignée à cet effet par le chef du corps. La solde et les vivres réglementaires seront remis chaque jour au sous-officier ou caporal d'infirmerie par les soins des sergents-majors, sous la responsabilité des officiers de section et des commandants de compagnies. (*Décision ministérielle du 26 août* 1844.)

Ces mesures avaient été mises à l'essai dans le but d'installer le service sur des bases plus larges ; mais, soit que la mise à exécution ait présenté des difficultés pour l'appliquer dans certaines localités, ou que les avantages à en retirer ne fussent pas considérables, jamais ces dispositions n'ont été généralisées ni réglementées.

§ 5. — Service médical et administratif de l'infirmerie.

Le médecin-major est tenu de traiter à l'infirmerie les maladies légères, les maladies vénériennes et cutanées simples. Il propose au lieutenant-colonel les mesures nécessaires pour l'organisation, l'entretien et la police de l'infirmerie. (*Art.* 57 *de l'ordonnance du 2 novembre* 1833 *sur le service intérieur.*)

La nomenclature des maladies (n° 2 de la statistique médicale, *voir à la fin du volume*) qui peuvent être traitées dans les infirmeries a été arrêtée par la décision ministérielle du 30 octobre 1839. D'après l'avis du Conseil de santé, la syphilis a été ajoutée aux maladies de cette nomenclature, et la note ministérielle du 9 mars 1860 prescrit à ce sujet les dispositions suivantes :

1° Dans les garnisons privées d'hôpitaux militaires, les sous-officiers et soldats atteints de syphilis, quelle qu'en soit la forme, pourront être admis et traités à l'infirmerie, sous la condition expresse que l'installation actuelle des locaux y permettra l'exécution des mesures de police et de surveillance auxquelles ces sortes de malades doivent être soumis ;

2° Dans les places dépourvues d'hôpitaux militaires, et dans les garnisons quelconques où l'infirmerie régimentaire ne présentera pas à un degré suffisant les conditions d'installation susindiquées, il sera procédé, à l'égard des vénériens, comme par le passé. (*Circulaire du 28 janvier* 1839.)

Il est expressément interdit aux officiers de santé de faire entrer ou de maintenir à l'infirmerie régimentaire les hommes qui seraient atteints d'affections que leur gravité a fait exclure de la dite nomenclature.

Le comité de la guerre et de la marine ayant appelé l'attention du Ministre sur la fréquence des pensions attribuées à des militaires amputés par suite d'accidents consécutifs à des entorses du pied résultant d'un service commandé, le Ministre a cru devoir, à cette occasion, inviter le Conseil de santé à préparer une instruction ayant pour but de faire ressortir la gravité que peuvent avoir les suites des entorses et d'indiquer les précautions à prendre pour éviter ces suites fâcheuses. Le Conseil de santé a, en conséquence, rédigé la note suivante (6 *juin* 1848) :

Le conseil d'État (Comité de la guerre et de la marine), à l'occasion de l'examen auquel il se livre au sujet des propositions de pension présentées en faveur des militaires qui ont subi l'amputation de l'un des deux membres inférieurs, a fait les observations suivantes :

En de nombreuses circonstances, des entorses éprouvées dans des événements de guerre, ou dans un service commandé, entorses qui, dans les premiers moments, avaient paru n'avoir que peu de gravité, ont, plus tard, nécessité un long séjour dans les hôpitaux, et, enfin, rendu nécessaire de recourir à l'amputation d'un membre pour conserver la vie des militaires qui les avaient éprouvées ; et les documents produits ont fait reconnaître que, dans la plupart des cas, ces militaires n'avaient point été, aussitôt après l'accident, transportés dans les infirmeries, ou qu'ils avaient trop promptement repris leur service. Ces fâcheux résultats ont le double et regrettable effet d'affaiblir l'armée et de grever le Trésor de l'État de pensions auxquelles l'impossibilité où ces militaires sont de pourvoir à leur subsistance leur ouvre des droits.

Le Conseil de santé, auquel ces remarques ont été communiquées par le Ministre, doit appeler sur elles toute l'attention des officiers de santé chefs de service, soit dans les corps de troupes, soit dans les hôpitaux.

Le Conseil ne méconnaît pas que l'entorse du pied est un accident très-fréquent parmi les militaires, et que, même dans la vie commune, malgré les soins les mieux entendus, elle peut avoir les suites les plus graves à raison de la constitution ou d'autre prédispositions des sujets.

Mais ce sont précisément ces conditions, par elles-mêmes déjà si défavorables, qui exigent que cet accident soit traité méthodiquement dès le début et jusqu'à l'époque où les hommes qui en sont atteints pourront reprendre leur service. Ces principes, parfaitement établis dans la science, sont également répandus, le Conseil se plaît à le reconnaître, parmi les officiers de santé militaires appelés à les mettre en pratique. Il ne peut donc, sur ce point, qu'exprimer l'assurance que ceux-ci continueront, autant qu'il dépendra d'eux, de s'en montrer pénétrés. Il doit, toutefois, rappeler que les moyens de traitement essentiellement consacrés par l'expérience sont : les réfrigérants, la compression au moyen du bandage inamovible et le repos prolongé.

Mais souvent, pour des motifs divers, soit insouciance, soit zèle exagéré ou désir de se soustraire à l'ennui du séjour à l'hôpital et à la contrainte du traitement, les militaires atteints d'entorse du pied s'abstiennent de réclamer immédiatement les soins des médecins placés près d'eux, ou, dans le cours du traitement, ils annoncent une amélioration qui n'existe pas réellement et inspirent aux officiers de santé une sécurité funeste. Ce sont des abus qu'il est de la plus grande importance de prévenir. A cet effet, les officiers de santé des corps de troupes devront particulièrement employer toute leur vigilance, afin d'être immédiatement avertis lorsque des militaires éprouveront des accidents de cette nature, et, indépendamment de leur action personnelle, ils invoqueront, dans ce but, l'autorité des chefs de corps. Pendant le cours du traitement, eux ou les officiers de santé des hôpitaux, se tiendront en garde contre les assurances prématurées d'amélioration ou de guérison que ces militaires pourront leur donner, et ils s'efforceront de les éclairer sur les dangers auxquels ils s'exposeraient en reprenant trop tôt leur service. Enfin, après la sortie de l'infirmerie ou de l'hôpital, les médecins des corps surveilleront exactement pendant un temps suffisant et par tous les moyens à leur disposition les hommes dont il s'agit, afin d'être toujours en mesure d'arrêter, dès le début, le développement ou le retour d'accidents consécutifs.

Les soins pris en exécution de la présente note seront, lorsqu'il y aura lieu, l'objet d'une mention spéciale, précise et suffisamment détaillée dans les rapports que les officiers de santé chefs de service doivent, aux termes de la note ministérielle du 13 avril 1844, adresser tous les trois mois au Conseil de santé des armées.

Les hommes qui se présentent aux visites journalières atteints seulement d'indispositions légères ou d'affections douteuses, reçoivent des exemptions de service et les moyens de traitement dont il leur est facile de faire usage à la chambre. Les exemptions doivent être de plusieurs sortes : les unes donnent droit au repos absolu, les autres dispensent de certaines parties du service, des manœuvres ou des exercices, des corvées pénibles, de monter à cheval, des promenades militaires, etc. — Tout homme exempté étant consigné à la caserne ou au quartier, on doit veiller à ce que les cantines lui soient interdites.

Les exemptions de service ne doivent jamais être données pour plus de quatre jours. (*Art.* 58 *de l'ordonnance du 2 novembre* 1833.)

On est dans l'habitude aujourd'hui, dans les corps de troupes, de ne donner que des exemptions d'un jour seulement, sauf à les renouveler aux visites suivantes. Lorsque les malades sont visités tous les jours, la surveillance est plus exacte et les soins sont aussi plus réguliers.

La visite de l'officier de santé au quartier doit être faite tous les matins avant le rapport. Les hommes qui réclament ses soins ou ceux qui sont rentrés la veille des hôpitaux, de convalescence ou de permission lui sont présentés, autant que possible, par le sergent de semaine, sinon par le caporal de semaine qui lui remet la liste des malades (noms et numéros des chambres) établie par le sergent-major. Il reçoit de l'officier de santé les billets d'entrée à l'hôpital ou à l'infirmerie et les exemptions de service ou d'instruction.

L'usage de ces billets, dont la prescription est faite dans l'ordonnance du 2 novembre 1833 sur le service intérieur, présente des inconvénients qui ont été reconnus à peu près dans tous les corps ; ils peuvent être facilement perdus, et les observations du médecin restent alors ignorées et sans exécution. On les a avantageusement remplacés par de petits livrets semblables à ceux du soldat, et sur lesquels se trouvent inscrits dans autant de colonnes séparées le numéro matricule, le nom, les renseignements fournis par la compagnie, le genre de maladie (indiqué seulement par l'une des lettres F. B. V. G.), la nature et la durée de l'exemption ou l'entrée à l'hôpital ou à l'infirmerie. La colonne des observations fournies par la compagnie est nécessaire pour éclairer l'officier de santé sur la moralité de l'homme et les causes présumées de l'indisposition ou de la maladie dont il se déclare atteint ; elle est utilement ajoutée à côté de la colonne d'observations faite par le médecin ; et ainsi établi, ce livret, lorsqu'il est conservé avec soin, peut donner ultérieurement des renseignements exacts sur chaque homme, au point de vue sanitaire.

Les malades traités à l'infirmerie doivent être séparés entre eux par nature de maladie.

Les malades atteints de gale doivent toujours être isolés, et le Ministre, sur l'avis du Conseil de santé, a décidé (11 décembre 1852) que le traitement des galeux serait exécuté dans les corps de troupes d'après les indications suivantes :

A. *Local et matériel.* — Aucun cas de gale simple, invétérée ou compliquée, ne devant plus être traité dans les hôpitaux, à moins de lésions concomitantes qui, par elles seules, motivent réglementairement l'envoi à l'hôpital, il importe que les prescriptions de la circulaire ministérielle, du 28 janvier 1839, reçoivent leur entière exécution en ce qui concerne le local destiné aux galeux et la salle des bains dans les infirmeries régimentaires. Des mesures seront prises pour qu'une baignoire, au moins, soit mise à la disposition de toutes les infirmeries de régiment et de bataillon, pour l'usage exclusif des galeux. Pour les bataillons détachés qui n'ont point d'infirmerie, comme pour toutes les fractions de troupe composées au moins de deux compagnies, et qui ont un service de santé dirigé par un médecin militaire ou civil, même défense d'envoyer leurs galeux à l'hôpital ; ceux-ci seront traités au corps dans un local qui leur sera assigné, et qui sera pourvu d'une baignoire. Les détachements de moindre importance qui compteront des galeux, sont seuls autorisés à les faire traiter dans l'hôpital du lieu, et, s'il n'y existe point de moyens de traitement pour cette maladie, ils les dirigeront sur l'infirmerie du régiment.

B. *Méthode de traitement.* — Elle consistera uniformément, pour tous les cas de gale, dans l'emploi successif d'un bain savonneux de trois quarts d'heure, et de deux frictions *générales*, pratiquées chacune pendant vingt minutes, séparées par un intervalle de cinq à six heures. La première friction sera faite immédiatement au sortir du bain savonneux. Après la deuxième friction, les malades se laveront à l'eau tiède, ou, si les ressources de l'infirmerie le permettent, ils prendront un bain tiède. Le traitement est alors terminé ; sept à huit heures suffisent ; mais dans les circonstances ordinaires, et pour la facilité du service, les galeux coucheront une nuit à l'infirmerie ; le traitement durera donc dix-huit à vingt-quatre heures, excepté dans les cas d'urgence, où il sera procédé comme il sera dit plus loin.

Il ne sera employé, dans toutes les infirmeries et annexes destinées aux galeux, qu'une seule espèce de pommade : celle dite d'Helmérich, dont la formule est consignée au Formulaire des hôpitaux (axonge, 8, fleurs de soufre 2, carbonate de potasse 1). La dose, par friction, pourra varier entre quatre-vingts et cent grammes, suivant l'intensité de la gale. Il est accordé, par homme, soixante-dix grammes de savon noir pour le bain préparatoire.

C. *Mode et détails d'exécution.* — A leur entrée à l'infirmerie, les galeux se dépouillent de leurs vêtements, qui doivent être passés immédiatement à la soufrure ; ils prennent ensuite un bain de trois quarts d'heure, où ils se frottent vigoureusement avec soixante-dix grammes de savon noir. Au sortir du bain, ils font la première friction avec la pommade sulfuro-alcaline ; elle doit être faite pendant quinze à vingt minutes, et avec assez de force pour briser toutes les vésicules, et déchirer tous les sillons, afin que le spécifique pénètre jusqu'aux *acarus* et leurs œufs. Le succès dépendant essentiellement de la manière dont les frictions sont faites, il importe qu'elles soient pratiquées avec tout le soin nécessaire et surveillées exactement. A cet effet, un homme attaché à l'infirmerie sera exercé et dirigé par le médecin. Cet homme montrera aux galeux la manière de se frictionner, et il les frictionnera lui-même sur les parties inaccessibles à leurs mains.

Les frictions porteront avec une rudesse proportionnelle, sur tous les points du corps où se rencontrent des acarus, et qui, dans l'ordre de fréquence de ce siége, sont :

1° Les mains, l'éminence hypothénar, la paume des mains et les intervalles des doigts. On se frictionnera séparément le bord interne et le bord externe, la paume et le dos des mains, et chaque doigt individuellement ;

2° Le pénis, le gland et le prépuce ; cette friction locale doit être faite soigneusement, de manière à atteindre tous les points de la surface de ces organes, surtout du prépuce ;

3° Le ventre, les fesses, la marge de l'anus ;

4° Les aisselles ;

5° Les pieds, la plante des pieds, les intervalles des orteils, etc.

En un mot, la friction s'étendra à toute la surface de la peau, sans excepter le col, les régions auriculaires, mastoïdiennes, le bas de la face, la partie inférieure de l'occiput.

Après la première friction, les malades se reposeront cinq à six heures ; ensuite, aura lieu la seconde friction générale, avec les mêmes conditions de durée, de rudesse et les mêmes précautions que la première, avec l'assistance de l'homme spécialement affecté à ce service, et qui frictionnera lui-même les malades méthodiquement et minutieusement.

Le médecin-major ou aide-major sera présent aux deux frictions ; la première, précédée du bain savonneux, pouvant coïncider avec la visite qu'il fait le matin à l'infirmerie, et la seconde avec la visite qu'il y fera le soir expressément pour assurer la régularité du traitement antipsorique.

Les frictions, assez rudes pour insinuer le spécifique dans les sillons, ne doivent pas être portées jusqu'à l'arrachement des vésicules et jusqu'à l'irritation excessive des points dénudés de la peau ; mais on n'oubliera pas non plus que, faibles et légères, elles épargnent dans leurs sillons un certain nombre d'acarus, ou ne privent pas leurs œufs de la faculté d'éclore. Chez les galeux qui présentent des points ulcérés, il suffira de faire sur les parties dénudées une onction sulfuro-alcaline, et chez eux, la seconde friction doit être faite avec plus de ménagement, parce qu'elle est surtout suivie de douleurs et de cuisson.

D. *Cas à traiter.* — Le médecin appliquera, sans hésitation, le traitement précité aux gales partielles et étendues, récentes et invétérées ; il écartera toute appréhension relativement à la prompte suppression de la maladie, quelle que soit l'intensité de l'éruption. Quant aux complications, il distinguera :

1° Celles qui sont postérieures à l'apparition de la gale, telles que les furoncles qu'on observe chez les galeux non traités ou traités d'une manière quelconque, l'érythème partiel, les ulcérations produites par l'action des ongles, l'eczéma irrégulier et disséminé que l'on peut appeler psorique ou traumatique, parce qu'il est dû à la même cause, etc... Ces éruptions ne contre-indiquent pas le traitement ;

2° Celles qui sont le produit d'un traitement irrationnel, de frictions trop multipliées et mal dirigées, etc.; l'indication est toujours de guérir la gale à laquelle se sont ajoutés les symptômes provoquées ;

3° Les éruptions dartreuses survenues sous l'influence de la gale en vertu de prédispositions individuelles ; guérir la gale, c'est alors simplifier l'état morbide et supprimer la cause qui augmente ou entretient les manifestations de diathèse herpigineuse. Il est donc peu de gales qui ne doivent être traitées complétement aux infirmeries, et il n'en est aucune, si compliquée qu'elle paraisse, qui ne soit susceptible d'y guérir, en tant que maladie liée à l'existence d'une cause spécifique que détruit à coup sûr la friction générale, et sauf à combattre ensuite l'élément de la complication; guérir la gale est toujours l'indication première, et c'est aux infirmeries qu'elle doit être exécutée. La complication d'ecthyma, assez fréquente chez les sujets lymphatiques et détériorés, commande une attention particulière; les frictions étant alors douloureuses, les malades ne les font pas d'une manière complète, et il peut être nécessaire de les soumettre à une dernière friction générale, après guérison de l'ecthyma qui ne se fait pas beaucoup attendre.

E. *Cas d'urgence.* — Si les circonstances exigent que les hommes atteints de la gale soient rendus à leurs compagnies aussi promptement que possible, comme en cas de départ, d'embarquement, etc., le traitement pourra être réduit aux pratiques suivantes :

1° Friction d'une demi-heure avec du savon noir sur tout le corps, pour enlever la malpropreté et rompre les sillons;

2° Immédiatement après, bain simple d'une heure de durée;

3° Au sortir du bain, friction générale pendant une demi-heure avec la pommade d'Helmerich. On veillera à ce que les frictions avec le savon noir et la pommade soient faites avec tous les soins et la ponctualité recommandés plus haut, et c'est à cette condition que les hommes ainsi traités pourront reprendre immédiatement leur service.

F. *Suites du traitement.* — Sous ce rapport, les malades forment plusieurs catégories :

1° Chez les uns, et c'est le plus grand nombre, la guérison est immédiate et radicale; ce résultat s'obtient non-seulement dans les gales légères, simples, récentes, mais encore dans beaucoup de gales anciennes et compliquées;

2° Un certain nombre de malades conservent des démangeaisons après la destruction des acarus et de leurs œufs; légères et fugaces, il n'en faut pas tenir compte; intenses et persistantes, elles cèdent à des bains de son; dans aucun cas, elles ne doivent plus faire craindre la transmissibilité de la gale, et, s'il y a urgence, on peut renvoyer à leur service les hommes qui les ressentent, puisqu'elles disparaissent au bout de quelques jours;

3° Chez quelques-uns, des papules, des vésicules, des traces de prurigo, d'eczéma, persistent ou surviennent après les frictions; on rappelle ici que les accidents secondaires ne sont pas contagieux, qu'ils sont éphémères et se dissipent le plus souvent d'eux-mêmes; dans tous les cas, les lotions émollientes, sédatives, les onctions adoucissantes ou légèrement astringentes suffiront pour les guérir dans les chambrées, ou, s'il y a lieu, à l'infirmerie.

G. *Compte à rendre.* — 1° *Par les médecins des corps.* — Dans les rapports trimestriels qu'ils sont tenus d'adresser au Conseil de santé, MM. les médecins des corps de troupes consigneront, avec détail, tout ce qui concerne le traitement nouveau des galeux; ils feront connaître les mesures prises dans leurs corps respectifs pour l'installation de ce traitement, les moyens d'exécution et de surveillance adoptés, le nombre des galeux traités, les particularités qu'ils ont présentées avant et après le traitement; telles que les caractères, l'intensité, la durée de la maladie, ses complications, éruptions secondaires et suites quelconques, etc.

2° *Par le Conseil de santé.* — A la fin de l'année, le Conseil de santé résumera, dans un rapport général qui sera adressé au Ministre, les données fournies par les rapports des médecins des corps et celles qui auront été recueillies par les inspecteurs du service de santé dans leurs tournées périodiques. (*Instruction ministérielle du 11 décembre 1852.*)

Il est indispensable, pour mettre à l'abri d'une nouvelle contagion, de désinfecter les vêtements, le linge et les couvertures des lits à l'usage des galeux. La note ministérielle du 2 juin 1845 a recommandé aux médecins des corps de troupes de veiller à cette désinfection : ils doivent indiquer l'emploi des moyens propres à effectuer cette opération de la manière la plus complète.

Ordinairement on place dans une petite pièce ou cabinet un réchaud bien allumé; on projette sur les charbons du soufre en poudre, et l'on passe à la vapeur de ce dernier tous les objets contaminés. Afin que leur désinfection soit plus sûre, il est bon de les laisser quelque temps exposés dans la pièce bien close, aux vapeurs sulfureuses.

Un caporal, compris à cet effet dans la compagnie hors rang, est attaché à l'infirmerie et y fait exécuter les ordres qu'il reçoit des officiers de santé. (*Art.* 57 *de l'ordonn. du* 2 *nov.* 1833.)

Par décision ministérielle du 6 février 1834, le brigadier, second prévôt dans les corps de cavalerie, doit être chargé des détails de l'infirmerie, indépendamment des fonctions qui lui sont attribuées.

Ce personnel trop restreint est le plus souvent augmenté d'un ou de plusieurs soldats détachés de leur compagnie pour faire les fonctions de porte-sacs et d'infirmiers sous les ordres du caporal. Le Ministre a du reste établi le principe de l'augmentation du personnel dans la circulaire du 28 janvier 1839 : tout en faisant remarquer qu'il fallait éviter avec soin de tirer des compagnies un trop grand nombre d'hommes pour soigner leurs camarades, il pense à cet égard qu'un sous-officier secondé par un caporal chargé de l'ordinaire, un soldat infirmier chargé de la tisanerie et de la cuisson des aliments, et un soldat par vingt hommes à l'infirmerie, pour les bains, pourraient suffire à la police et à la tenue de la comptabilité de l'infirmerie, ainsi qu'aux soins à donner aux militaires atteints de maladies peu graves, sans augmenter dans une proportion trop fâcheuse les dispenses du service général.

L'officier de santé peut encore recommander la surveillance de l'infirmerie et l'exécution de ses prescriptions à l'adjudant de semaine, conformément à la décision ministérielle suivante :

Dans les régiments d'infanterie et dans ceux de cavalerie, les adjudants sous-officiers de semaine sont tenus de visiter au moins une fois par jour les infirmeries régimentaires et les salles de convalescents, afin d'y assurer le maintien de la discipline ainsi que l'exécution des prescriptions et des ordres donnés par les officiers de santé. (26 *mars* 1844.)

Enfin, le capitaine de semaine visite tous les jours l'infirmerie pour s'assurer qu'elle est bien tenue ; il y va souvent aux heures de repas; il reçoit les réclamations des hommes qui s'y trouvent; il y fait droit, s'il y a lieu, ou les fait parvenir à l'autorité compétente. (*Art.* 82, *ordonnance du* 2 *novembre* 1833.)

L'officier supérieur de semaine exerce aussi sa surveillance sur l'infirmerie. (*Art.* 25, *id.*)

Telle est l'organisation actuelle des infirmeries régimentaires : aucun règlement complet et définitif n'a encore été arrêté ; mais toutes les dispositions que nous avons rapportées peuvent en général être appliquées, et ainsi organisées, les infirmeries répondront à tous les besoins essentiels du service de santé des corps.

Du reste, il importe que les médecins des corps ne perdent pas de vue qu'aux termes de l'art. 57 de l'ordonnance du 2 novembre 1833 sur le service intérieur, ils peuvent toujours proposer au lieutenant-colonel les mesures nécessaires pour l'organisation, l'entretien et la police de l'infirmerie.

§ 6. — Des salles de convalescents.

La circulaire du 28 janvier 1839 avait déjà établi le principe de l'admission des convalescents à l'infirmerie régimentaire. On avait en effet remarqué depuis longtemps que les militaires sortant des hôpitaux étaient trop faibles pour reprendre immédiatement leur service, qu'ils ne se rétablissaient qu'avec lenteur malgré le repos qui leur était prescrit, et que des écarts de régime et des excès en tous genres leur occasionnaient trop fréquemment des rechutes graves ou funestes. La création d'une salle à raison d'un lit pour cent hommes devait prévenir ce grave inconvénient en permettant d'admettre pendant quelques jours à l'infirmerie les hommes sortant des hôpitaux jusqu'à ce qu'ils pussent sans danger reprendre leur service et vivre à l'ordinaire.

Mise à l'essai pendant près de deux années dans les corps en garnison à Paris et dans la banlieue (*Lettre ministérielle du* 5 *février* 1841, *et ordre de la place du* 17 *février concernant les salles de convalescents de la première division*), cette mesure fut étendue à toutes les garnisons de l'intérieur par la décision du 6 décembre 1842. Les circulaires ministérielles des 14 décembre 1842, 28 janvier et 14 février 1843, 28 janvier 1844, règlent l'établissement des salles de convalescents sur les bases suivantes :

Les convalescents vivront à un ordinaire commun, et recevront les aliments prescrits par le médecin-major. A cet effet, les militaires verseront à l'ordinaire toute la portion de la solde fixée par chaque arme, dans la limite la plus large et d'après les bases posées par les ordonnances du 2 novembre 1833 sur le service intérieur des corps de troupes. Les deniers de poche pourront être remis aux convalescents à leur rentrée à leur compagnie, si les chefs de corps jugent à propos de prescrire cette mesure, soit dans l'intérêt de la discipline intérieure, soit dans celui des hommes. Ils prendront, à cet égard, les ordres des officiers généraux. L'ordinaire de ces militaires se fera par une cantinière de chaque corps, placée, par les ordres des colonels,

sous une surveillance continuelle. Il sera alloué à chaque convalescent une ration réglementaire de vin et une ration de riz (3 décagrammes). La ration de riz pourra être portée à 6 décagrammes
lorsqu'il y aura lieu d'accorder constamment de l'eau de riz aux convalescents dont les voies digestives auraient été gravement affectées
par suite d'un long séjour à l'hôpital.

Le vin et le riz seront fournis par les soins des Conseils d'administration de chaque corps et les dépenses qu'occasionneront ces fournitures seront imputées sur la masse générale d'entretien de ces corps
au titre des dépenses de l'infirmerie,

Il sera accordé à chaque corps, pour le chauffage des salles de
convalescents et pour la cuisson des aliments, une allocation supplémentaire de chauffage que la décision du 12 février 1843 a déterminée
ainsi qu'il suit :

La cuisson des aliments des hommes s'opère au moyen de la ration
individuelle fixée par homme et par jour au même taux que pour les
sous-officiers, à raison de 1 kil. 60 déc. de bois et 80 déc. de charbon
par homme et par jour.

Le chauffage d'hiver, pour chaque salle occupée, est assimilé, quant
à la durée et à la quotité des allocations, à un corps de garde de
deuxième classe (de 7 à 15 hommes) occupé de jour seulement. Nous
rappellerons ici que le chauffage des corps de garde commence un
mois plus tôt et finit un mois plus tard que celui des chambres. Le
taux des allocations journalières d'un corps de garde de deuxième
classe occupé de jour seulement est, en kilogrammes, de :

SAISONS.	BOIS.			CHARBON.		
	Région chaude.	Région tempérée.	Région froide.	Région chaude.	Région tempérée.	Région froide.
Petit hiver.	12	15	19	7	9	10
Moyen hiver.	18	23	28	10	13	15
Plein hiver..	24	30	38	14	17	19
Anticipation ou prolongation du petit hiver..	8	10	13	5	6	7

Il est ajouté aux allocations en charbon de terre un fagot d'allumage par jour. (*Règlement du* 29 *juin* 1840.)

Il sera ouvert dans chaque corps un registre des convalescents, sur
lequel le médecin-major inscrira leurs noms, prénoms, grades, numéros matricules, numéros des bataillons et compagnies, la date
d'entrée et celle de sortie, la maladie pour laquelle ils ont été traités
à l'hôpital ; la durée et leur séjour dans ce dernier établissement; le
nombre de jours qu'ils seront restés dans la salle des convalescents,

enfin, une colonne d'observations où l'officier de santé indiquera son opinion sur l'état de santé de chaque homme au jour de sa sortie. A la fin de l'année le médecin-major établira le compte moral de ce service. Ce compte, visé par le Conseil d'administration, indiquera avec précision le mouvement des convalescents, le nombre de rechutes. Il fera également connaître les améliorations dont le service des convalescents pourrait être susceptible. Une expédition de ce compte moral sera adressée au ministère de la guerre (*Bureau des hôpitaux*) par les soins du général commandant la division.

Les chefs de corps prendront les mesures qu'ils jugeront convenables relativement à la police intérieure des salles de convalescents. Ils veilleront à ce que les précautions hygiéniques indiquées par les officiers de santé soient strictement observées. Ils tiendront sévèrement la main à ce que les hommes prennent chaque jour tous les soins de propreté si utiles pour activer la marche de la convalescence. Lorsque les officiers de santé jugeront la promenade nécessaire aux convalescents, les chefs de corps désigneront un nombre suffisant de sous-officiers pour les accompagner pendant la promenade. Ces sous-officiers veilleront à ce qu'ils n'achètent ou ne reçoivent aucune espèce d'aliment. Les distractions morales étant la base du régime des salles de convalescents, les salles seront pourvues, par les soins des chefs de corps, de quelques jeux désintéressés.

Afin d'assurer convenablement le service de l'infirmerie et celui de la salle des convalescents, le général commandant la division militaire pourra, sur la proposition des chefs de corps, accorder un caporal d'infirmerie par bataillon. Ces caporaux seront porte-sacs d'ambulance et suivront les bataillons détachés. Ils seront sous la direction et sous la surveillance d'un sergent qui sera responsable de l'exécution des prescriptions et des ordres du médecin-major.

Le Ministre recommande à la sollicitude éclairée des généraux commandant les divisions l'exécution de ces dispositions. Des résultats obtenus dans la 1re division, dit-il, m'ont démontré les avantages que l'on peut attendre des salles de convalescents sous le rapport de l'hygiène, et j'ai l'espoir que les précautions ci-dessus indiquées préviendront des maladies graves qui produisent les rechutes. Les généraux des divisions doivent donner des ordres pour que la commission du casernement recherche, s'il est possible, de rendre libre, dans chaque caserne, et en ayant égard à son assiette, une chambre salubre de 19 à 20 lits, pour recevoir les convalescents, et doivent rendre compte au Ministre des dispositions qu'il est praticable d'adopter, pour se conformer à ses intentions, dans les principales places de chaque division. « Toutefois, vous remarquerez, ajoute le Ministre dans une autre circulaire, en date du 28 janvier 1844, aux généraux divisionnaires, que l'exécution de la décision du 6 décembre 1842 sur l'établissement des salles de convalescents dans les casernes ne doit être étendue aux bataillons détachés qu'avec une sage réserve, car les convalescents devant vivre à un ordinaire commun, il serait à craindre que la portion de solde à verser par un petit nombre d'hommes ne couvrît pas les dépenses. Or, les fonds de la masse générale d'entretien ne pourraient, sans inconvénient, parer à cette insuffisance, et, d'un autre côté, conformément au troisième paragraphe de l'article 69 de l'ordonnance du 2 novembre 1833, le soldat ne peut, dans aucun cas, recevoir moins de cinq centimes de poche. On doit donc se garder avec soin de donner à la création des salles de convalescents une extension qui ne serait pas commandée par l'état sanitaire d'un bataillon ou de quelques escadrons détachés. Elles ne devront être ouvertes pour ces fractions de corps, lorsqu'un médecin aide-major y fera le service, qu'autant que les généraux de division en auront reconnu l'opportunité, après avoir pris l'avis de l'intendant divisionnaire. Les avantages que l'on doit attendre de l'institution des salles de convalescents comme annexe des infirmeries régimentaires ont été généralement appréciés; mais il faut éviter d'y admettre sans une nécessité réelle les hommes sortant des hôpitaux, de les y maintenir abusivement, et de faire retomber à la charge de la masse générale d'entretien des dépenses trop considérables. Je compte sur votre vigilance, Messieurs, pour suivre avec une attention soutenue les résultats de l'institution nouvelle, tant sous le rapport du bien-être que les convalescents en auront éprouvé que sous celui des dépenses, afin que vous soyez à même de m'éclairer, par un rapport que vous me transmettrez au mois de décembre prochain, sur les avantages ou les inconvénients des salles de convalescents, et de me proposer, au besoin, les améliorations dont elles seraient susceptibles. Vous examinerez alors s'il serait praticable de placer en subsistance dans une salle de convalescents d'un autre corps des hommes sortant des hôpitaux. Je n'ai pas jugé que cette mesure dût encore être autorisée; mais ces militaires seront l'objet d'une surveillance particulière de la part des officiers de compagnie jusqu'à leur entier rétablissement. »

§ 7. — Des dépôts de premiers secours.

On a établi dans plusieurs postes militaires importants de l'intérieur, et éloignés des établissements militaires hospitaliers, à Rocroi, au fort La Hougue, etc., des *dépôts de premiers secours*, à chacun desquels se trouve attaché d'une manière permanente un médecin aide-major de première classe.

Un matériel assez complet est mis à la disposition de cet officier de santé, qui en demeure responsable. Il est composé de quelques boîtes d'instruments de chirurgie, d'appareils à fractures, d'objets de pansement, de médicaments, d'objets et d'ustensiles d'exploitation nécessaires pour donner les premiers secours.

Nous n'avons pu trouver nulle part de disposition qui réglemente le service de santé dans les dépôts de premiers secours, et tout en souhaitant de voir disparaître cette lacune, nous pensons qu'il est logique en attendant d'y faire application des règlements qui sont relatifs à nos infirmeries régimentaires, si l'on veut rester dans l'acception rigoureuse du mot de dépôts des premiers secours; ainsi, pour le mode d'approvisionnement du matériel, comme pour la nature des maladies à y conserver en traitement, et, en général, pour l'exécution de tout le service, nous renvoyons au paragraphe précédent relatif aux infirmeries régimentaires.

ARTICLE TROISIÈME.

Des établissements hospitaliers.

Dispositions générales.

Le traitement des militaires malades ou blessés, en activité de service, a lieu dans des établissements hospitaliers au compte du département de la guerre.

Ces établissements sont :

1° Les hôpitaux *permanents*, qui sont formés dans l'intérieur, pour être maintenus en temps de paix comme en temps de guerre ;

2° Les hôpitaux *temporaires*, qui sont formés extraordinairement en cas de guerre ou de rassemblement de troupes, et pour toute autre cause passagère ;

3° Les *ambulances*, qui sont formées auprès des corps ou des divisions d'armée, pour en suivre les mouvements et pour administrer les premiers secours aux blessés et autres malades. (*Règlement du 1er avril* 1831, *art.* 3.)

Dans les établissements du service des hôpitaux sont aussi compris les *dépôts de convalescents*, créés en cas de guerre ou de rassemblement de troupes, pour recevoir les militaires qui, à leur sortie de l'hôpital, ne sont pas en état de rejoindre de suite leur corps. Ces dépôts sont indépendants de ceux que l'on peut former dans l'intérieur ou aux armées près des corps de troupes, ou pour les militaires de ces corps qui ont besoin d'un régime particulier, et dont l'administration et la dépense sont étrangères au service des hôpitaux. (*Id., art.* 4.)

Lorsque les hôpitaux permanents ou temporaires sont affectés à un seul genre de maladie (*vénériens et galeux*) ou de traitement (*eaux minérales*), ils prennent la dénomination d'*hôpitaux spéciaux*. (*Id., art.* 5.)

Les établissements de toute nature à entretenir pour le service des hôpitaux sont répartis dans les places de guerre, sur les frontières et dans les places principales de l'intérieur, d'après l'effectif des troupes combiné avec le système de défense, et avec la nécessité de maintenir en activité le personnel nécessaire à la formation des cadres d'organisation pour le cas de guerre. (*Id.*, *art.* 7.)

Les établissements pour le service des hôpitaux sont formés et supprimés en vertu des ordres du Ministre de la guerre ; toutefois les intendants divisionnaires sont autorisés à prescrire, dans le cas d'urgence, la formation ou la suppression d'établissements temporaires, après s'être concertés avec les généraux de division, et à charge d'en rendre compte immédiatement au Ministre. (*Id.*, *art.* 8.)

La fixation du nombre de malades que chaque hôpital militaire est destiné à recevoir est déterminé par le Ministre de la guerre.—Les hôpitaux militaires sont gérés par économie, et exceptionnellement par entreprise.

En 1856, on comptait 56 hôpitaux militaires régis par économie, et 7 administrés par entreprise.

Les hôpitaux régis par économie sont gérés par des officiers d'administration comptables assujettis à fournir un cautionnement dont la quotité varie suivant la valeur du matériel placé sous leur responsabilité et les dépenses qu'ils doivent effectuer annuellement.

Dans les hôpitaux régis par économie, la fourniture de denrées et d'objets de consommation proprement dits, a lieu généralement en vertu d'adjudications publiques. Dans les hôpitaux militaires en entreprise, le service se fait moyennant un prix ferme qui varie suivant les localités.

A défaut, ou en cas d'insuffisance d'hôpitaux militaires, les militaires malades ou blessés sont traités dans les *hospices civils*, à raison d'un *prix de journée* par abonnement du Ministre avec les Commissions administratives. Le Ministre règle la fixation du nombre de lits qui doivent être réservés dans ces établissements pour les militaires malades. (*Id.*, *art.* 9, 10, 15 *et* 16.)

TITRE Ier.

HÔPITAUX PERMANENTS.

Les hôpitaux n'influent pas moins puissamment que les casernes sur la santé des soldats ; aucun établissement autant que ceux-là ne doit présenter au suprême degré toutes les conditions de salubrité prescrites par l'hygiène. Ils méritent sous ce rapport toute l'attention des généraux et des officiers qui commandent les troupes comme du médecin qui les traite. Nous nous efforcerons donc de faire connaître les principales règles d'hygiène qui doivent présider à l'emplacement, à la construction et à la distribution intérieure des hôpitaux, ainsi que les moyens d'assainissement qui doivent concourir à rendre ces utiles établissements dignes de leur destination.

§ 1er. — Des bâtiments et locaux.

I. *De la désignation et du choix des locaux.* — Les bâtiments militaires nécessaires à la formation des établissements du service des hôpitaux sont affectés à ce service par le Ministre de la guerre, sur un rapport fait par l'intendant militaire, de concert avec le général commandant la division.

Ce rapport est établi d'après celui du sous-intendant militaire, fait de concert avec le commandant de place et l'officier du génie, dans lequel sont consignés les avis des officiers de santé en chef et de l'officier d'administration comptable. (*Id., art.* 272.)

Dans le cas d'urgence prévu par l'art. 8, les intendants militaires désignent les bâtiments nécessaires à la formation des établissements temporaires, avec l'approbation des généraux commandant les divisions, d'après les rapports mentionnés en l'article précédent, et ce, à charge d'en rendre compte immédiatement au Ministre. (*Id., art.* 273.)

Les établissements du service des hôpitaux militaires doivent être placés de préférence dans les bâtiments militaires appartenant à l'État; à défaut de bâtiments militaires appartenant à l'État, il en est pris à loyer, et dans ce cas les loyers sont acquittés sur les fonds du service des hôpitaux. (*Art.* 274.)

II. *Des conditions de salubrité.* — Les conditions de salubrité doivent être principalement prises en considération dans le choix des emplacements et dans la distribution des bâtiments destinés aux établissements du service des hôpitaux militaires; en conséquence, on suit, pour les nouvelles constructions, les règles ci-après déterminées; leur application est faite successivement, autant que le permettent les localités et la facilité du service, aux établissements actuellement existants, et à ceux à former dans les bâtiments déjà construits. (*Art.* 281.)

Les bâtiments à affecter aux magasins doivent être secs, bien aérés et clos de manière que les approvisionnements soient en sûreté. Ces bâtiments doivent être assez spacieux pour contenir toutes les dépendances des magasins, suivant le détail porté en l'article 288 ci-après. (*Id., art.* 282.)

Lorsqu'un magasin de médicaments est établi dans le même lieu qu'un hôpital militaire, ce magasin est placé, autant que possible, dans un bâtiment dépendant de l'hôpital. (*Id., art.* 283.)

Lorsqu'il s'agit de la formation d'un hôpital militaire, on doit porter une attention particulière à ce que les bâtiments soient isolés et hors de l'influence de tout foyer d'infection; qu'ils soient à portée d'un courant d'eau assez fort pour entraîner les immondices, et qu'ils offrent dans le rez-de-chaussée les moyens de placer toutes les dépendances de l'hôpital suivant les détails portés ci-après. (*Id.,* *art.* 284).

Les salles de malades doivent être disposées de manière qu'on puisse facilement multiplier les courants d'air. Il importe aussi qu'elles soient réparties, relativement à l'ensemble du service, de telle sorte qu'il y ait toujours moyen d'isoler les genres de maladies, et cette précaution doit être prise dans la distribution des cours intérieures servant de lieu de promenade ou de réunion pour les malades. (*Id.,* *art.* 285.)

Les salles doivent avoir au moins quatre mètres d'élévation et être éclairées par des fenêtres correspondantes qui ne soient pas à plus de deux mètres au-dessus du sol. Pour deux rangées de lits, la largeur des salles sera au moins de 6 mètres 50 centimètres. Elles doivent avoir des ventouses garnies de toiles métalliques serrées, pour établir une ventilation sans courants d'air sensibles, et plus nombreuses dans les salles transversales que dans les salles longitudinales. (*Id.,* *art.* 286 *modifié par la dépêche ministérielle du* 6 *octobre* 1843.)

Les latrines doivent être à proximité des salles, mais toujours isolées ; elles doivent avoir des fenêtres transversales et des portes battantes ; elles doivent être placées sur un courant d'eau, ou, à défaut de courant d'eau, sur des fosses d'une exploitation facile. (*Id.,* *art.* 287.)

III. *Des dépendances nécessaires.* — Les dépendances des magasins comprennent :

1° Des emplacements propres à recevoir des approvisionnements ; 2° des caves pour les liquides ; 3° un laboratoire, s'il s'agit de médicaments ; 4° des ateliers, s'il s'agit de magasins d'effets ; 5° un logement et un bureau pour l'officier d'administration comptable ; 6° un logement pour le portier. (*Art.* 288.)

Les dépendances d'un hôpital militaire comprennent :

1° Le corps de garde ; 2° la loge du portier ; 3° la chambre de garde des médecins ; 4° le bureau des entrées ; 5° une chambre servant de vestiaire pour les entrants ; 6° le magasin des sacs et effets des militaires, garni d'étagères isolées et à claire-voie, ainsi que de râteliers d'armes ; 7° la pharmacie, placée dans un lieu suffisamment éclairé, exempt d'humidité et composée de pièces séparées : pour le magasin de médicaments, pour le laboratoire, pour la tisanerie, pour la chambre du pharmacien de garde ; 8° la dépense, avec des emplacements séparés, garnis des étagères nécessaires, et fermant à clef : pour les approvisionnements d'aliments, pour le dépôt de la viande crue, pour le dépôt des pesées de viande ; 9° un magasin de combustibles ; 10° la cuisine, dans laquelle il doit être pratiqué un robinet fournissant de l'eau courante, autant que possible, et des accessoires séparés pour un lavoir, un bûcher et un cabinet de garde pour le cuisinier ; 11° le poste du sous-officier de planton ; 12° une chambre de garde pour l'officier d'administration de service ; 13° le poste de l'infirmier-major de garde ; 14° une salle pour chambrée des infirmiers ; 15° le magasin du mobilier, divisé en emplacements séparés pour le linge, pour les effets en laine et pour les ustensiles : il y est pratiqué des étagères, les unes le long des murs, les autres isolées et à claire-voie ; il y est ménagé un atelier séparé pour les réparations du linge ; 16° un magasin pour le linge sale, garni de perches ou tréteaux, avec des emplacements séparés pour celui des galeux et pour celui des vénériens ; 17° des salles de bains avec cabinet particulier pour les officiers, offrant des emplacements séparés pour les bains d'eaux minérales artificielles, et, en outre, dans les grands hôpitaux, une salle disposée pour les bains à vapeur ; 18° une buanderie, avec des séchoirs clos et dont un couvert, avec un emplacement pour la désinfection des effets, et une étuve, s'il y a lieu, suivant le climat ; 19° une salle de police avec un lit de camp ; 20° une loge saine, mais bien close, pour les maniaques ou hydrophobes ; 21° une chambre de dissection et une chambre des morts, communiquant intérieurement entre elles, et placées hors de la vue des salles ; 22° le logement de l'officier d'administration comptable ou de ses bureaux ; 23° une chapelle, avec une sacristie contiguë et un logement pour l'aumônier ; 24° une chapelle funéraire, indépendante de celle destinée à célébrer l'office divin ; 25° des cours et jardins pour la promenade des malades ; 26° un jardin botanique ; 27° un endroit clos et couvert pour la promenade des malades pendant les temps froids et pluvieux.

En outre de ces dépendances, il doit y avoir dans les hôpitaux militaires :

1° Des caves séparées pour les approvisionnements en liquides, tant du service alimentaire que de la pharmacie ; 2° un local dans les greniers, pour la dessiccation et la conservation des plantes, fleurs et racines médicinales ; 3° enfin, une *salle de conférences*, pour les réunions périodiques du sous-intendant, des officiers de santé en chef et de l'officier d'administration comptable, prescrites par l'article 920 du présent règlement. (*Id.*, *art.* 289.)

IV. *De l'assiette et de la distribution du logement dans les établissements.* — Les salles des malades doivent être placées, autant que possible, dans les étages au-dessus du rez-de-chaussée, et disposées de manière à isoler les différens genres de maladies. (*Id.*, *art.* 290.)

Il doit y avoir, dans chaque hôpital, des salles spécialement affectées aux maladies contagieuses et gangréneuses ; une ou plusieurs salles uniquement consacrées aux convalescens, et une salle vacante en réserve. (*Id.*, *art.* 291.)

Il est affecté des salles particulières aux militaires détenus traités dans les hôpitaux ; et, lorsqu'il y a lieu, aux prisonniers de guerre. (*Id.*, *art.* 292.)

Il doit y avoir dans chaque hôpital une ou plusieurs salles affectées aux officiers et autres individus considérés comme tels, lesquels doivent toujours être traités séparément des sous-officiers et soldats. Cette disposition est applicable aux officiers détenus et aux officiers prisonniers de guerre. (*Id., art.* 293.)

Les sous-officiers en traitement dans les hôpitaux militaires seront placés dans des salles spéciales. (*Décision ministérielle du* 16 *avril* 1837.)

Lorsque les localités le permettent, il est affecté des logements, dans les hôpitaux, à l'aumônier, aux officiers de santé et aux officiers d'administration. Ces logements sont donnés de préférence à ceux dont les services sont le plus fréquemment nécessaires, et dans l'ordre suivant ; savoir :

1° A l'officier d'administration comptable ; 2° au médecin en chef; 3° au pharmacien en chef ; 4° à l'aumonier ; 5° à l'adjudant en premier ; 6° à un médecin aide-major. (*Id., art.* 294.)

Les logements attribués par l'article précédent doivent être composés, eu égard à la nature des fonctions de chacun, ainsi qu'il suit: l'officier d'administration comptable, le pharmacien et le médecin en chef, ainsi que l'aumônier doivent avoir, autant que possible, et pour chacun d'eux, un appartement de plusieurs pièces avec cuisine. (1) Il est accordé une chambre avec cabinet à l'adjudant en premier, et au médecin aide-major.

Lorsque les bâtiments n'offrent pas les ressources suffisantes pour loger les officiers de santé et les officiers d'administration, les uns et les autres sont tenus de prendre des logements situés le plus à proximité possible de l'hôpital. Dans les villes fermées, ils ne doivent en aucun cas se loger hors des portes. (*Id., art.* 295.)

L'assiette du logement dans les hôpitaux militaires , soit pour les malades, soit pour le personnel du service, est déterminée conformément à ce qui est prescrit à cet égard par le règlement du 17 août 1824 sur le casernement.

On prend l'avis des officiers de santé en chef et de l'officier comptable, en ce qui concerne particulièrement les locaux à affecter aux différents genres de maladie et aux détails du service. (*Id., art.* 296.)

V. *Des constructions et réparations.* — Les constructions et les grosses réparations à faire, au compte de l'État, dans les bâtiments et locaux

---

(1) Le nombre et la composition des pièces à accorder aux officiers logés dans les bâtiments militaires ont été établis pour chaque grade par le règlement du 30 juin 1856 (*Voyez* 1re *partie, chapitre V, page* 135.);

D'après les articles 21 et 22 de la loi du 21 avril 1832, la contribution *personnelle* et *mobilière* étant établie pour l'année, est exigible en totalité du contribuable dont le nom se trouve inscrit sur les rôles. — Seulement par analogie, les dispositions de la circulaire ministérielle du 8 avril 1858 pourraient être applicables à tous les bâtiments militaires, et la contribution payée au prorata du temps passé dans le logement.

affectés au service des hôpitaux, sont ordonnées par le Ministre, ou aux armées par les intendants militaires. (*Id. art.* 297.)

Les travaux d'emménagement et de réparations sont effectués par les soins du génie, s'ils ont lieu dans les bâtiments ou locaux appartenant à l'État, et par les soins des officiers d'administration comtables ou des entrepreneurs, dans les bâtiments et locaux pris à loyer. (*Id., art.* 298.)

Les réparations dites *locatives*, ainsi que le blanchissage des salles, corridors, etc., sont toujours effectués au compte du service des hôpitaux, à la diligence des sous-intendants militaires et par les soins des officiers d'administration comptables.

Les entrepreneurs et les comptables gérant par économie sont passibles des dépenses auxquelles donnent lieu les dégradations survenues dans les bâtiments et locaux mis à leur disposition, lorsqu'elles proviennent de négligence ou de l'emploi de ces bâtiments pour un autre usage que celui auxquel ils sont destinés. (*Id., art.* 299.)

Les vidanges des latrines, l'établissement des calorifères, des poêles en maçonnerie, des appareils pour les buanderies et des fourneaux pour les bains, les cuisines et les tisaneries, sont compris dans les constructions à effectuer selon les cas, soit par le génie, soit par les comptables, conformément aux dispositions de l'article 298. (*Id., art.* 300.)

La mise en place des poêles en faïence ou en fonte, des cheminées en fonte ou en tôle, des étagères, casiers et autres ustensiles, a lieu par les soins des comptables, d'après les autorisations des sous-intendants militaires, et la dépense en est acquittée sur les fonds du service des hôpitaux; ces objets font partie du mobilier des hôpitaux. (*Id., art.* 301.)

Les constructions et autres travaux nécessaires au service des hôpitaux aux armées se font d'après les ordres ou sur la demande des intendants, soit par les soins des officiers du génie, soit par ceux des officiers des compagnies d'ouvriers d'administration, soit par des architectes civils. (*Id., art.* 302.)

Les travaux pour la culture des jardins botaniques sont effectués par des ouvriers soit à la journée, soit au moyen d'abonnement, en vertu des autorisations accordées par les sous-intendants militaires, sur les demandes des pharmaciens en chef. (*Id., art.* 306.)

VI. *Des terrains libres.* — S'il existe, dans les dépendances d'un magasin ou d'un hôpital, des terrains que d'après l'avis du comptable et des officiers de santé en chef, si c'est un hôpital, le sous-intendant militaire reconnaisse inutiles au service, ils sont affermés, avec l'autorisation de l'intendant de la division, de la manière la plus compatible avec la sûreté de l'établissement, et il est procédé à cette location ainsi qu'il est prescrit pour celle des terrains dépendant des fortifications, par les règlements du service administratif du génie. (*Id., art.* 308.)

— Telles sont les règles générales que le règlement du 1er avril 1831 a tracées au sujet de la désignation et du choix des locaux, des conditions de salubrité qui doivent être prises en considération dans le choix des emplacements et dans la distribution des bâtiments et des dépendances, et enfin pour les constructions et les réparations. Nous ajouterons les considérations suivantes que nous empruntons au savant traité d'hygiène de M. l'inspecteur Michel Levy. (1)

Les hôpitaux doivent s'élever hors du centre des villes, dans le quartier le plus sain, sur un emplacement libre et vaste, dans la direction de l'est et de l'ouest, de manière à présenter successivement leurs quatre façades au soleil pendant la révolution diurne ; loin des usines, des fossés de rempart, des marais etc. Si l'on ne peut éviter le bord des rivières, il faut exhausser le sol au moyen de voûtes et établir un quai entre le bâtiment et l'eau. Antoine Petit voulait donner aux constructions la forme d'une étoile dont les rayons auraient abouti à un dôme central. En réponse à un projet d'hôpital conçu par l'architecte Poyet, l'Académie de sciences blâma la forme circulaire et la forme carrée, la proximité des croisées intérieures permettant à l'air d'une salle d'entrer dans une autre, et elle se prononça pour un bâtiment en simple parallélogramme, dirigé de l'est à l'ouest. Vauban a donné la forme carrée aux hôpitaux militaires qu'il a construits, et sacrifié la ventilation intérieure au besoin de la surveillance et à la commodité du service. Quant au nombre des étages, Hunter, Coste, Pastoret, Villermé ont reconnu que dans la plupart des hôpitaux à plusieurs étages, la mortalité est, toutes choses égales d'ailleurs, plus grande dans les étages du haut que dans les autres. Le nombre des malades qu'ils admettent influe puissamment sur leur salubrité. Mille à douze cents malades dans un hôpital est un chiffre limité au delà duquel les abus et les dangers de l'infection deviennent difficiles à réprimer.

L'étendue qui convient aux salles est indiquée par les résultats de l'observation : les salles vastes, bien percées, longues, hautes d'étage, plaisent à l'œil et valent mieux certainement que des salles étroites, basses, etc. Mais le grand nombre des malades qu'elles reçoivent les rendra toujours plus dangereuses que de petites salles offrant les mêmes conditions d'aération et de lumière ; si large que soit le cube d'air assigné à chaque malade, les émanations s'y accumulent, le risque de la contagion et de l'infection est en raison directe de la population des lits ; il en est de même des chances d'agitation nocturne et d'aggravation des maladies par l'effet moral qui résulte de la présence des agonisants, des délirants, etc. Plus les salles sont petites, plus on peut rapprocher chaque malade des conditions de son hygiène privée, accoupler les cas semblables ou analogues, écarter le

---

(1) Tome 2, pages 579 et suivantes.

péril des transmissions morbides. Mais comme il faut tenir compte des nécessités de service et d'économie, on peut fixer à 40 et à 50 au maximum le nombre de lits par chambrée, moyennant l'adjonction de cabinets particuliers qui, dépendant du même service, recevront les malades capables de troubler le repos ou d'engendrer un foyer d'extension pathologique. Les nouveaux pavillons construits au Val-de-Grâce, en 1842, remplissent ces conditions, et l'expérience a prouvé leur salubrité. Mais il importe que les salles soient parfaitement isolées les unes des autres et laissent entre elles des vestibules communs. Les avantages de la séparation des malades disparaissent si les chambres ont des baies sans portes, si les chauffoirs, les promenoirs sont communs, etc. En somme, tout hôpital ne devrait se composer que d'une série de pavillons ayant un rez-de-chaussée élevé sur des caves et un premier étage, partagés en deux salles chacune de 40 lits, et séparés par un vestibule commun, chaque pavillon ayant un office, un calorifère, un préau spécial ; entre deux pavillons, une galerie vitrée ou à claire-voie servant de communication pour le service et de promenoir d'hiver. Les escaliers seront larges, spacieux, à pente très-douce, à marches profondes, à palier d'une grande dimension.

Les salles destinées aux malades auront des plafonds arrondis dans leurs angles, sans poutres découvertes ; pour leur plancher, le carrelage est préférable aux dalles et aux parquets en bois tendre, qui s'imprègne des liquides répandus à sa surface ; mais les parquets en bois de chêne et cirés sont exempts de cet inconvénient, sont moins froids que les carreaux et contribuent au bon aspect des salles. Elles doivent avoir toutes au moins 32 décimètres d'élévation ; les fenêtres larges, percées à l'opposite, donnant du nord au midi, doivent occuper au moins le tiers de l'étendue totale de la muraille à laquelle elles appartiennent ; la largeur des salles doit donc déterminer celle des bâtiments ; et quand elles ne jouissent pas des deux expositions, il faut ouvrir des ventilateurs sur la paroi dépourvue de croisées, pratiquées dans le plafond des cheminées d'évent, montant au-dessus de la toiture et disposées de manière à laisser entre elles un intervalle de six mètres ; à défaut de ces moyens, on perce des jours dans les corridors adjacents, à l'opposite de l'unique rangée de fenêtres pour établir des courants d'air efficaces. Les fenêtres élevées d'un mètre à un mètre et demi au-dessus du plancher, atteindront la corniche du plafond ; sur cette hauteur, leur chassis sera divisé en deux compartiments inégaux dont le supérieur, plus petit, pourra s'ouvrir indépendamment de l'inférieur à l'aide d'un cliquet à bascule, ce qui permettra d'écouler les couches d'air supérieures et viciées de la salle sans exposer les malades à une ventilation trop directe. Au niveau du sol, au-dessous de chaque croisée, on pratiquera une ouverture carrée, large et haute de 15 à 20 centimètres, munie d'un opercule mobile et destiné à diriger au-dessous des lits un courant d'air qui entraîne les gaz méphitiques plus lourds que l'air. Des rideaux ou stores non susceptibles de gêner le mouvement des fenêtres serviront à garantir les malades contre les effets d'une insolation trop vive ou trop prolongée. Le point capital est le rapport du cube atmosphérique des salles avec les objets mobiliers et le nombre des malades. Aux causes ordinaires d'altération de l'air (respiration, transpiration pulmonaire et cutanée, éclairage et chauffage), se joint dans les hôpitaux une cause spéciale, c'est l'évaporation des tisanes, des bains pris dans les salles, des draps et des alèzes mouillés, des crachoirs, des cataplasmes, des fomentations, des irrigations, des médicaments volatils tels que chlorures, camphre, musc, préparations sulfureuses, etc. ; du sang des saignées, des ventouses, des matières vomies, des suppurations, des urines, des chaises de nuit, etc. Sans doute le zèle des personnes qui soignent les malades fait disparaître rapidement une partie de ces foyers d'émanations putrescibles ; mais ce n'est pas exagérer que d'évaluer leur effet total à celui des deux transpirations dont le produit exige pour être évaporé $9^{m\,c}$, cent lits, par heure. Remarquons en outre que des organismes malades, affaiblis par la souffrance, la diète, et privés le plus souvent d'excitation morale, réagissent moins contre l'atteinte des miasmes délétères et subissent presque sans résistance les effets de ce genre d'intoxication. Tenon fixait la largeur des salles à 8 mètres 12 centimètres, l'allée qui sépare deux rangées de lits à 4 mètres ; il voulait environ 45 mètres cubes d'air. Bégin (1) prescrit entre deux lits au moins 65 centimètres, entre deux rangées de lits au moins 2 mètres : il accorde aux fiévreux et aux blessés qui restent au lit 20 mètres cubes d'air, et 18 mètres aux galeux et aux vénériens qui sortent pendant le jour. Mais durant la nuit cette différence disparaît, à moins que l'on ne tienne compte des entrées et des sorties, qui déterminent, comme nous l'avons vu, une ventilation assez forte.

VII. *De l'espacement des lits et des moyens de salubrité et de propreté.* — Le règlement des hôpitaux a adopté les fixations de Bégin pour la distance des lits.

L'espacement des lits est calculé d'après la longueur, la largeur et la hauteur des salles, et en raison du genre de maladies, de manière à donner à chaque malade fiévreux ou blessé au moins 25 mètres cubes d'air, et à chaque galeux, vénérien ou convalescent, au moins 22 mètres cubes d'air.

Dans aucun cas, la distance à observer ne peut être moindre de 65 centimètres entre chaque lit, et de 2 mètres entre chaque rang de lits. Les lits seront placés contre les murs de façade, pour les salles longitudinales, et contre les murs de refend dans les transversales, à une distance de 15 centimètres de ces murs ; il ne doit jamais être

---

(1) *Dictionnaire de médecine et de chirurgie pratiques*, article *Hôpital*.

placé de lit devant les fenêtres. (*Règlement de 1831, art.* 866 *modifié par la dépêche ministérielle du* 6 *octobre* 1843.)

Selon M. Michel Lévy, c'est une erreur funeste que de régler le nombre de lits d'après la superficie des salles. Il importe de se guider, dit-il, d'après le cubage, et encore la capacité d'un local ne représente le nombre de mètres cubes d'air qu'il délimite qu'autant que cet air est à 0 degré centigrade, et sous la pression de 760 millimètres. Au-dessus et au-dessous de ce chiffre, il faut déduire pour la dilatation et ajouter pour la condensation (*Poumet*). Une autre réduction doit être faite en proportion de la masse solide de tout ce qui est contenu dans la salle, meubles, lits, piliers, corps de malades, etc.; on ne peut compter moins d'un mètre cube par lit garni de son mobilier, ni moins de 80 litres d'air pour chaque corps d'adulte. Que si l'on fait valoir l'aération diurne par les fenêtres, rappelons qu'elle est nulle pendant la nuit, nulle ou dangereuse pendant l'hiver, qui est la saison d'encombrement des hôpitaux; durant le reste de l'année, on ne peut aérer un hôpital comme on fait les dortoirs d'un collège ou les chambres d'une caserne; une seule rangée de fenêtres peut être ouverte sans danger quand le temps est beau: aussi, dans la plupart des hôpitaux, sent-on une odeur qui leur est particulière, et qui se développe surtout pendant la nuit. Il n'est donc qu'un seul moyen d'assainissement complet des hôpitaux, c'est une ventilation régulière.

Les fosses mobiles avec tuyaux de conduite perpendiculaires doivent remplacer les fosses communes et fixes; les latrines seront éloignées des salles et ventilées avec activité; le vestibule qui y conduit sera pourvu à ses deux entrées de portes qui ferment spontanément; le plancher sera en dalles inclinées; des lunettes séparées, surmontées d'un couvercle mobile et munies de cuvettes en faïence; les fenêtres fermées à l'aide d'une simple claire-voie.

L'air est renouvelé dans les salles des malades avant et après les visites et les pansements, ainsi qu'avant et après les repas; on fait, en outre, usage des divers procédés indiqués par le Formulaire pour entretenir la salubrité, ainsi que pour désinfecter les locaux, lorsque les officiers de santé le jugent nécessaire. (*Règlement cité, art.* 868.)

Les infirmiers doivent balayer les salles plusieurs fois par jour, d'abord avant la visite du matin, ensuite après les pansements, et enfin après chaque distribution d'aliments.

Les balayures sont transportées dans des brouettes à coffre, et ne sont enlevées de l'hôpital que sous la surveillance d'un infirmier-major désigné à cet effet. (*Id., art.* 869.)

Les salles sont blanchies à l'eau de chaux au commencement du printemps; elles reçoivent un second blanchissage au commencement de l'automne, lorsque cela est reconnu nécessaire. Les corps de latrines sont toujours blanchis à ces deux époques; les cuisines, les corridors, les vestibules ne sont blanchis que lorsque la nécessité en est reconnue. On a soin de faire gratter les murs avant d'appliquer le nouvel enduit. (*Id., art.* 871.)

L'eau des fontaines placées dans les salles pour l'usage des malades est renouvelée tous les jours, et les baquets de ces fontaines sont également nettoyés tous les jours. On fera usage d'eau chaude quand la saison l'exigera. (*Id., art.* 874.)

Lorsqu'il est indispensable de placer des chaises percées dans les salles, pour les hommes atteints de maladies graves, elles sont entretenues dans un tel état de propreté, qu'elles ne puissent être d'aucune incommodité pour les autres malades. (*Art.* 875.)

La vidange des fosses d'aisances est faite aussi souvent que cela est nécessaire. On ne doit y procéder qué la nuit, et en se conformant aux règlements de police. (*Art.* 876.)

La salle des bains ne sera pas trop éloignée des salles de malades; elle sera convenablement installée et d'un accès facile pour les malades. La cuisine et la pharmacie doivent aussi être assez voisines des salles, pour que les aliments et les médicaments qui doivent être pris chauds puissent y arriver sans être refroidis.

La buanderie et l'amphithéâtre d'autopsie et de dissection doivent être établis dans un bâtiment séparé qui les dérobe aux regards des malades. On doit veiller à ce que la plus grande propreté y règne, à ce qu'une bonne ventilation y soit établie avec l'absence des rayons solaires; les cadavres devront être enlevés dès qu'ils présenteront les indices de la putréfaction. Des cours vastes et plantées d'arbres, des jardins cultivés séparent ordinairement les pavillons différents qui composent un hôpital, et servent de promenoir où les malades, pendant les beaux jours, aiment à prendre leurs distractions et à chercher le soleil et l'exercice.

L'entretien des pavés, le soin de sabler les cours, le balayage et l'enlèvement régulier des ordures, des immondices, sont également des moyens de salubrité extrêmement importants dans un hôpital. Le règlement l'a prévu et en fait une obligation dans l'article 870.

Dans les hôpitaux dont le mouvement n'excède pas 300 malades, l'officier d'administration comptable fait désigner chaque jour un ou plusieurs infirmiers ordinaires pour balayer les cours et vestibules ainsi que les escaliers, pour vider les baquets, maintenir la propreté des latrines et en laver les siéges et les pavés. Ce service est fait à tour de rôle, et aux heures qui sont réglées par le comptable. Dans les hôpitaux dont le mouvement excède 300 malades, un infirmier ordinaire est spécialement chargé de ces détails, et s'en occupe exclusivement. Il est aidé au besoin par d'autres infirmiers désignés à cet effet. (*Art.* 870.)

Il est très-important qu'aucune de ces mesures de salubrité ne soit jamais négligée; dans plusieurs circulaires, le Ministre a dû rappeler à l'administration ses devoirs à ce sujet, et la lettre ministérielle suivante aux intendants divisionnaires est spécialement relative aux mesures de salubrité à recommander dans les établissements hospitaliers.

« C'est plus particulièrement lorsque le mouvement des hôpitaux s'élève au-dessus des proportions ordinaires qu'il est essentiel de donner une attention soutenue aux prescriptions réglementaires relatives à l'espacement des lits, aux soins de propreté et aux précautions nécessaires pour entretenir la salubrité dans les salles de malades, et dans toutes les dépendances des hôpitaux militaires et des hospices civils.

« Vous devez donc veiller à ce que ces prescriptions soient ponctuellement suivies et adresser les recommandations les plus pressantes aux fonctionnaires de l'intendance militaire, afin qu'ils s'assurent fréquemment que les comptables des hôpitaux militaires, ainsi que les administrateurs des hospices civils, ne négligent aucun des soins hygiéniques prescrits par le règlement et recommandés par les officiers de santé traitants.

« Ils doivent s'attacher à combattre la propension qu'ont généralement les comptables, dans des vues d'économie mal entendue, à réunir dans une même salle le plus grand nombre de malades possible, à ne pas séparer ces malades suivant la nature des affections dont ils sont atteints, à resserrer les lits, etc., afin d'éviter les frais de chauffage, d'éclairage et d'infirmiers que nécessiterait l'ouverture de nouvelles salles.

« Les affections graves qui sévissent dans les hôpitaux ont presque toujours pour cause déterminante l'encombrement des malades : aussi l'espacement réglementaire des lits et le volume d'air que doit avoir chaque malade, déduction faite de tout le mobilier affecté à chaque salle, doivent-ils être soigneusement observés.

« Il est à désirer, lorsque les circonstances le permettent, qu'un certain nombre de lits restent inoccupés dans chaque salle ; c'est d'ailleurs un moyen de rendre les rechanges plus faciles. Ce sont surtout les lits qui avoisinent les grands malades qu'il importe de laisser libres.

« Vous donnerez des instructions en conséquence aux officiers d'administration comptables. Les adjudants d'administration placés sous leurs ordres, ainsi que les sœurs, dont le zèle pieux pour nos soldats malades a souvent mérité des éloges, redoubleront d'efforts pour que les infirmiers et servants entretiennent dans tous les locaux une exacte propreté, en établissant, en temps opportun, sous la direction éclairée des officiers de santé traitants, la ventilation nécessaire pour maintenir la salubrité dans les salles.

« Je recommande d'une manière spéciale à votre active sollicitude l'objet important de cette lettre, dont vous m'accuserez réception. »
(*Lettre ministérielle du 4 mars 1841 aux intendants militaires.*)

§ 2. — Matériel.

I. *Composition et classification du matériel.* — Le matériel des hôpitaux militaires avait d'abord été classé en trois nomenclatures faisant suite au règlement du 1er avril 1831, et comprenant : la première, le mobilier ; la deuxième, les denrées et autres objets de consommation, y compris les objets de pansement en usage dans les hôpitaux et magasins ; la troisième, les médicaments. Mais cette classification ne cadrant plus avec les prescriptions de l'ordonnance royale du 26 août 1844 sur la comptabilité des matières appartenant à l'État, qui spécifie que tout le matériel de transformation et de consommation ferait l'objet d'un nouveau mode de comptabilité, le matériel des hôpitaux militaires a été d'abord réparti, par le règlement du 25 janvier 1845, en deux catégories :

La première comprenant les matières, denrées et objets en service destinés soit à la consommation, soit à des transformations ;

La seconde, les valeurs mobilières et permanentes (objets d'art, bibliothèques, meubles, instruments et ustensiles de toute espèce) se détruisant uniquement par l'usage.

C'est conformément à cette division que la décision du 26 décembre 1849 a déterminé les objets qui doivent être compris dans les nomenclatures des deux catégories, et que l'instruction du 6 juillet 1850 a été adoptée pour réglementer la comptabilité du matériel du service des hôpitaux militaires. Toutefois la décision ministérielle du 31 juillet 1857 y a apporté l'importante modification de réunir tout le matériel en une seule et même nomenclature, divisée en trois grandes sections, qui correspondent méthodiquement aux trois grandes divisions du service : 1° le traitement des malades dans les hôpitaux militaires ; 2° l'organisation du service sanitaire des armées en campagne ; 3° l'enseignement des officiers de santé élèves et stagiaires.

1re Section. — Matériel des établissements sédentaires : 1° *Matériel des consommations afférentes au prix de la journée* (médicaments et pansements ; objets de sépulture ; alimentation ; chauffage et éclairage ; blanchissage ; entretien et réparation du mobilier et propreté ; objets de bureau). — 2° *Matériel affecté au traitement des malades* (effets et objets de couchage ; effets et objets à l'usage spécial des malades ; effets et objets accessoires). — 3° *Matériel d'exploitation* (instruments de chirurgie ; marbres, pierres, verres, etc.; mobilier des chapelles ; cuivre, airain, étain, plomb et zinc ; fer-blanc, fer forgé, fer noir, fer battu, tôle et fonte de fer ; bois, osier et carton ; balances, poids et mesures). — 4° *Matières premières et matériel d'emballage* (matières premières pour confection ; matières et matériel hors de service ; matériel d'emballage).

2e Section. — Matériel des ambulances actives (Hôpitaux temporaires et matériel d'ambulance).

3e Section. — Matériel d'enseignement, travaux et collections scientifiques (Instruments et ustensiles de physique et de chimie, bibliothèques et collections).

Des prix de tarifs réglés d'après les prix courants du commerce sont appliqués à chacun des objets, matières ou effets compris dans les nomenclatures.

II. *Composition d'une fourniture de coucher.* — La composition d'une fourniture de coucher complète, y compris les effets accessoires, ainsi que les divers ustensiles à l'usage d'un malade, est la suivante :

1° *Fournitures de coucher* : 1 couchette, 1 paillasse, 1 matelas de laine et crin, 1 traversin, 1 sommier de crin (pour officier seulement), 1 oreiller de plumes (pour officiers et les soldats gravement malades, lorsque les médecins traitants le jugent nécessaire), 1 couverture de laine en été et 2 en hiver, 8 draps de lit et 1 petit sac attaché à la tête de chaque lit, à l'usage des soldats, et destiné à recevoir les menus effets, tels que peignes, mouchoirs, etc.

2° *Effets accessoires :* 5 chemises, 2 cravates, 2 caleçons de coton écru, 6 bonnets de coton écru, 3 taies d'oreiller, 1 capote ou robe de chambre, 1 pantalon d'hiver, 2 demi-bas ou chaussettes en laine, 1 paire de pantoufles.

3° *Ustensiles :* 1 cuiller à bouche en fer étamé, 1 fourchette en fer étamé, 1 couteau de table pour chaque officier seul, 1 assiette, 1 écuelle, 1 pot à tisane d'un litre, 1 pot à boissons de 50 centilitres et 1 pot à vin de 25 centilitres, 1 pot de chambre (*ces derniers objets sont en étain, grès, faïence ou en terre vernissée*) et une planchette mobile en bois. (*Nomenclature D, art.* 310 *du règlement du* 1er *avril* 1831, *modifié par la circulaire du* 12 *mars* 1841.)

Il n'est fait usage dans les hôpitaux que de couchettes à une place ; et alors même que, par extraordinaire, on y emploie des couchettes à deux places, les malades y sont couchés seuls. (*Id., art.* 867.)

Les fournitures de coucher sur lesquelles un malade est décédé sont immédiatement enlevées et remplacées ; la paillasse est vidée et lavée ; les autres effets sont exposés à l'air pendant quelques jours et sont soigneusement nettoyés ; ils sont désinfectés si les officiers de santé le jugent nécessaire : dans le cas où, par suite de maladie contagieuse, ces effets ne seraient pas susceptibles d'être désinfectés, ils sont brûlés suivant les formalités prescrites à l'article 512 du présent règlement. (*Id., art.* 872.)

Les effets à l'usage des malades sont changés, savoir : les draps de lit et les caleçons tous les quinze jours ; les chemises, les bonnets de coton, les demi-bas, les nappes et les serviettes pour l'ordinaire des officiers, tous les cinq jours.

Les tabliers d'officiers de santé et d'infirmiers, aussi souvent que la demande en est faite.

Les crachoirs de toile, les essuie-mains et les torchons, tous les jours.

Nonobstant cette règle, les rechanges des draps de lit et des caleçons peuvent être retardés d'un à trois jours, dans le cas de sortie du malade, mais seulement d'après l'indication de l'officier de santé, et d'un autre côté, les rechanges ordonnés ci-dessus n'excluent pas ceux qui peuvent être prescrits accidentellement par les officiers de santé, ou que des circonstances particulières rendent nécessaires.

Quelle que soit l'époque à laquelle le rechange du linge ait été effectué, celui qui a servi à un sortant est toujours livré au blanchissage. (*Art.* 877.)

La paille des paillasses et des sacs à paille est renouvelée toutes les fois que la nécessité en est reconnue. (*Art.* 878.)

La propreté personnelle des malades doit être l'objet d'une attention particulière. Ils doivent être rasés au moins deux fois la semaine, par les barbiers du corps, si leur état ne s'y oppose pas. (*Art.* 879.)

III. *Chauffage et éclairage.* — Les salles sont chauffées pendant la saison d'hiver, qui commence, suivant les localités, du 15 octobre au 1er novembre, et finit du 15 avril au 1er mai. Cependant, lorsqu'il est nécessaire de chauffer les salles à d'autres époques, l'autorisation en est donnée au comptable par le sous-intendant, sur la demande des officiers de santé en chef, qui, dans tous les cas, règlent le degré de température à entretenir dans chaque salle, d'après le thermomètre. (*Art.* 880.)

Il est entretenu des feux dans les cuisines et dans les laboratoires de pharmacie pendant toute l'année, et dans les salles de bains, selon que la nécessité en est reconnue ; il en est entretenu pendant les mois d'hiver dans les chambres de garde, dans les bureaux et dans la loge du portier, enfin dans les autres dépendances de l'hôpital jugées susceptibles d'être chauffées. (*Art.* 881.)

Chaque salle est éclairée pendant la nuit, au moyen de lampes recouvertes de chapitaux auxquels il est adapté un tuyau pour donner issue à la fumée, si c'est reconnu nécessaire.

Des becs de lampes sont également entretenus, soit pendant la' nuit, soit pendant le jour, dans les chambres de garde, dans les passages, corridors, latrines et autres dépendances de l'hôpital dans lesquels ils sont reconnus nécessaires ; un réverbère, placé intérieurement près de la porte d'entrée de l'hôpital, est entretenu la nuit pendant toute l'année.

Il est en outre délivré de la chandelle ou une lampe portative à chaque officier de santé de garde, ainsi qu'à l'adjudant de garde, pour se porter partout où le besoin du service l'exige. (*Art.* 882.)

Il est dressé, par l'officier d'administration comptable, au commencement de chaque mois, pour servir de base à la consommation des combustibles, un état du nombre des feux et des lumières à entretenir pendant le mois pour le service de l'hôpital. Cet état indique le nombre d'heures pendant lequel ces feux et ces lumières doivent être entretenus ; il doit être certifié par les officiers de santé en chef, et approuvé par le sous-intendant militaire.

Les quantités de combustibles réellement employées sont portées, à la fin du mois, par le comptable, au bas de cet état, qui est soumis au visa du sous-intendant militaire. (*Art.* 883.)

IV. *Approvisionnements.* — Le matériel est réparti dans les *hôpitaux proprement dits, les magasins de réserve* et les *dépôts de pharmacie.*

Il est établi, dans les places désignées à cet effet d'après les convenances du service, des magasins destinés à pourvoir tant au remplacement annuel du matériel dans les hôpitaux militaires qu'aux besoins accidentels de ces hôpitaux, en cas d'augmentation inattendue du nombre des malades, ou en cas de mise en état de siége des places dans lesquelles ils sont situés. Les magasins sont aussi destinés à conserver les réserves dont la formation est prescrite par l'article 13 du présent règlement. Les magasins établis à Paris prennent les titres de *magasin central* et de *pharmacie centrale.* (*Art.* 311.)

Les approvisionnements à former dans les magasins, soit en mobilier, soit en objets de pansement et de chirurgie, soit en médicaments, sont réglés au commencement de chaque année par le Ministre de la guerre, selon la fixation des hôpitaux aux besoins desquels ils doivent pourvoir, et eu égard aux quantités restant, soit dans ces magasins, soit dans ces hôpitaux, d'après les inventaires dressés à la fin de l'année précédente, et ce indépendamment des réserves.

Les magasins ne sont approvisionnés que dans des circonstances extraordinaires de siéges ou autres, en denrées et en objets de consommation autres que ceux qui sont à l'usage de la chirurgie. (*Art.* 312.)

Les approvisionnements des hôpitaux en mobilier et en objets de consommation à l'usage de la chirurgie sont réglés d'après la fixation de chaque établissement. (*Art.* 313.)

L'instruction ministérielle du 26 février 1859 a fait connaître la nomenclature des instruments de chirurgie à affecter à chaque hôpital militaire, eu égard à son importance.

Afin de faciliter aux médecins en chef des hôpitaux militaires la rédaction des demandes d'instruments de chirurgie, il a été jugé convenable, après avoir pris l'avis du Conseil de santé, de diviser en catégories les divers établissements hospitaliers, en mettant toutefois en dehors l'hôpital militaire du Val-de-Grâce, pour lequel des dispositions particulières ont été adoptées, en raison de l'école d'application qui y est annexée.

Les hôpitaux de la quatrième catégorie seront pourvus des instruments nécessaires pour remédier aux accidents aigus, graves, susceptibles de compromettre rapidement la vie ; ils posséderont, d'ailleurs, des instruments spécialement destinés aux autopsies cadavériques.

Les hôpitaux des deuxième et troisième catégories, qui admettent un plus grand nombre de malades, recevront, en outre, quelques-uns des instruments applicables aux opérations que nécessitent certaines affections chroniques assez communes chez les militaires. Ces instruments pourront être prêtés sur la demande des officiers de santé, et avec l'intervention des sous-intendants militaires aux hôpitaux de la quatrième catégorie.

Des instruments destinés aux opérations qui ne se pratiquent que très-rarement dans les hôpitaux militaires seront déposés dans les hôpitaux de la première catégorie, pour être envoyés aux établissements des trois autres catégories où se présenteraient des cas susceptibles de nécessiter leur emploi.

Ces instruments seront réclamés et prêtés avec l'autorisation des sous-intendants militaires, et à leur rentrée, qui devra avoir lieu aussitôt qu'ils ne seront plus nécessaires, ils seront vérifiés par le médecin en chef, qui mentionnera l'état dans lequel ils auront été rendus, tant sur le récépissé délivré par l'officier comptable que sur le registre-catalogue où ils seront inscrits. Les réparations qu'ils pourraient exiger seront effectuées immédiatement.

Toutefois les militaires qui seraient dans le cas de subir quelques opérations très-importantes, mais qui permettent cependant la temporisation et le transport, telles que celles de la cataracte, de la taille, de la lithotritie, les grandes résections osseuses à la suite d'affections chroniques, les ligatures de très-gros troncs artériels indiqués par des anévrismes anciens, et quelques autres du même ordre, devront être évacués, autant que possible, sur les grands hôpitaux et particulièrement sur celui d'instruction du Val-de-Grâce, dans l'intérêt de l'enseignement clinique des médecins stagiaires.

D'après ces bases indiquées par la note ministérielle du 18 janvier 1842, le Ministre a arrêté les dispositions suivantes de l'instruction du 26 février 1859 relativement à la composition, à la répartition et à la conservation de l'arsenal chirurgical du service des hôpitaux militaires.

A. *Composition de l'arsenal chirurgical.* — Cet arsenal comprend, pour le service des hôpitaux et ambulances de l'armée, vingt-sept boîtes complètes numérotées de 1 à 27.

N° 1, avulsion des dents ; — N° 2, amputations et trépans (grande boîte) ; — N° 3, amputations (petite boîte) ; — N° 4, couteaux de rechange ; — N° 5, maladies des yeux et des voies lacrymales (grande boîte) ; — N° 6, maladies des yeux et des voies lacrymales (petite boîte) ; — N° 7, maladies des oreilles ; — N° 8, staphyloraphie et bronchotomie ; — N° 9, maladies de l'œsophage ; — N° 10, maladies des voies urinaires ; — N° 11, rétrécissements de l'urètre ; — N° 12, maladies de l'urètre ; — N° 13, taille ; — N° 14, lithotritie ; — N° 15, résections ; — N° 16, instruments divers ; — N° 17, résections des os ; — N° 18, cautères ; — N° 19, compresseurs et moufles ; — N° 20, compression et ligature des artères ; — N° 21, préparation des vaisseaux lymphatiques ; — N° 22, autopsies ; — N° 23, injections cadavériques ; — N° 24, instruments divers (excision des amydales, extraction des corps étrangers de l'œsophage, hernie étranglée, fistules à l'anus, cautérisation, moxibustion, ponction) ; — N° 25, préparations anatomiques ; — N° 26, ténotomie ; — N° 27, accouchements (spécial aux hôpitaux de l'Algérie).

La nomenclature n° 2, annexée à l'instruction précitée, fait connaître par ordre alphabétique la série de tous les instruments entrant dans la composition des boîtes réglementaires, avec l'indication des boîtes où ils se trouvent compris.

Indépendamment du matériel chirurgical spécifié dans cette nomenclature, il peut être accordé dans les établissements du service des hôpitaux militaires, d'une part, des instruments de chirurgie qui ne sont pas compris dans ledit matériel, et, d'autre part, des instruments détachés admis dans celles des boîtes réglementaires auxquelles n'ont pas droit certains établissements.

Ces concessions exceptionnelles sont l'objet de décisions ministérielles préalables, prises sur l'avis concluant du Conseil de santé des armées. (*Art. 3 de l'Instruction précitée.*) (1)

B. *Répartition.*— Les éléments divers de l'arsenal chirurgical sont groupés, pour l'exécution du service commun, en quatre classes, mises en rapport avec l'importance des établissements du service hospitalier, conformément à la nomenclature n° 3 ci-après.

La nomenclature n° 4 donne la répartition correspondante en quatre classes des hôpitaux de l'intérieur de l'Algérie et de l'Italie, afin d'assigner à chaque hôpital l'arsenal chirurgical auquel il a droit.

Indépendamment de l'arsenal qui leur est propre, les hôpitaux conservent, pour les opérations faites sur les cadavres, les instruments qui, après réparation, ne seront plus jugés par le médecin chef susceptibles d'être employés sur l'homme vivant. (*Id.*, art. 8.)

Nomenclature n° 3 indiquant la composition de l'arsenal chirurgical en quatre classes, suivant le degré d'importance des hôpitaux.

1re *classe :* Boîtes nos 1, 2, 4, 5, 7, 8, 9, 10, 11, 13, 14, 16, 17, 18, 19, 20, 22, 24, 26, 27.

2e *classe :* Boîtes nos 1, 2, 6, 10, 11, 17, 18, 20, 22, 23, 24, 27.

3e *classe :* Nos 1, 2, 6, 11, 12, 22, 23, 24, 27.

4e *classe :* Nos 1, 2, 6, 22, 24, 27.

— Nomenclature n° 4 indiquant la répartition des établissements du service des hôpitaux militaires en quatre classes correspondantes à celles de la nomenclature n° 3, pour la répartition des instruments de chirurgie.

----

(1) Déjà, par décision du 5 novembre 1862, le Ministre a approuvé une instruction relative à l'emploi de l'ophthalmoscope dans le service médical de l'armée. (Voir *Recueil des Mémoires de médecine militaire*, tome 9, pages 1 et suiv.). Le Conseil de santé s'occupe, en outre, de reviser l'instruction du 26 février 1859, relative à l'arsenal chirurgical, en ce qui concerne les instruments isolés à accorder aux hôpitaux des 2e, 3e et 4e classes.

Divisions de l'intérieur. — 1ʳᵉ *classe :* Infirmerie de l'hôtel impérial des Invalides, hôpitaux de Lille, de Metz, de Strasbourg, de Lyon.

2ᵉ *classe :* Hôpitaux du Gros-Caillou et Saint-Martin à Paris ; de Vincennes, de Versailles, de Châlons, de Marseille, de Toulon, de Perpignan, de Toulouse, de Bayonne, de Rennes.

3ᵉ *classe :* Hôpitaux de Cambrai, de Dunkerque, de Valenciennes, de Saint-Omer, de Nancy, de Thionville, de Colmar, de Belfort, de Bordeaux, de la Rochelle, de Saumur, de Bastia, d'Ajaccio, de Belle-Isle-en-Mer (en entreprise).

4ᵉ *classe :* Hôpitaux de Calais, de Maubeuge, de Sedan, de Givet et Rocroy, de Bitche, de Longwy, de Sarreguemines, de Phalsbourg, de Montmédy, de Briançon, de Saint-Jean-Pied-de-Port, de Calvi, de Corte ; infirmerie de l'école spéciale militaire de Saint-Cyr ; hôpitaux thermaux de Bourbonne, d'Amélie-les-Bains, de Baréges, de Vichy.

Divisions de l'Algérie. — 1ʳᵉ *classe :* Alger, hôpital du Dey.

2ᵉ *classe :* Hôpitaux d'Oran, de Constantine, de Bône.

3ᵉ *classe :* Hôpitaux de Blidah, d'Orléansville, de Médéah, de Milianah, d'Aumale, de Philippeville, de Mostaganem, de Tlemcen, de Mascara, de Sidi-bel-Abbès, de Sétif, de Bougie.

4ᵉ *classe :* Hôpitaux de Coléah, de Boghar, de Teniet-el-Haad, de Cherchell, de Tenès, de Dellys, de Laghouat, du fort Napoléon, de Tizi-Ouzou, de Dra-el-Mizan, d'Arsew, de Nemours, de Tiaret, du Sig, de Lala-Maghrnia, de Djidgelly, de Guelma, de la Calle, de Biscara, d'El-Arrouch, de Geryville, d'Ammi-Moussa.

Italie. — 2ᵉ *classe :* Hôpital de Rome.

4ᵉ *classe :* Hôpital de Civita-Vecchia.

Aucun instrument de chirurgie, de quelque nature qu'il soit, ne peut entrer dans un établissement du service hospitalier, sans l'autorisation préalable du Ministre.

Il est toujours livré par le magasin central de Paris, ou par l'un des magasins détenteurs d'instruments à titre d'approvisionnement.

Les instruments divers non prévus sous leur propre dénomination, dans les nomenclatures jointes à l'instruction précitée, feront entrée dans les comptes et seront expédiés avec l'indication du prix d'achat.

Les demandes d'instruments seront toujours faites dans les limites de la classe à laquelle appartiendra l'établissement, sauf les cas exceptionnels prévus par l'article 3 qui précède. (*Art.* 13 *de l'Instruction du* 26 *février* 1859.)

C. *Conservation et classification.* Les boîtes et les instruments de chirurgie qui entrent dans un établissement du service hospitalier militaire sont reçus par l'officier d'administration comptable, et figurent toujours dans ses comptes jusqu'à leur sortie définitive ; mais il en est fait immédiatement remise, à titre de dépôt, au médecin chef. (*Id.*, *art.* 18.)

La conservation des instruments de chirurgie et des boîtes qui les renferment incombe dès lors exclusivement au médecin chef, qui veillera par lui-même à l'observation des précautions suivantes :

« 1° Avant de caser dans les boîtes les pièces des instruments susceptibles d'être démontés, tels que trocarts, sondes évacuatrices, instruments de lithotritie, etc., chacune de ces pièces sera essuyée avec le plus grand soin et suffisamment séchée, afin de prévenir le séjour des liquides dans leur intérieur ou entre celles de leurs surfaces qui se correspondent ;

2° Dans le même but, les robinets des sondes seront tenus ouverts, afin que le courant d'air enlève l'humidité qu'elles pourraient retenir ;

« 3° Toutes les pièces en acier seront graissées avec la composition employée pour le maintien des armes ;

« 4° Les rondelles des seringues à double parachute devront être, de temps à autre, graissées avec de l'axonge, avec attention de les relever, afin de rendre le frottement plus doux et leur action plus complète ;

« 5° Jamais les couteaux, les bistouris ne devront être replacés dans les boîtes sans avoir été essuyés avec le plus grand soin et passés sur le cuir à rasoir ;

« 6° Lorsque le repassage des instruments sera reconnu nécessaire, cette importante opération sera confiée à un ouvrier très-habile dans son art, et, à défaut de cet ouvrier dans la localité, les instruments à repasser seront envoyés dans une ville où se trouveront des couteliers expérimentés. Le médecin chef en référera alors au sous-intendant militaire chargé de la surveillance administrative de l'établissement, qui donnera des ordres au comptable de l'hôpital ;

« 7° Les boîtes d'instruments seront casées méthodiquement sur les rayons d'une armoire complétement à l'abri de l'humidité.

« Cette armoire sera toujours placée dans le cabinet du médecin chef de l'établissement. » (*Id.*, *art.* 19.)

Le médecin chef, constitué responsable de l'arsenal chirurgical, demeure chargé de présenter, par l'intermédiaire de l'officier comptable, les demandes d'instruments nécessaires pour tenir les boîtes réglementaires au complet, de signaler la nécessité des réparations, des repassages, et de faire constater, également par l'intermédiaire de l'administration, les pertes résultant de bris ou de toute autre cause. (*Id.*, *art.* 20.)

Il sera ouvert chaque année dans tout hôpital un registre dans la forme du modèle annexé à l'instruction précitée, sur lequel seront inscrits les mouvements des instruments de chirurgie par boîte. Ce registre, coté et paraphé par le sous-intendant militaire, sera tenu par le médecin chef et servira à établir, en fin d'année ou de gestion, la balance de l'arsenal chirurgical, dont les résultats seront contrôlés par l'inventaire. (*Id.*, *art.* 21.)

Le sous-intendant militaire procédera, au 31 décembre de chaque année ou en fin de gestion de comptable, en présence de ce dernier et du médecin chef, à l'inventaire de l'arsenal chirurgical, conformément aux dispositions prescrites par l'instruction du 6 juillet 1850 sur la comptabilité-matières du service des hôpitaux militaires.

Les manquants et déficits sont constatés par un procès-verbal annexé aux comptes du comptable, et restent provisoirement à la charge du médecin chef, jusqu'à ce que le Ministre ait prononcé définitivement. (*Id.*, art. 22.)

Les approvisionnements des hôpitaux en médicaments sont réglés sur les demandes des officiers de santé en chef, en raison de la fixation de chacun de ces établissements, et eu égard aux maladies dominantes, selon les localités et les saisons, en se conformant aux tableaux annexés au Formulaire pharmaceutique. (*Règlement de 1831, art.* 314.)

Pour que le mobilier à entretenir dans chaque hôpital soit toujours tenu au complet, et pour qu'il puisse être pourvu au remplacement des consommations en objets de pansement et en médicaments, les officiers d'administration comptables dressent des états de demandes au 1er janvier et au 1er juillet de chaque année. Ces états sont établis séparément par les comptables pour le mobilier, pour les objets de consommation et de pansement, et par les officiers de santé en chef pour les médicaments (conformément au modèle O de l'instruction du 6 janvier 1849); ils doivent indiquer : 1° les quantités nécessaires pour le service ; 2° celles qui existent dans l'établissement ; 3° celles qui manquent pour compléter l'approvisionnement. Si, dans l'intervalle d'un semestre à l'autre, il se manifeste des besoins d'urgence et imprévus, les comptables dressent des demandes particulières établies dans la même forme. (*Art.* 315.)

Les objets dont l'envoi est annoncé, quoiqu'ils ne soient pas parvenus lors de la formation des états de demande mentionnés en l'article précédent, sont portés en augmentation des quantités existantes. (*Art.* 316.)

Les états de demande à établir en exécution des articles 314 et 315 sont certifiés par les officiers d'administration comptables en ce qui concerne le mobilier et les objets de pansement, et par les officiers de santé en chef en ce qui concerne les médicaments ; ils sont ensuite soumis au vu et vérifié des sous-intendants militaires, qui les adressent en une expédition aux intendants des divisions, lesquels les transmettent au Ministre de la guerre. (*Art.* 317.)

Les approvisionnements en matériel du service des hôpitaux s'effectuent ordinairement au moyen d'achats ; il peut aussi y être pourvu par des échanges, par des cessions et prêts d'autres services, et, dans des circonstances extraordinaires, par voie d'appel ou de réquisition. Les prises sur l'ennemi peuvent donner lieu à des entrées de matériel. Enfin, les récoltes sont aussi un moyen de pourvoir les hôpitaux de plantes médicinales ou potagères. (*Art.* 318.)

Les achats peuvent être effectués, soit par marchés, soit par achats sur place, soit par abonnements.

Les marchés sont passés, soit directement, au compte de l'État, soit par défaut, au compte des traitants qui ne remplissent pas leurs engagements.

Les marchés directs et par défaut sont passés, soit par adjudication, soit de gré à gré. (*Art.* 319.)

Les achats d'effets mobiliers confectionnés ou de matières propres aux confections, destinés à l'approvisionnement des magasins ou des hôpitaux, sont effectués, d'après les ordres du Ministre de la guerre, au moyen de marchés passés par adjudication ou de gré à gré.

Les sous-intendants peuvent, dans les cas d'urgence et sans demande préalable, par exception aux dispositions de l'art. 315, autoriser l'achat sur place des ustensiles et autres objets d'un usage journalier ou d'une faible importance. (*Art.* 320.)

Les marchés pour achats de denrées et autres objets de consommation destinés aux approvisionnements des magasins n'ont également lieu que d'après les ordres du Ministre de la guerre. Ils sont effectués, suivant ce qui est prescrit par ces mêmes ordres, par marchés passés, soit par adjudication sur soumissions cachetées, soit de gré à gré ou par achats sur place. (*Art.* 321.)

On doit mettre en adjudication, en ce qui concerne le service des hôpitaux gérés par économie, la viande, le pain, les liquides, les combustibles et les autres objets de consommation auxquels ce mode de marché peut être appliqué avec avantage ; ce qui sera déterminé par le sous-intendant militaire, d'après les localités et la proposition de l'officier comptable.

La mise en adjudication aura lieu chaque année, dans la première quinzaine de septembre, pour l'année suivante ; néanmoins on pourra devancer cette époque, à l'égard des combustibles, quand on le jugera avantageux à l'intérêt du Gouvernement.

Les adjudications auront lieu sur soumissions cachetées qui seront ouvertes en présence des soumissionnaires et suivant les formes et conditions prescrites dans le cahier des charges (1). (*Art.* 322.)

---

(1) *Extrait du cahier des charges, pour la fourniture des denrées, liquides et autres objets de consommation à faire annuellement aux hôpitaux militaires régis par économie.*

Les objets mis en adjudication doivent réunir les conditions ci-après :

1° *Viande.* — Elle doit avoir une couleur vive, qui dénote sa fraîcheur et la santé des bestiaux abattus. On doit refuser : 1° toute viande pâle et mucilagineuse provenant d'animaux trop jeunes ; 2° toute celle d'une couleur foncée qui tient à la vieillesse du bétail ; 3° celle qui est livide est d'une teinte pâle, inégale, provenant d'animaux malades.

La viande doit être abattue au moins douze heures avant d'être livrée : elle doit être bien saignée et proprement coupée. Les gros os seront divisés à la scie.

On n'admet ni têtes, ni fressures, ni pieds, ni saignures. Les suifs formant des masses vo-

Immédiatement après l'annonce de l'adjudication, le sous-intendant militaire, chargé de la surveillance administrative de l'hôpital, procédera, de concert avec l'officier d'administration comptable et les officiers de santé en chef, au choix des échantillons, des denrées et des objets de consommation qui en sont susceptibles.

L'échantillon du vin affecté sans distinction tant aux malades qu'aux infirmiers, sera choisi par la Commission avec le concours d'un expert s'il est nécessaire, parmi les années et les crus les plus usuels de la localité.

Les échantillons seront déposés à l'établissement où les personnes qui désireront concourir à l'adjudication seront admises à en prendre connaissance.

---

lumineuses dans l'intérieur ne doivent pas faire partie des pesées, mais bien les graisses adhérentes et étendues par couches dans la viande et à sa surface.

Les viandes provenant de taureaux ou d'anciens taureaux coupés ne pourront entrer dans les fournitures.

Les pesées se composeront de quantités égales de cuisses et d'épaules ; le veau et le mouton nécessaires à la consommation des malades en font partie.

2° *Pain.* — Fabriqué avec de la farine de pur froment ; il doit être blanc et de première qualité. Il doit être bien manutentionné, cuit à point, de forme ronde, bombé, et ne présenter, au plus, que deux légères entamures que l'on nomme *baisures*. Il doit, à son ouverture, exhaler une odeur douce et balsamique, offrir des yeux plus ou moins larges, mais multipliés, et donner dans la dégustation une saveur agréable et approchant du goût de noisette. Chaque pain doit peser 1 kilo 500 grammes, et doit être passé à la brosse avant d'être présenté à l'hôpital. Tout pain qui ne réunit pas ces diverses conditions est rejeté, de même que celui dont la mie est spongieuse et dont la croûte se détache de la mie ou est brûlée.

3° *Vin.* — Le vin doit être de bonne qualité, droit en goût, tiré à clair dans de bons fûts, et reconnu, par les officiers de santé en chef, propre à l'usage des malades. Il ne pourra pas avoir moins d'un an de récolte. Le vin plâtré ne sera pas admis.

Les vins sont livrés au litre. En cas de difficultés dans le jaugeage, les pièces donnant lieu à contestation sont passées au dépotoir par les soins du fournisseur. Il remplacera par du vin ayant la qualité voulue la lie qui pourrait encore se trouver dans chaque tonneau.

4° *Fleur de farine.* — Elle doit être d'un blanc jaunâtre, douce au toucher, sèche et pesante ; elle n'a qu'une faible odeur et laisse dans la bouche une saveur approchant de la colle fraîche ; pressée dans la main, elle s'échappe plutôt qu'elle n'y forme une pelote. Elle ne doit offrir à l'œil aucune parcelle de son.

5° *Pâtes féculentes.* — Les pâtes féculentes doivent être bien préparées, sèches, sans odeur ni mauvais goût.

6° *Riz.* — Le riz doit être de la qualité connue dans le commerce sous le nom de *bon courant*. Les grains doivent être entiers, d'une forme et d'un volume à peu près semblables, blancs, durs et les mieux dégagés de leurs balles. Ils doivent être bien nets, sans odeur et vannés avec soin, ce qui se remarque en les laissant couler d'un peu haut en face du jour.

7° *Vermicelle.* — Il sera ou blanc ou très-légèrement safrané, jamais d'un jaune foncé : il devra être sans odeur, d'une saveur franche et d'une parfaite transparence.

8° *Pruneaux.* — Les pruneaux doivent être bien secs, charnus, recouverts d'une efflorescence blanche et avoir été séchés proprement et non sur l'âtre d'un four, ce dont on s'assurera par le lavage. Ils ne seront admis qu'après la cuisson d'un échantillon que les officiers de santé auront reconnu propre à l'usage des malades et conforme à celui qui aura servi de modèle-type à l'adjudication. Ce type servira à déterminer le nombre de pruneaux que doit contenir le kilogramme.

9° *Semoule.* — Elle devra être blanche, exempte de folle farine, ayant la saveur et l'odeur du blé le mieux conservé.

Après l'adjudication générale, les échantillons, renfermés dans des bocaux transparents et revêtus du cachet du sous-intendant militaire, seront classés avec soin pour servir, au fur et à mesure des livraisons, à apprécier l'identité des fournitures.

L'échantillon adopté pour le vin sera renouvelé à chaque livraison au moyen d'un prélèvement sur cette livraison. L'ancien échantillon sera mis en distribution. On agira de même pour les échantillons des autres objets que le temps pourrait altérer ou modifier. (*Art. 4 du cahier des charges du 16 septembre 1856.*)

Il sera procédé à l'adjudication par M. le sous-intendant militaire, assisté de l'officier d'administration comptable, d'un adjudant d'administration tenant la plume, et de MM. les officiers de santé en chef. (*Art. 5, id.*)

10° *Sel gris ou blanc de Bayonne* (dit *gemme*). — Le sel doit être sec, pur et dégagé de toutes matières hétérogènes qui pourraient colorer l'eau dans laquelle on le fait dissoudre à chaud, ou y laisser un dépôt terreux ou sablonneux. On tiendra compte, bien entendu, de la différence de limpidité que doit laisser à l'eau employée pour les faire dissoudre le sel gris ou le sel blanc.

11° *Lait de vache.* — Doit être frais, pur, sans mélange d'eau ni d'autre lait ou de matières hétérogènes, sans odeur ni goût étranger. Il doit être d'un blanc mat, d'une consistance convenable : s'il est trop clair, il sera rejeté. Il sera soumis, en présence du fournisseur, à l'épreuve de l'ébullition, et, s'il est nécessaire, à celle de la teinture d'iode, afin que celui qui aurait tourné ou dans lequel on aurait reconnu un mélange, soit de fécule, soit de farine, soit immédiatement remplacé aux frais du livrancier.

Le fournisseur devra d'ailleurs accepter toutes les épreuves que l'administration jugera nécessaires pour s'assurer de la qualité du lait.

12° *OEufs.* — Les œufs seront de poule, sains, de bonne qualité et d'une grosseur convenable : en cas de contestation sur cette dernière condition, ils seront pesés. A cet effet, le poids moyen d'un cent d'œufs sera déterminé avant l'adjudication et porté à la connaissance des soumissionnaires. Ils ne seront reçus définitivement qu'à mesure qu'ils sont employés. Tous ceux qui seraient reconnus mauvais resteront pour le compte du fournisseur, à qui ils seront représentés pour être remplacés sans indemnité.

13° *Beurre.* — Le beurre doit être de fraîche fabrication et pétri de manière que tout le lait en soit bien exprimé. Il doit être homogène, ferme, d'une couleur uniforme, sans rancidité ni mauvais goût.

Dans les localités où le beurre mi-sel est plus généralement employé, il sera mis en adjudication.

Ce dernier devra d'ailleurs réunir les mêmes conditions que le précédent, et ne contenir que la proportion de sel ordinaire généralement admise au marché.

14° *Pommes de terre.* — Elles seront de bonne grosseur, de qualité supérieure, farineuses après cuisson.

15° *Légumes secs* (*pois, haricots, lentilles*). — Les légumes secs doivent être sains et de première qualité, de la dernière récolte, purgés de corps étrangers et d'une cuisson facile. Ils ne seront admis qu'après la cuisson d'un échantillon qui aura été reconnu par MM. les officiers de santé, propre à l'usage des malades et en tout conforme aux échantillons types.

Légumes pour la marmite (*carottes, navets, etc.*). — Légumes frais de la saison, non épluchés, mais dépouillés des parties inutiles.

21° *Alcool.* — L'alcool doit être de vin, droit en goût, et à 33 degrés couverts.

22° *Eau-de-vie.* — L'eau-de-vie sera de vin à 22 degrés couverts. Elle doit être limpide, droite en goût et d'un parfum agréable ; quand on en frotte quelques gouttes entre les mains, l'évaporation s'opère promptement et complétement, en laissant une odeur légèrement aromatique.

23° *Vinaigre* (*blanc ou rouge*). — Le vinaigre doit être de vin et naturel, bien clarifié

Les résultats de l'adjudication seront constatés par un procès-verbal fait en triple expédition. (*Art. 15, id.*)

Les denrées seront rendues et livrées à l'hôpital aux frais du fournisseur. La viande et le pain seront reçus en présence de l'officier d'administration chargé de la dépense, de celui de garde et du sergent de planton. Ces deux objets, ainsi que toutes les autres denrées qui entrent dans la composition du régime alimentaire, seront soumis à l'examen des officiers de santé en chef, qui s'assureront s'ils réunissent toutes les conditions exigées, et s'ils sont semblables aux échantillons.

Les livraisons de pain et de viande auront lieu chaque jour, dans les proportions indiquées la veille, sur le récépissé des quantités versées à l'hôpital.

Tous les autres objets seront livrés sur les demandes de l'officier

---

et sans aucun goût étranger. Son acidité ne doit avoir rien d'âcre ni de brûlant, et quand on s'en frotte les mains il doit s'en dégager un parfum spiritueux.

Il devra marquer 3 degrés au pèse-acide

24° *Sucre lumps.* — Le sucre lumps sera livré en pains entiers, sans être enveloppé de papier et au poids net. Il devra être bien étuvé, sans taches et en tout conforme à l'échantillon type.

25° *Miel.* — Le miel doit être blanc, autant que possible, mais toujours de consistance assez forte pour ne pas couler ; il doit être bien homogène, d'un beau grain et jamais d'une nature sirupeuse.

26° *Orge.* — L'orge devra être saine, bien sèche, sans odeur ou saveur autre que celle du grain bien conservé.

27° *Saindoux.* — Le saindoux doit être d'un blanc pur, grenu, d'une saveur fade, exempte de toute autre odeur que celle qui lui est propre. Il doit être le produit de graisse de porc de première qualité. Il ne sera reçu qu'après qu'un échantillon aura été fondu pour s'assurer qu'il ne contient aucune substance étrangère.

28° *Sangsues.* — Les sangsues doivent être saines, vives, d'une grosseur moyenne et peser 1 gramme chacune ; cependant, si l'on en reçoit une grande quantité, on peut accorder une légère tolérance ; mais jamais on ne doit en admettre plus de onze cents par kilogramme. On refusera toutes celles qui ne seront pas grises.

29° *Linge à pansement.* — Le linge à pansement sera exclusivement composé de toile blanche de fil de lin ou de chanvre, bien lessivée, qui ne doit être ni trop grossière ni trop usée ; sans coutures en travers, ni pièces, ni résarcissures qui interrompent la continuité du tissu. Il sera parfaitement sec et conforme en tous points à la série d'échantillon déposée dans l'établissement, laquelle se compose de trois qualités.

30° *Charpie.* — La charpie sera de toile de fil de lin ou de chanvre : elle sera longue, blanche, bien battue, effilée, non cotonneuse et sans odeur. Il n'en sera point admis provenant de l'effilage d'un tissu trop grossier.

31° *Savon.* — Le savon doit être sans odeur désagréable, d'une marbrure égale, sec et en briques de 2 à 3 kilogrammes au plus. Le savon noir marbré ne sera jamais reçu qu'en morceau de 500 à 600 grammes au plus, et après une dessiccation préalable.

32° *Soude ou potasse.* — L'échantillon adopté pour modèle-type, et dont le soumissionnaire pourra prendre connaissance avant l'adjudication, fera connaître la force alcaline de l'une ou l'autre substance.. (La potasse devra marquer au minimum 60 degrés). (*Art.* 3 du *cahier des charges du 16 septembre 1856.*)

33° *Citrons.* — Doivent être de l'espèce dite *acide*, bien juteux, d'un beau jaune, d'une odeur agréable ; il faut qu'ils aient atteint leur parfaite maturité, qu'ils aient la peau fine, et que les plus petits pèsent au moins 150 grammes. (*Note additionnelle en 1854.*)

comptable, au fur et à mesure des besoins et de manière que le service soit toujours assuré à l'avance. (*Art.* 16, *id.*)

Les denrées et les objets rejetés resteront pour le compte du fournisseur, qui devra les remplacer immédiatement. En cas de refus de sa part, il y sera pourvu sans délai par les soins de l'officier d'administration comptable et aux risques et périls de l'adjudicataire en défaut.

Il en sera de même à l'égard du fournisseur qui n'effectuerait pas à temps la livraison des objets dont la demande lui aurait été faite. (*Art.* 17, *id.*)

Lorsque des denrées ou d'autres objets de consommation n'ont pas été adjugés, soit à défaut de soumission, soit à raison de l'élévation des prix demandés, le Ministre en fait assurer la fourniture au moyen des marchés passés de *gré à gré*, ou au moyen *d'achats sur place*. (*Règlement de* 1831, *art.* 323.)

Les aliments destinés aux officiers, les légumes frais, les objets de pansement d'une faible importance, et généralement toutes les denrées dont il faut s'approvisionner journellement, les ustensiles de poterie et de verrerie pour le service journalier des malades, et ceux en usage pour l'entretien de la propreté, ne sont pas compris dans les adjudications, et les achats en sont faits sur place par les soins des comptables. (*Art.* 324.)

La fourniture : 1° du chauffage ; 2° de l'éclairage ; 3° de la paille pour le renouvellement des paillasses ; 4° des légumes potagers pour la marmite, du sel et des épices ; 5° des ustensiles en usage pour l'entretien de la propreté ; 6° des fournitures de bureau, peut être par exception, et quand le Ministre le juge convenable au bien du service, l'objet d'un abonnement avec le comptable, suivant le cahier des charges. (*Modèle G annexé au règlement du* 1er *avril* 1831.)

On a égard dans la fixation de l'abonnement pour les légumes potagers, au produit des jardins dépendant de l'hôpital, déduction faite des frais de culture, qui sont alors à la charge du comptable. (*Art.* 325.)

Les légumes potagers à fournir par abonnement sont pour la marmite seulement, et afin qu'ils soient toujours en quantité et qualité suffisantes, les fournitures à faire seront réglées le premier jour de chaque mois par le sous-intendant militaire, à tant de kilogrammes pour 10 malades, dans une conférence à laquelle assisteront les officiers de santé en chef et le comptable. (*Cahier des charges*, *art.* 4, 1°.)

Les achats en médicaments destinés à l'approvisionnement des magasins sont effectués en vertu des ordres du Ministre de la guerre par marchés de gré à gré au moyen de soumissions. Ces soumissions sont recueillies par les intendants militaires, soit dans les places mêmes où les fournitures doivent avoir lieu, soit dans les places voisines qui peuvent présenter des ressources en ce genre, et elles sont transmises au Ministre par ces fonctionnaires, qui doivent y joindre : 1° leur avis sur les garanties offertes par les soumissionnaires; 2° la note des prix courants de la place en ce qui concerne les articles soumissionnés. (*Art.* 326.)

Les médicaments qui, d'après le Formulaire doivent être tirés des magasins, ne peuvent être achetés sur les lieux, pour le service des hôpitaux militaires, que d'après les ordres du Ministre ou dans les cas d'urgence, d'après ceux des intendants militaires qui en rendent compte immédiatement. Ces achats sont faits par les soins des comptables. (*Art.* 327.)

Les récoltes de plantes médicinales s'effectuent journellement, selon les saisons et selon les besoins, dans les jardins botaniques des hôpitaux militaires ou par excursions botaniques.

Les pharmaciens en chef des magasins et des hôpitaux militaires sont tenus de faire procéder, en outre, dans chaque saison, par des excursions botaniques extraordinaires, aux récoltes de plantes indigènes; ces récoltes s'étendent aux cantharides, si le pays en produit.

Les espèces et les quantités à récolter par excursions extraordinaires sont réglées, aux époques favorables pour chaque espèce, par les officiers de santé en chef des hôpitaux, dans la proportion des consommations habituelles d'une année. Il n'y a d'exception à cette règle que pour les articles susceptibles d'une longue conservation. (*Art.* 373.)

Les pharmaciens en chef des hôpitaux désignent ceux de leurs subordonnés qui doivent être chargés successivement de diriger les récoltes extraordinaires; et, en ce qui concerne les magasins de médicaments, le sous-intendant militaire, sur la remise qui lui est faite de l'état des espèces et des quantités à récolter, autorise le pharmacien comptable ou l'officier d'administration comptable de l'hôpital, à employer aux récoltes le nombre d'hommes nécessaire. (*Art.* 374.)

Les récoltes par excursions botaniques ordinaires ou extraordinaires s'opèrent dans les terrains appartenant à l'État, dans les terrains libres, sur les routes et dans les propriétés des particuliers, lorsqu'ils en ont l'autorisation. (*Art.* 375.)

Le ministre se fait rendre compte du produit des récoltes de plantes médicinales dans tous les établissements du service des hôpitaux, et il accorde des gratifications aux pharmaciens qui les ont exécutées avec le plus de zèle et de succès. (*Art.* 376.)

V. *Des réceptions.* — Lorsqu'il s'agit de caisses d'instruments de chirurgie, les récépissés doivent faire mention des instruments contenus dans chaque caisse, et dont la nomenclature est inscrite sur une feuille de parchemin collée à l'intérieur du couvercle ; le médecin en chef de l'hôpital est appelé à ces réceptions et y remplit les fonctions d'expert pour le compte du Gouvernement. (*Art.* 390.)

Le pain et la viande sont livrés journellement dans la proportion de la consommation présumée.

Les autres denrées et objets de consommation sont livrés d'après les demandes des comptables, qui doivent être calculées de manière que le service soit toujours convenablement assuré. (*Art.* 394.)

Les officiers de santé en chef de l'hôpital sont appelés à la dégustation des comestibles et des liquides, et le médecin en chef, à la réception des objets de pansement. (*Art.* 395.)

Les réceptions des médicaments provenant d'achats ont lieu : 1º à la pharmacie centrale, en présence d'un des membres délégués du Conseil de santé ; 2º dans les autres magasins de réserve, en présence des officiers de santé en chef de l'hôpital, s'il y en a un dans la place ; et, dans le cas contraire, en présence d'un médecin et d'un pharmacien civils désignés par l'autorité locale, sur la demande du sous-intendant militaire ; 3º dans les hôpitaux militaires, en présence des officiers de santé en chef et de l'officier d'administration comptable,

Les récépissés de médicaments sont délivrés par les pharmaciens comptables ; les officiers de santé qui ont assisté aux réceptions apposent leurs signatures sur les récépissés portant déclaration de livraison. (*Art.* 396.)

Pour constater les réceptions de plantes médicinales provenant des récoltes, les pharmaciens comptables établissent, chaque mois, des états du produit des récoltes faites, soit dans les jardins botaniques, soit par excursions botaniques ; ces états sont certifiés par les officiers d'administration comptables, et revêtus du visa du sous-intendant militaire. (*Art.* 397.)

Le produit des récoltes de plantes médicinales autres que celles qui sont employées aux consommations n'est porté sur les états prescrits en l'article précédent, que lorsqu'elles sont convenablement préparées pour être conservées conformément aux indications du formulaire pharmaceutique. La qualité et le bon état de conservation des substances sont certifiés au bas des états par les officiers de santé en chef. (*Art.* 398.)

VI. *De la conservation.* — Les médicaments doivent être conservés, suivant l'espèce, dans des tonneaux, caisses, boîtes, pots, flacons, bocaux et autres vases soigneusement bouchés et étiquetés, en langue française, du nom de chaque substance. (*Art.* 409.)

Les substances vénéneuses sont tenues sous clef et dans un lieu séparé des autres médicaments. Ces substances, au nombre desquelles la pierre infernale, le beurre d'antimoine et les sels mercuriels se trouvent compris, ne sont jamais remises qu'aux médecins eux-mêmes ou sur leurs reçus. (*Art.* 410.)

Les pharmaciens doivent employer soigneusement tous les moyens de conservation indiqués au formulaire pharmaceutique, afin de

16.

prévenir les détériorations ou les déchets : ils doivent provoquer en temps utile l'emploi des médicaments menacés d'altération. (*Art.* 411.)

Dans les hôpitaux militaires, les officiers de santé en chef réunis doivent visiter souvent les pharmacies, pour s'assurer du bon état des approvisionnements et de la qualité des médicaments qui les composent; et s'ils s'aperçoivent que quelques articles ont éprouvé une altération quelconque, ils rendent compte au sous-intendant des causes réelles ou présumées auxquelles on doit l'attribuer, et lui proposent leurs vues sur l'emploi à faire des substances altérées. (*Art.* 412.)

Les pharmaciens comptables des magasins de médicaments établissent, d'après les résultats des inventaires annuels prescrits par l'article 611 ci-après, un relevé (*modèle n°* 6) des déchets et coulages qui ont eu lieu pendant l'année dans les approvisionnements confiés à leur garde. Ces relevés sont soumis à l'examen du Conseil de santé, sur l'avis duquel le Ministre prononce l'admission ou le rejet de tout ou de partie des déchets et coulages reconnus. (*Art.* 413.)

Il n'est accordé aux pharmaciens comptables des hôpitaux militaires aucun déchet ni coulage pour les médicaments destinés au service courant de l'établissement ; les dispositions de l'article précédent ne leur sont applicables que dans le cas où il est formé dans les établissements des approvisionnements extraordinaires. (*Art.* 414.)

VII. *Des manutentions.* — Lorsqu'il y a lieu de fabriquer du pain dans les hôpitaux ou d'y manutentionner d'autres denrées, on se conforme, pour l'exécution de ces fabrications ou manutentions, et pour leur justification, aux règles prescrites par les règlements sur le service des subsistances. Ces opérations ne peuvent avoir lieu qu'en vertu des ordres du Ministre de la guerre, ou, dans le cas d'urgence, d'après ceux des intendants militaires. (*Art.* 421.)

Il est procédé dans le laboratoire de la pharmacie centrale à la préparation de tous les médicaments officinaux indiqués par la lettre P dans la troisième colonne du tableau n° 1 du *Formulaire des hôpitaux* ; il ne peut y être fait d'autres préparations qu'en vertu des ordres spéciaux du Ministre de la guerre.

Les membres du Conseil de santé inspectent les préparations qui se font à la pharmacie centrale. (*Art.* 423.)

Les préparations de médicaments indiqués en l'article 423 ne sont effectuées dans les magasins de médicaments autres que la pharmacie centrale, qu'en vertu des ordres du Ministre, ou, en cas d'urgence, en vertu des ordres des intendants militaires.

Dans ces cas, les officiers de santé des hôpitaux militaires du lieu peuvent assister à cette opération et sont appelés à donner leur avis sur leur résultat. (*Art.* 425.)

Les compositions indiquées au formulaire autres que celles qui sont comprises dans la classe des médicaments *à expédier des magasins,* sont préparées dans les laboratoires des hôpitaux au fur et à mesure des besoins. (*Id.*, *art.* 426.)

Les pharmaciens comptables, soit des magasins, soit des hôpitaux, tiennent un registre (*modèles N et N bis de l'instruction du* 6 *janvier* 1849) sur lequel ils portent les compositions exécutées, avec l'indication des drogues simples qui y ont été employées; ils font tous les trois mois un relevé de ces registres (*modèle L de l'instruction du* 6 *janvier* 1849) qu'ils certifient et qu'ils soumettent au visa du sous-intendant militaire. (*Art.* 427.)

Les toiles des paillasses et des sacs à paille, les couvertures, les bonnets, capotes, vestes et pantalons en laine, sont lavés après avoir été au service pendant six mois environ, et plus souvent lorsque le besoin en est reconnu; les couvertures sont passées au foulon, lorsque les officiers de santé en chef le jugent nécessaire. (*Art.* 438.)

Lorsque les effets en laine ont besoin d'être désinfectés, les opérations nécessaires sont prescrites par le médecin traitant ou par le médecin en chef, chacun dans sa division, et sont exécutées sous la direction du pharmacien en chef, dans le local à ce destiné, en se conformant à l'instruction ministérielle du 28 février 1829, insérée au *Journal militaire*, lorsqu'il y a lieu de faire usage des solutions de chlorure. (*Art.* 440.)

VIII. *Des réparations.*—Dans les hôpitaux, les marmites, casseroles et autres ustensiles en cuivre qu'on est dans l'usage d'étamer, doivent recevoir un nouvel étamage aussi souvent que la nécessité en est reconnue. Les légères réparations dont ces mêmes ustensiles peuvent être susceptibles, doivent aussi avoir lieu toutes les fois qu'elles sont jugées nécessaires. (*Art.* 452.)

L'officier d'administration comptable forme, lorsqu'il y a lieu, l'état des ustensiles à réparer ou à étamer; cet état indique le nombre, le poids et la contenance en titres des ustensiles; il présente:

1° La déclaration, signée par les officiers de santé en chef, de la nécessité de l'étamage;

2° La dépense distinguée en frais d'étamage et en frais de réparations.

Cet état est soumis à l'approbation du sous-intendant militaire.

Lorsque ces opérations sont terminées, le comptable atteste leur exécution en bas de l'état. Les officiers de santé en chef y certifient le bon état de l'étamage, et cette pièce est soumise au visa du sous-intendant militaire. (*Art.* 454).

Les matelas et traversins des lits occupés sont rebattus de six mois en six mois; néanmoins, ceux qu'on retire des lits des décédés, et ceux qui ont été gâtés par les malades sont rebattus immédiatement; les laines et enveloppes de ces derniers sont soumises au lavage et même à la désinfection, si les officiers de santé en chef le jugent nécessaire. (*Art.* 456.)

Les caisses d'instruments de chirurgie incomplètes, et celles qui contiennent des instruments susceptibles d'être remplacés, sont expédiées sur le magasin central de Paris, lorsqu'on n'a pas les moyens de les faire compléter ou réparer sur les lieux ; à cet effet, le médecin en chef de l'hôpital militaire établit, de concert avec le comptable, un état qui est soumis au visa du sous-intendant militaire ; cet état est transmis par l'intermédiaire de l'intendant au Ministre qui donne l'ordre d'expédition. (*Art.* 465.)

Les caisses d'instruments de chirurgie complètes, et dont les instruments n'ont besoin que de réparations peu importantes, sont réparées par les soins des comptables des hôpitaux. La dépense occasionnée par ces opérations est justifiée au moyen d'un devis certifié par le comptable et approuvé par le sous-intendant. (*Art.* 466.)

Il est dressé, pour les réparations et les remplacements à effectuer en exécution des art. 465 et et 466, soit au magasin central, soit dans les autres établissements, un état détaillé dans lequel sont indiqués : 1° la nature des réparations à faire à chaque pièce ; 2° les instruments susceptibles de remplacement.

Cet état est signé par le médecin en chef de l'hôpital militaire du lieu et par le comptable, et remis par ce dernier au sous-intendant, lequel après avoir provoqué des soumissions pour l'exécution des réparations, adresse celles qui présentent les conditions les plus avantageuses, avec l'état ci-dessus prescrit, à l'intendant de la division. (*Art.* 467.)

Lorsque les réparations ou les remplacements sont effectués, le médecin en chef est appelé à la réception des caisses d'instruments, afin de vérifier si les réparations ou les remplacements ont été bien exécutés ; il certifie, concurremment avec le comptable, le résultat de l'opération ; la pièce est revêtue du visa du sous-intendant militaire. (*Art.* 468.)

IX. *Des sorties.* — Les sorties de matériel ont lieu : 1° par consommation pour le traitement des malades ; 2° par l'emploi des effets hors de service en grosses réparations, conversions et échanges ; 3° par ventes ; 4° par pertes et avaries ; 5° par des cessions à d'autres services.

Dans les magasins et dans les hôpitaux gérés par économie, les objets hors de service sont employés, soit à de grosses réparations, soit à des conversions en effets d'une autre espèce, soit à des échanges.

Il n'y a d'exceptions à cette règle que pour les objets dont on ne peut tirer aucun parti pour le service des hôpitaux ; ces objets sont vendus ou brûlés. (*Art.* 473.)

Le linge des fiévreux et des blessés, distraction faite des draps pour crachoirs, les tabliers d'officiers de santé, les nappes et les serviettes, distraction faite de tout ce qui est affecté aux réparations, sont convertis en linge à pansement et en charpie; le choix en est fait en présence des officiers de santé en chef.

Ceux de ces effets que les officiers de santé ne jugent pas propres au service des pansements, sont convertis en essuie-mains et torchons. (*Art.* 483.)

Dans le cas de maladies contagieuses, lorsque les officiers de santé en chef déclarent que des effets ne sont pas susceptibles d'être désinfectés, le sous-intendant militaire en autorise l'incinération.

Cette incinération est constatée par un procès-verbal auquel interviennent les officiers de santé en chef, et qui relate :

1° Les causes qui ont rendu la mesure indispensable ;

2° La nature, le classement et les quantités des effets brûlés.

Une expédition du procès-verbal est remise au comptable pour sa décharge. (*Id.*, *art.* 512.)

Des cessions de médicaments sont faites habituellement aux entrepreneurs des hôpitaux militaires pour le service de ces établissements, et peuvent aussi être faites à des commissions administratives des hospices civils et à des corps de troupes. (*Id.*, *art.* 514.)

Les pertes et avaries de médicaments qui proviennent d'événements de force majeure sont constatées par un procès-verbal dressé dans les vingt-quatre heures par le sous-intendant militaire, en présence d'un membre délégué du Conseil de santé, lorsqu'elles ont eu lieu à la pharmacie centrale et en présence des officiers de santé en chef de l'hôpital, lorsqu'elles ont eu lieu dans les autres établissements. Quand les magasins sont situés dans des places où il n'y a pas d'hôpital militaire, les pertes et avaries sont constatées en présence des médecins et pharmaciens civils désignés par l'autorité locale sur la demande du sous-intendant militaire pour faire, dans ce cas, l'office d'experts. (*Id.*, *art.* 537.)

X. *Versements d'un magasin sur un autre.* — Les versements de denrées ou médicaments d'un établissement sur un autre sont constatés par des états ou factures (*État HH de l'instruction du* 6 *janvier* 1849), qui expriment l'espèce, le bois brut et la taxe des denrées et objets expédiés, en suivant autant que possible l'ordre indiqué par la nomenclature. Ces états sont signés par le pharmacien comptable et revêtus du visa du sous-intendant. (*Art.* 550 *et* 551.)

Le comptable expéditeur est tenu de surveiller avec le plus grand soin l'arrangement, l'encaissement et l'emballage des objets à expédier, suivant leur nature, et de manière à prévenir toute cause de détérioration ou d'avarie. (*Art.* 564.)

Lorsque l'époque de la réexpédition des chargements reçus en passe-debout, est incertaine ou éloignée, et que dans cette attente les objets contenus dans les balles sont de nature à se détériorer, il peut être procédé à des vérifications d'après l'autorisation et en présence du sous-intendant militaire. (*Art.* 584.)

Les vérifications de médicaments sont toujours faites en présence des officiers de santé en chef, et dans le cas où des substances sont menacées d'une prochaine détérioration, elles sont versées dans le magasin de réserve de médicaments le plus voisin, et il en est rendu compte à l'intendant de la division militaire. (*Art.* 585.)

§ 3. — Personnel.

Le personnel des hôpitaux se compose d'officiers de santé militaires (médecins et pharmaciens) de divers grades, d'officiers d'administration, d'infirmiers, d'aumôniers et de religieuses (sœurs hospitalières).

I. *Officiers de santé.* — Le nombre des officiers de santé à attacher aux hôpitaux militaires est calculé pour chaque profession et pour chaque grade, d'après la fixation de chaque établissement et en raison du nombre de malades.

Les proportions indiquées au tableau de l'article 58 du Règlement du 1ᵉʳ avril 1831 ont été rarement suivies ponctuellement dans l'application, et l'on a depuis reconnu la nécessité d'y apporter des modifications.

On a calculé, dit Bégin, qu'il faut un chirurgien chargé des pansements pour 25 blessés et 50 fiévreux, vénériens ou galeux. Indépendamment du nombre d'élèves internes, auxquels on adjoint des externes en proportion de leur affluence, et surtout de la gravité des pansements, il importe que chaque chef de service soit suivi dans sa visite par un élève muni d'un cahier sur lequel sont inscrites les prescriptions alimentaires, médicinales et chirurgicales faites à chaque malade. Il est facile, d'après cette base, de calculer combien de chirurgiens du grade le plus inférieur sont nécessaires pour le service d'un hôpital d'une population déterminée. On doit toutefois ajouter à ce nombre un léger excédant de personnel destiné à pourvoir aux cas de maladie, de congé, et à quelques besoins en dehors du service des salles, tels que l'amphithéâtre, les préparations anatomiques, etc.

Un ou plusieurs chefs de service, tant pour la chirurgie que pour la médecine, sont indispensables. Pour être fait convenablement, sans trop fatiguer celui qui en est chargé, et afin qu'il puisse consacrer à chaque malade l'attention et le temps que son état réclame, il ne faut jamais qu'un service de blessés ou de fiévreux excède 60 à 80 individus. On peut porter ceux des vénériens et galeux à 100. Tout service qui dépasse ces nombres déterminés par le genre des maladies, excède en général la force d'attention dont un homme dispose, et l'on peut affirmer que, dans le plus grand nombre des cas, l'humanité aurait à gémir de cette surcharge.

A chaque service doit être attaché un élève en pharmacie dont l'office est de recueillir avec exactitude toutes les prescriptions faites à la visite. Son cahier, auquel celui du chirurgien sert de contrôle, soit pour la rectification des erreurs, soit pour la comptabilité, passe les jours suivants aux mains du médecin qui y retrouve ses prescriptions de la veille, à l'aide desquelles il lui devient plus facile de pourvoir à tous les besoins du jour.

Dans le service médico-chirurgical, il faut un chef chargé de la direction supérieure et de la répartition des divisions de malades entre ses collaborateurs. Ce chef ne doit imposer ni ses croyances théoriques, ni ses procédés de traitement aux personnes sous ses ordres. Aucune autre influence que celle de l'exemple et de la persuasion ne doit être exercée en médecine pratique ; mais il est dans un hôpital d'autres devoirs à remplir que ceux du traitement immédiat des malades; tels sont la surveillance des élèves, leur distribution dans les divisions, les remplacements en cas d'absence, la responsabilité relativement à l'ensemble du service, et enfin les correspondances avec les autorités supérieures.

Le chef seul doit et peut être chargé avec avantage de toutes ces obligations. (*Dictionnaire de médecine et de chirurgie pratiques*, article *Hôpital*.)

Telles sont les bases d'après lesquelles, autant que possible, la composition du personnel médical des hôpitaux militaires devrait être réglée. Mais en dehors des hôpitaux-écoles, où seulement il est possible d'employer des élèves, et la constitution actuelle du corps de santé ne comprenant plus le cadre supplémentaire des sous-aides, qui avait été créé par le décret du 4 août 1855, on a forcément été amené à confier une partie des obligations qui leur étaient dévolues, à des *infirmiers d'élite*, et, par suite de cette innovation, à ne laisser aux aides-majors que des fonctions scientifiques et vraiment professionnelles. Projeté par le décret du 23 avril 1859, le remplacement des sous-aides par des infirmiers d'élite a reçu son commencement d'institution par décision ministérielle du 3 janvier 1860 et le règlement du 31 octobre de la même année qui détermine les attributions de cette catégorie d'auxiliaires, prescrit aussi d'attacher à chaque médecin traitant un groupe de trois *infirmiers de visite*, composé autant que possible d'hommes de différents grades.

En principe, il ne doit être affecté au service des hôpitaux qu'un médecin traitant *pour cent malades;* il lui est adjoint un médecin aide-major pour remplir auprès de lui des fonctions analogues à celles des internes des grands hôpitaux civils. (*Rapport ministériel du 23 avril 1859, relatif à la réorganisation du Corps de santé.*)

II. *Officiers d'administration.* — Le personnel des officiers d'administration à entretenir dans les hôpitaux est fixé conformément à l'article ci-après, savoir : de 100 à 200 malades, un officier comptable et trois adjudants; de 200 à 400 malades, un officier comptable et cinq adjudants; de 400 à 500 malades, un officier principal ou comptable et sept adjudants. Lorsque le nombre des malades s'élève au-dessus de 500, il peut être employé un adjudant en sus des fixations portées au tableau ci-dessus. (*Art.* 165 *et* 166.)

Les officiers d'administration sont chargés de la gestion des hôpitaux auxquels ils sont attachés, et sont responsables du matériel confié à leurs soins; ils fournissent à cet effet un cautionnement dont la quotité est déterminée par le Ministre.

L'officier d'administration comptable d'un hôpital assiste le plus souvent possible aux visites, aux pansements et aux distributions. Il surveille particulièrement le service des infirmiers, relativement aux soins à donner aux malades et à la propreté tant des salles que des dépendances de l'établissement.

Il surveille également la qualité des denrées et objets de consommation. Il s'assure que les malades reçoivent tous les soins que leur état exige ; mais il veille en même temps à ce que l'ordre intérieur ne soit troublé par aucun d'eux ; il veille aussi : 1° à ce que les salles soient convenablement tenues aérées; 2° à ce que les ustensiles des malades soient dans un état habituel de propreté ; à ce que ceux qui servent aux distributions ne séjournent pas inutilement dans les salles.

Il visite les corridors, les escaliers, les salles des bains et autres dépendances, et les fait entretenir dans la plus grande propreté.

Enfin il veille à ce qu'il ne se forme, ni dans les cours, ni près de de l'enceinte de l'hôpital, aucun foyer de putréfaction. (*Art.* 183.)

L'adjudant de garde reçoit les officiers de visite et toute autre personne autorisée à visiter l'hôpital; il les accompagne, prend note de leurs demandes et en réfère, au besoin, à l'officier d'administration comptable. Il fait des rondes fréquentes de jour et de nuit, veille au bon ordre et à la régularité du service. Il a la police spéciale des infirmiers-majors et ordinaires. (*Art.* 195.)

III. *Infirmiers militaires.* — Le nombre des infirmiers-majors et ordinaires à employer dans chaque hôpital militaire est fixé conformément au tableau de l'article 229 du règlement de 1831 : la règle est d'un infirmier-major par division de 100 malades, et un infirmier ordinaire pour 12 malades, dans les salles de soldats, et pour 6 malades dans les salles d'officiers. Cette répartition est indépendante de ceux attachés aux diverses annexes. Le premier garçon de pharmacie est pris parmi les infirmiers-majors, dans les hôpitaux de 200 malades et au-dessus.

Lorsque le mouvement de l'hôpital excède 500 malades, le nombre des infirmiers-majors et ordinaires à affecter au service des salles est accru dans les proportions indiquées par l'article précédent. (*Art.* 230.)

Dans les établissements où, à raison des localités et de la nature ou de la gravité des maladies, le service ne peut être fait convenablement avec un infirmier pour 12 malades, le sous-intendant militaire peut, après avoir pris l'avis des officiers de santé en chef et de l'officier d'administration comptable, autoriser une augmentation d'infirmiers, en en rendant compte immédiatement à l'intendant militaire de la division qui en informe le Ministre. (*Art.* 231.)

A mesure que le nombre des malades diminue, celui des infirmiers ordinaires attachés au service des salles, des bains, de la cuisine, de la pharmacie et des magasins, doit subir une réduction proportionnée; mais, dans aucun cas, le nombre d'infirmiers ne peut être moindre que la moitié de celui qu'exige la fixation de l'hôpital. (*Art. 232.*)

Les ouvriers externes, tels que fendeurs de bois, commissionnaires, blanchisseurs et autres, ne peuvent, dans aucun cas, être considérés ou traités comme infirmiers. (*Art. 233.*)

Les infirmiers auxiliaires des médecins traitants, qualifiés *infirmiers de visite*, sont chargés de la tenue des cahiers de visite et de la rédaction des relevés journaliers des prescriptions, ainsi que de l'exécution des pansements simples et qui ne réclament pas l'action d'une main médicale.

Ils sont exempts de droit des travaux de force et de propreté du service courant.

Le temps qu'ils ont à consacrer à leurs travaux auxiliaires de la visite médicale et chirurgicale est celui ci-après indiqué :

Hiver : de 7 à 11 heures du matin, et de 2 heures et demie à 5 heures du soir;

Été : de 6 à 11 heures du matin et de 2 heures et demie à 5 heures du soir.

Devant, en toute circonstance, s'acquitter, sans distinction de spécialité des fonctions qui leur incombent, ils auront à alterner, semaine par semaine, pour la tenue des cahiers de visite, pour l'établissement des relevés de prescriptions et pour l'exécution des pansements. Affecter spécialement un infirmier de visite à telle ou telle partie du service serait s'écarter du but que l'administration de la guerre s'est proposé en créant cette catégorie d'auxiliaires.

Pendant les visites du soir et du matin, et pour tout ce qui est afférent à la tenue des cahiers et à l'exécution des pansements, les infirmiers de visite sont soumis à l'action disciplinaire immédiate des médecins traitants; en dehors de leur service spécial, et pour tout ce qui concerne la discipline générale, rien n'est changé aux règlements en vigueur.

La répartition des infirmiers de visite, en cas de maladie ou d'absence de quelques-uns, est dévolue au médecin en chef qui avise aux suppléances. Toutefois, le médecin en chef ne devra pas perdre de vue le principe de la composition de chaque groupe par des hommes de grades différents. (*Règlement ministériel du 31 octobre 1860.*)

Les infirmiers-majors et ordinaires sont chargés des détails intérieurs des établissements du service des hôpitaux auxquels ils sont attachés, d'après la répartition qui en est faite par les comptables de ces établissements. (*Art. 236.*)

L'infirmier-major, chargé du service d'une division de malades, tient la main à ce que les infirmiers ordinaires placés sous ses ordres remplissent exactement leurs devoirs; il veille à la bonne tenue des salles, y fait maintenir la propreté et la température réglée par les officiers de santé en chef. Il est tenu d'être présent à la visite des officiers de santé, assiste aux distributions et fait de fréquentes tournées dans les salles, tant de jour que de nuit, afin de faire pourvoir sur-le-champ à tous les besoins des malades. Chaque infirmier-major fait, tous les matins, au comptable, un rapport particulier sur le service de sa division. (*Art.* 237.)

L'infirmier-major d'une division est spécialement chargé de distribuer aux infirmiers sous ses ordres le linge de corps et de lit destiné à renouveler celui des malades, et de veiller à la remise exacte du linge sale; il a toujours à sa disposition un certain nombre de chemises et de draps de lits, pour les rechanges accidentels qui seraient nécessaires; il est responsable envers l'officier d'administration comptable de tous les effets qui lui sont confiés. (*Id.*, *Art.* 238.)

Des infirmiers ordinaires, dont le nombre est déterminé par le comptable, d'après l'avis des médecins en chef, sont commandés pour être de garde et pour veiller dans les salles. La liste nominale en est donnée à l'infirmier-major qui s'assure de leur présence à leur poste et qui en affiche des extraits à l'entrée de chaque salle. (*Art.* 239.)

Les infirmiers, majors et ordinaires attachés aux hôpitaux militaires sont aux ordres des comptables, et subsidiairement à ceux des adjudants; *ils sont tenus d'obéir aux officiers de santé, en ce qui concerne les soins à donner aux malades*, et sont subordonnés entre eux à raison de leur classe et de leurs fonctions. (*Art.* 240.)

Les détails les plus ordinaires du service des infirmiers dans les hôpitaux ou dans les ambulances actives ont été rassemblés et subordonnés aux indications de l'art dans l'instruction du 25 août 1845 approuvée par le Ministre. On trouve dans le préambule de cette instruction les considérations suivantes :

Les militaires malades admis dans les hôpitaux ne pouvant pas toujours se servir eux-mêmes, pour la satisfaction de leurs besoins, ou pour l'exécution des prescriptions médicales, ce soin est confié aux infirmiers militaires sous la direction des officiers de santé et des officiers d'administration.

Cette mission, bien que secondaire, est très-importante : car, ainsi que l'a dit le médecin le plus célèbre de l'antiquité, il ne suffit pas, pour obtenir la guérison d'un malade, que l'homme de l'art agisse convenablement, il faut aussi qu'il en soit de même de la part du malade et de la part des personnes qui l'assistent.

Les infirmiers se trouvent dans cette dernière catégorie à l'égard des militaires malades: auxiliaires naturels des officiers de santé, leur premier devoir est de se montrer fidèles exécuteurs des ordres qu'ils reçoivent : ces ordres, du scrupuleux accomplissement desquels dépend souvent la vie des malades, doivent être pour eux aussi sacrés qu'une consigne ; sous aucun prétexte ils ne doivent ni les discuter ni les modifier.

Quoique circonscrits dans cette sphère, les services des infirmiers ne laissent pas que d'être recommandables. Si on ne voit jamais sans un touchant intérêt les soins donnés à un malade par ses propres parents, les infirmiers militaires ne doivent pas moins compter sur l'estime des âmes honnêtes et particulièrement sur celle de l'armée, eux qui n'étant liés que par le devoir aux malades qu'ils assistent et remplissant leurs pénibles fonctions quelquefois au péril de leur propre vie, concourent à la conservation des défenseurs de l'État, soit en leur prodiguant des soins fraternels dans les hôpitaux, soit en enlevant les blessés du champ de bataille au risque d'être frappés eux-mêmes, soit enfin en les sauvant, dans certaines attaques, par la force des armes et par le courage. C'est dans la prévoyance de cette dernière nécessité que les infirmiers militaires doivent être exercés au maniement des armes ; mais comme ce n'est heureusement qu'une éventualité rare dans leur carrière, ces exercices doivent être restreints dans les bornes convenables, et c'est surtout à l'éducation hospitalière qu'ils doivent s'attacher pour atteindre le but essentiel de leur institution.

Aux termes des articles 266 et 267 du règlement du 1er avril 1831 sur le service des hôpitaux, les infirmiers qui se font remarquer par leur bonne conduite et leur zèle dans le service sont susceptibles d'obtenir une gratification à la fin de chaque année ; conformément aux prescriptions de l'article 186, ces infirmiers sont portés sur un état de proposition établi par les officiers comptables qui doivent se consulter avec les officiers de santé en chef.

Ces dispositions d'une *circulaire manuscrite en date du 2 novembre 1842* ont été rappelées par la décision ministérielle du 3 février 1855, qui prescrit en outre qu'à l'avenir les états de gratification ou d'avancement établis en faveur des infirmiers seront signés par les officiers de santé en chef conjointement avec les officiers d'administration comptables.

IV. *Aumôniers.* — L'aumônier dit la messe tous les matins, et autant que possible pendant l'intervalle de temps qui sépare la visite de la distribution ; il fait aussi la prière tous les soirs après l'heure de la distribution.

Il fait des visites journalières dans les salles pour offrir aux malades les secours de la religion et pour l'administration des sacrements.

Il assiste aux enterrements pour y réciter les prières prescrites par le rituel, et il accompagne le corps, soit jusqu'à la porte de l'hôpital, soit jusqu'au lieu de la sépulture, suivant les localités. (*Art.* 269.)

Il est interdit aux aumôniers, non-seulement de provoquer, mais encore d'accueillir, de la part des malades, des réclamations qui sont de la compétence exclusive de l'administration, et de s'immiscer, de quelque manière que ce soit, dans aucun détail du service, ni de recevoir aucun dépôt d'effets ou de valeurs quelconques, à quelque titre et pour quelque destination que ce puisse être. (*Art.* 270.)

L'admission des ministres des différents cultes dans les hôpitaux militaires a été autorisée par la circulaire ministérielle du 20 novembre 1846, afin d'assurer aux militaires malades non catholiques les recours religieux dont ils peuvent avoir besoin.

V. *Sœurs hospitalières.* — Une partie du service intérieur des hôpitaux militaires peut être confiée à des sœurs hospitalières tirées des congrégations autorisées par le Gouvernement. Le nombre des sœurs à attacher aux hôpitaux militaires et les conditions de leur admission sont réglés de concert entre l'administration de la guerre et les congrégations hospitalières.

Les sœurs ne peuvent jamais être considérées comme des mercenaires. Rien ne doit être négligé pour leur donner l'autorité morale dont elles ont besoin dans l'exercice de leur utile ministère.

Aux termes d'un traité de l'administration de la guerre et de M⁰ᵉ la Supérieure des sœurs de Saint-Vincent-de-Paule, pour l'organisation de sœurs à l'hôpital du Gros-Caillou, leur nombre est calculé :

Pour les salles, à raison d'une sœur pour 20 malades fiévreux ou blessés ; — pour les grands malades, 4; — pour la dépense et la cuisine 3 ; — pour la buanderie, 2 ; — pour les ateliers de réparation du linge et des effets, 1. (*Art.* 3.)

Les sœurs de charité sont placées, quant aux rapports temporels, sous l'autorité de l'administration militaire et tenues de se conformer aux lois, décrets, ordonnances et règlements qui régissent l'administration des hôpitaux militaires. (*Art.* 4.)

L'action des sœurs s'exerce sous l'autorité de l'officier d'administration comptable ou des officiers ses délégués, dans les salles de fiévreux et des blessés et dans les services généraux.

Elles sont responsables envers l'officier comptable de l'exécution des services qui leur sont confiés et du matériel qui leur a été remis ;

Sauf quelques indications de détail inévitables dans le fonctionnement journalier, toute communication n'a lieu que de l'officier comptable à la Supérieure ; cette dernière doit, dans la limite de son action sur les sœurs, prendre les mesures nécessaires pour assurer l'exécution des ordres de l'officier chef de service.

Lorsque l'autorité morale des sœurs ne suffit pas pour maintenir les infirmiers ou les malades dans la limite de leurs devoirs, ou lorsqu'on ne voudra point écouter leurs conseils, il doit en être rendu compte immédiatement par la Supérieure à l'officier d'administration comptable ou à son suppléant.

La supérieure veille à la bonne exécution, de tous les services confiés aux sœurs : elle doit signaler aux comptables tous les faits contraires au bon ordre et aux règlements qu'elle a remarqués et qu'il ne lui a pas été possible de redresser. Elle peut demander le changement de service ou de l'hôpital des infirmiers dont les sœurs ont à se plaindre.

Le service des sœurs consiste :

1° *Dans les salles.* — A concourir avec les infirmiers aux divers travaux intérieurs et à donner aux malades et particulièrement à ceux qui sont gravement atteints, les soins de toutes natures en rapport avec leurs forces et la bienséance.

Il est expressément entendu que les infirmiers conserveront dans sa plénitude le droit de donner, concurremment avec les sœurs, à leurs compagnons d'armes tous les soins directs exigés par leur position, et qu'ils ne pourront dans aucun cas, être réduits aux travaux d'hommes de peine.

A veiller concurremment avec les infirmiers-majors à la distribution régulière des aliments et des médicaments ; l'une d'elles suivra dans chaque division les visites et contre-visites pour prendre note des recommandations des médecins traitants. Cette sœur, chef de division, sera responsable des ustensiles, des effets, du linge destinés aux malades.

2° *A la dépense et à la cuisine.* — A assurer sous la direction de l'officier chargé de ces services, la distribution régulière des denrées.

A veiller sur la préparation des aliments des malades et des sœurs, et sur l'emploi des denrées conformément aux prescriptions réglementaires.

3° *A la buanderie.* — A diriger tous les détails du service.

4° *Aux ateliers de réparations.* — A remplir les fonctions de maîtresse ouvrière. (*Art.* 5)

Les infirmiers doivent avoir pour les sœurs la plus grande déférence : ils doivent se conformer à leurs recommandations pour tout ce qui concerne les détails du service dont elles sont chargées, leur autorité devant être équivalente, en ce qui concerne la direction de ces services, à celle qui est accordée aux infirmiers-majors. (*Lettre ministérielle du 18 avril 1855.*)

§ 4. — Exécution du service.

1° *De l'admission et des mouvements des malades dans les hôpitaux militaires :*

I. *Des conditions d'admission.* — Elles ont été réglées ainsi qu'il suit par l'instruction ministérielle du 20 janvier 1858.

Tous les militaires et autres individus considérés comme tels et le personnel de l'administration centrale du département de la guerre sont, en cas de maladie, admis et traités dans les hôpitaux militaires, à la charge de ce service.

Sont compris dans cette catégorie :—les militaires non incorporés; —ceux en congé d'un an, renouvelable ou illimité, jusqu'au moment où leur temps de service expire ; — les militaires congédiés ou licenciés sans traitements, qui tombent malades en route dans la direction, et dans les délais prescrits par la feuille de route. (*Art.* 1er.)

Sont admis et traités dans les établissements du service des hôpitaux militaires, *à charge par eux de rembourser le prix de la journée :*

1° Les personnels relevant à un titre quelconque du département de la guerre, savoir :—les cent-gardes ; — les officiers, sous-officiers et soldats de la garde de Paris et des sapeurs-pompiers ; — les administrations civiles de l'Algérie ;—les colons agricoles de l'Algérie ;—les ouvriers externes de l'artillerie et du génie, lorsqu'ils sont blessés ou qu'ils tombent malades pendant l'exécution des travaux faits pour ces services et lorsque les marchés des entrepreneurs font mention de ces conditions ;

2° Parmi les personnels étrangers au département de la guerre ;— les militaires de tous grades, pensionnés ou réformés, lorsqu'ils sont atteints d'infirmités graves résultant des fatigues de la guerre , sauf approbation préalable du Ministre ou, en cas d'urgence, d'après l'autorisation des intendants et sous-intendants militaires ; — les marins (officiers, sous-officiers et soldats, ou traités comme tels) et les hommes de recrue destinés à la marine ;—les gardes nationaux atteints de maladies ou de blessures dans un service commandé ; — les employés des douanes ;—les réfugiés politiques ;—les militaires étrangers ;—les prisonniers de guerre, ainsi que leurs femmes et leurs enfants. Dans l'intérieur, les femmes et les enfants sont envoyés dans les hospices civils. (*Art.* 2).

Indépendamment des cas d'admission prévus par les deux articles qui précèdent, le Ministre se réserve le droit d'autoriser le traitement dans les hôpitaux militaires, à charge de remboursement, des personnes non comprises dans les catégories ci-dessus, et pour lesquelles cette faveur pourra être justement motivée. (*Art.* 3.)

Dans les établissements gérés par économie, les personnels compris dans l'article 2 ci-dessus, remboursent les prix de journées d'officiers à 2 fr. 50 c., ou de sous-officiers ou soldats à 1 fr. 50 c. prévus par la décision ministérielle du 9 novembre 1857.

Les marins remboursent ceux prévus par la décision ministérielle du 28 novembre 1850, qui sont pour officiers 3 fr. 60 c., et pour sous-officiers ou soldats 2 fr. 35 c. (*Art.* 4.)

Les personnes traitées dans les hôpitaux en entreprise ou dans les hospices civils, assujetties au remboursement du prix de la journée, paieront les prix fixés par les conventions intervenues entre ces établissements et le département de la guerre. Elles seront tenues également au remboursement des fournitures spéciales et des frais d'inhumation non compris dans le prix de la journée. (*Art.* 5.)

Les militaires en activité de service *atteints d'aliénation mentale* ne peuvent être admis que momentanément dans les hôpitaux militaires. Ils sont dirigés le plus promptement possible, d'après les ordres du Min'stre, ou, en cas d'urgence, d'après ceux des intendants, sur les établissements civils destinés au traitement de cette maladie, où ils sont traités aux frais du département de la guerre, jusqu'à ce qu'il ait été statué sur leur position. (Voyez Ire *partie, page* **371**, 5°.)

Leur translation dans ces établissements doit avoir lieu avec toutes les précautions que leur état exige, et qui sont déterminées par le Ministre. (*Art.* 7.)

II. *Des entrées.*—Les militaires malades ou blessés ne sont reçus dans les hôpitaux militaires qu'après avoir été visités par un officier de santé militaire. (*Règlement du* 1er *avril* 1831, *art.* 647.)

Les médecins attachés aux corps de troupes sont spécialement chargés de visiter les militaires malades de ces corps, et de provoquer leur envoi aux hôpitaux aussitôt que l'invasion d'une maladie se déclare. (*Id.*, *art.* 648.)

Les officiers sans troupe et les militaires isolés sont visités par un officier de santé militaire ou civil, en vertu de l'ordre du sous-intendant militaire. (*Id.*, *art.* 650.)

Des billets d'entrée à l'hôpital sont délivrés par les officiers de santé qui ont reconnu l'état des malades. Toutefois les militaires malades ou blessés, ayant besoin de secours urgents, peuvent être reçus dans les hôpitaux sans billet d'entrée; mais, dans ce cas, le comptable en fait établir un provisoire qu'il fait signer par le médecin de garde, et qu'il soumet au visa du sous-intendant militaire. Ce billet provisoire doit être remplacé le plus tôt possible par un billet d'entrée régulier. (*Art.* 651.)

Les billets d'entrée se composent de trois parties : le signalement de l'homme malade, l'enregistrement et le certificat de l'officier de santé du corps, et l'inventaire des objets que le malade emporte. Le billet porte la signature de l'officier de santé du corps, celle de l'officier commandant la compagnie et l'escadron, celle du trésorier ou officier payeur, et celle du sous-intendant militaire. Pour les employés militaires en résidence dans une place, le chef de service respectif signe comme commandant de compagnie.

Les officiers de santé des corps doivent indiquer avec soin, sur les billets d'entrée, dans la case réservée à cet effet, la nature de la maladie, la date de son invasion, et les moyens curatifs déjà employés, s'il y a un commencement de traitement, soit au corps, soit dans les hôpitaux. (*Id.*, *art.* 654.)

Les malades doivent être conduits à l'hôpital par un sous-officier ou un caporal.

A son entrée à l'hôpital le malade est immédiatement conduit à la chambre de garde de chirurgie. Le médecin de garde le visite et timbre le billet d'entrée de l'un de ces mots : *fiévreux, blessés, vénériens, galeux,* suivant le genre de maladie dont le militaire est atteint, en se conformant au tableau nosographique arrêté par le Conseil de santé. (*Nomenclature, n° 3.*)

Lorsque l'officier de santé reconnaît une complication de maladies, le billet est timbré de l'indication de celle qu'il est le plus urgent de traiter. (*Id., art.* 657.)

Lorsque le médecin de garde juge que la maladie indiquée sur le billet d'entrée n'est pas assez grave pour être traitée dans les hôpitaux, et qu'elle peut l'être sans inconvénient dans les infirmeries régimentaires, il en rend compte à l'officier de santé en chef compétent, lequel désigne, s'il y a lieu, le militaire pour la sortie du lendemain; cette circonstance est indiquée sur le mouvement journalier remis au sous-intendant militaire. (*Id., art.* 658.)

Il détache la partie du billet contenant le certificat de l'officier de santé du corps et la remet à l'officier de santé traitant. Le billet d'entrée est déposé au bureau des entrées pour constater l'admission et la présence de l'homme à l'hôpital. Il y reste jusqu'à la sortie du malade. Il est signé dans le jour par l'officier de santé en chef compétent. Le bureau des entrées en fait l'inscription sur le registre dont la tenue est prescrite, et établit immédiatement *un billet de salle.* (*Art.* 659 *et* 661 *et note ministérielle du* 26 *novembre* 1845, *sur l'adoption de nouveaux modèles de billets d'entrée et de billets de salle et de sortie.*)

A la première visite des militaires nouvellement admis dans les hôpitaux, hospices et ambulances, les officiers de santé traitants formuleront avec soin le diagnostic de la maladie, lequel sera reporté sur le registre des entrées et paraphé par ces officiers de santé. (*Instruction du* 2 *décembre* 1851 *sur la statistique médicale.*)

Le malade entrant, après avoir été visité et enregistré, est conduit au vestiaire, où il fait le dépôt de tous les effets et objets dont il est porteur, excepté les mouchoirs et les gilets autres que ceux d'uniforme qu'on peut laisser aux malades lorsqu'ils demandent à les garder. (*Art.* 663 et 667.)

Les officiers seulement peuvent conserver dans leurs salles les effets d'habillement qu'ils désirent garder. (*Art.* 673.)

Il reçoit un bonnet de coton, une chemise, une cravate, un caleçon, une capote, un pantalon, des chaussettes et une paire de pantoufles. Quand il en est revêtu, il est conduit dans la salle et au lit qui ont été indiqués sur son billet par l'officier chargé des entrées. (*Art.* 664 et 665.)

L'officier d'administration comptable, devant toujours s'entendre à l'avance avec le médecin en chef sur le placement des entrants de chaque jour, selon les différents genres de maladie, donne à ce sujet ses instructions au bureau des entrées. (*Art.* 666.)

On a soin de laver les mains et les pieds aux malades entrants, à moins que cela ne soit jugé contraire à leur état par le médecin de garde.

On ne met point en magasin les effets des malades galeux avant qu'ils soient désinfectés par des fumigations sulfureuses ou autres. (*Art.* 671.)

Le médecin de garde prescrit, au moyen d'un bon, au malade entrant, et en attendant la prochaine visite, les aliments et les médicaments qu'il juge convenables, et lorsque l'état du malade lui paraît grave, il en fait informer de suite l'officier de santé en chef compétent. (*Art.* 672.)

III. *Des sorties.* — Chaque officier de santé chargé du service d'une division de malades désigne, dans la visite du matin, ceux des militaires dont la guérison est achevée, et qui doivent en conséquence sortir le lendemain de l'hôpital; il en est fait mention sur le cahier de visite et sur les billets de salle des malades désignés. Ces billets sont remis immédiatement, par les infirmiers-majors des salles, au bureau des entrées, pour qu'on y fasse mention du jour de la sortie, en inscrivant après ces mots: *billets de salle*, ceux : *et de sortie après guérison.* La même mention est portée au certificat préparé au bas du billet d'entrée. Il est procédé d'une manière semblable pour les sorties par *décès*, par *évacuation* ou *évasion*.

Le billet de sortie est timbré du genre de maladie dont celui qui en est porteur a été traité. Les officiers de santé ont soin d'indiquer sur ce billet si l'état du militaire sortant exige qu'il lui soit accordé des moyens de transport pour rejoindre son corps, et le nombre de jours pendant lequel ils estiment qu'il doit être exempté de service. Aux termes de l'instruction du 14 juin 1862 sur la statistique médicale de l'armée, le médecin traitant doit inscrire sur le talon du billet le diagnostic avec l'annotation (guérison, envoi en convalescence, aux eaux thermales, réforme ou décès), ainsi que les autres faits qu'il importe au médecin du corps de connaître.

A la rentrée du militaire à son corps, le Conseil d'administration remet au médecin-major la partie du billet qui contient les observations de l'officier de santé traitant. (*Art.* 709 *et* 711 *avec modification de la note ministérielle du* 26 *novembre* 1845.)

On ne peut retenir à l'hôpital, sous quelque prétexte que ce soit, un militaire dont la guérison est complète, et qui est jugé en état de rejoindre son corps.

Le sous-intendant est spécialement chargé de tenir la main à ce qu'il ne soit fait aucune infraction à cette règle. (*Art.* 715.)

Lorsqu'un malade est dans le cas d'avoir une convalescence longue et pénible, qui exige du repos ou l'air natal, et notamment dans le cas de nostalgie, les officiers de santé constatent son état par un certificat établi conformément à l'art. 103 (*Registre à talon*). Ce certificat doit motiver la nécessité du congé de convalescence et en déterminer la durée; il est visé par le sous-intendant militaire, qui le soumet à la décision de l'officier général commandant l'arrondissement dans lequel l'hôpital est situé. Si le congé est accordé, le sous-intendant militaire en donne connaissance au corps auquel appartient le militaire.

Lorsque des militaires sortent d'un hôpital pour entrer dans un dépôt de convalescents, la sortie a lieu sur la décision des officiers de santé, ainsi qu'il est prescrit en l'article précédent, sans qu'il y ait à délivrer des congés de convalescence. (*Art.* 716.)

Toutes les fois que le médecin en chef reconnaît que la maladie dont un militaire est atteint n'est pas susceptible de guérison, ou que son état le met dans l'impossibilité de reprendre du service, soit dans la ligne, soit dans les compagnies sédentaires, il le constate par un certificat conforme aux dispositions prescrites par l'art. 103, indiquant d'une manière précise la nature des infirmités ou des blessures, et si elles proviennent ou non des fatigues ou des événements de la guerre. Ce certificat est visé par le sous-intendant militaire. (*Art.* 718.)

Ce certificat est ensuite remis par le sous-intendant militaire au général inspecteur lors de sa visite à l'hôpital, ou au général de brigade lors de sa revue trimestrielle, et le général statue à l'égard de l'incurabilité conformément à l'instruction du 3 mai 1844, en prononçant sur la réforme et en leur délivrant un congé n° 1 ou n° 2.

Indépendamment des certificats partiels délivrés en exécution de l'article précédent, le médecin en chef forme, les 1er janvier et 1er juillet de chaque année, un état nominatif de tous les malades traités dans l'établissement, dont l'entrée date, aux époques ci-dessus, de trois mois et plus. Ces états, établis en une seule expédition, comprennent dans la colonne à ce destinée l'avis particulier du sous-intendant militaire sur les motifs de ces prolongations de traitements.

Il est dressé des états négatifs dans les établissements où il ne se trouve pas de malades susceptibles d'y être portés. (*Art.* 719.)

Si, par une faveur particulière, les militaires pensionnés sont, en cas de maladie, traités au compte du Gouvernement dans les hôpitaux, à la charge toutefois de supporter une retenue sur leur pension, on ne doit pas perdre pour cela de vue que, n'appartenant plus à l'armée dès qu'ils sont mis à la retraite, ils rentrent dans la classe civile. C'est donc à l'administration civile, et particulièrement aux autorités locales des départements où ils sont nés, à venir à leur secours quand il est bien reconnu qu'ils sont incurables et qu'ils n'ont, ni par eux, ni par leurs familles, les moyens de se procurer ce que leur état exige. Il convient, en conséquence, pour épargner au département de la guerre des dépenses qui ne doivent pas être à sa charge, que MM. les officiers de santé constatent, dès qu'ils les reconnaissent incurables, l'état des militaires pensionnés malades confiés à leurs soins : les conserver indéfiniment, ce serait convertir en maisons d'incurables des établissements qui, par leur institution, sont exclusivement réservés aux militaires malades susceptibles de guérir et de reprendre leur rang dans l'armée. (*Circulaire ministérielle du 27 avril 1818.*)

Les évasions des malades traités dans les hôpitaux sont constatées dans les vingt-quatre heures de la date du rapport, par le sous-intendant, au moyen d'une enquête à laquelle sont appelés l'officier de santé qui a traité le malade, le comptable, l'officier de santé et l'officier d'administration de garde, les infirmiers chargés du service de la salle, le commandant du poste et tous les autres individus que le sous-intendant juge convenable d'entendre. (*Art.* 723.)

Lorsqu'un militaire traité dans les hôpitaux militaires exprime la volonté de faire des dispositions testamentaires, l'officier comptable est tenu de lui procurer les moyens d'établir d'une manière régulière les actes spécifiés *chapitre II, titre II, livre III du Code civil*. (*Id., art.* 725.)

L'art. 909 du Code civil exclut les médecins, chirurgiens, pharmaciens et ministres des cultes qui ont traité pendant la dernière maladie, des dispositions testamentaires faites en leur faveur. (*Voir Inst. min. du* 15 *nov.* 1809 *et celle du* 8 *avril* 1823.)

Immédiatement après le décès d'un malade dans un hôpital, l'infirmier-major en avertit le médecin de garde, qui, après s'être assuré du fait de la mort, fait transporter le corps par les infirmiers dans la salle à ce destinée. (*Art.* 726.)

L'infirmier-major remet immédiatement au comptable le billet de salle du décédé, sur lequel l'officier de santé qui a suivi le traitement du malade certifie le décès, sa date, et la maladie qui l'a occasionné. (*Art.* 727.)

L'officier d'administration comptable adresse, dans les 24 heures, à l'officier de l'état civil du lieu, une déclaration dont toutes les indications sont remplies soigneusement, en se conformant à l'instruction ministérielle du 8 mars 1823, relative aux actes de l'état civil des militaires ; la date de l'entrée du malade à l'hôpital et celle de la mort y sont inscrites en toutes lettres ; cette déclaration est certifiée par l'officier de santé qui a suivi le traitement du décédé, et par le comptable. (*Art.* 728.)

Si le décédé est mort des suites de blessures reçues sur le champ de bataille ou dans un service commandé, il en est fait mention spéciale sur la déclaration. (*Art.* 729.)

Dans le cas d'indices de *mort violente*, il en est rendu compte immédiatement au sous-intendant militaire, qui fait procéder conformément aux dispositions de l'art. 81 du Code civil. (*Art.* 730.)

Lorsqu'il y aura des signes ou indices de mort violente ou d'autres circonstances qui donneront lieu de la soupçonner, on ne pourra faire l'inhumation qu'après qu'un officier de police, assisté d'un docteur en médecine ou en chirurgie, aura dressé procès-verbal de l'état du cadavre et des circonstances y relatives, ainsi que des renseignements qu'il aura pu recueillir sur les nom, prénoms, âge, profession, lieu de naissance et domicile de la personne décédée. (*Art.* 81 *du Code civil.*)

Conformément à l'article 85 du Code civil, s'il est constaté que le décédé soit mort de *mort violente,* s'il était en *état de détention,* ou *frappé d'une condamnation,* il n'est fait aucune mention de ces circonstances sur la déclaration de décès. (*Art.* 731.)

La mort violente comprend le duel et le suicide, et l'intention du Gouvernement est qu'il n'en soit fait aucune relation dans les actes de décès. (*Instruction ministérielle du 8 mars* 1823.)

Aussitôt après la déclaration faite à l'officier de l'état civil, le comptable de l'hôpital inscrit le décès sur un registre tenu à cet effet, lequel est coté et paraphé par le sous-intendant militaire ; ce registre doit contenir les mêmes détails que ceux qui sont portés dans la déclaration de décès, conformément aux articles 728 et suivants ; il doit être tenu avec la plus scrupuleuse exactitude ; en cas de changement de comptable, le sortant justifie spécialement au sous-intendant militaire de la remise de ce registre à son successeur. (*Art.* 733.)

L'officier de santé traitant est tenu de reporter, sur le registre des décès, la désignation de la maladie ou blessure qui aura été cause du décès, et de la certifier par son paraphe.

Les intendants et sous-intendants militaires chargés de la police administrative des hôpitaux, salles militaires et ambulances, veilleront spécialement à la tenue régulière des registres des entrées et des décès sous les rapports énoncés plus haut, et ils ne viseront les billets de sortie ou de décès que lorsque les formalités indiquées précédemment auront été remplies. (*Instruction du 3 décembre* 1831.)

Les corps des décédés ne sont inhumés que 24 heures après la mort, à moins que les officiers de santé n'en décident autrement. Il est fourni une bière particulière pour chaque officier ou autre militaire réputé tel ; tous les décédés sont enveloppés d'un suaire ; les inhumations sont faites à la pointe du jour ou après le coucher du soleil. (*Art.* 739.)

Le malade décédé est porté dans la chapelle funéraire, où les prières prescrites par le rituel sont récitées par l'aumônier.

Après cette cérémonie et après le délai prescrit par l'article précédent, si les officiers de santé ne jugent pas devoir procéder à l'autopsie, le corps est transporté au cimetière, autant que possible, dans un chariot couvert.

Dans le cas où l'autopsie est jugée nécessaire, la translation du corps n'a lieu qu'après cette opération. (*Art.* 740.)

D'après la circulaire ministérielle du 9 mai 1825, on ne peut mettre aucun empêchement aux autopsies pratiquées dans les hôpitaux pour l'instruction des élèves et les progrès de la science. Nous devons toutefois ici faire la remarque que la plupart des corps ou des compagnies sont dans l'habitude aujourd'hui de faire l'inhumation à leurs frais, et qu'il est toujours convenable de respecter, dans les opérations cadavériques, les régions comme le visage et le cou, dont on réclame l'examen lors de la reconnaissance du corps.

Dans un intérêt scientifique le Ministre a décidé que les corps de tous les militaires décédés hors des hôpitaux militaires, soit de mort violente, soit par suite de causes imprévues ou inexpliquées, y seraient transportés, à titre de dépôt, aussitôt après l'accomplissement des formalités qui doivent en pareil cas précéder la levée des cadavres. Les Ministres de l'intérieur et de la justice ont donné leur assentiment à cette mesure, et il a été arrêté de concert avec le Ministre de la guerre qu'à l'avenir lorsqu'un décès de la nature indiquée plus haut surviendra dans les localités à proximité desquelles il existe un hôpital militaire, le maire chargé de le constater ordonnera, à moins de circonstances extraordinaires, le transport du cadavre dans cet établissement, où les autorités judiciaires et administratives ne devront, d'ailleurs, éprouver aucun obstacle à combiner les opérations qui leur paraîtront convenables pour s'assurer des causes de la mort. Si même elles jugeaient l'autopsie nécessaire, cette opération pourrait également y être faite, en leur présence, par les officiers de santé qu'elles désigneraient. Les cadavres sont ensuite inhumés, après les études auxquelles ils doivent servir, ainsi qu'il est déterminé par les prescriptions qui régissent le décès dans les hôpitaux militaires. (*Circulaire ministérielle du 5 novembre 1843.*)

Dans les cas d'inhumation, les médecins ou officiers de santé sont accompagnés au lieu de la sépulture par un fonctionnaire civil ou militaire, qui, avant tout, constate dans les formes voulues l'identité de l'individu décédé. (1)

Le corps exhumé doit être placé dans un cercueil en plomb renfermé lui-même dans une bière en bois. Il sera mis en contact avec des matières désinfectantes ou conservatrices, afin de prévenir ou arrêter la putréfaction et éviter le dégagement à l'extérieur de tout gaz infect.

Lorsqu'on procédera à l'exhumation, si le cercueil se trouve entier et en bon état de conservation, il suffira de l'ouvrir et d'y introduire un mélange composé, à parties égales, de sciure de bois bien desséchée et de sulfate de zinc (couperose blanche), dont on recouvrira tout le corps de manière à combler la bière. Après avoir été refermée, cette bière sera placée dans le cercueil en plomb, sur une couche de 2 à 3 centimètres de mélange désinfectant.

Si, au moment de l'exhumation, la châsse était ouverte et détériorée, il faudrait, après en avoir retiré le corps et ses débris, les placer dans le cercueil en plomb, sur une couche épaisse du mélange

---

(1) Instruction ministérielle du 20 septembre 1855, sur l'exhumation et le transport en France des restes des personnes mortes en Algérie ou dans les pays étrangers soumis au régime militaire par l'occupation française.

ci-dessus spécifié, et les en recouvrir comme il a été dit plus haut, de telle sorte que tout ballottement soit évité dans le transport. Il serait ensuite procédé à la soudure du cercueil en plomb.

Dans le cas où l'on ne pourrait pas se procurer de sulfate de zinc, on le remplacerait par le sulfate de fer (couperose verte) employé de la même manière et dans les mêmes proportions.

Enfin, à défaut soit de sulfate de zinc, soit de sulfate de fer, on pourrait employer un mélange composé de poussière de charbon et de poudre de tan, ou de toute autre substance connue dans le pays par ses propriétés astringentes et antiseptiques.

IV. *Des évacuations.* — Les évacuations individuelles ont lieu sur les propositions des officiers de santé, d'après les ordres des sous-intendants militaires, qui indiquent l'hôpital ou l'hospice civil sur lequel le malade doit être dirigé. (*Art.* 674.)

Les évacuations collectives sont ordonnées par les intendants militaires, qui indiquent l'hôpital sur lequel elles doivent être dirigées, et qui prescrivent les dispositions nécessaires pour que les moyens de les recevoir y soient préparés à l'avance. Les sous-intendants militaires n'autorisent des évacuations collectives que dans les cas d'urgence, et à charge d'en rendre compte immédiatement à l'intendant de la division. (*Art.* 679.)

Le médecin traitant doit mentionner sur le billet de sortie par évacuation le traitement curatif auquel le malade a été soumis, la durée de son séjour à l'hôpital qu'il quitte, son état de maladie au moment de l'évacuation et enfin le besoin qu'il peut avoir de moyens de transport. (*Art.* 675.)

Les billets de sortie par évacuation individuelle sont annexés aux feuilles de route des militaires partant isolément. Ces billets tiennent lieu de billet d'entrée pour les hommes évacués, soit isolément, soit collectivement. Ils sont visés au lieu d'arrivée par le sous-intendant militaire ou son suppléant, chargé de la police administrative de l'hôpital. Le bulletin médical est remis, ainsi qu'il a été dit plus haut, à l'officier de santé traitant, par le médecin de garde. (*Note du 26 décembre 1845.*)

Les malades évacués isolément reçoivent la portion d'aliments prescrite par les officiers de santé, quand il n'ont qu'une journée de marche à faire. Lorsqu'ils ont plusieurs étapes à parcourir, on leur délivre des mandats d'indemnité de route, auxquels on joint pour les sous-officiers et soldats des mandats de convoi, si le besoin des moyens de transport est indiqué par les officiers de santé. (*Art.* 678.)

Les sous-intendants militaires règlent les itinéraires des évacuations collectives, et ils fixent les gîtes intermédiaires où elles doivent s'arrêter : ces gîtes doivent être, autant que possible, ceux d'étape, à moins que l'état des routes, les circonstances de la saison ou la situation des malades ne s'y opposent. (*Art.* 680.)

Les sous-intendants préviennent les maires des gîtes dans lesquels les évacuations doivent s'arrêter, afin qu'il soit pris des mesures pour que les malades y soient logés convenablement, et, autant que cela est possible, dans un local où ils puissent être réunis ; ils en préviennent également l'autorité militaire dans les places où il y a des commandants. (*Art.* 681.)

Lorsque, sur la route que les malades doivent parcourir, il se trouve des hospices civils qui peuvent les recevoir en totalité ou en partie, le sous-intendant militaire en prévient les administrateurs de ces hospices, et il en fait mention sur l'itinéraire. (*Art.* 682.)

Lorsqu'il y a lieu de faire des évacuations collectives, le sous-intendant militaire donne à l'avance des ordres en conséquence au comptable et aux officiers de santé. (*Art.* 683.)

Les officiers de santé désignent, la veille, chacun dans sa division, les malades qui, étant en état de supporter le transport, doivent faire partie de l'évacuation ; ils en forment une liste nominative, présentant toutes les indications portées sur la feuille de visite du jour, et sur laquelle ils inscrivent en outre les renseignements qu'ils croient nécessaire de donner pour la continuation du traitement de chaque malade ; ils désignent ceux des malades qui ont besoin des moyens de transport. (*Art.* 684.)

Les listes prescrites en l'article précédent, signées par les officiers de santé, sont remises immédiatement à l'officier d'administration comptable, qui établit la feuille d'évacuation. (*Art.* 685.)

La feuille d'évacuation doit mentionner pour chaque malade le genre de maladie et être signée par le médecin en chef et par le comptable. (*Art.* 686.)

Les évacuations collectives sont toujours accompagnées par un ou plusieurs officiers de santé et officiers d'administration, suivant leur importance, et par des infirmiers ; elles sont escortées par un détachement de troupe.

Quand il y a plusieurs officiers d'administration, l'adjudant le plus élevé en grade est chargé de la conduite du convoi et de tous les détails d'administration. (*Art.* 688.)

Le sous-intendant militaire règle l'heure du départ, après avoir pris l'avis du médecin en chef ainsi que de l'officier comptable, et de manière à éviter que les malades se trouvent en route pendant la nuit. (*Art.* 689.)

Le sous-intendant militaire donne ses ordres au préposé des convois militaires, pour la réunion, à l'heure fixée, des voitures nécessaires au transport des malades. Ces voitures doivent, autant que possible, être légères, suffisamment garnies de paille, et couvertes d'une toile forte et serrée, tendue sur des cerceaux. (*Art.* 690.)

Le sous-intendant militaire rédige la consigne à donner au chef de l'escorte qui doit accompagner l'évacuation ; il la communique au commandant de la place, qui la vise après y avoir ajouté les ordres qu'il juge convenable. Cette consigne a principalement pour objet d'empêcher :

1° Qu'aucun malade ne s'écarte du convoi et ne s'arrête pour prendre des boissons ou des aliments autres que ceux prescrits par l'officier de santé ;

2° Que dans la route il ne se joigne au convoi aucun militaire étranger à l'évacuation ;

3° Qu'aucun autre individu que les malades désignés sur la feuille d'évacuation comme ayant besoin des moyens de transport, ne monte sur les voitures ;

4° Que, sous aucun prétexte, les conducteurs ne s'éloignent de leurs voitures.

Le commandant de l'escorte doit aussi recevoir l'ordre de déférer aux réquisitions que l'officier d'administration chargé de l'évacuation peut lui faire pendant la route pour le bien du service. (*Art.* 691.)

Au moment du départ, on réunit dans un lieu séparé les malades destinés à être évacués : le sous-intendant en passe la revue de départ, et en constate l'effectif au bas des deux expéditions de la feuille d'évacuation. (*Art.* 692.)

L'officier de santé qui accompagne le convoi est porteur des listes établies en exécution de l'art. 684. Il est muni des objets nécessaires en médicaments et articles de pansement, pour donner des soins aux malades pendant la route. Ces objets lui sont remis sur les bons du médecin en chef de l'hôpital ; il en est dressé un état qui est visé par le sous-intendant militaire. (*Art.* 695.)

Lorsque les malades évacués peuvent arriver le jour même à l'hôpital qui doit les recevoir, les aliments du matin leur sont délivrés par le comptable de l'hôpital du lieu de départ, sur un bon du médecin en chef, et ceux du soir par le comptable de l'hôpital du lieu d'arrivée, sur les prescriptions des officiers de santé. (*Art.* 696.)

Lorsque les malades composant une évacuation sont reçus, en passant, dans un hospice, ainsi qu'il est prévu en l'art. 682, ou lorsque l'état d'un ou de plusieurs malades exige qu'ils soient laissés dans un hospice, l'adjudant chargé de la conduite du convoi délivre à la commission administrative une copie ou un extrait de la feuille d'évacuation, selon que l'hospice reçoit la totalité ou seulement une partie des malades ; cette pièce, qui doit servir à constater l'entrée et la présence des militaires dans l'hospice, est visée par le sous-intendant militaire du lieu ou par son suppléant, lequel fait mention de cette circonstance sur les deux originaux de la feuille d'évacuation. (*Art.* 700.)

Lorsqu'un malade faisant partie de l'évacuation meurt pendant la route, l'officier d'administration chargé de la conduite du convoi fait la remise du corps à l'officier de l'état civil du premier gîte dans lequel l'évacuation doit s'arrêter, avec la déclaration prescrite en l'art. 728, dont il garde une copie certifiée conforme par l'officier de l'état civil, pour servir à l'inscription à faire sur le registre de décès de l'hôpital d'où part l'évacuation, ainsi qu'il est prescrit à l'art. 733. (*Art.* 701.)

Lors de l'arrivée du convoi à sa destination, le sous-intendant militaire, ou son suppléant, se fait représenter les deux originaux de la feuille d'évacuation ; il passe la revue d'arrivée des malades, vérifie les mutations inscrites sur ces feuilles, et les arrête à l'effectif dont il a reconnu l'existence. (*Art.* 703.)

L'officier de santé qui a accompagné l'évacuation remet au médecin en chef de l'hôpital dans lequel les malades sont reçus les listes mentionnées en l'art. 684, et leur rend compte des accidents éprouvés en route par les malades. (*Art.* 705.)

L'officier d'administration chargé d'accompagner l'évacuation remet au comptable de l'hôpital où se termine la marche du convoi les denrées qu'il n'a pas employées en route ; il en rapporte des récépissés, ainsi que des effets d'hôpitaux qu'on aurait laissés extraordinairement aux malades lors de leur départ ; il rend compte au comptable de l'hôpital du lieu de départ des consommations qui ont eu lieu et des dépenses qu'il a faites pendant la route.

Les médicaments et objets de pansement qui ont été confiés à l'officier de santé, en exécution de l'art. 695, sont remis par lui au pharmacien et au comptable de l'hôpital qui reçoit l'évacuation. (*Art.* 706.)

Les officiers de santé, les officiers d'administration, les infirmiers, ainsi que les hommes d'escorte, ne peuvent quitter le convoi avant son arrivée à destination, à moins d'être relevés par ordre supérieur.

Le sous-intendant du lieu de l'arrivée fait mention de l'état dans lequel le convoi est arrivé, sur l'expédition de la feuille d'évacuation, qui doit être rapportée par l'officier d'administration. (*Art.* 707.)

Des moyens de transport, en nature, sont alloués à l'officier de santé et à l'officier d'administration qui accompagnent l'évacuation, conformément aux dispositions de l'ordonnance sur les convois. (*Art.* 708.)

Les art. 27 et 59 de l'ordonnance du 31 décembre 1823 sur les convois militaires accordent les moyens de transport sans exclusion au droit de l'indemnité de route. (*Voyez aussi art. 16 et 17 de l'ordonn. du 20 déc. 1837 sur les frais de route.*)

2° *Du traitement des malades et du service intérieur des hôpitaux militaires.*

Il ne suffit pas, disent MM. Maillot et Puel (1), qu'un hôpital soit bien placé et qu'il réunisse toutes les conditions de salubrité et de distribution intérieure ; il ne suffit pas non plus qu'il ait un matériel convenable et un personnel suffisant ; mais il faut encore, il faut surtout que le service y soit bien ordonné ; avec de l'activité, du zèle

---

(1) *Aide-Mémoire*, page 366.

et de l'intelligence on surmonte bien des difficultés, même dans le cas où les conditions que nous venons de rappeler manquent en partie : tandis que sans les qualités qui constituent le bon serviteur, tout sera en souffrance, même avec les plus grandes ressources. La première règle à poser pour assurer un bon service, c'est l'ordre, c'est l'exactitude ; et l'exemple doit partir d'en haut. Tout le monde fera son devoir lorsque les chefs feront le leur, et tout se passera sans efforts, sans tiraillements, sans murmures. Avec des chefs indolents et inexacts, la discipline se relâchera dans tous les rangs, et le ervice se fera mal, avec dégoût, avec répugnance.

I. *Des visites et des prescriptions.*—Les officiers de santé chargés du traitement des malades ont seuls le droit d'ordonner, chacun en ce qui le concerne, les remèdes et le régime alimentaire, en se conformant anx règles déterminées par les règlements; il est expressément défendu à toute autre personne, quels que soient son grade et ses attributions, de s'opposer à l'exécution de leurs ordonnances, et de rien prescrire sur cette partie du service. Toutefois le pharmacien en chef et l'officier d'administration comptable doivent, chacun en ce qui le concerne, rappeler les officiers de santé chargés du traitement des malades à l'exécution du règlement lorsqu'ils s'en écartent, et, en cas de refus de leur part, ils sont tenus, sous leur responsabilité, d'en informer le sous-intendant militaire, qui est compétent pour leur en imposer l'obligation. (*Art.* 774.)

Les officiers de santé chargés du traitement des malades doivent faire chaque jour deux visites dans leurs divisions respectives, l'une le matin, et l'autre le soir. (*Art.* 775.)

Les visites du matin commencent à 6 heures du 1er avril au 30 septembre, et à 7 heures du 1er octobre au 31 mars; elles ont lieu plus tôt si le nombre des malades l'exige, de manière que la distribution des médicaments soit toujours terminée une heure au moins avant celle des aliments, et que celle-ci n'éprouve aucun retard. Les visites du soir sont faites aux heures jugées convenables par le médecin en chef. (*Art.* 776.)

Les prescriptions de médicaments et d'aliments sont habituellement faites à la visite du matin pour toute la journée, sauf les modifications qui pourraient être jugées nécessaires lors de la visite du soir. (*Art.* 777.)

Indépendamment des visites du matin et du soir, les médecins chargés du service des salles en font d'autres toutes les fois que la gravité des maladies ou des blessures l'exige ; en conséquence, il est enjoint aux médecins de garde, dans tous les cas urgents, de faire avertir l'officier de santé compétent, qui est tenu de se rendre sans retard à l'hôpital, afin de donner les secours dont l'application ne pourrait être différée sans danger. (*Art.* 778.)

Dans les cas graves qui exigent le concours des connaissances d'un médecin et d'un chirurgien, ces officiers de santé doivent s'appeler réciproquement en consultation pour déterminer le traitement ou l'opération à faire ; dans ce cas, le résultat de la consultation est porté dans la colonne d'observations du cahier de visites, dont la tenue est prescrite à la section suivante, et il est signé par les consultants. (*Art.* 779.)

Les officiers de santé sont suivis dans leurs visites par des médecins aides-majors et des infirmiers spéciaux, qualifiés infirmiers de visite, désignés à cet effet. (*Art.* 780.)

Outre les aides-majors et les infirmiers de visite désignés à cet effet, ceux qui sont attachés aux différentes salles des autres divisions de malades suivent aussi le médecin en chef dans la visite qu'il fait de ces salles pour lui donner les renseignements qu'il peut demander. (*Art.* 781.)

Les infirmiers de garde et l'infirmier-major de chaque division de malades sont présents à la visite pour rendre compte aux officiers de santé de ce qu'ils ont remarqué concernant l'état des malades, et pour recevoir leurs ordres sur les soins à leur donner.

Les infirmiers qui ne sont pas de garde restent chacun à leur poste respectif. (*Art.* 782.)

L'instruction ministérielle du 25 août 1845 a réglé le service des infirmiers militaires auprès des malades dans les hôpitaux ; nous croyons utile d'en donner l'extrait suivant :

Service des infirmiers ordinaires. — Le service des infirmiers auprès des malades se compose, d'une part, d'actes qui se reproduisent journellement avec une constante régularité et dont l'exécution comporte par conséquent des préceptes généraux ; de l'autre, d'actes accidentels et variables auxquels s'appliquent des règles spéciales :

1° *Soins journaliers.* — Ils consistent : *avant la visite du matin*, en soins de propreté et de salubrité dans les salles et auprès des malades (renouvellement de l'air et balayage des salles, lotions des mains et du visage des malades hors d'état de s'acquitter de ce soin, enlèvement des fioles vides, excepté des crachoirs et des vases de nuit des plus malades, dont l'inspection doit être faite à la visite).

Pendant la visite du matin, l'infirmier descendant la garde et celui qui la reprend suivent l'officier de santé traitant, le premier pour lui rendre compte de tous les détails du service dont il a été particulièrement chargé pendant les 24 heures ; le second pour recevoir directement des instructions sur ce qu'il aura à faire pendant sa garde.

Après la visite, chaque infirmier prend les fonctions qui lui ont été assignés d'avance : les uns, attachés aux pansements, vont chercher l'appareil de chirurgie, exécutent tous les ordres particuliers que leur donnent les médecins aides-majors, reportent le linge sale au magasin après l'avoir compté et noté conformément aux prescriptions de l'instruction ministérielle du 12 mai 1845 ; les autres vont chercher et distribuent les tisanes d'après la liste qui leur est remise par le pharmacien aide-major, ou suivent le dernier dans les salles pour la translation des médicaments particuliers. Ils concourent tous à la distribution des aliments.

A la visite du soir, l'infirmier de garde est tenu d'accompagner l'officier de santé ; il lui indique les entrants et lui donne connaissance de ce qui a été fait ou prescrit par le médecin de garde.

2° *Soins accidentels.* — Ils concernent la réception des entrants, l'exécution de certaines prescriptions, les secours particuliers réclamés par quelques malades.

La réception des entrants comprend les soins à leur donner au vestiaire (changer les vêtements et laver les pieds, les mains, et au besoin les autres parties du corps, à moins d'ordre contraire du médecin de garde) ; le malade est ensuite conduit ou transporté dans la salle et au lit indiqué sur son billet. — Les infirmiers de la salle préparent le lit et le garnissent d'une alèze lorsqu'il y a lieu de craindre que le malade salisse fréquemment son lit ; pendant ce temps le malade reste provisoirement couché sur un lit voisin, ou sur un brancard ou est assis dans un fauteuil. Un infirmier lui apporte ensuite la tisane et les médicaments prescrits par le médecin de garde.

Les prescriptions dont l'exécution est confiée aux infirmiers sont : les lotions ou lavages, les frictions, les embrocations, les fomentations, les bains de pieds, de mains, de siége ou généraux, les douches, le massage, les lavements, l'enlèvement des sinapismes, les fumigations, l'administration des pilules, des vomitifs. Tous les soins qui viennent d'être énumérés ont été l'objet de prescriptions spéciales de la part de l'officier de santé traitant. Il en est d'autres dont la nécessité n'a pas quelquefois été prévue pour chaque malade et dont les infirmiers doivent spontanément trouver l'indication dans leur vigilance et dans leur intelligence.

Ainsi ils doivent veiller à ce que les malades aient toujours de la tisane ; ils doivent faire boire eux-mêmes les hommes en délire ou trop gravement atteints pour pouvoir le faire sans le secours d'un aide ; ils doivent surveiller avec une attention continuelle les malades en délire, pour éviter qu'ils ne se nuisent ou qu'ils ne nuisent aux autres ; ils doivent de temps en temps s'enquérir si les hommes délirants ou plongés dans l'assoupissement ou paralysés ont uriné ; ils changent le linge des malades en sueur, refont le lit ou changent le malade de lit, quand c'est nécessaire, et toujours avec le consentement ou d'après les ordres de l'officier de santé traitant. Toutes les fois qu'en changeant un malade l'infirmier aperçoit sur une partie du corps des taches, des écorchures, des ulcérations, il doit en prévenir l'officier de santé traitant à la visite prochaine. Dans un cas d'hémorrhagie ou d'écoulement prolongé des morsures de sangsues, il doit toujours prévenir le médecin de garde ; il le fait aussi dans le cas de convulsions, et il rend compte à l'officier de santé traitant de ce qu'il a remarqué d'étrange dans l'intervalle des visites, comme un accès de fièvre, de l'insomnie, du délire, de l'assoupissement continuel et profond, du hoquet, des vomissements, etc., etc.

Dans le cas d'un décès, l'infirmier de garde va sur-le-champ en informer le médecin de garde, et ce n'est qu'après que cet officier de santé aura constaté le décès et fixé l'heure de l'enlèvement que les infirmiers commencent les diverses opérations qu'exige la levée du corps.

Service des infirmiers-majors. — Les devoirs généraux des infirmiers-majors consistent à surveiller et à diriger les infirmiers dans l'exécution des différentes parties du service qui viennent d'être détaillées. Leurs devoirs particuliers sont : *avant la visite du matin*, de faire une ronde dans les salles, d'examiner eux-mêmes les malades qui réclament une attention particulière de la part des infirmiers, de régler le service des infirmiers pour la journée, et d'afficher dans chaque salle un extrait de la feuille nominale des infirmiers de garde. Ils doivent aussi, dans leur ronde, recueillir des infirmiers de garde le détail de tout ce qui est arrivé pendant la nuit et rendre compte à l'officier de santé traitant de tout ce qui lui est important de connaître.

Pendant la visite, l'infirmier-major suit l'officier de santé traitant, afin d'être à même d'entendre ses prescriptions et de répondre à ses questions. Il tient un cahier sur lequel il inscrit exactement les bains, les lavements, les pédiluves, les manuluves, les fomentations, les lotions, les frictions, les injections. les vomitifs et les purgatifs, afin de surveiller, en ce qui concerne le service des infirmiers, l'exécution de toutes ces prescriptions. Il note aussi les saignées, les applications de sangsues et les ventouses ; il donne des ordres pour faire conserver le sang ; il s'assure que les malades saignés n'ont pas dérangé leurs bandes, et que les piqûres de ceux à qui on a appliqué des sangsues ne laissent pas couler le sang pendant trop longtemps.

Après la visite, il rappelle aux infirmiers toutes les prescriptions dont l'exécution leur est confiée, remet et explique à celui qui prend la garde une note détaillée indiquant les numéros des malades les plus gravement affectés qui doivent être de sa part l'objet d'une attention spéciale, ceux à qui il a été prescrit de donner des tisanes chaudes, etc. Il s'assure que les vases et ustensiles à l'usage des malades soient bien nettoyés en dedans et en dehors. Lors de la distribution d'aliments, s'il arrive qu'un malade ne peut consommer la quantité d'aliments ou de vin qui lui a été accordée, il a soin de les lui faire retirer et d'en prévenir l'officier de santé traitant à la première visite; il passe inopinément dans les salles, pour s'assurer que chacun des malades ne consomme que les aliments qui lui ont été prescrits et qu'il ne leur en est pas ajouté ou substitué d'autres qu'on se serait procurés frauduleusement. Il surveille spécialement les salles des blessés, vénériens et galeux, afin d'empêcher les malades de déranger les appareils ou les pansements qu'on leur applique, les uns pour empêcher ou retarder la guérison de leurs maladies, les autres pour substituer aux médicaments qu'on leur a prescrits des prépara- tions souvent contraires et nuisibles auxquelles ils accordent une pré- férence aveugle.

Pendant la nuit, l'infirmier-major de garde fait prévenir le médecin de garde, s'il apprend ou remarque dans sa ronde qu'un malade présente quelque chose d'extraordinaire dans sa manière d'être. Il visite individuellement les malades les plus gravement atteints dont la liste lui a été remise par l'infirmier-major de chaque division; il s'assure si les infirmiers leur donnent les médicaments aux heures et aux doses auxquelles il leur a été recommandé de le faire; il veille enfin à ce que rien ne trouble le repos des malades.

Le sous-officier de planton, et même, au besoin, le commandant de la garde de l'hôpital, quand la demande leur en est faite par l'officier d'administration comptable, assistent aux visites, pour faire observer l'ordre et le silence parmi les malades. (*Art.* 783.)

La prescription du régime alimentaire est toujours faite à haute voix, afin que chaque malade sache ce qui doit lui être donné en aliments. (*Art.* 784.)

Les prescriptions, soit de médicaments, soit d'aliments, faites par les officiers de santé pendant les visites, sont inscrites immédiate- ment, et sous leur dictée, sur un cahier (modèle n° 41), tenu par un infirmier de visite (*Art.* 785.)

Le cahier de visites prescrit en l'article précédent peut être divisé en deux parties, dont l'une pour les jours impairs, et l'autre pour les jours pairs, de manière que l'officier de santé qui fait la visite puisse avoir en main le cahier de la veille. (*Art.* 786.)

Les cahiers sont composés du nombre de feuilles présumé néces- saire pour le service pendant un mois; il est enjoint aux officiers de santé de faire tenir les cahiers de visites proprement et lisiblement. (*Art.* 787.)

Les prescriptions sont écrites en langue française ; on ne peut se servir d'aucun caractère chimique ou pharmaceutique pour désigner les substances et les doses, et il n'est employé d'autres abréviations que celles qui sont indiquées au Formulaire. (*Art.* 788.)

Les cahiers de visites sont à la fois l'histoire de chaque homme à l'hôpital, l'indication des phases de sa maladie, la justification des consommations en denrées et en médicaments, et un dépôt d'obser- vations plus ou moins utiles à recueillir dans l'intérêt des localités et de la science.

On ne doit donc pas les considérer comme éphémères et passa- gers, ne devant servir qu'aux distributions du jour, mais comme une source de renseignements précieux pour la comptabilité et pour les progrès de l'art.

Ce court aperçu de la destination des cahiers de visites fera suffisamment comprendre qu'il est nécessaire qu'ils soient tenus avec ordre et régularité. C'est aux infirmiers de visite, sous la surveillance des médecins aides-majors, que le soin en est confié aujourd'hui. Ces cahiers, préparés à l'avance pour un mois, sont composés de feuilles imprimées, dont chaque malade occupe une page ; des espaces en blanc et des colonnes verticales fixent la place que doivent remplir les inscriptions à faire : préliminaires, actuelles et de clôture :

1° *Inscriptions préliminaires.* — Désignation de la *division militaire;* la *place ou garnison;* l'*hôpital militaire ;* le *mois et l'année* de l'exercie ; l'*officier de santé* qui préside aux traitements, ses qualité et grade ; le *médecin aide-major* chargé du service de la visite faite par l'officier de santé déjà désigné ; le *nombre des feuilles* du cahier, *ne varietur;* la dénomination de *la salle* et le *numéro du lit;* les *nom et prénoms* du malade (des malades, si, dans le courant du mois, il y a eu mutation et remplacement); le *corps de troupe* auquel il appartient; le *nombre de jours écoulés* depuis l'invasion de la maladie jusqu'à l'envoi de l'homme à l'hôpital ; la *date de l'entrée*, et le *genre de maladie* porté sur le billet de salle.

Toutes ces inscriptions doivent être faites sur le cahier préalablement à la visite. Il s'ensuit évidemment que les entrants dans l'intervalle de deux visites doivent aussi être inscrits sous la recommandation des médecins aides-majors, qui auront dû s'en être enquis à l'avance, ainsi que des autres particularités concernant l'état des malades à leur arrivée ou antérieurement, pour en rendre compte à l'officier de santé au moment de la visite subséquente.

2° *Inscriptions actuelles.* — *Fixation du régime alimentaire en aliments et en boisson pour la journée,* sauf les modifications que des circonstances imprévues décideraient le médecin aide-major de visite, de concert avec son camarade de garde, à y apporter; *prescriptions de médicaments et autres* de tout ordre ; *observations* sur la marche de la maladie, sur les opérations décidées ou à décider en consultation ; *faits divers à annoter* pour aider la mémoire à la visite du lendemain, ou dans la rédaction de cas rares que l'officier de santé aurait l'intention de conserver ;

3° *Inscriptions de clôture.*—*Vacance*, par mutation ou par autre cause, du lit désigné à la page. Ce lit peut être assigné, avant la fin du mois, à d'autres malades ; la *cause* très-clairement exprimée et la *date de la sortie; clôture du cahier de visites* par le médecin aide-major: il certifie qu'il est conforme aux prescriptions, met la date et signe. L'officier de santé qui a fait les visites en fait la vérification et en confirme la sincérité en y apposant aussi sa signature.

Telles sont les inscriptions à porter au cahier de visites ; elles sont de rigueur ; elles doivent, selon leur nature, occuper la place réservée à chacune sur les pages imprimées. Les combinaisons minutieuses d'où sont résultées les règles sur la forme actuelle des cahiers pénétreront les officiers de santé de l'importance que l'administration attache à leur observation. Ils ne perdront point de vue qu'un de leurs premiers devoirs est de veiller à ce que ces cahiers soient écrits correctement, afin qu'ils puissent être lus facilement par toutes les personnes qui, par la suite, auraient à les consulter.

Les indications imprimées expriment bien nettement dans quelle colonne on doit inscrire chaque ordre d'aliments ou de médicaments; mais il serait difficile que les prescriptions fussent portées en toutes lettres, et il en résulterait même une confusion peu favorable à leur bonne exécution. De là l'usage d'employer des abréviations.

Pour les aliments, il en est de consacrées qui ont été constamment suivies jusqu'à ce jour ; on les trouvera consignées à la fin du Formulaire des hôpitaux militaires.

Pour les médicaments, les infirmiers de visite sont tenus de se conformer à l'instruction qui fait suite au Règlement du 31 octobre 1860, et dont voici les dispositions principales :

1° Tous les mots d'une seule syllabe sont écrits en entier (lait, riz, miel, zinc) ;

2° Toutes les substances vénéneuses doivent aussi être écrites en entier ou de manière à ne laisser aucune espèce d'incertitude (morphine, émétique, opium, iode, mercure);

3° En règle générale, on peut et l'on doit éviter les abréviations des mots, quand on a le temps de les écrire en entier ; les abréviations ne sont qu'un moyen de suivre la visite et de porter exactement sur le cahier d'abord, puis sur le relevé, toutes les prescriptions du médecin ;

4° Les abréviations consistent à indiquer une substance, un médicament, par la première ou les deux ou trois premières syllabes du mot qui désigne cette substance, de manière à ne permettre aucune erreur.

Un certain nombre d'abréviations fondamentales, parce qu'elles désignent les choses d'un usage journalier ou très-fréquent, ont été indiquées à la suite de l'instruction à laquelle on trouvera également annexé le tableau général de toutes les abréviations.

Les cahiers de visites comprennent tous les malades d'une même division, traités par le même officier de santé ; ces malades y sont désignés par leurs noms et par les numéros des lits qu'ils occupent. (*Art.* 789.)

Les infirmiers de visite, sous la surveillance et la direction du médecin aide-major, préparent avant les pansements du matin les cahiers de la visite du jour. (*Art.* 790.)

Jusqu'à six heures en été et sept heures en hiver, où les services des salles commencent, les infirmiers de visite reçoivent le linge dont ils ont besoin, disposent leurs appareils ou leurs cahiers, et préparent ce qui est nécessaire à la méthodique et régulière exécution des détails dont ils sont chargés. (*Art.* 71 *de l'instruction du* 14 *août* 1837.)

Les cahiers de visites sont collationnés tous les jours par les officiers de santé, qui rectifient les erreurs qui auraient pu s'y glisser. Ils sont signés par l'officier de santé qui a fait la visite, à la fin du mois, ou à la sortie du malade, si elle a lieu avant cette époque. (*Art.* 791.)

Immédiatement après la visite, le médecin aide-major qui l'a suivie dans chaque division fait établir sous ses yeux par un infirmier de visite le relevé des prescriptions concernant le régime alimentaire ; ce relevé doit être daté et signé par l'officier de santé qui a fait les prescriptions ; il est remis au comptable au moins une heure avant la distribution. (*Art.* 792.)

Les officiers de santé communiquent au besoin leurs cahiers au comptable, pour le mettre à même de s'assurer de l'exactitude des relevés qui lui sont remis. (*Art.* 793.)

Un infirmier de visite, dans chaque division de malades, fait également, sous la direction du médecin aide-major, un relevé (modèle n° 43) pour les médicaments prescrits, et le remet au pharmacien en chef, qui fait pourvoir à leur préparation et à leur distribution. Les médicaments prescrits la veille aux entrants ou aux autres malades, dans le cas d'urgence, par le médecin de garde, sont portés sur ce relevé. (*Art.* 794.)

Au moyen des relevés des prescriptions alimentaires faites à chaque visite, les officiers d'administration comptables établissent un relevé général comprenant toutes les prescriptions alimentaires faites dans l'hôpital pendant le jour, ainsi que les aliments délivrés aux entrants du jour sur les bons du médecin de garde ; ce relevé est visé et certifié par le médecin en chef. (*Art.* 795 *modifié par la circulaire ministérielle du* 20 *novembre* 1851.)

Le relevé général des prescriptions alimentaires doit cadrer avec la situation journalière des malades. (*Art.* 797.)

Le pharmacien en chef établit ou fait établir, par les pharmaciens aides-majors, d'après les relevés vérifiés sur les cahiers de visites, le relevé général des médicaments qui ont été prescrits pendant le jour : ce relevé est certifié par le médecin en chef. (*Art.* 798.)

Les officiers de santé en chef sont responsables de l'exécution de toutes les dispositions qui précèdent sur la tenue des cahiers de visites, et de l'exactitude des relevés.

Les cahiers de visites sont remis, à la fin de chaque mois, au comptable, qui les conserve jusqu'à l'apurement définitif de ses comptes. (*Art.* 800.)

Les objets nécessaires aux pansements des malades, ainsi qu'à la composition des bains d'eaux minérales factices, ne sont indiqués sur les cahiers de visites que pour mémoire ; ils sont portés sur des bons particuliers, signés, soit par les officiers de santé chargés du service des salles, soit par le médecin de garde pour les entrants et dans des cas urgents : les bons de ce dernier sont toujours si-

18.

gnés, à la visite du lendemain, par le médecin en chef compétent. (*Art.* 801.)

Les bons d'objets de pansements doivent être faits sans ratures : ils doivent porter les quantités en toutes lettres, et être datés ; la quantité de linge à pansements y est toujours indiquée au poids, avec les distinctions de linge à pansement *neuf* ou *relavé*, et de *bandes roulées, de grand et de petit linge.* (*Art.* 802.)

Le dernier jour de chaque mois, tous les bons d'objets de pansements sont représentés sur deux relevés distincts établis, l'un par le pharmacien pour les médicaments externes, l'autre par le comptable, pour les objets de consommation. Ces relevés sont signés du médecin en chef, pour être produits à l'appui des comptes du pharmacien en chef et du comptable ; les bons particuliers sont annulés après totalisation. (*Art.* 803.)

Il peut être délivré des jambes de bois, des béquilles et des bandages herniaires aux militaires traités dans les hôpitaux, soit pendant leur séjour à l'hôpital, soit au moment de leur sortie ; ces fournitures ont lieu sur des bons individuels, indiquant le nom, le grade et le corps du militaire. Ces bons doivent être signés par le médecin en chef, et visés pour autorisation de distribution par le sous-intendant militaire. (*Art.* 804.)

Des bandages herniaires peuvent aussi être délivrés, par les comptables des hôpitaux militaires, aux sous-officiers et soldats voyageant isolément, sur les bons des médecins en chef, au bas desquels le sous-intendant militaire autorise la fourniture. Dans ce cas, mention en est faite sur les feuilles de route de ces militaires et sur leurs livrets. (*Art.* 805.) (Voyez *page* 598 *les dispositions relatives à la délivrance des bandages herniaires renfermées dans les notes ministérielles des* 16 *novembre* 1842 *et* 21 *juin* 1844.)

II. *Du régime curatif.* — Les médicaments qui servent au régime curatif se distinguent en *médicaments internes* et en *médicaments externes.* Ils sont indiqués dans le Formulaire pharmaceutique. (*Id.,* art. 809.)

Les médicaments portés au Formulaire pharmaceutique sont les seuls qui puissent être employés dans les hôpitaux militaires. (*Id.,* art. 810.)

Parmi les médicaments qui peuvent être employés avec une égale efficacité au traitement des maladies, les officiers de santé doivent prescrire de préférence ceux qu'il est le plus facile de se procurer. (*Id., art.* 811.)

Il est interdit aux officiers de santé de formuler au lit des malades, les prescriptions devant être indiquées par les dénominations admises au Formulaire. (*Id., art.* 812.)

Toutefois il est utile de remarquer que des modifications importantes ont été apportées aux dispositions réglementaires précédentes qui ne laissaient pas assez de latitude aux médecins traitants et laissaient leur thérapeutique souvent incomplète.

Les formules qui composent la 3ᵉ partie du Formulaire pharmaceutique comprennent les prescriptions les plus usitées dans le traitement des maladies les plus ordinaires. On y a joint quelques généralités sur les différentes formes sous lesquelles les médicaments doivent être administrés.

Les doses de chacune ont été déterminées ; toutefois, on laisse aux officiers de santé la faculté de les modifier, selon l'indication à remplir, comme aussi les substances et les excipients, lorsqu'ils le jugeront nécessaire ; il leur est néanmoins recommandé de n'en point introduire dont le nom ne figure point dans le catalogue de la matière médicale qui est au commencement du Formulaire.

Les pharmacies sont pourvues, par les soins des officiers d'administration comptables, des denrées ou objets de consommation nécessaires au service pharmaceutique, tels que le vin, l'alcool, l'huile, le miel, la cassonade, le lait, la toile pour sparadrap, le papier, la cire à cacheter, le fil, les aiguilles, les épingles et autres menus objets.

Les denrées indiquées ci-dessus ne sont délivrées de la pharmacie aux malades que sous forme de médicaments et sur la prescription des officiers de santé. (*Id., art.* 813.)

Les objets mentionnés à l'article précédent sont délivrés par l'officier d'administration comptable, au fur et à mesure des besoins, sur les bons du pharmacien en chef, qui doivent indiquer les quantités en toutes lettres et être datés ; il est fait, à la fin du mois, un relevé de ces bons. (*Id., art.* 814.)

La distribution des médicaments est faite, le cahier à la main, par un infirmier de visite sous la surveillance du médecin aide-major : elle a lieu deux fois par jour ; le matin, immédiatement après la visite, et une heure avant la distribution des aliments, pour les médicaments à prendre dans la journée : le soir, après la distribution des aliments pour les médicaments à prendre dans la soirée. Outre ces deux distributions, il en fait une, s'il y a lieu, une heure avant la visite du matin, pour administrer les médicaments qui resteraient à prendre par suite des prescriptions de la veille. (*Id., art.* 815.)

L'aide-major fait prendre au malade, en sa présence, les médicaments qui s'administrent en une seule dose : il indique au malade, ou à l'infirmier qui en a soin, la manière dont il faut prendre ceux qui doivent être administrés en plusieurs fois, ou en son absence.

Les médicaments, distribués dans des capsules de papier, dans des pots ou dans des bouteilles, selon leur nature, portent une étiquette indiquant leur dénomination et le numéro du lit du malade auquel ils sont destinés. (*Id., art.* 816.)

Les médicaments liquides destinés à l'usage externe sont contenus dans des fioles de verre coloré.

En cas de refus de la part du malade de prendre le médicament ordonné, l'aide-major en tient note et en instruit le médecin traitant à la première visite ; il est procédé de même dans le cas où quelque accident inattendu détermine l'aide-major à suspendre, de concert avec son collègue de garde, l'administration du remède prescrit. (*Id.*, *art.* 817.)

Les pansements doivent toujours être faits avant la visite du matin; ils sont renouvelés aussi souvent que les médecins traitants le jugent convenable, mais, autant que possible de manière à ne pas gêner les distributions. (*Id., art.* 818.)

Les pansements sont exécutés par les médecins aides-majors, ou sous leur direction et leur surveillance, par les infirmiers de visite, sauf les cas d'opérations majeures, qui doivent être faites par les médecins traitants. (*Id., art.* 819.)

Les opérations de petite chirurgie, les saignées, les scarifications des ventouses, l'application des caustiques, des sétons, etc., sont, avec l'application des bandages composés, dans les attributions des médecins aides-majors. Ils veillent à la confection des appareils à pansements, et doivent avoir le soin de les faire tenir préparés à l'avance et suffisamment garnis de bandes, compresses, emplâtres et onguents. Ils dirigent les infirmiers de visite dans l'exécution des pansements simples et dans l'application des topiques, des vésicatoires, des cataplasmes, des sangsues, etc., conformément aux programmes annexés à l'instruction du 31 octobre 1860, portant règlement du service des infirmiers de visite. (*Id., art.* 820 *et* 821 *modifiés par le règlement précité.*)

Au moins deux fois par semaine, chaque médecin traitant assistera aux pansements faits par les infirmiers de visite. Il veillera avec soin à ce qu'on ne s'écarte pas des règles que les programmes de ladite instruction ont posées. (*Règlement du* 31 *octobre* 1860.)

Il est délivré à chacun des infirmiers de visite une trousse uniforme renfermant les instruments nécessaires aux pansements qu'ils doivent exécuter : (1 paire de ciseaux, 1 pince à pansement, 1 rasoir et 1 spatule). — Les remplacements de ces instruments sont à la charge des infirmiers de visite et doivent être prononcés par les médecins chefs, qui s'assureront au moins une fois par mois que la trousse de chaque infirmier est au complet et que les instruments sont en bon état d'entretien et propres au service auquel ils sont affectés.

Par exception, les repassages seront à la charge du service des hôpitaux, et seront faits dans chaque établissement par le coutelier chargé du repassage des instruments composant l'arsenal chirurgical de l'établissement. (*Décision ministérielle du* 13 *mars* 1861.)

Les infirmiers qui suivent les pansements ont soin de recueillir dans des paniers le linge, les bandes et les compresses qui ont servi au pansement précédent; ils les déposent ensuite dans des baquets destinés à cet usage, et dont l'eau est renouvelée deux fois par jour, pour être ensuite lessivés et remis en service sous la dénomination de linge relavé. (*Id., art.* 822.)

L'instruction du 12 mai 1845 donne du reste des détails complémentaires sur l'emploi du linge à pansement dans les hôpitaux militaires, depuis sa mise en consommation jusqu'à sa mise hors de service.

Le linge à pansement sera préparé dans les hôpitaux militaires au fur et à mesure des besoins, par les soins de l'administration, en bandes spica , bandes ordinaires, bandages de toute espèce, compresses de diverses dimensions et paquets de lambeaux.

Ces pièces confectionnées recevront l'empreinte de la marque de l'hôpital, aux quatre angles, pour les compresses, et aux deux extrémités, pour les bandes et bandages, afin qu'on puisse s'assurer que, dans aucun cas, les pièces de linge à pansement n'ont été coupées ou déchirées.

Tous les mouvements à faire subir au linge à pansement seront décrits sur un registre divisé en trois chapitres et tenu en magasin.

Le linge sera blanchi et préparé par les buandiers et couturières aussi longtemps qu'il pourra être utilisé, et quand il aura été reconnu hors de service, il sera classé comme linge pour papier, et porté, sous ce titre, au compte en mobilier de chaque exercice.

Le linge à pansement nécessaire au service de la chirurgie est délivré par le magasin, contre des bons établis et signés par les médecins aides-majors spécialement chargés de surveiller la distribution et l'emploi du linge livré sur les bons.

A cet effet, des appareils, en nombre suffisant, seront garnis d'un assortiment de linge de toute nature, approprié au besoin des divers services. La composition de chacun de ces appareils, arrêtée par le médecin en chef, devra se rapprocher, autant que possible, de celle indiquée par le tableau suivant :

Composition d'un appareil complet de chirurgien.

Appareil des blessés.—Bandes, 20 ; compresses ordinaires, 30; compresses fenestrées, 10 ; suspensoirs, 4; bandages de corps, 4 ; *id.* carrés, 4 ; *id.* en T, 4 ; *id.* triangulaires, 4 ; écharpes, 2 ; paquets de lambeaux, 2.

Appareil des fiévreux.—Bandes, 20 ; compresses, 40; suspensoirs, 2; bandages de corps, 15 ; *id.* carrés, 2 ; écharpes, 2 ; paquets de lambeaux, 2.

Appareil des vénériens. — Bandes, 15 ; compresses ordinaires, 25 ; *id.* fenestrées, 5 ; suspensoirs, 6 ; bandages carrés, 20 ; paquets de lambeaux, 3.

Appareil de garde.—Bandes, 20 ; compresses ordinaires, 25 ; *id.* fenestrées, 5 ; suspensoirs, 4 ; bandages de corps, 10 ; *id.* carrés, 4 ;

écharpes, 3; paquets de lambeaux, 1. (*Ce tableau est conforme au modèle D joint à l'instruction du 12 mai 1845.*)

Une note indicative des pièces de linge entrant dans la composition de l'appareil, sera collée sous le couvercle de cet appareil.

Ces appareils, constamment tenus au complet, seront placés sous la responsabilité des médecins aides-majors, qui devront ne les perdre jamais de vue pendant le service, et les faire tenir ensuite sous clef, dès qu'ils auront été recomplétés par les infirmiers de visite et sous leur surveillance.

Un nombre d'infirmiers égal à celui des appareils se rendront à la chambre de garde aux heures des pansements pour y recevoir les appareils des mains des médecins aides-majors, et ils les reporteront dans la chambre de garde à l'issue du service.

Chacun des infirmiers de visite chargés des pansements comptera, en présence de l'infirmier-major chef de salle, tout le linge sale provenant des pansements.

Il en dressera une note qu'il signera, et au bas de laquelle l'infirmier-major chef de salle apposera son récépissé.

Ce linge sale sera ensuite rendu au magasin par les soins de l'infirmier-major chef de salle, et, après avoir été de nouveau compté, il sera échangé contre une égale quantité de linge propre, qui sera remise avec la note de l'infirmier chargé des pansements, au médecin aide-major chargé de faire compléter l'appareil.

Tous les pansements, sans exception, devant être faits par les médecins aides-majors ou sous leur direction, il est formellement interdit de remettre du linge aux malades et aux infirmiers de salle.

Lorsque des circonstances nécessiteront des consommations imprévues de linge pour les sortants ou pour toute autre cause, les infirmiers chargés des pansements devront en rendre immédiatement compte au médecin aide-major en lui faisant connaître le numéro de la salle et celui du lit du malade dont le pansement exigera ces consommations.

Un appareil complet sera toujours à la disposition du médecin de garde, qui devra justifier, dans la forme indiquée ci-dessus, des consommations qu'il aura pu faire dans le cours de cette garde, afin que l'appareil puisse, après avoir été recomplété et mis dans un état parfait de propreté, être remis à son successeur.

Les médecins de garde et les médecins chargés des pansements sont pécuniairement responsables du linge qui leur a été remis, et qu'ils ne représentent pas.

A cet effet, il sera tenu note des pertes, et on en fera, chaque mois, un relevé décompté d'après le tarif adopté par l'instruction du 6 juillet 1850. Au moyen de ce décompte, l'officier d'administration comptable établira les feuilles individuelles de retenue, lesquelles seront soumises à l'approbation du sous-intendant militaire, et dont le montant sera remboursé par un versement dans une caisse publique. A défaut de versement par l'officier de santé débiteur, la retenue en sera opérée par précompte, sur sa solde, par les soins du payeur.

Ces dernières dispositions ont été rappelées par la circulaire ministérielle du 15 janvier 1853, relative aux mouvements et à l'existant du linge à pansement neuf et relavé mis à la disposition des médecins dans les hôpitaux militaires. Cette circulaire prescrit, en outre, l'établissement au 31 décembre de chaque année par le fonctionnaire de l'intendance militaire chargé de la surveillance administrative de l'hôpital en présence du médecin chef, d'un inventaire du linge à pansement neuf et relavé existant entre ses mains à cette date. Cet inventaire doit être signé par le sous-intendant militaire et le médecin chef.

III. *Médication électro-thérapique.* — Par arrêté ministériel du 13 septembre 1858, certains hôpitaux militaires ont été pourvus des appareils nécessaires pour appliquer aux malades la médication électro-thérapique.

INDICATION DES HOPITAUX	
CENTRES DE TRAITEMENT ÉLECTRO-THÉRAPIQUE.	QUI DEVRONT DIRIGER LEURS MALADES SUR CES DIVERS CENTRES DE TRAITEMENT.
Intérieur. Val-de-Grâce.	Hôpitaux de la 1re division.
Invalides.	
Lille.	Hôpitaux de la 3e division.
Metz.	Hôpitaux des 4e et 5e divisions.
Strasbourg.	Hôpitaux des 6e et 16e divisions et hôpital de Besançon.
Bourbonne.	
Lyon.	Hôpitaux des 8e, 10e, 19e et 22e divisions.
Marseille.	Hôpitaux des 9e, 11e, 12e, 13e, 14e, 15e, 17e divisions et corps d'occupation d'Italie.
Algérie. Alger (Dey).	Hôpitaux de la division.
Oran.	Hôpitaux de la division.
Constantine.	Hôpitaux de la division.

Le mode de fonctionnement de ce service est le suivant :

1° Dans les hôpitaux désignés comme centres de traitement électro-thérapique, les malades soumis à ce traitement forment une division distincte, sous la direction d'un médecin spécialement chargé de ce service ;

2° Le médecin traitant de la division des malades soumis à la médication électrique est chargé, sous sa responsabilité, de l'entretien des appareils électro-dynamiques mis à sa disposition, et de la rédaction des observations relatives à leur emploi, conformément à l'instruction du Conseil de santé. (1)

Après avoir rappelé sommairement les principes généraux de l'action électrique appliquée à la médecine, le Conseil de santé décrit l'appareil que les médecins des hôpitaux ont à faire fonctionner (*pile de Bunzen*), les règles à suivre pendant son emploi, et les soins que réclame sa conservation. Il expose ensuite les phénomènes produits par l'action de l'appareil, les moyens de graduer cette action, et les procédés à employer pour la varier selon les maladies, les régions du corps, les principaux organes et les indications à remplir.

La troisième partie de l'instruction contient l'énumération des maladies contre lesquelles, dans l'état actuel de la science, l'électricité peut être employée avec succès. Le Conseil de santé insiste sur les précautions à prendre pour éviter des applications inutiles, des aggravations dans l'état des malades ou même des événements funestes.

MALADIES AUXQUELLES, DANS L'ÉTAT ACTUEL DE LA SCIENCE, ON PEUT OPPOSER LA MÉDICATION ÉLECTRIQUE.

Les médecins militaires ne se départiront pas, en cette grave circonstance, de la circonspection qui est à la fois la tranquillité de leur conscience et la sécurité de l'armée. Ils se garderont de toute application hasardée de l'électricité sur l'homme, et n'y procéderont qu'avec la prudente réserve commandée, en même temps, par l'obscurité des lésions à combattre et l'énergie encore mystérieuse de l'agent à employer.

Sans leur imposer, dans les indications qui vont suivre, des limites absolues, le Conseil de santé insiste cependant pour qu'ils ne les dépassent qu'autant qu'ils y seront autorisés positivement par des observations consciencieuses et authentiques. Il ne saurait trop les prémunir contre l'exagération des résultats heureux, l'atténuation des faits négatifs, et le silence gardé sur les accidents.

Les affections susceptibles d'être soumises à l'action de l'électricité forment les catégories suivantes :

Lésions de la motilité,
Lésions de la sensibilité,
Altérations de la nutrition.

En outre de ces lésions, l'électricité a encore été employée comme moyen chirurgical.

1° *Lésions de la motilité ou des mouvements.* — Les paralysies, qui constituent cet ordre de lésions, peuvent dépendre :

A. De tumeurs développées, soit sur le trajet des nerfs, soit dans le crâne ou le rachis.

B. De l'hémorrhagie cérébrale.

C. Du ramollissement du cerveau.

D. De lésions de la moelle épinière.

E. De lésions traumatiques des nerfs.

---

(1) Voir *Bulletin de la médecine militaire*, tome 3, page 157.

Dans le premier cas, l'électricité ne conviendra pas et produira même des effets nuisibles aussi longtemps que les tumeurs ne seront pas enlevées, ce qui est quelquefois possible lorsqu'elles ont leur siége à l'extérieur. Si, après l'ablation ou la guérison de ces tumeurs, des engourdissements ou de l'affaiblissement dans la motilité persistent, l'électricité pourra intervenir comme dans les autres cas de lésions traumatiques des nerfs.

Dans les paralysies de la seconde catégorie, celles qui sont produites par les hémorrhagies cérébrales, et qui sont les plus nombreuses de toutes, l'électricité, employée dans les premiers mois qui suivent l'accident, ne produira que des effets défavorables et quelquefois désastreux. Il faut absolument attendre que le foyer sanguin soit cicatrisé, c'est-à-dire de six à huit mois, et même une année, selon la gravité du cas. Une complète liberté de l'intelligence et de la parole, l'absence d'engourdissement, de fourmillements et surtout de contractures plus ou moins douloureuses, sont des conditions indispensables de l'opportunité de l'excitation électrique.

Lorsque l'époque d'agir est arrivée, si les muscles paralysés ne se contractent pas sous l'influence d'un courant discontinu énergique, il est inutile d'insister : le mal est incurable.

S'ils se contractent, s'ils ont conservé la sensibilité électro-musculaire, on peut espérer du succès ; mais il faut agir très-graduellement, et éviter avec le plus grand soin les courants réflexes. Chaque muscle sera électrisé isolément, et seulement pendant une ou deux minutes ; les réophores seront maintenus toujours très-rapprochés ; les séances seront d'abord de cinq minutes, elles pourront devenir successivement plus longues, mais ne dépasseront jamais quinze minutes ; enfin, à la moindre apparition de phénomènes généraux de contracture, on interrompra le traitement.

Le danger immédiat qui existe alors consiste dans le renouvellement de l'hémorrhagie cérébrale, ou l'invasion d'une phlegmasie autour des restes du foyer, accidents auxquels des malades ont succombé. Il importe donc de les avoir toujours présents à l'esprit et de prendre les plus grandes précautions pour les éviter.

Ces considérations s'appliquent surtout aux paralysies déterminées par le ramollissement cérébral. Des médecins d'une grande autorité ont même établi que l'électricité ne leur est jamais applicable, tant le danger de réveiller l'inflammation est imminent, et le Conseil de santé partage leur avis.

Dans les paralysies résultant de lésions de la moelle épinière, les règles générales de l'application de l'électricité sont les mêmes que dans les cas précédents. On n'y aura recours que si tous les symptômes d'inflammation ayant disparu du côté du rachis, les muscles ont conservé, en partie au moins, la contractilité électro-musculaire. Dans certaines paraplégies, celles de nature rhumatismale ou résultant d'excès vénériens, par exemple, on peut essayer l'action des courants réflexes au moyen des pédiluves électriques ; mais cette action doit être d'abord très-faible, surveillée très-attentivement et interrompue à la moindre apparence de contracture. Elle serait accompagnée de graves dangers, dans les cas de myélite chronique persistante à quelque degré que ce soit.

Enfin, à la suite des lésions traumatiques des nerfs, deux cas différents peuvent se présenter :

Si la paralysie est complète, soit pour tous les muscles animés par le nerf blessé, soit pour quelques-uns d'entre eux seulement, c'est-à-dire s'ils ont perdu tout à la fois le mouvement volontaire et la contractilité électro-musculaire, le traitement par l'électricité n'a que peu de chances de réussir. Il faut attendre, pour l'essayer, la guérison complète du nerf et l'appliquer alors avec d'autant plus de confiance qu'il n'y a rien à perdre, et qu'il n'est pas très rare de voir, sous l'influence des courants, la cicatrice devenir perméable, et les fonctions se rétablir.

Si la paralysie est incomplète, c'est-à-dire si le mouvement volontaire étant perdu, la contractilité électro-musculaire, ou tout au moins la sensibilité ordinaire subsiste, c'est une preuve que le nerf, ou la partie du nerf qui se rend aux muscles devenus inactifs, n'a pas été désorganisée. Il faut agir alors sur ces muscles le plus tôt possible, au moyen de l'électricité localisée, afin de prévenir leur atrophie. Par cette expression, *le plus tôt possible*, il faut entendre l'époque où le courant électrique ne surexcite pas la sensibilité. Il convient de s'abstenir aussi longtemps que cet effet a lieu, et même de suspendre le traitement dès qu'il se produit.

La science n'a pas encore prononcé sur le degré d'utilité de l'électricité contre la paralysie progressive. Comme, dans cette maladie, les fibres charnues non transformées conservent leur sensibilité électro-musculaire, on a pensé que l'action électrique pourrait les préserver de la désorganisation, au moins lorsque la cause de la lésion paraît locale, telle qu'un travail forcé continu, par exemple. On peut d'autant mieux alors essayer de l'électricité, qu'il n'y a rien à compromettre ; les séances devront être courtes, et les courants, toujours localisés, très-énergiques.

Il existe encore un certain nombre de paralysies spéciales, auxquelles l'électricité a été appliquée avec succès. Quoique rare dans l'armée, quelques-unes s'y montrent cependant, et les médecins militaires peuvent avoir occasion de les observer toutes. Ce sont les paralysies développées sous l'influence de l'hystérie, de la chlorose, des fièvres graves ; celles qui résultent de l'action de certains toxiques, telles que le paralysies saturnines ; celles qui sont consécutives aux rhumatismes ; celle qui a reçu le nom de crampe des écrivains lorsque, toutefois, elle n'est pas symptomatique d'une lésion cérébrale.

Dans tous ces cas, l'électricité sera localisée et appliquée directement au moyen des réophores humides, ou indirectement sur les cordons nerveux, de manière à stimuler les muscles paralysés et les nerfs qui les animent.

En opposition avec les paralysies, ont peut placer les contractures, ordinairement rhumatismales, qui sont parfois traitées avec succès par l'électricité sous forme de courants, et plus particulièrement par le pinceau électrique. Dans ce dernier cas, on exerce sur la peau une dérivation qui a suffi, dit-on, pour faire disparaître quelquefois, en une ou deux séances, la contracture et la douleur qui l'accompagne ordinairement. Dans certaines contractures chroniques, et notamment dans les torticolis, M. *Duchenne* a proposé d'électriser les muscles antagonistes. Ce mode d'application de l'électricité orthopédique est sans inconvénient sérieux : mais on ne peut guère compter sur ses effets.

En résumé. les règles essentielles et générales du traitement des paralysies, du mouvement par l'électricité, sont les suivantes :

1° S'assurer avant tout que les centres nerveux ne sont pas ou ne sont plus le siége d'aucun travail morbide ;

2° A cet effet, interroger attentivement tous les symptômes, et explorer avec le plus grand soin la sensibilité électro-musculaire, en n'employant d'abord que des courants très-faibles, transmis à l'aide de réophores humides. Ajourner le traitement si cette sensibilité est exagérée, le poursuivre immédiatement avec vigueur si elle n'est qu'affaiblie, et l'interrompre si elle s'exaspère ;

3° Agir de préférence, autant que les cas le comportent, au moyen de l'électricité localisée, et éviter, à moins d'indications positives contraires, les courants réflexes.

Il est à remarquer que, dans les muscles qui ont conservé la sensibilité électro-musculaire, les mouvements volontaires reviennent directement en cas de succès, tandis que, dans les autres, ce n'est qu'après la cessation de l'atrophie, qui existe presque toujours, et le rétablissement de la nutrition, que se réveille la contractilité.

L'électricité appliquée à la chorée générale ou partielle a paru, dans certains cas, régulariser les mouvements. Ici, les courants réflexes obtenus par l'action exercée sur les deux pieds, les deux mains ou sur une main et un pied du même côté, peuvent être nécessaires. Quoique le petit nombre de faits observés ne soient pas très-concluants, en l'absence de troubles généraux, il est permis de tenter ce moyen, mais avec toute la prudence qu'impose l'état peu avancé de la science sur les résultats qu'on en peut obtenir.

2° *Lésions de la sensibilité.* — A. *Anesthésie.* — Dans plusieurs cas où l'anesthésie produite par le chloroforme ou l'éther menaçait d'entraîner la mort, on a pu rappeler les malades à la vie, en faisant passer un courant électrique discontinu, soit de la bouche à l'anus, soit d'un des nerfs phréniques à l'autre.

Des expériences sur les animaux vivants seraient utiles pour éclairer les médecins sur l'efficacité de ce moyen et son meilleur mode d'application contre un accident aussi fatal.

Ces expériences ne seraient pas moins utiles pour déterminer exactement l'action de l'électricité dans les différentes asphyxies, celle par submersion particulièrement, où elle a déjà été employée.

A l'anesthésie cutanée doivent être opposées les frictions électriques sur la peau séchée, pour plus de sûreté, avec de la poudre de riz ou d'amidon. Ces frictions sont faites au moyen : 1° de la main électrique, à la face ; 2° du cylindre creux ou de l'extrémité du pinceau électrique promené sur les autres parties du corps.

Contre l'anesthésie musculaire, maladie dans laquelle le sujet à perdu la conscience du mouvement qu'il produit, il faut employer les réophores humides promenés tous deux sur les muscles affectés.

Dans tous les cas d'anesthésie, les intermittences doivent être rapides, et les courants énergiques.

Parmi les anesthésies des organes des sens, l'amaurose et la surdité ont fixé l'attention des praticiens.

Contre l'amaurose dite essentielle, produite par la paralysie de la rétine ou de la première branche de la cinquième paire, *Magendie* a fait passer directement, au moyen de l'électro-puncture, un courant continu dans le nerf optique ; mais un procédé moins douloureux et moins compromettant qui a donné des succès, consiste à se servir des conducteurs humides : un des réophores est alors placé tout près de l'œil ou contre la paupière supérieure, et l'autre sur des ramifications de la cinquième paire, et la membrane muqueuse buccale par exemple. Ce sont ici des courants continus très-faibles qui doivent être d'abord préférés. Il faut donc supprimer l'appareil à induction et attacher directement les réophores aux fils conducteurs de la pile. On recommande d'appliquer près de l'œil le réophore positif, lorsque la rétine est insensible, et le réophore négatif, au contraire, quand il y a encore de la douleur ; mais il n'y a rien d'absolu à cet égard, et l'on peut, sans inconvénient, varier la direction des courants.

La surdité résiste beaucoup plus que l'amaurose à l'action de l'électricité, ce qui dépend sans doute de ce que les lésions qui la produisent sont plus variées, plus profondes et plus souvent mécaniques. Cependant, quoique les tentatives qu'on a faites de ce moyen aient été, jusqu'à présent, presque toutes infructueuses, en l'absence de médication plus certaine, il paraît rationnel d'en essayer. A cet effet, la tête du malade étant inclinée du côté opposé, de manière à rendre le conduit auditif externe vertical, on verse de ce conduit assez d'eau pour le remplir à moitié, et on y introduit l'extrémité d'un des électrodes de l'appareil d'induction, de manière qu'il ne touche ni les parois du conduit ni la membrane du tympan ; l'autre électrode, garni du réophore humide, est appliqué à la nuque. On doit employer un courant, induit très-énergique.

B. *Hyperesthésie.* — Des douleurs, soit cutanées, soit musculaires, consécutives à l'hystérie ou au rhumatisme, ont été traitées fréquemment, assure-t-on, avec un succès rapide ; les premières par les courants continus, les secondes par l'emploi du pinceau électrique. Selon plusieurs médecins, il ne serait pas rare de voir un lumbago, ou toute autre douleur rhumatismale chronique, disparaître par ce moyen en deux ou trois séances. On est porté à penser que la fustigation électrique, pratiquée avec énergie sur la partie antérieure et supérieure du thorax, produirait d'excellents effets dans l'angine de poitrine. M. *Duchenne* a obtenu, par ce moyen et par la douleur atroce résultant de l'application simultanée des deux électrodes sur le mamelon, la cessation subite d'un accès de cette cruelle maladie, et graduellement l'éloignement et enfin la cessation des accès. L'électricité appliquée par le même procédé conviendrait encore dans l'asthme nerveux. Elle serait non moins bien indiquée dans certains rhumatismes fixés sur les parois de la poitrine ou le diaphragme, et menaçant les malades d'une mort imminente, qui a eu lieu quelquefois, par asphyxie.

Les névralgies sont les maladies les plus anciennement traitées par l'électricité. Les courants continus, obtenus en supprimant l'appareil à induction, sont le mode d'application qui réussit le mieux contre elles ; les réophores à capsules seront munis d'éponges mouillées, le réophore négatif sera appliqué à la racine du nerf, et l'autre promené sur les ramifications douloureuses.

On a conseillé, sous le nom de méthode hyposthénisante, dans le traitement des névralgies, de faire circuler des courants continus ou discontinus dans les ramifications douloureuses des nerfs. Les premiers de ces courants doivent être préférés. Le réophore correspondant au pôle positif est placé, dans ce cas, sur le point du tronc nerveux le plus rapproché du centre, et le réophore du pôle négatif à quelque distance plus bas, ou promené sur les ramifications douloureuses. *Magendie* employait les aiguilles, et en a obtenu de bons résultats. Les courants continus en sens inverse, c'est-à-dire le pôle négatif correspondant à la racine du membre, et le positif aux ramifications, déterminent des douleurs plus vives, mais ne sont pas, dit-on, moins efficaces. Quant aux courants discontinus, par cette considération qu'ils sont alternes, la position relative des deux réophores perd son importance.

Il a déjà été dit que ce mode d'électrisation n'a pas donné de résultats favorables à M. *Duchenne.* D'autres médecins se louent cependant de son emploi. Des faits bien observés décideront seuls la question. On doit tenir compte, toutefois, de cette remarque, que l'électricité ne calme les douleurs qu'après avoir épuisé la sensibilité nerveuse en la surexcitant. C'est donc un quitte ou double, qui ne doit être employé qu'avec une grande circonspection.

3° *Altérations de la nutrition.* — Les faits relatifs à l'emploi de la médication électrique, dans les cas de tumeurs ou de productions organiques anormales, sont encore trop peu nombreux pour qu'il soit possible d'en déduire des règles précises sur la nature des altérations auxquelles on peut l'opposer.

Toutefois, on y a eu recours dans les cas d'adénites cervicales chroniques et indolentes, de goîtres mous ou solides, non douloureux, et de quelques autres affections analogues. L'électro-puncture a été presque toujours employée de préférence comme exerçant une action plus énergique et plus directe sur les tissus profonds. On peut introduire plusieurs aiguilles jusque dans la substance de la tumeur, et mettre successivement les électrodes en rapport avec elles. On peut encore ne faire agir qu'un électrode sur les aiguilles et promener le réophore humide de l'autre pôle sur les différents points de la tumeur. D'autres procédés ont été préconisés encore, mais ils sont compliqués et n'ont pas l'efficacité de l'électro-puncture. Les courants continus énergiques conviennent mieux alors que les courants discontinus. Quelques bons résultats paraissent avoir été obtenus par cette médication, qui ne présente d'ailleurs aucun danger.

4° *Applications à la chirurgie.* — A. Les anévrismes sont les maladies chirurgicales pour le traitement desquelles l'électricité a été appliquée le plus souvent et avec le plus de succès. Le nombre de guérisons obtenues par ce moyen était, en 1845, de onze sur dix-huit cas ; depuis, on a compté sur neuf opérations huit guérisons et un insuccès, pas de mort. L'électricité a surtout réussi dans les anévrismes du pli du coude, succédant à des saignées malheureuses. Rien ne s'oppose à ce qu'on y ait recours, non-seulement dans ces cas, mais toutes les fois que la tumeur ne peut être soumise à la compression ou à la ligature.

Le procédé qui réunit le plus de chances de succès consiste à introduire, aussi haut que possible, une aiguille jusqu'au centre de la tumeur, et à appliquer, sur la partie inférieure de celle-ci, une plaque reposant sur un disque en flanelle, de même étendue, et imbibée d'eau salée ou légèrement acidulée. L'aiguille doit être mise en rapport avec le pôle positif de la pile, et la plaque avec le pôle négatif. Cette prescription est essentielle, car l'interversion des pôles aurait pour résultat, d'après des observations qui paraissent exactes, d'empêcher la formation du caillot dans le sac anévrismal. Le courant devra être continu et médiocrement énergique. La séance aura une durée de 10 à 15 minutes, selon les sensations du malade et les effets produits.

Avant l'opération, le cours du sang devra être suspendu, dans la tumeur, par une compression suffisante exercée au-dessus et au-dessous d'elle. On s'en tiendra à l'une ou à l'autre, s'il n'est pas possible de les exercer toutes deux ; dans ce dernier cas, on commencera toujours par la première.

Soit parce qu'elles s'échauffent sous l'influence des courants, soit qu'elles transmettent l'électricité aux parties qu'elles traversent, les aiguilles déterminent souvent la formation de petites escarres dans ces parties. On prévient cet inconvénient assez sérieux en les recouvrant, jusque près de la pointe, avec de la gomme laque ou tout autre vernis isolant. La plaque peut être remplacée par une seconde aiguille introduite inférieurement au voisinage de la tumeur, sans y pénétrer, mais de manière à la faire traverser par le courant.

On peut encore introduire dans la tumeur quatre ou six aiguilles réunies par moitié, au moyen de deux fils de laiton qui communiquent avec chacun des conducteurs de la pile. On obtient ainsi un courant divisé, moins énergique pour chaque aiguille, mais plus disséminé dans la tumeur.

Après l'opération, les aiguilles sont retirées ; la compression supérieure exercée sur l'artère est maintenue à un degré modéré ; l'inférieure est immédiatement enlevée.

Si la tumeur a acquis de la consistance, et mieux encore, si elle est devenue solide, on soutiendra les caillots au moyen d'une compression directe médiocre, à laquelle on associera les réfrigérants ou les résolutifs.

Ce moyen peut être efficace, lors même que la tumeur n'a éprouvé que peu ou pas de changement, car on a observé des guérisons consécutives après 8 ou 10 jours.

Lorsqu'une première séance a été complétement infructueuse, on peut y revenir, à 8 ou 10 jours d'intervalle, une seconde, une troisième et une quatrième fois, si aucun accident ne se manifeste.

B. Des tumeurs érectiles ont été traversées avec succès, en divers sens, par de longues aiguilles qui ne doivent pas se toucher, et sur lesquelles on fait agir successivement les conducteurs de la pile. D'après les observations citées précédemment, il serait peut-être préférable de n'agir sur ces aiguilles qu'au moyen des conducteurs du pôle positif et de promener sur différents points de la tumeur, soit le godet garni de l'éponge mouillée, soit le bouton électrique recouvert de peau également mouillée, communiquant avec le pôle négatif.

L'action des aiguilles portée jusqu'à la cautérisation détermine des douleurs vives et des désordres profonds qui ne sont pas nécessaires, la solification du sang dans la trame de la tumeur suffisant généralement à la guérison.

C. Introduite depuis quelques années seulement dans la science, la galvanocaustique n'y a pas encore acquis le droit de domicile. On comprend que, dans quelques cas spéciaux, où la cautérisation est reconnue nécessaire, il puisse paraître préférable de l'opérer par l'électricité plutôt que par tout autre moyen. Le bouton électrique, convenablement préparé, peut en effet être porté froid et appliqué à loisir contre la partie qu'il s'agit de cautériser, et qui l'est effectivement avec autant de rapidité que de sûreté par l'action instantanée d'une pile suffisamment puissante.

On a pu détruire, par ce procédé, des tumeurs et des ulcérations du col de l'utérus, de l'intérieur du rectum et d'autres cavités accessibles aux instruments.

Les mêmes raisons ne sauraient être invoquées en faveur de la cautérisation électrique employée pour l'ablation de tumeurs externes, cancéreuses et autres ; celles des polypes, la cautérisation des vaisseaux dans les cas d'hémorragie, la résection de la luette, celle des amygdales, les amputations des membres, etc.

Cette extension du procédé électrique à presque toute la chirurgie opératoire ne saurait soutenir un examen sérieux ; et dans les cas même d'une application plus rationnelle, dont il a été d'abord question, les faits sont encore trop peu démontrés pour inspirer une grande confiance. Les autres moyens ne manquent pas d'ailleurs pour obtenir les mêmes résultats, et, en les employant selon les règles établies, ils satisfont aux besoins. Ce ne serait pas sans de graves inconvénients que les chirurgiens militaires se déshabitueraient de s'en servir, pour y substituer l'action de machines spéciales compliquées et d'une grande puissance, qui ne pourront être que très-rarement à leur disposition.

Telles sont les principales applications, autorisées jusqu'à présent, de l'électricité à la médecine.

Le Conseil de santé doit rappeler, en terminant cette énumération, qu'il s'agit, dans son emploi médical, d'un agent excitateur d'une grande puissance, pouvant donner lieu à des accidents très-graves, tels que les ébranlements nerveux profonds, des contractions tétaniques dangereuses, des congestions encéphaliques mortelles, ou qui, employé intempestivement, peut reproduire des hémorrhagies cérébrales en voie de guérison, des névralgies presque disparues, ou aggraver des affections chroniques, telles que les douleurs rhumatismales, les paralysies, les mouvements convulsifs, etc.

Le Conseil de santé ne saurait donc recommander trop de circonspection et de prudence aux médecins militaires qui auront à l'appliquer.

Le diagnostic est ici le point essentiel, car des contre-indications à l'usage de l'électricité existent, jusqu'à un certain point, dans la plupart des cas, et doivent être prises en grande considération. Elles tiennent, soit à la constitution des sujets, qui peut être plus ou moins nerveuse et excitable, soit à des lésions antérieures susceptibles d'être réveillées, soit à l'existence actuelle d'affections chroniques dans des organes importants, comme le cœur, le poumon, l'estomac, etc., que l'électricité peut exaspérer, soit enfin à la persistance des lésions mêmes dont il s'agit de combattre les effets.

Enfin, le Conseil de santé appelle l'attention de ses collaborateurs sur ce point essentiel, à savoir, que lorsque l'électricité sera jugée applicable, ils l'emploient seule, dégagée de toute médication active, susceptible de masquer ou de compliquer ses effets, ou de se substituer à elle. La règle sera : 1° d'employer d'abord, contre les maladies qui se présenteront, les moyens que fournit la thérapeutique générale, et de ne recourir à l'électricité que lorsque ces moyens auront été insuffisants ; 2° de ne se servir, lorsque la médication électrique sera jugée opportune, que de l'électricité seule, sauf les cas où elle déterminerait des phénomènes passagers qu'il faudrait combattre.

Plus tard, peut-être, l'expérience indiquera-t-elle des médications ou des traitements complexes, dans lesquels l'électricité entrera pour une part quelconque, mais il faut attendre qu'elle ait parlé ; quant à présent, ce qui importe, c'est d'étudier les effets de l'agent mis à l'étude, et de se fixer sur ce qu'on peut attendre, en bien ou en mal, de son application dans les cas aussi rigoureusement déterminés que le comporte l'état de la science.

COMPTE A RENDRE DE L'EMPLOI DE LA MÉDICATION ÉLECTRIQUE.

Pour que les faits recueillis, dans les hôpitaux militaires, concernant les applications thérapeutiques de l'électricité, puissent servir au progrès de la science, il faut qu'ils soient complets, autant que possible, à tous les points de vue, revêtus d'un caractère incontestable d'authenticité, et conservés dans des archives pour être vérifiés et comparés au besoin.

I. Les observations seront individuelles pour chaque malade, et suivront un numéro d'ordre dans chaque établissement.

Une feuille uniforme préparée pour recevoir chacune d'elles portera, en tête, les indications sommaires suivantes :

1° Désignation de l'hôpital ; nom du médecin traitant ;

2° Nom, prénoms, grade et position du malade; corps ou établissement où il est ou d'où il sort, âge, constitution et tempérament ;

3° Nature de la maladie ; énumération des parties affectées, complications ;

4° Causes qui l'ont produite ; époque de leur action ;

5° Traitements antérieurs employés et leurs effets ;

6° Mode d'application de l'électricité ; nombre de séances ; effets observés; résultat définitif obtenu.

A la suite de ce sommaire, le médecin inscrira ce que ses investigations lui auront appris sur le commémoratif et l'état actuel du malade, tel que les circonstances qui ont accompagné la blessure ou la maladie, les parties atteintes, leur nutrition maintenue ou leur amaigrissement, les phénomènes appréciables, le degré des empêchements apportés à l'exercice des fonctions, le détail des moyens de traitements précédemment employés.

Cette première partie sera suivie de l'histoire, séance par séance, de l'administration de l'électricité, avec indication des phénomènes observés et des circonstances qui ont pu nécessiter des modifications dans le traitement, ou le recours à des médications correctives ou adjuvantes.

L'observation sera close par l'énoncé de l'état du malade lorsque le médecin aura jugé convenable de cesser l'application de l'électricité.

La concision et une rigoureuse exactitude doivent constituer le caractère de ces observations, dans la rédaction desquelles le médecin sera sobre de détails, sans rien omettre d'essentiel.

II. Les observations individuelles seront transcrites au fur et à mesure qu'elles auront été terminées, et avec le numéro d'ordre, sur un registre ouvert, à cet effet, dans chaque hôpital militaire où les appareils électriques seront placés, de telle sorte qu'il y ait toujours concordance entre les feuilles détachées et les inscriptions au registre.

III. Tous les six mois, les médecins chefs des hôpitaux où les traitements électriques auront lieu, adresseront au Conseil de santé les feuilles d'observations individuelles recueillies et complètes, revêtues de la signature du médecin traitant, de leur visa, et, selon le cas, de leurs observations. Les observations en cours de rédaction seront retenues pour être transmises le semestre suivant. Il en sera fait mention seulement sur la lettre d'envoi.

Le registre d'inscription des observations sera présenté à l'inspecteur médical, qui le visera, et y consignera les remarques que l'examen qu'il en aura fait pourra lui suggérer.

Les appareils électriques seront également présentés à l'inspecteur médical, qui vérifiera leur état, consignera dans son rapport telles observations ou propositions qu'il jugera utiles.

IV. Tous les ans, à la suite des inspections médicales, le Conseil de santé, après avoir examiné les observations individuelles qu'il aura reçues et s'être éclairé des renseignements recueillis sur les lieux par les inspecteurs médicaux, adressera au Ministre un compte rendu sommaire des applications de l'électricité qui auront été faites dans les divers établissements. Ce rapport contiendra l'appréciation spéciale de la médication électrique d'après les résultats obtenus, et l'indication des maladies ou infirmités qui se seront montrées plus ou moins rebelles ou favorables à son emploi. Le Conseil terminera par l'indication de l'état des appareils électriques et des améliorations que l'expérience médicale ou les progrès de la physique auront pu suggérer dans leur construction et leur emploi.

Ce rapport sera inséré dans le plus prochain volume des *Mémoires de médecine, chirurgie et pharmacie militaires.*

IV. *Régime alimentaire.* — 1° *De la composition du régime alimentaire.*
— Le régime alimentaire se compose d'aliments ordinaires, de légumes et d'aliments légers, conformément au tarif ci-après, page 694.

Les aliments ordinaires sont la viande, le pain et le vin.

Les légumes comprennent : 1° les légumes frais, tels que les pommes de terre, navets, carottes, pois, haricots, épinards et autres légumes de la saison ; 2° les légumes secs, tels que lentilles, pois et haricots.

Les aliments légers consistent en riz, vermicelle, pâtes féculentes, bouillies, panades, pruneaux, pommes cuites, œufs et lait. (*Id.*, *art.* 823.)

Les aliments ordinaires, les légumes et les aliments légers sont les mêmes pour les officiers que pour les sous-officiers et soldats ; mais il est accordé aux officiers, à titre d'amélioration de traitement, un supplément détaillé au tarif cité en l'article précédent. (*Id.*, *art.* 824.)

Des doutes s'étaient élevés dans quelques hôpitaux militaires sur la manière d'interpréter cet article ; ils se rapportaient principalement aux aliments dits *particuliers* et qui sont accordés d'après le tarif, à titre d'amélioration de traitement pour les officiers. Comme ces aliments peuvent être prescrits en deux espèces, on a demandé si, dans le cas de cette double prescription, chaque espèce doit être ordonnée en *portion entière* ou en *demi-portion.* La saine raison aurait dû suffire pour résoudre une pareille question, car il est évident que le but qu'on s'est proposé en laissant aux officiers de santé la faculté de prescrire deux espèces d'aliments particuliers pour les officiers, a été de varier le régime de cette classe de malades, de le rendre par là plus agréable, et non de l'augmenter de manière à nuire à leur santé. Lorsqu'il est prescrit des aliments légers aux officiers, ce ne peut être qu'en remplacement des aliments dits particuliers. Or, si la prescription des uns exclut celle des autres, il est tout naturel d'en conclure que la prescription simultanée de deux espèces d'aliments particuliers exclut, relativement à chaque espèce, la portion entière pour n'admettre que la demi-portion.

En conséquence, il demeure incontestable, suivant l'interprétation la plus rationnelle du règlement sur cet objet, que les aliments dits *particuliers*, et qui sont indiqués au tarif, lorsqu'ils sont prescrits en deux espèces, ne peuvent être distribués qu'en demi-portion pour chaque espèce. (*Circulaire du 18 septembre* 1833.)

Le pain et la viande sont prescrits ensemble pour chaque malade et pour chaque repas du matin et du soir, par *portion, trois quarts de portion, demi-portion, quart de portion* ; le bouillon est toujours implicitement compris dans la proportion d'un demi-litre par homme et par repas, dans la prescription des aliments ordinaires, quelle qu'en soit la quotité. Toutefois, les panades, vermicelles, pâtes féculentes et riz, lorsqu'ils sont apprêtés au gras, tiennent lieu de bouillon et de soupe. Le pain pour la soupe est prélevé sur la quantité comprise dans la prescription.

Le vin est prescrit séparément, et indépendamment de tout autre aliment, par *portion, trois quarts de portion, demi-portion, quart de portion.*

Les légumes et les aliments légers sont prescrits par *portion* et *demi-portion.*

Il en est de même pour les aliments particuliers des officiers. (*Id., art.* 825.)

Les aliments indiqués au tarif mentionné en l'art. 823 sont prescrits, soit simultanément, soit en remplacement les uns des autres, d'après les règles établies ci-après. (*Id., art.* 826.)

On distingue dans les hôpitaux militaires trois sortes de régimes alimentaires, savoir : le régime gras, le régime maigre, la diète. (*Id., art.* 827.)

Le régime gras se compose d'aliments ordinaires, dans la proportion prescrite par les officiers de santé, qui peuvent y ajouter, quand ils le jugent convenable, un aliment léger, mais seulement pour les malades à la *demi-portion,* au *quart de portion* et aux *soupes.* Dans ce cas, la portion de viande cuite peut ne pas être donnée avec l'aliment léger, si les officiers de santé jugent à propos de la retrancher.

Les malades au régime gras comptent pour les quantités de viande à mettre à la marmite le matin et le soir, sauf l'exception portée en l'art. 830 ci-après. (*Id., art.* 828.)

Les officiers de santé peuvent, quand ils le jugent convenable, prescrire du mouton ou du veau grillé ou apprêté, en remplacement du bœuf, aux malades au régime gras qui sont à la demi-portion et au-dessous ; dans ce cas, le mouton ou le veau est compris dans la pesée, et grillé ou apprêté après cuisson dans la marmite. (*Id., art.* 829.)

D'après le tarif du régime alimentaire faisant suite à la note ministérielle du 7 août 1843, les malades au régime gras, à la *demi-portion ou au quart,* peuvent recevoir du rôti de veau ou de mouton, prélevé sur les 250 grammes de viande crue, destinée à la marmite pour chacun de ces malades. Cependant, dans un grand nombre d'hôpitaux militaires, les officiers de santé traitants paraissent ignorer la faculté qui leur est ouverte de prescrire 75 grammes de rôti pour les malades à la demi-portion ; 50 grammes pour les malades au quart de portion. Dans quelques autres établissements, au contraire, ce régime exceptionnel a été généralisé au point de ne plus permettre de faire un bouillon suffisamment substantiel.

Le Ministre recommande que les dispositions spéciales qui viennent d'être mentionnées ne soient plus perdues de vue à l'avenir. Mais pour les renfermer dans une limite convenable, il a fixé, par décision du 12 décembre 1850, au *quinzième* de l'effectif des hommes au régime gras la proportion des malades auxquels il pourra être accordé du rôti.

Les officiers de santé peuvent aussi, quand ils le jugent convenable, prescrire, au repas du soir, des légumes avec la viande aux malades au régime gras, qui sont à la *portion entière* ou aux *trois quarts de portion ;* dans ce cas, ces malades ne comptent que pour moitié des quantités de viande à mettre à la marmite pour la distribution du soir, et ne reçoivent cet aliment que dans la proportion de la *demie* s'ils sont à la *portion entière*, et des trois huitièmes s'ils sont aux *trois quarts*. (*Id.*, *art.* 830.)

Les officiers de santé chargés du traitement se concertent entre eux, et avec l'officier d'administration comptable, sur le choix des légumes à prescrire, afin que ce soit, autant que possible, ceux qui abondent le plus sur le marché. (*Id.*, *art.* 831.)

Le régime maigre se compose, à chaque repas, d'un bouillon maigre, ou soupe maigre, d'un légume au maigre ou d'un aliment léger ; les malades au régime maigre ne comptent ni le matin ni le soir pour les quantités de viande à mettre à la marmite.

Dans le cas où un malade, entré la veille au soir, est mis au régime maigre à la visite de l'officier de santé, on doit déduire de la pesée du soir la viande qui a dû être mise pour lui à la pesée du matin, conformément à l'article 843 ci-après. (*Id.*, *art.* 832.)

La diète exclut tout aliment solide ; elle admet le nombre de bouillons gras jugés nécessaires, et le vin dans les quotités déterminées ; les officiers de santé peuvent cependant, quand ils le jugent nécessaire, prescrire au malade à la diète un aliment léger d'après les indications du tarif ci-après ; les malades à la diète comptent pour les quantités de viande à mettre à la marmite le matin et le soir. (*Id.*, *art.* 833.)

A moins de circonstances extraordinaires, dont il doit être rendu compte au sous-intendant militaire, les officiers de santé ne doivent pas prescrire à un malade la portion entière d'aliments ordinaires pendant plus de trois jours.

Cette disposition n'est cependant pas rigoureusement applicable aux hôpitaux d'eaux minérales, dont les officiers de santé en chef en donnent connaissance au sous-intendant militaire, dans un rapport motivé. (*Id.*, *art.* 834.)

Lorsque des cas extraordinaires motivent des dérogations aux règles prescrites par les acticles précédents, les officiers de santé en chef en donnent connaissance au sous-intendant militaire, dans un rapport motivé qui est transmis au Ministre de la guerre, lequel statue sur son contenu, après avoir pris l'avis du Conseil de santé.

S'il y a urgence, l'intendant militaire ou le sous-intendant peuvent autoriser provisoirement les dérogations demandées par les officiers de santé, lesquels doivent, dans tout autre cas, se conformer strictement aux dispositions de la présente section et du tarif mentionné en l'article 823. (*Id.*, *art.* 835.)

Les aliments à délivrer aux sortants en santé sont spécialement indiqués au tarif du régime alimentaire mentionné en l'article 823. (*Id.*, *art,* 836.)

Afin de faciliter l'exacte application des dispositions du règlement du 1er avril 1831 qui déterminent la composition du régime alimentaire des officiers, sous-officiers et soldats en traitement dans les hôpitaux militaires et les hospices civils, le Ministre a approuvé les *deux tableaux joints à la note ministérielle du 7 août* 1843.

Le premier indique pour toutes les périodes de traitement la composition possible du régime alimentaire à prescrire par les médecins traitants aux officiers, sous-officiers et soldats malades.

Le second est un tarif qui détermine les denrées que les comptables des hôpitaux militaires peuvent porter en consommation, la quotité des portions distribuables par espèces d'aliments, ainsi que les assaisonnements alloués pour leur préparation.

TABLEAU indiquant la composition du régime alimentaire des malades dans chaque position.

QUOTITÉ DES PORTIONS DE PAIN.	PRESCRIPTIONS D'UN REPAS.	OBSERVATIONS.
PORTION entière de pain (375 grammes).	50 *centilitres de bouillon gras.* 140 grammes de bœuf bouilli. *Ou bien :* *Même quantité de bouillon gras.* 0,70 grammes de bœuf bouilli et une portion entière de légumes de 250 grammes.	NOTA. Le vin est prescrit séparément et indépendamment de tout autre aliment, par portion, trois quarts de portion, demi-portion, quart de portion. Les hommes à la portion entière et aux trois quarts de pain seront toujours au régime gras.
PORTION trois quarts de pain (281 grammes 25).	50 *centilitres de bouillon gras.* 105 grammes de bœuf bouilli. *Ou bien :* *Même quantité de bouillon gras.* 50 grammes de bœuf bouilli et une portion entière de légumes de 250 grammes.	Ils ne pourront recevoir des légumes qu'à la distribution du soir.

QUOTITÉ DES PORTIONS DE PAIN.	PRESCRIPTIONS D'UN REPAS.	OBSERVATIONS.
PORTION demie de pain (187 gr. 50).	**Régime gras.** 50 *centilitres de bouillon gras.* 0,70 grammes de viande de bœuf ou une côtelette non désossée. *Ou bien :* *Même quantité de bouillon gras.* Une portion entière de légumes, de 250 grammes, ou de poisson, de 200 grammes, ou d'un aliment léger (sans viande). *Ou bien :* *Même quantité de bouillon gras.* 0,70 grammes de viande de bœuf bouilli ou une côtelette désossée, et une demi-portion de légumes, de 125 grammes, ou de poisson, de 100 grammes, ou d'un aliment léger. — **Régime maigre.** 50 *centilitres de bouillon maigre.* Une portion entière de légumes, de 250 grammes, ou de poisson, de 200 grammes, ou d'un aliment léger. *Ou bien :* *Même quantité de bouillon maigre,* et deux aliments, soit légumes à 125 gramm., poisson à 100 gramm., ou aliment léger, donnés chacun à demi-portion. —	Les malades à la demi-portion, soit au régime gras, soit au régime maigre, ne pourront jamais recevoir de panades, riz, vermicelle et autres potages, soit au gras, soit au maigre, soit au lait. Ces aliments sont exclusivement destinés aux hommes au quart de portion de pain et au-dessous.
PORTION quart de pain (93 gr. 75).	**Régime gras.** 50 *centilitres de bouillon gras.* 0,35 grammes de viande de bœuf ou une côtelette non désossée. *Ou bien :* *Même quantité de bouillon gras,* et une demi-portion de légumes de 125 grammes. *Ou bien :* *Même quantité de bouillon gras,* et une portion entière de poisson, de 200 grammes, ou d'un aliment léger (sans viande).	Les potages seront toujours prescrits en remplacement des bouillons gras ou maigres et jamais en même temps. Ainsi qu'on le voit ci-contre, ils seront tous distribués en portion entière.

QUOTITÉ DES PORTIONS DE PAIN.	PRESCRIPTIONS D'UN REPAS.	OBSERVATIONS.
PORTION quart de pain (93 gr. 75). *Suite.*	**Régime gras.** *Ou bien :* *Même quantité de bouillon gras.* 0,35 grammes de viande de bœuf ou une côtelette non désossée et une demi-portion de légumes de 125 grammes, ou de poisson, de 100 grammes, ou d'un aliment léger. *Ou bien :* *Même quantité de bouillon gras,* et deux aliments, soit légumes à 125 gramm., poisson à 100 gramm., ou aliment léger, donnés chacun à demi-portion. *Ou bien :* *Une panade, soit de 93 grammes 75, soit de 46 grammes 875 de pain ou une portion entière de tout autre potage au gras,* et une portion entière de poisson, de 200 grammes, ou d'un aliment léger (sans viande). *Ou bien :* *Même potage,* et une demi-portion de légumes, de 125 grammes. *Ou bien :* *Même potage,* et 0,35 grammes de viande ou une côtelette non désossée. — **Régime maigre.** 50 centilitres de bouillon maigre, et une portion entière de poisson de 200 grammes ou d'un aliment léger. *Ou bien :* *Même quantité de bouillon maigre,* et une demi-portion de légumes de 125 grammes. *Ou bien :* *Même quantité de bouillon maigre,* et deux aliments, soit légumes, à 125 gramm.. poisson, à 100 gramm., ou aliment léger, donnés chacun à demi-portion.	Voir l'observation de la page précédente.

QUOTITÉ DES PORTIONS DE PAIN.	PRESCRIPTIONS D'UN REPAS.	OBSERVATIONS,
PORTION quart de pain (93 gr. 73). Suite.	*Régime maigre.* *Ou bien:* Une panade, soit de 93 grammes 75, soit de 46 grammes 875 de pain, ou une portion entière de tout autre potage au beurre ou au lait, et une portion entière de poisson, de 200 grammes, ou d'un aliment léger. *Ou bien :* Même potage, et une demi-portion de légumes de 125 grammes. *Ou bien:* Même potage, et deux aliments, soit légumes, à 125 grammes, poisson à 100 grammes, ou aliment léger, donnés chacun à demi-portion.	Voir l'observation de la page précédente.
PORTION dite soupe de pain (46 gr. 875).	*Régime gras.* 50 centilitres de bouillon gras, et une portion entière d'un aliment léger autre que le poisson (sans viande). *Ou bien :* Une panade de 46 grammes 875 de pain, ou tout autre potage gras à portion entière, et une portion entière d'un aliment léger autre que le poisson (sans viande). *Ou bien :* Même quantité de bouillon gras, ou même potage, et deux aliments légers autres que le poisson, donnés chacun à demi-portion (sans viande). *Ou bien :* Même quantité de bouillon gras ou même potage, et une demi-portion de légumes, à 125 grammes, ou de poisson, à 100 grammes. *Régime maigre.* 50 centilitres de bouillon maigre, et une portion entière d'un aliment léger autre que le poisson. *Ou bien :* Une panade de 46 grammes 875 de pain, ou tout autre potage au beurre ou au lait, et une portion entière d'un aliment léger autre que le poisson.	Même observation que celle qui est relative aux portions *quart de pain.*

QUOTITÉ DES PORTIONS DE PAIN.		PRESCRIPTIONS D'UN REPAS.	OBSERVATIONS
PORTION dite soupe au pain (46 gr. 875). *Suite.*	Régime maigre.	*Ou bien :* *Même bouillon maigre ou même potage*, et une demi-portion de légumes, de 125 grammes, ou de poisson, de 100 grammes. *Ou bien :* *Même bouillon maigre ou même potage*, et deux aliments légers autres que du poisson, donnés chacun à demi-portion.	Même observation que celle qui est relative aux portions *quart de pain.*
DIÈTES de pain.	Potages.	*Une panade de 93 gr. 75 ou 46 gr. 875 de pain, ou tout autre potage, soit au gras, soit au maigre, à portion entière ou à demi-portion.* *Ou bien* (Note ministérielle du 26 juillet 1844) : *Même panade ou potage*, avec une portion entière de pommes ou de pruneaux. *Ou bien :* *Même panade ou potage*, avec une demi-portion de pommes ou de pruneaux.	Pour les malades dans cette catégorie seulement, les potages pourront être prescrits à demi-portion.
	Bouillons.	*50 centilitres de bouillon gras ou bouillon maigre*, avec un ou deux œufs, ou *lait simple* pour les vénériens. *Ou bien* (Note ministérielle du 26 juillet 1844) *50 centilitres de bouillon gras ou de bouillon maigre et une portion de pommes ou de pruneaux.* *Ou bien :* *Même quantité de bouillon et une demi-portion de pommes ou de pruneaux.* *Ou bien :* *Une portion ou demi-portion de pommes ou de pruneaux, sans bouillon ni potage.*	Il ne sera pas mis de viande à la marmite pour les malades placés dans cette catégorie, qui pourront néanmoins recevoir du bouillon gras.

NOTA. — Dans toutes les positions, le régime ordinaire des officiers se composera comme celui des soldats, auquel on ajoutera, par distribution, conformément à la note ministérielle du 18 septembre 1833, un aliment particulier à portion entière, ou deux aliments particuliers, chacun à demi-portion.

TARIF indiquant les espèces d'aliments qui peuvent être consommés dans les hôpitaux militaires et les hospices civils par les officiers, sous-officiers et soldats malades, ainsi que les portions d'aliments distribuables à chacun d'eux, et les assaisonnements qui peuvent être alloués pour leur préparation. (7 août 1843.)

TARIF indiquant les espèces d'aliments qui peuvent être consommés dans les hôpita
que les portions d'aliments distribuables à chacun d'eux, et les assaisonnements q

DÉSIGNATION DES ALIMENTS.	Poids, mesures ou nombre.	QUANTITÉS A DISTRIBUE SELON LÈS PR PORTI		
		Entières.	Trois quarts.	Demies.
		gramm.	gramm.	gramm.
Aliments ordinaires pour officiers, sous-officiers et soldats. Pain.	kilogr.	375 00	281 25	187 50
Viande. De bœuf cuit et sans os. En bouilli sans légumes.	id.	140 00	105 00	70 00
Id. avec des légumes.	id.	70 00	50 00	»
De veau ou mouton non désossé, en côtelette ou poitrine grillée.	id.	»	»	75 00
Bouillon gras.	litre.	500 00	500 00	500 00
Bouillon maigre.	id.	500 00	500 00	500 00
Vin rouge ou blanc.	id.	250 00	180 00	120 00
Légumes assaisonnés au bouillon gras. Pommes de terre, carottes, navets.	id.	250 00	»	125 00
Lentilles, pois, haricots secs.	id.	250 00	»	125 00
Potages, id. Riz au gras, au lait ou au maigre.	id.	375 00	»	187 50
Vermicelle, id.	id.	375 00	»	187 50
Pâtes féculentes, id.	id.	375 00	»	187 50
Bouillies de fleur de farine, id.	id.	375 00	»	187 50
Panades au gras ou au maigre.	id.	375 00	»	187 50
Aliments légers, id. OEufs à la coque, sur le plat, frits, en omelette.	nombre.	2	»	1
Poisson frais à la pièce ou au morceau.	kilogr.	200 00	»	100 00
Pruneaux.	id.	100 00	»	50 00
Raisins frais.	id.	500 00	»	250 00
Pommes cuites.	nombre.	2	»	1
Lait simple.	litre.	250 00	»	125 00
Aliments particuliers pour officiers. Viande de bœuf, veau et mouton, non désossée, en rôti ou ragoût.	kilogr.	250 00	»	125 00
Volaille. Poules, poulets et canards.	quantité.	1/4	»	1/6
Pigeons.	id.	1	»	1/2
Poisson. Frais, à la pièce ou au morceau.	kilogr.	200 00	»	100 00
Morue salée.	id.	150 00	»	75 00
Pois, fèves de marais ou haricots nouveaux.	id.	250 00	»	125 00
Haricots verts et choux-fleurs.	id.	200 00	»	100 00
Oseille, épinards et chicorée.	id.	250 00	»	125 00
Asperges ou salsifis.	id.	200 00	»	100 00
Artichauts	id.	1	»	1/2
Vin rouge ou blanc.	litre.	250 00	180 00	120 00

ilitaires et les hospices civils par les officiers, sous-officiers et soldats malades, ainsi
l être alloués pour leur préparation.

TE MALADE, OSS.		QUANTITÉS A ALLOUER EN CONSOMMATION SELON LES PRESCRIPTIONS.	OBSERVATIONS.
Quartis.	Soupes.		
g. gramm.			
75 46 875		Même quantité de pain que celle distribuée.	Le pain de soupe est prélevé sur les quantités indiquées ci-contre.
00	»	250 gr. de viande crue non désossée, quelle que soit la portion prescrite.	Tout homme qui reçoit un bouillon ou potage gras est, par cela même, au régime gras, quelle que soit la portion de viande prescrite. Il compte à la marmite pour les quantités de viande indiquées ci-contre, à l'exception toutefois des hommes à la diète de pain et de tout autre aliment solide, qui peuvent néanmoins recevoir du bouillon gras.
	»	125 gr. de viande crue non désossée, quelle que soit la portion prescrite.	
00	»	Prélevés sur les 250 gr. de viande crue mise à la marmite.	
00 500 00		1 litre d'eau pour 250 gr. de viande et 25 gr. de légumes.	
00 500 00		30 gr. de légumes verts et 10 gr. de beurre par portion.	
60 00	»	Même quantité que celle distribuée.	
	»	375 gr. des mêmes légumes par portion entière.	Ces légumes seront toujours assaisonnés avec du bouillon gras et les jus de viande.
	»	125 gr. des mêmes légumes par portion entière.	
	»	50 gr. de riz par portion entière.	Il est alloué, en outre, en consommation pour les préparations au gras, la quantité de bouillon gras nécessaire, et prélevée sur celle obtenue au moyen des 250 gr. de viande mise à la marmite. *Idem*, pour les préparations au maigre, 15 gr. de beurre par portion entière. *Idem*, pour les préparations au lait, 25 centilitres de lait.
	»	50 gr. de vermicelle, *id.*	
	»	30 gr. de pâtes féculentes, *id.*	
	»	30 gr. de fleur de farine, *id.*	
	»	93 gr. 25 de pain, *id.*	
	»	Même quantité que celle distribuée.	*Idem*, 15 gr. de beurre pour chaque portion entière d'œufs sur le plat et en omelette et autres préparations, et 15 gr. de saindoux pour chaque portion entière d'œufs et de poisson frits. Bien que le poisson soit compris dans les aliments légers, il ne pourra être prescrit dans un hôpital que par exception, et toujours après décision ministérielle spéciale.
	»	*Idem.* *id.*	
	»	60 gr. de pruneaux pour la portion entière.	
	»	Même quantité que celle distribuée.	
	»	*Idem.* *id.*	
	»	*Idem.* *id.*	
	»	*Idem.* *id.*	*Idem*, pour la préparation de la portion entière de chacun des aliments ci-contre, les fritures exceptées, 15 gr. de beurre, du poivre, de la farine, du vinaigre, et autres denrées en quantité suffisante pour les assaisonnements.
	»	*Idem.* *id.*	
	»	*Idem.* *id.*	
	»	*Idem.* *id.*	Pour les fritures de poisson et autres, les 15 gr. de beurre sont remplacés par la même quantité de saindoux.
	»	*Idem.* *id.*	
	»	*Idem.* *id.*	
	»	*Idem.* *id.*	
60 00	»	*Idem.* *id.*	NOTA. L'allocation du sel est de 25 grammes par homme et par jour, quel que soit le régime et pour tous les aliments distribués.
	»	*Idem.* *id.*	

Le tableau de la composition du régime alimentaire et le tarif comprennent le poisson comme aliment léger, pouvant être distribué aux sous-officiers et soldats qui reçoivent la demi-portion de pain et au-dessous.

Cependant cet aliment ne doit pas être prescrit indistinctement dans tous les établissements hospitaliers ; la consommation en sera toujours exceptionnelle et devra être autorisée spécialement par le Ministre pour chaque hôpital.

Il ne figure donc dans les tableaux, comme aliment léger commun à tous les malades, que parce que la distribution en a été autorisée en faveur des hôpitaux du littoral de l'Algérie par les décisions ministérielles des 21 juillet 1840 et 6 janvier 1843, et que cette exception pourra s'étendre à l'avenir à quelques hôpitaux des places de l'intérieur où le poisson serait abondant, d'une qualité convenable et dont il serait possible de se pourvoir à des prix modérés.

La note ministérielle du 7 août 1843 ajoute en observations générales :

« La prescription et la distribution du poisson aux sous-officiers et soldats pourront avoir lieu principalement dans les places du littoral où cet aliment abonde et se trouve à un prix modéré. Une autorisation ministérielle préalable sera toujours nécessaire pour que cette alimentation soit adoptée dans un hôpital militaire.

« Les officiers de santé traitants et les officiers d'administration comptables devront se conformer scrupuleusement aux indications du présent tableau, qui comprend toutes les compositions possibles et admises au régime des malades dans chaque position. *Les officiers de santé ne doivent user que rarement, et lorsqu'ils le jugeront réellement nécessaire au malade, de l'exception relative à la prescription simultanée d'une demi-portion de deux aliments, au lieu d'une portion d'un seul.* MM. les sous-intendants militaires chargés de la surveillance administrative des hôpitaux tiendront la main à ce que cette prescription ne vienne pas entraver, par l'extension qui lui serait donnée, l'exécution en temps opportun du service des distributions.

« Ils rappelleront, au besoin, aux officiers de santé que le règlement sur le service des hôpitaux leur impose l'obligation de se concerter avec les comptables, pour que leurs prescriptions portent, autant que possible, sur les denrées les plus abondantes sur le marché. »

Les soupes maigres, soit au beurre, soit au lait, indiquées à l'article 832 du Règlement, ont été omises dans le tableau des prescriptions.

D'après la note ministérielle du 26 juillet 1844, qui a déjà apporté des additions de prescriptions dans les deux catégories des diètes de pain, ces soupes peuvent se prescrire dans les mêmes conditions que les panades et les potages, c'est-à-dire aux hommes au quart de portion et au-dessous. Le pain nécessaire pour ces aliments, dont la préparation se fait à la cuisine, sera pris à la dépense en dehors de celui qui pourra être prescrit aux malades dans cette position : les dispositions de l'art. 825 du Règlement restent applicables au pain nécessaire pour la soupe trempée par le malade lui-même avec le bouillon qui lui est distribué.

Les dispositions précédentes, qui fixent invariablement la composition du régime alimentaire dans les hôpitaux, répondent dans la généralité des cas aux indications du traitement des malades. Toutefois, tout en reconnaissant la nécessité, au point de vue de la comptabilité administrative, d'un tableau réglementaire de l'alimentation à mettre en usage dans les hôpitaux militaires, les médecins traitants ont souvent exprimé le vœu de voir établir une plus grande variété dans la composition des repas et d'avoir aussi plus de latitude dans les prescriptions du régime qu'ils ordonnent à leurs malades.

C'est pour répondre à ce vœu que, il y a plus de dix ans, sous l'active impulsion d'un haut administrateur, M. l'intendant général inspecteur Dubois, des essais ont été faits pour apporter d'utiles modifications dans cette partie du service des établissements hospitaliers.

Ces essais ont porté principalement sur des réductions variables de la quantité de viande à mettre à la marmite, selon les termes d'une progression ascendante du mouvement des malades, ou sur la réduction d'une quantité invariable du taux réglementaire de 250 grammes par malade. Ils ont été également étendus aux réductions à opérer sur les fixations du tarif pour les autres denrées alimentaires. Des améliorations correspondantes sous le rapport de la variété et de la nature des aliments ont été déterminées pour la composition des repas des militaires malades, ainsi que des infirmiers aux vivres de l'hôpital.

C'est ainsi que l'application de ce nouveau mode permet de remplacer au repas du soir, pour les infirmiers, les 250 grammes de viande de soupe par 125 grammes de viande et par des légumes cuits ensemble ou séparément (ragoût ou rôti), et pour les malades, d'accorder : de la *viande rôtie* au dixième (au lieu du quinzième) de l'effectif des hommes au régime gras ; des *légumes frais* aux malades fiévreux et blessés, au quart et au-dessous, dans la proportion d'un cinquième de l'effectif de cette catégorie de malades ; des *panades* aux mêmes malades jusqu'à concurrence de trois par jour ; du *chocolat* en morceau ou préparé soit à l'eau, soit au lait, aux malades au quart et au-dessous ; des *aliments légers et desserts*, tels que biscuits, confitures, marmelades, raisins, groseilles, etc., aux malades au quart et au-dessous.

2° *De la livraison des aliments à la dépense, des pesées de la viande et de sa mise à la marmite.* — Le pain et la viande sont livrés chaque jour à la dépense dans les proportions déterminées suivant l'effectif des malades et des infirmiers. (*Id.*, art. 839.)

Les pesées de la viande sont faites en présence du sous-officier de planton, auquel l'officier d'administration comptable fait remettre un état sommaire du nombre des consommateurs, indiquant les malades au régime gras et à la diète, ainsi que les quantités de viande qui doivent être mises à la marmite le matin et le soir, conformément aux art. 828, 829, 830, 831, 832 et 844 du présent Règlement. (*Id.*, *art.* 840.)

Les officiers de santé en chef sont tenus de déguster les aliments chaque jour; ils inscrivent leur avis sur un registre tenu à cet effet. Ce registre est coté et paraphé par le sous-intendant militaire. (*Id.*, *art.* 841.)

Cet article a été modifié, et le mode d'intervention des médecins et pharmaciens chefs dans la dégustation des aliments ou dans la réception des objets de consommation destinés aux malades militaires a été réglé de la manière suivante par la circulaire ministérielle du 15 novembre 1853.

Le médecin chef assumant à lui seul toute la responsabilité du service médical et chirurgical, en vertu des dispositions du décret de réorganisation du 23 mars 1852, doit seul aussi procéder chaque jour à la dégustation des aliments distribués aux malades et satisfaire ainsi aux prescriptions de l'art. 821 précité.

Mais il ne doit pas en être de même pour la réception des denrées, objets de consommation et médicaments composant l'approvisionnement du service, qu'ils proviennent des fournitures du service, de versements, de réquisitions, de prises sur l'ennemi, ou de toute autre source; leur réception ne doit jamais être prononcée sans le concours simultané du médecin et du pharmacien chefs de service, ce dernier officier de santé étant par ses connaissances spéciales plus apte que qui que ce soit à reconnaître les sophistications ou les altérations des denrées, objets de consommation et médicaments présentés à la réception dans les divers cas prévus par le Règlement du service des hôpitaux.

La pesée de la viande, pour la distribution du matin, est faite la veille, à sept heures du soir; elle se compose de 250 grammes de viande pour chaque malade et infirmier présent, moins les malades au régime maigre; à cet effet, les officiers de santé, chargés du traitement, doivent remettre au comptable, à l'issue de la visite du soir, l'état des malades auxquels ils se proposent de prescrire le lendemain le régime maigre. (*Id.*, *art.* 842.)

Des doutes se sont élevés sur la manière dont il convient de régler la mise de la viande à la marmite, en ce qui concerne les hommes à la diète de pain. Voici comment les comptables doivent opérer (*Note du 26 juillet* 1844) :

Les hommes à la diète de pain ont droit à 250 grammes de viande, lorsque le potage ou la panade prescrits sont préparés au bouillon gras.

Ils ne doivent y participer dans aucun des autres cas de diète de pain.

La pesée de la viande pour la distribution du soir est faite après la visite du matin, d'après les mêmes proportions que celles qui sont prescrites en l'article précédent, sauf les quantités de viande qui doivent être remplacées par des légumes, conformément à l'art. 828. (*Id., art.* 843.)

Dès que les pesées sont faites, la viande est enfermée dans l'emplacement à ce destiné, dont la clef est remise au sous-officier de planton. (*Id., art.* 845.)

Il est ajouté à la pesée, pour la marmite du soir deux cent cinquante grammes de viande pour chaque malade entré depuis que la visite a été faite. (*Id., art.* 846.)

La viande est mise dans la marmite en présence du sous-officier de planton, au moins cinq heures avant celle fixée pour chaque distribution. (*Id., art.* 847.)

On met dans les marmites un litre d'eau pour deux cent cinquante grammes de viande ; cette quantité d'eau doit être réduite au moins d'un quart par la cuisson. (*Id., art.* 848.)

Les marmites doivent fermer à cadenas ; les clefs en sont remises au sous-officier de planton, après que le bouillon a été écumé en sa présence, et qu'on y a mis le sel et les légumes. (*Id., art.* 849.)

Dans le cas où les marmites ne ferment pas à clef, il est placé un factionnaire à la cuisine, avec la consigne de ne laisser ouvrir qu'en présence du sous-officier de planton. (*Id., art.* 850.)

3° *De la distribution des aliments.*— La distribution des aliments est faite dans les hôpitaux militaires, le matin à dix heures, et le soir à quatre heures ; le sous-intendant peut néanmoins changer l'heure de la distribution, sur la demande qui lui en est faite par le médecin en chef, de concert avec l'officier d'administration comptable. (*Id., art.* 851.)

L'ordre des distributions doit être réglé de manière que chaque division de malades soit, à son tour, servie la première, et que chaque malade dans sa division soit aussi servi le premier à tour de rôle. (*Id., art.* 852.)

Les distributions doivent être annoncées à son de cloche, à deux reprises différentes, et à un quart d'heure d'intervalle l'une de l'autre ; la première par forme d'avertissement, la seconde pour annoncer que la distribution commence. (*Id., art.* 853.)

La viande est retirée de la marmite assez de temps avant la distribution, pour qu'elle puisse s'égoutter et s'affermir ; elle est ensuite coupée en portions ou en fractions de portion, qui sont pesées en présence du sous-officier de planton, et disposées dans les bassines avec du bouillon, de manière à être servies chaudes. (*Id., art.* 854.)

Les portions de viande et de pain sont disposées, pour chaque division de malades, d'après les relevés partiels des cahiers de visites établis conformément à l'article 792. (*Id., art.* 855.)

La distribution commence par le pain et le vin; celle du bouillon et de la viande a lieu immédiatement après. (*Id., art.* 856.)

Aussitôt que la distribution de la viande est terminée, les infirmiers portent à la cuisine les assiettes des malades auxquels il a été prescrit des légumes ou des aliments légers; le cuisinier dispose sur des assiettes les portions prescrites, et la distribution en est faite immédiatement aux malades par ces infirmiers. (*Id., art.* 857.)

Le transport des aliments de la cuisine ou de la dépense dans les salles a lieu sous la surveillance des infirmiers-majors, des plantons, et, au besoin, des hommes de garde commandés à cet effet. (*Id., art.* 858.)

Pour remédier aux mouvements que présenterait dans l'exécution du service des hôpitaux militaires et des hôpitaux civils qui reçoivent des militaires malades l'application exclusive du système métrique prescrit par la loi du 4 juillet 1837 et l'ordonnance du 16 juin 1839, le Ministre de la guerre, après avoir pris l'avis du Ministre du commerce, a arrêté, par une circulaire en date du 8 avril 1840, que les établissements hospitaliers où sont traités les militaires seraient pourvus : 1° de jeux d'ustensiles pour les distributions de portion de pain, de viande et de vin; 2° de boîtes contenant les mesures et poids légaux nécessaires pour contrôler en toute circonstance l'exactitude desdits ustensiles.

Cette circulaire porte que les jeux d'ustensiles ne devant avoir avec les poids et mesures reconnus par la loi aucune analogie seront, savoir : ceux affectés aux pesées des portions de pain et de viande, en fer forgé et limé dans la forme d'un parallélipipède oblong; et ceux affectés aux distributions des portions de vin en fer-blanc, dont la forme cylindrique garnie d'un crochet également en fer-blanc.

Les médecins qui ont suivi les visites du matin font effectuer les distributions, chacun dans sa division, le cahier à la main; ils veillent à ce que chaque malade reçoive la portion qui lui a été ordonnée, en ayant soin toutefois de diminuer ou de supprimer les aliments à ceux auxquels la fièvre ou d'autres accidents seraient survenus depuis la visite. (*Id., art.* 859.)

Après que la distribution est faite, on réserve sur le bouillon restant la quantité suffisante pour pourvoir aux distributions accidentelles ou supplémentaires à faire aux malades, d'après les prescriptions des officiers de santé de garde, et à la préparation des légumes pour la distribution suivante. (*Id., art.* 860.)

Lorsque l'état d'un malade donne lieu de diminuer ou de supprimer la distribution des aliments qui lui avaient été prescrits, les aliments non consommés rentrent à la dépense, et le pain et le vin sont portés en déduction au bas des relevés des cahiers de visites, par les officiers de santé traitants, d'après la déclaration de l'officier de santé qui a suivi la distribution. (*Id., art.* 861.)

Les officiers de santé traitants assistent aussi souvent qu'il leur est possible soit à la préparation des distributions, soit aux distributions elles-mêmes, pour s'assurer de la régularité de cette partie du service. (*Id., art.* 862.)

Le médecin de garde assiste aux distributions accidentelles faites aux entrants, en exécution de l'article 672, lorsqu'elles n'ont pu avoir lieu en même temps que les distributions générales, et il veille à ce que les malades à la diète reçoivent les bouillons aux heures fixées par l'officier de santé qui les a prescrits. (*Id., art.* 863.)

V. *De la discipline, de la police et de la surveillance du service.* Tout militaire malade ou blessé, traité dans un hôpital militaire, est sous la police du sous-intendant. Il doit en outre obéir aux injonctions qui lui sont faites par les officiers de santé et les officiers d'administration, en tout ce qui concerne son traitement et le bon ordre de l'établissement. (*Id., art.* 885.)

Il est expressément recommandé au médecin en chef et au comptable de veiller à ce que leurs subordonnés traitent les malades avec douceur et bienveillance. (*Id., art.* 887.)

Il est expressément défendu aux malades et blessés de fumer dans les salles, et d'avoir ni armes, ni poudre à tirer, ni dés, ni cartes à jouer ; de se coucher sur leurs lits avec leurs souliers, de rien faire de contraire à la propreté des salles ; enfin ils ne doivent se permettre aucuns cris, chants ou récits qui puissent troubler le bon ordre ou nuire au repos de leurs camarades.

Tous les jeux à prix d'argent leur sont également défendus, ainsi que tout trafic ou échange d'aliment. (*Id., art.* 889.)

Si, pour procurer quelques moyens de distraction aux convalescents, le sous-intendant militaire juge convenable de tolérer, hors des salles et d'après la proposition du médecin en chef et de l'officier d'administration, quelques jeux désintéressés, ces jeux ne doivent pas être assez bruyants pour troubler le repos des malades. (*Id., art.* 890.)

Aucun malade ne peut, sous quelque prétexte que ce soit, entrer dans la cuisine, dépense, pharmacie, magasin de l'hôpital et autres établissements accessoires. (*Id., art.* 891.)

Tous les malades sont tenus de se conformer exactement aux défenses qui peuvent leur être faites de sortir de leurs salles, s'ils sont atteints de maladies contagieuses, ou s'ils ne sont pas dans le cas d'entrer dans les salles où peut régner la contagion. (*Id., art.* 892.)

Lorsque les officiers de santé jugent la promenade nécessaire à quelques malades ou convalescents, et qu'il n'y a dans l'hôpital ni jardin, ni espace suffisamment aéré, ils remettent un état nominatif de ces malades au sous-intendant militaire, qui autorise la promenade au dehors de l'hôpital moyennant les précautions convenables pour maintenir la décence et le bon ordre. (*Id.*, *art.* 893.)

Dans le cas prévu par l'article précédent, le commandant de la place désigne, sur la demande du sous-intendant militaire, un nombre suffisant de sous-officiers pour accompagner les malades pendant la promenade, empêcher qu'ils n'achètent ou reçoivent aucune espèce d'aliments, et les ramener à l'hôpital. (*Id.*, *art.* 894.)

Les malades qui ont commis quelque faute sont mis à la salle de police, par ordre du sous-intendant militaire, lorsque l'officier de santé juge que l'état de leur santé le permet : ils peuvent, en outre, être punis par la privation des aliments et des boissons que les officiers de santé indiquent comme pouvant leur être retranchés sans inconvénient. (*Id.*, *art.* 897.)

Le portier ne laisse entrer qui que ce soit dans l'hôpital pour visiter les malades, qu'en vertu d'une permission par écrit du sous-intendant militaire ; il n'y a d'exception à cette règle que pour les officiers dont il est fait mention plus loin. (*Id.*, *art.* 899.)

Un officier, que fournissent à tour de rôle les différents corps de la garnison, et qui est choisi autant que possible dans le grade de capitaine, est désigné, chaque jour, par le commandant militaire pour visiter les malades à l'hôpital.

Toutes les fois qu'ils le jugent nécessaire dans leur sollicitude pour les militaires malades, le général commandant la division et le général de brigade commandant la subdivision délèguent un officier d'état-major ou un officier supérieur pour visiter extraordinairement les hôpitaux. (*Art.* 913 *modifié par la note du* 31 *juillet* 1844.)

L'officier de visite doit se présenter à l'heure de l'une des distributions d'aliments. Il déguste, tant à la cuisine qu'à la dépense, le bouillon, le vin et les autres aliments. Il visite les salles occupées, pour s'assurer si elles sont tenues proprement et si elles sont convenablement chauffées et aérées. Il doit toujours être accompagné soit par l'officier d'administration comptable, soit par un adjudant d'administration. S'il reçoit des réclamations de la part des malades, il est dans l'obligation, pour mieux les apprécier, de prendre immédiatement des renseignements soit auprès de l'officier de santé de garde, soit auprès des officiers d'administration, suivant qu'elles sont relatives au service de santé ou au service administratif.

Il inscrit, sur un registre ouvert à cet effet, son avis sur la qualité des aliments, sur la propreté et la tenue des salles ; il y relate également les réclamations de toute nature qui lui ont paru fondées ; mais il ne peut donner aucun ordre dans l'hôpital, ni exercer directement aucune action sur l'exécution des détails du service.

Les observations consignées sur le registre par un officier de visite doivent toujours être reproduites dans le rapport qu'il adresse à l'officier général ou au commandant de place, dont il est le délégué.

Copie de ces observations est immédiatement adressée par le comptable au sous-intendant militaire chargé de la police administrative de l'hôpital, afin que ce fonctionnaire puisse faire cesser l'inconvénient ou l'abus qui aurait été signalé. (*Id., art. 914.*)

Les chefs de corps peuvent visiter leurs malades dans les hôpitaux quand ils le jugent convenable ou les faire visiter par les officiers de santé de leur corps; ils doivent rendre compte au commandant de place de leurs observations. (*Id., art. 915.*)

Le commandant de place fait lui-même des visites dans les hôpitaux, soit de jour, soit de nuit, lorsqu'il le juge convenable. S'il est informé ou s'il s'aperçoit lui-même, de quelques abus, il en prévient le sous-intendant militaire, et, s'il n'y a pas remédié, il en rend compte à l'officier général commandant. (*Id., art. 916.*)

Le Ministre ajoute dans sa circulaire du 11 août 1844 aux généraux commandants et aux commandants de place :

« Vous remarquerez que les observations consignées sur le registre par l'officier de visite, doivent être reproduites dans le rapport qu'il adresse au général ou au commandant de la place : cette double inscription a pour but, au moyen du rapport, d'informer l'autorité militaire compétente des résultats de chaque visite, et, au moyen du registre, de mettre sous les yeux de l'inspecteur général toutes les circonstances qui ont donné lieu pendant l'année à des réclamations.

« Vous remarquerez aussi qu'il n'est point nécessaire que le sous-intendant militaire soit préalablement averti des visites extraordinaires ordonnées spontanément par le général commandant la division ou par le général de brigade commandant la subdivision, ces officiers généraux devant rester libre d'agir, en cette circonstance, suivant ce que leur conseille leur sollicitude pour le soldat.

« Les dispositions qui précèdent, celles de l'article 915, qui est maintenu, ainsi que les modifications apportées à la rédaction des articles 913, 914 et 916, satisfont aux intérêts bien entendus du service et des militaires malades, en même temps qu'elles réservent les droits respectifs du commandement et de l'administration et ne laissent plus aucun doute sur les attributions de chacun. Il s'ensuit clairement que le contrôle exercé par le délégué du commandement ne peut être considéré que comme un examen sur les résultats au sujet desquels il n'a ni controverse à établir, ni ordres à donner, ni recommandation à prescrire. Toute sa mission se borne à voir, s'éclairer et rendre compte par écrit. L'initiative des mesures administratives à prendre pour l'exécution du service en général et pour le redressement des abus qui pourraient être signalés par les officiers de visite, appartient exclusivement aux fonctionnaires de l'intendance, mis en demeure, s'il le faut, par l'autorité militaire supérieure.

« Vous veillerez donc à ce que les officiers de visite, quel que soit leur grade, se conforment à cette marche et se bornent à consigner leurs observations sur le registre de visites, après avoir préalablement entendu les explications qu'il est de leur devoir de réclamer sur ce qui leur paraît contraire au bien du service. »

Les sous-intendants visitent les hôpitaux placés sous leur police plusieurs fois par semaine dans les temps ordinaires, et tous les jours lorsque le nombre des malades ou la gravité des maladies exige une surveillance plus active ; ils peuvent faire leurs visites dans les salles à toute heure de jour et de nuit ; ils se font accompagner, lorsqu'ils le jugent convenable, par les officiers de santé en chef, l'officier d'administration comptable et les autres officiers de santé ou d'administration de l'établissement. (*Art.* 917.)

Les sous-intendants militaires se font représenter, lors de leurs visites dans les hôpitaux, les registres des officiers de visite et des officiers de santé, concernant la dégustation des aliments, et mentionnés aux art. 841 et 913 ; ils visent ces registres au moins deux fois par mois. (*Art.* 918.)

Les sous-intendants vérifient souvent l'état des denrées, des médicaments et autres objets qui composent l'approvisionnement des hôpitaux ; ils se font assister, dans ces vérifications, par les officiers de santé en chef. (*Art.* 919.)

Les sous-intendants réunissent, une fois par mois, les officiers de santé en chef et l'officier d'administration comptable de chaque hôpital. Dans ces réunions, que les sous-intendants militaires président, ils reçoivent et font discuter toutes les observations et les projets d'amélioration auxquels l'exécution du service peut donner lieu : les sous-intendants prennent, d'après ces propositions ou discussions, les mesures que l'intérêt du service exige, ou les soumettent, suivant le cas, aux intendants des divisions militaires. Les sous-intendants peuvent convoquer de semblables réunions extraordinairement, toutes les fois qu'ils le jugent convenable. (*Art.* 920.)

Les intendants militaires et les officiers généraux commandants visitent les établissements du service des hôpitaux de leurs arrondissements toutes les fois qu'ils le jugent convenable : les officiers généraux inspecteurs sont aussi chargés d'inspecter ces établissements. Lorsque les officiers généraux et les intendants militaires visitent les hôpitaux, ils sont accompagnés par les sous-intendants militaires, qui font alors réunir tous les officiers de santé et tous les officiers d'administration attachés au service des établissements, ainsi que l'aumônier. (*Art.* 921.)

Les visites des officiers généraux et des intendants dans les hôpitaux ont principalement pour objet de s'assurer des soins donnés aux militaires malades, et de la bonne tenue de ces établissements ; ils se font représenter à cet effet les registres des officiers de visite et des officiers de santé dont il est mention aux art. 841 et 913. (*Art.* 922.)

TITRE II.

ÉTABLISSEMENTS THERMAUX MILITAIRES.

L'envoi, l'admission et le traitement des militaires dans les établissements d'eaux thermales sont l'objet des instructions ministérielles du 6 mars 1857 et du 18 mars 1862, dont les dispositions rapprochées comprennent, quant à présent, toute la réglementation, ainsi que le régime des eaux minérales naturelles mises à la disposition des militaires de l'armée de terre et du personnel admis dans les hôpitaux thermaux.

Ces instructions, dont les éléments fondamentaux ont été fournis par le Conseil de santé, guideront sûrement, dans leurs décisions et dans leur pratique les médecins militaires appelés à s'occuper annuellement de l'examen préalable et du traitement des militaires auxquels la médication thermale peut faire espérer une amélioration dans la santé.

La première partie, exclusivement technique et scientifique, se compose de données précises sur l'emploi des eaux minérales, sur la spécialité de leur action dans le traitement des différentes maladies réunies en groupes, correspondant à la composition basique de chaque source : elle est terminée par un programme assigné aux médecins traitants, pour la rédaction de rapports annuels destinés à faire ressortir avec une certitude de plus en plus rigoureuse la valeur des effets immédiats et consécutifs des diverses eaux minérales.

La deuxième partie, purement réglementaire, développe la série des dispositions administratives combinées pour assurer la visite, la mise en route, l'installation, le traitement et l'examen consécutif des malades soumis à la médication thermale.

§ 1ᵉʳ. — Des propriétés générales et particulières des eaux minérales naturelles et de leur emploi.

Les eaux sur lesquelles peuvent être dirigés les militaires malades sont : les eaux de mer, et, dans l'intérieur de la France, les sources thermales de Bourbonne-les-Bains (Haute-Marne) ; de Baréges (Hautes-Pyrénées) ; de Bourbon-l'Archambault et de Vichy (Allier), ouverts en 1843 ; d'Amélie-les-Bains (Pyrénées-Orientales), ouvert en 1854 ; de Plombières (Vosges), ouvert en 1862 ; en Corse, celles de Guagno ; en Algérie, celle d'Hamman-Meskoutin et d'Hamman-Rira!

Aux termes de la décision du 30 décembre 1840, le Ministre de la guerre peut autoriser spécialement l'envoi de militaires malades à d'autres sources d'eaux minérales naturelles. Les indications générales et spéciales suivantes, aidées de l'étude des propriétés particulières de ces eaux, suffiront pour guider les officiers de santé, si des cas exceptionnels les appelaient à les prescrire.

I. *Conditions à remplir pour être envoyé aux eaux.* — L'envoi près des sources d'eaux minérales des militaires atteints de certaines maladies ou infirmités est impérieusement subordonné aux conditions suivantes :

1° Que l'affection ou l'infirmité soit de la nature de celles que les eaux minérales naturelles près desquelles il s'agit de l'envoyer peuvent soulager ou guérir ;

2° Que les moyens ordinaires de traitement aient été employés contre cette affection pendant un temps suffisant et sans succès ;

3° Que les eaux minérales artificielles, dont la préparation est indiquée au Formulaire des hôpitaux militaires, aient été mises en usage, avec des résultats susceptibles de faire présumer que les eaux naturelles seront plus favorables et plus efficaces.

Ces conditions doivent être constatées lors de la visite des militaires désignés pour l'envoi aux eaux et mentionnées spécialement sur les états de propositions dressés à cet effet, ainsi que sur les certificats individuels remis à ces militaires lors de leur départ pour les eaux.

II. *Propriétés générales des eaux minérales naturelles et indications générales de leur emploi.* — Toutes les eaux minérales naturelles, y compris les eaux de mer, employées en thérapeutique, et qui jouissent d'une efficacité constatée dans le traitement des maladies, sont plus ou moins stimulantes.

L'énergie de leur action sur l'organisme est généralement en rapport avec la nature et l'abondance des principes minéralisateurs qu'elles contiennent, et avec l'élévation de leur température.

Prises en bains, en douches, en boisson, elles accélèrent presque toujours la circulation, provoquent une activité plus ou moins notable des fonctions digestives, et rendent plus abondantes les sécrétions de la peau, des reins, du foie ou du canal intestinal.

Quelques-unes ne jouissent que de propriétés stimulantes générales, dont les effets s'étendent à l'ensemble de l'économie vivante, et que l'art localise, ou rend plus actives sur certaines parties, par les différents modes d'administration qu'il met en usage.

D'autres eaux minérales, indépendamment de la stimulation générale qu'elles déterminent, toujours à des degrés variables, exercent une action spéciale, en quelque sorte élective sur certains appareils organiques, tels que le tissu cutané, le tube digestif, le foie, les voies urinaires, etc.

En résumé, la puissance curative des eaux minérales naturelles résulte des modifications plus ou moins profondes qu'elles déterminent dans l'exercice des principales fonctions, et très-souvent aussi d'une impression directement exercée sur les tissus auxquels on les applique. Mais il importe de ne jamais oublier que cette action, soit générale, soit locale, se rapporte toujours à une stimulation plus ou moins active.

L'expérience clinique justifie complétement les inductions déduites de l'analyse des eaux, de la connaissance de leur composition et de l'observation des phénomènes physiologiques produits par leur emploi. Cette expérience démontre chaque jour que les eaux minérales sont généralement et surtout utiles aux sujets affaiblis par de longues maladies ou par des douleurs prolongées, peu irritables, devenus languissants ou anémiques, et chez lesquels il n'existe aucun foyer d'inflammation franche plus ou moins aiguë.

Cas où elles sont généralement inutiles.

En général, les eaux minérales naturelles sont impuissantes contre les infirmités résultant de la perte de certaines parties, ou de l'organisation définitive de tissus nouveaux, cicatriciels, ainsi que : les ankyloses complètes produites par la fusion ou l'adhérence intime des surfaces articulaires, les claudications résultant de raccourcissement des os à la suite des fractures, les extensions ou flexions permanentes des membres, avec cicatrices étendues, profondes et adhérentes, à la suite de pertes de substance considérables, aux muscles, aux tendons et aux ligaments, les paralysies déterminées par des plaies ou des déchirures opérées dans les centres nerveux et cicatrisées ; tous ces désordres matériels, de leur nature irrémédiables, ne sauraient être guéris, ni même modifiés favorablement par le traitement des eaux minérales naturelles, non plus que par les autres agents plus énergiques que la médecine peut mettre en usage.

Cas où elles sont généralement nuisibles.

Par confirmation de ce qui précède, les eaux minérales naturelles, à raison de leurs propriétés stimulantes, sont ou peuvent être nuisibles en proportion du degré des dispositions chez les personnes sanguines, pléthoriques, irritables ou douées d'une excitabilité nerveuse prononcée.

Elles ne doivent pas être prescrites aux malades atteints d'affections organiques du cœur ou des gros vaisseaux, disposés aux hémoptysies, ou sujets à des étourdissements et disposés aux congestions cérébrales.

Elles aggravent l'état des individus chez lesquels existent des inflammations sanguines, aiguës, quels que soient le siége et l'intensité de ces affections. Dans les maladies qui indiquent le mieux leur usage, il faut que les organes affectés, sur lesquels doit spécialement s'exercer leur action, ne présentent plus de signes de l'inflammation qui a précédé.

Dans les engorgements, les amaigrissements et autres états analogues des membres, à la suite de fractures, il est absolument indispensable, pour que l'usage des eaux minérales naturelles ne devienne pas nuisible, que les consolidations soient complètes et le travail organique du cal parfaitement éteint.

Les eaux ne doivent pas être, en général, ordonnées à la suite des fractures sans qu'une année révolue se soit écoulée depuis l'accident. Cependant les médecins des hôpitaux et des corps de troupes sont autorisés à proposer pour les établissements thermaux des hommes atteints de fractures récentes (de six mois à un an), lorsque tout traitement consécutif à l'application des appareils est épuisée et que la nature des accidents fait prévoir que les eaux seraient ultérieurement nécessaires.

La même règle est applicable aux cicatrices des parties molles qui doivent ne plus présenter de traces d'inflammation, ainsi qu'aux suites d'entorses ou de luxations, eu égard aux parties articulaires, dans lesquelles il ne doit plus exister ni chaleur, ni douleur au toucher, ni rougeur active.

Dans les rhumatismes articulaires, les eaux thermales ne conviennent qu'aux époques les plus reculées possibles de l'état aigu.

Enfin l'expérience a fait connaître que les eaux minérales naturelles sont, non-seulement impuissantes, mais presque toujours nuisibles, contre les affections syphilitiques secondaires ou tertiaires, et contre celles qui sont actuellement compliquées, ou encore entretenues par le principe vénérien. On ne peut conseiller, avec espoir fondé de succès, l'usage des eaux minérales que lorsque la syphilis a complétement disparu, et qu'il s'agit non plus de combattre une action persistante, mais bien de remédier aux résultats de cette action, devenus parfaitement indépendants de leur cause.

III. *Propriétés spéciales des eaux minérales naturelles; indications des cas où chacune d'elles peut être favorable, inutile ou nuisible.*—Dans les notices qui suivent, on a réuni les eaux minérales dont les propriétés curatives sont très-analogues, en réservant toutefois l'indication des cas plus spéciaux qui peuvent exister.

EAU DE MER. — Température variable suivant la chaleur atmosphérique, l'ardeur du soleil et l'épaisseur de la couche d'eau, mais généralement de 13° à 16° à un kilomètre du rivage, pendant les mois de juillet, août, septembre. Principes minéralisateurs très-abondants, constitués, en outre du chlorure de sodium qui les domine tous, par : des chlorures de magnésium et de calcium, des sulfates de magnésie et de chaux ; enfin, par de la potasse, de l'iode et du brôme.

On pense que la potasse et l'iode y sont combinés à l'état d'iodure de potassium, et le brôme à celui de brômure de magnésium.

L'eau de mer est plus chargée de sels dans l'Océan que dans la Méditerranée.

1° *Considérations générales sur l'emploi de l'eau de mer:*

L'eau de mer est par excellence une eau minérale saline froide, que la nature et les proportions de ses principes minéralisateurs rendent très-active.

A l'intérieur, elle est purgative et tonique ; on ne doit la prescrire qu'avec réserve.

A l'extérieur, sous forme de bains, celle qui est le plus généralement employée : elle agit à raison : 1° de la température ; 2° de la pression et de la percussion qu'elle exerce ; 3° de l'absorption des sels qui s'y trouvent dissous.

En ce qui concerne la température, les bains de mer modifiant l'organisme à la manière des bains froids ordinaires, avec un degré d'énergie de plus, dépendant de la densité de l'eau. Ils fortifient indirectement par les réactions qu'ils provoquent. Pour qu'ils soient favorables, il faut que ces réactions puissent avoir lieu.

Le bain de mer est nuisible et peut devenir mortel toutes les fois que la débilité est portée assez loin pour que le malade, au lieu de se réchauffer, reste sous le coup du refroidissement et de la concentration vitale déterminée d'abord par l'immersion.

La durée du bain de mer doit être d'autant plus abrégée que la faiblesse du malade est plus grande, la réaction plus faible et plus passagère.

Afin de prévenir ou de dissiper, si elle avait commencé à se produire, la congestion sanguine que l'immersion du corps dans la mer détermine souvent vers la tête, il est nécessaire de plonger cette partie dans l'eau ou de faire sur elle pendant et après le bain, des affusions plus ou moins répétées.

Relativement à la pression et à la percussion exercées sur le corps, ces actions résultant de la densité de l'eau de la mer et du choc des vagues ; sur des rivages ouverts les bains sont plus énergiques et plus efficaces que dans les ports et dans des anses fermées.

Enfin, dans le rapport de l'absorption, les sels que contient l'eau de mer, introduits dans l'économie vivante, contribuent puissamment, par leur action stimulante et tonique, à la production des effets curatifs qu'on en attend.

Il est facile de modifier ces trois éléments de la médication maritime selon l'état des sujets ou les indications que présentent les maladies.

Ainsi la température peut être élevée depuis 30° jusqu'à 32°, et alors le bain de l'eau de mer a beaucoup d'analogie avec celui des autres eaux minérales salines thermales.

La percussion est annulée dans le bain domestique ou rendue plus forte par le jet artificiel de l'eau ou par la douche.

L'action des sels et la stimulation de la peau peuvent être affaiblies en coupant l'eau de la mer, en certaines proportions, avec de l'eau ordinaire.

L'atmosphère maritime paraît exercer quelque influence favorable sur les maladies contre lesquelles l'eau de mer est préconisée, et cet élément de la médication par l'eau de mer doit être pris en considération.

2° Cas ou l'eau de mer est utile.

1° A l'intérieur. Elle produit de bons effets dans les cas suivants :

A. Prédominance lymphatique primitive ou accidentelle ;

B. Affections scrofuleuses diverses ;

C. Anémie, état chlorotique ;

D. Ictère, engorgement du foie, obstruction des ganglions mésentériques ;

2° A l'extérieur. Les bains de mer conviennent dans un assez grand nombre d'états morbides, qui sont :

A. Affections scrofuleuses ou lymphatiques, telles que les adénites chroniques cervicales et autres, les ulcères qui succèdent à leur suppuration ;

B. Carie des os, ulcères atoniques ;

C. Douleurs intestinales avec ou sans diarrhée, affections hypochondriaques ;

D. Blennorrhées, pertes séminales involontaires ;

E. Paraplégies, hémicrânies, névralgies faciales, névroses de la tête et de la vue ;

F. Débilité musculaire, relâchement et engorgement chroniques des articulations succédant aux entorses aux luxations et aux fractures ;

G. Affections cutanées superficielles, telles que dartres farineuses, éphélides, dartres chroniques ou dégénérées ;

H. Affaiblissement général de la constitution succédant à des maladies graves dont la convalescence est longue et difficile, ou produit par des fatigues prolongées.

3° Cas où elle est inutile.

L'eau de mer à l'intérieur et à l'extérieur ne doit pas être employée contre les affections suivantes :

A. Rhumatismes musculaires ou fibreux ;

B. Roideur des membres, rétraction des muscles à la suite de blessures ;

C. Sciatique et autres névralgies des membres.

4° Cas où elle est nuisible.

Les bains de mer ne doivent pas être prescrits aux enfants au-dessous de deux ans, ni aux vieillards, ni dans aucun des cas où le refoulement du sang à l'intérieur, vers la tête ou la poitrine, pourrait être dangereux.

Bien que plusieurs auteurs assurent que les bains de mer ne conviennent pas aux sujets qui ont fait usage auparavant, dans la même année, des eaux thermales, cependant l'expérience de plusieurs praticiens semble démontrer que cette assertion est trop absolue et ne doit être acceptée que comme un motif de grande réserve.

Enfin, ils sont particulièrement nuisibles dans les affections suivantes :

A. Dartres humides ;

B. Goutte aiguë ;

C. Susceptibilité prononcée aux affections déjà caractérisées des organes thoraciques.

L'époque de l'ouverture et de la clôture des bains de mer varie nécessairement suivant le climat et suivant les conditions météorologiques accidentelles. Mais, d'une manière générale, la saison propre à ces bains s'étend du 15 juin au 15 septembre. Ils peuvent être pris, sans inconvénient, deux ou trois fois par semaine.

Les heures du matin sont généralement les plus favorables, parce que les hommes sont à jeun et qu'on n'a pas à redouter les fâcheux effets du travail de digestion brusquement interrompu. Le soir convient aussi, dans les climats chauds surtout, en ayant soin de laisser un intervalle suffisant entre le repas et l'immersion ; cependant, le milieu du jour serait préférable par un ciel couvert et sous une température peu élevée et variable. Sur les plages de l'Océan, l'heure des marées détermine le plus souvent celle à laquelle les bains de mer sont possibles. Il convient que les hommes, arrivés sur la plage, se reposent pendant dix minutes ou un quart d'heure avant l'immersion ; cette prescription est de rigueur si la température extérieure est très-élevée ou si l'on a dû parcourir un certain trajet avant d'arriver à la mer.

On doit expressément recommander aux hommes de se livrer dans l'eau à des mouvements étendus ; c'est le seul moyen de résister à l'influence du froid, contre laquelle une locomotion active peut seule réagir avec succès. Ceux qui ne connaissent pas la natation seront confiés à des maîtres nageurs qui, tout en veillant sur eux, leur donneront les premières notions de cet exercice salutaire, si souvent utile dans la vie du soldat. Ces mouvements concourent, d'ailleurs, aux bons résultats qu'on doit attendre de l'eau de mer, en raison de sa basse température et de sa forte minéralisation. La durée du bain ne saurait être renfermée dans des limites fixés ; elle varie suivant diverses circonstances, qui tiennent aux qualités de l'atmosphère ambiante et à la température de l'eau, non moins qu'aux dispositions organiques propres à chaque individu. Rarement cette durée sera de moins de dix minutes ou excédera un quart d'heure.

Des hommes bien portants et bien constitués supportent aisément quarante à cinquante bains dans le cours de la saison ; mais les conditions individuelles doivent être consultées avec soin lorsqu'il s'agit de l'emploi thérapeutique de ces bains. (Voir *Recueil des mémoires de médecine militaire*, 3me série, tome 6, page 470, pour l'usage des bains de mer, et le modèle de rapport à envoyer au Conseil de santé.)

EAUX DE BOURBONNE-LES-BAINS, DE BARÉGES ET D'AMÉLIE-LES-BAINS.

— BOURBONNE-LES-BAINS. — Température 50° aux bains militaires, très-riche en principes minéralisateurs fournis par les chlorures, les sulfates et les carbonates de calcium, de sodium et de magnésium, de l'alumine, un brômure alcalin et des quantités minimes d'arsenic (1).

Il y a deux saisons : la première du 15 mai au 14 juillet ; la deuxième du 15 juillet au 14 septembre.

— BARÉGES. — Température 35 à 36° aux piscines, 42° 5′ à la buvette ; principes minéralisateurs constitués spécialement par le sulphydrate de sodium, le sulfate de soude, le chlorure de sodium et des oxydes alcalins, très-abondants en matière glaireuse, contenant des traces d'iode (2).

Il y a deux saisons : la première du 1er juin au 31 juillet, et la deuxième du 1er août au 30 septembre.

1° *Cas où elles sont utiles.*

Très-excitantes, les eaux de ces deux établissements conviennent dans les affections ci-après désignées :

A. Affections rhumatismales chroniques, plus particulièrement celles qui ont leur siége dans le système musculaire, que celles qui atteignent les articulations et le système fibreux ;

B. Lombago et sciatique chroniques, douleurs ostéocopes ou périostales non vénériennes ; douleurs habituelles ou faiblesses musculaires, suites de lésions traumatiques ;

C. Faiblesse ou engorgement articulaires consécutifs aux entorses et aux luxations ; disposition à la répétition des luxations par suite du relâchement des tissus musculaires et ligamenteux ;

D. Paralysies partielles résultant de chutes, de plaies ou d'autres violences extérieures, ou succédant à des maladies locales prolongées, comme les névralgies des membres, les douleurs rhumatismales, etc.

E. Rigidité et contracture des muscles, des ligaments ou des tendons, par suite de contusions, de distensions articulaires ou de plaies ; ankyloses incomplètes produites par les mêmes causes.

F. Anciennes blessures, avec lésions des os, et contenant encore des esquilles dont l'expulsion se fait attendre.

G. Ulcères atoniques anciens, accompagnés de débilité générale et d'usure de la constitution ; cicatrices fragiles, faciles à se rouvrir, et qui ont besoin d'être fortifiées ;

H. Affections cutanées anciennes et invétérées, et toutes les maladies qui peuvent être rapportées, après un examen approfondi, à la suppression ou à la rétrocession de ces affections ;

I. Gastralgies, gastrites et gastro-entérites chroniques;

J. Hépatites et splénites chroniques, engorgements des viscères abdominaux et hydropisie, suites de fièvres intermittentes graves et prolongées ou récidivées.

— *Indications spéciales.* — Les eaux de Baréges conviennent plus particulièrement dans les cas d'affections cutanées, de nature dartreuse, et dans les

---

(1) Voir le *Recueil des mémoires*, tome 12, page 1, tome 23, p. 249; *Journal de chimie*, 3e série, tome 4, page 640 ; *Bulletin de l'Académie*, tome 3, page 43, tome 13, page 874 et 885.

(2) Voir *Recueil*, tome 32, page 235, et 2e série, tome 6 ; *Journal de chimie*, 3e série, tome 1, page 108.

maladies qui paraissent déterminées ou entretenues par la suppression ou la rétrocession de ces affections, telles que : bronchites et catarrhes pulmonaires; cystite chronique et catarrhe vésical, désordres dans la digestion et diarrhées chroniques.

L'appréciation du caractère et de l'origine de ces affections, et la direction de l'administration des eaux dans leur traitement, demandent beaucoup d'attention de la part des officiers de santé.

Enfin, des observations authentiques recueillies à Baréges indiquent que les abcès par congestion signalés comme ne pouvant être favorablement modifiés par elles, y ont été, au contraire, améliorés ou même guéris.

2ᵘ *Cas où elles sont inutiles.*

Les eaux de Bourbonne et de Baréges sont sans efficacité constatée dans les cas suivants :

A. Rhumatismes goutteux avec nodosités aux articulations ;

B. Ankyloses complètes ou obstacles aux mouvements des articulations et rétractions anciennes des membres, provenant de grandes pertes de substance aux muscles, aux tendons et aux os, et accompagnées de cicatrices adhérentes profondes et définitives ;

C. Tumeurs blanches avec plaies, carie des os, atrophie des membres, coxite avec altération des tissus ;

D. Névralgies faciales et temporales ;

E. Paralysies résultant des lésions profondes des centres nerveux ;

F. Cancers.

3° *Cas où elles sont nuisibles.*

Les eaux de Bourbonne et de Baréges sont nuisibles dans les :

A. Affections des parties centrales du système nerveux, telles que vertiges, étourdissements fréquents, épilepsie, catalepsie, inflammation chronique de l'encéphale ou de la moelle épinière ;

B. Paralysies succédant à l'apoplexie, lorsque surtout elles s'accompagnent d'un travail dynamique encore persistant dans l'encéphale ou le prolongement rachidien, ou arrêté depuis moins de deux années ;

C. Otites chroniques et otorrhées rebelles, souvent produites par des altérations du rocher et prédisposant à de graves affections du cerveau ;

D. Asthmes nerveux, bronchites et catarrhes pulmonaires, idiopathiques, inflammation chronique du poumon ou des plèvres, suite de plaies pénétrantes de la poitrine, phthisie pulmonaire (1).

— AMÉLIE-LES-BAINS. — La composition des eaux d'Amélie-les-Bains, dont la température est à 61°, les range parmi les eaux sulfureuses, et, à ce titre, on devra diriger sur cet établissement les malades atteints des mêmes affections que ceux qui sont envoyés à Baréges.

Cependant ces eaux ayant un degré de sulfuration beaucoup moindre que celles de Baréges, les cas les moins graves seront réservés pour Amélie-les-Bains.

---

(1) Voir le *Recueil de médecine*, tome 32, page 235, tome 46, page 108, tome 54, page 153 ; 2ᵉ série, tome 6, page 173.

Les eaux de Baréges conviendront mieux dans les vieilles blessures douloureuses et dont les cicatrices se déchirent souvent ; dans les plaies fistuleuses et compliquées d'esquilles ou de la présence d'un corps étranger ; dans les entorses anciennes ; dans les rétractions musculaires et tendineuses ; dans les tumeurs blanches ; dans les scrofules ulcérées ; dans les altérations consécutives aux maladies syphilitiques, enfin dans les affections herpétiques invétérées.

On prescrira plus particulièrement, au contraire, les eaux d'Amélie-les-Bains :

A. Dans les rhumatismes chroniques, soit articulaires, soit musculaires, soit viscéraux;

B. A la suite des fractures;

C. Dans les dermatoses de moyenne intensité;

D. Dans les cas de débilité consécutive au scorbut;

E. Dans les gastralgies;

F. Dans les névralgies de la face ou des membres;

G. Dans les anémies;

H. Dans les accidents consécutifs aux fièvres intermittentes.

Les eaux d'Amélie ont aussi une spécialité qui ne se retrouve dans aucun autre des établissements thermaux militaires : c'est qu'elles conviennent parfaitement dans les maladies de poitrine, au moins : dans les bronchites chroniques, dans l'emphysème pulmonaire, et *peut-être* dans la première période de la phthisie pulmonaire. On dit *peut-être*, parce que l'expérience n'a pas encore prononcé définitivement sur ce point, ce qu'elle n'a pas fait non plus pour les autres eaux minérales que l'on préconise dans ce cas, telles que celles de Bonnes, de Cauterets, d'Ems et du Mont-Dore.

Il y a encore à Amélie-les-Bains une ressource très-grande dans le nombre et la variété des douches. Bagnères-de-Luchon seul peut le lui disputer sous ce rapport. C'est donc à Amélie qu'il faudra envoyer tous les malades qui auraient besoin des eaux sulfureuses et auxquels on aurait à administrer des douches sur des parties délimitées ou dans des cavités telles que les fosses nasales, la gorge, etc.

L'hôpital thermal d'Amélie-les-Bains étant devenu permanent (*arrêté ministériel du* 13 *janvier* 1860), le traitement est réparti en deux périodes :

1° La *période d'été*, divisée en trois saisons du 15 avril au 14 juin, du 15 juin au 14 août et du 15 août au 14 octobre;

2° La *période d'hiver*, également divisée en trois saisons, du 15 octobre au 14 décembre, du 15 décembre au 14 février et du 15 février au 14 avril.

—Les dispositions précédentes concernent le traitement thermal pendant la période d'été. Les suivantes sont particulièrement relatives au *traitement d'hiver*.

Les saisons d'hiver sont spécialement affectées aux maladies des voies respiratoires :

H. Bronchite chronique;

B. Catarrhe pulmonaire ou bronchique ;

C. Asthme nerveux.

Les officiers, quels que soient leur âge ou l'ancienneté de leurs services, et les sous-officiers et soldats ayant passé déjà quatre ans sous les drapeaux, seront admis à jouir du bénéfice des saisons d'hiver, quand ils auront contracté au service les affections qui viennent d'être indiquées.

Tous les militaires, sous-officiers ou soldats, seront admis, sans condition d'ancienneté de service, pour les accidents des voies respiratoires *déterminés par des lésions traumatiques (blessures), intéressant quelques-uns des organes qui concourent à cette fonction.*

Les malades atteints des affections ci-dessus seront choisis de préférence dans les garnisons du nord de la France, où la rigueur du climat rend nécessaire la jouissance d'une température plus douce.

— Les affections désignées plus haut comme devant être traitées pendant la période d'été, peuvent l'être *exceptionnellement* pendant les saisons d'hiver dans les cas suivants :

Lorsque des raisons de service ou d'instruction retiendront à leur corps, pendant l'été, les militaires de tous grades qui en sont atteints ;

Lorsque le traitement par les eaux sera considéré comme opportun pour les affections chirurgicales, diverses fractures, luxations, blessures, dont l'origine sera assez ancienne pour ne pas retarder l'envoi sur Amélie-les-Bains;

Lorsque les accidents consécutifs au scorbut, les anémies, les gastralgies, les névroses, se présenteront après la clôture de la période d'été ;

Lorsqu'un plus long séjour sera dangereux, soit en Algérie, soit dans une contrée froide de la France, pour les cachexies, suites de fièvres intermittentes ;

Lorsqu'on pourra redouter pour les rhumatismes l'influence hivernale, et surtout du froid humide ;

Enfin, en ce qui concerne les paralysies, lorsque la date de l'invasion rendra le moment opportun, que tout accident aigu aura disparu, et qu'elles seront de nature à être avantageusement modifiées par les eaux.

Les officiers de santé doivent se renfermer strictement, pour l'envoi des militaires malades à l'hôpital thermal d'Amélie-les-Bains, pendant la période d'hiver, dans les indications précédentes de la note ministérielle du 12 janvier 1860, et éviter avec soin l'envoi des phthisiques au 2e et au 3e degrés. (*Note ministérielle du 31 octobre* 1860.)

EAU DE BOURBON-L'ARCHAMBAULT. — *Source chaude* acidule sulfureuse et saline très-abondante, fournissant 1,000 mètres cubes d'eau par heure et entretenant dans les piscines un courant continu très-actif; température 60° à la source ; principes minéralisateurs plus abondants qu'à Bourbonne-les-Bains; constitués par le chlorure de sodium, les sulfates de soude et de potasse; les carbonates de soude, de chaux, de magnésie et de fer ; du gaz acide carbonique, hydrosulfurique et azote et une matière extractive aminale.

Source froide, contenant de l'acide carbonique, des chlorures de sodium et de calcium, des carbonates de soude, de chaux et de fer (1).

La période des deux saisons s'étend du 15 mai au 14 septembre.

1° *Cas où elles sont utiles.*

Plus apéritives que celles de Bourbonne-les-Bains et de Baréges, les eaux thermales de Bourbon-l'Archambault conviennent dans les maladies de mêmes catégories, savoir :

A. Plaies fistuleuses avec lésions des os, et présence d'esquilles ou de parties devant être exfoliées ;

B. Rétractions musculaires et roideur des membres résultant de blessures par armes blanches ou par armes à feu, ou d'autres lésions traumatiques;

_____

(1) *Bulletin de l'Académie*, tome 7, page 748.

C. Rhumatismes articulaires et musculaires chroniques ;

D. Coxalgies sans altération appréciable des tissus, engorgement chronique des articulations, fausses ankyloses ;

E. Adénites et ulcères scrofuleux ;

F. Paralysies ou affaiblissements locaux du mouvement, suites de maladies longues et graves ;

G. Paralysies ayant pour origine l'apoplexie, avec la condition expresse que tout état inflammatoire soit, depuis plus de deux ans, complétement éteint dans les centres nerveux ;

H. Engorgement des viscères abdominaux, suite de fièvres intermittentes ;

I. Dartres et maladies pouvant être attribuées à la suppression ou à la rétrocession des affections cutanées.

Indications spéciales. — Douées d'une grande énergie, les eaux de Bourbon-l'Archambault sont surtout efficaces dans les affections indiquées des organes externes. Dans les affections viscérales, suites de fièvres intermittentes, elles paraissent inférieures à celles de Vichy ; elles déterminent la constipation plutôt que le relâchement du ventre ; moins sulfureuses que les eaux de Baréges, elles ont moins de puissance que ces dernières contre les affections dartreuses.

2° *Cas où elles sont inutiles ou nuisibles.*

Les mêmes que ceux indiqués à l'occasion des eaux de Bourbonne et de Baréges, avec cette addition que, plus excitantes que ces deux eaux, celles de Bourbon-l'Archambault exigent un choix plus sévère, en ce qui concerne l'existence d'inflammation franche dans les maladies, et d'état pléthorique ou de disposition à des congestions actives chez les sujets que l'on se propose de soumettre à leur usage.

Eau froide. L'eau de la source froide, ferrugineuse, de Bourbon-l'Archambault, ne peut motiver l'envoi des militaires que pour quelques cas très-rares d'ophthalmies chroniques et rebelles, accompagnés d'atonie, d'état variqueux des yeux et d'affaiblissement de la vue. Toutefois, analogues aux eaux de Forges (Seine-Inférieure), elles sont toujours apéritives ; prises en boisson, elles constituent un adjuvant souvent utile à l'action des eaux thermales.

EAUX DE VICHY. — Température. — Grand bassin des bains 44°88 ; puits Chomel 39°26 ; grande grille 39°18 ; source de l'hôpital 35°25 ; de Lucas 29°35 ; des Acaries 27°25 ; Célestins 19°75.

Principes minéralisateurs identiques dans toutes les sources ; abondants. constitués par une faible proportion d'acide carbonique et par des carbonates de soude, de chaux et de magnésie ; du chlorure de sodium, du sulfate de soude, de l'oxyde de fer, de la silice, et des quantités minimes d'arsenic : (1)

La période du traitement thermal à Vichy (*Instruction du 6 mars* 1862), est divisée en quatre saisons qui s'étendent du 1er mai au 30 septembre.

1° *Cas où elles sont utiles.*

Les eaux de Vichy conviennent dans les cas suivants :

A. Engorgement du foie et de la rate ; obstruction des ganglions mésenté-

---

(1) *Bulletin de l'Académie*, tome 13, pages 884 et 972 ; *Journal de chimie*, 3e série, tome 5, pages 317 et 338; tome 6, page 41.

riques ; tuméfaction et endolorissement du foie ; colique hépatique et ictère occasionnés par des calculs biliaires.

B. Etats cachectiques profonds et opiniâtres fréquemment produits par les fièvres intermittentes graves, prolongées, et qui sont caractérisés par la pâleur du visage, sa bouffissure, la faiblesse générale, l'œdématie de parties plus ou moins étendues du corps, l'empâtement des viscères abdominaux, l'anémie plus ou moins prononcée.

C. Dyspepsies, gastralgies et entéralgies. (*Arrêté du 21 avril 1859.*)

D. Gravelle rouge, calculs urinaires d'acide urique ou de sulfate ammoniaco-magnésien ;

E. Goutte ancienne, rebelle et exempte de toute inflammation aiguë ; maladies qui peuvent être attribuées à la suppression ou à la rétrocession de la goutte.

Remarques. Une très-grande circonspection doit être apportée dans la désignation des militaires goutteux, heureusement en petit nombre, pour les eaux de Vichy. L'utilité de ces eaux contre la goutte, fondée sur leur composition chimique et sur les rapports observés entre cette affection et la gravelle urique, n'est pas encore, au point de vue de l'expérience médicale, à l'abri de toute contestation. Elles ne sont opportunément employées dans tous les cas que dans l'intervalle et aux époques les plus éloignées des accès.

Indications spéciales. — Les eaux de Vichy, à la fois acidules, salines et thermales, jouissent, contre les engorgements abdominaux, qui sont surtout les conséquences de fièvres intermittentes graves, rebelles ou récidivées, d'une efficacité que l'expérience tend à confirmer de plus en plus. Eu égard au nombre considérable de militaires atteints de lésions abdominales provenant des maladies contractées en Afrique, il convient de destiner spécialement les eaux de Vichy au traitement des affections de ce genre. Les gravelles uriques et les affections goutteuses, d'ailleurs rares, peuvent être dirigées aussi sur elles. Mais les autres maladies externes, trouvant dans les établissements de Bourbonne, de Bourbon-l'Archambault et de Baréges des ressources thérapeutiques, aussi efficaces, si ce n'est plus, doivent en être éloignées.

Cette spécialité d'affectation de l'établissement de Vichy est indispensable pour y prévenir l'encombrement, et pour que tous les militaires qui ont chaque année, par suite de leur séjour en Afrique, un besoin spécial de ces eaux, puissent participer à leurs bienfaits.

2° *Cas dans lesquels elles sont inutiles.*

Les eaux de Vichy sont sans effet favorable dans des affections qu'il importe de distinguer par une diagnostic attentif ; ce sont :

A. Les calculs urinaires d'oxalate de chaux, bien qu'on ait prétendu le contraire ;

B. Les maladies idiopathiques de la peau, c'est-à-dire celles qui ne dépendent pas d'affections du foie ou d'autres parties de l'appareil digestif mentionnées à l'article précédent ;

C. Les rhumatismes articulaires et musculaires, les rétractions des membres, leur faiblesse, leur amaigrissement ou leur engorgement à la suite des lésions traumatiques, affections qui, bien qu'améliorées quelquefois à Vichy, trouvent cependant aux eaux de Bourbonne, de Baréges et de Bourbon-l'Archambault, des moyens de traitement plus efficaces.

Cas dans lesquels elles sont nuisibles.

Les eaux de Vichy sont positivement contre-indiquées dans les cas suivants :

A. Maladies du cœur ;

B. Catarrhes pulmonaires accompagnés d'éréthisme et de phthisie pulmonaire ;

C. Constipations habituelles, bien que, administrées à haute dose, elles produisent la diarrhée ;

D. Les plaies et les ulcères de toute espèce ; car, sous l'influence de leur action, les solutions de continuité deviennent douloureuses et saignantes ;

Enfin il importe de rappeler que les eaux de Vichy sont spécialement nuisibles aux tempéraments secs et aux personnes qui ont le genre nerveux très-mobile. (1)

Eaux de Plombières. — Il existe à Plombières vingt-sept sources régulièrement captées, d'une composition chimique analogue, mais d'une température différente variant de l'une à l'autre de 11°45 à 69°53. On peut les désigner sous le nom d'*eaux sulfatées et silicatées sodiques*.

Ces eaux sont très-faiblement minéralisées, puisque, dans les sources les plus riches, les principes solubles ne dépassent pas 0g. 37198 par litre ; c'est-à-dire qu'elles sont chimiquement plus pures que certaines eaux potables.

Les gaz qui s'en échappent spontanément sont composés, en proportions très-différentes, d'*acide carbonique*, d'*oxygène* et d'*azote*. Ce dernier, dont la proportion est en raison inverse de la température des eaux, varie dans les limites de 81 à 98 pour 100. On a constaté au griffon de quelques sources une très-faible quantité d'acide sulfhydrique.

Il existe en outre à Plombières une source ferrugineuse bicarbonatée, dont la température moyenne est de 12°.

La période des quatre saisons s'étend du 15 mai au 14 septembre.

Cas où elles sont utiles.

Malgré la faible minéralisation des eaux de Plombières, l'expérience a cependant prononcé en faveur de leur efficacité thérapeutique bien constatée dans des états morbides assez variés ; mais le petit nombre de places dont l'armée peut disposer dans cette station thermale ne permet pas d'y admettre tous les malades chez lesquels on pourrait espérer des résultats avantageux.

On n'enverra donc à Plombières que les militaires dont les affections exigent plus particulièrement le régime de ces eaux, qui ne pourraient être remplacées par aucune des stations où se trouvent des établissements militaires :

A. Affections dont la douleur est le caractère dominant et se trouve lié à un état nerveux très-prononcé ;

B. Rhumatismes viscéraux et rhumatisme chronique consécutif au rhumatisme aigu ;

C. Dyspepsies et gastro-entéralgies consécutives aux phlegmasies gastrique

---

(1) *Bulletin de l'Académie*, tome 3, pages 525, 699, 841 ; tome 5, page 60, tome 14, page 1118.

ou intestinale ; affections des voies digestives dépendantes d'un principe rhumatismal ou goutteux ;

D. Engorgement du foie caractérisé par des phénomènes d'acuité et une douleur plus ou moins vive vers la région hépatique ;

E. Catarrhe vésical accompagné d'éréthisme nerveux ;

F. Paralysies rhumatismales accompagnées de douleurs intenses ; paraplégies consécutives aux fièvres graves, avec précaution d'envoyer les malades à l'époque la plus rapprochée du début de la maladie ; et paraplégies par suite de lésions organiques de la moelle, alors que les accidents de l'état aigu sont dissipés, mais pourraient reparaître si l'on recourait à des eaux fortement minéralisées.

Contre-indications. Les médecins devant se renfermer strictement dans le cadre qui vient d'être placé à l'article précédent, il suffit d'ajouter que Plombières ne convient pas aux tempéraments lymphatiques et qu'il y aurait danger à y envoyer, surtout au printemps ou en automne, des sujets atteints ou seulement menacés de tubercules.

EAUX DE GUAGNO. — Température de 50° à 52°. Principes minéralisateurs constitués par de l'acide carbonique et de faibles quantités d'acide hydrosulfurique ou de sulfure de sodium ; des carbonates de chaux, de soude et de magnésie, des sulfates de soude, de chaux et d'alumine, de la silice et de la glairine. (1)

Analogues aux eaux de Baréges, les eaux thermales de Saint-Antoine de Guagno (Corse) conviennent dans les mêmes affections. Elles sont inutiles et seraient nuisibles dans les mêmes circonstances relatives aux maladies ou à la constitution des sujets.

L'article consacré aux eaux de Bourbonne et de Baréges est donc applicable à celles de Guagno, avec les médications spéciales mentionnées pour celles de Baréges.

Les eaux de Guagno ne peuvent être ordonnées qu'aux militaires de la 17me division et à ceux des trois divisions de l'Algérie, lorsque la nécessité en est formellement reconnue.

La période des deux saisons s'étend du 1er juin au 30 septembre.

EAUX D'HAMMAM-MESKOUTIN ET D'HAMMAM-RIRA.

Hammam-Meskoutin. (Province de Constantine.) — Température de 95° à 64°, 60° et 46°, selon la position des sources, qui sont très-abondantes ; principes minéralisateurs : gaz acide carbonique, hydrosulfurique et azote, qui se dégagent abondamment ; chlorures de sodium, de magnésium, de potassium et de calcium ; sulfates de chaux, de soude et de magnésie ; carbonates de chaux, de magnésie et de strontiane ; enfin arsenic, silice et matière organique ou barégine. (2)

La saison dure du 1er avril au 30 juin.

Hammam Rira. (Province d'Alger.) *Source thermale.* Température de 44° à une source et 39° à l'autre ; principes minéralisateurs : chlorures de magnésium et de sodium ; sulfates de chaux, de magnésie et de soude ; carbo-

---

(1) *Bulletin de l'Académie,* tome 3, page 888 ; *Recueil de médecine,* tome 8, page 4.

(2) *Recueil de médecine,* tome 46, page 338 ; tome 47, page 320 ; tome 40, page 343 ; *Bulletin de l'Académie,* tome 3, page 886.

nates de chaux et de magnésie ; enfin de la silice, de l'alumine et une portion très-notable de matière organique ou barégine, ainsi que de l'acide hydrosulfurique, produit par l'altération des eaux au contact de l'air. (1)

Source froide. Température constante à 18°. Principes minéralisateurs abondants, formés par une quantité notable d'acide carbonique, qui se dégage en petillant de la source : des carbonates de chaux, de magnésie ; des sulfates de chaux, de magnésie et de soude ; des sels de fer ; des chlorures de magnésium et de sodium ; enfin par des traces de carbonate d'ammoniaque, d'arsenic, de matière organique et de silice. En s'altérant dans les bouteilles, elle devient sulfureuse.

1° *Cas dans lesquels les eaux de ces localités sont favorables.*

Les eaux d'Hammam-Meskoutin et d'Hammam-Rira conviennent dans les affections suivantes :

A. Douleurs, roideurs articulaires, rétractions des muscles, fausses ankyloses, résultant de blessures, d'entorses, de luxations ou d'autres violences extérieures ;

B. Rhumatismes anciens, musculaires et arthritiques ;

C. Engorgement des viscères abdominaux, hydropisies passives et état cachectique, suites de fièvres intermittentes ;

D. Plaies anciennes compliquées de lésions osseuses ou de présence de fragments dont l'expulsion se fait attendre ;

E. Ulcères atoniques et fistules avec carie et nécrose des os ;

F. Affections cutanées chroniques, de nature dartreuse, et autres.

2° *Cas où elles sont inutiles.*

Ce sont les suivants :

A. Abcès par congestion, à moins qu'ils ne soient ouverts et que les fistules consécutives ne paraissent dépendre seulement de lésions peu étendues et superficielles des os ;

B. Exostoses, quelles que soient leurs causes.

3° *Cas où elles sont nuisibles.*

Ce sont :

A. Les maladies de la peau, récentes, superficielles et inflammatoires ;

B. Toutes les affections accompagnées ou compliquées de phénomènes aigus ;

C. Toutes les maladies accompagnées actuellement ou compliquées d'accès de fièvre intermittente.

Les eaux d'Hammam-Meskoutin ont beaucoup de rapport avec les eaux de la chaîne des Pyrénées. La présence du sel arsenical dans leur composition semble devoir leur communiquer une efficacité spéciale contre les affections cutanées.

---

(1) *Bulletin de l'Académie*, tome 12, page 956.

L'eau thermale d'Hammam-Rira, généralement purgative, se rapproche d'ailleurs beaucoup de celle de Bourbonne-les-Bains et paraît avoir plus d'énergie. Cette circonstance doit inspirer un surcroît de réserve dans sa prescription et d'attention de la part des officiers de santé, dans l'observation de ses effets physiologiques et curatifs.

Eau saline froide d'Hammam-Rira. Cette eau est analogue à celles de Seltz et peut-être à celles de Vichy. Elle doit être conseillée aux malades envoyés près de la source thermale qui sont atteints de quelques-unes des affections contre lesquelles les eaux de Vichy sont spécialement recommandées.

Telles sont les considérations préliminaires de l'instruction ministérielle du 6 mars 1857, que nous avons complétées des dispositions de l'instruction supplémentaire du 18 mars 1862 : elles devront servir de guide aux officiers de santé, qui sont tenus d'ailleurs de se conformer, dans leurs désignations, à la nomenclature des maladies indiquées par le Conseil de santé comme pouvant être traitées efficacement dans les établissements thermaux militaires.

— L'Algérie possède encore un grand nombre de sources thermo-minérales ; mais elles sont bien moins importantes que les deux précédentes, qui ont eu un service médical organisé, à titre d'essai, pendant un certain nombre d'années, et offrent aujourd'hui des établissements propres à améliorer la santé des populations civiles de l'Algérie et des militaires de l'armée d'occupation.

Les sources qui nous paraissent encore mériter d'être citées sont :

1° *Hammam-Sidi-Mimoum,* au sud de la ville de Constantine, d'une température de 26° centigrades. Deux sources sont très-fréquentées aujourd'hui par les indigènes et par les Européens ; elles sont situées un peu en avant de la porte Vallée, sur la rive droite du Rummel ; une troisième, au delà de la porte d'El-Kantara, sur la rive gauche et sur la hauteur de Sidi-Mécid, offre de l'eau sulfureuse de 34° à 40° de température, et une piscine naturelle, mais irrégulière, qui peut contenir 30 à 40 personnes.

2° *Hammam-Bou-Hollouf,* source d'eau sulfureuse à 40°, vers le Djébel-Medjada et non loin de Djimilah, avec un bassin carré de construction romaine.

3° *Hammam-Bou-Sellam,* à 19 kil. sud-ouest de Sétif, de 41° à 49°, avec plusieurs grands bassins.

4° *Aïn-El-Hammam,* à 20 kil. de Mascara ; les eaux sont alcalines et d'une température de 30° à leur sortie du rocher et de 44° dans l'intérieur des piscines.

5° *Source thermale de Mers-El-Kébir* (dite bains de la reine d'Espagne), située sur le penchant de la montagne que sillonne la route de Mers-El-Kébir à Oran. Température de 47°,50, contient sur 1 kil. : 856 gr. d'eau ; chlorure de sodium, 2 gr.; sulfate de magnésie, 0,78 cent. L'absence d'un sulfure dans ces eaux les rend inefficaces, prises en bain, contre les affections de la peau, mais elles sont bonnes dans les affections rhumatismales anciennes et goutteuses ; elles sont utiles aussi dans un grand nombre d'affections internes et externes, dans les dyspepsies, les aigreurs d'estomac, etc. ; comme elles sont légèrement laxatives, on ne doit les employer qu'avec prudence dans les dyssenteries un peu graves.

6° *Hammam-Melouan,* à 40 kil. d'Alger, près du village de Rovigo ; température 40° à 42° ; l'analyse les a fait mettre, par le Conseil de santé des armées, sur la même ligne que les eaux de Bourbonne, avec cette différence qu'elles agissent plus activement parce qu'elles contiennent une plus grande quantité de chlorure de sodium (1).

§ 2. — Dispositions réglementaires relatives à l'admission et au traitement dans les établissements d'eaux minérales.

Les militaires admis à recourir à l'emploi des eaux minérales sont traités dans les hôpitaux thermaux militaires, suivant les mêmes règles que dans les autres hôpitaux militaires au compte de l'administration de la guerre ; dans les établissements d'eaux minérales qui n'appartiennent pas à l'État, toutes les dépenses de logement, de nourriture et de traitement des malades, sont payées par abonnements à prix de journée avec les propriétaires de ces sources. (*Instruction du 6 mars 1857, articles 12, 13 et 14.*)

I. *Conditions d'admission.*—Tous les militaires, qu'ils soient en activité de service, en non-activité, en réforme ou en retraite, peuvent être admis dans les établissements d'eaux thermales où le département de la guerre a des places disponibles, lorsque la nécessité en est démontrée d'après les formes réglementaires. (*Id., art.* 15.)

Ces militaires se divisent néanmoins en deux catégories : la 1re comprend les soldats, sous-officiers et officiers *jusqu'au grade de capitaine* inclusivement.

Les militaires de cette catégorie qui sont en non-activité, en réforme ou en retraite, ne peuvent être désignés qu'après ceux en activité ; il leur est fait une retenue d'hôpital dans les formes réglementaires, et d'après les bases fixées ci-après par l'article 17.

La 2e catégorie comprend les *officiers supérieurs.* Ceux-ci *ne* sont *hospitalisés qu'*en vertu d'autorisation nominative du Ministre de la guerre. (*Id., art.* 16.)

Le prix du remboursement de la journée de l'hôpital dans les hôpitaux gérés par économie est fixé invariablement :

Pour les officiers ou traités comme tels, 2 fr. 50 c.; pour les sous-officiers et soldats ou traités comme tels, 1 fr. 50 c.

Dans les établissements à l'entreprise, le prix est celui fixé par les conventions en vigueur.

En aucun cas, d'ailleurs, la journée de remboursement ne peut dépasser le taux de la journée de la pension ou du traitement. (*Id., art.* 17.)

Faute de places en nombre suffisant, les capitaines, et subsidiairement les lieutenants et sous-lieutenants, peuvent, sur leur propre demande, être autorisés à prendre les eaux à leurs frais. (*Id., art.* 18.)

---

(1) Voyez *Gazette médicale de l'Algérie*, années 1856, 1857 et 1858, les articles de MM. A. Payn, A. Bertherand, Lelorrain, Hamel, Lasnier et E. Bertrand sur les *Eaux minérales de l'Algérie.*

II. *Désignations et envoi.*—Le 1ᵉʳ *mars* de chaque année (pour la première saison de tous les établissements d'eaux minérales, et pour la seconde saison des hôpitaux d'Amélie-les-Bains, de Plombières et de Vichy); — le 1ᵉʳ *mai* (pour la deuxième saison des hôpitaux de Baréges, de Bourbonne, de Bourbon-l'Archambault et de Guagno; pour la troisième saison d'Amélie-les-Bains; pour les troisième et quatrième saisons, de Plombières et de Vichy); les médecins des corps de troupes et les médecins traitants des hôpitaux militaires, des hospices civiles et de l'hôtel impérial des Invalides, *désignent les militaires autres que les officiers supérieurs,* auxquels ils jugent que les eaux minérales sont indispensables.

Les eaux de Guagno ne peuvent être ordonnées qu'aux militaires de la 17ᵉ division (Corse), et à ceux des trois divisions de l'Algérie, lorsque la nécessité en est formellement reconnue.

Chaque *désignation* se fait à la suite d'une visite scrupuleuse dont les résultats sont consignés en tête d'un *certificat individuel* (modèle A imprimé de l'instruction du 6 mars 1857), énumérant, avec les détails suffisants, *la nature, l'origine, le degré d'ancienneté des affections* ou *infirmités,* ainsi que les *traitements employés antérieurement sans succès,* et concluant expressément à l'emploi d'une eau thermale bien spécifiée. (*Id., art.* 19.)

Les certificats individuels établis dans chaque corps de troupes et dans chaque hôpital sont renfermés dans un *bordereau nominatif* revêtu du visa du chef du corps et de celui du médecin chef de l'hôpital, et sont transmis au sous-intendant militaire chargé du service hospitalier, qui fait alors procéder à la *contre-visite* par le médecin chef de l'hôpital militaire ou civil. (*Id., art.* 20.)

Lorsque les militaires désignés pour les eaux ne sont pas dans la place où doit avoir lieu la contre-visite, la constatation du droit à un traitement thermal peut se faire sur pièces, d'après les indications portées sur les certificats individuels. (*Id., art.* 21.)

Le médecin chargé de la contre-visite doit vérifier avec le plus grand soin les indications portées sur les certificats individuels, et les faire compléter, au besoin, avant de donner son avis.—Ceux des militaires présentés pour les eaux, qui, à la contre-visite, ne sont pas jugés aptes à recourir à ce moyen de traitement, sont écartés par un refus motivé inscrit sur leur certificat individuel. (*Id., art.* 22.)

Dès que les contre-visites sont terminées, le sous-intendant résume les indications portées sur les certificats individuels dans un état récapitulatif de proposition, qui indique sommairement, pour chaque militaire, la nature de sa maladie et l'établissement sur lequel il doit être dirigé. — L'état récapitulatif est divisé en deux parties : officiers, sous-officiers et soldats.—Ils sont *rangés* sur cet état *suivant l'urgence* plus ou moins caractérisée de l'emploi des eaux pour leur guérison.

Dans aucun cas, un militaire ne peut être envoyé plus *de deux années de suite* aux hôpitaux thermaux. (*Id., art.* 23.)

Les états récapitulatifs servent à l'intendant divisionnaire pour l'établissement de l'*état général numérique* des places demandées dans sa division pour les officiers, sous-officiers et soldats visités et contrevisités.—L'état général numérique des désignations faites le 1er mars doit être transmis le 1er avril au Ministre de la guerre ; celui des désignations faites le 1er mai doit l'être le 1er juin.

En ce qui concerne la *période des trois saisons d'hiver* de l'hôpital d'Amélie-les-Bains, le travail des désignations (visites et contre-visites) devra être préparé de façon que chaque intendant divisionnaire adresse, au plus tard, le 1er octobre, le 1er décembre et le 1er février, à l'intendant militaire de la 11e division, l'état général numérique des places demandées dans sa division pour chaque saison d'hiver. (*Id., art.* 24.)

D'après le nombre de places affecté à sa division (par le Ministre, et pour les saisons d'hiver d'Amélie-les-Bains, par l'intendant de la 11e division), l'intendant militaire fait la sous-répartition entre les divers sous-intendants qui ont établi les états récapitulatifs, et qui sont chargés d'appliquer les réductions que peut comporter la fixation d'effectif arrêtée par le Ministre. — Les réductions s'effectuent sur les états récapitulatifs en commençant par les derniers inscrits, c'est-à-dire ayant le moins de droit à l'emploi immédiat des eaux. (*Id., art.* 25.)

Les *officiers au-dessus du grade de capitaine* sont visités et contre-visités d'après les formes indiquées aux articles 19 et 20, mais ils ne sont pas portés sur les états collectifs. *Leurs demandes*, appuyées de certificats individuels, sont transmises par la voie hiérarchique au ministère (*bureau de l'arme*) qui statue en donnant des congés à solde entière.—Il en est de même pour les officiers d'un grade inférieur à celui de chef de bataillon ou d'escadron qui, en vertu de l'article 18, demandent à faire usage des eaux à leurs frais.

Dans ces deux cas, les certificats individuels centralisés par le bureau des hôpitaux, où ils sont adressés par les bureaux d'armes, sont envoyés aux médecins chefs des hôpitaux thermaux. (*Id., art.* 26.)

Tous les officiers qui, aux termes des règlements, ne peuvent s'absenter de leur poste sans une autorisation spéciale du Ministre, devront être l'objet d'une demande nominative transmise par la voie hiérarchique au Ministre (*bureau de l'arme*). Cette demande devra spécifier que l'officier est compris dans les propositions d'hospitalisation. (*Id., art.* 28.)

Cette disposition est applicable aux capitaines instructeurs et officiers comptables des corps de troupes, aux officiers du corps d'état-major, aux officiers et employés d'artillerie et du génie attachés aux établissements de ces armes, aux officiers de l'état-major des places, et aux officiers de santé des corps de troupes. (*Note ministérielle du* 5 *février* 1840.)

Le départ des malades pour les eaux minérales est réglé par les intendants militaires, sous l'autorisation des généraux commandants, de manière que les malades arrivent à leur destination aux époques indiquées au tableau suivant :

| INDICATION | | DURÉE DE CHAQUE SAISON. | | | | CLOTURE |
des établissements.	des divisions qui envoient des militaires aux eaux.	1re Saison.	2e Saison.	3e Saison.	4e Saison.	THERMALE.
Amélie-les-Bains,. .	Toutes.	S. d'hiver. 15 oct.	S. d'hiver. 15 déc.	S. d'hiver. 15 fév.	»	14 avril.
	Toutes.	S. d'été. 15 avril.	S. d'été. 15 juin.	S. d'été. 15 août.	»	14 oct.
Baréges, ...	Toutes.	1er juin.	1er août.	»	»	30 sept.
Bourbonne..	Toutes.	15 mai.	15 juill.	»	»	14 sept.
Bourbon–l'Archambault.	Toutes.	15 mai.	15 juill.	»	»	Idem.
Guagno.	17e division et l'Algérie.	1er juin.	1er août.	»	»	30 sept.
Plombières..	Toutes.	15 mai.	15 juin.	15 juill.	15 août.	14 sept.
Vichy.	Toutes.	1er mai.	8 juin.	16 juill.	23 août.	30 sept.

Le départ des hommes désignés pour faire usage des eaux doit être calculé de manière qu'ils arrivent toujours le jour même de l'ouverture de chaque saison. (*Id.*, *art.* 29.)

Si, au moment du départ, un des malades désignés se trouve, pour quelque cause que ce soit, obligé de renoncer à faire usage des eaux, l'intendant militaire le fait remplacer par l'un de ceux qui n'ont pu être primitivement compris dans la répartition, faute de places. S'il ne reste pas d'aspirants inscrits, le Ministre informé fait profiter de la place vacante une autre division. (*Id.*, *art.* 30.)

Les militaires admis à prendre les eaux doivent se mettre en route de manière à arriver à destination aux dates fixées par l'art. 29 précité pour l'ouverture des saisons.

Chaque militaire doit être porteur de sa feuille de route, spécifiant qu'il *doit être* ou *non hospitalisé*, et de son certificat individuel, sans lequel il ne peut être admis à l'hôpital thermal. (*Art.* 21 *modifié par la note ministérielle du* 20 *décembre* 1858.)

III. *Traitement dans les hôpitaux thermaux.* — A leur arrivée dans les hôpitaux thermaux, les militaires sont visités de nouveau par les médecins chefs de ces établissements, qui jugent en dernier ressort, d'après l'examen des malades rapproché des indications portées sur la première partie des certificats individuels qui leur sont remis, si l'usage des eaux peut leur être favorable.— En cas de négative pour l'un des malades, ces mêmes médecins provoquent immédiatement son évacuation sur l'hôpital militaire ou sur l'hospice civil le plus voisin, à moins que son état de santé ne lui permette de rejoindre directement son corps ou son poste. — Il est fait renvoi dans les 48 heures du certificat individuel au ministère de là guerre (*bureau de hôpitaux*).

Lorsque le militaire est définitivement admis à l'hôpital thermal, le médecin traitant est tenu de se conformer aux indications qui sont en tête de la deuxième partie du certificat individuel. (*Id., art.* 33.)

Les militaires admis dans les hôpitaux thermaux s'y trouvent placés au même titre et traités d'après les mêmes règles que dans les hôpitaux ordinaires.

Toutefois l'alimentation est réglée en vertu d'un tarif spécial qui a été fixé par l'arrêté ministériel du 29 avril 1858. (*Id., art.* 34.)

— *Pour les officiers :* le repas *du matin* se compose des aliments ci-après, dans la proportion prescrite par le médecin traitant, savoir : 1° pain (281 gr. 25 à la plus forte portion) ; 2° vin ou lait pour boisson ; 3° viande rôtie (105 gr. à la plus forte portion) ou préparée (115 gr.) ; 4° légumes (par portion entière ou demi-portion) ou riz en remplacement de légumes ; 5° œufs, ou poisson, ou volaille (par portion entière ou demi-portion) ; et 6° dessert (fromage, confiture, prunes, figues, poires, pruneaux, quatre mendiants, pommes, raisin, frais, cerises, biscuits).

Le repas *du soir* se compose de : 1° pain (250 gr. à la plus forte portion) ; 2° vin ou lait ; 3° soupe grasse ; 4° bœuf bouilli (70 gr. à la plus forte portion) ; 5° viande rôtie ou préparée, ou œufs, ou volaille, ou poisson ; 6° légumes ou salade en remplacement de légumes ; 7° dessert.

Les *dimanches* et les *jeudis, au repas du soir* : 1° pain ; 2° vin ou lait ; 3° soupe maigre ; 4° viande rôtie ou préparée ; 5° œufs ou poisson, ou volaille ; 6° légumes ou salade ; 7° dessert.

Le *chocolat* ne peut être prescrit qu'aux malades au quart. Il est toujours distribué indépendamment des autres aliments.

— Pour les *sous-officiers et soldats :* le *repas du matin* se compose de : 1° pain ; 2° vin ou lait ; 3° bouillon maigre ou soupe maigre ; 4° viande rôtie (105 gr. à la forte portion) ou en ragoût (115 gr.) ou poisson ; 5° légumes ou salade.

Le *repas du soir* de : 1° pain ; 2° vin ou lait ; 3° bouillon gras (50 cent.) ; 4° bœuf bouilli (125 gr. à la plus forte portion) ; 5° légumes ou riz, aliment ordinaire ou aliment léger.

— Pour les *officiers, sous-officiers et soldats*, les *potages* ne peuvent être prescrits qu'en remplacement des bouillons gras ou maigres, ou des soupes grasses ou maigres et jamais en même temps, et seulement aux malades à la demie ou au quart.

Le *pain de gluten* (60 gr. à la demi-portion) peut être prescrit aux malades atteints de diabète sucré.

Si les militaires contractent pendant leur séjour aux eaux une maladie caractérisée, il leur est affecté, autant que possible, une salle particulière. Si cependant cette nouvelle maladie est de nature à ne plus permettre l'usage des eaux pendant toute la saison, il y a lieu d'examiner si le malade ne peut pas être évacué sur un hôpital à proximité, afin que le bénéfice des eaux puisse être sans retard appliqué à un autre militaire. (*Id., art.* 35.)

Si le médecin traitant juge indispensable de prolonger le traitement d'un malade admis pour une saison, il en fait en temps utile la proposition au Ministre, par l'intermédiaire du sous-intendant militaire ayant la surveillance de l'hôpital. (*Id., art.* 36.)

En dehors des cas reconnus graves, les officiers quittant les eaux doivent avoir rejoint leurs corps dans un délai de huit à quinze jours au plus ; les médecins chefs des établissements thermaux ne devront proposer, pour des prolongations de congé de convalescence, que les officiers dont l'état de santé rendra ce repos rigoureusement indispensable. (*Décision ministérielle du* 19 *juin* 1859.)

Les marins et autres personnes désignées à l'art. 643 du Règlement du 1er avril 1831 (modifié par les dispositions de l'instruction ministérielle du 20 janvier 1858) peuvent être admis dans les hôpitaux thermaux aux conditions ordinaires de remboursement, déterminées par l'art. 17 de la présente instruction. (*Id., art.* 37.)

IV. *Mesures à suivre après la sortie.* — Quand les militaires, à la fin de la saison, sortent de l'hôpital thermal, le médecin traitant complète sur la deuxième partie de chaque certificat individuel la mention des indications qu'il peut fournir sur l'état des malades. (*Id., art.* 38.)

Tous les certificats individuels sont adressés par le sous-intendant au ministère de la guerre (bureau des hôpitaux). (*Id., art.* 39.)

L'étude des propriétés des eaux thermales ne pouvant être complétée que par l'observation prolongée de leurs effets, tous les militaires qui ont fait usage des eaux pendant une année sont visités une fois au commencement de l'année suivante. — L'ordre de cette visite est donné le 1er *mars* de chaque année par le Ministre de la guerre, qui transmet à cet effet dans les divisions militaires les certificats individuels conservés dans ses bureaux, afin que la troisième partie (*effets consécutifs des eaux*) des certificats puisse être remplie préalablement à leur envoi final au médecin qui a dirigé comme chef le traitement de chaque hôpital thermal. (*Id., art.* 40.)

V. *Registres à tenir et rapports annuels.* — Il sera tenu dans chaque hôpital thermal deux registres conformes aux modèles D et E de l'instruction du 6 mars 1857.

1° Le *registre* D, servant à l'inscription de tous les malades traités à l'hôpital thermal, reproduit dans ses colonnes les diverses indications contenues dans les certificats individuels, les moyens de traitement ou d'administration des eaux, les changements survenus, les maladies développées, et les effets consécutifs des eaux d'après les renseignements fournis par la troisième partie des certificats individuels renvoyés chaque année à cet effet aux médecins chefs des hôpitaux thermaux.

2° Le *registre E* est destiné à recevoir les observations générales et les résumés d'ensemble (ce seront, dans l'ordre indiqué par le programme dressé par le Conseil de santé, les éléments du rapport général sur le service des eaux pendant l'année). Des renvois feront concorder ce dernier registre avec les faits individuels analysés dans le premier.

3° Un *rapport annuel* sur le service des eaux minérales naturelles sera établi par le médecin en chef, conformément au programme suivant, dans chaque localité recevant les malades militaires :

Ire PARTIE. — INDICATIONS GÉNÉRALES.

1° Observations relatives aux localités et aux eaux.

§ 1. Dates de l'ouverture et de la clôture de chacune des saisons de l'année. Époque de l'arrivée des malades.

§ 2. Observations météorologiques. Indications relatives à la température, aux vents dominants, aux jours de pluie et d'orage, à l'état de sécheresse ou d'humidité de l'atmosphère, etc.

§ 3. Observations relatives à l'état des eaux; variations remarquées dans leur abondance, leur température, les conditions de leur jaillissement, leur composition (1).

§ 4. L'influence favorable, au contraire, que les conditions atmosphériques et les modifications que l'état des eaux mentionnées ci-dessus paraissent avoir exercées sur les malades et sur l'action des eaux.

2° Observations relatives au service.

§ 1. État des locaux sous le rapport de l'hygiène, nombre et distinction des salles, capacité, espacement des lits, etc.

§ 2. État des piscines, baignoires, appareils divers de douche, de

---

(1) Les observations indiquées dans ce paragraphe se rattachent à des problèmes, non encore résolus, de géologie et de provenance des eaux minérales. Il est nécessaire que celles sur la température soient accompagnées de l'annotation exacte de la chaleur et de l'état électrique de l'atmosphère. L'analyse chimique doit être répétée plusieurs fois pendant les deux saisons, et avoir pour objet de constater les proportions des principes minéralisateurs essentiels, savoir: du soufre pour les *eaux sulfureuses;* du bicarbonate de soude pour les *alcalines;* de l'acide carbonique pour les *gazeuses;* du fer pour les *ferrugineuses;* de la somme des principes fixes pour les *salines.*

réchauffement et de refroidissement des eaux, leur nombre, leur fonctionnement, l'aménagement et la distribution des eaux.

§ 3. Travaux exécutés depuis l'année précédente.

§ 4. Améliorations à proposer, tant pour les locaux que pour les appareils.

§ 5. Observations sur le service dans ses rapports avec l'hygiène. Transport des malades, régime, promenades et distractions, ressources du pays, etc. Améliorations désirables.

IIᵉ PARTIE. — ÉTAT NOMINATIF DES MALADES ARRIVÉS AUX EAUX.

Cet état, reproduction du registre des eaux (modèle D), doit former un cahier distinct, en double expédition, dont une pour le Conseil de santé des armées, et l'autre (ne contenant que les initiales des noms des malades) pour l'Académie impériale de médecine.

IIIᵉ PARTIE. — RÉSUMÉ ET CONCLUSION.

§ 1. État récapitulatif des malades admis et traités, classés par genre et par nature de maladie (modèle F).

§ 2. Observations générales sur les effets physiologiques observés, les accidents survenus et l'action thérapeutique des eaux.

§ 3. Opinions des officiers de santé chefs sur les cas qui leur paraissent plus spécialement indiquer ou contre-indiquer l'emploi des eaux minérales près desquelles ils sont placés, en tenant compte de la constitution, de l'âge des sujets, de la nature, de l'intensité, du degré d'ancienneté ou des complications des affections ou infirmités.

Les officiers de santé chefs auront égard, pour la détermination de leur avis, non-seulement aux faits observés par eux dans l'année, mais aux renseignements sur les effets consécutifs des eaux contenus dans les certificats qu'ils doivent avoir reçus.

La première et la troisième partie du rapport annuel seront inscrites sur le registre des eaux (modèle E), en établissant correspondance avec le registre D contenant les éléments des états nominatifs.

Il est bien entendu que le programme, dont les détails précèdent, ne signale que les objets sur lesquels les officiers de santé des hôpitaux militaires d'eaux minérales devront porter spécialement leur attention et sur lesquels ils devront fournir des renseignements précis. Mais ils sont invités à étendre leurs observations sur tout ce qui leur paraîtra susceptible, d'ailleurs, d'intéresser les sciences naturelles, la thérapeutique ou l'administration, et à ajouter les résultats de leurs recherches et de leurs réflexions au travail officiel obligatoire.

Les médecins et chirurgiens des hospices civils ou les inspecteurs des eaux minérales où sont établis des services militaires sont invités à rédiger et à transmettre au Ministre de la guerre des rapports conformes à ceux prescrits aux officiers de santé militaires.

Tous les ans, avant le 1er janvier, le Conseil de santé adressera au Ministre de la guerre, d'après les rapports respectifs des officiers de santé, chefs des établissements, un rapport général sur le service des eaux minérales naturelles. Il rendra compte, dans ce rapport, de l'exécution des dispositions contenues dans la présente instruction, et donnera son avis sur la direction de ce service, les résultats obtenus et les améliorations dont il lui paraît susceptible dans son ensemble ou ses détails (1).

VI. *Dispositions spéciales.* — Il est formellement interdit d'admettre, sous quelque prétexte que ce soit, à faire usage des eaux, les officiers de tout grade autres que ceux qui sont hospitalisés ou ceux qui se présentent en vertu d'une autorisation spéciale du Ministre. (*Instruction citée*, art. 43.)

Toutefois, si ces deux catégories de malades n'absorbent pas tous les bains et douches disponibles, il pourra être disposé de l'excédant en faveur des militaires en activité de service, porteurs d'un congé pour prendre les eaux. (*Id.*, *art.* 44.)

TITRE III.

HÔPITAUX MILITAIRES EN ENTREPRISE ET HOSPICES CIVILS.

§ 1er. — Des hôpitaux militaires en entreprise.

Il est pourvu au service des hôpitaux en entreprise à prix de journée, au moyen de marchés passés d'après les ordres du Ministre de la guerre, et qui n'ont d'effet que lorsqu'ils ont reçu son approbation. (*Règlement du 1er avril 1831, art. 984.*)

Dans les hôpitaux en entreprise, le service est exécuté de la même manière que dans les hôpitaux gérés par économie. On se conforme en conséquence, dans ces hôpitaux, à toutes les dispositions du présent règlement, en observant toutefois les règles particulières ci-après. (*Id.*, *art.* 985.)

A moins de dispositions contraires spécifiées dans les marchés, des officiers de santé militaires sont chargés, dans les hôpitaux en entreprise, du traitement des malades, de la préparation et de la distribution des médicaments. (*Id.*, *art.* 986.)

Il n'existe en ce moment qu'un seul hôpital de cette espèce, c'est celui de Belle-Ile-en-Mer, qui est exclusivement administré par des sœurs de l'ordre de la Sagesse.

---

(1) Voyez *Recueil des Mémoires de médecine militaire*, tome 9, page 365, tome 10, page 208; *Journal militaire officiel*, 1848, 1er semestre.

§ 2. — Des hospices civils.

A défaut ou en cas d'insuffisance d'hôpitaux militaires, les militaires malades ou blessés sont traités dans les hôpitaux civils au compte du département de la guerre. (*Id.*, *art.* 9.)

Le traitement des militaires reçus dans les hospices civils a lieu suivant le mode prescrit pour les hôpitaux militaires et conformément aux dispositions ci-après, selon qu'il y a lieu ou non de former dans ces hospices des salles militaires. (*Id.*, *art.* 1002.)

Quand les hospices civils reçoivent habituellement un nombre suffisant de militaires malades, des salles particulières sont affectées exclusivement à ces malades, sous la dénomination de *salles militaires*.

Le nombre de malades que nécessite la formation d'une salle militaire est fixé, suivant les localités, de quinze à vingt. Lorsque ce nombre est plus considérable, il peut être formé autant de salles particulières que la commodité du service l'exige ; mais, dans tous les cas, on doit maintenir entre les lits la même distance que dans les hôpitaux militaires [art. 866]. (*Id.*, *art.* 1003.)

Les salles militaires dans les hospices civils doivent être pourvues, par les soins des administrateurs de ces établissements, d'un mobilier proportionné aux besoins du service. On doit se conformer autant que possible, pour les quantités, les qualités et les dimensions, tant des fournitures de coucher que des effets accessoires, à ce qui est prescrit pour les hôpitaux militaires. (*Id.*, *art.* 1004.)

Il doit y avoir des fournitures de coucher, des effets et du linge distincts, tant pour les galeux que pour les vénériens, dans les hospices où ces maladies sont traitées. (*Id.*, *art.* 1005.)

Les administrateurs des hospices font entretenir, pour le service des salles militaires, une quantité suffisante de baignoires, selon le nombre des malades. (*Id.*, *art.* 1006.)

Lorsque des officiers de santé militaires et des officiers d'administration sont placés près des salles militaires des hospices civils, ces officiers de santé et ces officiers d'administration rendent compte de l'exécution du service au sous-intendant chargé de la police des salles militaires et reçoivent ses ordres relativement aux fonctions qui leur sont attribuées. (*Id.*, *art.* 1010.)

Les officiers de santé et les officiers d'administration attachés aux hospices civils ne peuvent s'immiscer en aucune manière dans la portion du service de ces établissements qui est étrangère aux salles militaires ; ils doivent avoir pour les administrateurs, les officiers de santé et les agents de l'établissement, la déférence et les égards convenables ; et s'il arrive qu'on ne puisse satisfaire à des demandes faites par eux dans l'intérêt des militaires malades, ils se bornent à en référer au sous-intendant. (*Id.*, *art.* 1011.)

Des infirmiers civils sont attachés, par les soins des administrateurs, aux salles militaires des hospices, dans la proportion d'un pour dix malades, quand il y a moins de cent malades, et d'un sur douze au-dessus de ce nombre. Ces infirmiers sont exclusivement affectés à ce service. (*Id.*, *art.* 1012.)

Lorsque des officiers de santé militaires font le service des salles militaires des hospices civils, les pansements, les visites, les prescriptions et les distributions ont lieu d'après les mêmes règles que dans les hôpitaux militaires. (*Id.*, *art.* 1013.)

Quand les salles sont desservies par les médecins de l'hospice, les sous-intendants militaires peuvent, sur la proposition de ces officiers de santé, autoriser quelques modifications, soit dans la forme des prescriptions, soit dans l'ordre du service ; mais ces modifications ne peuvent porter sur la composition du régime alimentaire. (*Id.*, *art.* 1014.)

Les médecins des corps admis à visiter leurs malades dans les hospices civils ne peuvent s'immiscer dans le traitement de ces malades qu'autant qu'ils en sont requis dans le cas prévu et suivant les formes réglées par les art. 122 et 123 du présent règlement. (*Id.*, *art.* 1015.)

Dans les hospices qui ont habituellement un mouvement de plus de cinquante militaires malades, il doit y avoir, autant que possible, une marmite séparée pour leur service. (*Id.*, *art.* 1016.)

La police immédiate et supérieure des salles militaires des hospices civils appartient aux sous-intendants et aux intendants militaires, et est exercée par eux conformément à ce qui est prescrit au présent règlement, et seulement en ce qui concerne le traitement des militaires malades.

Un sous-officier de planton peut être placé dans les hospices civils où il y a des salles militaires, pour concourir au maintien de la police. (*Id.*, *art.* 1017.)

Lorsqu'un hospice ne reçoit pas ordinairement assez de militaires malades pour qu'il leur soit affecté une salle spéciale, le sous-intendant militaire se concerte avec les administrateurs afin que le service y soit fait, autant que possible, d'une manière analogue à ce qui est prescrit par le présent paragraphe. (*Id.*, *art.* 1020.)

Dans les hospices civils où les localités le permettent, les militaires sont séparés des autres malades; dans tous les cas, chacun a son lit particulier, et le régime alimentaire est réglé conformément à ce qui est prescrit pour les hôpitaux militaires. (*Id.*, *art.* 1021.)

Il n'y a actuellement de salles militaires que dans six hospices civils (Arras, Grenoble, Montpellier, Neu-Brisach, Provins, Bourbon-l'Archambault). Conformément aux dispositions des articles 62 et 122 du règlement du 1er avril 1831, le service médical de ces salles est fait par des officiers de santé militaires. Au contraire, 650 hospices civils reçoivent ou sont susceptibles de recevoir les militaires malades, et

22

donnent, suivant l'importance des malades de cette catégorie, des salles qui leur sont exclusivement affectées, mais dont le service médical est confié à des médecins civils. (*Du ministère de la guerre en 1850, par le général d'Hautpoul.*)

La réforme la plus importante à introduire dans le service de santé des hospices civils serait la formation d'un service distinct confié aux officiers de santé de l'armée ; l'administration militaire, dans le double but de mettre un terme au séjour abusif et aux admissions faciles des militaires dans les hospices civils, et de se créer une réserve en personnel médical précieuse pour le cas de guerre, a fait, à plusieurs époques, des efforts pour l'extension aussi grande que possible de salles militaires dans les hospices civils confiés à la direction de médecins militaires. Mais la difficulté d'organiser dans les hôpitaux civils un service de santé militaire tient à plusieurs causes qu'il n'est pas de notre devoir d'examiner dans un travail de cette nature ; nous appellerons seulement l'attention sur les admissions trop faciles ou même simulées, et la prolongation abusive du séjour des militaires dans les hospices. L'administration de la guerre s'est, en tout temps, préoccupée vivement de la répression de ce genre d'abus ; elle en a fait l'objet de nombreuses circulaires, et entre autres de celles *du 5 décembre* 1835 *et du 17 juillet* 1850, dans lesquelles elle fait appel au zèle des fonctionnaires de l'ordre militaire et administratif.

Nous rappellerons donc les dispositions de cette dernière circulaire qu'il est utile de connaître : .

1° *De l'admission.*—Nul ne pourra être admis dans un hospice civil s'il n'est porteur d'un billet d'entrée régulièrement établi et revêtu des formalités suivantes :

Le billet ne peut être établi et délivré que par le chef militaire immédiat, qui est :

En station. — Le capitaine commandant la compagnie, l'escadron ou la batterie.

En marche avec le corps ou en détachement.—Le même officier ou le chef de détachement.

En route isolément.—Le commandant de place ; à son défaut, l'officier ou le sous-officier de gendarmerie du lieu.

Les commandants militaires en station et en route, les commandants de place, les officiers et sous-officiers de gendarmerie, seront munis, par les soins des sous-intendants militaires, d'un nombre suffisant de billets d'entrée. (*Modèle n° 26 de la nomenclature.*)

Les comptables des hospices n'en devront plus posséder, et ils remettront ceux qu'ils ont entre les mains.

Les officiers de santé chargés de la visite des militaires seront choisis dans l'ordre suivant : 1° un officier de santé militaire ; 2° un médecin faisant le service, comme requis, dans un corps de garnison ; 3° un médecin de l'hospice du lieu.

Le billet sera, en outre, revêtu du visa du sous-intendant militaire ou de son suppléant légal (sous-préfet et maire).

Tout billet qui n'indiquera pas l'accomplissement de ces diverses formalités sera irrévocablement rejeté de la comptabilité de l'hospice.

En conséquence de ce qui précède, tout militaire éloigné de son corps qui aura besoin d'entrer à l'hôpital se rendra chez le commandant de la place, l'officier ou le sous-officier commandant la gendarmerie de la localité.

Celui-ci, après avoir examiné la position militaire de l'homme et l'avoir interrogé, lui prescrira de continuer sa route ou lui délivrera un billet d'hôpital, qui sera enregistré sur un cahier tenu à cet effet. Le billet désignera nominativement l'officier de santé chargé de procéder à la visite.

Dans une annotation au dos du billet, le commandant de place, l'officier ou le sous-officier de gendarmerie, indiquera les motifs qui lui donneraient lieu de douter de la nécessité de l'admission.

Il enverra, à moins d'impossibilité physique, le militaire chez l'officier de santé désigné sur le billet. Celui-ci, après avoir pris connaissance des observations particulières du chef militaire, visitera l'homme et constatera sur le billet, qui sera revêtu de sa signature, la nécessité de l'admission et la nature de la maladie.

Le militaire se présentera alors devant le sous-intendant ou son suppléant (sous-préfet ou maire), qui, après examen des avis successifs de l'autorité militaire et du médecin, visera le billet d'entrée. Ce fonctionnaire pourra toujours user de la faculté de faire contre-visiter le militaire, s'il conserve quelque doute sur la nécessité de son entrée à l'hôpital.

Dans des cas exceptionnels et bien rares, où la gravité et la rapidité de l'invasion de la maladie ne permettraient pas au militaire de faire toutes les démarches qui précèdent, il sera admis provisoirement à l'hospice. L'administrateur sera alors tenu d'en rendre compte immédiatement au commandant de la place, ou, à défaut, au commandant de la gendarmerie. Les formalités susrelatées seront remplies dans les vingt-quatre heures, et, passé ce délai, les fonctionnaires qui concourent à l'établissement du billet d'entrée ne pourront y apposer leur signature et leur visa, sans manquer à leurs devoirs.

Mention sera faite sur le billet et sur le registre d'entrée de toute admission d'urgence.

2° *Prolongation abusive du séjour.* — Le commandant de place, l'officier ou le sous-officier de gendarmerie de la localité se rendront, les uns ou les autres, à des intervalles qui ne pourront excéder cinq jours, à l'hospice, où il devra être procédé à l'appel des hommes étrangers à la garnison ; il leur sera remis, par les soins de l'administrateur de l'hospice, un état nominatif sur lequel ils inscriront, en

22.

regard de chaque nom, leurs observations : 1° sur la nécessité de la prolongation du séjour ; — 2° sur la possibilité d'évacuation sur l'hôpital de la première résidence de sous-intendant militaire ; 3° sur le besoin que le malade pourrait avoir d'un congé de convalescence ; 4° sur la convenance de sa réforme.

Ils signeront la feuille et le registre des entrées.

Ainsi annoté, l'état nominatif sera soumis au médecin en chef de l'hospice, qui inscrira également ses propres observations.

L'état certifié par l'administrateur sera immédiatement transmis par ses soins au sous-intendant militaire.

Ce fonctionnaire, aussitôt après la réception de la feuille, ordonnera : 1° que les militaires susceptibles d'être remis en route soient dirigés sur leurs corps respectifs ; 2° que les militaires susceptibles d'être proposés pour des congés de convalescence soient immédiatement visités et contre-visités en présence du commandant de place, de l'officier ou du sous-officier de gendarmerie, pour qu'il puisse être statué promptement sur leur position.

Quant à ceux qui seraient reconnus impropres à servir ultérieurement, après avoir été visités, comme ci-dessus, par les officiers de santé traitants, ils seront, dès que faire se pourra, dirigés sur l'hospice du chef-lieu du département, pour y être contre-visités et proposés, s'il y a lieu, pour des congés de réforme.

L'époque plus ou moins rapprochée des revues trimestrielles ou des inspections générales ne pourra, dans aucun cas, retarder la mise à exécution des mesures qui précèdent.

Les sous-intendants visiteront, au moins quatre fois par mois, les hôpitaux militaires et hospices du lieu de leur résidence. Ils demanderont la contre-visite des militaires qui leur paraîtront en état de reprendre leur service, et pourront ordonner, au besoin, la sortie, après en avoir référé à l'autorité militaire supérieure.

Il est, de plus, prescrit à MM. les sous-intendants militaires de ne jamais autoriser ou tolérer l'admission ou la prolongation de séjour dans un hôpital ou hospice civil d'un militaire non malade en expectative de retraite ou de réforme.

L'intervention périodique des sous-intendants militaires n'atténue en rien les devoirs imposés aux commandants et aux médecins des corps de troupes par les ordonnances sur le service extérieur de l'infanterie et de la cavalerie.

MM. les généraux de division se concerteront avec MM. les intendants militaires pour faire connaître, par un ordre du jour dans l'étendue de leur division, les dispositions de la présente instruction, qui seront également notifiées aux commissions administratives par les soins de l'intendance militaire.

Toutes dispositions antérieures relatives à l'objet de la présente instruction sont et demeurent abrogées.

Nous devons y rattacher, comme plus particulièrement applicable aux hôpitaux civils, la lettre ministérielle suivante aux généraux commandant les divisions :

« Je vous ai transmis, écrit le Ministre, sous la date du 7 novembre 1857, deux exemplaires d'une circulaire que j'ai adressée à MM. les préfets le 8 juin dernier, au sujet de l'admission trop facile, dans les hôpitaux, des militaires voyageant isolément ou par détachements moindres de 25 hommes. J'ai lieu d'appréhender que le même abus se reproduira lors des changements de garnison ; profitant de la condescendance ou de la trop grande bienveillance des chefs de corps, des hommes atteints d'une indisposition légère ou même simulée, parviennent à entrer aux hôpitaux, où ils se font allouer les moyens de transport par la voie rapide, ce qui a le double inconvénient de dénaturer l'esprit de la décision du 29 mai 1852 et d'occasionner un accroissement de dépenses dans mon département. — Je vous recommande d'appeler sur ce point l'attention toute particulière des chefs de corps sous vos ordres, de manière qu'à l'avenir on n'admette à l'hôpital, dans toutes circonstances, que des hommes réellement malades et incapables de marcher avec leurs camarades. »

TITRE IV.

Etablissements hospitaliers en campagne.

Les établissements hospitaliers à organiser en campagne sont :

1° Les ambulances;

2° Les hôpitaux temporaires répartis sur plusieurs lignes ;

3° Les dépôts de convalescents ;

4° Les hôpitaux de l'intérieur.

§ 1er. — Des ambulances.

Les ambulances sont des établissements temporaires formés sur les champs de bataille, auprès des corps et des divisions d'armée, pour en suivre les mouvements et pour administrer les premiers secours aux blessés et aux autres malades ; leur création remonte à Sully, en 1597.

Il y a des ambulances particulières pour les corps d'infanterie et pour les corps de cavalerie.

On forme aussi, quand les circonstances l'exigent, des ambulances volantes. (*Règlement de 1831, art.* 1054.)

« En entrant en campagne, dit Bégin, une armée doit pouvoir se suffire à elle-même et trouver dans ses propres ressources tout ce qui est nécessaire à la satisfaction de ses besoins. Il serait imprudent de compter, surtout pour ce qui est relatif au service des malades et des blessés, sur le produit des réquisitions, sur le hasard des rencontres, sur l'industrie du soldat, qui supplée fréquemment aux privations les plus rigoureuses. Ce serait presque un crime que de ne pas assurer, par les approvisionnements les plus amples et les plus rationnels, des secours efficaces aux hommes que la fatigue des marches, la rigueur des climats ou la violence des luttes peuvent mettre hors de combat. » (1)

Deux ordres de considérations se rattachent aux ambulances : les unes sont relatives au matériel que ces établissements exigent, les autres au personnel destiné à mettre ce matériel en usage.

I. *Personnel.* — Le nombre et le grade des officiers de santé des deux professions et des officiers d'administration, pour le service de guerre, sont déterminés par le Ministre, d'après la force de l'armée ou des corps d'armée, et suivant le but et la nature de l'expédition. (*Art. 1055, Règlement 1831.*)

Les médecins inspecteurs pourront être employés à *la direction du service médical des armées.* (*Art. 17, décret du 23 mars 1852.*)

En temps de guerre, il pourra être nommé des *officiers de santé en chef d'armée* qui seront choisis parmi les officiers de santé brevetés dans le grade d'inspecteur ou de principal.

Le titre d'officier de santé en chef d'armée ne confère aucun grade ; il cesse de droit avec les fonctions qui y sont attachées.

Les officiers de santé qui en seront pourvus rentreront dans leur grade et leur rang à la cessation de ces fonctions temporaires. (*Art. 7 de l'ordonnance du 18 septembre 1824.*)

On distingue le personnel des officiers de santé attachés aux armées actives en deux catégories, savoir : les divisions d'ambulance actives, et la réserve du quartier général, destinée à pourvoir aux besoins accidentels des batailles et à la formation des hôpitaux temporaires.

Le personnel de l'ambulance d'une *division d'infanterie* en officiers de santé, officiers d'administration et infirmiers, est réglé ainsi qu'il suit, savoir :

Médecin-major de 1re classe, chef d'ambulance. .	1
Médecins-majors de 2e classe.	2
Médecins aides-majors.	4
Pharmacien-major de 2e classe.	1
Pharmacien aide-major.	1
Officier d'administration comptable.	1
Adjudant en premier.	1
Adjudants en second.	2
Infirmiers-majors.	3
Infirmiers ordinaires.	17 (*Id., art. 1056.*)

Parmi ces derniers sont compris deux groupes au moins d'infirmiers de visite ou de pansements.

---

(1) *Dictionnaire de médecine et de chirurgie pratiques,* article *Ambulance.*

L'ambulance d'une *division de cavalerie* comporte le même nombre d'officiers de santé ; mais son personnel administratif ne compte que 3 officiers, 2 infirmiers-majors et 8 infirmiers ordinaires. (*Art.* 1057.)

Un décret du 16 ventôse an II attachait à chaque ambulance un coutelier, placé sous les ordres du chirurgien chef de service : un ouvrier pouvait lui être adjoint. L'arrêté du 24 thermidor an VIII, art. 381 et 385, reproduit les mêmes prescriptions, qu'on ne retrouve plus dans le règlement de 1831.

« Il est à regretter, dit Bégin, que les règlements en vigueur ne parlent plus du coutelier qui était autrefois chargé, aux ambulances de l'armée, de l'entretien des instruments de chirurgie. Pour qui a de l'expérience, c'est manifestement une lacune à remplir, et qui le serait aisément au moyen d'un soldat infirmier pourvu des objets nécessaires placés dans un des caissons. » (*Ouvrage cité.*)

Indépendamment du personnel des ambulances attachées aux divisions, les officiers de santé en chef, placés au quartier général, ont en réserve, sous leur direction, un certain nombre d'officiers de santé de divers grades, destinés, en un jour de bataille, soit à établir une ambulance centrale plus ou moins considérable, soit à être répartis, selon les besoins, sur les points où le combat étant le plus acharné et le plus meurtrier, les blessés affluent en plus grand nombre.

Cette réserve en officiers de santé est toujours restée variable pour chaque armée, d'après les conditions d'éloignement, de facilité de communications, de ressources en tous genres que présentent les pays où l'on fait la guerre, et surtout d'après le nombre des malades et des blessés que l'on peut prévoir.

II. *Matériel.*—Le matériel affecté au service de santé des armées actives a reçu, depuis les guerres du premier Empire, des améliorations précieuses ; et, quant au nombre des objets et à leur confection, il est dans un état tellement satisfaisant qu'il ne paraît comporter aujourd'hui que des additions ou des perfectionnements de détail.

Ce matériel comprend : 1° les caissons d'ambulance des divisions actives ; 2° le mobilier, les objets de consommation et ceux de pansement destinés au service des hôpitaux militaires temporaires.

Le matériel des divisions d'ambulance formait le chargement de cinq caissons (division d'infanterie) ou de deux caissons (division de cavalerie), d'après les articles 1078 et 1079 du règlement du 1er avril 1831. Une décision ministérielle du 21 avril 1845 a adopté un *caisson unique* qui renferme 2,000 pansements et tous les éléments d'un petit hôpital.

Le matériel d'une ambulance régulière se compose aujourd'hui, pour une division de 10,000 hommes, de 5 caissons ; pour une division de cavalerie, de 3 caissons, qui peuvent ainsi se subdiviser en sections d'ambulance, suivant le fractionnement que les opérations militaires nécessitent souvent, surtout dans la division d'infanterie, et c'est le grand avantage du caisson unique dont le *nouveau modèle* (20 *août* 1854) peut être utilisé à la fois pour le service des subsistances, du campement et des hôpitaux.

Les objets contenus dans le caisson unique sont détaillés à la *nomenclature B*. (*V.* à la fin du volume.) Le caisson se décompose ainsi qu'il suit :

Panier n° 1.—9 kilos de charpie de fil.

Panier n° 2.—9 kilos de charpie de fil.

Panier n° 3.—2 biberons;—1 seringue à piston;—1 vase en fer-blanc contenant 13 kilos d'huile d'olive ;—1 vase en fer-blanc contenant : 1 kilo d'huile à brûler; — 3 litres d'alcool à 22 degrés, en 2 flacons ; — 3 litres de vinaigre en deux flacons ; — 2 kilos d'acétate de plomb liquide, 1 flacon ; — 1 kilo de mélange solidifiable en un flacon ;—1 boîte contenant 3 kilos 500 grammes de sel gris;—50 bouchons de liége assortis ;—1 poêlon en fer battu étamé ;— 1 mortier de marbre avec son pilon de buis ;—1 pierre à repasser avec cuir dans son étui.

Panier n° 4. — 1 bidon ;— 2 bougeoirs ; — 2 cuillères à bouillon ;— 10 écuelles d'un litre ; — 1 écumoire ; — 30 gobelets ;— 2 lanternes à bougie ;—1 lanterne avec lampe et capsule ; — 10 pots à tisane d'un litre ;—1 sceau à bouillon ; —2 couteaux de cuisine ; —1 crémaillère de campagne ; —2 fourchettes à distribution ; — 2 marmites de fer battu étamé ;—1 sac d'outils.

Panier n° 5.—Grand linge à pansement ; — 6 draps ;—12 coussins de blessés, garnis ;—25 écharpes ;—5 bandages herniaires assortis;— 3 kilos 500 grammes de coton cardé dans un sac ; — 6 bandes de carton;—3 sacs à denrées ;—2 kilos de cordes ;—1 kilo de ficelle; —appareils à fractures en fil de fer : 2 pour cuisses ; — 4 pour jambes; —1 pour bras;—4 pour avant-bras. — Attelles assorties : 8 pour fractures de cuisses;—10 pour fractures de jambes ; —18 pour fractures de bras ;—20 pour fractures d'avant-bras ;—3 équerres semelles;— 5 palettes palmaires ;—1 aiguille à emballer.

Panier n° 6.—Grand linge à pansement ;—12 draps.

Panier n° 7.—7 kilos de charpie de fil ; — 2 kilos de crin frisé dans un sac.

Panier n°s 8 à 13 (1) contenant chacun : grand linge à pansement ; —150 bandes roulées assorties. — Petit linge à pansement : 300 com-

---

(1) *Composition de chaque panier numéroté* 8 *à* 13, 15 *et* 17.

30	bandes de toile dites spica, de 4 mètres de long sur 85 mill. de large.							
110	*id.*	ordinaires, de 3 mètres	*id.*	sur 60	*id.*			
10	*id.*	*id.*	de 1ᵐ,50	*id.*	sur 30	*id.*		
60	compresses grandes,		de 70 à 75ᶜ de long sur 40ᶜ de large.				1 /5ᵉ n° 1	assorties
90	*id.*	moyennes,	de 50 à 55	*id.*	sur 30	*id.*	3/5ᵉˢ n° 2	en qua-
150	*id.*	petites,	de 40 à 45	*id.*	sur 20	*id.*	1/5ᵉ n° 3	lité.
7	*id.*	fenêtrées grandes, de 70 à 75	*id.*	sur 40	*id.*			

1 paquet de compresses sans dimensions, dites lambeaux.
3 kilos de charpie.

presses assorties;—47 compresses fenêtrées;—1 paquet de lambeaux;
—3 kilos de charpie de fil.

Caisse n° 14. — 3 appareils de chirurgie (1) contenant chacun :
30 bandes roulées;—50 compresses assorties;—1 compresse fenêtrée;
—500 grammes de charpie;—1 seringue à injection;—1 boîte d'appareils;—1 capsule d'appareils;—4 petits flacons carrés;—1 verre pour
ventouse;—1 éponge;—125 grammes de sparadrap;—25 grammes
agaric amadou;—125 épingles.—Grand linge préparé : 18 bandages
de corps;—8 bandages carrés;—5 bandages en T;—8 bandages triangulaires;—40 écharpes;—5 suspensoirs.—Petit linge : 16 compresses
fenêtrées;—15 aiguilles dans un étui;—1000 épingles;—4 éponges
fines;—100 grammes de fil à coudre;—87 grammes 1/2 de fil à ligatures;—30 mètres de ruban de fil pesant 125 grammes.

Panier n° 15.—Même composition que les paniers 8 à 13.

Panier n° 16.—8 musettes de coutil, dont 4 garnies chacune de 30
bandes roulées;—50 compresses assorties;— 1 compresse fenêtrée;
—500 grammes de charpie.

Panier n° 17.—Même composition que les paniers 8 à 13.

Panier n° 18. — Grand linge préparé : 5 bandages à fractures de
cuisses ; — 5 bandages de jambes ; —5 bandages de bras ; — 5 bandages d'avant-bras ;—6 coussins de blessés, garnis;—1 pour cuisses;
— 2 pour jambes ; — 2 pour bras ; — 2 pour avant-bas. — Attelles :
2 équerres semelles;—5 palettes palmaires.

Panier n. 19.—6 bandes de carton;—4 kilos 500 grammes de charpie de fil;—2 appareils de chirurgie garnis comme ceux de la caisse
n° 14.

Panier n° 20.—1 boîte contenant : 1 assortiment de médicaments;
— 21 flacons assortis;— 2 pots de faïence;—24 sondes d'homme;—
2 sondes œsophagiennes;—1 spatule à grains;—1 trébuchet; 10 broches de liége;—1 boîte à amputation et à trépan n° 2 avec étui ;—
1 boîte de couteaux de rechange n° 4 avec étui;—1 boîte contenant
2 kilos de gomme arabique ; — 2 kilos de sucre; — 2 kilos de cire
jaune; — 1 kilo de sparadrap; — 1 boîte contenant 30 bougies stéariques;—30 bougies de cire;—1 boîte contenant 5 mains de papier;
—24 plumes;—3 canifs;—6 crayons;—1 kilo de savon;—8 tabliers

---

(1) *Composition de chaque appareil de chirurgie.*

5 bandes de toile dite spica, de 4 mètres de long sur 80 millim. de large.				
20	*id.*	ordinaire, de 3 mètres de long sur 60 millim. de large.		
5	*id.*	*id.*	de 1m,50 *id.* sur 30 *id.*	
10 compresses grandes,	de 70 à 75e de long sur 40e de large.	1/5e n° 1	assorties
15	*id.*	moyennes, de 50 à 55 *id.* sur 30 *id.*	3/5es n° 2	en qua-
25	*id.*	petites, de 40 à 45 *id.* sur 20 *id.*	1/5e n° 3	lité.

1 compresse fenêtrée grande, de 35 à 40e de long sur 40e de large.
500 grammes de charpie.

Nota. — Même composition que ci-dessus pour chaque musette appareil.

d'officier de santé ; — 6 tabliers d'infirmiers ;—14 serviettes ; —8 torchons ;—3 encriers de corne ; —2 bougeoirs ;—1 lanterne à bougie; —1 boîte à briquet ; —15 aiguilles dans un étui ; — 100 grammes de fil à coudre ;—500 grammes de coton cardé ;—3 appareils de chirurgie comme ceux de la caisse n° 14.

Caisse n° 21. —Grand linge préparé : 18 bandages de corps ;—8 bandages carrés ; — 5 bandages en T ; — 8 bandages triangulaires ;—40 écharpes ;—5 suspensoirs ;—14 compresses fenêtrées ;—petit linge; —15 aiguilles dans un étui ; —1,000 épingles ; — 4 éponges fines ; —100 grammes de fil à coudre ; —87 grammes 1/2 de fil à ligature ;—30 mètres de ruban de fil pesant 125 grammes.

Objets en vrac. —3 couvertures de laine grise sous enveloppe ;—3 sangles de brancards ; — 6 bretelles de brancards ; —6 hampes de brancards ;—1 porte-hampe ;—1 table d'opération, à dossier ; —1 bêche ;—1 hache ;—1 pioche ; —1 serpe ; —1 scie à main ;—1 cadenas pour fermer le caisson, etc.

En récapitulant les quantités de linge à pansement et de charpie réparties dans les appareils, caisses ou paniers faisant partie du chargement du caisson d'ambulance, on trouve 163 kilos de grand linge à pansement représentant : draps, 18; bandes roulées (spica), 300; *id.* ordinaires, 1260; bandages de corps, 36 ; *id.* carrés, 16; *id.* en T, 10 ; *id.* triangulaires, 16; écharpes, 105; suspensoirs, 10; bandages à fractures (préparés avec attelles) de cuisses, 5 ; coussins des blessés, 18; sacs, 10; 114 kilos de petit linge à pansement représentant : compresses assorties, 3,000; *id.* fenêtrées, 100; *id.* sans dimension, dites lambeaux, 8 paquets, et charpie, 60 kilos, soit :

Bandes roulées.	de 4 mètres de longueur.	300	
	de 3 mètres de longueur. 1120		1260 } 1560
	de 1m,50 de longueur. 140		

Compresses (1).	grandes, 2/10es de la totalité, ou.	600	
	moyennes, 3/10es *id.* ou.	900	3000
	petites, 5/10es *id.* ou.	1500	
	sans dimension, dites lambeaux, au poids pour appoint.		

Ressources en pansement que présentent ces quantités :

Pansements généraux.		1500	
Id. spéciaux (fractures diverses).		20	
Id. accessoires, tels qu'écharpes, bandages de corps.		210	2000
Grand linge pour réserve et pansements imprévus.		270	
Charpie à raison de 0,30 grammes par pansement.		»	

Indépendamment de ce matériel affecté aux divisions actives, il est formé au quartier général et sur les derrières de l'armée une réserve d'effets, denrées, objets de consommation, objets de pansement et

----

(1) La quantité de bandes et compresses indiquée comme devant entrer dans chaque panier est calculée au minimum ; leur nombre pourra augmenter en raison de la qualité du linge pour arriver au poids déterminé pour chaque espèce de linge.

médicaments dont l'importance est déterminée par le Ministre, pour assurer le renouvellement des divisions d'ambulances et la formation des hôpitaux temporaires. (*Id., art.* 1080.)

L'intendant en chef pourvoit à l'entretien et au remplacement des réserves en matériel, soit par des demandes au Ministre, soit suivant qu'il y est autorisé par voie d'achats, d'emprunts, d'appels et de réquisition, ainsi qu'il est prévu au titre IV du présent règlement. (*Id., art.* 1081.)

Les instruments de chirurgie sont expédiés des magasins de l'intérieur, en caisses complètes, qu'on distingue en caisses à amputation, caisses à trépan et caisses des couteaux de rechange ; leur composition est indiquée dans l'état des instruments de chirurgie, formant la nomenclature n° 1 de l'instruction du 26 février 1859. (*Id., art.* 1082.)

Il n'est employé dans les ambulances et hôpitaux temporaires aux armées que des demi-fournitures, consistant en une paillasse, un sac à paille et une couverture, trois draps, trois chemises et trois coiffes de bonnet pour chaque malade. On ajoute au nombre des demi-fournitures reconnues nécessaires un dixième de fournitures complètes pour les blessés et les officiers. La nomenclature M indique la composition du matériel pour des hôpitaux de 100 et 500 malades. (*Id., art.* 1083.)

Ces dispositions réglementaires ont été complétées par une instruction du 25 janvier 1831 pour la manœuvre des caissons d'ambulance, modifiée par la décision du 4 octobre 1832 ; nous en faisons seulement un extrait pour ce qui concerne les officiers de santé.

Le placement, dans les hôpitaux militaires d'instruction, d'une division complète d'ambulance a pour objet :

1° De faire connaître aux officiers de santé toutes les ressources en objets de pansement et en médicaments qu'ils y trouvent sur le terrain ;

2° De familiariser les officiers d'administration avec les différentes parties de l'arrimage de chaque caisson, afin que, connaissant parfaitement leur composition, ils puissent diriger les infirmiers-majors et infirmiers ordinaires dans les diverses manœuvres à exécuter par ces derniers, lesquelles consistent principalement à bien distinguer toutes les parties de l'arrimage des différents caissons, et à les enlever et replacer avec toute la célérité, l'adresse et la précision nécessaires.

Les officiers de santé, bien qu'ils ne doivent être occupés sur le terrain que de l'exercice de leur art, ont besoin cependant de connaître en détail les divers objets réunis dans les ambulances, pour les pansements à faire ou les secours à donner aux blessés ou aux malades de l'armée. Témoins de la manœuvre des caissons, ils en apprécieront les ressources, et jugeront mieux de celles que l'administration peut leur fournir.

Les chefs feront remarquer à leurs subordonnés la composition des divers appareils en bandes, compresses et charpie ou en objets accessoires.

Ils leur indiqueront les différents bandages préparés et les médicaments qui sont mis à leur disposition.

Ils appelleront leur attention sur l'utilité : 1°de n'employer que ce qui est rigoureusement nécessaire, afin de ménager les ressources ; 2° de conserver toujours le classement des objets, pour pouvoir trouver avec plus de promptitude et de célérité ceux dont ils ont successivement besoin.

Le sous-intendant fera, quand il le jugera convenable, répéter les manœuvres sur le terrain, et fera désigner par les chefs de service les officiers de santé et d'administration qui devront y assister avec le nombre d'infirmiers nécessaires.

Indépendamment des moyens d'ambulance affectés au service des divisions ou corps d'armée, chaque régiment est pourvu, au moment d'entrer en campagne, de *cantines régimentaires*, à raison d'une paire de cantines par bataillon ou par deux escadrons. Ces cantines sont portées à dos de mulet et composées d'après les indications de la nomenclature N. (*Règlement du* 1er *avril* 1831, *art.* 1084.) Voyez à la fin du volume.

L'approvisionnement de scantines est renouvelé, suivant les besoins, d'après les ordres des intendants militaires, au moyen des ressources existantes dans les magasins des hôpitaux. (*Id., art.* 1086.)

Nous avons dit qu'en outre une décision ministérielle du 22 décembre 1839 statue que chaque bataillon d'infanterie sera muni d'un *sac d'ambulance* et d'un rouleau de fer-blanc cadenassé, renfermant des objets de premiers secours, et qu'une note ministérielle du 28 août 1840 a pourvu au même besoin pour les corps de cavalerie, en créant les *sacoches d'ambulance.* (*Voir pag.* 590.)

III. *Des moyens de transport.* — Les moyens de transport ont aussi reçu des améliorations. Anciennement, pendant les guerres de la République et de l'Empire, indépendamment de l'équipage d'ambulance, il était remis au corps ou parc d'ambulance un certain nombre de voitures à loyer ou de réquisition, lesquelles étaient destinées au transport des malades ou blessés des dépôts d'ambulance sur les hôpitaux de première et deuxième ligne. Les améliorations que Percy et Larrey firent apporter au matériel d'ambulance furent surtout précieuses au point de vue de la promptitude des secours à donner aux blessés ; c'est à ces grands maîtres que nous devons en effet la création des moyens de faire arriver la chirurgie jusque parmi les combattants. Les *wurtz* de Percy, comme les *ambulances volantes* de Larrey, ont donné les résultats les plus satisfaisants. Mais les moyens de transport et d'évacuation sont restés pendant longtemps imparfaits et insuffisants, et on cite de grandes batailles de la fin de l'Empire où il est resté des blessés sur le terrain pendant plus de vingt quatre heures. Aujourd'hui on a perfectionné d'une manière remarquable les moyens de relever les blessés du terrain du combat, ainsi que ceux destinés à leur transport au dépôt d'ambulance ou à leur évacuation la plus commode et la plus prompte possible sur les hôpitaux voisins. Ainsi, les *brancards*, les *litières*, les *cacolets* portés par des mulets de bât, de petites voitures légères (comme la *voiture-Masson*) susceptibles de passer dans les chemins les plus étroits et les plus rudes, sont des moyens de transport ajoutés aux caissons des équipages militaires suspendus sur des ressorts, et c'est grâce à ces moyens ingénieux de vectation qu'il est devenu possible en Afrique d'enlever immédiatement tous les blessés d'un champ de bataille et de leur faire suivre pendant de longues journées de marche des colonnes expéditionnaires. Ajoutons encore que les malades sont en bon air et en plein jour, et que le mouvement comme les distractions de la route ne peuvent donner que des résultats favorables à leur entier rétablissement.

L'administration de la guerre s'est, du reste, préoccupée encore, dans ces derniers temps, de perfectionner les moyens de transport des blessés.

Voici la description des voitures spéciales qui ont été construites pour accompagner l'armée d'Orient en Crimée (1854) : Elles sont suspendues, légères, solides, élégantes même ; portées sur quatre roues, elles peuvent tourner sur elles-mêmes pour faciliter leur mouvement, et elles sont conduites indifféremment avec deux chevaux ou un seul cheval, quand les circonstances l'exigent. Trois blessés peuvent prendre place sur la banquette de devant, où l'on monte avec facilité. Le derrière forme une caisse fermée, disposée de manière à recevoir deux civières munies de bras à coulisses, afin d'éviter les secousses ; ces civières roulent sur des galets, quand on les introduit dans la voiture. L'intérieur et les civières sont garnis d'une matelassure recouverte de toile cirée d'une disposition nouvelle imitant la basane, ce qui rend facile une grande propreté. Les bagages et les armes des blessés peuvent être recueillis et placés dans des coffres fermés de côté par des toiles métalliques qui permettent de s'assurer que rien n'est oublié. Jusqu'à la forme des glaces et des persiennes, tout y est ménagé de manière à rendre le service facile.

Les malades marchent avec les équipages. Les chevaux des équipages et les voitures sont sous les ordres des vaguemestres, et ne marchent jamais avec les colonnes : il n'est fait d'exception que pour la voiture du commandant en chef et pour celle des généraux blessés ou malades.

Lorsque le général juge nécessaire de faire marcher avec les colonnes les voitures d'artillerie et celles d'ambulance, il indique le rang que prendront ces voitures. (*Ordonnance du 3 mai* 1832 *sur le service des armées en campagne*, art. 132.)

Les voitures auxquelles les officiers ont droit forment une division séparée dans la composition d'un convoi : l'ordre de marche pour ces dernières est réglé d'après le rang des officiers auxquels elles appartiennent. (*Id., art.* 141.)

Les équipages des officiers de santé en chef font partie de ceux du grand quartier général, et marchent après ceux des officiers de l'intendance, d'état-major et de gendarmerie. Le même ordre est suivi dans la marche des équipages des quartiers généraux de division, et de ceux des brigades et des régiments. (*Id., art.* 164.)

IV. *Du service de l'ambulance.* — Chaque ambulance divisionnaire se subdivise en deux sections : *réserve d'ambulance* et *ambulance active.*

La section active de l'ambulance se subdivise elle-même, au moment du combat, en *ambulance volante* et *dépôt d'ambulance.* (*Règlement de* 1831, *art.* 1102.)

L'ambulance volante est placée à l'avant-garde, avec deux officiers de santé, un officier d'administration et deux infirmiers, pour porter des secours partout où ils sont jugés nécessaires. (*Id., art.* 1103.)

Si la nature du terrain s'oppose à ce qu'on puisse l'aborder avec le caisson, on doit prendre quelques-uns des paniers et les charger sur un des chevaux de l'atelage. (*Id., art.* 1104.)

L'autre partie de la section active forme le dépôt d'ambulance sur lequel sont dirigés ou transportés les blessés pour y être pansés immédiatement. (*Id., art.* 1105.)

Ce dépôt doit être placé dans une grange ou maison isolée, ou dans un endroit abrité, ayant, autant que possible, de l'eau dans son voisinage. (*Id., art.* 1106.)

Un drapeau rouge, placé sur le point culminant du dépôt, sert à diriger ou les blessés ou ceux qui les transportent. (*Id., art.* 1107.)

L'officier d'administration chargé du service de l'ambulance reçoit, sur son emplacement, les ordres du sous-intendant, qui prend ceux du chef de l'état-major. (*Id., art.* 1108.)

L'emplacement du dépôt d'ambulance n'est jamais difficile à trouver dans les contrées où nous sommes appelés à faire la guerre, car, en Europe, il est rare qu'on ne rencontre pas une maison abandonnée, une ferme, où l'on puisse recevoir les blessés. On aura, du reste, toujours la ressource, à défaut d'autre abri, des tentes du modèle d'infanterie (de 16 hommes), et, en cas de séjour, des cabanes construites rapidement au moyen de branchages et de paille.

L'officier comptable d'une ambulance placée sur le terrain doit faire décharger ses caissons en se bornant au strict nécessaire, afin de rendre le rechargement plus facile et plus prompt en cas de mouvement. Il monte le service de la tisanerie et entretient une marmite de précaution, pour laquelle le sous-intendant détermine la quantité de viande présumée nécessaire. (*Id., art.* 1109.)

Pendant qu'on fait ces dispositions, une partie des officiers d'administration, infirmiers-majors et infirmiers, est détachée derrière la ligne avec des brancards pour relever les blessés et les transporter au dépôt de l'ambulance. (*Id.*, *art.* 1110.)

Les jours de combat, les infirmiers sont divisés en deux portions : les uns restent à l'ambulance pour aider les officiers de santé dans les soins variés que réclament les blessés amenés du champ de bataille ; les autres, quand les circonstances le permettent, viennent sur la ligne enlever les blessés, pour les conduire à l'ambulance, autant que possible, sur la désignation des officiers de santé, seuls capables d'apprécier les blessés qui exigent de plus prompts secours. (*Art.*131 *de l'instruction du service des infirmiers auprès des malades aux ambulances, 25 août 1845.*)

Tout militaire blessé est reçu à l'ambulance, et, après avoir été pansé, il est ou dirigé sur son corps, ou évacué sur l'hôpital le plus voisin, suivant la gravité de sa blessure. (*Id.*, *art.* 1087.)

Dans le premier cas, l'officier comptable doit le porter sur un état particulier, indiquant ses nom et prénoms, à quels régiment, bataillon ou escadron et compagnie il appartient, et à quelle partie du corps il est blessé. (*Id.*, *art.* 1088.)

Dans le second cas, l'officier comptable l'inscrit sur son registre d'entrée, et lui remet un billet de sortie par évacuation. (*Id.*, *art.* 1089.)

On suit autant que possible, dans les hôpitaux temporaires, en ce qui concerne les admissions, sorties et évacuations, les mêmes formalités que dans les hôpitaux de l'intérieur. (*Id.*, *art.* 1090.)

Le traitement des malades et blessés, ainsi que le régime alimentaire et le régime curatif, sont réglés dans les hôpitaux de l'armée, autant que permettent les circonstances et les localités, de la même manière et sur les mêmes bases que dans les hôpitaux permanents. (*Id.*, *art.* 1091.)

L'officier d'administration comptable de l'ambulance assure la prompte évacuation de tous les blessés sur les hôpitaux les plus voisins, avec les moyens de transport qui ont dû être préparés à l'avance par les soins du sous-intendant. (*Id.*, *art.* 1111.)

Dans les terrains trop secs ou trop humides, les cadavres doivent être recouverts d'une couche de chaux vive sur laquelle on verse une quantité d'eau suffisante pour la faire dissoudre en totalité avant de combler les fosses avec de la terre.

Les fosses doivent être creusées dans des dimensions telles, qu'elles soient toujours recouvertes d'au moins un mètre d'épaisseur de terre.

A défaut de ces moyens, les corps doivent être brûlés. (*Id.*, *art.* 1113.)

§ 2. — Des hôpitaux temporaires ou de ligne.

Le traitement des malades et des blessés se fait dans des hôpitaux temporaires établis à partir de la base d'opérations sur les lignes d'évacuation. On les subdivise en hôpitaux de 1re, de 2e et 3e ligne.

Le choix des emplacements est fait par l'intendant en chef, d'après l'avis des officiers de santé en chef ou principaux, pour tout ce qui a rapport à la salubrité, et de l'officier d'administration en chef ou principal, pour tout ce qui tient à l'ordre, à la facilité, à la sûreté du service. (*Règlement de 1831, art. 1115.*)

Les hôpitaux de première ligne doivent être le plus à portée qu'il est possible des ambulances, pour rendre le premier transport des blessés moins fatigant. Les hôpitaux des trois lignes ne doivent être, autant que possible, distants les uns des autres que d'une faible journée de marche, afin de rendre les évacuations plus faciles. (*Id., art. 1116.*)

On aura égard, dans le choix des emplacements, à la facilité des transports ou par terre ou par eau. (*Id., art. 1117.*)

Les hôpitaux affectés aux galeux et vénériens étant des établissements spéciaux qui ne doivent avoir aucune communication avec les autres, peuvent être placés hors de la direction des lignes d'évacuation, mais à des distances qui n'en soient pas trop éloignées. (*Id., art. 1118.*)

Ces hôpitaux spéciaux ont presque disparu aujourd'hui ; ils étaient nécessaires autrefois dans nos grandes armées, et devaient recevoir les affections vénériennes graves, et les gales rebelles ou compliquées. Les militaires affectés de gales ou de gonorrhées simples étaient traités sous la tente pendant cinq mois de l'année, de mai à octobre, dans le Midi, et pendant quatre mois, de juin à octobre, dans le Nord. Les galeux étaient réunis sous des tentes séparées, sans communication avec les autres tentes. Les officiers de santé attachés aux corps d'armée étaient chargés de leur traitement sous la surveillance du chirurgien du camp le plus ancien. (*Arrêté du 24 thermidor an VIII, art. 69 à 84.*)

On doit éviter également de placer les hôpitaux, soit dans les endroits trop populeux, soit dans les lieux trop écartés où les ressources seraient moins abondantes. (*Règlement de 1831, art. 1119.*)

Autant que possible on doit les placer hors des villes, dans des endroits où ils peuvent être fortifiés ; quand on les établit en rase campagne, on construit des baraques et un blockaus pour les défendre. Les salles doivent être spacieuses.

Les approvisionnements de ces hôpitaux sont faits au moyen de ceux du quartier général de la section de réserve ou de réquisitions faites dans le pays.

Dans les hôpitaux temporaires, les malades doivent être couchés sur des lits à tréteaux ; à défaut de tréteaux, les paillasses sont, autant que possible, posées sur des planches.

Les dispositions relatives aux inhumations, prescrites plus haut dans ce chapitre, sont applicables aux hôpitaux temporaires. (*Règlement de* 1831, *art.* 1122.)

Les évacuations des blessés d'un hôpital temporaire à un autre sont faites d'après les instructions tracées par le règlement sur les évacuations collectives.

Après leur guérison, les soldats rejoignent leur corps, ou sont dirigés sur un dépôt de convalescents.

Il ne faut pas s'attendre, disent MM. Maillot et Puel (1), à trouver dans ces hôpitaux improvisés toutes les ressources qui abondent dans nos établissements de l'intérieur ; cependant, avec du zèle et de l'intelligence, on parviendra souvent à pourvoir à tous les besoins et à remplir presque constamment les indications importantes.

On ne sera jamais, en Europe, réduit à ce dénûment absolu des plaines incultes de l'Afrique, où l'on ne trouve absolument rien, pas même de la paille ou du foin pour coucher les malades, pas même une maison en ruine pour leur fournir un abri. Dans les campagnes continentales de la République et de l'Empire, on pouvait, à l'aide de réquisitions, se procurer ces choses de première nécessité, que, sans trop de difficultés, l'on trouvait dans les villes et les campagnes ; partout au moins il y avait ou une église, ou une grange pour y déposer les blessés et les malades. Mais en Afrique, rien, rien qu'un soleil brûlant et un sol desséché pendant l'été, rien que des pluies abondantes et des mers de boue pendant l'hiver. Là, on a rencontré, et longtemps encore on rencontrera, des obstacles que nos prédécesseurs n'ont pas connus ; les règles qu'ils nous avaient transmises n'ont pu y trouver leur application.

Dans les pays habités et civilisés de l'Europe, on trouve généralement à assurer un bon service hospitalier à la suite des armées ; constamment on trouve dans les villes, et même dans les campagnes, des bâtiments propres à être convertis en hôpitaux. Ce sont ou des églises ou des manufactures, des couvents ou des châteaux.

Les églises sont les constructions qui conviennent le moins : elles sont presque toujours froides ou humides ; il est très-difficile de les échauffer à cause de leur élévation ; l'air aussi s'y renouvelle difficilement ; leurs nefs voûtées offrent des inconvénients fort graves : les miasmes s'y accumulent en grande quantité, et peu à peu contaminent l'air au point de faire prendre un caractère typhoïde à toutes les affections. Ces considérations nous semblent suffire pour prouver la justesse de notre assertion, et expliquer notre répugnance à déposer les malades dans ces édifices.

---

(1) *Aide-mémoire*, page 450.

Les manufactures, les vastes ateliers sont bien préférables. Généralement, ces établissements sont bien construits et placés dans des lieux salubres; ils présentent ordinairement des salles assez vastes et assez aérées pour pouvoir être converties de suite en salles de malades : on n'a le plus souvent qu'à y placer des lits.

Les couvents réunissent aussi toutes ces conditions. On sait, en effet, que leurs habitants, plus instruits que la plupart de leurs contemporains, avaient su, dans les derniers siècles surtout, choisir parfaitement l'emplacement de leurs habitations. Bonne exposition, aération facile, construction bien entendue, voisinage d'eau, de bois, de pays fertile, rien, sous le rapport sanitaire, ne leur manquait. En abattant les cloisons des cellules, on a de suite des salles convenables. On trouve dans les monastères des cuisines, des fours, des caves, des latrines, enfin tous les accessoires d'un hôpital. Ce sont donc ces bâtiments qu'il faudra prendre de préférence, toutes les fois qu'on pourra le faire sans nuire aux religieux qui les habitent. Souvent, dans nos guerres, il a fallu recourir à leur hospitalité, partager leur pain et leurs demeures; on ne les a jamais en vain sollicités. Ils ont su s'imposer les privations les plus grandes pour venir au secours de nos pauvres malades. Nous aimons à croire que s'ils ont eu à subir des vexations, ce n'est pas par les officiers de santé qu'elles leur sont arrivées.

Dans les campagnes actives, pendant lesquelles de grandes masses d'hommes se portent rapidement sur un point éloigné, on manque même des demi-fournitures indiquées par l'art. 1083 du règlement. Le plus souvent, dans les premiers jours au moins, il faut se résoudre à coucher tout habillés les malades sur la paille ou sur le foin qu'on étend dans les chambres, et même jusque dans les corridors, car il est des circonstances où il faut tirer parti de tout.

Lorsque, par suite de la difficulté des transports, on en est réduit à ce que nous indiquons, il faut en toute hâte faire frapper de réquisitions le pays dans lequel on se trouve, et faire donner par les habitants le plus de couchages possible pour le service des hôpitaux.

Une des meilleures dispositions que l'on puisse prendre alors, c'est de faire confectionner de suite un grand nombre de paillasses. Lorsqu'elles sont bien faites, elles sont tout aussi bonnes que des matelas; elles sont peut-être même préférables, en ce sens, que, dans certaines maladies épidémiques, on peut promptement les laver, en brûler la paille et la renouveler, ce qu'on ne peut faire pour les matelas. Pour notre propre compte, nous pensons que, pendant l'été, et surtout dans les pays chauds, il n'y a aucun inconvénient à coucher les malades sur les paillasses. Il n'y a d'exception à cette règle générale que pour les affections d'une longue durée jointe à une gravité extrême, telles que les affections typhoïdes.

Il est aussi une foule d'objets qui sont d'une première nécessité et qu'il faut absolument se procurer par cette voie rigoureuse des réquisitions. C'est ainsi qu'il faut des vases pour contenir les boissons des malades, leurs aliments, etc.

Dans les hôpitaux temporaires, on est souvent exposé à manquer de linge, de charpie et de médicaments. Cette détresse se ferait bien plus souvent sentir encore, si une sage prévoyance ne présidait dès le principe à leur emploi : aussi nous rappellerons avec Bégin combien il importe de ménager les ressources dont on peut disposer. Des appareils légers, pour lesquels on n'a prodigué ni le linge ni la charpie, sont d'ailleurs plus facilement supportés par les blessés que ces tamponnements considérables, maintenus avec force, et qui, exerçant des compressions douloureuses, accumulent de la chaleur dans les parties, et favorisent le développement d'inflammations traumatiques excessives. Souvent on supplée avec avantage aux bandes et aux compresses à l'aide d'emplâtres agglutinatifs circulaires qui environnent les parties, sans les trop presser et en leur permettant encore de se développer par la tuméfaction dont elles doivent devenir le siége. (1)

La charpie ordinaire, dit encore Bégin, peut, sans inconvénient, être supprimée. D'un prix actuellement élevé, et difficile à se procurer en quantité suffisante, elle contracte en peu de mois, par l'entassement dans les tonneaux, une odeur désagréable de moisissure et, selon toutes les probabilités, des propriétés malfaisantes, qui contribuent sans doute au développement de la pourriture d'hôpital et des autres dégénérescences des plaies qui sont si fréquentes à l'armée. Les chirurgiens militaires savent d'ailleurs que l'on a toujours au besoin substitué à la charpie des étoupes, sans que cette substance ait agi moins favorablement que l'autre. Choisie avec soin, coupée en morceaux longs de 15 à 18 centimètres, blanchie au chlorure et convenablement cardée ensuite, l'étoupe devient fine, molle, soyeuse, absorbante, et offre tous les avantages de la charpie, sans présenter aucun des inconvénients dont nous avons parlé. Cette nouvelle charpie, due à Gama, et dont les excellentes propriétés ont été constatées au Val-de-Grâce, sera aussi économique que profitable pour les approvisionnements des ambulances et des hôpitaux temporaires. (2)

Quant aux médicaments, on comprend facilement combien il faut se prêter aux circonstances et comme on doit simplifier sa thérapeutique. Il faut aussi peu que possible multiplier les variétés des tisanes, des potions, en un mot de toutes les préparations médicamenteuses. Qui ne sait, au surplus, que, avec un très-petit nombre

---

(1) *Dictionnaire de médecine et de chirurgie pratiques*, article *Ambulance*.

(2) Des considérations analogues, reproduites dans une *Instruction du Conseil de santé du 25 septembre 1855*, sur l'emploi des tissus de coton et de différentes espèces de charpie et du coton cardé dans le pansement des plaies, ont déterminé l'administration à introduire pour un quart dans les objets de pansement le coton sous forme de linge, de compresses et de charpie. (Voyez *Bulletin de la médecine militaire*, tome 2, page 80.)

de ces substances, on peut répondre à tous les besoins et remplir toutes les indications ? Le vrai médecin militaire ne sera jamais polypharmaque ; il ne lui faut que quelques remèdes héroïques ; il lui suffira de savoir les doser, de savoir les combiner. Entre ses mains, des moyens qui sembleraient de faibles ressources à des hommes inexpérimentés, remplacent facilement une foule de remèdes qui souvent, aux armées, embarrassent plus qu'ils ne servent.

§ 3. — Des dépôts de convalescents.

On comprend sous cette dénomination les lieux de réunion des militaires qui à leur sortie des hôpitaux ne sont pas en état de rejoindre leurs corps et ont besoin d'un régime particulier.

Créés en cas de guerre aux armées près des corps de troupes, ou à l'intérieur dans le cas de rassemblements de troupes ou dans des circonstances spéciales, comme après une épidémie, ils sont de deux sortes, selon qu'ils dépendent du service des hôpitaux ou que l'administration et la dépense sont étrangères au service de ces derniers.

Dans ceux qui sont indépendants du service des hôpitaux, et qui sont commandés par des officiers de troupe, les convalescents sont soumis au régime militaire. Toute la solde est employée de manière à améliorer la nourriture ; celle-ci se compose de 750 grammes de pain d'hôpital, de 250 grammes de viande et de 1/2 litre de vin pur par jour.

En l'an XII, trois de ces dépôts furent établis à Boulogne, à Ostende et à Montreuil. En 1806, d'autres dépôts de convalescents furent établis d'après le même principe, à Chambéry, Strasbourg et Mayence. Enfin on y a eu recours, dans ces derniers temps, à l'armée d'Afrique, et l'on n'a eu qu'à se louer des résultats qu'ils ont fournis. (*Décision du 10 mars 1841 et circulaire du 13 avril suivant.*)

On comprend très-bien, disent MM. Maillot et Puel (1), qu'il est à peu près impossible de remettre sans transition au régime habituel des soldats qui sortent de l'hôpital encore faibles et ébranlés par la souffrance. C'est donc une très-sage mesure que de leur donner une nourriture plus appropriée à leur état, qui n'est plus la maladie, mais qui n'est pas encore la santé. On objecterait en vain qu'on pourrait éviter cette espèce d'entrave dans le service régimentaire en conservant plus longtemps ces convalescents à l'hôpital. Ce serait une grande faute, et l'on exposerait ces hommes à de grands dangers ; ils reprennent difficilement leurs forces au milieu de l'air de nos salles ; ils ne font pas assez d'exercice ; ils n'ont pas assez de distraction : aussi rien n'est plus fréquent que de les voir rechuter lorsqu'on les

_____

(1) *Aide-mémoire*, page 461.

garde longtemps, et leurs rechutes, toujours graves, sont très-souvent mortelles.

Dans les localités où les fièvres intermittentes sont endémiques, ou même dans les circonstances où elles règnent accidentellement, cette précaution est de rigueur. Sans cela, ces fièvres récidivent à chaque instant. Ce n'est pas cependant que nous pensions qu'un régime bien entendu puisse mettre infailliblement à l'abri des rechutes ; loin de là, au contraire, nous avons la ferme conviction que, quoi que l'on fasse, dans les pays à fièvres intermittentes endémiques, ces rechutes sont à peu près inévitables, et qu'il n'y a que de très-faibles différences dans leur nombre, malgré toutes les précautions de régime. Une fois que l'on a été frappé par ces maladies à marche si bizarre et qu'elles récidivent, il n'y a qu'un moyen, un seul, de se soustraire à leur fatalité : c'est l'éloignement : aussi, lorsque des corps d'armée stationnent dans des pays marécageux, il ne faut plus se contenter de mettre les soldats à un régime spécial à leur sortie de l'hôpital ; il faut établir des dépôts de convalescents, et placer ces dépôts aussi loin que possible du rayon d'action des effluves morbigènes.

Cette formation des dépôts de convalescents, dans les circonstances dont nous parlons, a encore un avantage immense : c'est que, en y envoyant les malades aussitôt qu'ils sont franchement convalescents, tous ceux qui, par exemple, sont à la demi-portion depuis deux ou trois jours, on se ménage une foule de places dans les hôpitaux proprement dits, et de la sorte on n'est pas obligé de conserver dans les casernes ou dans les cantonnements, ou sous la tente, des hommes gravement malades, faute de place dans les hôpitaux.

Mais, pour retirer de ces établissements tout l'avantage qu'ils promettent, il faut que le service s'y fasse aussi régulièrement et avec autant de sévérité que dans les hôpitaux.

Si l'on oublie ce précepte, il arrivera qu'une foule d'hommes auront des rechutes, seront pris de diarrhée, qu'ils cacheront avec soin, pour ne pas être privés d'une partie de leurs aliments; et les malheureux succomberont en grand nombre. C'est surtout dans les épidémies de fièvres intermittentes qu'on peut remarquer la vérité de cette assertion : il n'est pas de maladies où l'on puisse plus facilement tromper le médecin. Souvent, en effet, un accès déroule entièrement toutes ses phases dans l'intervalle de la visite du matin à celle du soir; d'autres fois les accès sont tellement simples, que les malades restent levés et se tiennent debout au pied de leurs lits à la visite de l'après-midi. Que de fois on s'en laisse imposer par cette apparence de santé! Il n'y a qu'un seul moyen d'éviter l'erreur : c'est de s'imposer l'obligation de tâter le pouls de tous les malades au service du soir, et de voir quelle est la température de la peau, quel est son degré de sécheresse; et nous recommandons surtout cette précaution pour le service du soir, parce que, contrairement à ce qui existe dans les localités ordinaires, c'est cette visite pendant l'après-midi qui est la plus importante dans les pays marécageux.

Ces observations pratiques, que nous consignons ici, sont de la plus haute importance ; car c'est à la répétition de ces accès, souvent si faciles à cacher, et qui paraissent aux malades n'être rien ; c'est à leur répétition, disons nous, qu'il faut rapporter la plupart des diarrhées chroniques que l'on voit si souvent si fréquentes, si rebelles et si meurtrières à la fin des épidémies de fièvres intermittentes et qui règnent d'une manière permanente et universelle dans les pays où ces mêmes fièvres sont endémiques.

Pendant les guerres d'une longue durée, il faut aussi créer des dépôts de convalescents. A la suite d'une campagne pénible où l'on a eu de grandes fatigues à surmonter et des privations de tout genre à supporter, il y a parmi les troupes un nombre prodigieux de malades. Parmi ces hommes, beaucoup restent faibles, malingres. Les conserver à l'hôpital, c'est éterniser leurs souffrances, c'est presque les vouer à la mort ; les renvoyer à leurs régiments, c'est chose impossible : ce serait encombrer les rangs de valétudinaires. Que faire donc ? Les envoyer chez eux en congé de convalescence ? Mais l'expérience a appris que c'étaient alors des hommes perdus pour l'armée. Ils obtiennent d'abord des prolongations de congé ; puis ils vont au dépôt de leurs corps, où ils restent indéfiniment ; ils ne reparaissent plus sous les drapeaux : aussi c'est avec raison que, dans les cas dont nous parlons, on a pris le parti de former désormais des dépôts de convalescents.

De la sorte, on respecte tous les droits de l'humanité, puisque les malades se rétablissent entièrement, et l'on conserve au complet les cadres de l'armée.

§ 4. — Des hôpitaux de l'intérieur.

Quant aux hôpitaux de l'intérieur, ils ne jouent qu'un rôle subsidiaire en campagne ; quand, par exemple, il y a encombrement dans les hôpitaux de ligne, il est fait des évacuations collectives sur les hôpitaux de l'intérieur. On y dirige, en général, les militaires que la nature de leurs blessures met hors d'état de servir ultérieurement, et là ils attendent leur guérison complète et leur retraite.

§ 5. — Service des ambulances dans l'intérieur.

Nous compléterons les dispositions réglementaires relatives au service des ambulances par un extrait de l'*Instruction du* 10 *avril* 1852, qui a réglé ce service pour l'intérieur.

Les dépôts d'ambulance sont établis dans des locaux appropriés à l'avance à leur destination.

Le personnel de chaque dépôt se compose de :

1 médecin-major de 1re classe ; 1 médecin-major de 2e classe ; 4 aides-majors ; 1 officier d'administration ; 2 infirmiers-majors ; 10 infirmiers.

Le matériel de chaque dépôt comprend :

1° Un caisson d'ambulance garni en raison des besoins présumés et contenant une réserve en objets de pansement de toute espèce.; 2° trente matelas, trente traversins et 60 couvertures ; 3° dix fournitures complètes avec leurs châlits ; 4° dix brancards à bretelles munis chacun d'une couverture de campement ; 5° deux voitures omnibus pour le transport des blessés, et généralement les instruments de chirurgie, les objets de pansement, les médicaments, les ustensiles et le mobilier.

A leur arrivée au dépôt d'ambulance, l'officier de santé et l'officier d'administration prennent, de concert, les mesures propres à assurer les premiers soins aux blessés. Après leur pansement, tous les blessés sont évacués sur l'hôpital militaire ou civil le plus à proximité. Les blessés dont l'état ne permet pas le déplacement sont seuls conservés dans les dépôts d'ambulance.

Chaque voiture d'évacuation est accompagnée par un infirmier assez intelligent pour remédier, pendant le trajet, aux accidents qui pourraient survenir. Cet infirmier est muni d'un carnet portant l'indication du nombre de blessés qu'il accompagne et des objets que l'ambulance peut avoir à demander. Chaque blessé est, en outre, porteur d'un bulletin d'évacuation dont les indications sont remplies tant par l'officier d'administration que par l'officier de santé, qui mentionne la nature de la blessure, les opérations pratiquées, etc.

Le personnel de chaque ambulance mobile est composé de :

1re *Demi-section.*—1 médecin-major ; 1 médecin aide-major ; 1 officier ou élève d'administration ; 5 infirmiers.

2e *Demi-section.* — 1 médecin aide-major ; 1 infirmier-major ; 5 infirmiers.

Le matériel de chaque section d'ambulance mobile se compose de :

1 guidon d'ambulance, distingué par un numéro de série ; 2 sacs d'ambulance ; 2 musettes appareil ; 2 bidons de vinaigre ; 8 brancards ; 16 couvertures ; 1 ou plusieurs voitures pour les blessés, et généralement les objets nécessaires.

Les ambulances mobiles s'établissent, au moment de l'action, le plus près possible de la ligne du combat dans un lieu à l'abri, comme rez-de-chaussée de bâtiment public, ou mieux encore boutiques suffisamment grandes ayant des tables, siéges, fontaines, etc.

L'officier d'administration fait aussitôt mettre en vue le guidon d'ambulance, prend ses mesures, et dispose des infirmiers de manière à assurer le prompt enlèvement des blessés et des morts.

Les blessés ayant reçu des officiers de santé un premier pansement, sont évacués le plus tôt possible, soit sur les dépôts d'ambulance, soit sur les hôpitaux militaires ou civils les plus voisins.

Les blessés qui, au moyen du matériel réglementaire de pansement, ont reçu les premiers soins des officiers de santé de leurs corps sont aussitôt dirigés, soit sur l'ambulance mobile de la brigade ou de la division, soit sur le dépôt d'ambulance le plus prochain, pour de là être transportés à l'hôpital par les voitures chargées de ce service, à moins que leurs corps n'aient pu, sans inconvénient, les envoyer directement à l'hôpital.

Quand une ambulance fait un mouvement, le sous-intendant militaire de la brigade, ou, à défaut, l'officier d'administration chef de service en donne avis au sous-intendant militaire attaché au quartier général de la division, en indiquant l'emplacement que l'ambulance quitte et celui qu'elle va occuper.

En cas d'urgence, les demandes sont directement adressées par les sous-intendants ou par les chefs de service, soit aux dépôts d'ambulance, soit aux hôpitaux militaires les plus voisins.

SECTION DEUXIÈME.

Logement des troupes en marche et dans les cantonnements. — Casernes de passage.

Dans les cantonnements comme dans les marches causées par des changements de garnison, les militaires sont ordinairement logés chez les habitants; ce n'est que rarement et dans certaines localités qu'ils sont réunis dans les casernes de passage.

ARTICLE PREMIER.

Logement chez l'habitant.

C'est Louis XII qui le premier régla le logement des gens de guerre chez les bourgeois; mais, jusqu'à la révolution il y en eut un grand nombre d'exempts de cette charge. La loi du 8 juillet 1791 et le règlement du 23 mai 1792 ont déterminé les obligations imposées aux citoyens, eu égard au grade du militaire qu'ils sont chargés de loger, au nombre des chambres dues aux officiers et aux différents objets qui doivent les garnir, etc.; les dispositions du règlement du 20 juillet 1824 sont venues compléter le règlement de 1792, en réglant les devoirs réciproques des habitants et des militaires. Nous donnerons une analyse de celles qu'il est indispensable de connaître.

Le logement chez l'habitant est dû : 1° aux troupes en marche et aux militaires de tout grade munis de feuilles de route qui leur attribuent cette prestation; 2° aux troupes en station dans les places ou cantonnements dans lesquels il n'y a pas de bâtiments militaires ou lorsque ces bâtiments sont insuffisants ou dépourvus de fournitures de couchage.

Il doit être fourni un lit pour deux caporaux ou brigadiers et soldats, de même que pour deux sergents ou maréchaux des logis et fourriers : il est fourni un lit pour chaque adjudant, tambour ou trompette-major, sergent-major ou maréchal des logis chef.

Les lits fournis aux sous-officiers et soldats doivent autant que possible être composés comme ceux des casernes, et il doit y avoir dans la chambre deux chaises et un banc.

L'habitant prête les ustensiles de cuisine et doit la place au feu aux troupes en marche seulement, celles en cantonnements ou en garnison recevant les prestations de chauffage. Mais il doit à celles-ci une chambre à cheminée où les soldats puissent faire la cuisine.

L'habitant doit la place à la chandelle aux hommes de troupe ; il fournit aux gardes d'écurie la lumière nécessaire pour la surveillance des chevaux pendant la nuit. Il ne doit pas être délogé de la chambre ni du lit où il a l'habitude de coucher, sans pouvoir néanmoins se soustraire sous ce prétexte à la charge du logement.

Les officiers, à leur arrivée en garnison en cantonnement, ont droit à trois nuits de logement ; pour la quatrième, ils sont tenus de se loger de gré à gré à leurs frais. — Les maires doivent veiller à ce que les habitants n'abusent pas, dans le prix des loyers, du besoin de logements où se trouvent les officiers.

Les lits qui sont fournis par les habitants pour les logements d'officiers sont garnis d'une housse, d'une paillasse, de deux matelas ou d'un seul avec un lit de plume, d'un traversin, de deux couvertures et d'une paire de draps.

Chaque chambre à lit est meublée d'une table, de chaises, d'une armoire ou commode fermant à chef, d'un portemanteau, d'un pot à eau avec sa cuvette et de deux serviettes par semaine.

Le logement d'un officier de santé doit être composé d'une chambre avec un lit et d'une autre chambre avec lit pour son domestique.

Lorsque des troupes sont en marche, les maires ou les autorités locales de chaque gîte reçoivent à l'avance avis des logements qu'ils doivent fournir. Des billets de logement sont préparés, et leur distribution a lieu par camarades de lits à l'arrivée à l'étape.

L'adjudant remet au fourrier de la compagnie de grenadiers ou de l'escadron le billet de logement de l'officier de santé. Le fourrier est tenu de reconnaître à l'avance le logement, et de s'assurer s'il présente des dispositions convenables. (*Ordonnance du 2 novembre* 1833 *sur le service intérieur, art.* 341 *et* 342.)

Il est remis au corps de garde de police, par les soins de l'adjudant de logement, une note indiquant l'adresse du logement de l'officier de santé.

Dans les gîtes qui ne sont pas des lieux de garnison, la garde de police est établie à la mairie ou dans tout autre local convenable à proximité, désigné par le maire, qui y fait fournir le chauffage, la lumière et les ustensiles nécessaires.

Il est fourni aux troupes en marche un lieu de dépôt pour leurs bagages, à proximité du corps de garde de police.

Quelquefois, dans les villages, l'étroitesse et la malpropreté des habitations des cultivateurs chez lesquels le soldat est logé, influent défavorablement sur sa santé : mais il en est complétement dédommagé par une nourriture plus abondante et plus variée, par la facilité de se livrer à différents travaux et à diverses occupations champêtres, par la pureté de l'air qu'il respire, par l'aspect riant des campagnes, qu'il peut parcourir ; enfin par les rapports qui s'établissent entre lui et la famille de son hôte, par la confiance et la gaieté qui en sont la suite et qui influent si puissamment et d'une manière si efficace sur sa santé. Dans la plupart des villes, au contraire, ordinairement l'habitant pauvre est le seul à loger le soldat, qu'il reçoit cordialement, les habitants riches préférant, pour éviter l'embarras d'avoir des militaires dans leurs maisons, les envoyer, moyennant une légère rétribution, dans des auberges le plus souvent mal famées où la morale a encore plus à souffrir que l'hygiène. Il en résulte que la plus grande quantité des soldats est logée dans les quartiers les plus populeux et les plus malsains et presque toujours dans les maisons les plus étroites et les plus insalubres. Entassés ainsi chez des logeurs de bas étage, en trop grand nombre, dans des réduits malpropres, ils y contractent facilement des maladies contagieuses, comme la gale, la syphilis, et s'y infectent de vermine. On a remarqué aussi avec raison que c'est particulièrement dans ces cabarets et ces mauvaises maisons que la discipline se relâche ; leur fréquentation amène peu à peu les meilleurs soldats à abuser de la liberté dont on les laisse jouir en route comme dans les cantonnements ; leurs mœurs s'amollissent, et avec tous les vices dépendant de l'indiscipline se développent les maladies les plus graves.

« C'est un fait reconnu, dit M. Durat-Lasalle, qu'alors que le bien-être des militaires a été l'objet de tant de sollicitude de la part du Gouvernement, que la propreté et la bonne tenue des casernes ne laissent rien à désirer, nos soldats en marche sont souvent traités comme des mendiants et relégués, amoncelés dans des galetas de logeurs où la malpropreté qui y règne est l'un des moindres inconvénients. »

Pour remédier à ces nombreux inconvénients, il est donc nécessaire que les médecins militaires, comme les officiers de troupe, visitent fréquemment les logements de leurs soldats, pour voir s'ils n'y sont pas trop nombreux, pour s'assurer que la propreté y est observée et qu'il n'y règne aucune cause d'insalubrité. Toutes ces précautions doivent être secondées par une surveillance plus exacte de la police, et l'autorité civile, qui doit régler à l'avance tout ce qui concerne le

logement des troupes de passage ou de séjour, doit sévir rigoureusement contre les individus qui font métier de logeurs au rabais et
favorisent le mauvais vouloir de ces habitants qui parviennent, au
moyen d'une faible indémnité pécuniaire, à se soustraire à la charge
du logement.

ARTICLE DEUXIÈME.

Casernes de passage.

Pour remédier à ces inconvénients fâcheux que présente le logement chez l'habitant, des mesures philanthropiques ont été arrêtées
par les administrations locales de certaines contrées. Dans plusieurs
villes, les habitants sont dispensés du logement à domicile en mettant
à la disposition de l'autorité des moyens de couchage ; dans d'autres
localités, il existe des bâtiments réservés aux troupes de passage où
le soldat se trouve à peu près dans les meilleures conditions de casernement comme dans les garnisons. Ainsi la ville de Nantes possède
une caserne spéciale destinée à cet usage, et plusieurs autres villes
ont été dotées de semblables établissements, fondés, pour la plupart,
par d'anciens militaires. Le maire d'Aurillac a cherché à concilier,
dans un arrêté approuvé par le préfet, l'obligation du logement en
nature et les intérêts des habitants, qui ont applaudi à la sagesse des
mesures qui ont été prises. Les habitants sont divisés en trois catégories ; les plus fort imposés logent seuls les militaires trois fois, et
les moins imposés une fois ; l'habitant qui s'est arrangé amiablement
avec un autre pour donner le logement, de même, que l'habitant qui
s'absente, sont tenus d'en prévenir l'autorité, afin que les billets de
logement n'entraînent pas les militaires à des courses inutiles et à de
pénibles réclamations.

Mais tous ces essais restent isolés, et la création de casernes de
passage, institution contraire, il est vrai, à la loi sur le logement des
militaires chez l'habitant, nous paraît seule devoir produire des résultats parfaits au point de vue de l'ordre, de la discipline, de l'hygiène et des intérêts du service. L'un des médecins militaires les plus
distingués, notre ami le docteur Potier Duplessy, a fort bien fait
ressortir les avantages de l'établissement de ces casernes : « Pour
peu, dit-il, que la ville où un bataillon arrive soit considérable, les
soldats perdent beaucoup de temps à chercher leur logement. C'est
une fatigue nouvelle qui vient inutilement s'ajouter aux fatigues de la
route ; la place au feu est souvent illusoire pour eux, et il leur est
quelquefois impossible de sécher leurs habits trempés par la pluie.
La préparation des aliments offre fréquemment de grandes difficultés.
Les hommes sont obligés de s'associer au nombre de trois, quatre ou
plus, et de mettre en commun la somme dont ils disposent pour se
procurer un repas convenable. Il peut arriver ensuite que chacun des

habitants chez lesquels ils sont logés s'oppose à ce que ce repas en commun soit pris dans sa maison. Il en résulte que les soldats vont faire leur repas dans des cabarets qui ont pour spécialité d'accaparer les passagers. Le bataillon qui arrive au gîte est fréquemment obligé de détacher une ou plusieurs compagnies à quelques kilomètres plus loin. C'est un surcroît de fatigues toujours fort pénible. Il faut s'être trouvé dans ce cas, après une longue étape parcourue par une pluie battante, pour connaître l'effet physique et moral que ces détachements produisent sur les hommes.

« Le service des malades, rendu déjà très-difficile par l'éparpillement des soldats, acquiert de nouvelles difficultés dans ces dernières circonstances. Quels que soient le zèle et l'activité du médecin militaire, il ne lui est pas toujours possible d'arriver assez à temps pour combattre les accidents qui ont pu se déclarer. Fatigué lui-même, obligé de se transporter la nuit dans des lieux qu'il ne connaît pas, il est dans l'impossibilité matérielle d'être légalement utile à tous les malades. Il n'est pas sans exemple non plus que des habitants se soient refusés à loger des hommes indisposés ou sérieusement malades.

« Le bataillon se trouvant disséminé sur plusieurs points, il en résulte un relâchement inévitable dans la discipline. On ignore où les hommes passent la nuit. On ne peut pas toujours les réunir à un moment donné, et, s'il y a des retardataires, on ne les trouve pas sans peine. »

Dans les casernes de passage, au contraire, « le soldat trouverait toujours une chambre salubre, un bon lit, sa soupe prête, et toutes les facilités imaginables pour réparer le désordre de son habillement et de son équipement. Il resterait toujours sous la main de ses chefs. Les malades recevraient des secours immédiats. La morale, l'hygiène et tous les services y trouveraient leur profit; et cela s'exécuterait très-facilement, l'avant-garde pouvant suffire à toutes les exigences imposées par ce nouvel ordre de choses (1). »

Ainsi l'institution des casernes de passage serait le remède le plus efficace au mal que nous avons signalé, et il est à souhaiter que le nombre de ces utiles établissements devienne de jour en jour de plus en plus considérable; et si cette idée pouvait être mise en accord avec la loi, ce serait la réforme la plus importante de l'époque concernant le logement des troupes en marche.

SECTION TROISIÈME.

Campement.

Il nous reste à examiner le logement des troupes en campagne, ou les divers modes de campement. Ce sujet intéresse puissamment

---

(1) *Revue scientifique et administrative des médecins des armées*, tome 1, page 320.

l'hygiène militaire, parce que ce n'est pas seulement en temps de guerre que le soldat est privé de ses vastes et commodes habitations, mais parce qu'il peut être appelé à camper aussi en temps de paix. C'est ainsi qu'on accoutume, dans les camps d'instruction et de manœuvres, dits *camp de paix et d'exercice*, les troupes à demeurer sous la tente ou dans des baraques, tant pour les exercer et y maintenir l'ordre et la discipline que pour les instruire, et ceux qui les commandent, des différentes opérations de la guerre.

L'intérêt de la défense et la protection à donner, le manque de casernes dans les places de l'intérieur ont souvent aussi obligé, aux époques de révolution, à loger les troupes dans des baraques; des raisons de même nature, et les travaux de colonisation en Algérie exigent également l'établissement de camps permanents à l'aide de tentes ou de baraques, qui, plus tard, sont remplacées par de solides et vastes constructions en maçonnerie, et deviennent, par la suite, des centres d'exploitation fixes, en un mot des villages, des villes.

ARTICLE PREMIER.

Règles générales des campements.

Que l'on considère le soldat sous la tente ou dans les baraques ou au bivouac, on conçoit que ces divers modes de campement influent tant sur la santé des troupes, que le médecin militaire ne doit pas ignorer les règles générales de l'art des campements.

Ce sont les officiers du génie qui sont chargés généralement de la castramétation; mais il est des circonstances où les officiers de santé, à cause de la spécialité de leurs connaissances, peuvent être consultés dans le choix du mode de campement, et sur les causes des maladies qui règnent habituellement dans certains pays : aussi doivent-ils s'attacher à connaître non-seulement les principales règles qui doivent présider à la formation des camps, mais aussi la géographie médicale de toutes les contrées où les troupes françaises peuvent être appelées à faire la guerre.

Le choix et la forme du camp sont déterminés par l'objet qu'il doit avoir. Si c'est un camp de marche, on ne consulte que la sûreté et la commodité des troupes, la facilité des communications, la proximité du bois et de l'eau, les ressources en vivres et en fourrages. Si ce doit être un camp retranché destiné à couvrir le pays, s'il doit inquiéter l'ennemi ou le tromper sur le nombre des troupes qu'il contient, on fait des dispositions dans ce but. Il est des cas, on le comprend d'avance, où le besoin de la défense doit faire taire la voix de l'hygiène; mais il faut cependant, autant que possible, que les lois de l'hygiène soient d'accord avec les lois de la stratégie. Si la permanence des camps chez les anciens et le long séjour que leurs troupes étaient en usage d'y faire, exigeaient une foule d'attentions et de précautions, qui semblent moins nécessaires aujourd'hui que leur existence n'est que passagère et momentanée, c'est à tort cependant qu'on négligerait de suivre dans leur construction les règles qui doivent les rendre salutaires.

En général, un terrain sablonneux ou rocailleux, un sol légèrement incliné pour faciliter l'écoulement des eaux pluviales, un lieu élevé et sec, de préférence exposé à l'est, abrité du côté du midi en été, du côté du nord en hiver; l'éloignement des marais, des torrents, des étangs et des mines; une distance modérée des bois, des rivières ou des ruisseaux et des forêts, sont les conditions les plus favorables l'établissement d'un camp.

Le voisinage des bonnes eaux contribue beaucoup à la propreté et à la santé des troupes. Si les eaux sont troubles, limoneuses ou altérées, on les purifiera en y établissant des fontaines filtrantes.

La différence des climats ou des saisons doit nécessairement influer sur le choix du terrain; dans un pays montagneux et froid on préférera le voisinage des bois à celui des prairies humides ou glacées; dans des climats brûlants, la proximité des rivières, des fruits et des légumes sera plus salutaire. Durant les froids de l'automne, on recherchera les cantons les plus favorables pour se chauffer ou s'y mettre à l'abri des rigueurs de l'arrière-saison.

Mais c'est surtout contre l'influence nuisible des émanations miasmatiques et marécageuses que dans l'établiseement des camps on doit le plus défendre les troupes. Lorsqu'on est obligé de camper dans des contrées marécageuses, dans des pays à terres grasses, argileuses, il est essentiel, pour prévenir les dangers auxquels on est infailliblement exposé, d'opposer des digues aux vents insalubres et aux émanations nuisibles par des murailles, ou des abatis convenablement disposés, et dans d'autres cas, il est nécessaire de favoriser la ventilation et de diriger des courants d'air par des coupes d'arbres et des percées à travers les bois.

Il faut constamment placer à l'écart et sous le vent les latrines, les voiries, les cimetières et les abattoirs; remédier à l'humidité du sol et de l'atmosphère par la construction de parapets, de fossés, de tranchées autour du camp, et par l'exhaussement de l'aire des tentes ou des baraques. Celles-ci doivent être respectivement placées à des distances convenables; leurs rues doivent être larges et bien aplanies. Dans les saisons et les pays humides, il serait même très-avantageux qu'elles fussent sablées, et que dans chaque rue et autour de chaque tente il y eût des rigoles convenablement disposées pour l'écoulement rapide des eaux.

Telles sont les conditions réclamées pour l'assiette locale des camps, et il importe, pour qu'ils soient salubres, qu'on ne s'écarte pas de ces préceptes, tant dans leur situation et leur exposition que pour leur répartition et leur assainissement.

Aussitôt que l'emplacement d'un camp est arrêté, la première opération à faire, si la terre est couverte, c'est de faucher la récolte, en commençant par le front de bandière ou tête du camp, qui doit être à l'orient, tandis que les ailes sont dirigées du sud vers le nord.

On marque ensuite sur cette ligne, avec des piquets, l'emplacement des bataillons, escadrons et intervalles. On élève, par chaque piquet, une perpendiculaire au front de bandière dans le sens de la profondeur du camp, et il ne reste plus qu'à mettre chaque bataillon et escadron à sa place, et dans cette répartition on suit les règles communes aux habitations agglomérées. On a soin de laisser des espaces vides, pour permettre la libre circulation de l'air et l'arrivée des rayons de lumière : ce sont les rues des camps.

Les bataillons doivent être éloignés les uns des autres d'environ 16 mètres ; les régiments d'infanterie de 20 mètres, les escadrons entre eux de 10 mètres ; les régiments de cavalerie de 15 mètres ; les brigades de 30 mètres, les divisions de 50 mètres ; les brigades de cavalerie de celles d'infanterie de 50 mètres ; les batteries des troupes et entre elles de 16 mètres.

De plus, on laisse ordinairement un intervalle de 200 mètres entre le front de bandière et les retranchements du camp et des deux lignes, si l'on ne campe pas sur une seule. (1)

Le mode de campement n'est pas toujours le même : tantôt les troupes sont sous des baraques ou sous la tente ; tantôt elles bivouaquent.

§ 1er. — Des baraques.

En hiver, et dans la saison des brouillards et dans les contrées humides et froides, les baraques forment les meilleurs campements ; elles résistent beaucoup mieux à la pluie et au mauvais temps que les tentes et garantissent plus sûrement du froid et de l'humidité. Mais, pour offrir ces avantages, il faut que les baraques soient construites avec soin ; ce qui exige des matériaux qu'on ne peut pas toujours se procurer à l'armée et un temps considérable qu'on ne peut jamais leur consacrer lorsqu'on est en marche : aussi, dans une armée en marche, on ne s'en sert presque jamais.

On fait des baraques de diverses sortes, en planches, en branchages, en paille, etc.; lorsque le campement doit avoir quelque durée, on l'établit rarement avec des baraques en planches ou en branchages, parce que les premiers coûtent fort cher et que les autres ne procurent pas de bons abris. On leur préfère en général les baraques dont les murs sont faits en clayonnage de branchages ou de paille ou de torchis, et dont le toit est en paille : cette dernière espèce est la meilleure.

---

(1) Voir, pour plus de détails, l'*Aide-mémoire* à l'usage des officiers du génie.

Leurs dimensions varient suivant la nature des matériaux ; en général on doit préférer les plus grandes. Les baraques pour 20 hommes doivent avoir 7 pas (de 2 pieds, 3 pas pour 2 mètres) de large sur 10 de long ; pour 16 hommes, 7 pas sur huit ; pour 8 hommes, 4 pas sur 8.

Les baraques pour la cavalerie devant contenir les selles, sont occupées par un plus petit nombre d'hommes.

Si l'on ne veut établir qu'un camp passager, on ne fait point les murs des baraques en torchis, mais simplement avec des torsins de paille sèche ; on donne aux baraques 4ᵐ,80 de largeur sur 6ᵐ,05 de longueur dans œuvre, de sorte qu'elles puissent être censées recevoir 24 hommes en y comprenant ceux de service. Ces grandes baraques exigent moins de matériaux et peuvent être faites en moins de trois jours, pour être occupées immédiatement après, tandis que les autres exigent d'abord cinq jours pour leur construction, puis cinq à six jours pour le desséchement des torchis.

Les baraques sont disposées par files perpendiculaires et par rang, parallèles à la tête du camp appelé front de bandière. Le nombre de rangs varie suivant la dimension des baraques et la force des compagnies ou des escadrons. Pour multiplier la libre circulation de l'air, les files de baraques doivent être séparées par des intervalles dont la largeur est variable et ne doit pas être moindre de 5 pas pour chaque petite rue.

Dans un camp d'infanterie, chaque compagnie a deux files de baraques ; les cuisines sont à 20 pas derrière les baraques de la troupe, successivement et séparées par le même intervalle, les baraques du petit état-major, celles des officiers de compagnies, celles de l'état-major.

L'officier de santé est placé derrière le septième peloton de son bataillon.

Les camps de cavalerie diffèrent un peu de ceux de l'infanterie, à cause des chevaux et des fourrages qu'il faut y conserver.

Chaque escadron a deux files de baraques, une par division. Les chevaux sont placés à une distance de 3 à 6 pas de la file des baraques de la division.

Les officiers de santé de chaque régiment campent ensemble derrière les escadrons de gauche, à droite des chefs de ces escadrons et à gauche du chef des escadrons du centre ; leurs chevaux sont près de leurs baraques, sur la ligne de ceux des escadrons.

Les abattoirs doivent être placés à plusieurs centaines de mètres des baraques, et jamais dans la direction du vent dominant, qui apporterait des miasmes putrides et morbifères.

Les débris des animaux tués pour les besoins de l'alimentation doivent être enfouis profondément.

Les latrines consistent en des fosses de 7 à 8 mètres de profondeur ; elles doivent toujours être placées aussi loin que possible du camp et en dehors de la direction des vents habituels. Pour la troupe, elles sont en général placées à 150 pas en avant du centre de chaque bataillon d'infanterie ou du premier rang de baraques d'un régiment de cavalerie ; pour les officiers à 100 pas en arrière du dernier rang des baraques. Chaque jour, on recouvre les excréments de la veille, d'une couche de 35 centimètres, et lorsqu'il n'en reste plus qu'un mètre de profondeur, on comble entièrement les fosses et l'on en creuse de nouvelles. Si une rivière était proche, ce serait là, et en aval du camp, bien entendu, que les latrines principales devraient être placées ; là aussi se trouverait le dépôt des immondices.

Chaque régiment a ses sources ou ses heures de puisage pour l'eau. S'il doit avoir lieu dans les rivières, on réserve l'endroit le plus rapproché de la source, pour les besoins des hommes, pour les cuisines, pour les hôpitaux ; au-dessous, on affecte le cours d'eau à l'usage des chevaux, et enfin, plus loin encore, c'est pour le blanchissage.

§ 2. — Des tentes.

L'ordonnance du 3 mai 1832 ne fait mention que des baraques pour le campement des troupes ; cependant, celles-ci doivent toujours être pourvues de tentes, lorsqu'elles se mettent en mouvement, autrement, elles sont obligées de bivouaquer, quand elles ne peuvent être logées entièrement dans les villages ; et pour les camps journaliers et même temporaires, il n'est pas de moyens de campement plus commodes et d'un plus facile transport.

Les tentes doivent être portées suivant le genre de guerre, soit par des chevaux ou des mulets de bât, soit par des prolonges de l'artillerie.

Les tentes sont en général préférables aux baraques en été et dans les pays chauds et secs ; la capacité des tentes est calculée à raison de 1 mètre carré par fantassin et de $2^m,50$ par cavalier. La tente ancien modèle, ou *canonnière*, contient 8 fantassins ou 4 cavaliers ; elle a $3^m,25$ de longueur, $2^m,60$ de largeur, $1^m,30$ de ruelle ; l'ouverture sur un des longs côtés.

La tente, *nouveau modèle*, contient 15 fantassins ou 8 cavaliers ; sa longueur est de 6 mètres, sa largeur de 4 mètres, la ruelle de 2 mètres ; l'ouverture sur le petit côté ; elle pèse 30 kilogrammes.

Les tentes des soldats et celles des officiers ont la même forme et les mêmes dimensions ; elles sont confectionnées avec un coutil fabriqué exprès et à travers lequel la pluie pénètre difficilement : les tentes doublées seront du reste encore préférables pour protéger contre l'humidité et même contre la chaleur et le froid. Depuis quelques années des ouvertures opposées, des fenêtres ingénieuses dites ventilateurs, y ont été ajoutées et permettent de neutraliser la grande chaleur. Par suite enfin des derniers perfectionnements, on a

24

pu supprimer les montants sur lesquels elles étaient contenues sans diminuer leur solidité, ce qui leur donne encore plus d'élégance et les rend plus spacieuses.

La disposition des tentes dans un camp est analogue à celle des baraques. Afin de préserver de l'humidité le sol occupé par chaque tente, on devra lui donner une pente convenable et il devra être battu et sablé, s'il est possible ; à l'intérieur, on devra creuser des rigoles ou même des tranchées pour faciliter l'écoulement des eaux pluviales.

Il est accordé à chaque officier de santé principal ou major une tente nouveau modèle, et une ancien modèle pour les domestiques.

Les aides-majors ont une tente nouveau modèle pour deux et une ancien modèle pour leurs domestiques.

Chaque régiment doit avoir une *tente-infirmerie* pour y soigner les hommes atteints d'indispositions légères ; ce sont là les *ambulances régimentaires,* d'où les malades doivent être évacués sur l'ambulance de la division qui est organisée, jusqu'à un certain point, comme hôpital temporaire.

§ 3. — Des bivouacs.

Les troupes sont quelquefois obligées, comme cela arrivait souvent pendant les guerres de la Révolution et de l'Empire, de rester plus ou moins longtemps en rase campagne exposées aux intempéries et aux vicissitudes atmosphériques, sans autres moyens pour s'en garantir, que leurs simples vêtements ou l'impuissant abri de quelques branchages et d'un peu de paille ; elles n'ont alors d'autres ressources que de faire de grands feux autour desquels se groupent et s'endorment les soldats.

Derrière une ligne de faisceaux d'armes, on établit une ligne de feux à raison de 8 à 10 hommes par foyer, plus deux ou trois rangs de baraques ou d'abris pour les soldats si l'on a le temps et les moyens d'en faire, et enfin une ligne de feux et un rang de baraques pour les officiers.

On applique, au reste, aux bivouacs pour leur établissement, les mêmes principes généraux que ceux relatifs aux camps avec des tentes ou des baraques.

La profondeur des bivouacs est à peu près moitié de celle des camps ; chaque homme y occupe 2 mètres de longueur sur $0^m,75$ de largeur on environ 2/3 de mètre carré.

« Dans la belle saison et dans les pays chauds et secs, les bivouacs ne sont pas en général très-dangereux pour la santé, mais dans les contrées chaudes et marécageuses, dans les saisons et les pays froids, lorsque la terre est humide, lorsqu'il pleut abondamment, ils deviennent la source d'affections graves ; et ils agissent d'autant plus sur la santé du soldat qu'ils réunissent leur influence à celles des marches forcées, des retraites précipitées, avec lesquelles ils coïncident le plus souvent et dont les effets sont si difficiles à prévenir. » (Biron, *Journal de médecine, chirurgie et pharmacie militaires*, t. 11.)

Cependant il est vrai de dire, ajoutent MM. Maillot et Puel (1), que dans les pays tempérés ces circonstances défavorables influent moins fâcheusement sur les troupes qu'on ne pourrait le croire au premier abord.

Il est de remarque, en effet, que les troupes bivouaquées, si elles trouvent de quoi faire du feu et des abris, ne souffrent pas beaucoup et ne donnent pas de grandes proportions de malades, si la guerre est heureuse, d'une part, si, de l'autre, l'alimentation est saine et bien assurée.

C'est sans doute à la réaction morale que donnent les succès et à la réaction physique développée par une bonne nourriture, qu'il faut attribuer cette espèce d'innocuité des bivouacs dans les circonstances que nous signalons; car, dans les cas contraires, on ne tarde pas à voir les maladies les plus graves et les plus meurtrières éclater parmi les troupes bivouaquées; elles ne peuvent plus réagir contre les causes morbides qui les frappent sans relâche. Les moyens qui les avaient soutenues leur faisant défaut, elles rentrent tout à fait dans les conditions des malheureux, qui, pendant l'hiver, manquent d'aliments et de chauffage.

En règle générale, donc, les bivouacs constituent un mode de campement nuisible à la santé des troupes, et dont l'influence ne peut être corrigée que par des conditions qui, en campagne, sont tout à fait accidentelles. Aussi, autant que possible, on doit les éviter et faire loger les troupes, surtout si l'on doit stationner quelque temps, soit sous les tentes, soit dans les baraques.

Cette condition est de rigueur dans les pays chauds, surtout dans les pays chauds et humides.

Dans ces climats, il y a entre la température du jour et la température de la nuit une différence si tranchée, que les plus terribles accidents en résultent, si on ne met les hommes à l'abri de ces grandes variations atmosphériques; ce sont des dyssenteries meurtrières et des fièvres pernicieuses foudroyantes qui viennent ravager les armées placées au milieu de ces circonstances désastreuses. Si l'on a pu faire les guerres d'Allemagne, de Prusse, d'Autriche, de Pologne, en faisant bivouaquer presque constamment les troupes, c'est que, dans ces pays tempérés, les températures diurne et nocturne sont peu différentes. Mais dans les pays chauds, en Algérie, dans nos colonies, on ne le fait jamais impunément, et de nombreuses victimes tombent par le fait seul d'une nuit passée au bivouac sans abri. Dans ces pays chauds il faut de toute nécessité que les soldats aient des tentes pen-

---

(1) *Aide-mémoire*, page 514.

24.

dant la nuit, même dans les expéditions; et, lorsqu'un camp doit avoir quelque durée, ce ne sont plus seulement des tentes qu'il faut, ce sont des baraques.

En Algérie, on fait usage des tentes ordinaires pour les campements de quelque durée, durant les travaux de route ou d'installation; mais pour les campements provisoires et les bivouacs durant les expéditions et les marches nécessitées par des changements de garnison, le soldat ne fait usage que des couvertures, du *sac* de toile, dit *de campement*, auquel on a apporté, depuis quelques années, d'ingénieuses modifications qui permettent au moyen de la réunion de deux sacs ou, pour mieux dire, deux toiles, d'en former une *tente-abri* pour deux soldats. Et ce simple moyen qui ne préserverait que bien incomplétement de l'humidité et du froid, rend néanmoins des services inappréciables, et peut suffire dans les belles saisons à empêcher les effets pernicieux du rayonnement nocturne et de la rosée.

La tente-abri peut-être faite de trois, de quatre et même de six sacs; mais en général la tente à deux ou à trois est la plus commde pour l'été, parce qu'elle laisse un côté ouvert et que les hommes y respirent plus à l'aise. Au contraire, la tente à quatre ou à six convient mieux s'il fait mauvais temps, ou dans les cas de prévision de pluie, parce qu'il est permis d'en clore parfaitement les extrémités. Les soldats d'Afrique savent bien apprécier ces avantages, et leur ingénieuse et admirable invention ne pouvait manquer d'être autorisée réglementairement (1850) et même d'être adoptée pour toute armée entrant en campagne (1854). Par décision ministérielle du 22 février 1855, le fusil employé pour dresser le sac tente-abri doit être remplacé par un support en bois arrondi d'une seule pièce, ayant 1^m 20 de hauteur, et fourni comme le sac, au compte du service du campement par les magasins de l'État.

ARTICLE DEUXIÈME.

Effets de campement. — Couchage et chauffage.

I. Les troupes sur pied de guerre ont droit suivant leur position (campées, cantonnées, baraquées, bivouaquées), à des prestations d'effets de campement. (*Instruction ministérielle du 23 mai* 1859, *art.* 23.)

Le nombre et la nature des effets de campement à distribuer aux corps ou autres parties prenantes (officiers sans troupe), varient suivant celle de ces quatre positions dans laquelle ils se trouvent. — Le droit aux prestations d'effets de campement est déterminé selon l'effectif, le grade et les fonctions des parties prenantes. (*Id., art.* 24.)

Par homme : 1 *sac tente-abri*, avec ses accessoires, 1 *couverture* (grande ou petite) et 1 *petit bidon*, garni de sa banderolle et de la capacité de trois quarts de litre.

Par 8 *hommes :* 1 *grand bidon,* 1 *gamelle* et 1 *marmite ;* 5 outils garnis de leurs étuis, 1 *pelle,* 1 *pioche,* 1 *hache,* 1 *serpe,* 1 *faucille* et 1 *faux* avec son étui et ses accessoires (aux troupes à cheval seulement).

Par 16 *hommes d'infanterie ou* 8 *hommes de cavalerie :* 1 *tente conique;* ou par 12 hommes d'infanterie et 6 de cavalerie : 1 tente elliptique.

Par officier de santé chef de service d'armée : 1 tente de conseil avec 8 pliants et 3 tentes, dont 1 pour habitation, 1 pour bureau et 1 pour domestique.

Par officier de santé major de 1re *classe :* 1 tente et 2 pliants ; par *major de* 2e *classe ou aide :* 1 tente et 1 pliant.

Les parties prenantes doivent reconnaître par elles-mêmes ou par leurs délégués légaux (un officier de santé pour le corps médical), le nombre et l'état des effets qui leur sont délivrés. — Elles doivent se servir avec soin du matériel qui leur est confié, et sont tenues de payer les pertes et dégradations provenant de leur fait. (*Id., art.* 25.)

II. La paille de couchage et de baraquement est distribuée à raison d'une botte de 5 kilog. par homme tous les 15 jours et à chaque changement de position en paille longue, ou de 7 kilog. en paille courte.

Le mode de couchage est bien différent sous la tente ou dans les baraques ; dans les baraques on peut faire usage de *hamacs* ou de *lits de camp ;* la paille seule constitue le lit du soldat sous la tente.

Aussi importerait-il, pour le préserver de l'humidité et des vapeurs terrestres, d'étendre un morceau de toile cirée ou imperméable sur la terre avant de la couvrir de terre. Les lits de camps se composent de simples claies placées sur la terre disposée un peu en pente, ou mieux encore de planches communes fixées sur six traverses en bois. Ces lits de camp sont recouverts de la paille de couchage. Leur développement se calcule à peu près à raison de $0^m 75^e$ par homme.

III. Les distributions de chauffage d'hiver pour les troupes campées ou baraquées commencent un mois plus tôt et finissent un mois plus tard que pour les troupes casernées.

Les anticipations et les prolongations sont également autorisées par les généraux commandants.

ARTICLE TROISIÈME.

Assainissement.

Si dans les bivouacs, les soldats restent exposés généralement à toutes les intempéries, à l'action des vicissitudes atmosphériques, auxquelles ils ne peuvent se soustraire que très-imparfaitement ; si dans les camps même, il est difficile de faire une application complète des règles hygiéniques relatives aux habitations, on doit avec une sollicitude constante prendre toutes les précautions et rechercher tous les moyens d'assainissement.

On doit veiller à ce que la plus grande propreté règne dans les rues, comme dans les tentes et les baraques, à ce qu'il ne séjourne, dans l'intérieur du camp, ni immondices, ni débris provenant des cuisines ou des abattoirs: Les fumiers devront aussi être enlevés exactement et jetés dans la rivière au-dessous de l'endroit destiné au lessivage.

La paille, le foin, les feuilles qui servent au coucher des hommes doivent être renouvelés fréquemment ainsi que le prescrivent les règlements militaires. Quand la paille de couchage vient à manquer, le médecin devra rechercher les moyens de substituer à la paille diverses autres substances végétales qui puissent en tenir lieu ; il devra veiller surtout à ce qu'il ne soit pas fait usage de plantes récoltées dans des lieux palustres ou seulement humides, des roseaux fangeux par exemple, mais il indiquera de préférence des plantes sèches, des ferules, des genêts, du feuillage, du fourrage.

Quelles que soient les dimensions des tentes et des baraques, elles ne contiendront absolument que le nombre d'hommes déterminé par l'espèce de chacune d'elles. Les baraques, dans l'intérieur desquelles on devra faire du feu, seront construites de manière à ce que la fumée n'y séjourne point. Pendant le jour, il faut avoir le soin de faire ouvrir les tentes et les baraques surtout aux heures où donne le soleil. Pendant la nuit, au contraire, on devra veiller à ce qu'elles soient fermées. C'est à ce moment qu'il faut défendre les soldats contre une humidité froide et pénétrante. On doit aussi les empêcher d'en sortir en chemises ou nu-pieds pendant la nuit.

Si l'on campe par un temps pluvieux, on établira des feux en avant des tentes et des baraques pendant les heures de repos. Il sera bon quelquefois d'allumer à l'intérieur des baraques des feux clairs.

Pour assainir et échauffer l'air des tentes, la combustion de bois résineux, aromatiques ou autres sera quelquefois utile. Pringle conseillait d'y brûler de l'alcool. Il serait aussi très-avantageux de faire rougir un morceau de fer ou un caillou et de verser dessus du vinaigre ou de brûler de temps à autre quelques pincées de poudre à canon. Enfin un dernier moyen de purifier l'air d'un camp, c'est d'en changer souvent la position ; l'expérience ayant prouvé que les armées qui ont souvent changé la position des camps ont éprouvé beaucoup moins de maladies que celles qui habitaient longtemps le même sol. Car quelques soins que l'on prenne à faire observer la propreté la plus rigoureuse, il est impossible qu'un terrain sur lequel des milliers d'hommes ont été entassés et la masse d'air qui les environne ne soient bientôt corrompus par la totalité des vapeurs humaines que les corps exhalent sans cesse, par celle des chevaux et autres animaux qui salissent un camp et par une infinité de causes étrangères qu'on ne peut souvent prévoir ni éviter. Des variations de temps subites et inévitables, des exhalaisons imprévues, des situations malsaines qui n'offrent que des dangers à choisir, quelquefois même des circonstances fâcheuses ou des positions nécessaires au succès des

armes, obligent très-souvent à asseoir un camp dans des lieux marécageux ou infectés et à y prolonger un séjour dangereux à la santé
des troupes. « Lorsqu'un général habile , dit Jourdan Lecointe,
n'aura pu sans courir de grands dangers, éviter de camper sur un
sol infecté ou qui tend à le devenir, il détruira en grande partie les
influence mortelles qui s'y rencontrent, en faisant ramasser quantité
de bois ou de plantes aromatiques. Il faut dans l'intérieur et aux environs du camp, en construire des monceaux pour en former des
feux, qu'on fera brûler lentement en y jetant par intervalle des filets
d'eau de source ou de rivière qui produisent des nuages et des vapeurs aromatiques propres à purifier l'air (1). »

Pour prévenir les maladies ou au moins pour modifier autant que
possible les causes qui agissent avec tant de force sur les soldats
campés, on ne peut que recourir à un heureux choix d'aliments, de
boissons et d'exercices appropriés à la saison, à la température, au
climat et aux circonstances locales.

En général on ne doit point conserver de malades au camp, et s'il
venait à se manifester quelques maladies épidémiques, le premier
soin résiderait dans la plus prompte et la plus large évacuation des
malades sur les hôpitaux. « Chaque régiment doit avoir une tente
pour y placer les hommes atteints d'indispositions légères : ce sont
les ambulances régimentaires. Mais pour peu que la maladie se prolonge ou s'aggrave, il faudra envoyer ces hommes à l'ambulance
centrale, qui jusqu'à un certain point, constitue un hôpital temporaire. Cette ambulance est ordinairement établie dans une ferme ou
un village voisin, de telle sorte que, par le fait seul de sa position
rapprochée du camp, elle soit défendue contre les surprises et les
attaques de l'ennemi. On ne devra pas y conserver les hommes atteints d'affections graves ou de quelque durée. On se hâtera de faire
des évacuations sur les hôpitaux de l'arrière ; car dans ces circonstances toujours défavorables, quoi que l'on fasse, les maladies internes passent promptement et en grand nombre à l'état typhoïde ;
on ne saurait donc trop prémunir cette fâcheuse transformation qui
se termine si souvent par la mort.

« Si malgré ces précautions, les affections typhoïdes se multiplient
et exercent de grands ravages, si les fièvres rémittentes des camps
apparaissent comme endémiquement, si les dyssenteries se montrent
avec leur effrayante léthalité, il n'y a pas à hésiter, il faut abandonner
le terrain qui engloutirait une grande partie de l'armée : il vaut mieux
remettre les hommes en campagne, les exposer à des bivouacs, qui,
changés chaque jour de position, auront moins d'effets funestes que
les camps infectés. » (2)

---

(1) *La santé de Mars*, Paris, 1790.
(2) Maillot et Puel, *Aide-mémoire*, page 524.

CHAPITRE SIXIÈME.

Exercices militaires. — Mouvements.

> Rien n'est plus salutaire à la santé que l'action, le mouvement ; et, toutes choses égales, d'ailleurs, la santé du soldat se maintient mieux dans les camps qu'en garnison.

Sous ce titre nous comprenons tout ce qui a rapport aux exercices proprement dits, au service de garnison, aux gardes, aux manœuvres, aux marches et aux promenades, aux jeux militaires, aux travaux en campagne, etc. C'est dans ces conditions spéciales de la vie militaire quand les règles de l'hygiène sont méconnues, que la santé du soldat court le plus de dangers ; c'est alors, quand elle n'intervient pas d'une manière active, qu'il est atteint le plus par les maladies, et leur influence sur la santé des troupes, sur les jeunes soldats particulièrement, est si grande, que les considérations qui s'y rattachent ne doivent pas être ignorées des médecins militaires.

ARTICLE PREMIER.

Exercices des troupes en temps de paix.

§ 1er. — Exercices et marches des troupes.

I. *Service intérieur.* — Il est notoire que l'état sanitaire des garnisons est en rapport avec la mesure des fatigues qu'impose le service. Ce dernier, dans les places de l'intérieur comme pour les troupes en campagne, devrait donc toujours être réglé d'après la validité et le nombre des hommes, et selon les saisons et la nature du climat.

Chaque espèce de troupes a son genre de service. Celui du fantassin diffère à plusieurs égards de celui du cavalier ; il varie aussi selon les positions et selon les circonstances, en temps de paix ou de guerre, dans les villes ouvertes ou fermées.

Le service comprend d'abord les occupations journalières du soldat, celles qui sont réglées relativement à l'entretien de la propreté dans les chambres, à l'ordinaire, aux soins qu'il doit prendre de son vêtement et de son équipement, et pour le cavalier au soin qu'il doit apporter aussi à son cheval.

II. *Garde.* — La garde est un service fourni par chaque régiment à son tour, dans une place de guerre, de sorte qu'il revient plus ou moins fréquemment, selon la quantité d'hommes rassemblés dans la même garnison et le nombre de postes à garder. La loi du 10 juillet 1791 statue bien que la force des garnisons sera réglée de manière que, dans le cas de service ordinaire, chaque soldat d'infanterie ait huit nuits de repos et jamais moins de six, et chaque homme de troupe à cheval douze nuits de repos, et jamais moins de six ; mais il arrive souvent que le soldat monte la garde tous les trois jours, et ce n'est pas sans de graves inconvénients qu'il excède cette proportion.

Sans doute l'exercice, l'activité et la fatigue sont une nécessité pour le soldat que l'on veut endurcir au métier, mais le besoin du repos se fait toujours sentir après le mouvement, et le premier soin doit consister à maintenir l'équilibre, de façon à empêcher que l'exercice exagéré des organes n'entraîne forcément l'organisme à des prédispositions aux maladies ou ne le détériore prématurément.

La garde peut devenir nuisible à la santé par la position du poste dans le voisinage d'un endroit malsain, par les dispositions insalubres du corps de garde et par la durée des factions, selon la saison et les intempéries de l'air. Aussi convient-il de relever souvent de son poste le soldat qui est obligé de faire faction au voisinage d'un égout, d'un marais, dans un hôpital où il règne une épidémie, et surtout pendant la saison des grandes chaleurs.

III. *Exercice militaire proprement dit ; manœuvres.* — Colombier a dit : « Tout exercice continuel qui met les gens de guerre en haleine est le seul propre à leur donner toutes les qualités qu'on doit en attendre, la force, la souplesse et l'agilité. »

L'exercice journalier endurcit en effet le corps et le rend plus apte à soutenir les travaux et les fatigues de la guerre. Les peuples guerriers de l'antiquité le regardaient comme le moyen le plus propre à former de bonnes troupes, et l'on sait que les Grecs et les Romains lui durent une supériorité marquée sur les autres nations. Selon Végèce, l'empereur Léon recommandait expressément d'employer tous les moments de loisir à des exercices, pour tenir les troupes en haleine et les empêcher de se corrompre par l'oisiveté, « car la fainéantise et la paresse, ajoute-t-il, énervent après un certain temps les plus robustes qui ne peuvent plus soutenir le travail, et ne s'y livrent qu'à regret : leur courage s'affaiblit de même, ils craignent les périls et les fuient comme la fatigue. »

Les troupes doivent être exercées durant la paix au maniement des armes, aux manœuvres et à tous les genres de fatigues qu'elles doivent éprouver pendant la guerre, évolutions, marches forcées, passages de rivières, escalades de murailles, attaques de retranchement, défense de redoutes, travaux pénibles, courses réitérées. Il faut rompre les corps par degrés à toutes les attitudes pour les endurcir insensiblement. L'organisation de camps de manœuvres dits *camps de paix*, permet, jusqu'à un certain, de familiariser les troupes à ces différents genres d'exercices, et on paraît en avoir compris l'importance, surtout depuis ces dernières années.

C'est pendant l'été que les troupes sont généralement le plus exercées ; le moment le plus favorable est le matin, avant que le soleil ait acquis un certain degré de chaleur, et pour que le soldat n'en soit pas incommodé, il serait avantgeux de réitérer souvent cet exercice dans toutes les saisons et dans tous les temps au lieu de le prolonger, souvent sans but absolument utile.

L'officier de santé qui doit assister à toutes ces prises d'armes, est à même d'observer les recrues et d'enregistrer avec soin les renseignements qu'ils fournissent à ce sujet.

L'utilité des exercices de la cavalerie n'est pas moins démontrée que la nécessité de ceux de l'infanterie. Plus favorisés peut-être que les fantassins, les cavaliers trouvent dans l'exercice du cheval une dispense de fatigues et de corvées, mais ils sont, par contre, plus exposés aux lésions accidentelles et à certaines maladies telles que les hémorrhoïdes, les abcès et les fistules à l'anus, les orchites et les hernies. Il faut de plus considérer que l'inaction des pieds les expose au refroidissement qui peut amener la congélation. L'usage du suspensoir chez le cavalier prévient certains accidents graves, comme l'orchite, qui peuvent être causés par les mouvements naturels du cheval; il n'est pas moins indispensable au fantassin dans les pays chauds.

IV. *Marches; promenades.* — Les promenades militaires sont un des moyens de préparer peu à peu les jeunes soldats aux fatigues de la guerre. L'exercice de la marche est favorable à la santé quand il est modéré, comme il peut nuire quand il est porté trop loin ; aussi réclame-t-il toute la surveillance de l'hygiène. Les marches doivent être mesurées sur la constitution des troupes, les influences de température et la nécessité des circonstances ; elles doivent être coupées par des repos fréquents. On doit avec vigilance surveiller que la vitesse des têtes de colonnes soit modérée et surtout extrêmement uniforme, c'est le moyen d'éviter beaucoup de fatigue à la troupe. L'infanterie, en prenant un pas bien réglé, peut facilement parcourir un kilomètre en 11 ou 12 minutes.

On doit faire en sorte que le soldat arrive au gîte en été avant l'ardeur du soleil, et lorsqu'il a à marcher toute la journée, malgré la fréquence des haltes, on doit en ordonner au moins deux grandes. Pour faire halte, il faut choisir en hiver un endroit découvert, sec, exposé au soleil et le plus à l'abri du vent, en été les lieux voisins des bois, des ruisseaux ou des rivières. Le soldat ne doit pas se laisser refroidir trop promptement, et il faut l'empêcher de quitter ses habits lorsqu'il est en sueur, de boire de l'eau froide, surtout dans cet état de transpiration, et de se coucher à l'ombre ou sur un terrain humide. En hiver, par le froid le plus rigoureux, on doit veiller aux retardaires qui paraissent engourdis, les empêcher d'être pris de sommeil, et à leur arrivée au gîte les obliger à se coucher et à n'approcher le feu qu'avec précaution, après avoir déjà recouvré la chaleur et le mouvement dans les parties engourdies, au moyen de frictions faites soit avec de la neige, de l'eau glacée, ou avec un morceau de flanelle ou de drap. A la fin des marches à travers la poussière, et par une journée très-chaude, on doit recommander au soldat de se laver le visage et surtout les yeux, de se nettoyer les pieds, et d'apporter la plus scrupuleuse attention à la moindre écorchure.

En Algérie, à plusieurs reprises, les commandants de colonne ont voulu éviter les accidents auxquels sont exposés les militaires qui voyagent par les fortes chaleurs de l'été, en faisant marcher leurs troupes pendant la nuit. Mais l'expérience leur a bientôt démontré tout ce qu'avait de fâcheux cette manière d'agir, qui causait un plus grand nombre de maladies et d'entrées aux hôpitaux. En effet, dans les contrées humides et marécageuses, les miasmes que la forte chaleur a répandus dans l'atmosphère pendant le jour, se rapprochent et se condensent vers la terre, à mesure que celle-ci se refroidit par le rayonnement et que le dégagement paludéen a cessé; on comprend tous les dangers de la marche à travers cette couche miasmatique. Pendant la nuit la marche est en outre très-pénible, parce que l'on a constamment à lutter contre les obstacles d'un terrain que l'on ne voit pas, et contre le sommeil dont est on privé.

L'ordonnance du 2 novembre 1833, sur le service intérieur, a réglé ainsi qu'il suit tout ce qui est relatif aux marches militaires dans l'intérieur, que ces mouvements soient opérés comme exercices pour les troupes, ou qu'ils soient relatifs à des changements de garnison.

1° *Marches militaires.* — Les marches militaires commencent dès que le régiment a exécuté l'école de bataillon, elles ont lieu d'abord une fois par semaine ; il en est fait deux depuis le 1er août ; elles cessent à la reprise générale de l'instruction.

Elles se font habituellement après la soupe du matin, pendant les grandes chaleurs, elles ont lieu après le réveil ; toutefois on ne les commence pas avant quatre heures.

Elles s'exécutent d'abord par bataillon et ensuite par régiment. Elles sont de 4 heures dans les commencements ; elles sont portées successivement jusqu'à 6 heures.

La colonne marche habituellement au pas de route, par peloton ou par section ; quelquefois, elle marche à rangs serrés et l'arme sur l'épaule droite.

Dans les premières marches, l'allure est de 100 pas par minute, à mesure que les troupes contractent l'habitude de la marche, la vitesse du pas est accélérée progressivement jusqu'à 110, 120 et même 130 pas par minute ; mais la cadence de 100 pas est toujours reprise dans la dernière demi-heure de marche. On s'attache particulièrement à ce que les distances soient exactement observées, et que les mouvements de rompre les pelotons et les sections n'occasionnent pas d'allongement dans la colonne. Dans les premières marches, les haltes sont fréquentes ; on arrive par degrés à n'en faire que toutes les deux heures.

Les marches militaires ne s'exécutent pas toujours sur la grande route ; les bataillons sont conduits dans les chemins de traverse, dans les terrains montueux et difficiles, dans les bois et même à travers champs, lorsqu'il ne peut en résulter aucun dégât.

Les colonnes s'éclairent et couvrent leurs flancs toutes les fois que le terrain le permet ; elles prennent en s'avançant comme en se retirant, dans les pays ouverts comme dans les pays coupés, et dans les défilés, les précautions qui sont nécessaires près de l'ennemi. Les compagnies envoyées en éclaireurs sont relevées souvent.

S'il se présente un terrain où il soit possible de manœuvrer, le colonel ou le chef de bataillon en profite pour faire exécuter les mouvements les plus usités à la guerre, en se couvrant, selon les circonstances, par des tirailleurs.

S'il rencontre une position favorable pour bivouaquer, il s'y établit militairement, place des grand'gardes, des petits postes et une chaîne de sentinelles ; fait occuper les points voisins dont la possession importerait à la sûreté de la troupe, envoie des patrouilles et des reconnaissances, en un mot, exécute tout ce qui est prescrit dans le service de campagne.

Le colonel prend les plus grandes précautions pour que ces exercices ne donnent lieu à aucun dégât dans les campagnes, et à aucune fausse interprétation de la part des habitants.

A la première halte, les capitaines passent une inspection du paquetage ; ils s'assurent que le sac contienne tous les effets d'ordonnance, que le soldat ne soit pas gêné dans la marche ni blessé par la chaussure. Les mauvais marcheurs sont l'objet d'une surveillance spéciale ; ils les signalent au médecin-major qui cherche à reconnaître les causes de la difficulté qu'ils éprouvent, et propose au colonel les mesures qu'il juge nécessaires pour les amener successivement à pouvoir suivre leurs compagnies.

Lorsque les marches ont lieu le matin, les capitaines veillent à ce que chaque homme porte avec lui du pain, et qu'il soit fait au compte de l'ordinaire une distribution d'eau-de-vie, ou, s'il est possible, du vin à la première halte.

Pour habituer les soldats à s'équiper et à se rassembler promptement, le colonel fait quelquefois battre à l'improviste la marche du régiment ; dès que la majeure partie du corps est réunie, il la met en route, et ne fait l'appel qu'après être sorti de la garnison ou sur le lieu du rassemblement qu'il a indiqué. (*Ordonnance citée*, art. 229.)

2° *Changements de garnison.*—C'est dans l'ordonnance du 15 juillet 1727 que l'on trouve le principe des changements de garnison. Le système des garnisons permanentes à l'instar de celles de Prusse n'a jamais prévalu depuis en France ; la question fut bien agitée dans les comités de la guerre en 1782 ; mais, avec raison, le maréchal de Contades se prononça contre. En effet, les places de garnison n'offrent pas toutes les mêmes avantages sous le rapport du climat, de la nourriture, du prix des denrées, du casernement, etc., et les résidences fixes auraient des inconvénients de plus d'un genre, au point de vue des mœurs et de la discipline surtout. Aussi a-t-on admis èn France le système des changements de garnisons alternatifs et périodiques, toutes les fois que les déplacements ne s'opèrent pas d'urgence. Aux termes d'une décision ministérielle prise en mars 1852 (1), ils ne doivent avoir lieu qu'au printemps. Les troupes qui doivent être envoyées en Afrique sont dirigées d'abord sur les places du Midi où elles commencent leur acclimatement avant l'époque de l'embarquement, qui est ordinairement fixé à la fin de l'automne ou au commencement du printemps.

Un arrêté du 1er fructidor an VIII porte, en principe, que les gîtes d'étape seront, autant que possible, choisis de manière à ce que la journée de marche soit de 30 kilomètres au moins, et de 40 kilomètres au plus, six à huit lieues de 2,556 toises.

Dans les divers changements qui ont été faits depuis à la carte et au livret des gîtes d'étapes, le même principe a servi de base. Aujourd'hui, les divers gîtes d'étape sont désignés dans le livret arrêté le 23 mai 1842 par le Ministre de la guerre.

C'est toujours par décision ou arrêté ministériel qu'a lieu la désignation des gîtes ; les intendants doivent s'y conformer, mais les communes qui ne sont pas portées sur le livret, n'en doivent pas moins le logement aux troupes.

L'ordonnance du 2 novembre 1833 a réglé le départ, l'ordre pendant la marche, les haltes, l'arrivée au gîte, les séjours, tout ce qui concerne le service des équipages, et le service relatif aux malades et aux éclopés.

Une heure et demie avant le départ, il est battu aux champs dans les quartiers occupés par la troupe ; c'est pour le départ de l'officier, des sous-officiers et soldats qui forment le logement et la garde montante, et des éclopés et malades qui ne sont point admis à monter sur les voitures. Une heure après on bat le rappel pour le départ de la troupe. (*Art.* 344.)

On commence toujours la route d'un pas modéré ; on en augmente progressivement la vitesse, lorsque l'ordre de marche est bien établi et que le soldat est en haleine. Il y a toujours à la queue de la colonne un officier de santé chargé de visiter les hommes qui ne peuvent pas suivre. (*Art.* 348.)

Un bataillon d'infanterie parcourt quatre kilomètres en 45 ou 48 minutes en prenant un pas qui est réglé par les soldats eux mêmes et qui paraît d'autant plus être naturel, qu'ils marchent avec aisance et que la vitesse signalée ne varie pas quoique les grenadiers et les voltigeurs occupent alternativement la tête de la colonne.

Les premiers jours de marche sont toujours très-pénibles, surtout

---

(1) *Moniteur de l'armée*, 1852.

pour les jeunes soldats qui n'ont pas encore fait de route. Pour diminuer la fatigue et faciliter la marche, on a recours aux haltes et à la musique.

Dans les premiers jours de route les haltes sont plus fréquentes que lorsque le soldat est habitué à la marche, elles se font toujours à quelque distance des villages ou des habitations. La première halte a lieu trois quarts d'heure après le départ. La grande halte se fait au moins à moitié chemin, elle peut durer une heure et avoir lieu dans un village. La dernière halte se fait à proximité du nouveau gîte. Le rapport doit se faire à la première halte ou à la grande halte.

Lorsqu'un soldat est indisposé, le capitaine charge un caporal de le conduire doucement jusqu'à l'étape ou de le remettre aux équipages. (*Art.* 350 *et* 351.)

La musique est un auxiliaire puissant dans les longues marches; elle anime le soldat, l'égaie et lui donne de la vigueur. Le tambour et le chant rendent, par leur rhythme, la marche plus facile, plus régulière et moins monotone; il est bon par conséquent d'y avoir recours de temps en temps.

A l'arrivée au gîte, il est battu à l'ordre et l'officier de santé doit se rendre au cercle.

L'ordre indique les distributions, la visite des malades écloppés, la tenue, l'inspection et la visite de corps; s'il y a séjour, le lieu de rassemblement, l'heure de rappel et du départ. L'adjudant fait connaître le logement du colonel, des officiers supérieurs et du médecin major. (*Art.* 354.)

A l'heure fixée, les malades et les écloppés sont visités et pansés au corps de garde de police.

L'officier de santé désigne ceux qui doivent être admis sur les voitures le lendemain, ceux à qui il est permis de placer le sac, et ceux qui doivent partir en même temps que le logement.

L'autorisation de monter sur les voitures ou d'y placer le sac est donnée *par écrit*. Les sergents de semaine se trouvent à cette visite pour prendre connaissance des décisions de l'officier de santé et en informer le capitaine. Le chef de bataillon y assiste autant que possible; le médecin-major en rend compte au lieutenant-colonel.

Les caporaux font connaître le logement des hommes de leur escouade qui ne peuvent venir au corps de garde; un des médecins va les visiter. Dans un bataillon voyageant séparément, le chef de bataillon peut être remplacé à la visite des malades par l'adjudant-major.

Le colonel prend toutes les mesures nécessaires pour empêcher les soldats d'entrer pendant la route dans les hôpitaux militaires ou civils à moins qu'ils n'y soient envoyés par les médecins du régiment. Les mêmes précautions sont expressément recommandées aux commandants de détachements; s'ils n'ont pas de médecins avec eux, ils font visiter par un officier de santé civil et en leur présence, les militaires qui demandent leur admission à l'hôpital. (*Art.* 343.)

Quand il y a séjour, il est fait appel, le matin ; tous les officiers s'y trouvent. L'inspection du séjour se passe le soir et habituellement en tenue de route ; les visites de corps ont lieu seulement pendant les séjours ; elles sont bornées à l'officier général le plus élevé en grade, et à défaut d'officier général au commandant de la place. (*Art.* 365.)

Le même jour après l'appel du matin, le médecin-major passe au corps de garde la revue des malades et des écloppés, en présence des officiers et sergents de semaine, il en fait connaître le résultat au rapport ; le soir il voit de nouveau les malades qui réclameraient des soins. Il visite dans leurs logements ou fait visiter par ses aides, ceux qui n'ont pu se rendre à la revue. (*Art.* 366.)

Des moyens de transport sont mis à la disposition des corps et des détachements en route ; si la force de ces détachements est au moins de 25 hommes les convois se composent de chevaux de bât pour les pays de montagnes et de colliers ou de voitures de convoi pour les pays de plaines.

Une des voitures porte la caisse du régiment, celle du trésorier, les registres et pièces de comptabilité courante, et la caisse de chirurgie : cette voiture marche toujours la première.

Les autres voitures sont destinées au transport des sous-officiers, caporaux et soldats malades ou écloppés, à celui des sacs des hommes autorisés à les déposer aux voitures, de la caisse contenant la comptabilité des sergents-majors de chaque bataillon, et des porte-manteaux des officiers, dont le poids, pour chaque officier, ne doit pas excéder 30 kilogrammes.

Les armes ne sont placées sur les voitures que lorsqu'il y a impossibilité de les faire porter par les hommes ; elles sont alors enfermées dans des caisses d'armes réservées pour cet usage.

Le nom des officiers est écrit sur leurs porte-manteaux ; les autres effets ne sont reçus que sur une note signée du capitaine de la compagnie ; ils doivent être étiquetés, solidement fermés et enregistrés. (*Art.* 370.)

Aucun sous-officier, caporal ou soldat n'est admis sur les voitures *sans un certificat d'un des médecins.*

Les enfants de troupes peuvent être autorisés à marcher avec les équipages ; ils montent sur les voitures lorsqu'ils ne sont pas en âge de faire la route à pied.

Un médecin marche toujours avec les équipages lorsque le régiment voyage réuni. Dans un bataillon voyageant séparément, il n'y marche que lorsque le chef de bataillon le croit nécessaire. (*Art.* 371.)

Les équipages sont, autant que possible, chargés dès la veille ; ils partent au plus tard une demi-heure après le régiment. Ils marchent de manière à s'en rapprocher, mais ne le dépassent jamais.

Le vaguemestre maintient le plus grand ordre pendant la marche.

Il ne permet à aucun homme de leur garde de s'en éloigner. Il recueille les hommes qui ne peuvent pas suivre, fait placer leurs sacs sur les voitures, et les y fait monter lorsqu'ils sont hors d'état de marcher ; le médecin les visite lorsqu'il est présent.

A l'arrivée au gîte, la garde des équipages dépose les bagages dans le local reconnu par l'officier de garde.

Il y est placé une sentinelle tirée de la garde de police.

Les porte-manteaux des officiers leur sont remis chaque jour à l'heure fixée ; les officiers les renvoient à la retraite.

Les bagages de la troupe ne sont remis que dans les séjours. (*Art.* 372.)

§ 2. — Exercices spéciaux.

I. *Escrime*. — Il est important avant tout que le soldat sache manier son arme ; et, comme l'escrime, qui lui donne cet enseignement, a aussi l'avantage de l'habituer à mettre autant de précision que d'énergie dans ses divers mouvements, on doit l'encourager à s'y livrer autant que le service le permet. L'escrime est, en effet, l'un des moyens les plus avantageux pour développer les forces et pour exercer à l'attaque ou à la défense corps à corps ; c'est aussi l'exercice qui donne le plus de souplesse et assure le plus de grâce dans le déploiement des mouvements sous les armes.

Dans chaque corps il existe une école d'escrime ; le maître et les prévôts qui le secondent fonctionnent sous la direction d'un officier, chargé de surveiller leur conduite, celui-ci les rend attentifs à prévenir les querelles, et responsables des duels qu'ils auraient pu empêcher. Les hommes de recrue sont admis à l'école d'escrime dès qu'ils passent à l'école de bataillon ou d'escadron ; les leçons d'escrime sont facultatives et il nous paraît qu'elles devraient être obligatoires. L'escrime à la baïonnette est le seul exercice connu de tous ; la pointe, la contre-pointe, l'espadon, l'escrime à cheval ou l'art de combattre avec un sabre droit ou courbe, avec la lance contre toute espèce d'armes blanches, sont les différents genres d'escrime mis en pratique dans les corps ; mais le chef qui tient à mettre les armes en honneur dans son régiment, doit encourager les assauts publics et engager les officiers à y assister, à y participer même pour leur donner plus de solennité.

II. *Equitation*. — L'équitation est le principal exercice des soldats de la cavalerie ; elle exerce une action bien prononcée sur tous les organes ; c'est un excellent stimulant des voies digestives, et on peut la regarder comme favorisant l'hématose qu'elle rend plus complète. Les ébranlements que l'on supporte dans l'équitation dépendent du terrain sur lequel marche le cheval et de ses différentes allures, et ce n'est pas toujours sans inconvénients que l'on résiste aux secousses violentes que ces allures font éprouver lorsqu'elles sont poussées à l'excès. Nous nous bornerons à indiquer que les hernies, la varicocèle, les hémorrhoïdes, les varices des membres inférieurs sont les affections auxquelles sont plus particulièrement exposés les cavaliers. Les courbatures, les furoncles et autres légers accidents qui se déclarent après les premières leçons disparaissent promptement avec l'exercice habituel du cheval.

III. *Gymnastique.* — Les jeux et les combats gymniques ont toujours été en grand honneur chez les anciens guerriers. C'est par les exercices nombreux et variés de la gymnastique que les soldats romains perfectionnaient leur éducation militaire : c'est ainsi qu'ils acquéraient à la fois plus de vigueur corporelle, plus d'agileté et d'adresse, et aussi de courage, qui n'est presque toujours que la confiance dans la force. Notre tactique moderne, surtout depuis l'invention des armes à feu, a permis d'accorder moins d'importance à ce genre d'exercices; mais comme en définitive, avant de se mettre à portée de l'ennemi, il faut marcher à lui, franchir des barrières, des fossés et autres obstacles, traverser des rivières, etc., on comprend combien il doit être avantageux pour le soldat d'être déjà habitué à des exercices violents et prolongés. Nous ne pouvons donc que nous montrer favorables à l'introduction de la gymnastique dans les corps de troupes; l'enseignement en a, du reste, été régularisé en 1847 par une instruction ministérielle dont nous faisons une analyse ci-après.

L'instruction de la gymnastique dans les corps de troupes est dirigée dans son ensemble par le lieutenant-colonel. Un capitaine spécialement chargé de l'instruction gymnastique dirige l'instruction pratique des officiers et forme des instructeurs parmi les sous-officiers et soldats qui montrent le plus de dispositions.

Jusqu'à l'âge de 30 ans, les lieutenants et sous-lieutenants sont tenus de savoir exécuter eux-mêmes les exercices gymnastiques.

En raison de l'importance de la course cadencée et de l'emploi fréquent qu'on peut en faire, tous les capitaines, lieutenants et sous-lieutenants doivent en connaître les principes et y avoir été exercés eux-mêmes.

Des théories sur le règlement de gymnastique sont quelquefois faites aux officiers par les chefs de bataillon.

La dispense permanente de la pratique des exercices gymnastiques est accordée aux officiers par le colonel après qu'il a pris, s'il y a lieu, l'avis des officiers de santé.

Elle peut être accordée aux sous-officiers, caporaux et soldats par le colonel sur la proposition du médecin-major.

Les exercices ont lieu plusieurs fois par semaine. Lorsque l'intensité du froid ou de la chaleur l'exige, le lieutenant-colonel prend les ordres du colonel pour faire rompre ces exercices. (*Instruction sur la gymnastique*, 1847.)

Les instructeurs ne font exécuter que les exercices décrits dans le règlement; ils ne tolèrent dans aucun cas que les hommes se laissent entraîner à des actes exagérés de force ou d'adresse qui pourraient occasionner des accidents et compromettre leur responsabilité personnelle.

Ils doivent s'attacher à développer la force, l'agilité et l'adresse du soldat par un travail sagement mesuré, à faire naître en lui la confiance et l'énergie que peuvent réclamer les circonstances.

« L'instructeur doit s'attacher à donner de la hardiesse et de l'ému-
« lation aux hommes, en leur rendant cet exercice aussi agréable que
« possible, et en prenant toutes les précautions nécessaires pour
« éviter qu'ils *ne se blessent* ou *ne se découragent*. On ne devra jamais
« perdre de vue que la sécurité. l'attrait, la bonne volonté, et le plai-
« sir même, sont les premiers et les plus sûrs éléments du succès dans
« cet exercice. On évitera avec soin de brusquer les hommes et de
« tourner leurs efforts en ridicule, quand ils ne réussiront pas, et de
« punir pour des maladresses involontaires. Il ne faut pas non plus
« exiger d'eux dans ce travail une attitude strictement militaire qui
« les fatigue sans utilité pour l'objet qu'on se propose, et ne pas ré-
« primer avec trop de sévérité les éclats de gaieté et les élans de
« plaisir auxquels il est heureux qu'ils se livrent pendant cet exercice
« qui les y porte naturellement quand il est bien dirigé. Enfin, il ne
« faut demander dans tout ce travail, qui n'a été militarisé en quelque
« sorte que dans le but de faciliter son étude et son application au
« grand nombre, qu'une régularité, une exactitude, une perfection
« relatives. » (*Instruction pour la voltige militaire*, 26 *juin* 1842.)

Ces prescriptions présentent avec autant de clarté que de précision, l'esprit dans lequel doivent être dirigés les exercices gymnastiques.

Les exercices gymnastiques se divisent en exercices élémentaires et en exercices d'application.

Les exercices *élémentaires* comprennent :

1° Ceux qui sont plus particulièrement propres à l'assouplissement, tels que les mouvements variés de la tête et du corps, des bras et des jambes, la course et les exercices pyrrhiques ;

2° Les différents équilibres ;

3° Le développement élémentaire de la force des muscles par le mouvement des bras avec ou sans boulets ou massues (exercices des mils persans), le mouvement des jambes en diverses positions, et les différentes espèces de luttes.

Les hommes sont de plus exercés à lancer à tour de bras des pierres, des cailloux ou des projectiles de petite dimension vers un but dont on augmente l'éloignement en raison de l'adresse et de la vigueur des élèves.

Les exercices d'*application* sont les sauts, l'escalade, les courses et la voltige.

Le soldat est exercé progressivement à tous les sauts avec armes et bagages, sans instruments ou avec la perche. Il passe ensuite aux exercices par suspension des barres et des cordes horizontales ou inclinées, aux exercices des poutres horizontales, inclinées, oscillantes, à la marche sur des pierres ou des piquets, à l'exercice des échasses. Tous ces exercices ont pour objet d'apprendre à franchir des fossés, des ravins et à traverser des terrains parsemés d'obstacles. Les hommes passent ensuite aux exercices du portique après avoir appris à monter et à descendre par les échelles, les perches, les cordages, etc., à ceux du mât, de l'octogone, des planches à rainures; ils parviennent enfin à l'escalade d'un mur avec et sans instruments.

Après avoir été exercés à la course sans armes, ils le sont avec armes, et ensuite avec armes et bagages; ils exécutent ensuite la course cadencée en portant des objets utiles à la guerre, tels que fascines, sacs à terre, gabions, projectiles, etc., etc. Ils sont aussi exercés à porter et à traîner des fardeaux dont le transport exige le concours de plusieurs hommes, tels qu'échelles, poutres, saucissons, caissons, affûts, etc., etc., à transporter rapidement et avec adresse des blessés, en plaçant des hommes sur des brancards ou sur des siéges improvisés.

On complète les exercices de la course par la course en montant et en descendant, la course en arrière, la course entre des pierres, et enfin la course de vélocité, dans laquelle la longueur du pas est déterminée, sans armes et avec armes et bagages.

Les derniers exercices d'application sont ceux de voltige sur la poutre, sur les barres parallèles fixes et mobiles, sur le trapèze et sur les chevaux de bois.

Les exercices d'application doivent être dirigés avec une extrême prudence. L'imprévoyance et l'inobservation peuvent seules occasionner des accidents.

L'instructeur doit avoir le soin de ne pas laisser dégénérer l'émulation qui doit animer les hommes en un esprit de rivalité qui les exciterait à de dangereux essais. Dans les temps froids, il doit s'abstenir de faire exécuter les sauts qui exigent de violents efforts : en tout temps il doit en dispenser les hommes qui ne seraient pas parfaitement disposés.

IV. *Natation*. — La natation appliquée à l'art de la guerre est un des exercices auxquels les anciens donnèrent le plus de soin; ils l'avaient érigée en art et lui avaient consacré de nombreuses écoles. Tombée en désuétude dans nos exercices militaires modernes, elle a été remise en honneur il y a quelques années, et nous pouvons dès lors regarder cette institution comme prise au sérieux.

Parmi les nombreuses applications de l'art de la natation, les trois qui sont les plus utiles pour un militaire sont les suivants :

1° Se tirer soi-même d'un danger résultant d'une submersion accidentelle ;

2° Porter secours à son semblable en péril ;

25.

3° Être à même de pouvoir traverser des cours d'eau profonds et rapides instantanément, sans accessoires et même sans être forcé de se dessaisir de ses armes et de ses munitions, avantage précieux qui a maintes fois rendu à la guerre les plus importants services.

En 1849 et en 1850 nous avons été témoin des premiers essais d'école de natation qui ont été ordonnés par le général de Courtigis sur la Marne, entre Nogent et Saint-Maur, près Vincennes, pour les militaires de sa brigade, et c'est sur le rapport de concluantes expériences que le Ministre a décidé la création d'écoles de natation dans les localités les plus favorables à ces sortes d'établissements.

La création d'écoles de natation remplit assurément une lacune dans l'éducation des troupes : c'est une amélioration qui promet les plus heureux résultats ; elle ne peut manquer d'avoir les sympathies de tous les militaires intéressés au progrès de leur noble profession.

Cette utile institution, dont nous pouvons à juste titre attribuer l'initiative au général de Courtigis promet d'être féconde en bons résultats et de faire disparaître le seul côté par lequel nous présentons une infériorité comparative avec les armées étrangères, qui comptent presque autant de nageurs que de soldats.

« Il importe beaucoup, dit le Ministre (*Instruction pour l'enseignement de la natation du 27 mai* 1851), que dans chaque régiment l'école prenne le rang que doit lui assigner son utilité, et comme elle s'étend sur tout le corps à titre élémentaire ou de perfectionnement, elle doit être placée sous la haute surveillance d'un officier supérieur ayant un capitaine pour adjoint. »

Avant l'ouverture de la saison, les moniteurs et les auxiliaires devront être préalablement réunis pour passer par tous les détails théoriques et pratiques de l'instruction.

Chaque école est pourvue de sangles avec des cordes de suspension pour donner la leçon dans l'eau, des perches pour accompagner l'élève qui a quitté la sangle, et de bouées de sauvetage en liége garnis de bouts de cordes flottants pour servir aux nageurs timides et peu habiles qui viennent s'y reposer.

Un bateau, toujours monté par des nageurs habiles, est constamment en observation pendant les exercices d'application dans l'eau, et quelques grands cordages sont aussi des accessoires indispensables à une école.

Chaque fois qu'il sera possible de le faire, il sera convenable et même utile que les hommes puissent se déshabiller à l'ombre, sous des tentes ou autres abris temporaires en planches.

Les détachements de baigneurs sont conduits à l'eau aux heures indiquées par le tableau du travail journalier, et ramenés au quartier par les officiers et sous-officiers de semaine, qui veillent à ce que les militaires s'échauffent le moins possible. Les heures les plus convenables pour le bain sont de six à neuf heures du matin, de onze à cinq heures du jour et de six à huit dans la soirée.

Les hommes en transpiration ne doivent entrer dans l'eau que quand ils sont tout à fait refroidis. Le bain doit surtout être interdit à celui qui se trouverait dans un état d'intempérance. Il faut, autant que possible, qu'il se soit écoulé trois heures au moins d'intervalle entre le dernier repas et le bain froid ; ou que ce repas suive immédiatement l'exercice de la natation.

Un des officiers de santé du corps est présent à tous les exercices de natàtion; il est porteur de sa trousse. L'école doit donc être pourvue de couvertures de laine, de brosses à frictions et des principaux appareils pour rendre la vie aux asphyxiés. (*Instruction du* 18 *mai* 1852.)

Cette instruction, qui forme le complément de celle du 27 mai 1851, prescrit de se conformer exclusivement à la théorie du commandant d'Argy (1).

Les hommes qui ne savent pas nager doivent d'abord être exercés aux mouvements élémentaires de la natation sur un chevalet à sangles; après quelques leçons sur le chevalet ils sont exercés dans l'eau, et ils sont soutenus au moyen d'une corde et d'une ceinture jusqu'à ce qu'ils commencent à nager.

Jusqu'à ce jour, dit M. d'Argy (*Instruction citée*), on s'est borné à enseigner la natation dans l'eau sans s'occuper préalablement de faire apprendre à terre les mouvements de la locomotion dans l'eau : de là deux difficultés à surmonter à la fois : la crainte de l'eau, avec laquelle on n'est pas encore familiarisé, et l'action des membres, qu'il faut diriger dans de certaines conditions toutes différentes de celles de la locomotion à terre.

En procédant du simple au composé, on eût facilement évité les difficultés que présentent tout d'abord l'exécution des mouvements et la crainte si naturelle d'un élément qui offre tant de dangers.

Les mouvements de la natation sont de deux sortes : ceux des bras et ceux des jambes : de leur harmonie sagement combinée dépend tout l'art de nager.

Notre organisation est telle que, dans le mouvement simultané des bras et des jambes, les muscles des membres supérieurs et inférieurs ont une propension naturelle à imiter leurs congénères, et que ce n'est que par l'étude et l'observation que nous parvenons à écarter simultanément les jambes et à joindre les bras. Les quadrupèdes, se servant de leurs membres à la manière de ramer, n'ont besoin au contraire, pour se soutenir dans l'eau, que d'imiter les mouvements de leur marche ordinaire, et peuvent nager naturellement peu de jours après leur naissance. C'est pourquoi l'accomplissement de cette action est si naturelle aux animaux quadrupèdes : aussi le singe, qui se rapproche de l'homme par son organisation physique, se noie-t-il quand on le jette à l'eau.

---

(1) *Instruction pratique pour l'enseignement élémentaire de la natation dans l'armée.*

Pour nager il faut que les bras agissent simultanément dans un sens, les jambes agissant aussi simultanément dans un autre sens, là est toute la difficulté ; autrement dit, il faut *ouvrir les bras, joindre les iambes ; joindre les bras, ouvrir les jambes*, et réciproquement.

Les mouvements de la natation peuvent se répéter à sec sur le chevalet, et l'avantage de ce mode de procéder est de pouvoir se préparer en tout temps, en tous lieux, à l'exercice de la natation avant la saison des bains : un autre avantage est de pouvoir en faire l'application à un grand nombre d'hommes à la fois.

Nous avons sans doute donné beaucoup trop d'étendue aux considérations qui se rattachent à cet exercice militaire ; mais c'est qu'il nous a paru qu'il appartenait aussi à l'hygiène de faire ressortir l'influence avantageuse que la natation exerce sur la constitution, en développant les forces physiques, nous voulons dire le système musculaire, et en lui donnant du ton et de l'énergie, indépendamment des résultats importants auxquels elle peut conduire dans les diverses circonstances de la guerre, et nous ne pouvons assez nous montrer favorable à une institution si utile qui a été généralement trop négligée. Nous ajouterons en terminant que les officiers de santé, étant en définitive les juges les plus compétents des effets puissants de la natation, ne doivent point perdre de vue que cet exercice ne doit être employé qu'avec une grande modération, et qu'en outre des exemptions accordées aux hommes auxquels le bain froid peut être nuisible, ils doivent également dispenser des exercices de natation ceux prédisposés aux maladies organiques du cœur ou des poumons.

Ce serait le lieu de rappeler aussi l'action des bains froids sur l'homme et leur influence sur la santé ; mais dans la crainte d'être entraîné à des développements que ne comporte pas la nature de cet ouvrage, nous nous bornerons, en renvoyant aux traités d'hygiène générale, à indiquer d'une manière succincte les dispositions réglementaires concernant les mesures de précaution à prendre au sujet des militaires qui se baignent.

Le médecin-major propose les bains, quand il les juge convenables ; il y accompagne la troupe avec ses aides. (*Ordonnance du 2 novembre* 1833, *art.* 60.)

Les circulaires du 4 juin 1835 et du 25 mai 1839 ont reproduit cette disposition importante, qui établit, comme on le voit, l'officier de santé seul appréciateur de l'usage des bains.

L'indication des bains froids n'existe généralement dans nos climats que pendant l'été et les jours les plus chauds de l'automne, de la fin de mai jusqu'en septembre, et depuis deux heures jusqu'à six ou huit heures du soir.

Les bains militaires doivent toujours avoir lieu en corps, et sous la conduite de l'officier supérieur ou du capitaine de semaine ; les bains isolés sont défendus par la voie de l'ordre du jour, et c'est surtout pour éviter le retour des fâcheux accidents qui résultent de l'imprudence qui porte les soldats à se baigner isolément que le Ministre a rappelé ces mesures de précaution dans sa circulaire du 25 mai 1839.

Lorsqu'on est arrivé dans le lieu désigné pour prendre les bains, on doit laisser la troupe se reposer un quart d'heure avant de lui permettre de se jeter à l'eau. Pendant ce temps l'officier de santé reçoit les réclamations des hommes qui lui présentent des motifs d'exemption de bains, et il fait les recommandations qu'il juge convenables à ceux qu'il n'exempte pas. Ainsi les bains froids doivent en général être défendus aux convalescents, leur état de faiblesse les rendant plus susceptibles au froid ; ou bien ils doivent être courts, accompagnés de l'exercice de la natation et ne jamais être assez prolongés pour déterminer la sensation de frisson ; à d'autres on devra conseiller de se tenir à l'abri du contact direct des rayons solaires.

Enfin on ne devra jamais perdre de vue qu'il est essentiel que le travail de la digestion soit terminé avant l'immersion dans l'eau, qu'il faut au moins trois heures d'intervalle entre le bain et la fin d'un repas, et qu'il est prudent d'exempter tous les hommes qui digèrent mal.

Les accidents qui surviennent le plus communément chez les baigneurs sont des indigestions, des syncopes, des congestions cérébrales et quelquefois l'asphyxie.

Pour administrer efficacement des secours en cas d'accidents, l'officier de santé doit donc être muni non-seulement de sa trousse, mais aussi du sac d'ambulance et du rouleau de secours pour asphyxie dont tous les corps sont pourvus, et il doit à l'avance se bien pénétrer de l'instruction du Conseil de santé des armées, que la note ministérielle du 13 avril 1844 a rendue officielle par la voie du *Journal militaire*, et dont un exemplaire doit être déposé dans chaque sac ou sacoche d'ambulance. Nous croyons devoir, en raison de son importance, l'insérer ici tout entière :

Instruction générale et méthodique rédigée par le Conseil de santé des armées, sur les secours à donner aux asphyxiés, quelles que soient les causes de l'asphyxie.

Préambule. — Dans les rapports adressés, en 1843, à MM. les généraux, inspecteurs d'armes, plusieurs médecins ont exprimé le désir que les régiments fussent pourvus de boîtes de secours pour les asphyxiés et particulièrement pour les noyés. Cette demande fait supposer que ces médecins ne se sont pas suffisamment pénétrés de l'esprit de l'instruction générale et méthodique qui a été publiée, sur ce sujet, le 14 février 1840, puisque toutes les indications énoncées dans cette instruction peuvent à la rigueur être remplies à l'aide des ressources dont ils sont actuellement en possession, et que, d'un autre côté, on y a démontré les dangers de l'emploi de l'appareil à insufflation pulmonaire et de celui dont on fait usage pour les fumigations intestinales, qui constituent les pièces principales des boîtes dont il s'agit. Le Ministre a, en conséquence, chargé le Conseil de santé de réviser l'instruction précitée et d'entrer dans quelques détails plus explicites, pour faire comprendre comment, avec les instruments contenus dans la trousse d'ordonnance et dans les sacs et sacoches d'ambulance, ainsi qu'avec les médicaments qui se trouvent dans ces derniers, ou ceux dont les chirurgiens des corps sont autorisés à se pourvoir, il lest facile de remplir toutes les indications posées dans le travail qui va suivre.

Toutefois, le Conseil a jugé qu'on pourrait ajouter quelques autres objets à ceux qui sont indiqués ci-dessus, savoir :

1° Un peignoir en molleton, grand modèle ;

2° Un bonnet en molleton, monté et adhérent au peignoir, fermant à coulisse à sa base et à son sommet ;

3° Un morceau de serge servant de frottoir ;

4° Deux gants en crin noir.

Tous ces objets seront renfermés dans une enveloppe en coutil rayé, et l'on aura soin d'y ajouter un nouet de soufre et de camphre, afin d'assurer la conservation des effets qui sont en laine.

De l'asphyxie en général. — L'asphyxie, qui peut être occasionnée par des causes fort diverses, ne constitue souvent qu'un état de mort apparente.

La putréfaction du cadavre peut seule démontrer que la mort est réelle. On doit donc s'empresser de porter secours avec persévérance aux personnes asphyxiées, puisque des faits nombreux ont prouvé qu'après un séjour de plusieurs heures sous l'eau ou après avoir été exposé longtemps à l'action des gaz méphitiques, on pouvait être rappelé à la vie.

L'absence de toute pulsation du cœur ou des artères, la couleur violette du visage, le refroidissement du corps et la roideur des membres n'étant pas toujours des signes de mort, il faudra, pendant longtemps, et sans se décourager, porter secours avec ordre et activité aux asphyxiés. On en a vu fréquemment qui ont été rappelés à la vie après neuf heures de tentatives.

La température du local dans lequel on porte secours aux asphyxiés ne doit pas s'élever au-dessus de 17° c., et l'air doit en être aussi pur que possible.

I. *Asphyxiés par submersion.* — Intimement persuadé que tous les chirurgiens des corps connaissent parfaitement les phénomènes de l'asphyxie produite par la submersion, et ses résultats, le Conseil de santé se bornera à de très-courtes réflexions sur la nature des causes qui déterminent la mort des noyés, afin de faire mieux apprécier les moyens qui doivent être successivement mis en usage pour les rappeler à la vie.

Il faut bien se convaincre que l'eau n'entre pas en quantité (comme on l'a pensé fort longtemps) dans l'estomac et dans les bronches de l'individu qui se noie ; quelquefois même elle n'y en entre pas du tout. L'élasticité et la contractilité du pharynx et de l'œsophage, ainsi que l'abaissement de l'épiglotte sur l'ouverture du larynx, par suite de l'état de contraction dans lequel l'individu entre tout à coup, lorsqu'il se voit en danger, s'opposent au passage de ce liquide dans les cavités de ces organes. D'un autre côté, pour opérer cette ingestion dans l'estomac, il faut un mouvement complet de déglutition ou de contraction péristaltique de l'œsophage, mouvement qui ne peut être commencé que sous l'influence de la volonté du sujet, que le danger qui le menace repousse, et qu'un besoin instinctif écarte. Plus tard, le développement des gaz remplit les cavités splanchniques, en distend les parois et s'oppose encore à l'introduction du liquide dans lequel le sujet est submergé. Néanmoins, il peut arriver qu'avec la première inspiration qui succède aux dernières expirations du sujet qui est tout à fait plongé dans l'eau, une petite quantité de ce liquide pénètre dans les divisions bronchiques ; mais comme il se mêle immédiatement au fluide muqueux de ces canaux, et au peu d'air qu'il peut y rencontrer, il s'établit, dans leur intérieur, une égale résistance qui ne permet plus à une nouvelle collection d'eau d'y arriver. Les fonctions respiratoires sont suspendues, et le sang, privé de l'oxygène qui lui donne le principe de vie nécessaire à l'excitation et à la nutrition des organes, n'est plus propre à produire ni à entretenir l'activité de l'encéphale; l'innervation vers tous les systèmes des fonctions de relation est aussitôt interrompue; enfin, l'asphyxie se développe et amène promptement la mort totale du sujet. Cependant, comme le cœur et les vaisseaux capillaires reçoivent, en grande partie, leur stimulus du système nerveux ganglionnaire qui se trouve, moins que le cerveau, sous l'influence de la circulation générale du sang, ils peuvent recéler, pendant un temps plus ou moins considérable, un principe vital suffisant pour servir à rallumer celui qui se trouve totalement comprimé ou éteint dans la plupart des autres organes de la vie intérieure.

Ces idées, basées sur la physiologie et confirmées par des expériences exactes, doivent d'avance tracer au médecin les moyens qu'il faut mettre en usage pour empêcher que cette étincelle de vie ne se dissipe entièrement.

Bien qu'on ait des exemples de personnes qui ont été rappelées à la vie après une ou plusieurs heures de submersion, particulièrement dans les saisons froides, on ne peut généralement pas compter sur ce succès au delà de vingt-cinq à cinquante minutes. Dans tous les cas, au sortir de l'eau, le corps des submergés est froid et livide; le pourtour des yeux et les ongles des pieds et des mains sont bleuâtres, les membres roides; le ventre est plus ou moins distendu par des gaz qui se développent rapidement dans l'estomac et les intestins; mais ces phénomènes, il est important de le répéter, ne caractérisent pas la mort du sujet; le médecin ne doit donc pas perdre toute espérance, car, pour prononcer d'une manière positive sur cet état de mort, il faut des signes de putréfaction commençante; tels sont le ballonnement excessif du bas-ventre empreint d'une teinte verdâtre, l'exfoliation de l'épiderme; l'affaissement et la flétrissure du globe des yeux; la teinte noire des extrémités; l'odeur cadavérique, enfin, qui s'exhale bientôt de ce corps.

Il faut d'abord s'assurer si ces signes de mort ne sont pas développés, ou s'il n'existe point sur le corps de l'individu des blessures qui aient été capables d'anéantir, à l'instant de la submersion, l'action contractile des muscles qui servent à la respiration, car, dans l'une ou l'autre de ces circonstances, toute espèce de secours serait inutile.

Dans le cas, au contraire, où l'on croirait encore reconnaître le moindre signe de vitalité dans le cœur, il faudrait s'empresser de remplir, avec toute l'activité possible, les indications que commande l'état de l'individu frappé d'une mort apparente.

Ces indications sont :

1° De l'éloigner de l'humidité ; de le poser dans un lieu sec, au grand air, et, autant que possible, sur un lit peu élevé, garni de matelas, et de lui enlever ses habits, s'il en est couvert, en les coupant avec des ciseaux pour ne pas perdre de temps ;

2° Il faut ensuite faire éponger et essuyer promptement le sujet avec des linges et de la laine, lui mettre le peignoir et le bonnet de laine, préalablement chauffés, s'il est possible, et pratiquer, immédiatement après, des frictions sèches sur toute l'habitude du corps, qu'on tient allongé sur l'un des côtés, droit ou gauche, de préférence sur le droit ; sa tête étant un peu élevée, des compressions momentanées, légères et répétées, alternant avec des rémissions d'égale durée, doivent être faites, par des mains habiles, sur les régions dorsales et les flancs, de manière à imiter les mouvements alternatifs d'expiration et d'inspiration ; si l'on n'a point auprès de soi d'aide assez exercé, on peut, pour en faciliter la régularité, faire faire les compressions abdominales au moyen d'un bandage de corps dont on ferait alternativement serrer et relâcher les chefs, comme on le ferait avec la ceinture contenue dans les boîtes de secours. A ces frictions et manipulations, on fera succéder ou alterner des applications de ventouses sèches, sur toute la région abdominale et sur les régions dorsales ;

3° Comme les voies aériennes sont ordinairement encombrées de mucosités plus ou moins épaisses, il est utile, pour y favoriser le passage ou l'entrée de l'air pur, d'extraire cet enduit au moyen d'une aspiration qu'on exécute facilement à l'aide de la petite seringue, garnie d'une canule de gomme élastique, que la décision ministérielle du 8 mars 1840 a prescrit d'ajouter aux objets contenus dans les sacs et sacoches d'ambulance : on introduit la canule de cette seringue par l'une des narines, et, pendant l'aspiration, on ferme l'autre narine ainsi que la bouche. On aura eu le soin de débarrasser également cette dernière cavité avec un pinceau de linge trempé dans de l'eau savonneuse ;

4° L'insufflation de l'air, même de l'oxygène, dans les poumons, a le double inconvénient : 1° de refouler vers les vésicules bronchiques les matières muqueuses qu'on n'a pu extraire, auxquelles d'ailleurs cet air se mêle, ce qui le rend inutile à la respiration ; 2° de rompre ces vésicules, pour peu qu'elle soit exécutée avec force, et de produire, dans le parenchyme pulmonaire, un nouvel et définitif obstacle au rétablissement de la respiration. Ce moyen doit donc être rejeté. Il suffit à l'air libre, surtout après les compressions et l'aspiration dont il a été parlé dans les paragraphes précédents, de son élasticité propre et de sa pesanteur, pour pénétrer dans les voies aériennes et y provoquer une salutaire excitation ;

5° D'après l'opinion du Conseil, la décoction de tabac administrée en lavements ou en fumigations dans les voies alvines, est constamment pernicieuse, en ce que les principes âcres et narcotiques de cette plante détruisent promptement les propriétés vitales qui peuvent exister encore dans les membranes des intestins. La fumée, que sa combustion produit et qui tient en suspension une partie de son huile essentielle, en déterminant un effet toxique analogue à celui de la décoction de la plante sur la membrane interne des intestins, a le double inconvénient d'en distendre outre mesure les parois, et d'opposer, par le ballonnement qui en résulte, une résistance insurmontable à l'abaissement ou à la contraction du diaphragme, pour accomplir l'inspiration. La stimulation intérieure peut être, du reste, provoquée par des lavements d'eau de savon passée dans un linge, d'eau salée ou vinaigrée, à la température de la chaleur animale. Si, par hasard, les matières alvines endurcies encombraient l'intestin rectum, il faudrait d'abord les en extraire au moyen d'une curette de bois;

6° Il faut titiller les membranes sensibles des fosses nasales et du gosier avec les barbes d'une longue plume trempée dans l'alcali volatil affaibli, et la faire pénétrer dans le pharynx, pour porter l'irritation dans toute l'étendue de ce conduit et jusqu'à l'estomac. Aux frictions sèches, il faut ajouter des frictions pratiquées avec des substances ou liqueurs éthérées, alcalines, alcooliques, camphrées, ainsi que des cataplasmes chauds de farine de moutarde, qu'on applique aux pieds et aux jambes. Dans les cas très-urgents, il sera plus expéditif d'employer des compresses imbibées d'ammoniaque, que l'on aura soin de retirer dès que la vie se manifestera ;

7° On ne doit faire avaler aucune boisson au sujet avant que la respiration soit entièrement rétablie : en effet, les liquides, loin de descendre dans l'œsophage, dont les parois s'entre-touchent, entreraient dans le larynx, où ils trouveraient moins de résistance, car l'épiglotte, dans l'état de relâchement qui, à ce degré de l'asphyxie, remplace la constriction dont il a été parlé plus haut, est constamment relevée par l'effet de la suspension de la contractilité des muscles qui doivent fixer cet opercule sur la glotte, et la présence du passage de ces liquides dans les bronches compléterait nécessairement l'asphyxie. Il n'y a pas d'ailleurs urgence à introduire aucune substance dans l'estomac : il faut se borner aux stimulants extérieurs et à l'application graduée de la chaleur artificielle ;

8° Lorsque, par suite de l'emploi rapide de tous ces moyens, la chaleur latente s'est développée ; lorsque les lèvres se colorent, que les yeux s'entr'ouvrent spontanément, et qu'on sent, par l'application de l'oreille sur la région du cœur, des battements à cet organe, il faut s'empresser de poser des ventouses mouchetées sur les régions dorsales, à l'épigastre et aux hypocondres. On fera prendre, lorsque les circonstances le permettront, un bain chaud. On pratiquera légèrement une embrocation d'huile camphrée, et, par l'ouverture du peignoir, on massera ou l'on pétrira toutes les parties du corps. On frictionnera légèrement, en même temps, le front et le visage avec quelques liqueurs spiritueuses aromatiques ;

9° Lorsque le retour de la circulation s'est manifesté par tous les signes qui lui sont propres et que le pouls est devenu plein, il faut ouvrir l'une des veines sous-cutanées les plus sensibles, afin de dégorger le cerveau et les poumons. On répétera, s'il est nécessaire, les saignées révulsives faites avec la ventouse posée à la nuque, entre les épaules et sur la région de l'estomac. Quelques moxas, appliqués à la base du crâne et sur les côtés de la colonne vertébrale, contribueraient beaucoup au rétablissement des fonctions nerveuses ;

10° Lorsque le malade pourra avaler, on lui fera prendre des boissons aromatiques tièdes, sucrées et acidulées avec le citron, et l'on pourra passer ensuite par degrés à l'usage du bouillon et du bon vin, pris en petite quantité, ou d'un peu de café pur. Enfin, après avoir enveloppé le bas-ventre avec une ceinture de laine, on couchera le malade dans un lit, où le sommeil rétablira entièrement le calme et l'équilibre dans toutes les fonctions.

Tel est, en général, le mode de traitement rationnel qu'il convient de mettre en pratique pour rappeler, lorsqu'il en est temps encore, les noyés à la vie. Dans tous les cas, le véritable homme de l'art n'est jamais au dépourvu ; il sait suppléer aux principes des meilleurs auteurs par les ressources de son propre esprit, et c'est surtout aux officiers de santé militaires que ce génie d'improvisation est nécessaire.

Maintenant, comme mesures prophylactiques, on doit recommander à MM. les chefs de corps et à tous les surveillants, d'ordonner que les soldats se baignent par fractions, mais en commun, dans un lieu favorable du fleuve ou de la rivière qu'on aura soin de faire cerner avec des barques ou des filets ; des marins intelligents et bons nageurs, seront sur ces barques, ou se tiendront disponibles sur le bord, pour être à même de porter secours au premier individu qui viendrait à disparaître sous l'eau. Il est indispensable aussi que, dans ces exercices hygiéniques, un officier de santé, muni des objets et médicaments indiqués dans l'instruction ci-dessus, se trouve à l'école de natation, pour pouvoir administrer promptement, et avec tout le succès désirable, les secours commandés par l'état du submergé, si, malgré toutes ces précautions, un tel accident survenait.

II. *Asphyxiés par les gaz méphitiques.* — Les asphyxies occasionnées par les gaz impropres à la respiration peuvent toutes être traitées par les moyens suivants :

1° Sortir promptement l'asphyxié du lieu méphitisé, et l'exposer à l'air libre ;

2° Le débarrasser de ses vêtements avec autant de célérité qu'il sera possible ;

3° Le placer dans la position assise ; l'y maintenir en faisant soutenir sa tête ; asperger le corps, et principalement le visage, avec de l'eau froide ;

4° Frictionner toute la surface du corps ;

5° De temps à autre, faire un temps d'arrêt employé à provoquer la respiration, en comprimant alternativement la surface de la poitrine, en même temps que le bas-ventre, de bas en haut, afin de faire exécuter, à ces parties, les mouvements qui ont lieu quand on respire ;

6° Ne pas cesser les affusions d'eau froide quand l'asphyxié commence à donner quelques signes de vie, mais avoir l'attention, dès qu'il fait quelques efforts pour respirer, de jeter l'eau de façon à ce qu'elle ne puisse entrer dans la bouche ;

7° Si quelques efforts de vomissements ont lieu, titiller l'arrière-bouche avec la barbe d'une plume ;

8° Aussitôt que l'asphyxié peut avaler, lui faire boire de l'eau acidulée ;

9° Enfin, lorsque la vie est rétablie, il faut bien essuyer le corps de l'asphyxié ; le coucher dans un lit bassiné ; lui faire prendre un lavement composé d'eau dégourdie, dans laquelle on aura fait dissoudre environ quinze grammes de savon, ou à laquelle on aura ajouté deux cuillerées à bouche de vinaigre ; appliquer, aux régions désignées plus haut, des ventouses mouchetées.

Le médecin juge ensuite s'il doit administrer un vomitif, ou s'il y a indication de saigner le malade.

III. *Asphyxiés par la foudre.* — Il faut :

1° Immédiatement porter l'asphyxié au grand air, s'il n'y est déjà ; le dépouiller vite de ses vêtements ; faire, pendant un quart d'heure, des affusions d'eau froide ; exercer des frictions sur tout le corps, et s'efforcer de rétablir la respiration, par des compressions méthodiques et alternatives de la poitrine et du bas-ventre, comme il a été indiqué plus haut ;

2° Si le sujet se ranime, il devra être traité comme les autres asphyxiés rappelés à l'existence.

IV. *Asphyxiés par le froid.* — Quand la mort apparente a été occasionnée par le froid, il est d'une très-grande importance de ne rétablir la chaleur que graduellement et lentement. Si le corps d'un asphyxié par le froid était approché du feu, ou si, dès le commencement des secours, on le faisait séjourner dans un lieu même médiocrement chauffé, il en résulterait des accidents graves. Il faut donc ouvrir les portes et les fenêtres de la chambre où l'on se propose de secourir cet asphyxié, afin que la température de cette pièce ne soit pas plus élevée que celle de l'air extérieur.

Il faut, dans tous les cas, employer les moyens suivants :

1° Transporter l'asphyxié, le plus promptement possible, du lieu où il a été trouvé, à celui où les secours doivent lui être administrés ; pendant le transport, l'envelopper d'une couverture, ou de paille ou de foin, en laissant la face libre; éviter de faire faire au corps, et principalement aux membres, des mouvements brusques ;

2° Déshabiller l'asphyxié et couvrir tout son corps, y compris les membres, de linge trempés dans l'eau froide ;

3° Lorsque le corps commence à dégeler, que les membres, ayant perdu leur roideur, offrent de la souplesse, on doit faire exécuter à la poitrine et au ventre quelques mouvements alternatifs pour faciliter la respiration, et exercer en même temps des frictions sur le corps, soit avec de la neige, si l'on peut s'en procurer, soit avec des linges trempés dans de l'eau froide ;

4° Si, par l'usage de ces moyens, la roideur a cessé, et que la vie se rétablisse, on augmente de trois à quatre degrés, de dix en dix minutes, la température des linges dont on a enveloppé le corps, ou avec lesquels on le frictionne, jusqu'à ce qu'on l'ait portée peu à peu à 30° c.;

5° Lorsque le corps commence à s'échauffer ou qu'il se manifeste des signes de vie, il faut l'essuyer avec soin, et le placer dans un lit, dont la température ne doit pas être plus élevée que celle de l'asphyxié. Il faut aussi avoir l'attention de ne pas faire feu dans la pièce où est le lit, avant que le corps ait recouvré entièrement sa chaleur naturelle ;

6° Quand le malade commence à pouvoir avaler, on lui fait prendre, par cuillerées, une infusion théiforme, avec quelques gouttes d'eau-de-vie. Cette boisson doit être seulement un peu plus que tiède ; sans cette précaution, on s'exposerait à produire, dans les tissus qui tapissent l'intérieur de la bouche, des ampoules comme celles résultant de la brûlure ;

7° Si la propension à l'engourdissement continuait à se manifester, on ferait boire au malade un peu d'eau légèrement vinaigrée, et si l'assoupissement était profond, on administrerait des lavements irritants, soit avec de l'eau et du sel, soit avec de l'eau et du savon.

Il est essentiel de faire observer que, de toutes les asphyxies, celle qui est produite par le froid offre, ainsi que cela a été constaté par les peuples du Nord, le plus de chances de succès, même après douze ou quinze heures de mort apparente.

V. *Asphyxiés par strangulation ou suspension.* — On doit :

1° Couper promptement le lien qui entoure le cou, et, s'il y a pendaison, descendre le corps en le soutenant de manière qu'il n'éprouve aucune secousse ; puis enlever toute pièce de l'habillement qui pourrait gêner la circulation ;

2° Placer le corps, en évitant de lui faire éprouver des secousses, sur un lit, si on le peut, ou sur de la paille, et de façon qu'il y soit commodément et que la tête, ainsi que la poitrine, soient plus élevées que le reste du corps, ainsi que cela a été dit pour les autres asphyxiés ;

3° Si le corps est dans une pièce fermée, on doit veiller à ce que la température y soit maintenue à un degré convenable, et à ce qu'elle soit aérée ;

4° Le médecin jugera s'il faut ou non saigner l'asphyxié. La saignée de la veine jugulaire est, dans ce cas, presque toujours celle qu'il faut préférer ;

5° Si la suspension ou la strangulation n'a eu lieu que depuis quelques minutes, il suffit quelquefois, pour rappeler à la vie, de faire des affusions d'eau froide sur la face ; d'appliquer sur le front et sur la tête des linges trempés dans de l'eau froide ; de faire, en même temps, des frictions sur toute l'habitude du corps ;

6° Dans tous les cas, il est essentiel d'exercer dès le commencement, sur la poitrine et le bas-ventre, des compressions intermittentes (comme dans les autres genres d'asphyxies), afin de rétablir la respiration ;

7° On doit avoir l'attention de frictionner l'asphyxié avec des flanelles, des brosses, surtout à la plante des pieds et dans le creux des mains ;

8° Les lavements ne doivent être administrés, et ne sont utiles, que lorsque le malade a commencé à donner des signes non équivoques de vie ;

9° Aussitôt qu'il peut avaler, on lui fait prendre, par petites portions, du thé ou de l'eau tiède mêlée à un peu de vinaigre ou de vin ;

10° Si, lorsqu'il est complétement rappelé à la vie, il éprouve des étourdissements, de la stupeur, les applications d'eau froide sur la tête deviennent utiles ;

11° En général, après son rappel à la vie, il doit être traité avec les mêmes précautions que les autres asphyxiés.

VI. *Asphyxiés par la chaleur.* — 1° Si l'asphyxie a eu lieu par l'effet du séjour dans un lieu trop chaud, il faut porter l'asphyxié dans un endroit plus frais, mais pas trop froid ;

2° Le dépouiller de tout vêtement qui pourrait gêner la circulation ;

3° Le saigner si des symptômes de congestion le commandent ;

4° Lui faire prendre un bain de pieds médiocrement chaud, auquel on peut ajouter des cendres et du sel ;

5° Lorsqu'il peut avaler, lui faire prendre, par petites gorgées, de l'eau froide acidulée avec du vinaigre ou du jus de citron, et lui donner des lavements d'eau vinaigrée, mais contenant un peu plus de vinaigre que celle destinée à être bue ;

6° Si la maladie persiste, ou si elle fait des progrès, il devient nécessaire d'appliquer des ventouses scarifiées à l'épigastre et aux tempes ;

7° Quand l'asphyxie a été déterminée par l'action du soleil, comme cela arrive surtout aux moissonneurs et aux militaires, le traitement est le même ; mais il faut dans ce cas, quand le malade n'est plus en sueur, insister sur les applications froides sur la tête.

V. *Danse.* — La danse, en raison des mouvements variés qu'elle fait exécuter à un grand nombre de muscles, est un bon exercice gymnastique. Elle sert à donner de la grâce et à entretenir la force et la souplesse dans les membres. Le soldat s'y livre habituellement avec plaisir, parce qu'il y trouve à la fois une récréation agréable et un exercice salutaire. Elle doit être aussi recommandée aux troupes, pour éloigner l'ennui et la crainte et combattre la nostalgie. Et à raison de l'influence favorable qu'elle exerce sur l'organisation de l'homme, nous devons ne pas oublier de la comprendre au nombre des amusements qui peuvent être encouragés.

VI. *Exercice de chant.* — En principe, il est avantageux de soumettre au rhythme la plupart des exercices et notamment.

1° Ceux qui doivent être exécutés avec ensemble ;

2° Ceux qui consistent dans la répétition prolongée d'un même mouvement, tels sont les mouvements d'assouplissement, et la course, etc. Le meilleur rhythme serait donné par des chants. Les exercices de la voix sont d'ailleurs une partie essentielle de la gymnastique ; ils ont sur le développement de la poitrine une salutaire influence. Il est incontestable qu'ils offriront le moyen d'agir puissamment sur le moral du soldat, lorsque les chants seront empreints de sentiments élevés, en rapport avec l'éducation militaire.

Aucun mode d'enseignement n'est d'ailleurs encore prescrit : une méthode sûre et rapide qui pourrait mettre en un mois ou deux au plus une masse d'hommes en état de lire une musique simple et facile, comme pourrait l'être celle qu'il faudrait adopter, serait préférable à toute autre. (1)

Aujourd'hui, pendant les marches, de simples chansons suffisent pour donner l'élan, inspirer la gaieté et ranimer l'énergie. En procurant des distractions agréables, quel charme, quelle influence n'exerceraient pas sur le moral des troupes en marche nos hymnes nationaux, s'ils étaient chantés avec ensemble par un grand nombre de soldats ! Mais la musique supplée merveilleusement les chants.

VII. *Musique.* — La musique militaire est en effet un des stimulants les plus agréables ; non-seulement elle régularise, allége et accélère la marche, mais elle enflamme aussi le courage du soldat, calme ses craintes, et dissipe son anxiété et ses fatigues. Qu'il nous suffise de citer les magiques effets que produit sur le soldat la lourde et retentissante harmonie des tambours en un jour de bataille, pour faire comprendre la puissance de la musique guerrière. L'histoire nous apprend, du reste, que de tout temps elle a été honorée et cultivée par les guerriers, que leurs marches s'exécutaient avec des chants, qu'ils n'allaient au combat qu'en poussant des cris cadencés, et qu'ils célébraient la victoire avec enthousiasme par des hymnes héroïques. Le maréchal de Saxe souhaitait que, pendant les marches militaires, les instruments jouassent durant toute la route. « L'utilité de la dissipation de l'esprit pour la santé du corps rend la musique nécessaire et devrait, à ce qu'il nous semble, la rendre beaucoup plus commune. La gaieté qu'elle inspirerait, jointe à l'occupation des manœuvres militaires, ferait bien certainement qu'il y aurait moins de ces malheureux qui étant vivement affectés du désir de rentrer dans leur pays, tombent dans la langueur et vont mourir à l'hôpital (2). »

VIII. *Écoles régimentaires.* — Un grand intérêt, celui d'ajouter au bien-être du soldat, en améliorant son instruction, fit consacrer par la loi du 21 mars 1832 le principe salutaire, que les jeunes gens appelés au service recevraient dans leur corps l'instruction prescrite pour les écoles primaires. Instruire les jeunes soldats et ne les renvoyer dans leurs foyers qu'après leur avoir communiqué des connaissances dont ils pourrront tirer avantage tout le reste de leur vie, ce serait les payer en partie de leurs services, ce serait en quelque sorte

---

(1) Depuis septembre 1853, des leçons de musique chorale ont été faites aux sous-officiers et caporaux élèves de l'École normale de gymnastique instituée à la redoute de la Faisanderie près Vincennes.

(2) Monro, *Médecine d'armée*, tome 1, page 158.

les indemniser des sacrifices que la loi leur prescrit. (*Rapport de la commission, séance du 12 septembre 1834, Moniteur officiel.*)

Ce vœu du législateur, le Gouvernement l'accomplit chaque année de plus en plus ; déjà les résultats obtenus sont de plus en plus satisfaisants, et les encouragements donnés aux écoles régimentaires permettent de croire qu'elles deviendront peu à peu de véritables écoles nationales et que le nombre des jeunes soldats illettrés deviendra de moins en moins considérable.

Dans chaque régiment il y a deux écoles : l'une, dirigée d'après le mode mutuel, sous la dénomination d'école du 1er degré pour les soldats, caporaux ou brigadiers ; l'autre, dirigée d'après le mode simultané, sous la dénomination d'école de 2e degré, destinée aux sous-officiers.

Dans l'infanterie, les jeunes soldats ou recrues ne sont admis à l'école que lorsqu'ils ont acquis le degré d'instruction militaire nécessaire pour monter la garde. Dans la cavalerie, les recrues ne fréquentent les cours que lorsqu'ils sont à l'école d'escadron.

Les chefs de corps ont le devoir d'employer tous les moyens qui leur paraissent les plus efficaces pour engager les hommes illettrés à se livrer avec ardeur aux études suivies dans ces écoles, qui sont aussi obligatoires que les exercices et les manœuvres.

Les sujets qui ont obtenu le plus de succès sont mis à l'ordre du jour du régiment à la fin de chaque trimestre ; il leur est tenu compte de cette mention pour l'avancement. C'est en stimulant et en encourageant sans cesse leur zèle qu'il sera possible un jour de ne plus compter de soldats ignorants dans les rangs des armées ; formés à l'ordre, à la discipline, à l'honneur, tous peuvent acquérir les connaissances les plus usuelles, et cette instruction qu'ils trouvent dans les corps, et que la plupart d'entre eux n'auraient jamais sans doute acquise, tout en influant sur leur avenir dans la carrière militaire, est aussi pour eux de la plus grande utilité lorsqu'ils rentrent dans la vie civile.

ARTICLE DEUXIÈME.

Exercices des troupes en temps de guerre.

I. *Ouverture d'une campagne.* — La nécessité de fortifier la constitution et le courage des troupes et de les exercer pendant la paix à tout ce qu'elles doivent exécuter pendant la guerre, est suffisamment démontrée par le grand nombre d'éclopés, d'hommes faibles et languissants, qui restent sur les routes et peuplent les hôpitaux dès les premières opérations d'une campagne. Rien en effet ne serait plus contraire à la santé des soldats, que de passer d'une oisive tranquillité des garnisons ou des quartiers de paix, à tous les genres de fatigues, aux marches et campements qui sont obligés à l'entrée d'une campagnes. Changer tout à coup d'habitation, de travaux, de besoins, de genre de vie ; asseoir un camp dans des lieux malsains, respirer des vapeurs fétides, manger des aliments quelquefois altérés, boire des eaux corrompues, coucher sur la terre, quelquefois même à découvert, être abîmé de marches forcées, de grand'gardes, de détachements et de travaux pénibles ; être tantôt dans des plaines brûlantes, et tantôt sur des montagnes glacées; se trouver souvent exposé à toute l'infection des maladies contagieuses ou épidémiques et à tous les accidents malheureux des combats, des batailles, des assauts et des autres opérations de la guerre, etc. : tels sont les travaux et les peines qui vont assaillir un guerrier. Il est donc de notre devoir de chercher les moyens d'en éviter les dangers ou d'en diminuer les horreurs.

L'ouverture d'une campagne est toujours un nouveau genre de vie qui exige la santé, la force physique et morale, l'habitude de toutes les manœuvres et les enseignements de l'expérience. C'est aux officiers de santé qu'il appartient surtout de faire alors de l'hygiène préventive, en passant, ce que l'on peut appeler *une inspection de validité*, et en désignant pour rester au dépôt tous les hommes qui ne sont pas aptes à faire campagne. Il entre assurément dans les devoirs d'une sage administration d'éliminer les hommes les plus faibles et les plus malingres, afin que les expéditions s'accomplissent avec le moins de sacrifices possible.

Lorsque les colonnes sont en mouvement, il est important de veiller à ce que les soldats contractent, dès les premières fatigues, des habitudes d'hygiène que nous avons brièvement indiquées à propos des marches et des promenades. C'est durant l'excessive chaleur des marches forcées qu'on doit surtout empêcher les soldats de boire avec avidité l'eau glacée des fontaines ; on peut en prévenir la fâcheuse influence en leur recommandant de manger quelques bouchées de pain avant de boire et à se laver les mains et le visage. Pendant les chaleurs de l'automne on doit leur faire la défense la plus rigoureuse de manger des fruits gâtés ou non parvenus encore à maturité. On doit aussi leur conseiller de ne pas trop se dévêtir, et de mettre à l'abri de l'action funeste de l'air extérieur leur poitrine couverte de sueur. Pendant les marches d'hiver, les troupes deviennent moins sensibles aux atteintes d'un froid rigoureux lorsque la marche est réglée de façon que le départ n'ait lieu qu'une heure après le lever du soleil lorsque les troupes peuvent se tenir en rangs toujours serrés; les haltes doivent être moins longues et toujours avoir lieu autant que possible dans les endroits les mieux abrités. Il convient du reste que le départ, l'allure de la marche, les repos soient réglés en tenant compte de la saison et de l'état de l'atmosphère, de la situation et de la nature des lieux et aussi de l'état physiologique des troupes. Si le général, jaloux de la santé de son armée, doit avoir à cœur de ne pas s'écarter des préceptes tracés par l'expérience, il est aussi du devoir des officiers de santé de ne point rester dans le rôle passif d'observateurs, mais d'intervenir à propos lorsque dans les mesures à prendre et dont l'exécution appartient tout entière à l'autorité supérieure, la spécialité de leurs connaissances a été jugée utile.

Nous terminerons ce qui est relatif aux marches en rappelant la conduite à tenir conseillée par M. N. Périer pour les troupes en Algérie. « L'armée étant réveillée à deux ou trois heures du matin, se mettrait en route une heure plus tard après avoir fait un léger repas en buvant le café, et l'on marcherait jusqu'à 7 ou 8 heures. C'est alors que l'on s'établirait pour la grande halte. Avec cette industrie que lui donne l'expérience, le soldat se construirait rapidement des abris contre le soleil. On prendrait de nouveau le café, et ensuite, les uns feraient la soupe pendant que les autres se reposeraient. Après le dîner, et le moment du maximum de la chaleur étant passé, vers trois ou quatre heures, on se remettrait en marche; et l'on ne s'arrêterait plus qu'au bivouac. Le soldat donnerait à son corps et à ses vêtements les soins les plus urgents, et il pourrait même faire une seconde fois la soupe; mais il aimera mieux se contenter du bouilli qui lui reste, afin de se livrer plus tôt au sommeil.

« Cette manière d'agir serait d'ailleurs modifiée suivant les circonstances. Ainsi, lorsque les étapes ne seront pas très-longues, il conviendra de partir plus tôt, d'abréger la durée de la grande halte et de gagner d'une seule traite le lieu du bivouac, où l'on arriverait avant que la chaleur fût trop incommode. Ainsi, lorsque la brise périodique de la matinée sera régulière et constante, comme sur le littoral, on profitera de cette influence favorable, et l'on évitera de s'exposer aux brises du soir, quand elles sont insalubres. Ainsi, dans les lieux où la rareté de l'eau se ferait sentir, il serait bon d'en affaiblir le besoin, en diminuant la soif chez les hommes et chez les animaux par des marches de nuit. C'est ce que fit Alexandre dans les déserts de la Sogdiane, et ce que conseille l'empereur Léon. Plus les ardeurs du soleil seraient intenses et la poussière considérable, plus il serait nécessaire d'espacer les rangs et de ralentir la marche, plus les repos seraient fréquents. » (1)

Si les marches de nuit peuvent avoir leur avantage dans les conditions météorologiques et topographiques dont nous parlons, il est cependant prouvé par l'expérience que la fatigue est moins vivement sentie le jour que pendant la nuit, et ce ne doit être qu'exceptionnellement et dans les pays chauds et marécageux qu'il convient de substituer le jour à la nuit pour les heures de repos et de donner à celui-ci le moins de durée possible.

II. *Bivouacs et camps.* — L'emplacement du bivouac ou du camp ne doit pas moins occuper l'attention des chefs militaires comme des officiers de santé. Un endroit élevé, comme un versant de colline, à

---

(1) *De l'hygiène en Algérie*, tome 2, page 84.

l'abri des vents nuisibles et permettant de se procurer facilement l'eau, le bois, le fourrage, la paille et les choses indispensables à la vie, est assurément, comme nous l'avons déjà dit (*assiette des camps*), le lieu qui réunit les conditions les plus favorables pour des troupes bivouaquées. « Il vaut mieux, disait le maréchal Bugeaud, imposer quelques corvées aux hommes pour aller à l'eau et pour mener les chevaux et mulets à l'abreuvoir, que de camper dans des bas-fonds soumis à des influences morbides. » (*Instruction datée du camp de Sidi-Aïchoun, le 22 mai 1847.*)

Lorsque le soldat a rempli les devoirs imposés du service, on doit veiller à ce qu'il sèche ses habits mouillés, qu'il soigne ses pieds, surtout en les lavant et les frottant avec du suif fondu ou un mélange de graisse et d'alcool camphré, s'ils sont écorchés et enflés. Les ampoules, si communes pendant les premiers jours, doivent être ouvertes, et la pratique habituelle qu'ils suivent est celle qui consiste à passer à travers une aiguille armée d'un fil ordinaire. Le temps du repos réclame aussi des soins minutieux ; la paille de couchage devra être assez abondante et renouvelée souvent, et il conviendrait d'étendre d'abord sur la terre un morceau de toile imperméable avant de la couvrir de paille, afin de mieux se préserver de l'humidité et des vapeurs terrestres. En toutes saisons le soldat doit faire usage de ses vêtements les plus chauds, de sa couverture, de sa capote ou de son manteau, et envelopper soigneusement la tête et les pieds, qui demandent à être particulièrement protégés. Pour les postes détachés et les gardes avancées, qui sont exposés à souffrir des vents, de la pluie, le manteau est non-seulement de rigueur, mais des feux doivent continuellement être entretenus, et le mouvement devra être recommandé pendant toute la durée des factions. Mais nous avons déjà indiqué ces préceptes à propos de l'assiette des camps, et nous terminerons cet article par une analyse succincte des soins qui rentrent plus spécialement dans les attributions des officiers de santé.

Dans les marches, le médecin reste habituellement attaché à la gauche du bataillon, afin de pouvoir mieux observer les militaires qu'une indisposition subite met dans l'impossibilité de continuer la route à pied. Il fait mettre sur les voitures les havre-sacs ou même les armes de ceux qui peuvent marcher sans fardeau. Mais si l'homme est près de succomber à l'excès de fatigue, s'il touche au terme de ses forces, le repos seul est le remède, et il convient de mettre à sa disposition l'un des moyens de transport, les voitures ou les cacolets. Quelquefois par de fortes journées de marche, quand la chaleur est accablante, il survient des syncopes, des congestions cérébrales, et il n'est pas rare de voir tomber des hommes dans les rangs. En pareil cas, la saignée est le plus souvent nécessaire ; on doit aussi s'appliquer à donner à la périphérie du corps toute la liberté que ne permet pas toujours le vêtement, asperger le visage d'eau froide, et faire avaler quelques gorgées d'eau aiguisée de vinaigre ou d'eau-de-vie.

III. *Travaux militaires.*—Les travaux militaires en campagne ont pour objet la défense proprement dite ou l'attaque, soit dans les places, soit dans les camps retranchés, et, à la vérité, ils ne donnent lieu à aucune considération hygiénique spéciale ; mais si nous nous reportons vers notre colonie d'Afrique, nous verrons qu'ils s'étendent à la construction de bâtiments militaires, de postes et de villages, de murailles défensives, au tracé de routes, aux défrichements et au desséchement des marais : or, là aussi, les ressources de l'hygiène doivent être consultées, pour que le travail s'effectue avec le moins de dangers possible pour les travailleurs dans les lieux rendus insalubres par le voisinage de marais ou d'étangs qui dégagent des miasmes mortels. « Dans ces circonstances, dit M. Périer, la conservation du soldat réclame des soins spéciaux, et l'emploi de mesures propres à donner aux travaux toute l'innocuité qu'ils comportent. Quels sont ces moyens ?

« Les travaux militaires ayant pour objet des remuements du sol seront, autant que possible, bannis de la saison d'été pendant laquelle la décomposition des matières organiques et l'expansion des miasmes s'opèrent avec le plus de rapidité. La saison avancée de l'automne ne sera guère plus favorable, l'air humide se chargeant plus que l'air sec des molécules miasmatiques auxquelles la vapeur d'eau sert de dissolvant et de véhicule. C'est donc vers la fin de l'hiver, alors que la terre n'est plus détrempée par les pluies, et dans le printemps, que les travaux insalubres dont nous parlons entraîneront le moins d'inconvénients pour la santé des travailleurs.

« D'après cela, néanmoins, toutes les fois que la température sera élevée ou l'air humide, en quelque saison que ce soit, il faudra se garder d'ouvrir le travail avant que les rayons du soleil aient raréfié l'atmosphère et dissipé la rosée. On devra les cesser et se retirer avant les approches de la nuit : « *Vitandus est antelucanus et nocturnus aer in locis palustribus,* » dit Lancisi. C'est une conséquence de la dissémination sans doute plus grande des miasmes, et aussi de la réaction plus prononcée de l'économie pendant la chaleur diurne que pendant la fraîcheur toujours humide du matin et du soir.

« De même, on suspendra le travail aux heures les plus chaudes du jour qui seront données au repos ; et, d'abord, on aura soigneusement choisi les hommes, au nombre desquels on ne comprendra point les nouveaux débarqués.

« Les repos seront pris dans l'endroit le mieux situé par rapport à la direction du vent, et sur lequel on aura dressé des tentes pour abriter le soldat en cas de besoin, soit de la pluie, soit du soleil. Et si les troupes étaient obligées de bivouaquer ou de camper sur les lieux, on s'établirait le plus loin possible des travaux, et l'on s'entourerait de toutes les précautions de salubrité qui concernent le campement.

« Les bonnes qualités de l'habillement et du régime seront assurées. A défaut de vêtements de rechange, les travailleurs seront munis de leur manteau. Ils éviteront de s'exposer demi-nus à l'influence des exhalaisons du sol ; ils seront coiffés du bonnet de police ou de la calotte ; et l'on aura soin de vêtir chaudement les extrémités inférieures. On distribuera des chaussettes et quelquefois des sabots. L'alimentation sera substantielle et tonique. On fera déjeuner avant le travail, et l'on accordera la double ration de vin et du café. Enfin, nous avons dit que dans les saisons et les pays à fièvres, diverses infusions ou décoctions amères, administrées le matin et le soir, seront salutaires ; que l'usage du tabac aura son utilité ; que l'emploi des feux, que les onctions et les frictions huileuses peuvent être indiquées comme moyens d'une incontestable valeur hygiénique.» (1)

IV. *Batailles.* — C'est un précepte ancien que de ménager les fatigues des troupes, en leur allégeant le service pendant les jours qui précèdent l'engagement d'une grande affaire. On conseille aussi de les disposer d'avance aux combats par une nourriture plus abondante, et de telles dispositions ne peuvent avoir assurément qu'une influence avantageuse sur le moral de tous et sur l'état des blessés particulièrement. Si l'on réfléchit en effet aux privations et aux fatigues violentes qu'éprouve le soldat après des marches forcées et des travaux préparatoires, à toutes les misères et aux accidents inévitables qui l'accompagnent à la guerre, on verra que tout semble concourir à son épuisement, et dans quelles fâcheuses conditions il peut se trouver à la veille d'une bataille. Il est donc utile de rappeler ici qu'il faudra nécessairement donner du repos aux hommes et en employer tous les instants à les rafraîchir, à les restaurer et à les fortifier. Ainsi les rations de vivres peuvent être augmentées, des distributions de vin ou d'eau mélangée d'eau-de-vie peuvent être faites, les bains de rivière, quand la saison le permet, peuvent être conseillés ; et tous ces moyens ne pourront qu'exercer une influence salutaire sur la disposition morale des combattants.

V. *Siéges.* — Tout ce que le fer, le feu, la famine et la peste offrent de plus affreux, semble se réunir pour dévorer les malheureux habitants et les troupes renfermés dans une ville assiégée, lorsqu'elles résistent longtemps, bloquées dans une enceinte resserrée, n'ayant d'autres vivres que ceux qui sont dans la place ; l'espoir de résister toujours davantage oblige à diminuer la ration des soldats, qui, mangeant beaucoup moins et fatiguant beaucoup plus, dépérissent bientôt à vue d'œil. L'air corrompu par le nombre des habitants et des troupes entassées quelquefois les uns sur les autres, privés de tous les moyens nécessaires à la propreté, l'infection qu'exhalent les cadavres des malheureuses victimes de la guerre qu'on n'a pas le temps d'enterrer, ou des animaux qui périssent de fatigue ou d'inanition

---

(1) *Ouvrage cité*, tome 2, page 448 et suivantes.

portent enfin la peste dans la plupart des hommes dont le sang enflammé par des fatigues sans relâche, vicié par des aliments ou des eaux corrompues, absorbant par les pores ou le gosier toutes les vapeurs infectes, ne tarde pas à développer quelquefois le bubon pestilentiel qui caractérise la peste.

Heureusement cette dernière calamité n'arrive pas souvent, parce qu'il est rare que les villes assiégées résistent et souffrent assez longtemps pour la faire naître; mais cela étant arrivé peut se revoir encore: on doit donc chercher les moyens d'en prévenir les horreurs.

D'un autre côté, les assiégeants, ordinairement campés devant la ville ou servant à la tranchée, sont, à la vérité, souvent accablés de travaux pénibles et dangereux, des inondations et des incursions ennemies, des eaux croupissantes, et de la plupart des maux qui se rencontrent dans un mauvais sol; mais ils n'ont presque rien à souffrir de la disette ni de l'altération des aliments; occupant un grand terrain, l'air qu'ils respirent est très-rarement infecté, et s'ils ont jamais à redouter la peste, c'est lorsque ce fléau, ayant pris naissance dans l'intérieur de la ville assiégée, répand bientôt son poison dans tous les êtres qui l'environnent, qui se trouvent dans son enceinte et respirent son venin mortel. (1)

Les assiégeants dissiperont facilement leurs craintes, en exécutant rigoureusement toutes les précautions de santé que nous avons indiquées comme essentielles à la salubrité des camps.

Mais à l'égard des villes assiégées qui voudront résister longtemps sans y éprouver les trois fléaux les plus destructeurs de l'espèce humaine, le vrai moyen de les éviter exige des attentions suivies dont nous allons détailler les plus importantes:

1° Quand une ville est sur le point d'avoir à essuyer un siége, les autorités supérieures doivent approvisionner les magasins de la place en abondance, de vivres secs surtout, tels que blés, seigles, orge, avoine et autres grains, qu'il faut réduire en farine pour en remplir de grands tonneaux. Les légumes farineux, le riz, le salep, les tablettes de bouillon et tous les aliments de bonne garde peuvent être compris dans les approvisionnements. On fournira aussi les magasins de légumes frais, tels que haricots, lentilles, carottes, etc., autant qu'on pourra s'en procurer aux environs. Les magasins doivent être parfaitement nettoyés et purifiés avant d'y faire le dépôt de substances alimentaires. Une partie de farines peut être transformée en biscuit pour subvenir aux besoins les plus pressants dans les moments de crise où l'on n'a pas le temps de cuire du pain. Ne retenir dans la place que la quantité de bestiaux nécessaires à la subsistance et relative au nombre des assiégés, tant militaires que population civile, tuer le reste et réduire la viande en tablettes de bouillon, ou la faire

(1) *La Santé de Mars*, Jourdan Lecointe, 1790.

saler sur-le-champ, quand il y a à craindre que les fourrages viennent à manquer tout à fait.

2° Il faut autant que possible n'admettre dans la place que les personnes qui peuvent être utiles et en faire sortir tous les habitants, hommes, femmes, vieillards et enfants, et les chevaux qui ne serviraient qu'à consommer la plus grande partie des provisions.

3° Toutes les sources, fontaines, puits et citernes doivent être surveillés et entretenus dans le plus grand état de propreté ; on empêchera qu'on y jette rien qui puisse troubler l'eau ou en détruire la salubrité. Les lavages devront être faits dans des endroits désignés à l'avance, et pour plus de précautions, les sources fournissant l'eau destinée à la boisson des assiégés seront bien couvertes et gardées.

On devra faire observer la plus grande propreté dans les rues, ordonner que les immondices soient enterrés dans des trous pratiqués, soit dans les cours, soit dans les rues. Des fumigations aromatiques chlorurées ou sulfureuses seront nécessaires de temps en temps pour renouveler et purifier l'air. Comme il y aura obligation d'enterrer les cadavres d'hommes et d'animaux dans l'intérieur de la ville, il faudra recommander de les couvrir de chaux vive, de manière à les consumer et d'empêcher qu'ils ne répandent une odeur infecte.

4° Enfin le commandant devra diriger la consommation des provisions d'après le temps qu'il croira pouvoir tenir et les secours qu'il pourra espérer. Les hôpitaux militaires seront pourvus de médicaments, des objets les plus nécessaires au traitement des malades.

On peut admettre comme évaluation moyenne que $1/10^e$ de la garnison se trouvera simultanément dans les hôpitaux ; et l'on disposera d'avance, pour ce nombre d'hommes, des locaux convenables dans les bâtiments militaires, autant que possible dans le quartier de la place le plus éloigné des attaques présumées. (Voir, pour plus de détails, *Aide-mémoire de l'officier du génie*, art. *Siéges*.)

VI. *Victoires. Retour*. — Si l'action a été décisive et l'ennemi mis en déroute, on ne doit occuper les casernes, les campements et les hôpitaux qu'il a abandonnés qu'après les avoir assainis ; et pour éviter tous les désordres auxquels peut entraîner la satisfaction d'une victoire remportée, la discipline doit encore se montrer armée de toutes les règles de l'hygiène. Si des sentiments d'humanité n'y portaient déjà naturellement le vainqueur, la prudence conseillerait aussi de ménager les prisonniers de guerre, ainsi que les habitants du pays conquis comme le meilleur moyen d'en obtenir des secours et le plus de ressources possibles.

« Comme l'influence d'un genre de vie inaccoutumée peut favoriser le développement de diverses maladies au début des expéditions, de même à la rentrée des colonnes dans les garnisons bien approvisionnées, l'état sanitaire courra de nouveaux risques. Alors les troupes sont presque toujours exténuées de fatigues et lasses de privations ; la satisfaction de leurs premiers appétits ne peut que bien difficilement être contenue dans de justes limites, et cependant les erreurs de l'intempérance sont plus funestes que jamais. Le seul changement de régime imprime à l'économie des modifications toujours accompagnées de quelque danger. Il faudra donc veiller à ce que la transition ne soit pas trop subite entre l'état de pénurie et celui d'abondance de vivres, et spécialement des spiritueux.

« En outre, toutes les fois que l'organisme tend vers un but déterminé, qu'il accomplit une tâche, il manifeste des ressources extraordinaires, et possède une grande puissance de réaction contre les impressions morbifiques, auxquelles il succombera dès que le moment d'excitation morale sera passé.

« Ce n'est donc pas seulement à l'influence du bien-être, succédant sans intermédiaire à certaines vicissitudes, mais encore à la dépression des forces, qu'il faut attribuer les maux qui peuvent se déclarer au retour dans les cantonnements. Et c'est ainsi que l'arrivée de la Grande armée à Moscou, et qu'ensuite la fin de cette campagne et de celle de Saxe, furent marquées par l'invasion des maladies qui reconnurent ces deux ordres de causes simultanément. On trouve dans les auteurs divers faits de ce genre, mais qui n'intéressent point notre sujet, car en Algérie nous n'avons jamais à souffrir beaucoup et longtemps de la disette, et nos places, d'ailleurs, ne fournissent pas au soldat d'extrêmes délices.

« Néanmoins, toute transition brusque d'un état à un autre, même meilleur, est compromettante pour l'économie ; aussi bien la satiété trop grande après l'abstinence que le repos subit après un long travail, comme Celse l'a dit : « Neque verò ex multâ fame nimia satie« tas... idonea est. Item neque ex nimio labore subitum otium... sine « gravi noxa est. » Et c'est pour cela que le passage, ou d'un régime succinct à l'abondance des vivres, ou de la vie active des expéditions à l'état de repos, pourront, dans quelques circonstances, n'être pas sans danger. Indépendamment des avis, des exhortations et des mesures d'ordre propres à prévenir tout excès, il faudra donc parfois, au retour, tenir pendant quelque temps le soldat en haleine par des travaux, des exercices ou même par des divertissements, afin d'éviter que l'inaction ne succède trop brusquement aux fatigues de la guerre (1). »

ARTICLE TROISIÈME.

Service de marche. — Convois militaires. — Transports du matériel de la guerre.

Aux exercices et mouvements militaires se rattachent des dispositions réglementaires spéciales, relatives aux militaires voyageant iso-

(1) N. Périer, *Ouvrage cité*, tome 2, page 98.

lément, aux convois militaires et au service des transports du matériel de la guerre. Nous en ferons un exposé succinct dans cet article, en renvoyant pour plus de détails aux ordonnances et règlements que nous avons dû consulter, tels que le règlement sur le service des convois du 31 décembre 1823, l'instruction du 27 février 1836, l'ordonnance du 20 décembre 1837 et le décret du 15 juin 1853 sur les frais de route, le marché du 15 mai 1849 pour l'exécution du service des convois, la circulaire du 1ᵉʳ septembre 1850 et l'instruction du 15 juin 1853 qui lui est relative.

Les officiers de santé doivent se pénétrer des dispositions de cet important service qui leur sont particulières, soit qu'ils soient appelés à accompagner des convois de malades ou blessés, soit qu'ils voyagent avec des corps de troupes ou des détachements.

I. Les prestations que le soldat reçoit en marche, soit qu'il voyage isolément, en corps ou en détachement, sont de deux sortes, les prestations en deniers et les prestations en nature. Les prestations en argent sont l'indemnité de route, l'indemnité de séjour, les avances en argent ; les prestations en nature sont le logement chez l'habitant, l'éclairage et le chauffage.

Les corps ou détachements et les militaires voyageant isolément ont droit dans certaines circonstances à des prestations de transport fournies par le service des convois militaires.

Le militaire voyageant isolément a droit à l'indemnité de route par distance légale d'étapes, au logement chez l'habitant à tous les gîtes d'étapes, mais il n'a pas droit aux subsistances ni à la solde de route.

Les sous-officiers et soldats qui sont transportés au compte de l'Etat par les chemins de fer, les diligences et les bateaux à vapeur, reçoivent, lorsqu'ils ont droit à l'indemnité de route, une double indemnité de route pour chaque journée passée en route. (*Décision présidentielle du* 30 *septembre* 1850 *et décret du* 15 *juin* 1853, *art.* 7.)

Les militaires voyageant en corps ou en détachement reçoivent la solde de route; ils ont droit, de plus, au pain et au logement chez l'habitant.

II. Le service des convois militaires consiste à fournir des moyens de transport par chemins de fer, bateaux à vapeur, voitures publiques suspendues, etc. : 1° aux militaires blessés, infirmes, malades ou convalescents voyageant isolément, ou évacués d'un hôpital sur un autre, aux enfants de troupe qui ne peuvent faire route à pied, ainsi qu'à tous les militaires indistinctement sortant des hôpitaux, allant aux eaux, en congé de convalescence ou en congé de réforme (pour les militaires isolés, voyageant pour cause de santé, la décision ministérielle du 6 juin 1861 a remplacé le service des convois par des allocations particulières (*indemnité de transport et de nourriture*), décomptées par kilomètre et variant suivant le mode de locomotion); et 2° des voitures à un ou deux colliers, suspendues ou non, pour le transport de la caisse, des papiers et des effets d'un usage journalier, tels que portemanteaux d'officiers, dont le poids pour chacun ne doit pas excéder 30 kilogrammes (*décision ministérielle du 7 août 1855*), sacs, armes des hommes à la suite, harnachements des chevaux laissés malades en route, ainsi que pour les hommes écloppés ou convalescents et les enfants de troupe des corps ou détachements en marche dans l'intérieur.

Dans certaines circonstances et d'après les ordres du Ministre de la guerre, le transport des troupes a lieu par les voies rapides, chemins de fer et bateaux à vapeur.

Les convois par terre s'exécutent au moyen de voitures à collier, de chevaux de selle ou de bât.

Lorsque le transport des troupes n'a pas lieu par les voies rapides, les fournitures de convois à allouer aux corps et détachements sont réglées à raison de leur composition et de leur effectif. Les détachements de moins de 25 hommes n'ont aucun droit aux fournitures de convois. Les détachements de plus de 25 hommes et les corps cu fractions de corps ont droit à des voitures à un collier dont le nombre est fixé d'après l'effectif à raison d'une voiture par 160 hommes. Une voiture supplémentaire à un collier est accordée à tout dépôt de corps de troupes en marche, qui voyage avec un effectif de au moins 12 officiers. Cette voiture est en sus des allocations déterminées par l'instruction du 7 juin 1861. (*Décision ministérielle du 12 avril 1862.*)

Chaque voiture doit être garnie d'une bâche, pour abriter les hommes et les effets. Les voitures destinées au transport des hommes en sont toujours pourvues : elles doivent être disposées de manière que ceux-ci puissent s'y asseoir commodément et être garnies de nattes ou de paille fraîche en quantité suffisante.

Dans les chemins de montagnes impraticables aux voitures, les convois militaires s'exécutent au moyen de chevaux de selle ou de bât.

Le poids ou le nombre d'hommes, avec leurs sacs ou portemanteaux à transporter sur chaque voiture est fixé comme ci-après, au maximun : voiture à 1 collier, 500 kilogrammes ou de 1 à 4 hommes; voiture à 2 colliers, 800 kilogrammes ou de 5 à 7 hommes. Le poids à transporter sur chaque cheval ou mulet de bât est fixé au maximum à 125 kilogrammes.

Tout corps ou détachement qui se met en marche est tenu d'emmener les militaires blessés ou infirmes qui peuvent faire la route en voiture. Néanmoins ceux qui ne pourraient être placés sur les voitures mises légalement à la disposition du corps ou détachement recevraient alors les prestations de convois comme militaires isolés.

Il doit toujours être fait usage de voitures suspendues pour le transport des malades évacués d'un hôpital sur un autre, et des convalescents, et la convention passée le 29 avril 1852 avec l'entrepreneur général des convois l'oblige à transporter par la voie des chemins de fer, par celle des bateaux à vapeur ou par les voitures publiques suspendues les militaires ayant droit aux convois, sur toutes les routes où des moyens de locomotion de ces diverses natures sont organisés. Ce principe a été maintenu dans le nouveau marché pour le service des convois, à partir du 1er juillet 1855.

Il ne peut être alloué de fournitures des convois militaires aux sous-officiers et soldats voyageant par détachement ou isolément, que lorsqu'un officier de santé a constaté l'impossibilité où ils se trouveraient de faire la route à pied. L'officier de santé est désigné par le sous-intendant militaire du lieu ou par son suppléant.

Cette intervention de l'officier de santé dans le service des convois a donc pour objet de constater : 1° si ces militaires, lorsqu'ils sont malades, infirmes, blessés ou convalescents, ont besoin de moyens de transport ; 2° s'il est préférable de les envoyer à l'hôpital.

Le médecin énonce dans un certificat motivé et détaillé le résultat de sa visite, et fait connaître si l'individu visité a besoin ou non des moyens de transport. Dans le cas de l'affirmative, il indique expressément dans le certificat : 1° si le militaire peut aller indifféremment à cheval ou en voiture ; 2° s'il ne peut supporter que la voiture ; 3° s'il ne peut supporter que le cheval de selle.

La fourniture exclusive du cheval de selle, au lieu d'une place à la voiture, ne doit être autorisée pour un militaire ayant des compagnons de route que dans les pays de montagnes impraticables aux voitures ou dans les cas très-rares où la nature de son infirmité s'opposerait absolument à son transport en voiture.

Les mandats de fournitures accidentelles des convois militaires doivent comprendre en tête de l'ordre de fourniture l'invitation du maire à l'officier de santé chargé de la visite et le certificat de ce dernier.

La visite des militaires isolés, disent MM. Maillot et Puel (1), constitue un service dont l'importance n'est peut-être pas suffisamment appréciée. Cependant, si on considère les abus dont il peut être l'occasion, par la facilité avec laquelle on délivre quelquefois les certificats d'aptitude aux moyens de transport ou les billets d'entrée aux hôpitaux, on comprendra combien il serait facile d'épargner au département de la guerre des frais considérables de convois ou de journées d'hôpital, en mettant à leur délivrance une justice rigoureuse. Cette observation s'applique plus particulièrement aux officiers de santé des établissements civils, qui, n'étant pas responsables envers l'autorité militaire, sont pour cela même plus disposés à céder facilement aux sollicitations des militaires isolés.

Les médecins civils, indépendamment de la trop grande facilité qu'ils mettent généralement à délivrer ces certificats, n'apprécient

---

(1) *Aide-Mémoire,* page 147.

pas assez les circonstances où il conviendrait d'accorder de préférence à un militaire isolé un billet d'entrée à l'hôpital. En effet, si le militaire est atteint d'une maladie ou blessure qui réclame les soins d'un médecin, si surtout il se rend à une destination éloignée, le transport en voiture ou à cheval ne pouvant apporter aucun changement à son état, et étant au contraire susceptible quelquefois de l'aggraver, il sera obligé d'entrer à l'hôpital en arrivant à son corps, et les moyens de transport qu'on lui a donnés auront été pour l'État tout à fait en pure perte ; tandis que quelques jours d'hôpital auraient suffi pour amener sa guérison, après laquelle il aurait pu rejoindre à pied son régiment.

L'officier de santé doit, selon le règlement, décider si le militaire auquel il juge les moyens de transport nécessaires peut voyager *indifféremment à cheval ou en voiture*, ou s'il ne peut supporter que *la voiture* ou *le cheval de selle*.

Si le règlement autorise le choix des moyens de transport le plus en rapport avec l'état des malades, il exprime implicitement l'injonction de ménager les intérêts du Trésor, en n'accordant celui qui est le plus coûteux que lorsqu'il ne peut être remplacé par celui qui l'est le moins.

Cependant il arrive fort souvent que des officiers de santé, et particulièrement ceux des hôpitaux civils, ne se pénétrant pas de l'esprit du règlement, accordent presque exclusivement la voiture à tous les militaires convalescents sortant des hôpitaux, et à ceux qui, voyageant isolément, leur paraissent avoir besoin des moyens de transport. C'est là une mauvaise interprétation du règlement.

La voiture est ordinairement indispensable aux militaires sortant de l'hôpital où une maladie grave les a longtemps retenus ; à ceux qui ont été réformés du service pour une affection organique, pour cause de cécité, etc.; à ceux qui, envoyés en convalescence, sont reconnus trop faibles pour se rendre à pied dans leurs foyers, et à tous ceux enfin qui sont atteints de maladies ou d'infirmités que le mouvement du cheval peut aggraver.

La désignation du cheval de selle ou de la voiture indifféremment doit être faite toutes les fois qu'on juge que le cheval peut suppléer la voiture. Ainsi les militaires éclopés, ceux qui sont atteints de blessures ou d'infirmités n'exigeant pas d'ailleurs leur admission aux hôpitaux, se trouvent dans ce cas.

La désignation exclusive du cheval de selle doit être réservée pour les cas fort rares où les mouvements de la voiture pourraient exercer une fâcheuse influence sur la santé des militaires ayant besoin de moyens de transport.

Les fournitures qui ont pour objet le transport des militaires voyageant isolément sont les plus fréquentes, les plus onéreuses et celles qui peuvent le plus facilement donner lieu à des abus.

Le nombre en serait moins considérable, si les officiers de santé délivraient des certificats avec plus de discernement et aux seuls militaires à qui les moyens de transport sont réellement indispensables.

Les fonctionnaires de l'intendance, ajoute le Ministre, doivent choisir pour visiter les militaires les officiers de santé qui leur offrent le plus de confiance. Dans les invitations spéciales qu'ils leur adressent à cet effet, ils ne sauraient trop leur recommander de procéder à ces visites avec une attention scrupuleuse, et d'indiquer exactement dans les certificats l'espèce de fourniture dont chaque militaire a besoin en raison de la gravité et de la nature de ses infirmités.

On néglige généralement ce point essentiel; on s'abstient même, dans quelques localités, de biffer, tant sur les certificats libellés en tête des ordres de fournitures que sur les mandats imprimés, les mots qui expriment les autres moyens de transport que celui dont il est possible ou convenable de faire usage. De là résultent des abus préjudiciables aux intérêts du Trésor. L'expérience a d'ailleurs démontré que, parmi les militaires non valides, il en est peu qui aient besoin exclusivement soit du cheval de selle, soit de la voiture. (*Instruction du 27 février* 1836.)

Nous avons déjà vu à l'article relatif à l'admission des militaires dans les hospices civils que le Ministre avait à plusieurs reprises, et notamment dans la note du 5 juillet 1833 et dans la circulaire du 17 juillet 1850, signalé les abus qui résultent de la trop grande facilité avec laquelle on admet dans les hôpitaux et particulièrement dans les hospices civils, les militaires isolés et même ceux qui voyagent en détachement; nous venons de voir aussi que les fournitures des moyens de transport peuvent aussi donner lieu à des abus préjudiciables aux intérêts du Trésor, surtout dans les localités où il n'y a pas de médecin militaire, car, nous devons le répéter, les médecins civils sont ceux qui mettent généralement la plus grande facilité dans la délivrance des certificats pour l'obtention des moyens de transport.

Les moyens les plus efficaces de remédier à ces abus et d'assurer l'exécution du règlement sur le service de santé relatif aux convois militaires, consisterait donc dans l'organisation du service de santé des passages dans chaque place principale. Aujourd'hui encore, le service spécial n'existe que dans les places de Paris, Lyon, Metz, Avignon et Aix, et les avantages que l'administration doit retirer de la centralisation dans les mêmes mains du service des passages, du recrutement et des infirmeries des prisons militaires, permettent d'espérer l'extension de cette mesure à d'autres localités. Le premier avantage qui résulterait d'une telle innovation proposée par MM. Maillot et Puel (1), serait de créer un service uniforme et mieux rempli,

(1) *Aide-mémoire*, page 151.

parce qu'il le serait toujours par le même officier de santé, qui serait alors responsable de ses actes. Nous ajouterons que les dépenses occasionnées par la création de ces nouveaux emplois seraient amplement compensées par les avantages qu'on en retirerait comme ressource en personnel pour le cas de guerre.

III. *Transports de la guerre.* — Le service du transport du matériel militaire doit être considéré sous un double point de vue, savoir : à l'intérieur et en campagne. A l'intérieur, les transports directs, accidentels, maritimes, les transports par chemins de fer et les équipages militaires, toutes ces parties différentes du service général des transports sont l'objet des règlements du 1er janvier 1824, du 16 septembre 1855 et de l'instruction ministérielle pour l'exécution du traité du 2 septembre 1861 avec les compagnies de chemins de fer pour les transports de la guerre et de la marine.

Les transports de la guerre comprennent : 1° les gros bagages et effets des corps de troupes ; 2° les médicaments et les effets d'hôpitaux, d'habillement, d'équipement, de harnachement, de campement et de couchage appartenant à l'État, etc.

Les transports directs sont effectués soit par terre, soit par eau, avec les moyens employés par le roulage ou le commerce local. Dans les pays de montagnes habituellement impraticables pour les voitures, ils sont exécutés à dos de mulets. Ils peuvent, en raison des circonstances, être faits dans les délais ordinaires de roulage ou par urgence, ou par voie accélérée, ou par les diligences.

En campagne, les transports de la guerre sont dans le service du corps des équipages militaires. A défaut des équipages de l'administration, on réquisitionne ceux du pays.

Les équipages militaires sont chargés du transport, à la suite des divisions actives, du matériel des ambulances, et à la suite des quartiers généraux, des réserves de toute nature ; du pain ainsi que des denrées et objets nécessaires à la nourriture et aux besoins divers du soldat, lorsque les troupes ne peuvent aller les prendre aux lieux de distribution. Une armée de 100,000 hommes à trois journées de ses magasins nécessite 700 voitures. Quant aux bestiaux, ils suivent l'armée, si on peut les nourrir.

Nous avons vu (première partie, chapitre V page 147) qu'aux termes de l'instruction ministérielle du 12 septembre 1861, les officiers et employés militaires jouissent de la faculté de faire transporter, avec clauses et conditions du traité de la guerre (du 2 septembre 1861), leurs effets particuliers, mais avec des restrictions que nous avons indiquées. Nous rappellerons ici que, pour éviter, dans l'expédition, des temps d'arrêt aussi préjudiciables au service de l'administration qu'aux officiers eux-mêmes et aux compagnies de chemins de fer, et par suite diminuer également les frais de magasinage, le Ministre a arrêté les dispositions suivantes :

« 2° *Transports particuliers.* — Les ordres de transport et les lettres de voiture pour les expéditions des particuliers, dirigées sur un port de mer pour y être embarquées, ou sur une place frontière pour suivre à l'étranger, devront contenir l'indication et l'adresse d'un destinataire transitaire dans ces localités, à qui l'expédition devra être remise contre le paiement des frais et sur récépissé. » (*Circulaire ministérielle du 26 octobre 1861.*)

IV. *Équipages de campagne.* — Le transport des bagages des officiers en campagne n'a été complétement réglementé que dans ces dernières années par les décrets du 23 avril 1859 et du 21 janvier 1860.

Pendant les guerres de la République, officiers et soldats portaient le sac. Vers la fin de l'Empire seulement, a été rendu le décret du 22 février 1813, qui dispose que « il pourra y avoir pour le transport des bagages des officiers, par bataillon d'infanterie, quatre mulets ou chevaux de bât ; par escadron de cavalerie, un mulet ou un cheval de bât. » Cette disposition a été reproduite dans l'instruction provisoire du mois de février 1823 sur le service des troupes en campagne ; mais les expéditions en Algérie ont fait une nécessité de ce qui n'était auparavant qu'une faculté. Lorsque après la prise d'Alger les troupes s'avancèrent dans l'intérieur, les officiers furent en butte aux plus rudes épreuves sans aucune de ces alternatives d'abondance et de privations qui composent la vie militaire pendant les guerres en Europe. Il fallut alors porter tout avec soi, se préserver du soleil ou des pluies torrentielles dans des bivouacs établis presque toujours sur des terrains complétement nus. Les bagages des officiers, des soldats, prirent naturellement plus d'extension lorsque les exigences de la guerre conduisirent nos troupes bien au delà des villes du littoral et des bases d'approvisionnement jusqu'à la limite du désert. Il devint indispensable de mettre constamment à la suite de chaque compagnie des mulets que les officiers achetaient et que l'État nourrissait. La même nécessité s'est fait sentir pendant la guerre d'Orient et la guerre d'Italie. Il importait donc que cette partie du service de l'armée fût régularisée, et le décret du 21 janvier 1860, relatif aux équipages de campagne, répond en partie aux besoins des officiers, à la veille d'une guerre, en assurant à ceux des corps de troupes les moyens matériels de faire campagne.

Avec des transports calculés sur les besoins réels de la vie militaire en campagne, dit encore le Ministre dans son rapport, on peut multiplier les marches en entretenant un bien-être relatif qui contribue au succès des opérations. Aujourd'hui l'action est instantanée : la guerre est à peine déclarée, que l'armée marche à la frontière. Les officiers sont alors obligés de se pourvoir en route, et même en territoire ennemi, de leurs moyens de transport : de là des dépenses excessives, du désordre et les abus les plus graves. Ces embarras seraient évités si les transports des régiments étaient non-seulement réglementés d'avance, mais toujours prêts à être mis à la disposition des troupes.

Dans cet ordre d'idées, et pour rendre plus facile et plus prompte la mobilisation des troupes en cas de guerre :

Les corps de troupes sont pourvus, au moment d'entrer en campagne, de voitures attelées de deux chevaux ou mulets pour le transport des bagages des officiers, de la caisse et de la comptabilité, des cantines d'ambulance, des médicaments, etc.

Le nombre en est fixé à 1 voiture par état-major de régiment et 1 voiture par bataillon d'infanterie, par bataillon de chasseurs à pied et par deux escadrons de cavalerie.

Le nombre des cantines d'effets et de cuisine est ainsi réglé :

Colonel ou lieutenant-colonel. . . .	2 cantines d'effets, 1 de cuisine.
Chef de bataillon ou d'escadron. . .	1 cantine d'effets, 1 de cuisine.
Officier de tout autre grade.	1 cantine d'effets.
Par compagnie ou escadron.	1 cantine de cuisine.

En Algérie et dans les autres contrées où les opérations militaires nécessitent l'usage du mulet de bât, le nombre en est fixé ainsi qu'il suit par le décret du 23 avril 1859 :

Régiment d'infanterie ou de cavalerie : état-major, 4 mulets; par compagnie ou escadron, 2 mulets.

Bataillon de chasseurs à pied : état-major, 2 mulets ; par compagnie, 2 mulets.

Aux termes des dispositions des articles 3 et 4 de l'arrêté ministériel du 23 mars 1858, les officiers sans troupe, ainsi que les corps de troupes, se pourvoiront des bâts et des cantines qui leur seront nécessaires au moyen d'une première mise d'achat qui leur sera allouée à cet effet. La première mise d'achat du bât et de la paire de cantines est fixée à 130 fr. pour chaque mulet.

Le paiement de cette première mise sera effectué sur les fonds généraux de la solde, après que l'existence et le bon état des bâts et des cantines auront été constatés par un procès-verbal dressé par un fonctionnaire de l'intendance militaire.

CHAPITRE SEPTIÈME.

De la discipline militaire. — Mœurs et passions du soldat.

> Une armée sans discipline est plus dangereuse à l'État que ses ennemis. (*Maréchal de Saxe.*)
> La carrière des armes est assurément la plus noble de toutes, puisqu'elle donne naissance aux passions les plus élevées, et qu'elle inspire les sacrifices les plus désintéressés, ceux de la vie et de la fortune.

ARTICLE PREMIER.

Nécessité de la discipline. — Principes généraux de subordination.

« Il n'y a rien de si nécessaire au soldat que la discipline, dit Montécuculli dans ses Mémoires, sans elle les troupes sont plus pernicieuses qu'utiles, plus formidables aux amis qu'aux ennemis. »

La discipline a dû être une nécessité dès l'organisation des combattants en corps de troupes. En effet, sans règles communes de conduite, sans discipline particulière, le moindre corps de troupe ne pourrait exister. Autrefois, c'était trahir la patrie que d'enfreindre la discipline, et l'histoire romaine nous apprend que les peines les plus graves atteignaient l'indiscipline et la sédition. Celui qui n'obéissait pas à l'ordre ou au signal donné était mis à mort. Cicéron rapporte que les citoyens, qui se mutilaient en se coupant les pouces et les doigts pour se soustraire au devoir de servir la patrie, étaient vendus comme esclaves, parce qu'on les regardait indignes de la liberté qu'ils ne savaient pas défendre.

Les Français ont eu une discipline militaire plus ou moins exacte ou relâchée selon les lois ou les généraux qui ont commandé. Dans les premiers temps de la révolution, l'indiscipline était extrême et fut la cause de bien des désastres, et si, plus tard, les armées de la République et de l'Empire firent de grandes choses, c'est que les actes d'indiscipline étaient rares. Lors du licenciement en 1815, l'armée impériale a offert le plus bel exemple d'obéissance et de discipline que l'histoire nous ait transmis.

Les règlements sur la discipline actuellement en vigueur et toutes les dispositions qui s'y rapportent ont été révisées par le maréchal Soult pendant son premier ministère. Le service des places a continué à être régi par l'ordonnance du 1er mars 1768; celui des armées en campagne l'est par l'ordonnance du 3 mai 1832; l'ordonnance du 2 novembre 1833 règle tout ce qui est relatif au service intérieur des troupes d'infanterie et des troupes à cheval : elle trace les devoirs

27

de toüs, les attributions et les obligations de chaque grade après avoir établi les *principes généraux de la subordination* ainsi qu'il suit :

La discipline faisant la force principale des armées, il importe que tout supérieur obtienne de ses subordonnés une obéissance entière et une soumission de tous les instants ; que les ordres soient exécutés littéralement, sans hésitation ni murmure ; l'autorité qui les donne en est responsable, et la réclamation n'est permise à l'inférieur que lorsqu'il a obéi.

Si l'intérêt du service veut que la discipline soit ferme, il veut en même temps qu'elle soit paternelle ; toute rigueur qui n'est pas de nécessité, toute punition qui n'est pas déterminée par le règlement, ou que ferait prononcer un sentiment autre que celui du devoir ; tout acte, tout geste, tout propos outrageant d'un supérieur envers son subordonné sont sévèrement interdits. Les membres de la hiérarchie militaire, à quelque degré qu'ils y soient placés, doivent traiter leurs inférieurs avec bonté, être pour eux des guides bienveillants, leur porter tout l'intérêt, et avoir envers eux tous les égards dus à des hommes dont la valeur et le dévoûment procurent leurs succès et préparent leur gloire.

La subordination doit avoir lieu rigoureusement de grade à grade; l'exacte observation des règles qui la garantissent, en écartant l'arbitraire, doit maintenir chacun dans ses droits comme dans ses devoirs.

Le soldat doit obéir au caporal, le caporal au fourrier et au sergent, le fourrier et le sergent au sergent-major, le sergent-major à l'adjudant, l'adjudant au sous-lieutenant, le sous-lieutenant au lieutenant, le lieutenant à l'adjudant-major et au capitaine, l'adjudant-major et le capitaine au major et au chef de bataillon, le major et le chef de bataillon au lieutenant-colonel, le lieutenant-colonel au colonel, le colonel au général de brigade, le général de brigade au général de division, le général de division au général commandant en chef et au maréchal de France.

Indépendamment de cette subordination au grade, la discipline exige, à grade égal, la subordination à l'ancienneté, en tout ce qui concerne le service général et l'ordre public. Ainsi plusieurs militaires du même grade, de service ensemble, qu'ils soient ou non du même corps et de même arme, doivent obéissance au plus ancien d'entre eux comme s'il était supérieur en grade.

Même hors de service, les supérieurs ont droit à la déférence et au respect de leurs subordonnés.

Le chef de l'État charge particulièrement les officiers généraux de s'assurer, par une surveillance ferme et constante, de la stricte exécution de ces dispositions dans les corps sous leurs ordres, et tout en maintenant l'émulation entre les différents corps et les différentes armes, d'apporter l'attention la plus scrupuleuse à ce que rien n'altère la bonne harmonie et la mutuelle confiance qui leur sont indispensables. (*Ordonnance du 2 novembre* 1833.)

Comme on le voit, la discipline ne s'étend qu'à l'ordre et à l'obéissance dans la vie intérieure des corps, dans l'échelle hiérarchique des grades et ces principes de la subordination, dont la lettre est sacramentelle, comme tout ce qui touche à la discipline de l'armée, reposent sur des bases justes et paternelles ; nous verrons qu'il en est de même des peines disciplinaires dont nous avons à parler dans ce chapitre.

§ 1er. — Des peines disciplinaires.

I. *Des punitions pour fautes légères.* — Les punitions à infliger aux caporaux ou brigadiers et aux soldats sont : la consigne au quartier, la salle de police, la prison, le cachot, l'interdiction de porter le sabre. (*Art.* 384, *ordonnance du 2 novembre* 1833.)

Il existe dans chaque caserne ou quartier une chambre de police ou salle de discipline destinée à punir par la privation passagère de la liberté les hommes qui commettent de simples négligences, soit dans la tenue, soit dans le service, qui laissent échapper quelque signe d'insubordination.

Pour les fautes plus graves, particulièrement, lorsqu'elles sont commises pendant un service armé, ils sont punis de la prison ou même du cachot.

Ceux qui, sans avoir commis des délits justiciables des conseils de guerre, persévèrent néanmoins à porter le trouble dans le régiment, sont envoyés dans les *compagnies de discipline*.

En campagne, il n'existe que des corvées pour fautes peu graves, la salle de police est remplacée par la garde de police, et la prison de ville par la prison du quartier général.

Les hommes détenus à la salle de police ne sont exempts d'aucun service : ils sont exercés deux fois par jour et pendant deux heures en peloton de punition, et employés à toutes les corvées de quartier. Ceux en prison ou au cachot ne font pas de service ; leurs centimes de poche sont versés en totalité aux ordinaires dont ils font partie.

Lorsque les prisons des casernes manquent, ils sont reçus dans les prisons militaires sur la demande des chefs de corps. A défaut de prisons militaires ou dans le cas d'insuffisance de ces établissements, les militaires sont placés dans les prisons civiles où ils doivent être séparés des autres détenus.

Les salles de discipline sont placées sous la surveillance de l'adjudant ; elles doivent être aérées deux fois par jour ; le caporal de garde fait porter la soupe à tous les détenus, en même temps il est chargé de voir s'il n'y a pas de malades, et de faire vider les baquets, balayer et renouveler l'eau dans les cruches. (*Art.* 215 *de l'ordonnance du 2 novembre* 1833.)

27.

Des demi-fournitures sont affectées au service des salles de discipline et des prisons de police établies dans l'intérieur des casernes. (*Règlement sur le service des lits militaires, art.* 10.)

Les lieux de discipline (salles de polices, prisons, cachots), sont généralement placés près des corps de garde, au rez-de-chaussée. Ils réclament plus que les autres parties des habitations militaires dans leur disposition, l'observance rigoureuse des règles de l'hygiène. Ordinairement mal aérés, à peine éclairés, pourvus d'un baquet à demeure et destinés à être habités jour et nuit, ils renferment accumulées toutes les causes d'insalubrité et de destruction.

La malpropreté, l'infection et le méphitisme y règnent facilement et il est impossible de soustraire les détenus aux causes de maladies qu'ils recèlent, si l'on n'exerce la surveillance la plus sévère de toutes les mesures de salubrité.

Il serait avantageux que, sans nuire à la sûreté, on pût leur donner plus d'étendue, y faire parvenir la lumière solaire et des courants d'air extérieur. On doit empêcher aussi qu'ils ne renferment un plus grand nombre d'hommes que celui déterminé par l'assiette du logement. Les hommes punis doivent sortir chaque jour pendant quelques heures, pour que l'air puisse être complétement renouvelé au moyen des appareils de ventilation. On aura soin de faire observer la plus grande propreté ; la paille des demi-fournitures de couchage sera renouvelée aussi souvent que le règlement le prescrit ; le linge de corps sera exactement changé une fois la semaine, les vêtements exposés à l'air et battus. Les baquets à déjection vidés, lavés à grande eau et frottés avec la suie, conformément aux prescriptions de la note ministérielle du 4 décembre 1846, ou mieux encore la désinfection en sera faite avec le sulfate de fer, d'après les instructions spéciales renfermées dans les circulaires ministérielles du 3 août 1852 et du 24 avril 1855.

Telles sont les diverses dispositions réglementaires et hygiéniques qui concernent les salles de discipline et de police des casernes. Nous n'avons pas besoin d'insister sur la nécessité de se conformer à leur complète exécution ; nous ferons seulement remarquer qu'il importerait beaucoup d'y ajouter une surveillance morale plus sévère. Déjà, à une époque éloignée de nous, l'un des médecins en chef de l'armée, Biron, appelait aussi l'attention de l'autorité sur une semblable disposition. « Mais ces chambres de correction, dit-il, dont la nécessité est indispensable pour maintenir l'ordre dans l'intérieur des corps de troupes ne sont pas tenues toujours comme elles devraient l'être ; le soldat y vit dans l'oisiveté et l'insouciance, et comme il y est envoyé pour les fautes les plus légères, il s'y accoutume à la paresse, à la malpropreté et y prend le germe des vices honteux et des passions viles qui le conduisent souvent à des fautes plus graves et quelquefois même à des crimes.

« C'est dans ce lieu même, établi pour la conservation de la discipline, que s'exalte le plus souvent l'esprit d'indiscipline et de mécontentement. C'est là que se forment les projets de désertion et qu'on rêve au moyen de les exécuter. Il importe donc de surveiller ces salles de détention sous le rapport moral, d'y mettre en vigueur des moyens suffisants de police et de salubrité, et d'obliger les militaires qui y sont enfermés à se livrer à quelques occupations journalières qui puissent les distraire et calmer leur imagination disposée à s'exalter ; c'est un des objets les plus importants sur lesquels les officiers supérieurs doivent diriger leurs vues paternelles et leur active sollicitude. » (*Journal de médecine, etc.*, t. 2.)

II. *Des punitions pour fautes graves.* — Les militaires repris de discipline pour fautes très-graves sont détenus soit dans les prisons militaires, soit dans les pénitenciers.

Prisons militaires. — Il existe des prisons militaires dans chaque chef-lieu de division et sur plusieurs points ; elles sont destinées à recevoir, outre les militaires en prévention avant et après le jugement, ceux en passage (conduits par la gendarmerie), ou attendant une destination, ou punis disciplinairement, par insuffisance ou absence de local dans les casernes, et enfin ceux condamnés à l'emprisonnement pour un temps moindre d'une année.

Pénitenciers. — Il en existe trois en France, à Metz, à Besançon, à Avignon, et trois en Algérie (deux à Alger et un à Douéra).

Les pénitenciers correspondent aux maisons centrales de détention ; ils ont été institués pour les militaires condamnés à la peine de l'emprisonnement d'une année au moins. Corriger par le travail et enseigner un état aux militaires qui n'en ont pas, c'est le but des pénitenciers qui par là rendent un plus grand service à la société.

Le régime pénitentiaire ordinaire consiste dans la réclusion cellulaire pendant la nuit et dans l'application pendant le jour à des travaux rétribués, exécutés dans des ateliers intérieurs communs, sous une surveillance constante et l'obligation d'un silence absolu. En certains cas, le régime pénitentiaire peut être aggravé progressivement par la réclusion diurne et nocturne des détenus dans des cellules de correction dites *cellules solitaires* et *cellules ténébreuses.* Le régime auquel sont soumis les détenus dans cette position prend la dénomination de régime de correction. (*Règlement du* 28 *janvier* 1839.)

La prison, n'étant qu'une peine correctionnelle, n'empêche pas de rentrer sous les drapeaux ; à leur sortie de prison les militaires sont dirigés sur les trois *bataillons d'Afrique* qui reçoivent les hommes qui ont eu plus de trois mois de prison et ont plus d'un an de service à faire.

III. *Des peines judiciaires.* — Enfin, outre les peines admises par nos lois et dont il est aussi fait application aux militaires, sauf certaines modifications dans l'exécution, il y a pour l'armée des peines spéciales. Ce sont : en matière de crime, *la dégradation militaire* ; en matière de délit, *la destitution* (pour officier), et *les travaux publics*. (*Code de Justice militaire*, art. 185.)

Quand la peine de mort est prononcée par les conseils de guerre, le condamné est fusillé au lieu de subir la décapitation.

La peine de mort prononcée contre un militaire en vertu des lois pénales ordinaires, entraîne de plein droit la dégradation militaire. Il en est de même pour les peines des travaux forcés, de la déportation, de la détention, de la réclusion et du bannissement; toutes peines *criminelles* qui sont appliquées conformément aux dispositions du Code pénal ordinaire.

La *dégradation militaire*, peine la plus grave peut-être aux yeux de l'armée, entraîne la privation du grade, l'incapacité de servir dans l'armée, la privation du droit de porter aucune décoration et la déchéance de tout droit à pension et à récompense pour les services antérieurs. (*Code cité*, art. 190.)

La *destitution* entraîne la privation du grade ou du rang et du droit d'en porter les insignes distinctifs et l'uniforme. — L'officier destitué ne peut obtenir ni pension, ni récompense à raison de ses services antérieurs. (*Id.*, art. 192.)

La peine du boulet, ayant été abolie par le nouveau Code de justice militaire, les condamnés à la peine correctionnelle des travaux publics sont indistinctement réunis dans des *ateliers de punitions*. Ces établissements, placés en Algérie (à Cherchell, Ténès, Oran, Mersel-Kébir et Bône), ont une organisation toute militaire ; le commandement et l'administration en sont confiés à des militaires et les condamnés détenus dans ces établissements continuent à être justiciables des conseils de guerre pour tous les crimes et délits qu'ils peuvent commettre.

IV. *Du service des prisons militaires et des établissements de détention du ressort de la justice militaire.* — Le service des prisons est chargé de pourvoir au logement, à la nourriture, à l'habillement, au couchage, au chauffage et au blanchissage des militaires détenus.

1. *Nourriture.* — Le pain est de même qualité que celui distribué à la troupe : il est fourni par le service des subsistances militaires, à raison d'une ration (750 grammes) par homme et par jour.

Les autres aliments doivent être délivrés cuits et préparés, ils sont fournis dans les espèces, quantités et qualités déterminées chaque année par les préfets, eu égard aux prix locaux des denrées (*ordonnance du 29 mars* 1823). Ils se composent ordinairement de légumes.

Il est passé un marché avec le concierge qui doit subvenir à la nourriture des détenus au moyen de 0,15 centimes par homme et par jour. Les hommes en passage ont droit à une nourriture plus abondante, aussi l'allocation faite au concierge est-elle de 0,20 centimes par homme.

Toutes les fois que l'on distribue du vinaigre ou de l'eau-de-vie à la troupe, les détenus, excepté ceux en passage, reçoivent la même prestation : si l'on accorde une indemnité à cet effet, cette indemnité est donnée au concierge qui doit fournir l'eau mélangée de vinaigre ou d'eau-de-vie.

Les militaires détenus pour simple mesure de police à défaut de prisons dans les casernes, sont nourris et entretenus par les soins de leurs corps.

La nourriture pour tous les ateliers se compose de 750 grammes de pain de munition, 150 grammes de pain blanc pour la soupe, 100 grammes de viande, 60 grammes de légumes secs ou de légumes verts, ou 30 grammes de riz et 1/32º de litre d'eau-de-vie pour mélanger avec l'eau. En Afrique, on donne par mesure hygiénique 1/4 de litre de vin.

Les jours de repos les condamnés reçoivent 750 grammes de pain de munition, 150 grammes de viande, 120 grammes de légumes et 1/32ᵉ de litre d'eau-de-vie. Celui qui refuse de travailler ne reçoit que le pain de munition et 60 grammes de légumes.

2. *Habillement.* — Les détenus ont une veste, une capote et un bonnet de police, un pantalon et des souliers, pris parmi les effets hors de service de leurs corps quand ceux-ci ne sont pas à une trop grande distance du lieu de détention, et délivrés dans le cas contraire par le sous-intendant militaire, qui, après avoir constaté les besoins, y satisfait, soit au moyen de vieux effets pris dans les magasins de l'État ou dans les hôpitaux, soit, à défaut de ces ressources, par des achats.

3. *Blanchissage.* — Chaque détenu a droit par semaine au blanchissage d'une chemise et d'un mouchoir.

Couchage. — Pour le couchage, on ne donne pas de fournitures, il n'est accordé que des paillasses. La paille de couchage est distribuée aux détenus à raison de six kilogrammes par homme et renouvelée tous les dix jours. Quand un homme sortant des prisons y a séjourné plus de 4 jours, la paille qui lui avait été délivrée ne doit plus servir. Si sa détention a duré moins de 5 jours depuis le renouvellement de la paille, elle sert à un nouvel arrivant, mais elle est remplacée le huitième jour au lieu du dixième. (*Arrêté du 4 décembre* 1806.)

Des demi-fournitures du service des lits militaires sont affectées au service des pénitenciers militaires, éventuellement aux dépôts de militaires condamnés aux travaux publics, et aux prisons militaires spécialement désignées par le Ministre. (*Règlement du service des lits militaires, art.* 10.)

Les officiers en activité, détenus par mesure de discipline, sont placés dans des chambres particulières et reçoivent des magasins des lits militaires les effets de couchage et les objets d'ameublement ancien modèle, qui leur sont nécessaires, autant toutefois, qu'il y en a de disponibles ; dans aucun cas il n'est affecté à cet usage des ameublements du nouveau modèle.

Dans les places où la fixation comporte des fournitures d'officiers et des ameublements ancien modèle, il sera délivré pour chaque officier détenu, une de ces fournitures et un de ces ameublements; dans les places où il n'existera pas de lits d'officier, mais où il y aura des ameublements d'ancien modèle, il sera délivré un de ces ameublements et une fourniture de soldat; enfin dans les places ou il n'y aura ni fournitures d'officiers ni ameublement de l'ancien modèle, il ne sera délivré qu'une fourniture de soldat, et dans ce cas seulement, l'officier devra se procurer à ses frais, les objets mobiliers dont il aura besoin. (*Décision ministérielle du* 28 *juillet* 1842.)

5. *Chauffage.* — Il n'est alloué aucune prestation de chauffage. Il n'est fait de feu que dans les grands froids seulement.

6. *Surveillance.* — Un gendarme est chargé chaque jour d'assister aux repas des détenus et de s'assurer que toutes les fournitures d'aliments ou autres sont faites dans les quantités et qualités prescrites. Il rend compte à son chef direct et au sous-intendant des plaintes qu'il aurait reçues et des abus qu'il aurait découverts.

7. *Visites des officiers et des médecins dans les prisons.* — Les règlements militaires prescrivent aux officiers des corps de troupes et à ceux employés dans les états-majors des places, de visiter, tous les jours, les prisons où les militaires sont détenus, pour s'assurer si la propreté et la salubrité y sont observées, et si les prisonniers sont traités conformément aux règlements sous le rapport de la nourriture et des objets nécessaires à leur entretien. Les sous-intendants doivent aussi y faire de fréquentes visites.

Un officier de santé fait chaque jour une visite à la prison militaire; il est chargé de veiller à tout ce qui peut influer sur la santé des prisonniers et de désigner les hommes qui ont besoin d'être envoyés à l'hôpital pour cause de maladie.

Chaque année, les inspecteurs médicaux sont chargés d'inspecter les prisons militaires et les pénitenciers, et d'adresser au Ministre un rapport d'ensemble, sur les améliorations apporter à ce service.

V. *Dispositions relatives au service de santé dans les établissements pénitentiaires.* — Toutes les dispositions générales d'ordre, et de discipline intérieure pour les établissements pénitentiaires (*ateliers des travaux publics et pénitenciers*) ont été déterminées par le règlement du 23 juillet 1856. Celles qui concernent particulièrement le service de santé sont les suivantes :

Le service sanitaire est confié par le Ministre, sur la proposition de l'intendant militaire, à l'un des officiers de santé chargés d'un service sédentaire dans la localité où se trouve l'établissement pénitentiaire.

A défaut, des dispositions particulières sont prises par le Ministre de a guerre. (*Art.* 61.)

L'officier de santé visite *tous les jours* les détenus.

Il doit, indépendamment des devoirs particuliers qui lui sont imposés au titre du service intérieur du présent règlement se conformer, durant l'exercice de ses fonctions, aux dispositions réglementaires, ordres et consignes relatifs à la police de l'établissement.

Il fournit au commandant :

1° Tous les jours, un bulletin sur la situation hygiénique ;

2° Tous les trois mois, un état nominatif de tous les détenus admis à l'infirmerie pendant le trimestre expiré, avec indication des différents genres de maladies traitées, et du nombre des journées de traitement pour chaque homme ;

3° Au moment de l'inspection, un rapport particulier ayant pour objet de signaler les causes évidentes ou présumées des maladies traitées, les moyens hygiéniques employés pour les combattre, les précautions à prendre pour les faire cesser ou en prévenir le retour.

Ce rapport est remis par le commandant, avec ses observations, à l'inspecteur général, qui le joint à son travail d'inspection.

Copie en est remise au sous-intendant militaire, chargé de la surveillance administrative de l'établissement. (*Art.* 62.)

Après son immatriculation, chaque condamné est présenté à l'officier de santé, qui décide s'il peut être admis dans l'intérieur de l'établissement ou s'il doit être envoyé à l'infirmerie. (*Art.* 98.)

En cas de contestation sur la qualité des denrées, l'officier de santé est appelé et décide en présence du commandant de l'établissement. —Si l'entrepreneur ou le fournisseur croit devoir réclamer contre la décision de l'officier de santé, il en est référé aussitôt au sous-intendant militaire, qui, après expertise, et sans être tenu de s'y conformer, prononce définitivement. (*Art.* 110.)

Les détenus malades sont présentés à l'officier de santé à sa visite du matin. Cet officier de santé après les avoir visités, les désigne, s'il y a lieu, pour être transférés à l'infirmerie, ou envoyés à l'hôpital. (*Art.* 152.)

Les détenus à l'infirmerie ne peuvent communiquer avec ceux du régime commun. — Lorsque l'officier de santé juge qu'ils ont besoin de prendre l'air, ils sont conduits dans le préau, sous la garde d'un sous-officier surveillant. (*Art.* 153.)

Les détenus malades à l'infirmerie reçoivent la nourriture réglée pour chacun d'eux par l'officier de santé. (*Art.* 154.)

Un détenu, désigné parmi les moins aptes aux travaux industriels, est affecté, au besoin, au service de l'infirmerie.

Il est chargé de la cuisson et du chauffage des médicaments nécessaires au traitement des condamnés malades. (*Art.* 155.)

L'infirmerie est reblanchie aussi souvent que le besoin en est déclaré par l'officier de santé. (*Art.* 156.)

Les médicaments et le linge à pansement nécessaires pour le traitement des hommes soignés à l'infirmerie, sont fournis par l'hôpital militaire, sur les bons du médecin chargé du traitement. — Ces bons sont visés par le président du Conseil d'administration de l'établissement et le sous-intendant militaire. (*Art. 157.*)

Les détenus, mis aux fers, ne sortent, même pour raison de santé, qu'autant que la nécessité en a été impérieusement reconnue par l'officier de santé. (*Art. 158.*)

Les détenus aux cellules de correction sont visités, chaque jour, par l'officier de santé. (*Art. 222.*)

Le règlement du 23 juillet 1856 sur les établissements pénitentaires est le complément des mesures prises pour donner une direction uniforme à un service dont l'importance est incontestable. C'est en effet, dans les établissements pénitentiaires que les militaires condamnés à la peine des travaux publics, à un emprisonnement de plus d'une année, peines correctionnelles n'entraînant pas leur exclusion de l'armée, viennent expier les délits qu'ils ont commis. Ils y retrouvent des chefs militaires : la discipline qu'ils ont pu méconnaître un moment, mais à laquelle ils ont été plus ou moins longtemps soumis avant leurs condamnations, les y attend de nouveau ; enfin le travail leur est procuré comme moyen de réhabilitation, et ils n'en peuvent être dispensés qu'en cas de maladie.

Le régime observé à leur égard est essentiellement moral. La sévérité y est tempérée par la bienveillance. Quiconque est animé d'un repentir sincère, est certain de trouver protection et encouragement de la part des officiers et sous-officiers préposés au commandement et à la surveillance.

Des signes de bonne conduite, consistant en une boutonnière figurée à chaque côté du collet de la veste, sont d'abord donnés comme récompense. Cette première faveur assure la remise de centimes de poche au moyen desquels le condamné peut améliorer son ordinaire dans de sages et convenables limites. Il peut ensuite être proposé, soit pour une réduction de peine, soit pour grâce entière, et enfin être dispensé de l'épreuve des bataillons d'infanterie légère d'Afrique.

Une administration intelligente donne, aux condamnés comme à l'État, les plus sûres garanties. C'est à elle qu'il appartient de discuter sous la réserve de l'approbation du Ministre, les conditions auxquelles les militaires détenus dans les établissements pénitentiaires devront travailler, et d'assurer le recouvrement de leur salaire.

Ce salaire, dont une partie revient au Trésor pour atténuer les dépenses occasionnées par les condamnés, est partagé ensuite entre la masse individuelle, qui pourvoit au paiement des effets de linge et chaussure et autres objets appartenant aux prisonniers, et celle du fonds particulier, qui est leur propriété.

Il y a, comme on le voit, pour les condamnés, dans ce mode de répartition du produit de leur travail, un puissant moyen d'émulation, car plus ils sont laborieux, plus ils gagnent, et la quotité à verser à leurs fonds particuliers s'élève en proportion ; mais par une prudente combinaison ces fonds particuliers, que les condamnés ont intérêt à conserver intacts, doivent servir, à l'époque des règlements trimestriels, à éteindre les débets de la masse individuelle, débets qui longtemps ont été à la charge du Trésor. Il en résulte que, sous peine de perdre ce qu'ils ont gagné, les condamnés ont soin de leurs effets de linge de chaussure, et deviennent économes et rangés.

Tel est l'esprit du nouveau règlement, dont il serait trop long d'énumérer toutes les prescriptions. Il suffit de dire qu'il contient, sur chaque partie du service intérieur des établissements pénitentiaires, des dispositions claires et précises, qu'il trace à chacun ses devoirs, et fait cesser la confusion à laquelle donnait lieu parfois l'application de règlements antérieurs, modifiés au point que des chapitres entiers étaient supprimés.

Les moyens d'assainissement des prisons et des locaux destinés aux militaires punis de détention dans les maisons du ressort de la justice militaire ne sont pas différents de ceux que nous avons énumérés précédemment au sujet des salles de discipline et de police. Il appartient à chacun, selon ses attributions, de les faire appliquer dans la limite des dispositions réglementaires. Mais malgré la surveillance la plus sévère de toutes les mesures de salubrité, malgré les visites et les rapports obligés, l'état des prisons et des lieux de détention en général, laisse encore aujourd'hui beaucoup à désirer, car, si, dans certains établissements, c'est exceptionnellement que les malheureux prisonniers sont entassés dans des lieux étroits, sombres et humides, et restent exposés à toutes les causes d'infection et de méphitisme, qui amènent plus ou moins rapidement la détérioration de la constitution, le scorbut, la phthysie et les autres cachexies, on n'en doit pas moins reconnaître la nécessité d'une réforme dans le régime des prisons sous le rapport moral. En effet, « le soldat, dit Biron, y puise les affections morales les plus dangereuses, des principes d'indiscipline, de corruption et d'immoralité ; il y perd le goût du service militaire, se détache des intérêts de la patrie, et contracte les habitudes les plus vicieuses. Que de motifs pour ne pas infliger légèrement, et pour de simples délits de police ou de discipline, une punition qui peut être suivie de tant de maux !... Quelle responsabilité pour les officiers militaires chargés de surveiller ou de faire surveiller exactement la tenue des prisons ! » (*Journal de médecine déjà cité, t. 2.*)

L'imposition du travail nous paraît être le moyen le plus salutaire pour opérer cette réforme ; l'extension à la peine des corvées pour les punitions de simple police, et l'application des corps disciplinaires aux travaux que peuvent comporter non-seulement l'assainissement et l'entretien des établissements militaires, mais encore la construction des fortifications et des routes, le desséchement des marais et tous les travaux de colonisation, comme on les pratique en Algérie, sont assurément les modes de correction les plus efficaces au point de vue de la discipline et de la moralité.

§ 2. — Des récompenses.

Pour maintenir une bonne discipline, dit M. Durat-Lasalle, (1) il ne suffit-pas d'établir, même avec sagesse, une série de peines efficaces, les récompenses ne sont pas un élément moins puissant. Données avec justice et discernement, elles soutiennent la discipline : répandues avec profusion et souvent à qui ne les a pas méritées, elles affaiblissent tous les liens de l'obéissance.

C'est aussi une preuve de la décadence des gouvernements que de grandes récompenses pour de petits services : les plus mauvais empereurs romains ont été ceux qui ont le plus donné, les meilleurs ont été économes.

Sous les bons empereurs, l'État observait les principes, le trésor de l'honneur suppléait aux autres trésors. De nos jours, l'institution des *armes d'honneur*, l'institution de la *croix d'honneur*, et celle de la *médaille d'honneur*, ont puissamment contribué au rétablissement et à l'affermissement de la discipline.

Aux *décorations*, que nous devons regarder comme les moyens les plus puissants de récompenser les services militaires extraordinaires, les actions d'éclat, etc., viennent s'ajouter les bénéfices de l'admission dans la garde impériale et de *l'avancement* qui récompensent le zèle et la durée des services comme l'intelligence et la capacité, et ceux de la *retraite* qui assurent au soldat vieilli ou mutilé des ressources bien modiques sans doute, mais suffisantes pour terminer honorablement son existence.

Aussitôt qu'il y eut des armées permanentes en France (voir *Esquisse historique*), les souverains s'occupèrent d'assurer l'existence des sous-officiers et soldats que l'âge, les fatigues ou les blessures rendaient impropres au service. On eut d'abord les *oblats militaires* ou *moynes-lays*, dénomination que l'on donnait aux vieux sous-officiers et soldats que certains couvents étaient obligés de recevoir. Plus tard, sous François Ier, ils furent placés dans des châteaux et places fortes, sous le nom de *mortes-paies* pour les distinguer des militaires de l'armée active.

Louis XIV fonda l'hôtel des Invalides pour y recevoir les débris glorieux de ses armées. Enfin, sous Louis XV, le ministre duc de Choiseul fit rendre deux ordonnances en 1762 et en 1764, qui reconnurent le droit à une pension de retraite pour les anciens sous-officiers et soldats, et déterminèrent les conditions à remplir pour pouvoir jouir de ce droit. Ce n'est cependant que sous Louis XVI qu'il est question d'une manière sérieuse d'allouer une pension de retraite aux officiers (*Règlement du 25 mars 1776*), mais le droit n'en a été vé-

---

(1) *Droit et législation*, tome 9.

ritablement reconnu qu'après 1789, et encore la première loi qui s'en occupe, celle du 22 août 1790, porte-t-elle que, lorsque la fortune permet aux officiers de se contenter de grâces honorifiques, elles doivent leur tenir lieu de toute autre récompense.

La première loi qui admet sans restriction le droit à une pension de retraite pour les officiers est celle du 25 fructidor an VII. Comme la loi du 11 avril 1831, qui régit encore les pensions de l'armée de terre, elle exige trente années de service pour la pension à l'ancienneté, et présente, à de légères différences près, les mêmes tarifs pour les divers grades. Depuis, la loi du 26 avril 1855 sur la dotation de l'armée, a augmenté de 165 fr. le maximum de la pension pour les sous-officiers, caporaux ou brigadiers et soldats et a réduit pour eux à vingt ans la période trentenaire de service effectif exigé par celle de 1831, et la loi du 25 juin 1861 a substitué à ses tarifs pour les officiers des tarifs plus élevés dans les proportions de 3/10es pour les pensions, depuis le grade de général de division jusqu'à celui de capitaine inclus, et de 4/10es pour celles des lieutenants et des sous-lieutenants. Dans le cas de l'amputation d'un membre ou de la perte absolue de l'usage de deux membres, les officiers, sous-officiers, caporaux, brigadiers et soldats, ainsi que leurs assimilés, reçoivent le maximum de la pension qui leur est attribuée par la présente loi ou par la loi du 26 avril 1855. — En cas d'amputation de deux membres ou de la perte totale de la vue, ce maximum est augmenté pour les officiers et les assimilés de 20 p. 100, et pour les sous-officiers, caporaux, brigadiers et soldats et assimilés, de 30 p. 100. (*Art. 5 de la loi du 25 juin 1861.*)

Quant aux pensions des veuves des militaires, elles sont réglées par les lois des 11 avril 1831 et 26 avril 1856. Ces lois reconnaissent des droits là où les lois antérieures n'admettaient, en général, que des titres et elles n'exigent pas, comme par le passé, que, pour faire prendre ces titres en considération, les veuves aient à fournir des certificats constatant qu'elles sont privées des moyens d'existence.

Par la loi du 11 avril 1831, la pension des veuves est fixée au quart du maximum de la pension d'ancienneté affectée au grade dont le mari était titulaire, et, après le décès de la veuve, la pension dont elle jouissait est répartie, sous le titre de secours annuels, entre les enfants mineurs du militaire, de telle sorte que le dernier enfant mineur se trouve en jouissance de la totalité de la pension jusqu'au jour où il a vingt et un ans accomplis.

Par la loi du 26 mars 1856, la pension est élevée du quart à la moitié du maximum pour :

1° Les veuves des militaires tués sur le champ de bataille ;

2° Les veuves des militaires qui ont péri à l'armée et dont la mort a été causée par des événements de guerre ;

3° Les veuves des militaires morts des suites des blessures reçues dans les circonstances prévues par les deux paragraphes précédents, pourvu que le mariage soit antérieur à ces blessures.

Le bénéfice de ces dispositions est applicable aux secours annuels accordés aux orphelins des militaires dont il s'agit.

Enfin comme, parmi les soldats estropiés ou affaiblis par l'âge, il s'en trouve un grand nombre qui n'ont plus de famille, un asile a été institué pour assurer une retraite, où ils peuvent passer en paix les jours qui leur restent à vivre, aux nobles et glorieux débris de nos armées qui ont sacrifié à la patrie leur jeunesse et leur sang, et qui sont le plus mal partagés du côté de la fortune. En 1670, Louis XIV posa la première pierre de l'hôtel des Invalides, mais c'est en 1674 que parut l'édit royal qui constitua définitivement l'établissement; et depuis, le bien-être matériel et moral des pensionnaires a été assuré sous tous les gouvernements avec une sollicitude paternelle.

On y reçoit depuis le simple soldat jusqu'au colonel inclusivement.

Les anciens militaires ne sont susceptibles d'être admis aux Invalides que lorsqu'ils ont obtenu une pension de retraite et remplissent en outre une des deux conditions suivantes :

1° Soixante ans d'âge et trente ans de service, *campagnes non comprises ;*

2° Blessures ou infirmités *équivalentes* au moins par leur nature ou leurs résultats à la *perte totale de l'usage d'un membre.*

Dans ce dernier cas, les postulants sont visités par des officiers de santé qui doivent, aux termes de la circulaire ministérielle du 6 juillet 1833, libeller leurs certificats de manière à faire connaître en termes précis si les blessures ou infirmités ont la gravité requise pour les mettre hors d'état de suppléer par le travail à l'insuffisance de leurs pensions de retraite.

Sans vouloir prescrire une tolérance à laquelle devront mettre fin un jour les dispositions plus généreuses de la législation actuelle sur les pensions de retraite, l'administration de la guerre veut qu'elle ne devienne pas la source d'abus aussi nuisibles aux intérêts de l'État que contraires à l'esprit de l'institution. En conséquence, chaque fois qu'il y a lieu de constater, par une visite médicale en vue d'une admission aux Invalides, la situation physique d'un ancien militaire, il est prescrit (*circulaire ministérielle du 18 janvier* 1861) aux officiers de santé chargés de la visite et de la contre-visite d'apprécier le degré de gravité des blessures et des infirmités avec autant de soin que s'il s'agissait de la concession d'une pension de retraite et de ne pas perdre de vue, qu'en dehors de la condition d'âge, un état réel d'*invalidité* peut seul justifier l'entrée dans cet établissement. Ces officiers de santé doivent toujours se placer en dehors des considérations personnelles, et leur jugement, uniquement dicté par les données de la science, sera le résultat d'un examen attentif et consciencieux.

Les militaires invalides sont nourris et entretenus dans l'hôtel; de plus on leur donne une solde fixe par jour, pour menus besoins.

Les invalides malades sont traités à l'infirmerie dépendante de l'hôtel. Aujourd'hui c'est encore l'ordonnance royale du 30 novembre 1836 qui règle l'organisation du personnel du service de santé de l'hôtel impérial des Invalides (1).

L'effectif des officiers de santé attachés au service général des Invalides est ainsi fixé : 4 médecins principaux ou majors; 1 médecin aide-major de 1re classe ; 1 pharmacin principal; 1 pharmacien aide-major de 1re classe; et 6 médecins et pharmaciens aides-majors de 2e classe. (*Art. 1er.*)

Tous les emplois d'officiers de santé sont donnés au choix. (*Art. 2.*)

Les aides-majors sont choisis de préférence parmi les officiers de santé de ce grade qui ont été les premiers dans les concours. (*Art. 3.*)

Les officiers de santé attachés à l'hôtel sont tenus de loger dans les bâtiments qui en dépendent. (*Art. 4.*)

Aux termes de l'instruction du 14 juin 1862 sur la statisque médicale de l'armée, l'hôtel impérial des Invalides doit fournir trimestriellement quatre états spéciaux : 1° Mouvement de l'effectif (établi par le Conseil d'administration); 2° mouvement des malades ; 3° état récapitulatif des maladies des militaires invalides traités à l'infirmerie ; 4° état des maladies, blessures, infirmités ou accidents qui ont été causes de décès parmi les militaires invalides.

ARTICLE DEUXIÈME.

Mœurs et passions.

La discipline militaire ne repose pas seulement sur l'observation des devoirs à remplir, mais aussi sur la pratique des bonnes mœurs. Nous venons de voir que la moindre négligence à ce qui tient à l'ordre du service était suivie d'une punition, les règlements sont moins sévères pour ce qui regarde la conduite morale des soldats. « Cependant les bonnes mœurs, dit Biron (2), sont une partie essentielle et comme la sauve-garde de la discipline ; celle-ci trace la ligne des devoirs ; mais sans mœurs, sans principes, l'homme entraîné par ses passions, néglige ses devoirs et compromet souvent sa santé. Nous n'avons pas besoin de rappeler ici la liste nombreuse des maladies et infirmités produites par le désordre des passions. Toute la cohorte des affections nerveuses et la série des maux vénériens tiennent le premier rang parmi celles qui attaquent le soldat par suite de l'intempérance, de la débauche, du libertinage et des excès de tout genre. L'un des plus sûrs moyens de conserver la santé des troupes est

---

(1) Par décision impériale du 5 février 1862, une Commission spéciale, nommée par l'Empereur, a été chargée d'examiner un projet de règlement général destiné à compléter l'organisation des Invalides.

(2) *Journal de médecine militaire,* tome 2.

donc de les assujettir à une bonne discipline et de veiller sur leurs mœurs avec autant de soin que sur l'observance de la police et des devoirs militaires. »

On doit reconnaître avec raison que la carrière des armes est la plus noble de toutes, parce qu'elle donne naissance aux passions les plus élevées et qu'elle impose les sacrifices les plus désintéressés, ceux de la vie et de la fortune. Mais s'il est vrai que les occupations régulières du soldat, en modifiant ses mœurs primitives, limitent ses besoins et développent en lui de nobles vertus, la générosité, la reconnaissance, la probité, le dévouement, l'honneur et le mépris de la mort, on n'en doit pas moins reconnaître que malheureusement c'est aux vides, aux loisirs laissés par les exigences du service, à la vie monotone et indolente des casernes, qu'il faut attribuer le développement de certains vices, tels que l'onanisme, le libertinage, l'intempérance et leurs conséquences les plus graves, et des passions tristes, des maladies de l'âme, telles que la nostalgie, la mélancolie, etc.

§ 1er. — Mariage et célibat. — Syphilis; mesures prophylactiques. — Ivrognerie.

I. *Mariage et célibat.* — Une première question agitée par les hygiénistes est de savoir si le mariage est contraire à la discipline.

Qu'une république ordinaire, dit Jourdan Le Cointe (1), dont chaque canton choisit pour défenseurs ses plus robustes citoyens, leur permette de s'y fixer, de s'y établir, de s'y marier, rien de plus utile pour eux, parce que le soldat ayant déjà sa subsistance sûre dans sa propre maison, plus il a de liens qui l'attachent à sa patrie, plus il a d'objets intéressants à défendre ; l'honneur et l'héroïsme qui enflamment et tiennent lieu de tout au soldat monarchique sont pour lui des chimères; sa femme, ses enfants, sa chaumière, son état ou sa terre sont de puissants motifs qui vont réveiller son courage et l'entraîner aux extrêmes de la valeur, si l'on ose y porter atteinte.

Mais dans un vaste empire où la seule volonté d'un maître fait tout penser, tout vouloir, tout agir, où les troupes qui le défendent sont à chaque instant dans le cas d'aller du bout d'un royaume à l'autre et quelquefois même aux extrémités de la terre et d'abandonner pour longtemps le sol et les parents qui les ont vus naître, il faut nécessairement qu'un soldat n'ait aucun lien qui le retienne nulle part, que ni maisons, ni femmes, ni enfants, ni fortune ne puissent captiver son cœur, énerver ses forces et amollir son courage ; il faut enfin que, ne tenant à rien, qu'à la gloire seule, tant qu'il est soldat, il tienne à tout, dans l'espérance de l'avenir et que la plupart des biens qui peuvent séduire un mortel ne soient pour lui que la récompense future d'une action éclatante ou l'honorable secours d'une vieillesse militaire : ainsi la raison qui autorise le soldat républicain

_____

(1) *La Santé de Mars.*

à se marier, le prohibe hautement au soldat monarchique, et j'ose même dire à tous les officiers militaires.

La loi du souverain qui défend au soldat de se marier sans permission dans ses États est très-sage : tout soldat marié, forcé de partager sa solde, son bien-être, ses inclinations et son temps entre son service et sa famille, préfère tôt ou tard cette famille à son devoir, devient bientôt un homme faible, paresseux, misérable, sans nerf, sans âme, sans courage, incapable enfin de produire aucune de ces actions d'éclat où l'intrépide guerrier hasarde avec valeur une vie qui ne tient à rien, pour assurer la félicité publique ou contribuer à la prospérité d'un empire.

La misère qui les poignarde finit presque toujours par en faire des vivandiers ainsi que leurs femmes, c'est-à-dire des apôtres d'ivrognerie et des débauchés qui engendrent bientôt le désordre, le libertinage et la perte dans toute une armée.

D'autre part, le célibat forcé de presque tous les militaires a des inconvénients graves ; sans prétendre, comme certains moralistes, qu'il est nuisible à la société, qu'il entraîne à la corruption des mœurs les habitants des villes de garnison, on ne peut cependant nier les fâcheuses conséquences de la continence forcée et absolue qui porte à l'onanisme et à cette infâme passion homéosexuelle, la pédérastie, si commune chez les Arabes, et de la débauche clandestine qui amène la dégradation de la santé par les affections syphilitiques.

II. *Syphilis ; mesures prophylactiques.* — De hautes considérations de morale et d'humanité dans lesquelles il ne nous appartient pas d'entrer dans un ouvrage de cette nature, se rattachent à cette question ; l'on doit comprendre combien les maisons publiques de prostitution, tenues dans une dépendance rigoureuse et sous la surveillance de la police, sont utiles dans les places de garnison, tant sous le rapport des mœurs que de la santé publique, et reconnaître que c'est à la haute sollicitude du Gouvernement que l'on doit aujourd'hui la diminution du nombre des vénériens dans l'armée et des progrès d'un mal dont les populations éprouvaient aussi les funestes atteintes.

Après une discussion approfondie, à laquelle ont pris part les comités d'infanterie et de cavalerie réunis, et le Conseil de santé des armées, le Ministre de la guerre a approuvé, de concert avec le Ministre de l'intérieur, les mesures prophylactiques consignées dans l'arrêté ci-joint. Ces mesures découlent de deux principes : 1° abolition de la punition d'un mois de consigne, indistinctement infligée aujourd'hui aux vénériens sortant des hôpitaux : punition qui, en portant les hommes à réclamer les secours des empiriques, au lieu de déclarer spontanément leur mal aux officiers de santé militaires, devient souvent la cause première des affections les plus graves qu'une longue et énergique médication peut seule ensuite guérir, non sans énerver souvent, pour toujours, l'homme qui y a été soumis ; — 2° admission, au compte de la guerre, dans les hôpitaux, des militaires de la réserve et de ceux en jouissance d'un congé provisoire de libération.

Telles sont les principales bases du système que le Ministre de la guerre a adopté dans la vue de restreindre le nombre des vénériens et de limiter celui des cas graves dont la guérison est longue et dispendieuse. Ce système tend à atteindre partout, autant que possible, et à faire traiter, au début de la maladie, les individus chez lesquels la syphilis s'est déclarée, qu'ils appartiennent à l'armée active ou à la réserve, que les militaires soient présents au corps, voyagent en détachement ou isolément, ou résident dans leurs foyers pour un temps plus ou moins long.

Art. 1ᵉʳ. Tout militaire atteint de syphilis ou de gale doit immédiatement en faire la déclaration au médecin du corps ; il n'encourt aucune punition s'il se présente spontanément et dès l'apparition des premiers symptômes de la maladie.

2. Tout sous-officier, brigadier, caporal et soldat reconnu atteint d'une affection vénérienne ou cutanée dont la gravité révélerait que l'apparition des symptômes primitifs remonte à plus de 4 jours sans que le malade ait pu s'y méprendre, sera traité à la salle des consignés si son état le permet ; il sera en outre puni, à sa sortie de l'hôpital, d'un mois de consigne pour ne pas s'être présenté, dès le début de la maladie, à la visite du médecin du corps, et pour s'être rendu à charge à ses camarades par un long séjour aux hôpitaux.

3. Tout sous-officier, caporal ou brigadier qui saura qu'un soldat sous ses ordres est atteint de gale ou de syphilis, lui rappellera les dispositions des art. 1 et 2 du présent arrêté ; il sera tenu de le désigner au rapport, le lendemain, dans le cas où le malade ne se serait pas présenté spontanément au médecin-major du corps. En cas d'infraction à cette disposition, le sous-officier, caporal ou brigadier pourra encourir, suivant la gravité des circonstances, l'une des peines prononcées par les ordonnances du 2 novembre 1833 (service intérieur des troupes, infanterie et cavalerie) pour les fautes contre la discipline.

4. Les chefs de corps feront passer à la visite, conformément aux art. 56 à 61, infanterie, et 70 à 75, cavalerie, des ordonnances précitées, tout militaire soupçonné d'être affecté de maladie vénérienne ou cutanée, et qui se refuserait à en faire la déclaration volontaire. Nonobstant les dispositions qui précèdent, les chefs de corps conservent le droit de punir avec sévérité les hommes que leurs antécédents signaleraient comme plus particulièrement adonnés au libertinage.

5. Quand un corps quitte une garnison, le commandant, avant le départ, et le jour qu'il jugera convenable, fait passer à la visite des officiers de santé les militaires qui déclarent être atteints de gale ou de syphilis, et ceux qu'il serait convenable d'assujettir à cette visite

dans la prévision des art. 3 et 4. Les militaires malades sont immédiatement dirigés sur l'hôpital du lieu. Dans chacun des gîtes où la troupe doit séjourner, le chef de corps fait connaître, par la voie de l'ordre, l'heure à laquelle les officiers de santé, dans le but indiqué par le précédent paragraphe, admettront les hommes à la visite. Dans toutes les places où il existe un hôpital militaire, cette visite pourra recevoir l'extension prescrite par le paragraphe 1er du présent article, si le chef de corps le juge nécessaire. Elle devra être renouvelée dans cette même forme, et au jour le plus rapproché possible de l'arrivée dans la nouvelle place où la troupe doit tenir garnison. Les hommes atteints de maladies vénériennes ou cutanées seront immédiatement admis dans les infirmeries régimentaires ou les hôpitaux.

6. Les dispositions qui précèdent sont applicables aux détachements et aux compagnies formant corps. Dans ce cas, les visites sont faites et les déclarations sont reçues au départ et à l'arrivée par les officiers de santé militaires ou les médecins civils chargés du service de santé de ces troupes. Les commandants de détachements ou de compagnies formant corps reçoivent, lorsqu'ils sont en route, les instructions des fonctionnaires de l'intendance ou se concertent avec les maires pour la visite, par les médecins civils, des hommes qui se déclarent affectés de gale ou de syphilis, et de ceux qu'on peut soupçonner d'en être atteints, et ils font surveiller jusqu'à ce qu'ils puissent être admis à l'hôpital les hommes reconnus malades.

7. Les hommes atteints de syphilis ou de gale, et dirigés sur les hôpitaux affectés au traitement de ces maladies, pourront être logés dans les hospices civils des communes, où ils devront coucher ou séjourner, si elles possèdent des établissements de ce genre, et si les maires le préfèrent, ou être réunis dans un local commun qui leur serait affecté.

A leur arrivée au lieu de leur destination, ils ne recevront, sous aucun prétexte, de billet de logement, et ils seront, autant que possible, conduits directement à l'hôpital par un homme de garde. Après guérison ils seront également conduits à la porte de la ville par un homme de garde du poste de l'hôpital ou par le sergent de planton.

8. Tout brigadier, caporal et soldat partant de son corps, pour voyager isolément, sera soumis, avant son départ, à une visite sanitaire, à l'effet de s'assurer s'il n'est atteint ni de maladie vénérienne, ni de gale. Cette visite sera constatée par un *certificat du médecin-major* qui sera visé par l'officier supérieur commandant et annexé à la feuille de route du militaire. Dans tous les gîtes d'étape où résidera un fonctionnaire de l'intendance, l'homme voyageant isolément sera interrogé sur son état, et il pourra être soumis à une visite si, malgré sa déclaration négative, des symptômes extérieurs donnent lieu de croire qu'il est atteint de gale ou de syphilis ; s'il est reconnu malade, il sera dirigé immédiatement sur l'hôpital.

9. Pour le retour, la feuille de route ne sera jamais visée par le fonctionnaire de l'intendance près de qui le militaire devra se présenter au départ, sans que celui-ci ait été soumis à une visite. Il sera procédé à son égard, sur la route, de la même manière qu'il est prescrit par l'art. 8.

A son arrivée au corps, l'homme devra passer à la visite le jour même où il se sera présenté.

10. Les militaires en congé de semestre, en congé provisoire de libération, ou appartenant à la réserve, atteints de maladies vénériennes ou cutanées, seront admis au compte du département de la guerre dans les hôpitaux militaires et hospices civils.

Ceux d'entre eux qui ne se présenteraient pas à la visite dès le début de la maladie et dans les délais prescrits par l'art. 2, seront traités à la salle des consignés, si leur état le permet, sans préjudice des punitions mentionnées à l'art. 897 du règlement du 1er avril 1831.

Les chefs de corps veilleront, avec une sollicitude éclairée, à l'exécution des visites prescrites par les ordonnances du 2 novembre 1833 (*art.* 56 *à* 61, *infanterie, et* 70 *à* 75, *cavalerie*) dans l'intérêt de la santé du soldat, non moins que dans un intérêt d'hygiène publique, et ils tiendront rigoureusement la main aux mesures déterminées par le présent arrêté. (*Arrêté du* 10 *mai* 1842 *relatif aux mesures sanitaires propres à empêcher les progrès dans l'armée des affections syphilitiques et cutanées.*)

Ces dispositions, concertées avec le département de l'intérieur, ont été recommandées à la sollicitude des autorités locales et des administrations municipales et hospitalières par le Ministre de l'intérieur, dans une circulaire en date du 21 juin 1842, qui prescrit en même temps les mesures à prendre pour la surveillance sévère et continuelle des filles publiques, des établissements de prostitution et des maisons de logeurs qui servent trop souvent à favoriser la débauche.

Afin d'assurer l'exécution de ces dispositions, le Ministre de la guerre a décidé, le 29 mars 1843, que la gendarmerie concourrait à l'accomplissement des formalités prescrites par les art. 7, 8, 9 et 10 de l'arrêté du 10 mai. Il a également approuvé, le 22 juin 1843, que l'indemnité de route fût payée aux militaires en congé provisoire de libération ou appartenant à la réserve, qui sont dirigés sur les hôpitaux civils ou militaires, comme atteints de maladies cutanées ou vénériennes. De son côté, par une circulaire du 15 mars 1845, le Ministre de l'intérieur a signalé aux autorités civiles la nécessité d'établir des casernes de passage pour le logement des militaires voyageant en corps ou isolément, et de soumettre à une surveillance active et permanente les maisons de logement destinées aux militaires, à défaut de casernes de passage : la gendarmerie, d'après un ordre du 17 avril 1845, doit faire des visites fréquentes dans ces maisons et plus particulièrement lorsque des corps de troupes et des détachements sont **annoncés**, afin de s'assurer si l'ordre et la propreté y règnent et si les militaires ne sont envoyés que dans des logements dont la convenance aurait été reconnue par l'autorité municipale. (*Circulaire du 25 octobre 1845 pour l'exécution de l'arrêté du 10 mai 1842.*)

Dans toutes les villes de garnison, on a pris une disposition fort sage, adoptée de concert entre les généraux de division et les préfets : elle consiste dans *le concours des médecins militaires à la visite des filles publiques*. De plus, tout homme atteint de syphilis doit nommer à ses chefs la prostituée avec laquelle il a contracté cette maladie, et ceux-ci doivent dénoncer immédiatement ces femmes à l'autorité civile, qui, de son côté, doit faire savoir au chef militaire quelle suite elle a donnée à la dénonciation qu'elle a reçue. (*Circulaire du général commandant la 13e division, en date du 20 février 1842.*)

La stricte exécution de ces mesures devait amener promptement de grandes améliorations pour la santé publique.

« Les résultats obtenus, ajoute le Ministre, ont déjà passé mes espérances ; ils attestent le dévouement des officiers de santé militaires et la philanthropie des commissions administratives des hôpitaux et hospices civils, qui sont venus puissamment en aide aux efforts des départements de l'intérieur et de la guerre, en ouvrant, pour les deux sexes, des salles spéciales où ces affections contagieuses peuvent être traitées au moment même où les premiers symptômes viennent à se déclarer. » (*Circulaire du 25 octobre 1845.*)

III. *Ivrognerie.* — L'intempérance ou l'abus des liquides spiritueux est un autre mauvais penchant assez commun dans l'armée, et il suffirait de faire le tableau des accidents déplorables qui sont la conséquence de l'ivrognerie chez les militaires, pour démontrer tout l'intérêt que doivent inspirer les mesures propres à combattre le mal.

L'ivresse est une faute de simple discipline, et alors qu'elle trouble l'ordre public et militaire, elle est punie de la salle de police ; si l'ordre public n'a point été troublé, l'homme généralement pris de boisson n'encourt d'autre châtiment que la consigne pour la journée. La plus grande indulgence est même recommandée envers les militaires en cet état, afin de prévenir de leur part toute occasion de délit d'insubordination. « J'ai remarqué avec peine, dit le Ministre, que depuis quelque temps les Conseils de guerre sont fréquemment appelés à faire l'application des dispositions pénales de la loi du 21 brumaire an v, à des actes d'insubordination commis par des militaires auxquels le vin ou les liqueurs ont momentanément fait perdre la raison. Ce fâcheux état de choses me porte à penser que, dans les corps, on ne se conforme plus avec le même soin aux prescriptions de mes circulaires des 22 juillet, 23 décembre 1831 et 12 novembre 1832, qui ont été consacrées par les ordonnances royales du 2 novembre 1833 (*infanterie, art.* 265, *et cavalerie, art.* 238) et qui tracent la conduite à suivre à l'égard des hommes pris de vin, afin que la justice ne se trouve point dans le cas d'avoir à punir des crimes ou délits à la perpétration desquels tout discernement reste souvent étranger.

Je dois rappeler que les moyens les plus efficaces pour arriver à un résultat si désirable consistent principalement dans l'obligation que doit s'imposer le supérieur d'éviter tout contact avec le soldat ivre. Lorsque celui-ci rentre à la caserne, s'il ne se couche pas immédiatement, l'ordre doit être donné de le faire saisir par ses égaux et sans l'intervention d'un chef, pour qu'il soit conduit à la salle de police. En agissant ainsi, il ne sera puni que disciplinairement, parce qu'il n'aura commis qu'une faute, tandis qu'avec la présence d'un supérieur, cet homme peut être entraîné, comme il n'arrive que trop souvent, à commettre envers ce dernier un délit dont les conséquences, sous le rapport de la pénalité, sont toujours déplorables. Dans toute autre circonstance hors du quartier, quand l'intervention d'un chef est jugée nécessaire, il importe, d'après cette règle, que celui-ci se tienne, autant que possible, à distance du soldat ivre, pour ne pas être exposé à ses coups, et pouvoir cependant surveiller l'exécution des ordres qui lui ont été donnés.

Ces mesures de précaution sont autant dans l'intérêt de l'humanité que dans celui de l'armée, parce que, d'une part, il est pénible d'avoir à appeler la sévérité de la loi militaire sur des hommes dont le plus grand nombre seraient incapables, à jeun ou dans une situation normale, de commettre les crimes ou délits pour lesquels ils sont condamnés; et, d'autre part, parce que l'État, si la loi recevait son entier effet, pourrait perdre de bons serviteurs.

Mais, pour que ces mesures de précaution puissent se maintenir dans les régiments, il est indispensable que les chefs de corps s'en préoccupent continuellement et en rappellent fréquemment l'obligation aux officiers, qui, de leur côté, ne doivent pas négliger de prescrire aux sous-officiers, caporaux et brigadiers, de s'y conformer avec exactitude. (*Circulaire du* 30 *décembre* 1844.)

On doit reconnaître, en effet, que le caractère moral de l'autorité a plus d'action que la peine effective; il est surtout utile d'y recourir dans les grandes occasions.

C'est ainsi que le maréchal de Richelieu, au siége de Mahon, ayant déclaré par un ordre du jour qu'aucun soldat ivre ne monterait à l'assaut, pas un n'eut à subir cette humiliation.

Chez les anciens, l'ivrognerie était l'objet des châtiments les plus sévères. Dans plusieurs États de l'Europe, l'ivresse accroît avec raison la responsabilité du crime. Dans notre système pénal, c'est ordinairement le contraire; car on ne peut sans contradiction regarder comme circonstances aggravantes le fait qui n'est pas qualifié délit, ni même contravention, et qui n'est point punissable par la loi.

Pour éclairer la justice dans l'équitable application des peines portées par les lois militaires, M. Champouillon a étudié l'ivresse au point vue médico-légal (1). A la question : L'homme est-il responsable des crimes et délits commis par lui en état d'ivresse ? le professeur du Val-de-Grâce conclut d'une manière absolue au principe de la responsabilité, et admet que les juges peuvent tenir compte, pour chaque cas individuel, des circonstances qui peuvent aggraver ou atténuer la culpabilité des actions commises par un homme ivre.

En résumé, nous avons vu que la discipline militaire, en exerçant sa surveillance sur la conduite de chaque homme au dehors comme au dedans du cercle de ses devoirs, est souvent une garantie de santé plus puissante que l'hygiène, et nous avons reconnu qu'en présence de l'insuffisance des lois de discipline et de police militaire, les loisirs de la paix, comme la licence et les excès inséparables de la vie des camps, engendraient les vices les plus funestes à la santé du soldat. Nous ajouterons que l'un des plus sûrs moyens pour retenir les troupes dans le devoir, serait de leur inspirer des principes, de leur faire contracter des habitudes religieuses, et de rompre la monotonie et l'insouciance de la vie de garnison, et d'en utiliser les loisirs par des travaux et des exercices physiques et intellectuels.

« L'oisiveté des garnisons en temps de paix, dit Fodéré, est la perte des troupes ; l'indolence, la débauche ou le vin qui auraient épuisé la plupart des soldats, en feraient périr la moitié aux premières fatigues d'une campagne. » « Occupez le soldat et vous le rendrez sage, » dit Colombier, et c'est là une vérité reconnue depuis longtemps et mise en pratique dans les armées romaines, dont les légions étaient sans cesse occupées à des travaux d'utilité publique. Mais si la participation des soldats à certains travaux a son but d'utilité, l'application exige de la réserve. L'un des chefs regrettés de la chirurgie militaire a, du reste, indiqué les moyens de rendre en temps de paix les loisirs du soldat plus utiles à lui-même, à l'État et à l'armée (2), et, en nous rangeant à ses préceptes, nous pensons qu'il ne faudrait jamais le soumettre à des professions humiliantes pour l'habit militaire ni à des matières insalubres.

Mais si les travaux et les exercices développent les qualités physiques de l'homme, les études bien dirigées et l'éducation morale augmentent la force de son âme, rendent son esprit plus fécond en ressources, et donneront toujours individuellement aux militaires sages un avantage immense.

Il est donc important de cultiver les facultés intellectuelles et morales du soldat avec autant de soin que l'on favorise le développement de sa vigueur corporelle. « Sous l'influence de sentiments élevés, de nobles passions, les fatigues semblent plus légères, les privations moins pénibles, le frein de la discipline moins sévère ; et, par suite, les actions organiques se maintiennent plus libres, plus ré-

_____

(1) *Moniteur de l'armée*, nos des 6, 16 et 26 novembre 1851.
(2) Bégin, brochure in-8°, 1843.

gulières, en même temps que la santé éprouve de moins fréquentes atteintes ; la discipline surtout, qui est l'âme des armées et le lien qui en maintient rassemblés les éléments divers, se montre d'autant plus ferme, d'autant plus résistante, que les soldats sont plus profondément pénétrés et du sentiment de leurs devoirs, et de ce qu'a d'imposant, d'honorable et d'utile la mission qu'ils remplissent (1). »

§ 2. — Passions.

Les passions et affections de l'âme ne doivent être étudiées ici qu'autant qu'elles exercent une influence sur la santé du soldat. Les passions gaies ou heureuses sont excitantes et ne produisent un effet fâcheux sur la santé que lorsqu'elles sont trop vivement senties, ce qui arrive principalement lorsqu'elles succèdent brusquement à des passions vives de nature opposée. Les passions excitantes qui agissent le plus fréquemment sur le soldat sont : l'*enthousiasme*, la *bienveillance*, la *bienfaisance*, la *générosité*, la *reconnaissance*, l'*amitié* et l'*ambition modérée*.

Les passions tristes sont débilitantes ; elles prédisposent promptement aux affections graves appelées adynamiques, ataxiques, pernicieuses ; elles sont suivies d'altérations dites organiques, et, plus que les passions gaies, même les plus exaltées, elles peuvent promptement déranger la santé, causer même subitement la mort.

Celles de ces passions qui agissent le plus sur l'homme de guerre sont : l'*orgueil* et la *vanité*, l'*ambition extrême*, la *colère*, le *chagrin* et le *découragement*, la *frayeur*, l'*égoïsme*.

De toutes les affections malheureuses, la tristesse et le chagrin sont celles qui influent le plus défavorablement sur la santé morale et physique du soldat ; elles le conduisent au découragement, qui est le manque de réaction contre ce qui nous affecte péniblement ; elles lui enlèvent toute énergie, elles déterminent la mélancolie, la nostalgie, les pyrexies asthéniques, augmentent la gravité de ces dernières, si déjà elles existaient, et peuvent les rendre plus promptement funestes.

Des peines de famille, le regret d'être longtemps éloigné de sa patrie, les influences sourdes d'un climat nouveau, d'aliments, de boissons, d'habitudes étrangères, une blessure, la perte de forces, le désespoir de ne pas se rétablir, etc., et nombre d'autres accidents, contribuent souvent à énerver la santé et à faire éclore diverses maladies de l'âme qui produisent presque toutes l'effet inévitable de détruire en peu de temps notre constitution physique. On doit donc employer tous les moyens d'empêcher ou de guérir ces maladies, soit qu'elles aient pour principe une cause physique ou une cause morale.

---

(1) Horeau, *Thèse*, Paris, 1828.

La musique, les jeux, les promenades, etc., sont des moyens auxquels on peut recourir.

Un genre de maladie morale plus ordinaire parmi les troupes, c'est lorsqu'ayant essuyé des revers et ne voyant devant elles que des désastres ou de nouvelles infortunes à éprouver, elles tombent dans la tristesse, le découragement.

Dès lors la plupart des soldats timides feignent souvent d'être malades, préférant aller à l'hôpital plutôt que de courir de nouveaux dangers ou des fatigues plus accablantes : les uns se plaignent de douleurs intérieures, d'autres d'être écloppés, quelques-uns de dyssenterie, d'autres d'oppression de poitrine, d'épilepsie, etc... C'est à l'officier de mérite à dissiper le découragement et les maux de sa troupe.

La première frayeur dissipée, il sera prudent d'adoucir les causes qui en sont les principes et d'accorder aux soldats tous les rafraîchissements et le repos que les opérations de la guerre peuvent permettre ; il faut les fortifier par un léger surcroît d'aliments, par des distributions de vin ou d'eau-de-vie, les ramener par des paroles flatteuses et consolantes, leur faire toujours entrevoir la fin de leurs peines sous les lauriers de la victoire. Tels sont les principaux moyens d'en détruire les causes premières et d'en espérer la santé la plus constante.

La *nostalgie*, cette maladie de l'âme qui consiste dans un désir violent de revoir sa patrie, attaque préférablement les jeunes gens qui ont été accoutumés à un peu d'aisance et de liberté dans leurs familles, les villageois et plus particulièrement les montagnards. A peine arrivés à la garnison ou à l'armée, la discipline des troupes, l'obéissance austère, les punitions sévères, l'ennui, le chagrin, le changement d'aliments, de boissons, d'habitudes, de climat, le défaut de parents, d'amis ou de gens qui s'intéressent à eux sont autant de motifs qui viennent en foule déchirer leurs cœurs et les plonger dans un abattement douloureux ; la tristesse et l'angoisse s'emparent alors de leur âme et les entraînent bientôt au désespoir ou à la mort, si l'on ne s'empresse d'y remédier.

Cette maladie, qui, par des raisons semblables, attaque quelquefois d'anciens soldats, ne peut avoir dans son principe de plus puissant palliatif qu'une dissipation agréable ; qu'un officier s'intéresse beaucoup à ceux qui en sont atteints, rassure leurs craintes, dissipe leur tristesse, leur donne pour camarades de bons vivants, bien réjouis, qui ne les laissent jamais seuls et soient chargés de les égayer, les traite avec douceur, indulgence et bonté, leur allége toutes les fatigues du service, et ne les y soumette que par degrés : tels sont les remèdes les plus propres à détruire cette affection morale qui se multiplie quelquefois au point d'alarmer les généraux, par les désertions fréquentes qu'elle occasionne souvent.

Lorsque ces moyens sont insuffisants, il faut leur promettre qu'on les enverra au pays, du moment où l'armée aura pris ses quartiers d'hiver : c'est l'unique palliatif qui puisse adoucir leur tristesse et prévenir leur désertion.

<hr>

CHAPITRE HUITIÈME.

Des influences de l'atmosphère et des climats. — Règles d'hygiène et de prophylaxie. — Généralités de médecine militaire.

> La santé du soldat est la base fondamentale du succès des armées et de la puissance des souverains; par elle, on obtiendra plus de victoires qu'avec les armes les plus meurtrières; sans elle, on ne doit espérer que la dévastation des provinces et la ruine des peuples. (*Jourdan Lecointe.*)

Il n'est pas de causes qui influent plus directement sur la santé du soldat et qui déterminent plus de maladies aux armées, que celles qui dépendent de l'état de l'atmosphère, des localités et du climat du pays où elles séjournent. C'est donc une étude excessivement importante et à laquelle, on le comprend d'avance, se rattachent les plus hautes questions de prophylaxie et d'hygiène militaires. Nous ne pourrions toutefois, sans sortir de notre cadre, y consacrer tous les développements qu'elle mérite : aussi, après avoir résumé succinctement l'action des diverses influences atmosphériques et climatériques, nous bornerons-nous à y joindre tous les préceptes les plus efficaces qui ont été conseillés par les meilleurs auteurs de médecine militaire, les Pringle, les Monro, les Van-Swieten, les Colombier, les Biron, etc; pour la conservation du soldat en temps de guerre, suivant les diverses circonstances où il se trouve et relativement aux saisons, aux lieux et aux climats, et nous y rattacherons avec soin les instructions les plus importantes rédigées à ce sujet par le Conseil de santé des armées.

ARTICLE PREMIER.

Des influences de l'atmosphère.

Sur toutes les choses qui nous environnent (*circumfusa*), l'air mérite une attention particulière à cause des influences diverses qui en dépendent et des préceptes hygiéniques qui en sont la conséquence. Personne n'ignore, en effet, qu'il est indispensable à l'entretien de la vie, qu'il conserve la santé ou l'altère, selon les qualités utiles ou nuisibles qu'il renferme, et que la santé dépend de l'équilibre du chaud ou du froid, du sec et de l'humide, comme le disaient les anciens.

Si, en temps de paix, le soldat respire le plus souvent un bon air, s'il n'éprouve que momentanément le froid et le chaud, la sécheresse et l'humidité, il n'en est pas de même en temps de guerre. Qu'on se représente en effet ce qui se passe dans une campagne où les troupes sont continuellement en action ; on les voit alors exposées au soleil, à la pluie, à la neige, aux vents, souffrir le plus grand froid, porter nuit et jour des habits mouillés, passer la nuit en plein air ou sous des tentes dans toutes les saisons, coucher sur un peu de paille ou sur la terre nue, quelquefois mouillée, respirer un mauvais air, etc. Cette simple énumération des inconvénients de la profession des armes en temps de guerre suffit pour faire sentir combien la santé doit souffrir d'une telle façon de vivre et quelle nécessité il y a de prendre des précautions pour prévenir les maladies. Ces précautions, que l'humanité, la reconnaissance, l'honneur et l'avantage de la patrie ordonnent de prendre pour la conservation du soldat, on en a compris l'importance en tous temps ; les généraux et les historiens de l'antiquité s'accordent avec les médecins pour démontrer la même chose par des faits multipliés. Nous ferons donc en sorte d'exposer dans autant de divisions distinctes ce que le raisonnement et l'expérience nous ont appris de plus avantageux et de plus facile à pratiquer sur chaque objet principal, et nous recommandons aux jeunes médecins militaires auxquels il peut devenir utile d'être familiarisés avec ces préceptes de recourir souvent aux auteurs que nous avons pris pour guides.

Les effets pernicieux de l'air ont deux sources principales, l'intempérie et l'impureté.

Les intempéries de l'air se réduisent à quatre excès : le trop grand froid, la trop grande chaleur, l'humidité et la réunion de l'un des deux premiers avec le troisième.

Lorsque ces états excessifs de l'air ne se forment que par degrés, les maux qui en résultent sont moins prompts et moins considérables que lorsque les changements de température sont subits et fréquents : aussi l'usage des précautions conseillées contre le froid et le chaud, la sécheresse et l'humidité, est surtout essentiel quand surviennent ces promptes vicissitudes de l'atmosphère.

§ 1er. — Influence du froid excessif.

Quand le froid est modéré, il est tonique, il augmente l'énergie des fonctions organiques en enlevant au corps une partie de son calorique ; mais s'il en soustrait trop ou s'il agit sur des hommes faibles ou non habitués à son action, son influence devient nuisible ; le surcroît d'excitation qu'il cause, la durée de réaction qu'il exige, consomment les forces, et exposent l'homme, s'il est vigoureux, à une série d'affections inflammatoires ; s'il est faible, aux maladies asthéniques ; son action peut même tout à coup détruire nos organes, si d'une manière trop prompte il leur soustrait leur calorique.

Les observations (1) faites dans la campagne de Russie, dans quel-

(1) Larrey, *Mémoires et campagnes*, *Recueil de mémoires de médecine-militaire*.

ques expéditions d'Afrique, et en Crimée en 1854-55, pendant le siége de Sébastopol, par les armées alliées, ont permis d'étudier les effets du froid considérable sur l'homme de guerre.

Les effets généraux sont un sentiment de faiblesse et de courbature générale avec un penchant irrésistible au sommeil, et lorsque la mort arrive, elle est précédée d'une sensation que l'on dit être presque agréable. Des accidents de congélation, les engelures et la gangrène consécutive en sont les effets locaux.

Quant aux effets de la neige sur les yeux, ils consistent dans un affaiblissement de la vue qui peut même aller jusqu'à la perte complète de la vision, et quelquefois en ophthalmies consécutives à l'irritation des yeux causée par des particules de neige très-fine et très-congelée.

Il est encore à noter que les effets d'un froid très-vif varient non-seulement suivant la constitution des individus, mais encore selon les habitudes acquises ; on a remarqué, en effet, que le plus grand nombre de ceux qui périssent sont ou de nouveaux soldats, ou ceux qui sont faibles, et qui sont déréglés dans leur régime ou dans leurs mœurs. Les accidents locaux sont, du reste, moins fréquents dans les armées à notre époque que chez les anciens, sans doute à cause des moyens mis en usage pour prévenir les funestes effets du froid chez les soldats lorsqu'ils sont obligés d'y rester exposés.

Des vêtements chauds, des couvertures de lit, un chauffage approprié, une alimentation substantielle, des boissons alcooliques prises avec modération, l'exercice et le mouvement sont autant de bons préservatifs contre le froid. Végèce recommande surtout les habits et le feu, et l'expérience des guerres passées et récentes nous a appris à pourvoir nos soldats de vêtements chauds, tels que cabans et capotes à capuchons fourrés de peaux mouton, chaussettes en laine, gilets et ceintures de flanelle, bottes, houseaux fourrés et sabots, etc. Pour soustraire à l'action locale du froid les extrémités qui y sont le plus sensibles et le plus exposées, il est avantageux de les frotter avec un corps gras. On trouve dans Xénophon (*Retraite des Dix-Mille*), que les anciens connaissaient déjà cet usage, qui, du reste, est très-répandu chez les peuples du Nord. Il est surtout indispensable de recommander les précautions précédentes aux sentinelles et aux grand'gardes.

Au sujet de la nourriture et de l'usage des liqueurs spiritueuses, nous ajouterons qu'il est nécessaire pour la santé que les soldats aient pris quelque nourriture le matin avant de se mettre en marche comme avant de commencer leurs travaux, soit de retranchements, soit de tranchée, et que si l'usage modéré des boissons spiritueuses est utile, les effets les plus nuisibles peuvent résulter de l'abus que l'on en ferait.

Lorsque les soldats ont été vivement saisis par le froid, qu'ils ont les membres engourdis et presque gelés, il est important de ne pas les laisser s'approcher trop subitement d'un feu vif, de les empêcher de boire de l'eau-de-vie et de se livrer ensuite au sommeil. On doit, au contraire, leur recommander de se promener à grands pas, de se secouer en marchant, de se frictionner les membres avec de la neige ou de l'eau glacée, et leur faire prendre une boisson chaude, délayante, à laquelle on peut ajouter une petite quantité d'une liqueur spiritueuse.

§ 2. — Influence d'une température élevée.

Nous rappellerons succinctement ici que, quand la chaleur est excessive, les effets physiologiques observés sont l'accélération de la respiration et consécutivement du pouls, un accroissement considérable de la transpiration cutanée, l'augmentation de la soif, l'anorexie, la constipation, et que les premiers phénomènes pathologiques sont une sensation incommode, l'anxiété, la céphalalgie. On sait aussi que des congestions, des hémorrhagies cérébrales, des méningites et la mort subite, peuvent être les conséquences de l'exposition prolongée à la chaleur solaire, et que les effets locaux de l'insolation sont l'érythème et souvent des ophthalmies graves.

Dans beaucoup de circonstances, la grande chaleur peut donc être très-funeste au soldat, mais surtout pendant les marches et les exercices, lorsqu'il doit être revêtu de son armure et de son bagage de service. Il est donc important, comme nous l'avons déjà dit dans un autre chapitre, de régler les marches de manière que les troupes arrivent à l'endroit destiné avant les grandes chaleurs du jour, de faire faire l'exercice de bonne heure avant que la fraîcheur de la matinée soit tout à fait passée. Pendant les temps fort chauds il faut diminuer les exercices et le fardeau du soldat, veiller à ce que toutes les parties du corps soient en liberté, que le col ne soit jamais trop serré, abréger le temps de faction des sentinelles lorsqu'elles sont exposées au soleil, et prendre toutes les précautions possibles pour procurer aux troupes du repos, de l'ombre. On doit empêcher les soldats de s'exposer directement au soleil la tête nue, de rechercher un air frais lorsqu'ils sont en sueur, et ne leur permettre que l'usage des boissons réglementaires, à l'exclusion de l'eau froide et des liqueurs spiritueuses pures.

Lorsqu'on se trouve dans le voisinage des cours d'eau, rivières ou ruisseaux, où il est possible de se baigner, il est avantageux de faire baigner souvent les troupes, soit le soir ou le matin, et de défendre cet exercice aux hommes en sueur aussitôt après un travail violent.

Dans les campements fixes, on fait faire aux soldats des cabanes de branchages; les tentes doivent être couvertes de branches garnies de feuilles vertes et fraîches, pour se garantir, avec leur ombre, de l'ardeur du soleil. Par le moyen des ventouses ménagées à la tente, on y dispose aussi un courant d'air. Enfin, on peut conseiller, comme moyen de ventilation locale, l'usage d'un large écran fait de papier ou d'un tissu quelconque, et susceptible de déplacer l'air à chaque mouvement, comme un véritable éventail.

Les Anglais ont adopté, pour leurs baraquements, ainsi que nous avons pu le voir à notre passage à Aden (1861), le système des *panças* de l'Inde.

§ 3. — Influence de l'humidité.

Lorsque l'atmosphère est humide et que la température est élevée, la respiration est encore plus pénible, d'où résulte une hématose incomplète et une circulation moins active ; l'appétit est faible, la soif moindre, les urines plus copieuses et les sécrétions muqueuses plus abondantes ; le système musculaire est débilité ; et si les individus ne peuvent réagir contre l'influence de l'humidité, il peut en résulter des affections graves, la dyssenterie, les fièvres typhoïdes et adynamiques, etc. Il est à remarquer qu'en Orient les étrangers sont moins sujets que les Turcs aux maladies putrides, parce qu'ils ne font pas usage d'ablutions fréquentes, et qu'au contraire ils font usage de vins et de liqueurs fermentées.

Quant à l'air humide et froid, il semble pénétrer toute l'économie et exerce son action plus particulièrement sur le système lymphatique et les muqueuses : son influence peut causer des affections rhumatismales et favorise le développement des scrofules, des tubercules et de la maladie de Bright.

On comprend donc facilement que l'humidité atmosphérique, lorsqu'elle est considérable et jointe, soit à la chaleur, soit au froid, constitue l'intempérie qui cause le plus de maladies dans les armées; car il y a des contrées où il est physiquement impossible de détruire l'humidité de l'air, parce qu'elle est due à certains vents humides ou à ce que la ventilation est imparfaite, comme dans certains lieux bas et couverts de bois, où les vents ne circulent jamais: aussi, pour prévenir les funestes effets de l'humidité, est-il de précepte, et des plus importants, d'éviter de camper dans les endroits humides, de quitter ceux qui le deviennent. On empêche l'eau de pénétrer dans les tentes par le moyen des fossés et des rigoles ; on fait renouveler souvent la paille, et celle-ci doit être exposée tous les jours à l'air, pour y sécher. On ouvre les tentes le jour, pour y faire pénétrer les rayons du soleil; on peut même y pratiquer une ventilation artificielle, pour renouveler l'air de l'intérieur, et des fumigations aromatiques, pour en corriger les qualités nuisibles.

C'est surtout pendant les temps froids et humides qu'il convient d'allumer des feux, pour faciliter aux soldats les moyens de sécher leurs habits. On doit leur recommander le mouvement, tout en rendant les exercices et les marches plus courts ; on doit leur distribuer une petite quantité d'eau-de-vie et de café et leur prescrire l'usage du tabac à fumer.

L'insalubrité de l'air reconnaît deux origines : ou elle est due aux émanations délétères provenant des matières animales et végétales en putréfaction ou en décomposition (miasmes putrides et effluves marécageux), ou l'air est infecté par les corps vivants eux-mêmes, qui le respirent.

Dans le premier cas, l'atmosphère impure est illimitée comme celle des contrées marécageuses, ou l'infection siége dans un foyer très-étendu, tel que toute une ville assiégée, un camp ; dans le second, l'espace est circonscrit, limité, tel qu'une caserne, un hôpital, une prison.

Il nous a paru nécessaire d'établir tout d'abord cette distinction, pour bien définir les effets de l'insalubrité de l'air atmosphérique, quels que soient les principes délétères auxquels sont dues ces altérations, et quoique les moyens de les prévenir ou de les corriger soient en général à peu près les mêmes dans toutes les circonstances, comme nous l'indiquerons plus loin.

I. *Effets de l'air insalubre par des miasmes putrides.* — Ces effets sont plus particulièrement observés dans les camps et les villes assiégées, les émanations putrides tirant leur origine, soit de la décomposition des excréments, des immondices, des fumiers et de la paille pourrie des tentes pendant les chaleurs, soit de la putréfaction des cadavres des hommes et des animaux, qu'on est cependant dans l'usage d'inhumer.

Les diarrhées, les dyssenteries, les fièvres de mauvaise nature, la peste (Pariset) sont les maladies les plus communément dues à l'influence de ces exhalaisons putrides, auxquelles on se soustrait plus ou moins en entretenant la plus grande propreté dans la ville assiégée, ou dans le camp lorsque celui-ci ne peut être changé de disposition, et en veillant à ce que les règles hygiéniques que nous avons indiquées plus haut soient exactement suivies. (Voir *Siége d'une ville et camps.*)

II. *Effets des effluves marécageux.* — L'influence marécageuse se traduit par la production de fièvres intermittentes à types différents, de fièvres rémittentes et de fièvres larvées, affections dont l'intensité est d'autant plus grande que la contrée est plus méridionale et la saison plus chaude.

Les fièvres pernicieuses et la dyssenterie sont les conséquences les plus graves de l'intoxication paludéenne. L'influence habituelle ou longtemps continuée de l'air des contrées marécageuses se manifeste par un état général cachectique (cachexie paludéenne) accompagné d'engorgements chroniques du foie et de la rate.

Trois grandes maladies pestilentielles paraissent résulter de l'action des effluves marécageux : ce sont le choléra, dont on place l'origine dans les émanations marécageuses des bords et de l'embouchure du Gange ; la fièvre jaune, qui est surtout si commune en Amérique, au voisinage des plaines marécageuses et de l'embouchure des grands fleuves, et la peste d'Orient, dont le développement est en grande partie dû aux émanations marécageuses du Nil.

Le moyen de prévenir et de diminuer les maladies qui proviennent des effluves marécageux consiste particulièrement à s'éloigner le plus possible, quand rien ne s'y oppose, des contrées marécageuses, à changer de camp, lorsque les opérations militaires n'obligent pas l'armée à rester longtemps dans un terrain malsain, à éloigner les causes de l'impureté de l'air par l'action des vents. La coupe d'un bois en assure souvent le succès en attirant le vent d'un lieu sain vers celui où il est impur (Colombier). Quand les troupes doivent séjourner pendant la mauvaise saison dans les pays marécageux, il vaut beaucoup mieux inonder tout à fait les campagnes que de les laisser à moitié sèches ; car, plus l'eau est basse, plus tôt elle se corrompt, et l'évaporation augmente aussi en proportion (Pringle). On peut d'ailleurs, toujours avec avantage, mettre en usage les moyens purificateurs que nous indiquerons plus loin.

Il est à propos d'ajouter que, dans les pays marécageux, il est dangereux de se mettre en marche l'été avant le lever du soleil, parce que l'atmosphère est chargée des exhalaisons qui se sont élevées des marais pendant la nuit.

III. *Effets de l'air altéré dans des endroits confinés.* — L'air de lieux circonscrits où se trouvent accumulés un grand nombre d'individus, comme les casernes, les hôpitaux, les prisons, éprouve des altérations qui produisent des effets d'autant plus fâcheux que l'encombrement est plus complet et que le renouvellement de l'air ne peut avoir lieu promptement et facilement.

Les altérations de l'air confiné proviennent d'abord des modifications que la respiration fait subir à ses principes constituants et des produits de la perspiration pulmonaire et de la transpiration. Ainsi la respiration agit en diminuant la quantité d'oxygène de l'air et en augmentant l'acide carbonique, et les deux exhalations cutanée et pulmonaire consistent en une certaine quantité de vapeur d'eau, tenant en dissolution une matière animale à laquelle est due l'odeur que l'on rencontre dans tous les endroits habités par un grand nombre d'individus. C'est à la production de cette matière animale que l'on rapporte les miasmes ou émanations putrides sous l'influence desquelles paraissent se développer les affections à forme typhoïde, les fièvres typhoïdes véritables et même le typhus, les érysipèles de mauvaise nature, la fièvre des prisons, la fièvre nosocomiale, la gangrène, la pourriture d'hôpital.

D'autres causes contribuent encore à l'altération de l'air confiné, ce sont : 1° les émanations qui résultent de l'évaporation des surfaces liquides ou mouillées des différents objets ou meubles, instruments ou appareils affectés à l'usage de l'homme sain ou malade ; des produits excrémentitiels gazeux, liquides ou solides, normaux ou morbides ; et 2° les foyers de combustion et les appareils d'éclairage. Toutes ces causes altèrent également l'air intérieur en absorbant l'oxygène qu'elles remplacent par l'acide carbonique, l'hydrogène carboné et autres gaz contraires à l'hématose, ainsi qu'en produisant de la chaleur et de la vapeur d'eau, sources de putréfaction des matières animales.

L'air impur des lieux étroits et circonscrits se renouvelle et se purifie beaucoup plus facilement que celui qui occupe un espace considérable tant parce que la quantité de molécules nuisibles est beaucoup moins considérable que parce que les procédés sont plus multipliés et les effets des agents purificateurs plus prompts.

Il est inutile d'insister d'abord sur la nécessité de faire observer la plus grande propreté, tant pour les lieux habités que pour les individus sains ou malades qui s'y trouvent. Indépendamment des balayages et des lavages, et lorsque ce sera possible, du frottage à la cire des parquets dans les hôpitaux, par exemple, on fera bien d'asperger les coins d'une solution chlorurée et de blanchir le plus souvent possible les murs et le plafond.

Mais de tous les moyens de prévenir les effets pernicieux de l'air chargé de principes insalubres, le plus immédiat et le plus efficace est son renouvellement, que l'on obtient par des procédés divers dits de *ventilation*. Les plus simples consistent dans l'ouverture de deux fenêtres opposées, ou d'une fenêtre et d'une porte situées vis-à-vis l'une de l'autre. L'emploi de vasistas ou de ventouses à la partie supérieure près des plafonds, et d'orifices près des planchers pour la prise d'air neuf, remplit cette condition de la manière la plus avantageuse. Les cheminées, les poêles, par leur tirage, contribuent puissamment au renouvellement de l'air intérieur, et aujourd'hui, dans les grands établissements, on a perfectionné le système des calorifères pour faire servir en même temps le chauffage à une ventilation régulière.

Pendant longtemps on a fait usage du célèbre *ventilateur* de Hales, que Pringle a recommandé pour les salles des hôpitaux. La *manche à vent* ou *trompe*, dont l'invention est attribuée aux Danois, est le seul moyen de ventilation artificielle qui soit actuellement utilisé à bord des navires. Quant aux autres systèmes de ventilation mécanique, malgré les perfectionnements qui y ont été apportés dans ces derniers temps et les heureuses applications qu'on en a faites dans certains établissements, comme la manufacture d'armes de Châtellerault, ils ne sont que très-peu employés dans les hôpitaux pour lesquels la ventilation liée au système de chauffage a généralement été préférée. Du reste, il est à remarquer que tous les procédés les plus ingénieux d'aération n'ont pas eu jusqu'à présent une influence sensible sur la mortalité, et des expériences récentes de MM. Réveil, Constantin Paul et Charvet, donnent à craindre que les émanations qui vicient l'air des salles de malades ne résistent aux courants de l'air insufflé par les plus puissants moteurs.

L'assainissement des lieux habités ne peut donc être obtenu avec plus de certitude qu'au moyen d'agents *désinfectants* qui le purifient en attaquant directement les éléments délétères qui s'y trouvent combinés ou suspendus, tels que les fumigations odorantes, antiseptiques, prophylactiques ou hygiéniques.

Tous les corps odorants répandus dans une atmosphère circonscrite, volatilisés par l'action du calorique sans décomposition, comme le vinaigre, le camphre, les alcoolats de castoréum, de musc, etc., ou bien provenant de leur décomposition par le feu, tels que le café, le sucre, le vinaigre, les baies de genièvre, le tabac, la poudre à canon, etc., peuvent servir à faire des fumigations odorantes.

Les fumigations odorantes sont plus communément employées pour corriger les odeurs d'un lieu habité par les malades dans les hôpitaux. Parmi les fumigations antiseptiques, les fumigations *guytoniennes* ou les fumigations chloriques sont seules admissibles dans tous les cas. Les fumigations azotiques ou de Smith, obtenues par l'action de l'acide sulfurique sur l'azotate de potasse, et les fumigations hydrochloriques, résultant de la décomposition du sel marin par l'acide sulfurique, leur sont de beaucoup inférieures. Mais il n'est pas indifférent de savoir qu'on peut avantageusement les employer à défaut de plus efficaces.

Les fumigations sulfureuses sont surtout utiles pour des purifications partielles et pour la destruction d'animaux incommodes; elles ne peuvent être pratiquées en grand dans les lieux habités, et, dans ce cas, le soufre ou l'acide sulfureux doivent toujours être dégagés dans une atmosphère humide. Enfin, nous rappellerons que, dans certaines circonstances, pour affaiblir les causes de l'impureté de l'air, on peut chercher à lui imprimer un choc qui brise et écarte les molécules nuisibles par des décharges d'artillerie, l'explosion du salpêtre, etc. Les hygiénistes recommandent encore de mettre les corps en état de résister à ses effets par un régime sain et sobre, une vie réglée et un exercice modéré.

Ainsi, comme on peut le voir, l'emploi des agents purificateurs est à peu près limité aux espaces circonscrits, tels qu'une caserne, un hôpital, une prison, une tente. Et il doit être reconnu que l'art est déjà frappé d'impuissance pour renouveler l'air et le purifier quand la cause d'insalubrité a un foyer étendu comme dans un camp, dans une ville assiégée, et à plus forte raison quand l'infection gît dans une atmosphère illimitée.

ARTICLE DEUXIÈME.
Influences des climats.

On peut rapprocher des influences de l'atmosphère dont nous venons d'étudier les principales modifications sous le rapport de la température, de l'humidité et de l'impureté, l'influence des localités, c'est-à-dire du sol, et des eaux qui tombent à sa surface ou sortent de son sein. En effet, l'état du sol exerce une grande influence sur les climats et sur les saisons, et l'hygiène a dû rechercher la nature des influences qu'il peut exercer par les diverses qualités qu'il présente. Mais comme c'est un sujet d'hygiène générale, nous croyons devoir renvoyer aux traités complets sur la matière pour les développements qu'il comporte, et nous nous bornerons à rappeler seulement ici l'influence exercée sur l'homme par les divers climats, en y rattachant les règles hygiéniques militaires qui y sont applicables, et nous terminerons par la comparaison des saisons relativement à la santé d'une armée.

§ 1er. — Influence des climats chauds.

Il paraît bien établi aujourd'hui que l'homme a la faculté de vivre sous les températures les plus opposées. L'observation a, en effet, démontré, qu'il lui suffit pour s'accommoder aux influences les plus diverses, de se vêtir et de s'alimenter conformément aux exigences locales.

La possibilité de l'acclimatation en Algérie est d'ailleurs admise par la plupart des médecins de l'armée qui ont fait un long séjour dans cette colonie, et qui ont été ainsi amenés à reconnaître que l'influence paludéenne, qui joue un si grand rôle dans les maladies des pays chauds, est seule de nature à s'opposer à l'acclimatement dans certaines contrées réputées insalubres.

C'est à la vérité pour avoir confondu cette influence avec celles qui sont inhérentes au climat lui-même que quelques-uns d'entre eux ont cru pouvoir nier d'une manière absolue la possibilité d'une occupation militaire, et par suite de toute colonisation, même dans la partie septentrionale de l'Afrique, dont le climat se rapproche sous tant de rapports de celui des contrées méridionales de l'Europe. Mais nous ne pourrions, sans des développements que ne comporte pas le cadre de cet ouvrage, entrer dans la discussion que soulèvent toutes les opinions contradictoires, et l'importance de la question mérite, du reste, que l'on en fasse une étude plus complète dans les auteurs qui s'en sont spécialement occupés (1). Ici, il nous paraît suf-

---

(1) Voir Boudin, *Annales d'hygiène*, tomes 35, 37, 39 et 41, et *Traité de géographie et de statistique médicales*, Paris, 1857; Périer, *Annales d'hygiène*, tome 33, et de *l'Hygiène en Algérie*, 2 volumes, 1847; Dutroulau, *Traité des maladies des Européens dans les pays chauds*, 1861.

fisant de rappeler les modifications imprimées à l'organisme par les climats chauds, et les maladies qui résultent des influences particulières liées à leurs conditions physiques et météorologiques, pour en déduire les règles de l'acclimatement, et indiquer celles qui sont applicables à l'hygiène du soldat dans les pays chauds, comme l'Algérie.

Les modifications que les pays chauds impriment aux principales fonctions organiques des individus qui les habitent sont les suivantes : diminution de l'activité respiratoire et par conséquent de la calorification ; accroissement des exhalations pulmonaire et cutanée ; augmentation des sécrétions biliaire et spermatique, et diminution des autres sécrétions, d'où résultent un affaiblissement général, la débilité du système musculaire et plus ou moins les caractères du tempérament lymphatico-nerveux et du tempérament sec-bilieux, qui sont les plus propres à résister à la chaleur. Par conséquent, toute constitution, pour se mettre en harmonie avec le nouveau climat, doit subir des changements sensibles, et l'on conçoit pourquoi les constitutions faibles, celle des femmes, par exemple, sont les plus faciles à l'acclimatement des pays chauds.

La transformation organique a lieu d'une manière plus ou moins rapide ; elle se fait quelquefois naturellement, ou bien en s'accompagnant de maladies qui doivent surtout résulter des modifications que les principaux appareils organiques ont subies, telles que les affections de la peau, du foie, etc., et des habitudes vicieuses que l'on a contractées, comme les maladies dues à l'abus des liqueurs alcooliques, des aliments stimulants et excitants.

Quant aux maladies qui sont la conséquence des conditions physiques et météorologiques, ce sont les méningites, les congestions cérébrales, certaines maladies de la peau (température élevée), les phlegmasies aiguës, les convulsions, le tétanos (brusques changements de température, variations du jour et de la nuit), les fièvres intermittentes simples et pernicieuses, la dyssenterie, la fièvre jaune, la peste, le choléra, etc. (influences des effluves marécageux).

Nous devons d'abord reconnaître qu'une des conditions les plus favorables à l'acclimatement est de ne s'exposer que progressivement à l'action d'un pays et d'y arriver, autant que possible, à l'époque où la température est le moins extrême, et pendant laquelle l'expérience a démontré que les maladies sont le moins fréquentes. On a si bien compris l'importance de ce précepte que les troupes ne sont généralement envoyées en Afrique qu'en hiver, après la saison des pluies et au printemps, et après avoir séjourné pendant quelque temps dans les garnisons du Midi, et que les camps formés dans le Nord n'ont pas seulement pour objet l'instruction militaire, mais l'acclimatement progressif à l'influence des pays froids pour le cas d'une guerre dans les contrées septentrionales de l'Europe.

Les procédés à suivre pour favoriser l'acclimatement doivent être basés ensuite : 1° sur les modifications à faire subir aux vêtements, aux aliments et aux exercices ; c'est ainsi que l'on a reconnu l'utilité d'une alimentation substantielle et peu stimulante, de vêtements larges confectionnés avec des étoffes légères, d'exercices modérés et peu fatigants ; et 2° sur diverses indications à remplir, telles que d'éviter de s'exposer aux influences spéciales qui résultent des variations du jour et de la nuit, des pluies torrentielles et des effluves marécageux, et de se soustraire aux causes diverses d'épuisement (excès vénériens, travaux fatigants).

Dans sa sollicitude pour tout ce qui peut contribuer à entretenir la santé du soldat, le Ministre de la guerre a fait connaître à l'armée les précautions hygiéniques indiquées par le Conseil de santé des armées, et auxquelles il convient de se conformer pour éviter les maladies qui règnent habituellement dans l'Algérie.

Le nord de l'Afrique n'est point, en général, un pays insalubre ; mais son climat, si différent de celui de la France, exige impérieusement certaines précautions hygiéniques que le Conseil de santé des armées indique comme il suit :

1° Les hommes doivent éviter de se découvrir imprudemment par des temps froids et humides, qui produisent des maladies plus ou moins dangereuses. Cette précaution est indispensable dans ces régions où l'air est très-chaud le jour, et froid et humide pendant la nuit.

2° Ne jamais rester en chemise la nuit, placer sur soi ses vêtements, et lorsqu'on couche en plein air ou sous la tente, avoir soin de se couvrir la tête, le haut du visage et le cou, pour éviter les maux d'yeux et d'oreilles.

3° Quand on fait une halte et que l'on est en sueur, comme il arrive presque toujours après une marche dans ce pays, se bien garder de se découvrir et aussi de se reposer sur un endroit frais et humide.

4° Imiter, pour se maintenir en santé, la sobriété des habitants du pays. Lorsqu'on y arrive, l'excès de la chaleur fait éprouver de la faiblesse que l'on combat en buvant du vin modérément. L'eau-de-vie mêlée avec quinze parties d'eau est une boisson salutaire, très-bonne pour désaltérer dans les marches et les travaux ; mais on ne doit point boire d'eau-de-vie pure ni de liqueurs.

5° Prendre du café léger, selon l'usage du pays. Cette boisson est favorable à la santé.

6° Éviter de boire de l'eau stagnante.

Si, privé de toute ressource pour étancher la soif, on ne trouvait que cette eau, on devrait, dans ce besoin impérieux, se borner à s'en rincer la bouche et rejeter ensuite ce liquide insalubre au lieu de l'avaler.

L'eau des mares, en Afrique, contient souvent des sangsues qui ne dépassent pas en volume la moitié d'un cheveu, et qu'il est difficile d'apercevoir. Pour ne point en avaler, il est nécessaire de passer cette eau à travers un linge avant de la faire boire. Si, en route et lorsqu'on a chaud, on trouve une source de bonne eau, il serait nuisible d'en boire une trop grande quantité.

7° Éviter tout excès dans la nourriture. S'il arrivait que pour aliments on n'eût que de la viande ou du poisson salés, on devrait les dessaler avec soin en les laissant séjourner pendant quelques heures au moins dans de l'eau que l'on renouvellerait de temps en temps.

La viande de cheval et celle de chameau ne sont point malsaines. On pourrait en manger sans danger si les circonstances de la guerre y forçaient. La tortue de terre est commune en Afrique ; sa chair est bonne à manger, et l'on fait avec elle d'excellent bouillon.

8° Ne manger les fruits, ainsi que les melons et les pastèques, que lorsqu'ils sont bien mûrs ; mais, alors même, n'en user que modérément et s'en abstenir tout à fait quand ils ne sont pas arrivés à maturité. La figue de Barbarie est un fruit dont l'usage doit être subordonné aux recommandations qui précèdent ; mais il faut remarquer qu'étant hérissé d'une multitude d'aiguillons imperceptibles, il ne doit être saisi qu'avec précaution et porté à la bouche qu'après avoir été dépouillé de sa pellicule et autant que possible de ses nombreux pepins, pour éviter la constipation.

L'orange est un excellent fruit lorsqu'il est bien mûr, et d'un usage salutaire lorsqu'on n'en fait pas abus.

9° Ne se servir de piment ou poivre rouge que dans le cas où le poivre noir viendrait à manquer. La force de ce piment exige qu'on ne l'emploie qu'en très-petite quantité.

10° Éviter l'abus des liqueurs spiritueuses, cause de fréquentes maladies. Chez un grand nombre de jeunes soldats, cet abus entretient les organes digestifs dans un état qui les prédispose à l'inflammation, ou bien il les altère si profondément que la plus légère affection dont ils sont occasionnellement le siége résiste aux efforts de l'art et peut devenir mortelle.

On ne saurait trop recommander, à ce sujet, à MM. les chefs de corps de faire exercer une surveillance continuelle sur les cantines et les cabarets que fréquentent les soldats.

11° Ne pas négliger les soins de propreté, afin d'éviter les maladies de la peau, qui sont communes en Afrique. Se laver les mains et le visage plusieurs fois dans le jour, si les circonstances le permettent, et lorsque le corps n'est pas en sueur.

12° Se tenir proprement les pieds, tout en se gardant bien de les laver à l'eau froide quand on est en transpiration.

13° Les bains de rivière sont d'un très-bon usage ; mais il faut éviter de les prendre pendant la grande chaleur du jour. Il faut surtout bien se garder de se plonger dans les eaux stagnantes ou dans les mares.

14° Faire un usage constant de la ceinture de flanelle, et surtout ne point la quitter quand on est en sueur.

15° Réclamer les conseils des officiers de santé dès les premiers symptômes de la plus légère indisposition.

La stricte exécution des dispositions indiquées ci-dessus est recommandée à la sollicitude et à la surveillance des officiers généraux et intendants militaires, qui donneront les ordres nécessaires à chacun de leurs subordonnés pour éviter les inconvénients signalés et assurer par là une bonne hygiène dans l'armée. (*Instruction du* 31 *décembre* 1839.)

Nous croyons devoir ajouter à cette instruction les mesures suivantes, qui pourront servir de règle dans des circonstances analogues; elles ont été indiquées par les chefs du service de santé de l'armée d'Espagne en 1823, dans un avis sur les moyens de conserver la santé des troupes et de prévenir les maladies familières au climat de ce pays (1) :

1° Faire porter au soldat son pantalon de drap en tout temps.

2° Exiger de lui qu'il ne se déshabille point comme il le fait ordinairement en arrivant au gîte, ou au lieu du bivouac le soir.

3° Exiger qu'il soit en capote toutes les fois qu'il y aura de la fraîcheur dans l'air, et qu'il ne sera point en marche ou occupé.

4° Le placer, pour passer les nuits durant le mauvais temps pendant les pluies, sur des terrains un peu élevés, inclinés et à l'abri du vent qui soufflera.

5° Multiplier, dans ce cas, les feux et veiller avec soin à leur entretien jusqu'au moment du départ.

6° Faire dans les mêmes circonstances une distribution extraordinaire de vin ou d'eau-de-vie à la troupe au moment où elle est établie et, s'il se peut, à celui de son mouvement.

7° Ordonner pendant les grandes chaleurs, autant que les opérations militaires le permettront, de faire marcher les troupes pendant les matinées, à commencer du point du jour, et pendant les soirées, et de les laisser se reposer dans le milieu de la journée, dans les villages ou les lieux abrités, si faire se peut.

8° Dans les cas où dans cette saison le pantalon de toile serait ordonné comme tenue du soldat, on lui fera porter par-dessous une ceinture de drap commun ou en quelque autre étoffe en laine qui enveloppe le bas-ventre : outre l'avantage de tenir cette région chaude, de la garantir de l'impression de l'air, de l'humidité et du froid, elle a encore celui de soutenir les muscles et viscères du bas-ventre dans les marches difficiles et rapides.

Un général habile arrêta par cette mesure les progrès d'une diarrhée avec coliques violentes qui épuisait en peu de jours ses troupes bivouaquées sur les rives de l'Ebre, entre Tortose et Emposta.

---

(1) Voir *Recueil des Mémoires de médecine militaire,* 1re série, tome 16.

9° On préviendra les accidents qui résultent des grandes fatigues, en faisant, autant que les circonstances le permettront, des haltes fréquentes et en choisissant de préférence pour cela le voisinage des eaux salubres. C'est ici le cas de rappeler qu'il est de la plus grande importance de n'étancher la soif aux sources d'eau fraîche, comme on en rencontre fréquemment en Castille, qu'après quelques minutes de repos. Cette maxime s'applique particulièrement à l'homme en sueur. Une précaution non moins utile à la fin des marches est de recommander aux soldats de se laver la figure et surtout les yeux.

10° Il est important pour entretenir la force et l'agilité du soldat, de l'exercer, dans les moments de repos et lorsqu'il est en cantonnement, aux marches et aux diverses manœuvres.

12° Dans les lieux où l'on serait réduit à faire usage d'eau de mauvaise qualité ou saumâtre, il conviendrait, pour la rendre potable, de la mélanger d'un peu de vinaigre ou d'eau-de-vie. A cette occasion, nous devons prévenir qu'il est commun de rencontrer des sangsues dans les ruisseaux, et il n'est pas sans exemple que les soldats en aient avalé, ce qui donne lieu à des accidents alarmants. En pareil cas, on parviendra facilement à s'en débarrasser en buvant largement de l'eau dans laquelle on aurait fait dissoudre du sel commun.

13° Si des troupes étaient obligées de camper en quelques-uns des points du royaume de Valence, il faudrait éviter les lieux bas, occuper des collines à l'abri des vents de sud et d'est. Alors aussi, il conviendrait de se bien couvrir et d'éviter l'inaction ; c'est dans ce cas principalement que des distributions fréquentes de vin sont utiles.

14° Nous recommanderons à ceux qui stationneront dans le royaume de Valence ou autre province méridionale, de se tenir en garde contre l'usage immodéré des oranges et de la limonade, qui prédisposent aux fièvres intermittentes et autres affections graves, ou du moins d'en corriger l'effet par l'addition d'une petite quantité de vin ou d'eau-de-vie.

De ces dispositions hygiéniques, une des plus importantes est celle qui prescrit l'usage du pantalon de drap ou de la ceinture de laine en toute saison. L'expérience a démontré que son observation rigoureuse, au moins pour les soldats en service pendant la nuit, suffit pour faire éviter cette multitude d'affections graves et souvent mortelles qui sont la suite ordinaire dans les contrées méridionales, du refroidissement de la peau, que favorisent trop souvent et les vêtements trop légers et l'action stimulante des boissons spiritueuses, dont les militaires abusent dans l'intention de se réchauffer.

§ 2. — Influence des climats froids.

L'action des climats froids sur l'homme est inverse à l'influence que nous avons dit précédemment appartenir aux climats chauds. Ainsi, les principales modifications organiques produites sous l'influence du froid sont : une plus grande activité des fonctions respiratoire et digestive et par conséquent une augmentation dans la calorification et une richesse de sang plus grande en globules. L'exhalation cutanée et la sécrétion biliaire sont presque nulles ; la sécrétion urinaire est seule augmentée. Les conséquences de cette augmentation d'action normale des organes sont le développement du système musculaire, une force corporelle plus grande et la prédominance du tempérament sanguin, ce qui fait comprendre facilement pourquoi les constitutions vigoureuses résistent mieux au froid et quelles perturbations doivent s'opérer dans l'organisme des individus dont la constitution n'est pas appropriée à cette extrême température. En effet, les congestions inflammatoires sont les maladies les plus fréquentes dans les climats froids ; et comme le poumon est l'organe qui fait le plus d'efforts pour activer la calorification, ce sont aussi ces maladies que l'on observe le plus communément. Quand l'humidité est jointe au froid, on voit alors se développer les affections catarrhales et rhumatismales, les maladies des membranes séreuses, etc. Les scrofules et les tubercules paraissent également naître sous l'influence combinée du froid et de l'humidité. Le typhus, le scorbut, les accidents de la cachexie paludéenne sont encore des maladies particulières aux climats froids.

Les principales indications à remplir pour favoriser l'acclimatement dans les pays froids consistent aussi, comme dans les pays chauds, en modifications à faire subir aux aliments, aux vêtements, aux exercices et aux impressions morales même ; et, d'une manière générale, il doit être reconnu que les troupes qui passent des climats chauds ou tempérés dans les pays plus froids doivent être plus chaudement vêtus, user d'aliments plus substantiels, plus animalisés, de boissons fermentées, alcooliques, et qu'elles doivent être soumises à de plus fréquents exercices, etc.

Les préceptes hygiéniques à suivre dans les climats froids ont été exposés de la manière suivante par MM. Maillot et Puel (1) :

1° Donner aux troupes une nourriture essentiellement tonique, de la viande fraîche aussi souvent que possible.

L'usage prolongé des viandes salées a infiniment moins d'inconvénient que dans les pays chauds. On peut faire un large emploi des substances stimulantes, du vin, des boissons spiritueuses : on conseille généralement de donner un supplément de vivres et d'eau-de-vie dès les premiers jours d'automne.

2° Veiller à ce que les soldats soient bien vêtus et bien chaussés : ces conditions aident à réagir contre le froid. Dans les pays chauds, on a surtout à garantir, ainsi que nous l'avons vu, les viscères du

_____

(1) *Aide-mémoire*, page 527.

bas-ventre, à l'aide de ceintures de flanelle; dans le Nord, ce sont les organes de la respiration qui sont le plus menacés. Il serait bien alors de distribuer aux troupes des gilets en tissu de laine.

3° Éviter que les soldats s'entassent, comme ils ont l'habitude de le faire, dans des appartements chauffés outre mesure par les poêles. C'est à l'oubli de ce précepte qu'il faut attribuer une partie des typhus épidémiques qui ont si souvent éclaté dans nos armées cantonnées en Allemagne et en Pologne.

4° Prévenir, par des ordres du jour, les soldats des dangers auxquels ils s'exposent en passant brusquement d'une température froide à la température beaucoup plus élevée d'une chambre fortement chauffée, surtout si quelque partie du corps a été frappée de congélation.

5° Prémunir par la même voie contre les inconvénients souvent mortels qui résultent dans ces circonstances de l'abus des boissons alcooliques, qui, prises avec excès, engourdissent tous les sens, déterminent un sommeil invincible au milieu duquel on trouve inévitablement la mort, si l'on tombe sur la route dans cet état d'ivresse somnolente.

6° Dans ces cas, où les congélations partielles et ces asphyxies par le froid deviennent très-fréquentes, on rend populaires, et toujours par ordre du jour, les instructions sanitaires qui indiquent les moyens de remédier avec sécurité à ces accidents.

7° Relever les sentinelles toutes les heures pendant l'hiver.

8° Si les bivouacs sont facilement supportés pendant une partie de l'année dans les pays froids, il n'en est pas ainsi pendant l'hiver, même dans les pays tempérés.

La guerre y devient horriblement pénible et désastreuse. Il faut, pour résister à l'âpreté de la saison, tenir presque constamment les hommes en haleine, les faire marcher et les employer à des travaux rudes et fatigants.

§ 3. — Influence des climats tempérés.

Dans les climats tempérés, comme ceux de l'Allemagne et de la France, les influences des températures extrêmes tendent à s'équilibrer. Il en résulte alors aussi un véritable équilibre des fonctions, qui semblent, en quelque sorte, plus particulièrement placées sous l'influence des saisons, qui sont assez tranchées, et qui se caractérisent par le développement des formes pathologiques semblables à celles des climats extrêmes, avec lesquelles elles ont le plus d'analogie. En été, les appareils organiques s'adaptent à la température élevée, comme dans les climats chauds, et l'on observe les mêmes prédispositions et les mêmes maladies que dans les pays chauds; l'hiver contribue, au contraire, à imprimer les modifications des pays froids et finalement la tendance aux maladies de même nature. « Sous des saisons régulières et également marquées, dit M. Fuster (1), on observe un état morbide parfaitement en harmonie avec les caractères dominants de cette saison. La détermination de ces états morbides, si cette détermination est bien faite, donne pour résultat partout, où les quatre saisons sont bien distinctes : au printemps, une affection catarrhale inflammatoire de nature bénigne ; en été, une affection bilieuse ; en automne, une affection catarrhale bilieuse de nature maligne ; en hiver, une affection inflammatoire. »

M. Benoiston , de Châteauneuf, dans son travail sur la mortalité dans l'infanterie (*Annales d'hygiène*, 1ʳᵉ série, t. 10), a signalé les maladies des soldats comme plus nombreuses en automne et en été, et plus rares en hiver et au printemps. Le maximum des mortalités dans le premier cas est dû à ce que, en cette saison, les troupes se livrent aux fatigues, aux marches, aux exercices ; tandis que, dans le second cas, le minimum est dû à ce que c'est dans l'hiver et le printemps que les soldats ont précisément le plus de repos. C'est en automne que sévissent les influences paludéennes. (Voir ci-après *Comparaison des saisons par rapport à la santé des armées.*)

Les préceptes hygiéniques qu'il est indispensable de suivre, pour modifier les influences diverses qui peuvent agir sur les soldats qui entrent en campagne ou qui stationnent dans des pays tempérés, ne sont que des applications des règles générales de l'hygiène que nous avons tracées dans le cours de cet ouvrage : c'est donc pour ne pas y insister davantage que nous nous bornerons à insérer seulement ici l'extrait suivant d'une instruction détaillée du Conseil de santé relative aux précautions les plus propres à maintenir la santé des troupes en Orient (2).

1° On doit toujours être vêtu de manière à être à l'abri des refroidissements subits auxquels on est exposé en toute saison, à raison des brusques changements de température qui ont lieu très-fréquemment dans presque toutes les parties de ce pays ;

2° En été on se garantira contre les coups de soleil, souvent très-dangereux, en ne restant jamais hors des habitations sans avoir la tête couverte.

3° La propreté du corps, du linge et des habitations est impérieusement commandée par la nature du climat.

4° Toutes les fois qu'on le pourra, on se lavera plusieurs fois le visage par jour, et surtout les yeux, lorsqu'on aura été exposé à la poussière.

5° On évitera de se laver les pieds avec de l'eau froide, surtout lorsqu'ils seront échauffés par la marche.

6° Il faut se préserver avec le plus grand soin de la fraîcheur des nuits, lors même que la chaleur est très-forte ; il est dangereux de

---

(1) *Des Maladies de la France dans leurs rapports avec les saisons.* Paris. 1840.
(2) *Recueil de Mémoires de médecine militaire*, 2ᵉ série, tome 13.

rester en chemise pendant la nuit. Au bivouac et sous la tente, les soldats devront se couvrir de leur capote sans la revêtir. Les yeux et les oreilles devront être particulièrement couverts.

7° Quand on campera près d'un marais, d'un étang, des mares d'eau stagnante, d'une vallée, on devra diriger les principales ouvertures des baraques ou des tentes dans la direction opposée. Dans ces bivouacs on s'abritera, par tous les moyens possibles, contre les vapeurs toujours malfaisantes qui s'exhalent de ces foyers d'infection. La nuit, les ouvertures des baraques seront fermées, excepté celles qui seront absolument indispensables pour renouveler l'air.

8° On ne doit jamais coucher immédiatement sur la terre; on devra toujours interposer des matières parfaitement sèches et se laissant difficilement pénétrer par l'humidité. On n'emploiera jamais les joncs et les végétaux frais à cet usage.

9° L'eau bue en très-grande quantité serait toujours nuisible. Si, après une marche fatigante, on rencontre un cours d'eau, il faudra ne satisfaire sa soif qu'avec réserve et se pourvoir d'eau pour en user plus tard.

10° Lorsqu'on ne pourra se procurer qu'une petite quantité d'eau, il faudra, au lieu de l'avaler, s'en gargariser le plus longtemps possible et la rejeter lorsqu'elle est échauffée.

11° Si l'on est réduit à boire de l'eau de mare, il faudra avoir la précaution de la passer à travers un linge, pour en séparer les sangsues que leur petitesse empêcherait de voir, et qu'il serait fort dangereux d'avaler.

12° Un mélange d'eau et de vin, d'eau et d'eau-de-vie, ou d'eau et d'infusion de café, sera toujours une excellente boisson, prise, néanmoins, en quantité modérée. Le mélange ne devra jamais être fait qu'au moment même d'en user ; préparé à l'avance, il s'échaufferait, s'altérerait et n'atteindrait plus le but.

13° Lorsque la viande et le poisson salés seront substitués à la viande fraîche, il faudra les dessaler avant de les cuire et y mêler, toutes les fois qu'on le pourra, une certaine quantité de légumes.

14° Le piment, en petite quantité, est un bon assaisonnement; mais, avec excès, il irrite l'estomac et rend la soif plus difficile à supporter.

15° Le safran rend le riz et la farine plus faciles à digérer; il sera surtout utile avec le maïs.

16° Il faudra toujours avoir mangé avant de se mettre en route.

17° Avant d'aller en faction la nuit et en rentrant, il sera très-utile de boire une certaine quantité d'eau chaude avec un peu d'eau-de-vie ou avec un peu d'infusion de café chaude. On devra particulièrement être bien vêtu pendant ces factions de nuit.

18° Toute indisposition devra être immédiatement indiquée au médecin.

19° Les recommandations ci-dessus seront mises à l'ordre de l'armée. Chaque chef de corps tiendra la main à ce que la lecture en soit faite aux troupes au moins une fois par semaine, et à ce que les officiers et sous-officiers en surveillent et dirigent l'exécution. (*Instruction du 13 mai 1854.*)

§ 4. — Comparaison des saisons par rapport à la santé d'une armée.

Quant à l'influence des saisons sur la santé d'une armée en général, on peut en établir la comparaison suivante d'après des relations de campagnes faites par les auteurs les plus distingués qui ont écrit sur les maladies des armées. Ainsi, selon Pringle, on doit s'attendre au commencement de chaque campagne, du moins pendant le premier mois, à voir les listes des malades beaucoup plus fortes que si les troupes fussent restées dans leurs quartiers. Il résulte aussi de ses observations que dans les climats tempérés de l'Europe, le nombre des malades sera, après le premier mois, un quart plus grand lorsque l'armée campe au milieu d'avril que lorsqu'elle entre en campagne un mois plus tard. Quinze jours ou trois semaines après le premier campement, les maladies diminuent d'une manière sensible ; les soldats les plus faibles sont déjà dans les hôpitaux, le reste se trouvent déjà plus accoutumés aux fatigues, et la température augmente de jour en jour. Cet état sanitaire continue pendant tout l'été ; les grandes maladies (dyssenteries, fièvres rémittentes, etc) ne commencent ordinairement que vers le milieu ou vers la fin d'août, et ne cessent ordinairement, même dans les quartiers, que vers le temps des premières gelées.

Les maladies sont tellement uniformes au commencement de la campagne qu'on peut prédire à peu près le nombre de ceux qui en seront atteints ; mais pendant le reste de la saison, comme les maladies sont alors d'une nature contagieuse et qu'elles dépendent en grande partie des chaleurs de l'été, il est impossible de prévoir combien il y aura de malades depuis le commencement jusqu'à la fin de l'automne.

Pringle a remarqué que si l'on prolonge une campagne jusqu'au premier novembre, il y a plus de maladies les quinze derniers jours que les deux premiers mois de campement : aussi importe-t-il de rentrer d'autant plus tôt dans les quartiers d'hiver. Quoique les expéditions d'hiver soient rudes en apparence, elles sont accompagnées de peu de maladies, si l'on fournit aux soldats de bons vêtements, du feu, des provisions en abondance et de bons quartiers. Il est au contraire dangereux de faire de longues marches pendant l'été, à moins qu'elles ne soient faites le matin avant la chaleur du jour et le soir avant la nuit, après le coucher du soleil. Ceux qui tombent malades dans le camp, surtout avant le déclin de l'été, et qui sont obligés d'entrer pendant quelque temps à l'hôpital, ne se trouvent pas en état de servir cette saison ; car, la maladie les ayant affaiblis, il est probable qu'ils retomberont aussitôt qu'ils rentreront en campagne. Il serait par conséquent à propos de mettre ces convalescents en garnison pour le reste de la campagne ou du moins jusqu'à ce qu'ils soient parfaitement rétablis, les hôpitaux n'ayant ni les commodités nécessaires ni un air assez bon pour cela.

Il serait fort utile, pour prévenir les maladies, d'envoyer, lorsqu'on le pourrait commodément, les corps maladifs qui ne sont pas accoutumés à la fatigue en quartiers d'hiver quinze jours plus tôt que la troupe.

Telle est la manière, selon Pringle, d'accoutumer des troupes à la fatigue. Et vu toutes les fatigues et le froid qu'éprouvent les troupes dans le service le plus doux, on peut assurer, dit-il, que celles dont le tempérament aura été moins affaibli par les fatigues et le mauvais temps d'une première campagne seront plus propres à soutenir les travaux d'une seconde. (1)

ARTICLE TROISIÈME.
Généralités de médecine militaire.

§ 1er. — Causes générales et caractères distinctifs des maladies des armées.

En étudiant les différentes conditions du soldat et les circonstances variées qui influent sur sa santé, il est facile de voir que ces conditions et ces circonstances présentent deux ordres de causes dont l'action mérite d'être distinguée. Les unes sont inséparables de l'état militaire, et tellement impérieuses, surtout en temps de guerre, qu'on n'a presque aucun moyen de les éviter, de les prévenir ou même de les modifier. Telles sont les causes de maladies qui résultent nécessairement de la vie des camps, de la pénurie ou de la mauvaise qualité des subsistances, de l'influence des climats, des saisons, des marches, des exercices, des travaux forcés, des bivouacs en hiver; des malheurs qui suivent les batailles, les retraites, l'état de siége et celui de captivité. C'est à ces situations malheureuses que s'applique l'expression aussi juste que philosophique de Vegèce, lorsqu'en parlant du sort du soldat, il ajoute : *cui necessitas belli incumbit et morbi.* C'est aussi dans ces cas déplorables qu'il est impossible de profiter des conseils et des secours qu'on pourrait tirer de l'hygiène.

Il est au contraire un grand nombre d'autres circonstances qui ne présentent un caractère de gravité que par la faute du soldat lui-même, par l'imprévoyance ou la négligence de ses chefs et par l'insouciance ordinaire des hommes réunis en corps, qui ne songent jamais aux dangers qui les menacent individuellement. C'est à ces dernières circonstances qu'il est possible, souvent même facile de remédier. Ce sont ces causes productives de maladies qu'on peut

---

(1) *Observations sur les maladies des armées,* par Pringle, précédées d'une *Étude complémentaire et critique,* par le Dr Jules Périer, édition Victor Rozier, 1863.

écarter, ou prévenir, ou changer ou détruire par les moyens prophylactiques de l'hygiène.

Nul doute que, dans les diverses situations des troupes, les chefs de
corps et les généraux prennent une grande part dans l'application et
le succès de ces moyens, dont la plupart tiennent à des mesures de
police et de discipline. Mais la connaissance approfondie des principes d'après lesquels on doit veiller à la conservation de la santé
des militaires, leur application journalière, l'indication des moyens
qu'il convient de préférer dans les diverses circonstances, l'appréciation des cas particuliers qui exigent des ressources extraordinaires,
soit pour éloigner et diminuer les effets des causes inévitables, soit
pour neutraliser celles contre lesquelles l'art a trouvé des moyens
efficaces, tous ces conseils de la science, toutes les ressources de l'art
composent les attributions de l'officier auquel est spécialement confié
le soin de la santé du soldat, qui doit le suivre dans toutes ses positions et le traiter dans les cas urgents de maladie ou dans les accidents imprévus.

Si la médecine militaire n'est point, à proprement parler, une
science distincte, une branche particulière de l'art de guérir, il ressort néanmoins des considérations dans lesquelles nous sommes
entré dans les précédents chapitres, que le médecin des armées doit
posséder des notions spéciales pour y appliquer méthodiquement les
règles de l'art suivant les circonstances particulières dans lesquelles
se trouve l'homme de guerre tant en santé qu'en maladie. Ainsi, indépendamment des connaissances théoriques pratiques nécessaires à
tout médecin, il doit avoir des notions positives sur l'état du soldat,
sur son genre de vie, ses exercices, ses habitudes, sur les causes
nombreuses et variées des maladies qui l'environnent et sur les situations extraordinaires auxquelles il est exposé surtout pendant la
guerre. C'est qu'en effet la pratique médicale présente aux armées
des difficultés et des différences remarquables soit à cause de la nature et de la gravité des affections ou des complications qui surviennent dans les camps ou dans les hôpitaux, soit parce qu'elle est
entourée de nombreux obstacles et soumise à des conditions particulières qui la font différer de la médecine pratique dans l'ordre civil.

Si donc on voulait définir la médecine militaire, on pourrait dire
avec Biron que c'est : l'étude des causes de maladies qui environnent le soldat et de leur action, l'histoire des affections nombreuses
qu'elles produisent, la connaissance et l'application des préceptes et
des moyens que l'art met en usage pour conserver la santé des troupes et pour la rétablir lorsqu'elle est dérangée.

Tous les ouvrages écrits jusqu'à ce jour sur l'ensemble des maladies des armées sont anciens et incomplets. Nous recommanderons
toutefois la lecture des publications suivantes : 1° *Observations sur la
médecine militaire* par Biron (*Journal de médecine militaire*, t. 2 et 3),
auquel nous emprunterons la plupart des considérations renfermées

dans cet article ; 2° *Observations pratiques sur les causes et le traitement des maladies des troupes*, par Biron et Chamberet, (*Dictionnaire de médecine, t. IX,*) 3° *Observations sur les maladies des armées dans les camps et les garnisons*, par Pringle, précédées d'une *Étude complémentaire*, par M. Jules Périer ; 4° *Médecine d'armée*, par Monro ; 5° *Code de médecine militaire*, par Colombier, etc. etc.

Les travaux de MM. Benoiston de Chateauneuf et Boudin, insérés dans les *Annales d'hygiène*, et différents mémoires, dus à plusieurs médecins militaires distingués, que l'on trouvera reproduits dans le *Recueil de médecine, chirurgie et pharmacie militaires*, seront également ment consultés avec fruit.

I. L'étude des auteurs qui ont écrit sur les maladies des gens de guerre prouve jusqu'à l'évidence cette vérité incontestable que les maladies du soldat présentent, à l'armée, des formes particulières, des complications et des épiphénomènes qui les font différer des affections du même genre dont sont atteints les habitants des villes ou des campagnes ou même de celles qui affligent les militaires en temps de paix.

Les causes de cette différence avaient déjà été étudiées avec soin, dans le siècle dernier, par les officiers de santé employés en chef aux armées ; mais Biron et Chamberet sont les premiers qui aient développé et déterminé d'une manière précise les principaux traits qui signalent cette différence, et donnent à la forme et à la marche des maladies des armées ce caractère particulier qu'on retrouve dans toutes les affections graves qui attaquent le soldat dans les camps et dans les autres positions dangereuses auxquelles il est soumis pendant une campagne longue et active. Nous croyons donc utile, en nous conformant aux observations de ces maîtres, d'appeler ici en quelques pages l'attention des jeunes médecins militaires, sur les causes générales et les caractères distinctifs des maladies des armées, et sur les traits essentiels qui font différer la pratique médicale militaire de la pratique civile.

Les causes des maladies des armées dépendent d'influences diverses auxquelles les militaires sont plus ou moins exposés, selon les conditions extrêmes et fâcheuses dans lesquelles ils se trouvent placés surtout en campagne.

1° *Influences atmosphériques et locales.*—Ce sont les degrés extrêmes et surtout les alternatives fréquentes du chaud et du froid, de la sécheresse et de l'humidité ; les saisons brumeuses ou pluvieuses trop prolongées et succédant brusquement à une température opposée ; le séjour dans les contrées basses et humides ; les pays plats situés sur certaines plages maritimes, sur les bords ou près de l'embouchure des grands fleuves, ceux où les eaux, à raison de leur écoulement difficile, forment une plus ou moins grande quantité de lacs, de mares ou de canaux ; les vallées étroites, resserrées entre de hautes montagnes, et par conséquent inaccessibles au libre jeu des vents et à l'influence solaire ; le voisinage des marais, des étangs, des grandes forêts, de certaines mines, des terres où l'on cultive le riz, des lieux où l'on fait rouir le chanvre ; un camp exposé aux inondations, privé de l'influence des vents et de l'influence solaire par des montagnes, par de grandes masses d'arbres, ou d'autres obstacles quelconques, ou bien soumis à l'action de certains vents nuisibles, aux émanations dangereuses des voiries, des boucheries, des égouts, des latrines de l'armée, ou d'un champ de bataille couvert de morts; le défaut de tentes ou leur mauvais état; des baraques mal construites ou mal exposées, trop rapprochées les unes des autres, situées sur un sol humide, et dans lesquelles l'insolation et la ventilation s'opèrent difficilement; des casernes mal situées, irrégulièrement construites, des salles basses, humides, obscures, mal percées, incomplétement aérées ; enfin, l'accumulation d'un trop grand nombre d'individus sains, malades, prisonniers ou autres, dans des espaces relativement trop étroits où l'air se renouvelle difficilement.

2° *Vices du vêtement.*—Des habits trop usés et trop légers pour garantir du froid en hiver, ou qui, par quelques vices de confection, gênent et blessent certaines parties du corps; du linge et des vêtements mouillés, imbibés de sueur, refroidis et maintenus sur la peau trop longtemps, surtout la nuit et pendant le sommeil; le repos inconsidérément pris sur un sol humide, sur de la paille mouillée, ou sur des fournitures imprégnées d'émanations contagieuses; des couvertures et autres fournitures de lit, dont les dimensions trop étroites laissent pendant la nuit certaines parties du corps à découvert et exposées à l'air froid, tandis que le reste du corps est en sueur; la malpropreté des lits, du linge et des vêtements, et quelquefois une détresse extrême et le dénûment le plus absolu, ce qui fait que la peau reste couverte de saleté, de crasse et d'ordures de toute espèce ; l'habitude de se présenter à demi habillé aux appels du soir et du matin ; de se lever la nuit et de sortir nu-pieds et en chemise pour satisfaire à des besoins pressants. Toutes ces choses, étant capables de déranger les fonctions du système cutané, sont autant de causes fréquentes de maladies pour les troupes.

3° *Vices du régime.*—Il faut noter, en troisième lieu, le défaut d'une nourriture suffisante, ainsi qu'il arrive quelquefois pour certains hommes, même dans les garnisons ; les excès d'aliments et de boissons, leur pénurie extrême et les alternatives de l'abstinence forcée de la débauche qui ont si souvent lieu à l'armée, surtout en campagne ; la mauvaise qualité des substances alimentaires et des boissons; le long usage des salaisons ; le manque de végétaux frais ; une longue privation de liqueurs fermentées ; enfin, l'ingestion d'un liquide trèsfroid lorsqu'on est échauffé par une longue marche, par un exercice violent, ou par l'air d'une chambre ou d'un corps de garde échauffé à l'excès.

On peut encore rapporter aux vices du régime la privation absolue de tabac chez ceux qui sont habitués à fumer et mâcher cette substance, les excès vénériens surtout chez les hommes faibles, les blessés et les convalescents.

5° *Exercices et travaux militaires.*—On doit signaler aussi au nombre des causes morbifiques les fatigues résultant des marches et des manœuvres trop longues et non proportionnées aux forces des nouveaux soldats, les travaux excessifs qni, pendant les siéges et dans d'autres occasions, sont exécutés souvent au milieu des émanations les plus insalubres; des gardes trop fréquentes, des factions trop prolongées, et le défaut de sommeil qui en est la suite; les routes à marches forcées, les bivouacs, surtout en hiver, les batailles, les retraites et les accidents sans nombre qui sont inséparables de ces dernières circonstances, les lésions, les blessures causées par les armes de toute espèce et par les corps extérieurs; enfin, par opposition, le repos absolu, surtout après une campagne active et une vie oisive et monotone, lorsqu'elle succède immédiatement à une vie très-exercée.

5° *Affections morales.* — Il est nécessaire de considérer sous le même rapport le passage de l'état de gaieté, d'aisance et de liberté dont la plupart des recrues jouissaient dans leur famille, à celui de gêne et de sévérité, quelquefois même accompagné de la dureté des traitements qu'on leur fait éprouver dans certains cas, à leur arrivée dans les régiments; l'ennui, la tristesse, des regrets sans cesse donnés au pays natal, la longue série des affections morales débilitantes, telles que les dégoûts, la jalousie, un ressentiment concentré, les craintes de l'avenir, des terreurs paniques, de brillantes espérances de gloire, d'avancement, d'honneurs, de fortune, cruellement déçues, et faisant place au sentiment profond de l'injustice, au découragement, au chagrin de n'avoir pas obtenu des récompenses méritées; à l'abattement produit par des revers, à la honte d'être vaincu.

6° *Constitutions épidémiques.* — A toutes ces causes de maladies il faut joindre les constitutions endémiques de certains pays occupés par les troupes; les constitutions épidémiques sous l'influence desquelles les soldats se trouvent placés, soit qu'elles tiennent à des altérations appréciables dans les qualités de l'atmosphère, ou à celle des aliments et des boissons; soit qu'elles tirent leur origine de certaines influences occultes et inconnues. Ces causes générales sont encore aggravées par des principes d'infection ou de contagion qui se développent inévitablement dans les grands rassemblements d'hommes, et principalement dans les hôpitaux des armées où l'on entasse souvent un trop grand nombre de malades, et où les vices d'une organisation incomplète exposent quelquefois les militaires à la privation absolue des choses de première nécessité, s'opposent souvent au renouvellement du linge et à l'emploi des moyens de salubrité les plus simples et les mieux imaginés.

Tel est le résumé effrayant des principales causes morbifiques auxquélles une armée est le plus souvent exposée. Leur simple énoncé suffit pour faire pressentir à combien de maux elles peuvent donner lieu, et la plupart du temps ces maux sont tels et en si grand nombre qu'ils sont en général bien plus redoutables pour les armées que le fer et l'artillerie de l'ennemi.

II. Les maladies des gens de guerre sont remarquables d'abord en ce que, toutes choses égales d'ailleurs, elles sont en général beaucoup plus graves à l'armée que dans aucune autre condition de la vie humaine. Cette circonstance essentielle tient à plusieurs causes qui sont la rudesse, l'insouciance et l'inattention des soldats à l'influence des causes morbifiques ; leur entrée souvent tardive dans les hôpitaux, le mauvais état dans lequel se trouvent quelquefois les hôpitaux temporaires et les ambulances, les difficultés qui accompagnent les évacuations d'un hôpital sur un autre à de grandes distances, enfin les excès, les habitudes vicieuses et les mœurs des soldats en campagne.

Ces maladies se distinguent encore par leur marche irrégulière et les anomalies qui en sont la suite, par leurs fréquentes et nombreuses complications (nostalgie, adynamie, ataxie, fièvre typhoïde, dyssenterie, typhus, etc.), et parce qu'elles se montrent très-fréquemment d'une manière épidémique et contagieuse.

Toutefois, si dans les camps et dans les hôpitaux, pendant les campagnes actives et prolongées, les maladies des soldats sont graves, irrégulières et compliquées, si même le traitement des blessures est contrarié à cause des conditions extrêmes dans lesquelles les troupes se trouvent placées ; en temps de paix et dans les garnisons de l'intérieur, les maladies sont plus simples, plus régulières, moins susceptibles de complications ; la durée de séjour et la proportion de la mortalité sont également beaucoup moindres dans les hôpitaux militaires de l'intérieur, soumis à une administration éclairée et prévoyante, et fournis de tout ce qui est nécessaire pour assurer le succès des traitements méthodiques et des soins les plus étendus de l'art de guérir,

Et cependant, en temps de paix même, lorsque des circonstances politiques exigent de nouveaux mouvements extraordinaires de troupes, de prompts changements de garnison, ou des rassemblements de corps armés pour des camps de manœuvres, les soldats étant alors réunis sous la tente ou dans des baraques, ou disséminés dans les cantonnements exposés aux intempéries les plus variées, soumis à des exercices fréquents et fatigants, on ne tarde pas à observer un mouvement plus considérable dans les hôpitaux voisins, et les maladies y prendre des caractères de gravité et de complication, lorsque surtout on y entasse trop de malades.

§ 2. — Traits essentiels qui font différer la pratique médicale militaire de la pratique civile.

Il est impossible de nier que la médecine militaire ne diffère pas essentiellement de la médecine ordinaire pratiquée dans les villes et les campagnes, tant par la nature des causes de maladies auxquelles les troupes sont plus particulièrement exposées que par les nombreuses circonstances qui obligent les officiers de santé à modifier leur thérapeutique. Ainsi, la manière d'être habituelle des sujets qu'elle a pour but de traiter et de guérir, le peu d'étendue de ses ressources dans les hôpitaux temporaires et les ambulances, la nécessité de prendre dans certaines circonstances comme dans les cas d'encombrement, une détermination rapide sur des objets que l'on ne peut pas toujours examiner convenablement, la contagion qui se développe si souvent dans les maladies des armées, et devient une nouvelle et abondante source de dangers et de difficultés pour le médecin comme pour les militaires, et enfin les nombreux événements de la guerre; les succès comme les revers qui, à chaque instant, à l'armée, viennent troubler ou enlever l'emploi des moyens curatifs, neutraliser leur action, et auxquels le médecin est cependant presque toujours subordonné : voilà autant de considérations qui concourent à caractériser d'une manière spéciale la médecine militaire, et à lui donner un haut degré d'importance, et, sous tous ces différents rapports, la médecine militaire est sans cesse entourée d'obstacles et de dangers qu'on ne connaît point dans la pratique de la médecine civile.

Son utilité, nous avons essayé déjà (*voyez page* 325 *et suiv.*) de le faire reconnaître, n'est ni moins importante ni moins évidente dans les corps d'armée que dans les hôpitaux.

« On ne se fera jamais, dit Baudens, une trop haute idée des services que la science médicale peut rendre à une armée en campagne, de l'influence qu'elle peut exercer sur les vicissitudes d'une guerre. Ses conseils, qui ne sont pas toujours demandés ni écoutés, tant que la souffrance et la mort n'en font pas cruellement sentir l'utilité, sauveraient bien des hommes qui perdent ou compromettent par imprudence une vie dont le pays a besoin. Conserver ses soldats, transportés à grand'peine, est le premier intérêt d'une nation qui fait une guerre lointaine ; c'est aussi le meilleur gage d'un succès définitif. Les maladies tuent plus d'hommes que le fer et la poudre, et il est souvent facile de les prévenir par de simples précautions hygiéniques. » (1)

La science conservatrice de l'homme de guerre, l'hygiène appliquée au maintien de la santé, à la prévention des maladies dans les armées, en temps de paix comme en temps de guerre, n'a été mise à profit jusqu'ici, par les principaux gouvernements d'Europe, que d'une façon restreinte et trop souvent tardive. Quand des armées ont été la proie de fléaux terribles, engendrés au milieu d'elles et par elles, alors, mais seulement alors, on a appelé à leur secours l'hygiéniste dont la tâche était devenue extrêmement difficile par la né-

---

) *Une mission médicale à l'armée d'Orient,* Paris, 1857.

cessité de s'occuper à la fois des mesures curatives et des mesures préventives. Combien ne serait-il pas plus avantageux pour l'État comme pour les individus, de faire tous ses efforts dès le début d'une campagne, de prendre toutes les précautions nécessaires pour empêcher l'invasion d'une épidémie meurtrière, possible à éviter, comme le typhus des armées, par exemple ? «Il y avait sans doute autrefois, comme il y a encore de nos jours, dit M. Cazalas, des armées décimées par le typhus; mais l'histoire se tait sur celles qui ont été épargnées ; et, ce qu'il y a de certain, c'est qu'aujourd'hui, avec nos connaissances actuelles, la science ne pouvant être en défaut à ce sujet, lorsqu'une épidémie typhique s'introduit dans une armée, c'est, à moins de circonstances majeures dont les événements de la guerre sont alors seuls responsables, au médecin ayant mission de prescrire les mesures prophylactiques ou à ceux chargés de les faire exécuter, qu'il faut en rapporter la faute (1). »

Mais le temps semble venu où les progrès de la civilisation, comme ceux de la science moderne, exigent impérieusement l'intervention active et puissante de l'hygiène aux armées, pour prévenir ou amoindrir, suivant les circonstances, la mortalité aiguë du temps de guerre et la mortalité chronique en temps de paix, ce «déchet silencieux et journalier d'une armée (Michel Lévy)» dont la marche lente attire peu d'attention, mais qui n'en apparaît pas moins terrible au jour de la révélation statistique.

Cette intervention réclamée de l'hygiène dans les armées, pour être réellement efficace, ne devrait plus être, comme elle l'est encore aujourd'hui, éventuelle, restreinte, tardive, laissée à la volonté du médecin ou au libre arbitre du chef militaire ; elle doit, au contraire, être précoce, généralisée, incessante, obligatoire pour le médecin, imposée, autant que se peut faire, au chef d'un corps d'armée, d'un corps de troupes. Ce n'est pas que déjà depuis longtemps les avis d'hommes éclairés et compétents aient fait défaut sur ce point, et l'importance de la question dont il s'agit n'a jamais été mieux mise en évidence que par les lignes suivantes tracées par M. l'inspecteur Michel Lévy :

«Les mortalités formidables que l'histoire a enregistrées, et que plus souvent encore elle passe sous silence, sont-elles l'inévitable tribut que les soldats ont à payer à la guerre? Ce langage est celui des administrateurs qui déclinent la responsabilité du lendemain, des chefs militaires qui s'absorbent dans la poursuite d'un résultat stratégique, des médecins oublieux ou inintelligents de leur propre mission. L'hygiène a un rôle éminent aux armées en campagne : elle peut lutter avec succès contre des causes énergiques d'affaiblisse-

---

(1) *Des affections typhiques de l'armée d'Orient.*

ment et de destruction, si elle est admise dans les conseils du commandement, si elle est munie d'initiative et d'autorité. (1) »

Dans cette question importante de l'extension convenable de l'action médicale préventive sur l'armée, l'Angleterre a devancé les autres nations en instituant à la suite de ses armées des médecins spéciaux sous le titre de *médecins sanitaires*, et qui ont pour mission unique, exclusive, l'application des règles de l'hygiène dans toutes les circonstances où peuvent se trouver les armées en campagne. Investis à la fois d'initiative, d'autorité et de responsabilité, ces *conseillers sanitaires* ont déjà fonctionné à l'armée expéditionnaire en Chine dès 1859, et avec les résultats les plus satisfaisants pour toutes les dispositions relatives à l'hygiène de l'armée et des camps (2).

On trouvera dans la *Revue des médecins des armées*, exposée avec tous les développements désirables, cette nouvelle organisation du service sanitaire anglais. Il est à souhaiter que les considérations remarquables dans lesquelles M. L. Renard est entré à ce sujet pour bien faire ressortir toute la valeur des règlements hygiéniques de l'armée anglaise en campagne, fassent un jour apprécier en France toute l'importance d'un semblable système qui se recommande avant tout par les plus puissants intérêts de l'armée et du pays ; et nous ne pouvons que formuler le vœu de sa prompte réalisation, convaincu que nous sommes que les avantages de son application sont déjà complétement assurés à l'avance par la direction toute pratique des connaissances en hygiène que les jeunes officiers de santé de l'armée reçoivent à l'École du Val-de-Grâce, de l'enseignement spécial qui y a été organisé sur les bases les plus larges.

§ 3. — Règles d'hygiène et mesures sanitaires à observer pendant les épidémies.

Jusqu'à présent, pour nos armées, tant à l'intérieur qu'en campagne, l'administration de la guerre s'est toujours préoccupée dans les circonstances exceptionnelles, comme les épidémies de choléra en 1832, en 1849 et en 1853, et celle de typhus en 1855-56, de prescrire l'usage d'instructions rédigées par les soins éclairés du Conseil de santé, dans le but de guider les chefs de corps et les médecins militaires. Ces instructions, conçues dans un esprit éminemment pratique, ne manqueront pas d'être d'un véritable intérêt dans des circonstances analogues ; c'est pourquoi nous ne pouvons mieux faire que d'en reproduire ici les principales dispositions. Les préceptes qu'elles renferment auront en même temps l'avantage de compléter les détails dans lesquels nous sommes entré dans le cours de cet ouvrage en posant les règles de l'hygiène militaire.

(1) *Hygiène publique et privée*, tome 2.
(2) *Revue scientifique et administrative des médecins des armées*, tome 6

A. *Instruction pour les corps de troupes et les hôpitaux militaires en prévision d'une épidémie de choléra.* (1ᵉʳ décembre 1853.)

1° CORPS DE TROUPES.

I. *Moyens préservatifs.*—1. Dans les circonstances où l'on peut prévoir le retour prochain de l'épidémie de choléra, bien que cette épidémie paraisse devoir être moins grave que celles de 1832 et de 1849, les règles hygiéniques recommandées en tout temps dans l'armée, et dont la vigilante application lui a été, en particulier, si profitable aux époques précitées, doivent être rigoureusement observées. On insistera spécialement sur les dispositions suivantes :

2. Éviter ou diminuer l'encombrement des habitations en réduisant, autant que possible, le nombre des chambres, et en les distribuant dans toutes les parties disponibles affectées au logement ; même, au besoin, étendre celui-ci.

3. Renouveler, pendant le jour, l'air des chambres par l'ouverture permanente ou souvent répétée des fenêtres et des portes ; défendre, toutefois, d'ouvrir les croisées le matin, et d'établir des courants d'air avant que les hommes soient complétement habillés. Entretenir constamment pendant la nuit et le jour, lorsque les fenêtres sont fermées, une ventilation modérée, sans trop grand refroidissement de la chambre et sans courants nuisibles, à l'aide de ventouses et de ventilateurs appropriés à cet usage, s'ils existent ; établir ces moyens, s'ils n'existent pas. Lorsque le temps sera froid et surtout froid et humide, multiplier, dans les chambres, les foyers particuliers, lesquels ont le triple avantage de donner une chaleur tempérée, de détruire l'humidité, de faciliter l'aération, conditions particulièrement essentielles pendant une épidémie de choléra, tandis que les chauffoirs communs, installés dans une salle unique par caserne, souvent même dans une salle où couchent des hommes, peuvent devenir des sources d'infection, à raison de la profonde viciation de l'air qu'y occasionne une trop grande réunion de personnes. En tout état de choses, empêcher les soldats de s'assembler en trop grand nombre simultanément dans les chambres chauffées et défendre d'y fumer.

4. Ne conserver dans les chambres aucun homme qu'une indisposition, même légère, obligerait à garder le lit ; le faire entrer, suivant le cas, à l'infirmerie ou à l'hôpital.

5. Déterminer deux ou trois repos, d'une heure au moins chacun par jour, dans les ateliers d'ouvriers ; pendant ces intervalles, faire évacuer le local et en tenir les fenêtres ouvertes.

6. Éviter, autant que possible, le dépôt dans les chambres habitées, des objets d'équipement et de harnachement produisant et entretenant une odeur fétide et malsaine, tels que bottes, schabraques, etc.

7. Tenir la main à l'exécution scrupuleuse des prescriptions relatives à la propreté des casernes et autres logements militaires.

8. Faire blanchir à la chaux les murs des chambres, des corridors, des escaliers, si cette opération n'a pas été faite depuis un an.

9. Veiller à ce que le balayage soit fait avec le plus grand soin, et que les ordures ne séjournent ni dans les chambres, ni dans les corridors, ni dans les cours.

10. Faire enlever, tous les trois jours, les fumiers ; ne pas les conserver en tas dans les cours, ni à proximité des casernes.

11. Pourvoir partout les latrines de portes battantes, se fermant d'elles-

mêmes. Réparer, s'il y a lieu, le dallage des cabinets ; remettre en bon état ou établir toutes les dispositions destinées à empêcher la stagnation des liquides et à faciliter le nettoiement ; à cet effet, entre autres, arrondir, au moyen d'un ciment convenable, tous les angles du bas et peindre les parois à l'huile et au blanc de zinc : le blanc de plomb, dans ces lieux, s'altère très-promptement par l'action des émanations hydrosulfurées. Entretenir continuellement l'aération des latrines ; les faire laver à grande eau deux fois par jour et les asperger ensuite d'une solution de sulfate de fer à 30 grammes de sel ferrique par litre d'eau.

12. Supprimer les baquets dans les lieux clos où ils sont employés, ou les faire confectionner de la manière la plus convenable pour prévenir, autant que possible, l'exhalation des gaz fétides ; dans le même but, y verser tous les matins, après le nettoyage, un demi-litre de la solution de sulfate de fer précitée.

13. Placer, dans les latrines qui ne seront pas suffisamment assainies par les moyens indiqués à l'article 11, dans les ateliers, salles de police, prisons, dans tous les lieux où l'infection peut se produire, de larges terrines pleines d'eau chlorurée obtenue d'après cette formule :

Hypochlorite de chaux sec. . . . 1 partie.
Eau. . . . . 12 parties.

Laissez déposer et décantez.

La solution sera renouvelée toutes les fois que les médecins le jugeront convenable.

14. Faire opérer l'enlèvement immédiat des immondices ou en faciliter l'écoulement dans les égouts, fossés, canaux, cours d'eau, qui se trouvent dans le voisinage des logements militaires.

15. Recommander aux hommes l'entretien de la plus grande propreté individuelle, tant par le changement fréquent de linge que par les lotions de diverses parties du corps.

16. Redoubler d'attention à l'égard des ordinaires ; faire tourner à leur profit l'économie résultant de la substitution d'une partie du pain de munition au pain de soupe précédemment acheté chez les boulangers. Veiller particulièrement à ce que la viande soit de bonne qualité, mieux choisie, plus musculeuse ; en augmenter la quantité ; diminuer l'usage des légumes aqueux, qui sont généralement relâchants, celui des légumes secs ; faire alterner les légumes avec le riz, que l'on devra ne pas faire trop cuire, mais faire simplement crever ; car, c'est parce qu'il est ordinairement trop cuit, réduit en véritable colle, que cet excellent aliment plaît peu aux soldats ; donner au bouillon plus de sapidité et de parfum, qualités essentielles pour la digestibilité, en y mettant quelques clous de girofle, un bouquet d'herbes aromatiques, etc. Interdire les végétaux crus, salade, concombre, radis, etc.; les salaisons, le lard. Du vin, qui pourra être accordé par des décisions spéciales, sera demandé chaque fois que la nécessité en sera reconnue.

17. Rappeler aux hommes les dangers de l'ivrognerie et de l'intempérance, et insister d'autant plus sur ce point que l'expérience de 1849 a démontré que le plus léger excès peut devenir l'occasion de la maladie ; exercer une grande surveillance sur les boissons et les aliments solides débités dans les cantines et les cabarets fréquentés par les soldats, particulièrement sur les viandes de charcuterie, dont l'altération peut produire un véritable empoisonnement ; empêcher formellement la vente de ces viandes dans les cantines.

18. Veiller rigoureusement à ce que les hommes soient, en toutes circonstances, suffisamment vêtus pour se préserver du froid, de l'humidité, d l'effet des brusques transitions de température. Tenir la main à ce que, pendant la nuit, les militaires, obligés de se lever pour satisfaire quelques besoins, ne sortent de la chambre que le corps vêtu du pantalon et de la capote, la tête couverte et les pieds convenablement chaussés ; instituer les gardes de chambrée pour exiger l'observation de ces précautions.

19. Toute fatigue excessive, tout ce qui tendra à débiliter étant une condition de prédisposition à l'invasion de la maladie, il importe de ménager les forces des soldats par une diminution de travaux. Ne commencer les exercices des troupes que lorsque le froid des nuits est dissipé et après le déjeuner, les suspendre ou les abréger quand le temps est froid et humide.

20. Diminuer, autant que possible, le nombre de postes pendant la nuit ; réduire à une heure le temps de faction de jour et de nuit ; donner, en toute saison, la capote de guérite, pour qu'il en soit fait usage, selon le besoin, soit le jour et la nuit, soit la nuit seulement. Même en été, la fraîcheur des nuits pendant la faction peut être nuisible. Surveiller d'une manière toute expresse la tenue des corps de garde, sous le rapport du renouvellement de l'air et sous celui de la température, qui est trop souvent excessive. Laisser aux hommes qui descendent la garde la journée entière pour se reposer.

21. Ne mettre, en cas de route, les troupes en marche qu'après le déjeuner.

22. Le traitement de certaines maladies n'exige pas moins d'attention que toutes les parties de l'hygiène. On doit particulièrement apporter une grande discrétion dans l'emploi des moyens qui troublent les fonctions digestives, provoquent des évacuations et débilitent l'économie, tels que les vomitifs, les purgatifs, les émissions sanguines. Dans la blennorrhagie, en particulier, il convient d'être réservé dans l'administration du copahu et d'en surveiller les effets.

II. *Premiers secours.* — 23. Rempli de confiance dans le savoir, l'expérience et le zèle des médecins de l'armée, le Conseil de santé se bornera à de brèves indications sur le diagnostic, le traitement de la maladie dont il s'agit, et sur la conduite de ces médecins en face de l'épidémie.

24. L'observation des épidémies précédentes de choléra a constamment démontré que cette affection présente des chances de guérison d'autant plus grandes qu'elle a été traitée à une époque plus rapprochée de son début, et, plus que toute autre maladie, elle est annoncée par des phénomènes précurseurs. Il est donc de la plus grande importance de prendre des dispositions telles que, dès les premières atteintes du mal, les militaires puissent réclamer et trouver auprès d'eux les secours de la médecine.

25. A cet effet, il y aura à organiser dans chaque corps de troupes un matériel, un personnel et l'administration des soins.

26. Relativement au matériel, on annexera aux infirmeries régimentaires, ou l'on désignera dans les quartiers où il n'y aura pas d'infirmerie, une localité suffisamment spacieuse et salubre, d'accès facile, au rez-de-chaussée autant que possible ; on la pourvoira des moyens nécessaires pour la chauffer et y faire toutes les préparations convenables, ainsi que de quelques chemises en laine, de brosses et de morceaux de flanelle pour frictions, de briques ou mieux de cruchons, de médicaments indiqués pour les premiers secours. Ces objets, à l'exception des moyens de chauffage, seront demandés sur bons et d'après les règles en vigueur, en proportion des besoins prévus, soit dans les maga-

sins centraux des hôpitaux militaires, soit dans les pharmacies militaires du lieu ou des villes environnantes, et, à Paris, Marseille et Alger, dans la pharmacie centrale, la réserve ou le dépôt des médicaments. Dans les casernes, les forts et les autres établissements éloignés de plus de deux kilomètres de l'hôpital militaire le plus voisin, on donnera à cette localité un développement et un approvisionnement suffisant pour constituer un dépôt de premier secours.

27. En ce qui concerne le personnel, dès que la maladie aura éclaté, dans une place, un service de garde, en médecins militaires et en plantons, sera établi par quartier ; si l'importance du service l'exige, des officiers de santé de l'hôpital militaire du lieu ou d'un hôpital militaire voisin pourront être détachés, ou des requis pourront être commissionnés sur place. Les uns et les autres seront mis sous les ordres du médecin chargé du service sanitaire du corps. Celui-ci prendra lui-même des mesures afin d'être averti à temps, soit de jour, soit de nuit, pour se rendre promptement auprès des hommes chez lesquels la maladie se serait déclarée.

28. Les plantons consisteront en soldats dont le nombre sera indiqué par le médecin chef de service proportionnément aux cas qui exigeront des soins immédiats ; ils seront adjoints au sous-officier, ou au caporal ou brigadier d'infirmerie, là où il y aura une infirmerie, ou mis sous les ordres d'un sous-officier, ou d'un caporal ou brigadier, là où il n'y aura pas d'infirmerie.

29. Quant à l'administration des soins, elle aura pour bases les mesures suivantes :

30. Les visites des officiers de santé des corps se feront exactement deux fois par jour, au moins, dans toutes les casernes.

31. En temps de choléra, la diarrhée est le premier symptôme de la maladie ; on a d'autant plus de chances de prévenir le développement de cette maladie qu'on traite la diarrhée dès le début. En conséquence, tout homme atteint de diarrhée, si légère qu'elle soit, devra immédiatement se présenter ou être signalé aux officiers de santé ; mais ceux-ci, d'eux-mêmes, devront s'enquérir de l'état sanitaire, à cet égard, par tous les moyens à leur disposition : on ne saurait trop le leur recommander.

32. On fera d'ailleurs connaître, sans retard, aux officiers de santé, toutes les indispositions dont les militaires seront atteints.

33. L'invasion de la maladie n'est pas toujours identique, et, par conséquent, on devra agir différemment, selon les particularités que cette invasion présentera. Ainsi :

A. Les diarrhées simples pourront être traitées à la caserne, dans la salle spéciale.

B. Si la diarrhée persiste, s'aggrave, ou se manifeste, dès l'abord, avec intensité, qu'elle occasionne quinze à vingt selles par jour ; si les selles sont blanches oryziformes ; s'il y a vomissements et crampes, envoi immédiat à l'hôpital ; à plus forte raison si le caractère de la maladie est plus prononcé.

C. Dans les casernes éloignées de plus de deux kilomètres d'un hôpital militaire, on traitera sur place, dans le dépôt précité, les cas déterminés de choléra, surtout si l'invasion est brusque, la marche rapide, à plus forte raison les cas foudroyants, tous ceux enfin dans lesquels l'interruption des soins et les causes d'aggravation, pendant un trajet tel que celui qui est indiqué, laisseraient inévitablement faire à la maladie, occasionneraient même un progrès irréparable.

34. Dans les cas de diarrhée simple, l'expérience a démontré au Conseil de

santé que la meilleure médication consiste à faire boire très-modérément, à administrer le premier jour, en deux fois, à deux heures d'intervalle, une potion contenant 15 à 20 gouttes de laudanum de Sydenham dans 90 grammes de véhicule ; à faire prendre un quart de lavement avec 6 à 15 gouttes du même laudanum ; à répéter cette injection deux, trois ou quatre fois le même jour, selon que la précédente aura été gardée ou rendue. Le second jour, diminuer le laudanum à l'intérieur ; en supprimer l'administration en lavement et y substituer l'extrait de ratanhia à la dose de 6 à 12 grammes par lavement. Pour boisson ordinaire, infusion de tilleul chaude à doses modérées.

35. Dans le cas où l'homme doit être envoyé à l'hôpital, le transport s'effectuera en voiture ou sur un brancard couvert, le malade ayant été préalablement enveloppé de couvertures de laine sous lesquelles seront placées des cruchons pleins d'eau chaude ou des briques chauffées, particulièrement auprès des membres inférieurs et de la colonne vertébrale. Lorsque le transport ne pourra être immédiat, on portera, en attendant, le malade à la salle indiquée à l'article 26, et on lui administrera les premiers secours suivants : le coucher dans un lit chaud, lui mettre une chemise de laine préalablement chauffée, le frotter avec de la flanelle chaude ou des brosses à frictions ; lui faire boire une petite quantité d'une boisson aromatique chaude.

36. Lorsqu'il y aura lieu de traiter le malade au quartier, conformément au paragraphe C de l'article 33, dans les cas foudroyants ou à marche rapide, où il s'agit de réchauffer le malade, de rétablir la circulation et les mouvements du cœur, de réprimer les évacuations qui l'épuisent, des infusions de camomille, de sauge, de mélisse, des cruchons d'eau chaude aux pieds, des frictions avec la flanelle imprégnée d'alcool, d'eau-de-vie ou d'huile camphrée, des quarts de lavement laudanisés, etc., remplissent les indications, et le succès est au prix de la persévérance dans l'emploi ;bien réglé de ces simples moyens auxquels il faut ajouter, dans les cas d'affaissement, d'adynamie, etc., l'usage intérieur de l'acétate d'ammoniaque à la dose de 10 à 30 grammes par jour, avec ou sans addition de laudanum, suivant le nombre des évacuations. La réaction obtenue, il importe de la soutenir, car fréquemment elle oscille et tombe, et il devient urgent de procéder, sans délai, à un nouveau réchauffement. Une fois cette réaction bien décidée, il faut diriger le malade sur l'hôpital avec les précautions prescrites à l'article précédent.

37. Les dépenses exceptionnelles pour l'amélioration de l'ordinaire, l'achat de combustibles, des vases ou ustensiles divers feront l'objet d'un supplément de solde qui sera alloué, par décision spéciale, à raison de trois centimes par homme et par jour pour Paris et la banlieue, et de deux centimes partout ailleurs.

2° HÔPITAUX.

38. Une fois le choléra déclaré dans une garnison, on devra éloigner de l'hôpital, au moyen de congés de convalescence ou d'évacuations, tous les hommes souffreteux, débilités, qui pourront supporter le déplacement ; tels sont : les convalescents de fièvre grave, de fièvre intermittente, les hommes affaiblis par les maladies d'Afrique, les tuberculeux, etc.: l'expérience a en effet démontré que les hommes de cette catégorie, en restant dans les foyers de la maladie, sont, en général, plus exposés à ses atteintes, et, d'un autre côté, il importe de faire des vides pour éviter l'encombrement.

39. Afin de faciliter le service exceptionnel qu'entraîne une pareille épidé-

mie, des salles particulières seront disposées dans chaque hôpital pour recevoir, les unes, les cholériques en traitement, et elles seront dans des bâtiments séparés ou dans les parties les plus éloignées des salles ordinaires de malades; les autres, les cholériques convalescents.

40. Les salles destinées aux cholériques en traitement seront pourvues de tous les objets nécessaires pour la médication de cette maladie, savoir : pour chaque lit, des draps d'alèze, une double couverture, un bassin, une chemise de laine longue et ample, ouverte dans toute sa longueur, s'attachant par des cordons sur le devant, une paire de moufles, une paire de chaussettes, un bonnet de laine, un lé de flanelle. Sur une table centrale, sous la garde des infirmiers et sous la responsabilité de l'infirmier-major, seront disposés à l'avance quelques appareils de réchauffement (1), et, selon l'indication du médecin traitant, une certaine proportion de moyens de traitement interne et externe qui se trouveront ainsi sous la main, afin d'éviter les pertes de temps qui peuvent être si funestes dans la première période de la maladie. Les lits seront largement espacés, et l'on entretiendra une aération diurne et nocturne par l'ouverture permanente de deux baïes opposées, par exemple, des impostes placées aux deux extrémités de la salle.

41. Un service de garde permanent en officiers de santé, officiers d'administration et infirmiers, indépendant du service de garde du reste de l'hôpital, sera établi, s'il y a lieu, dans ces salles ou à proximité ; un ou plusieurs médecins aides-majors y seront à demeure pour administrer ou faire administrer les premiers secours, conformément aux instructions de l'officier de santé traitant qui seront affichées.

42. Il y aura constamment un infirmier-major dans la salle. Les infirmiers seront affectés spécialement, d'une manière permanente, à des parties distinctes du service : les uns, et ce sera le plus grand nombre, aux frictions; d'autres à l'administration de potions de lit en lit ; d'autres à la vidange, qui devra avoir lieu trois fois au moins à des heures déterminées, etc.

43. Eu égard à la mobilité des symptômes du choléra, et à la variabilité, ainsi qu'à l'urgence des indications qui peuvent en résulter, il sera convenable que les visites réglementaires du médecin traitant soient portées à trois au moins dans les vingt-quatre heures.

44. Dès qu'un cholérique arrivera à l'hôpital, il sera immédiatement transporté dans la salle spéciale, et le médecin en chef ou les autres officiers de santé traitants seront sur-le-champ prévenus. Il y aura à l'entrée de l'hôpital un brancard en permanence avec couvertures et sachets de sable chaud, pour y placer les malades qui ne seraient pas apportés de cette manière.

45. Sans vouloir imposer à la conscience des médecins des règles absolues de traitement, le Conseil de santé des armées croit devoir, avec une nouvelle

---

(1) Il a été reconnu que le moyen le plus puissant et le plus facile de calorifier des cholériques était le bain d'air chaud. L'appareil le plus simple et le plus commode tout à la fois consiste en un tuyau de poêle coudé, de 1 décimètre de largeur environ, dont la portion verticale, de 60 à 80 centimètres environ, est placée en dehors et au pied du lit, et la portion horizontale, de 30 à 40 centimètres, est introduite sous les couvertures, maintenues soulevées par un cerceau. Une lampe à esprit-de-vin à trois mèches, et pouvant contenir 200 grammes de ce liquide, est placée sous l'orifice du tuyau, qui repose sur les planches; cet orifice est légèrement entaillé dans sa circonférence, afin de faciliter l'introduction de l'air extérieur.

Cet appareil est recommandé, non-seulement pour les hôpitaux militaires, mais encore pour les infirmeries régimentaires. (*Note ministérielle du 9 avril 1849.*)

insistance, rappeler ce qu'il disait, en 1832, dans l'Instruction du 4 mai, et, en 1849, dans celle du 5 février : *Point d'empirisme : il est indigne du vrai* « *savoir et de l'habileté pratique ; point de dangereux essais sur les défen-* « *seurs du pays ; point de coupable témérité déguisée sous le nom de har-* « *diesse ; application méthodique et consciencieuse des principes fondamen-* « *taux de l'art de guérir : à cela se réduit le devoir du médecin militaire dans* « *tous les cas.* »

46. Dès que les symptômes le permettront, diriger, sur la désignation de l'officier de santé traitant, les convalescents dans la salle qui leur aura été préparée. Le même médecin traitant fera, dans cette salle, des visites exactes deux fois par jour ; il portera la plus grande attention aux rechutes. On exercera une surveillance sévère pour éviter les moindres écarts, qui seraient presque infailliblement funestes. On ne laissera sortir, pour la promenade, que sur l'autorisation expresse du médecin. Un régime alimentaire spécial sera accordé sur la demande motivée du médecin.

47. Les corps des hommes qui auront succombé seront transportés, aussitôt que le décès aura été constaté, à la salle de dépôt. Après les autopsies, on procédera promptement à l'inhumation.

48. Les lits, les effets de literie qui auront servi aux cholériques, devront être lavés et désinfectés avant d'être mis en service pour d'autres malades.

49. Les officiers de santé de garde à l'hôpital seront nourris au compte de l'établissement.

50. Les gardes des infirmiers attachés au service des cholériques ne dépasseront pas douze heures. Ils auront double ration de vin, et, pendant la nuit, du café. Tous les jours, après la visite du matin, le médecin traitant ou un officier de santé désigné à cet effet par lui, se fera rendre compte de l'état de santé de ces infirmiers et prescrira, lorsqu'il y aura lieu, des repos, des suspensions de fonctions.

3° DISPOSITION COMMUNE AUX CORPS DE TROUPES ET AUX HÔPITAUX.

51. Dès que quelque cas de choléra se sera manifesté dans un corps de troupes, dans un hôpital militaire ou dans la population civile, les officiers de santé militaires en donneront immédiatement un avis, aussi détaillé que possible, au Conseil de santé, pour qu'il prenne les ordres du Ministre, et propose, s'il y a lieu, les mesures additionnelles que les circonstances exigeront. Lorsqu'il s'agira de militaires, les principaux renseignements seront consignés sur un état conforme au modèle ci-joint. Les officiers de santé militaires continueront de tenir le Conseil de santé, par des rapports rapprochés, au courant de ce qui surviendra.

CHOLÉRA-MORBUS.

18

Effectif de la garnison.

DÉPARTEMENT d

COMMUNE d

• DIVISION MILITAIRE.

HÔPITAL MILITAIRE d
ou
• RÉGIMENT d

N° d'ordre.	NOMS et PRÉNOMS.	Age.	Corps et grades.	Caserne ou habitation.	Constitution, état des forces et habitudes du malade.	Date et mode de l'invasion.	SYMPTÔMES.	Durée et terminaison.	Autopsie.	TRAITEMENT et OBSERVATIONS.

B. *Dispositions particulières aux épidémies de typhus.* — Le typhus se développe fréquemment sous forme épidémique dans les lieux où il y a agglomération d'hommes, qu'ils soient sains (dans les camps, les prisons) ou malades (dans les ambulances et les hôpitaux) ; et dans ce dernier cas, l'activité des émanations qui se dégagent des corps malades et des matières liquides ou solides sans cesse fournies par l'organisme est très-grande, et produit souvent un foyer redoutable d'infection miasmatique. Mais le défaut d'espace, d'air et de lumière suffit pour préparer le développement du typhus, que font éclater ensuite les exhalaisons qui s'échappent incessamment des corps souvent malpropres et des détritus organiques dont ils ne tardent pas à être environnés, comme dans les prisons, les casemates des villes assiégées, les camps permanents. Il peut se propager aux individus sains par contagion médiate ou immédiate. L'encombrement, les privations de tous genres, les fatigues, le découragement, les revers sont considérés comme favorisant cette dernière.

Les épidémies de typhus dues à de telles causes sont malheureusement très-nombreuses : Pringle a décrit d'une manière tout à fait complète celle dont l'armée anglaise a été frappée de 1742 à 1745 (1). Depuis, les guerres de la Révolution et du premier Empire ont fourni de fréquentes occasions de les étudier, et tout récemment aussi la désastreuse épidémie qui a décimé l'armée française en Crimée (campagne de 1855-56), a permis de bien déterminer les circonstances hygiéniques au milieu desquelles le typhus prend naissance, et les observations des médecins militaires viennent à l'appui de ce que nous venons d'avancer.

La prophylaxie découle rationnellement du simple énoncé des causes que nous avons fait, c'est-à-dire qu'il y a nécessité de l'évacuation des lieux encombrés où naît le typhus, et des mesures sanitaires propres à combattre la contagion.

Dans les habitations d'hommes sains, on doit surtout s'attacher à combattre l'influence nuisible de l'air confiné, en faisant exécuter rigoureusement toutes les mesures qui concernent les soins de propreté, la ventilation et les moyens de désinfection. (*Voyez plus haut, page* 848.)

Dans les hôpitaux, les préceptes suivants, dictés par Hildenbrand (2) et J. Franck (3), devront toujours guider le médecin en pareille circonstance :

1° Isoler les malades atteints de typhus et les séparer des autres malades ;

2° S'opposer à l'encombrement, et traiter les malades de préférence dans des hangars et sous des tentes, que dans des salles étroites et malsaines ;

---

(1) *Observations sur les maladies des armées,* chapitre VII.
(2) *Du typhus contagieux,* traduction par Gasc, ancien médecin inspecteur.
(3) *Médecine pratique.*

3° Maintenir la plus grande propreté par tous les moyens possibles;

4° Détruire les miasmes et l'atmosphère des salles à l'aide de fumigations chlorurées;

5° Purifier tout ce qui sert à l'usage des malades, soit par les chlorures, soit en détruisant certains objets (paillasses), soit en les soumettant à un blanchissage convenablement dirigé;

6° Interdire les communications entre les malades et les personnes saines;

7° Chercher, par la dissémination des malades, à prévenir la formation d'un foyer d'infections contagieuses, qui devient d'autant plus dangereux qu'il est plus concentré et plus restreint.

La prophylaxie que doivent observer les médecins et les personnes comme les sœurs, les infirmiers, qui donnent des soins aux malades, consiste dans l'observation des règles suivantes : ne pas prolonger sans nécessité les rapports immédiats avec les malades; ne pas respirer de trop près l'air expiré et celui qui se dégage des lits; entretenir sur soi une grande propreté; changer souvent de linge et de vêtements; ne pas faire la visite des malades quand on est à jeun, mal portant, ou débilité par des excès, par des travaux d'esprit, des chagrins, la crainte, etc.

Le typhus est encore du nombre des affections auxquelles s'appliquent temporairement les règlements quarantenaires. Lors du retour en France des troupes composant l'armée d'Orient, des mesures spéciales, concertées entre le Ministre de l'agriculture et du commerce, et le Ministre de la guerre, ont été prises dans le but de préserver la santé publique; mais l'arrêté du 29 mars 1856 n'ayant été que d'une application temporaire, nous ne croyons pas essentiel de le relater, et nous reproduisons seulement la *Note suivante du Conseil de santé sur l'apparition possible de quelques cas de typhus dans les garnisons* (23 mai 1856).

Des instructions concertées entre les départements de la guerre et de l'agriculture et du commerce ont minutieusement réglé tous les détails du débarquement des troupes rentrant d'Orient, et prescrit l'adoption d'un ensemble de combinaisons au moyen desquelles les populations ne peuvent rien avoir à craindre du contact de ces troupes quand elles seront admises à circuler en France.

Malgré cet ensemble de précautions, on ne saurait affirmer actuellement, cependant, qu'il ne se révélera aucune affection typhique dans les garnisons qui recevront les troupes revenues d'Orient, ou chez les habitants qui auront été en contact avec elles; mais on peut avancer néanmoins que, si des manifestations de ce genre se produisaient, elles seraient isolées, s'éteindraient sur place et n'auraient par elles-mêmes ni la gravité ni la puissance de propagation qui se rencontrent au voisinage des foyers d'origine.

Les médecins qui seront appelés à les traiter, soit dans les corps de troupes ou dans la population même, soit dans les hôpitaux civils et militaires, auront un devoir de circonstance à remplir devant l'autorité; ils s'empresseront de les lui signaler, afin que les mesures d'isolement leur soient appliquées sans produire des craintes exagérées de transmissibilité. Ils sauront rassurer les populations et leur épargner le trouble d'une panique, à l'occasion d'un cas isolé plus ou moins typhique destiné à s'épuiser faute d'aliments.

Les officiers de santé des corps redoubleront de vigilance dans la visite journalière des hommes ; ils dirigeront sans délai sur l'hôpital ceux qui leur paraîtraient présenter quelques symptômes caractéristiques.

Que s'il survient dans la population civile des cas plus ou moins suspects, la prudence prescrit de les traiter dans l'isolement, de leur réserver dans les établissements hospitaliers civils un local distinct et bien approprié à cette destination. S'il n'existe pas d'hôpital dans la localité, ou si les familles désirent retenir près d'elles leur malades, le médecin qui les soigne se conformera pour leur traitement aux règles d'isolement et d'aération continus, et ne négligera aucune des précautions dont l'application est compatible avec les conditions de la vie privée.

Comme, dans toutes les maladies très-graves et susceptibles de se communiquer, le point important est de les reconnaître à leur début, cette règle est particulièrement applicable au typhus, et les médecins civils et militaires ne sauraient apporter trop d'attention à distinguer les symptômes qui en annoncent l'invasion : *fièvre à marche indéterminée ou d'apparence rémittente ; frisson irrégulier et peu marqué ; douleurs contusives dans les membres ; céphalalgie violente, gravative ; étourdissements, vertiges, injection des yeux, hébétude qui arrive promptement au degré de la stupeur, celle-ci très-prononcée et persistante, tantôt comme symptôme prédominant, tantôt alternant avec le délire ; prédominance des symptômes fournis par les centres nerveux sur les phénomènes abdominaux, qui sont beaucoup moins en relief que dans la fièvre typhoïde. Ainsi, peu ou point de météorisme, gargouillement iliaque rare ou nul, constipation le plus ordinairement au début, rarement de la diarrhée dans le cours de la maladie, et, quand elle survient, moins intense et moins continue que dans la fièvre typhoïde.*

· *Les éruptions caractéristiques sont de nature pétéchiale et quelquefois précédées par une éruption papuleuse rosée qui ne s'efface pas sous la pression du doigt.*

Quant au traitement, on ne croit pas devoir formuler ici d'indication absolue ; il n'en est pas d'ailleurs du typhus comme du choléra, qui donne lieu à un grand nombre de cas foudroyants ou d'invasion rapide, dans lesquels la seule chance de salut est au prix de l'administration instantanée de soins déterminés à l'avance ; l'évolution du typhus permet au médecin d'intervenir avec maturité, et son traitement repose essentiellement sur l'observation des règles hygiéniques : *isolement et large espacement des malades, ventilation diurne et nocturne des locaux qu'ils occupent, propreté rigoureuse et constante du couchage, grande réserve dans l'emploi des émissions sanguines et des débilitants en général :* que le médecin n'oublie pas que la plupart de ces malades ont passé par des privations, par des fatigues et par toute espèce de causes d'épuisement ; qu'il ne perde pas de vue la nécessité de soutenir chez eux les forces de réaction. (*Boisson vineuse, décoction de quinquina,* et pendant la période de stupeur, *acétate d'ammoniaque.*)

Beaucoup d'entre eux auront subi antérieurement une influence d'impaludation, et pourront suggérer l'indication de l'emploi utile des *anti-périodiques* : autant il conviendra de les prescrire dans ces cas, autant il faut se garder d'ériger cette indication en méthode générale.

Dans un but d'intérêt général facile à saisir, les médecins des corps et des

31

établissements civils et militaires, dans lesquels des cas de typhus viendraient à se déclarer, sont invités à informer le Conseil de santé des armées par des rapports décadacrés de l'invasion et de la marche de ces affections.

C. *Mesures sanitaires spéciales à prendre contre la fièvre jaune.* — La fièvre jaune prend naissance dans certaines conditions hygiéniques propres aux contrées tropicales. On l'attribue aux miasmes qui se dégagent des détritus végétaux en décomposition, sous l'influence de la chaleur, dans les lieux situés à l'embouchure des fleuves et des rivières, dont les eaux sont stagnantes. Endémique dans certaines contrées, aux Antilles, au Mexique, au Brésil, c'est presque uniquement sur le littoral et au-dessous d'un certain niveau d'altitude que la maladie exerce ses ravages. Elle peut se développer aussi sur les navires qui fréquentent ces parages, et qui deviennent alors des foyers où elle sévit le plus souvent sous forme épidémique. C'est pendant la saison chaude du mois de mai au mois d'octobre qu'elle est le plus violente, et il est incontestable qu'elle a pu être transportée par émigration dans des localités où elle ne se développe jamais spontanément. C'est ainsi qu'on l'a vue en Europe, à Lisbonne, à Marseille, et tout récemment encore à Saint-Nazaire (1861).

La fièvre jaune ne se transmet pas par contagion ; elle a néanmoins fait des victimes en dehors des foyers épidémiques. C'est pourquoi elle est avec la peste l'une des maladies pour lesquelles certaines mesures sanitaires sont encore reconnues indispensables. Mais pour la plupart des observateurs, la fièvre jaune doit être considérée comme n'ayant pas d'autre cause que l'infection ; celle-ci se développant dans un foyer plus ou moins circonscrit, comme le bassin d'un port, des fossés ou des canaux alimentés par les eaux de la mer, ou bien encore un navire, ou une ville construite de telle manière qu'à certaines époques de l'année, et sous l'influence de l'humidité, de la chaleur et de la fermentation des matières animales et végétales, il s'y forme des effluves d'une nature spécifique qui sont transportés par l'air et forment une atmosphère morbifique dont l'étendue et l'activité sont très-variables.

Les précautions à prendre dans de telles circonstances sont les suivantes : faire aérer et ventiler toutes les parties des édifices publics, faire en sorte que la plus grande propreté y règne, que les habitations malsaines ou mal situées soient fermées, et les habitants transportés hors du foyer d'infection, dans les lieux les plus élevés. On doit éviter soigneusement les moindres écarts de régime et surtout les excès alcooliques, la fatigue, l'insolation, le refroidissement, l'exposition du corps aux effluves marécageux. (1)

« Sortir, dit M. Dutroulau (2), des foyers d'infection dès que l'épi-

---

(1) Kéraudren, *De la fièvre jaune observée aux Antilles,* 1823.
(2) *Des maladies des Européens dans les pays chauds,* 1861.

démie apparaît, et habiter pendant tout le temps qu'elle dure les lieux où ne naissent pas spontanément, et où ne se propagent pas habituellement ces foyers, telle est la formule de la préservation. »

Voici maintenant quelles sont, d'après cet observateur distingué, les règles à observer pour le succès de cette mesure :

Dès qu'apparaît dans les centres de population du littoral une épidémie dont l'explosion n'a pas été prévue, il faut évacuer sur les lieux de préservation toute la partie de la garnison et de la population européenne non acclimatée, et interrompre rigoureusement ses rapports avec le littoral pendant tout le temps que dure l'épidémie.

Quand une période épidémique est bien établie, c'est avant les retours de ses recrudescences qui ont lieu assez régulièrement pendant l'hivernage, quand elles ne sont pas provoquées par des causes accidentelles, que doivent se faire les évacuations. Mais, à quelque époque de l'année qu'arrivent des troupes pendant une période épidémique, il faut immédiatement les diriger sur les lieux de préservation.

A terre, comme à bord des navires, les exercices, les travaux, les marches, pendant les heures les plus chaudes du jour, doivent être évités.

Quand les évacuations ont lieu avant l'apparition du mal, dans les garnisons comme à bord, la préservation est complète : quand elles n'ont lieu qu'après les premières atteintes, pendant quelque temps encore les évacués fournissent quelques cas, soit qu'ils aient emporté avec eux le germe de la maladie, soit qu'ils se le soient transmis jusqu'à épuisement. Vouloir éprouver l'intensité d'une épidémie en maintenant les garnisons sur le littoral, ou tenter de l'arrêter à bord d'un navire déjà envahi, en hâtant son départ pour gagner des latitudes plus favorables, c'est s'exposer presque sûrement à des malheurs qu'on ne peut souvent plus réparer, et que les exigences les plus impérieuses du service de paix peuvent à peine justifier.

Les mesures préventives contre l'importation par les navires infectés, ou provenant des foyers d'infection, consistent dans la séquestration suffisamment prolongée de ces navires sur des points salubres éloignés des centres de population européenne, et dans l'application qui doit leur être faite au besoin des mesures de préservation indiquées plus haut.

INSTRUCTION MÉDICALE POUR UNE ARMÉE EN CAMPAGNE.

Chacun sait qu'une armée entrant en campagne exige des précautions spéciales pour être préservée des effets nuisibles à la santé, qui peuvent résulter du brusque changement d'habitudes et de régime, des fatigues, des privations et des intempéries que nécessite ou auxquelles expose inévitablement cette nouvelle situation. De mémorables exemples ont demontré la sûre efficacité de ces précautions chaque fois qu'elles ont été exactement prises, ainsi que les désastres qu'entraîne leur oubli ou leur négligence.

C'est surtout lorsque l'armée doit être subitement transportée sous un climat sensiblement différent et dans les contrées déjà ravagées, dénuées des ressources ordinaires des pays civilisés, ou abandonnées par la culture, que ces précautions deviennent impérieusement indispensables. On les trouve indiquées dans diverses instructions du Conseil de santé des armées, entre autres dans celle du 13 mai 1844 pour l'armée d'Orient, et celle du 8 décembre 1859, pour le corps expéditionnaire de Chine ; sauf les modifications nécessitées par la différence des lieux, les considérations ci-après, que nous en extrayons, pourront servir d'instruction générale à toute armée en campagne.

Les maladies auxquelles les troupes peuvent être exposées en campagne se divisent, au point de vue des précautions à prendre pour les éviter et des moyens de traitement à employer pour les combattre, en deux catégories, suivant qu'elles sont ou non semblables à celles qu'on observe communément en France. Pour les premières, les notions abondent; il n'y a qu'à transporter en pays étranger le résultat de l'expérience solidement acquise par une élaboration séculaire au foyer même de la patrie. Si les secondes diffèrent notablement de celles de la France, elles ont, en général, la plus grande analogie avec celles que l'on a rencontrées périodiquement endémiques en Morée et en Algérie, que l'on a retrouvées en Italie, et qui ont été, dans chacune de ces contrées, l'objet d'études si approfondies, si persévérantes, si fructueuses de la part des médecins militaires.

Ni les unes ni les autres donc ne prendront jamais ces médecins au dépourvu : cette certitude doit donner toute confiance à l'armée, et ces circonstances investissent d'une autorité toute particulière les recommandations suivantes, fondées, d'une part, sur les enseignements généraux et constants de la médecine des armées ; d'une autre part, pour quelques points spéciaux, sur des observations et une expérience de plus de trente ans, sans discontinuité, dans des conditions analogues.

1° MESURES A L'ÉGARD DES HOMMES BIEN PORTANTS.

Vaccine. — A raison de la fréquence et de la gravité des épidémies de petite vérole en pays étrangers, les prescriptions ministérielles relatives à la vaccine dans les corps de troupes doivent être exécutées avec la plus rigoureuse exactitude. En France, dans tous les corps indistinctement, on appliquera avec un soin nouveau celle de ces prescriptions qui veut que les jeunes soldats, aussitôt arrivés au dépôt, soient examinés, et que ceux qui ne portent pas de trace évidente de vaccine ou de petite vérole soient immédiatement vaccinés avant de recevoir aucune destination. Dans les corps désignés pour une expédition, on recherchera les hommes qui ne porteraient pas les traces précitées, et on les vaccinera sans retard. A l'arrivée de détachements dirigés sur les corps faisant déjà partie de l'armée active, les médecins visiteront derechef les hommes, et, si les circonstances de la guerre ne s'y opposent pas absolument, ils procéderont sans délai à la vaccination de ceux qui se trouveraient dans les cas indiqués. Ils feront en sorte d'être toujours pourvus de vaccin.

Habitations. — L'habitation pour certaines troupes expéditionnaires doit comprendre le séjour qu'elles feront à bord des navires pendant la traversée, peut-être même à différentes stations de mouillage, et pour toutes en général, les circonstances diverses dans lesquelles elles pourront se trouver à terre.

Dans l'embarquement des troupes, des considérations d'une haute valeur obligent souvent à sacrifier l'hygiène à des exigences d'une autre nature, et l'on doit s'attendre à quelque encombrement sur les navires destinés au transport. Pour s'opposer autant que possible aux funestes effets qui pourraient en résulter, il importe que les hommes séjournent le moins possible dans les entre-ponts et les batteries ; ils doivent vivre surtout sur le pont, y prendre leurs repas et s'y promener autant que l'espace le permet. Il faut qu'ils descendent à terre le plus tôt et le plus promptement possible, à chaque relâche et chaque fois qu'ils en obtiennent l'autorisation ; qu'ils profitent de ces relâches pour blanchir leur linge et entretenir autour d'eux la plus extrême propreté. Les médecins devront, pour tous ces détails, faire appel au concours éclairé des officiers.

Après le débarquement, la considération dominante sera de mettre les habitations de la troupe à l'abri, autant que possible, des émanations marécageuses. A cet effet, on évitera de s'installer sous le vent des marais, des vallées, des eaux stagnantes et des autres foyers miasmatiques. On choisira des points élevés au-dessus des plaines et des vallées humides, qui sont constamment insalubres ; dans les villes même, il importe que ce soin ne soit pas négligé.

Lorsqu'on sera obligé de stationner à proximité de lieux insalubres, tels que ceux qui viennent d'être indiqués, on devra, autant que possible, s'en garantir au moyen de quelque obstacle naturel, comme un repli de terrain, un massif ou un rideau d'arbres ou de végétaux élevés, et surtout, si l'on est logé dans des baraques ou des tentes, on en placera les ouvertures dans la direction opposée, en fermant exactement tous les autres côtés.

Les habitations sont d'autant meilleures qu'elles sont plus solides, mieux closes, tout en étant facilement aérables, et plus spacieuses eu égard au nombre d'hommes qui doit les occuper. Elles peuvent, sous ce rapport, être classées dans l'ordre suivant :

Maisons en pierre ;

Baraques maçonnées et baraques en planches lorsqu'elles réunissent de bonnes conditions ;

Tentes ;

Bivouacs.

Il est utile de donner aux habitations du soldat une étendue suffisante pour que l'air intérieur reste pur, et, en été, ne s'échauffe pas trop. Dans les villes, à cet effet, on choisira des édifices publics ; mais, pour peu qu'ils ne remplissent pas la condition qui vient d'être énoncée, il sera toujours préférable de placer la troupe dans des baraques ou sous la tente.

Il importe toujours d'évacuer immédiatement les quartiers et les lieux contaminés par quelque maladie infectieuse, telle que la variole, la fièvre typhoïde, le scorbut, la pourriture d'hôpital, etc.

Les terrains choisis pour les baraques, les tentes et les bivouacs, devront, autant que possible, être secs, et présenter des pentes suffisantes pour l'écoulement des eaux pluviales. Afin de s'assurer de la sécheresse du terrain, il conviendra de ne pas s'en rapporter à l'apparence de sa superficie, mais de rechercher, en creusant un peu, si, à une couche plus ou moins profonde, l'humidité ne serait pas retenue par un sol imperméable.

Les tentes doivent être d'une toile assez serrée et résistante pour ne pas laisser pénétrer facilement l'eau et l'humidité ; l'étoffe doit tomber largement sur le sol dans toute la circonférence, afin de fermer par cette voie tout accès à l'air extérieur.

Au bivouac, de simples abris en branches d'arbres ou en paille ne doivent jamais être négligés, toutes les fois que les localités permettront d'en élever. Ils seront orientés vers les expositions les plus favorables, eu égard à la marche du soleil, à la direction des vents et, ainsi qu'il a été dit, à la situation relative des marais ou des foyers miasmatiques.

Autour des baraques, des tentes et des bivouacs, on creusera des rigoles, afin d'isoler le terrain intérieur de celui du dehors, de recevoir les eaux, de les conduire de proche en proche, au moyen de communications successives, à des distances assez grandes pour qu'elles ne puissent nuire.

Dans l'intérieur, il sera utile de battre fortement le sol, s'il n'a pas toute la solidité désirable, et de le convertir en une aire artificielle, au moyen de l'addition d'une certaine quantité de cailloux, de pierres, de gravier ou de sable.

Il faut que les habitations closes, comme les baraques ou les tentes, aient des ouvertures opposées, afin de permettre d'y renouveler l'air facilement et promptement. De ces ouvertures, les principales seront placées dans les directions indiquées comme les plus salubres.

Pour abriter la tente en été, on pourra la couvrir de branches du côté où dardera le soleil ; mais on ne devra jamais employer à cet usage, ni à aucun autre analogue, les joncs, qui sont toujours chargés de limon marécageux, lequel, pénétré par l'humidité que ces végétaux conservent ou par celle qu'ils reçoivent de l'atmosphère, devient un foyer de fermentation putride, et une source d'exhalaisons presque aussi nuisibles que celles des marais mêmes.

Lorsqu'on stationnera forcément dans le voisinage d'un marais, étang, etc., on devra, en hiver, et en prévision de la prolongation du séjour, couper et brûler les joncs et les roseaux qui y croissent.

En été, dans toute position, durant la chaleur du jour, les ouvertures correspondantes au midi seront fermées avec soin, et celles regardant le nord tenues libres, sauf les exceptions commandées par la direction des courants miasmatiques.

Plusieurs fois par jour, toutefois, à des heures et à des intervalles convenables, toutes les ouvertures seront démasquées pendant un temps suffisant pour opérer le renouvellement de l'air intérieur. Cette opération aura lieu surtout le matin, quelques heures après le lever du soleil, et le soir, quelques heures avant son coucher.

Pendant la nuit, c'est-à-dire, depuis la disparition du soleil jusqu'à son lever, l'habitation devra être close, de manière à s'opposer à la pénétration du froid et de l'humidité, ainsi qu'à celle des émanations dangereuses qui se condensent alors près de la surface de la terre, sans toutefois empêcher le renouvellement de l'air confiné qui devra se faire par une ouverture supérieure.

Cette dernière réserve serait surtout indispensable si l'habitation était trop resserrée relativement au nombre d'hommes ; car, sans cette précaution, il se pourrait que l'infection intérieure devînt plus dangereuse que l'accès de l'air plus ou moins chargé de miasmes du dehors.

Jamais le soldat ne devra coucher immédiatement sur le sol. Les moyens d'isolement sont, dans l'ordre de préférence à leur accorder :

Les lits avec la fourniture complète ;

Les lits de camp et les claies que l'on peut établir avec des piquets solides, quelques branches d'arbres ou de forts roseaux ;

Les hamacs ;

La paille, les feuilles et les herbes sèches.

Le lit du soldat doit toujours être parfaitement sec : les corps humides ou facilement décomposables par la chaleur et l'humidité, comme les feuilles vertes des arbres, les herbes non parfaitement desséchées, sont, dans quelques circonstances, plus nuisibles que le sol à raison des gaz qu'ils dégagent.

La plus rigoureuse propreté des habitations est indispensable, sous l'influence d'une chaleur souvent humide, qui hâte la décomposition des matières animales et végétales, et tend à créer de toutes parts des foyers pernicieux d'infection. Ce soin doit s'étendre non-seulement à l'intérieur des habitations, mais aussi aux environs. On veillera rigoureusement à l'enlèvement régulier des immondices, à l'entretien des canaux, etc.

Aussitôt après le lever de la troupe, lorsque le soleil aura déjà paru, les portes et les fenêtres seront ouvertes, ou les bords des ouvertures des tentes relevés ; le soldat battra son couchage, l'exposera, si le temps le permet, à l'action de l'air extérieur, et le laissera relevé jusqu'au retour de la nuit.

Pendant ce temps, l'intérieur de la tente, de la baraque ou du bivouac sera nettoyé, balayé avec le plus grand soin.

Durant le jour, pendant la plus grande partie de l'année, il ne sera besoin d'autres feux que ceux indispensables pour la préparation des aliments ; mais, durant la nuit, devant les baraques, les tentes et les bivouacs, les feux seront très-utiles pour combattre le froid et l'humidité de l'atmosphère, qui favorisent, en débilitant l'organisme, l'action des miasmes alors condensés en couche plus épaisse, et pour détruire par la combustion les principes malfaisants de ceux-ci ; il conviendra donc d'en entretenir autant que le permettront les localités et les circonstances de la guerre.

On évitera, autant que possible, de placer des sentinelles dans les points exposés aux émanations marécageuses, et, quand on ne pourra l'éviter, on abrégera la durée de la faction.

Les abattoirs seront disposés à une distance suffisante et sous le vent des habitations ; des précautions seront prises pour que les débris des animaux soient chaque jour enfouis à une profondeur convenable.

Les latrines devront également être établies en dehors du camp, et des hommes de corvée recouvriront tous les matins, au moyen d'une couche de terre amassée à cet effet sur le bord de la tranchée, les matières accumulées depuis la veille. Lorsque la fosse sera remplie jusqu'à cinq décimètres environ du rebord, on achèvera de la combler et on en ouvrira une autre.

Au surplus, l'expérience a démontré que les camps, même les mieux installés et les mieux entretenus, deviennent graduellement insalubres par l'inévitable accumulation des principes méphitiques résultant du séjour prolongé d'une masse considérable d'hommes et d'animaux, et qu'il convient de les déplacer au bout d'un certain temps, à moins que des considérations prépondérantes de stratégie ne s'y opposent.

Vêtements. — L'habillement de la troupe doit être réglé en vue des brusques et considérables variations de température qui surviennent dans la plupart des régions où elle est appelée à opérer. A cet effet, la chemise doit être en toile de coton et les autres parties du vêtement en laine. Celles-ci doivent être assez amples pour ne pas gêner ou incommoder pendant les chaleurs, mais disposées de manière à pouvoir, au besoin, être suffisamment serrées sur le corps pour garantir complétement du froid.

Tous les soldats devront porter, si ce n'est un gilet de flanelle assez long pour descendre jusqu'au-dessous des hanches, du moins une ceinture en flanelle assez étendue pour couvrir toute la hauteur du ventre et entourer complétement le corps. Il sera utile que ce vêtement ne soit jamais quitté ; mais il sera plus expressément indispensable encore d'en être pourvu pendant les factions de nuit. Le soldat en aura un de rechange, toujours propre, dans son sac.

On veillera expressément à ce que, de toute manière, les factionnaires, pendant la nuit, soient suffisamment vêtus.

Pendant le jour, hors des habitations, la tête doit être constamment abritée contre les rayons du soleil. On recommande, à cet effet, l'emploi de couvre-nuque en toile blanche matelassée, qui est fréquemment employé en Algérie. A défaut de cette coiffure spéciale, les soldats ne devront jamais s'exposer aux ardeurs du soleil sans interposer leur mouchoir entre la tête et le képi, de telle sorte qu'une extrémité retombe sur le dos et protége entièrement le cou.

Quelque vive qu'ait été la chaleur du jour, et quelque plaisir que procure la fraîcheur du soir, jamais, après le coucher du soleil, ni, à plus forte raison, durant la nuit, le soldat ne devra rester en chemise ni à découvert.

Pendant la nuit, il se couvrira avec d'autant plus de précaution que son habitation sera moins parfaite et le défendra moins contre les influences extérieures.

Dans les baraques, les tentes et surtout les bivouacs, il ne devra jamais quitter le pantalon, la cravate, la veste, ni le bonnet de police ou le capuchon.

Si un couchage assez épais et assez imperméable le sépare du sol, il pourra étendre sur lui la couverture de campement ; dans le cas contraire, il la placera sous lui et se couvrira avec sa capote.

Lorsque le soldat couchera sur un hamac, la toile de ce dernier sera insuffisante pour préserver le corps de l'impression de l'air et de l'évaporation de la transpiration, qui feraient éprouver un froid pénible et dangereux, comme on l'a souvent remarqué en Algérie ; il faudra donc que le hamac soit garni, sur la toile, soit d'un sac de campement rempli de paille, de foin ou de feuilles bien sèches en forme de matelas, comme dans la marine, soit, au moins, de la couverture de campement, la capote servant à couvrir le corps.

Dans toutes ces positions, le soldat apportera le plus grand soin à se couvrir la tête et le cou, de manière à ne laisser libre du visage que l'espace nécessaire à la respiration. En se couvrant les yeux surtout, il évitera les ophthalmies, qui pourraient être fort graves.

Alimentation. — Si les excès dans les aliments et les boissons sont toujours nuisibles, une nourriture aussi fortifiante que possible doit, d'un autre côté, être recommandée, pour combattre l'influence débilitante des fatigues et l'action malfaisante des émanations marécageuses.

Aliments solides. — La ration réglementaire suffit, en général, à l'alimentation de la troupe ; cependant, après de grandes fatigues, il sera particulièrement utile d'augmenter la ration de viande. Les légumes frais devront, autant que possible, être ajoutés aux substances animales, et substitués aux légumes secs.

Le soldat devra profiter de toutes les occasions pour apprendre à reconnaître les végétaux qui croissent spontanément dans les campagnes qu'il parcourra, et dont il pourra faire usage, soit à défaut d'autres aliments, soit pour varier ou améliorer ceux dont il dispose ; mais il doit se garder d'employer ceux qu'il ne connaît pas avec certitude, car il pourrait commettre des méprises qui lui seraient funestes ; des empoisonnements mortels ont eu lieu souvent de cette manière, notamment en Algérie.

La viande fraîche de bœuf constitue la meilleure nourriture animale dont la troupe puisse faire usage.

A son défaut, celle des autres animaux adultes, comme le mouton, la chèvre, le porc, le cheval, l'âne, peut être employée sans le moindre inconvénient.

Les viandes blanches et peu solides du veau, du chevreau, du lapin, sont moins nourrissantes, et, par conséquent, moins propres que les précédentes à réparer les forces.

Le gibier, la volaille, les œufs, les tortues, très-communes dans certaines contrées, peuvent offrir de précieuses ressources.

Il en est de même des poissons de mer et de toutes les variétés de poissons d'eau douce, moins sapides cependant et moins nourrissants que les premiers.

Enfin, le lait et le fromage doivent trouver place dans cette énumération des matières alimentaires dont le soldat peut tirer parti avec le plus grand succès.

La meilleure manière d'employer la viande des animaux adultes est de la faire bouillir avec des légumes frais ou secs, en quantité suffisante, et de préparer une soupe à la fois nourrissante et de facile digestion.

La viande blanche et celle des petits animaux ne se prêtent pas à ce genre de préparation ; elles doivent être rôties ou cuites en ragoût avec des légumes.

Certains poissons de mer, lorsqu'ils sont frais, peuvent, avec de l'huile ou de la graisse et des légumes, servir à faire une soupe très-nourrissante.

La viande et le poisson salés doivent être d'abord divisés en morceaux de médiocre grosseur, puis laissés pendant une heure au moins dans de l'eau renouvelée à plusieurs reprises. On les emploiera ensuite comme la viande ou le poisson frais, avec l'attention, toutefois, d'y ajouter, si c'est possible, une plus grande proportion de légumes, et, de préférence, de légumes frais.

Lorsque la viande est altérée, il convient, à moins de nécessité absolue, de n'en point faire usage ; elle ne procure jamais qu'une alimentation insalubre, dangereuse, si elle est répétée. Le poisson surtout, dans ce cas, doit toujours être rejeté.

Quant à la viande, lorsque l'altération n'est que superficielle et légère, on peut en partie la corriger en la lavant plusieurs fois dans de l'eau fraîche, et en ajoutant une certaine quantité de charbon à l'eau dans laquelle on la fait ensuite bouillir.

Si l'altération est plus profonde et plus avancée, il faut retrancher les parties les plus affectées, laver le reste avec soin, l'envelopper dans un linge avec du charbon pilé et le faire ainsi bouillir pendant une heure ; après ce temps, on retire la viande du linge, on la lave de nouveau et l'on achève de la faire cuire avec des légumes.

Mais, on le répète, ces préparations, tolérables seulement dans des cas exceptionnels de nécessité absolue, ne sont jamais sans danger, et l'on doit tout faire pour éviter d'avoir besoin d'y recourir.

Parmi les légumes secs qui font partie de la ration réglementaire, le riz tient le premier rang. Il est facile à préparer, s'accommode sous toutes les formes, se digère facilement, et n'expose ni aux flatuosités, ni aux diarrhées, ni aux dyssenteries, mais tend, au contraire, à prévenir ces affections ; il doit donc généralement être préféré par le soldat ; mais la manière de le préparer est importante. Trop ramolli, il devient diffluent, et peut-être la fécule se décompose-t-elle dans le bouillon. Il faut donc, à l'exemple des peuples qui en font la base de leur nourriture, ne lui donner qu'un degré de cuisson plus léger, qui le laisse entier, un peu résistant sous la dent, et, par suite, plus propre à séjourner dans l'estomac et à apaiser la faim pour un temps plus long.

Après le riz, viennent, dans l'ordre de leurs avantages respectifs, les haricots blancs, ou mieux les haricots colorés, dans lesquels existe une substance aromatique qui en favorise la digestion ; les lentilles, qui sont très-nourrissantes, mais qui, à raison de leur petit volume et de leur enveloppe résistante, ne sont pas toujours broyées complétement dans la bouche, et dont beaucoup de grains, restés entiers, traversent les organes digestifs sans profit et en les fatiguant.

Le maïs présente, réduit en poudre grossière, un aliment très-nourrissant, agréable et capable de remplacer le riz.

Les haricots et les lentilles doivent être, par la cuisson, ramollis autant que possible ; ce n'est que dans cet état que la fécule qu'ils contiennent quitte leur enveloppe, se pénètre des assaisonnements et devient d'une digestion facile : sans cette précaution, ces légumes restent compactes et réfractaires à l'estomac ; ils fatiguent le ventre, provoquent des flatuosités, des coliques, et disposent à des affections plus graves.

Les fruits, d'un usage agréable et même salutaire, ne doivent cependant jamais, excepté dans les cas de besoin extrême, servir seuls au repas des soldats ; ils contiennent trop d'eau et trop peu de matière nutritive pour réparer ou entretenir convenablement les forces. Ils ne doivent être mangés que bien mûrs et avec modération.

Lorsque le biscuit remplace le pain, la meilleure manière de l'employer consiste à le diviser en fragments, à le jeter dans le bouillon de viande et à le laisser se ramollir jusqu'à ce qu'il forme une panade épaisse et sans grumeaux durs. A défaut de bouillon, de l'eau avec de la graisse ou de l'huile et du sel, du lait, et enfin, un café léger, seul ou au lait, peuvent servir à la préparation des soupes au biscuit.

Lorsque le soldat mange le biscuit à la main, ce qui doit être évité autant que possible, il doit, lorsqu'il ne le mange pas avec d'autres substances, ne le mettre dans la bouche que divisé en petits fragments, le retenir pendant un temps assez long et le mâcher avec assez d'exactitude pour qu'il soit bien broyé et parfaitement pénétré par la salive. Une quantité de boisson plus grande qu'après le repas au pain est ensuite nécessaire pour étendre les principes nutritifs du biscuit et favoriser sa digestion. Lorsque le biscuit est mangé avec d'autres aliments, de la viande, par exemple, cette mastication pourrait exiger trop de temps ; on peut alors l'amollir préalablement par un procédé fort connu du soldat, savoir, en l'humectant, et en l'exposant à la chaleur du feu, ce qui lui fait perdre de sa sapidité, mais rend son emploi plus facile.

A défaut de pain ou de biscuit, le soldat pourra user de galettes faites avec de la farine de froment, de bouillies épaisses, de boulettes en pâte de farine, légèrement assaisonnées, qu'il jettera dans le bouillon ou même dans de l'eau et du sel, et qu'il y laissera cuire ; de bouillies de maïs et de préparations analogues que son industrie ou l'imitation des indigènes pourront lui suggérer. Cependant ce ne sera que le plus rarement possible, et sous l'empire de la nécessité, qu'il devra s'écarter de la nourriture réglementaire, calculée de la manière la plus favorable à sa santé. Les galettes, les bouillies et toutes les préparations faites directement avec la farine, différant surtout du pain par cela qu'elles n'ont pas fermenté, sont mates, pesantes, compactes ; elles exigent un travail digestif plus pénible et s'assimilent moins bien. L'expérience démontre qu'à mesure que le soldat s'éloigne de l'alimentation normale avec le pain, ses organes digestifs se fatiguent davantage, et qu'il contracte plus facilement les coliques, les diarrhées, la dyssenterie, en même temps que ses forces sont moins complétement réparées et qu'il va s'affaiblissant. Lorsque le soldat est obligé de faire usage de galettes, de bouillies, etc., il faut que les repas soient moins copieux et plus souvent répétés.

Assaisonnements. — Les assaisonnements, dont l'instinct fait partout reconnaître le besoin, sont plus utiles encore dans les pays chauds et insalubres que dans les contrées tempérées et saines.

Le sel est le premier, le plus indispensable des assaisonnements ; le soldat prévoyant ne doit jamais en manquer.

Le poivre noir et, à son défaut, le poivre rouge ou piment, sont d'un usage utile ; mais il faut se défier de ce dernier, dont l'âcreté brûlante ne se fait pas sentir d'abord, et qui irrite très-fortement les organes digestifs, surtout la gorge.

L'addition de condiments stimulants et aromatiques est surtout nécessaire dans les ragoûts, avec les viandes blanches et fades.

Une pincée de safran ou de cannelle, ajoutée, à l'exemple de certains peuples, aux bouillies, au riz, au maïs préparés au lait ou à l'eau, devient un assaisonnement très-salutaire.

Plusieurs légumes réunissent, à des degrés variés, les qualités alimentaires à celles d'assaisonnement, et peuvent être employés à ce double titre ; tels sont le céleri, le persil, le cerfeuil, l'ail, l'oignon, etc.

Boissons. — L'eau, indispensable à l'entretien de la vie, ne devra cependant jamais être bue qu'avec précaution et réserve.

Prise en grande quantité, elle affaiblit et fatigue les organes digestifs, augmente la transpiration cutanée, énerve l'organisme entier. Il est surtout nuisible d'en boire rapidement en trop grande abondance lorsqu'on a chaud ; on a vu plusieurs fois des morts subites suivre cette imprudence.

Il importe essentiellement au soldat de s'habituer, lorsqu'il a soif, à ne boire qu'avec lenteur, à petites gorgées, en prolongeant la durée du contact du liquide avec la bouche et la gorge. De cette manière, il faut moins de boisson pour désaltérer, et l'estomac conserve mieux son énergie.

Pendant les marches, en été, on éloigne le besoin de boire, en évitant de tenir la bouche ouverte et de parler beaucoup, ce qui donne passage à l'air chaud, souvent chargé de poussière, qui dessèche la langue et la gorge.

De toutes les eaux, celles des rivières coulant sur des fonds de sable ou de cailloux sont les meilleures, à raison de leur plus grande pureté et de leur aération, qui les rend plus légères, plus digestibles. L'eau de plusieurs rivières est ordinairement trouble, mais cela paraît ne tenir qu'à la présence d'une certaine quantité d'argile entraînée en suspension, et qui doit se séparer par le repos ou par les moyens les plus simples de clarification.

Après les eaux de rivières, viennent celles de sources limpides et vives, qu'il faut puiser non à la source même, où elles ne sont pas encore aérées, mais à une certaine distance, si la disposition des lieux le permet, et, enfin, l'eau de citerne. Celle-ci devra être tamisée à travers un linge fin, lorsqu'elle ne sera pas suffisamment claire.

Les eaux de puits sont moins favorables ; celles des mares ou d'étangs sont ordinairement insalubres.

Les eaux de mares contiennent souvent de petites sangsues difficiles à apercevoir. Pour éviter de les avaler, ce qui pourrait entraîner des hémorrhagies, et, par suite, des accidents fort graves, la mort même, il ne faut jamais boire ces eaux en se couchant à plat ventre et en humant ; mais il faut les puiser avec précaution, et, avant de s'en servir, les passer à travers un linge serré. Cette opération aura le double avantage de débarrasser l'eau des sangsues et autres corps analogues qu'elle peut contenir, et d'y incorporer une certaine quantité d'air pur qui l'assainira.

Si le soldat est obligé de faire usage d'eau de marais, impure, exhalant une odeur fade, désagréable ou nauséabonde, et contenant en dissolution ou en suspension des matières animales ou végétales décomposées, il devra, auparavant, la faire bouillir avec un peu de charbon, l'agiter et la laisser exposée à l'air libre pendant quelque temps.

L'eau seule ne suffirait que difficilement à l'entretien des forces du soldat européen en temps de guerre. Il est indispensable d'y ajouter une certaine proportion de quelque liqueur spiritueuse et stimulante qui favorise la digestion et ranime la vigueur des organes.

Le vin, à la fois alimentaire et stimulant, est la meilleure des boissons additionnelles à l'eau que l'on puisse conseiller. Après le vin, viennent l'eau-de-vie étendue d'eau, la décoction de café, les sucs de limon, d'orange, de citron, etc.

Le vin et l'eau-de-vie sont préférables.

Le café très-léger, ou le café étendu d'eau sera, comme en Algérie, en été surtout, une boisson excellente, calmant fort bien la soif, en éloignant le retour, maintenant les organes digestifs et tout le système nerveux dans un salutaire état d'activité.

L'eau-de-vie pure, surtout le matin à jeun, serait d'un usage pernicieux, et disposerait aux maladies les plus funestes.

Les sucs acides et le vinaigre ne devront être employés en boisson que très-étendus et avec beaucoup de modération ; ils affaiblissent assez promptement les organes abdominaux, nuisent aux digestions et rendent les transpirations plus abondantes.

Ces inconvénients, toutefois, disparaissent en très-grande partie par l'addition d'une certaine quantité de vin ; ainsi la limonade vineuse sera une fort bonne boisson, prise modérément, suivant la règle générale.

Le vin, l'eau-de-vie ou le café sont donc les meilleurs liquides à mélanger avec l'eau ; mais ces mélanges sont d'autant plus agréables au goût et, peut-être, convenables pour l'estomac, qu'ils sont faits plus récemment ; ils perdent presque toujours de leur qualité par le temps, l'agitation et l'action réunie de la chaleur et de l'air. Le soldat devra donc avoir deux bidons, un plus grand pour l'eau, l'autre plus petit, pour la liqueur à mélanger ; il devra avoir, en outre, un vase en cuir bouilli, qu'il placera dans sa poche.

Afin de ne pas être exposé, soit à la privation d'eau, soit à l'obligation d'user d'eau stagnante et malsaine, il ne devra jamais quitter un courant d'eau salubre sans avoir fait ou renouvelé sa provision en remplissant son bidon.

Lorsque, pendant les marches ou les haltes, le soldat, pressé par la soif, rencontrera de l'eau, il devra tâcher de se reposer un peu avant de boire, puis s'humecter avec soin la bouche et la gorge à plusieurs reprises, et faire enfin son mélange, qu'il avalera avec lenteur, en plusieurs fois, de manière à ne consommer que le moins de liquide possible.

Moins l'eau dont le soldat fera usage sera salubre, plus l'addition d'une liqueur stimulante et corrective deviendra nécessaire.

Soins de propreté. — La propreté de corps et celle de linge sont indispensables, non moins que celle des habitations.

Toutes les fois que les circonstances le permettront, le soldat devra se laver, au moins deux fois par jour, le visage et les mains.

On évitera de plonger les mains et les pieds dans l'eau froide, lorsque le corps sera en sueur, afin de ne pas provoquer des suppressions dangereuses de la transpiration.

L'immersion trop fréquente des pieds dans l'eau a, de plus, l'inconvénient d'amollir ces parties et de les rendre moins capables de supporter les fatigues de la marche.

Lorsque les pieds seront sales, le soldat devra les laver rapidement, les essuyer immédiatement avec soin, puis les enduire, aux endroits où la chaussure porte avec le plus de force, de suif mélangé d'un peu d'eau-de-vie.

Quant aux bains généraux, soit dans la mer, soit dans les eaux courantes, à raison des qualités particulières du climat et des dispositions spécialement propres à certaines localités, l'opportunité devra en être étudiée sur place, et l'on ne devra les prendre qu'après avis des médecins.

Les bains dans les eaux stagnantes et les mares sont dangereux.

Ensemble de la manière de vivre. — Si l'état de guerre entraîne à sa suite des privations et des irrégularités dans le régime qu'il est impossible de prévenir entièrement, la manière de vivre du soldat peut être soumise cependant à un type dont il convient de se rapprocher le plus possible, et qui doit être pris pour point de départ.

Dans les camps, il est utile que la troupe prenne le matin, aussitôt après les soins de propreté, un repas léger, comme de la soupe, une certaine quantité de café avec du pain, ou toute autre préparation analogue.

Elle fera ensuite les deux repas réglementaires aux heures accoutumées.

Le soir, avant le coucher, elle prendra encore un peu de café ou de toute autre infusion aromatique, animée de quelques gouttes d'eau-de-vie.

On évitera de conduire le soldat au travail avant qu'il ait introduit dans son estomac quelque substance alimentaire.

On évitera également, autant que possible, dans la saison des chaleurs, de l'employer à aucune occupation extérieure pendant le milieu du jour, lorsque le soleil aura toute sa force ; ces heures, si les nécessités du service ne s'y opposent pas, seront consacrées au repos, à l'ombre, dans les chambres, les tentes ou les bivouacs.

Pendant les routes, le soldat ne quittera pas le lieu de campement et ne se mettra pas en marche avant d'avoir pris, autant que possible, soit une soupe au café avec du pain ou du biscuit, soit de la soupe à la viande, de la panade ou de la bouillie.

Cette précaution est indispensable avant les marches du soir, de la nuit ou celles du matin, qui précèdent de plusieurs heures le lever du soleil, et, alors, une boisson aromatique ou alcoolisée doit, après le repas, augmenter encore la résistance de l'organisme à l'action du froid, de l'humidité et des émanations marécageuses.

A l'une des haltes du milieu du jour, le soldat fera un second repas, pour lequel il devra avoir eu la prudence de réserver une partie, sinon la totalité, de la viande cuite de la veille, lorsque le temps ne s'opposera pas à sa conservation. Il boira de l'eau et du vin, ou de l'eau et de l'eau-de-vie, ou, enfin, un peu de café très-léger.

Ce repas du milieu du jour devra, autant que possible, être pris à l'ombre. La couverture de campement, dont un des coins sera soulevé par deux piquets assez longs, ou à l'aide de fusils en faisceaux, suffira, à défaut d'autre abri, pour garantir la tête et la plus grande partie du corps contre l'action directe des rayons du soleil.

Cette précaution devra être prise toutes les fois que le soldat s'arrêtera pour quelque temps et se reposera en route.

A la fin de la journée, il établira la marmite, en ayant l'attention d'y mettre assez de légumes ou de riz pour que la soupe qui en résultera suffise, en grande partie, à satisfaire son appétit, et que sa viande puisse être réservée, pour le lendemain, à la grande halte. Il devra laisser la marmite sur le feu jusqu'à la parfaite cuisson des substances qu'elle contient, les aliments incomplétement cuits ne nourrissant jamais bien et pouvant occasionner des accidents.

Avant de se rendre à une faction de nuit, le soldat devra se prémunir contre le froid et l'humidité, en prenant un peu de café ou d'eau chaude sucrée, aiguisée de quelques gouttes d'eau-de-vie. En rentrant sous la tente ou dans le bivouac, la même préparation stimulante lui sera utile pour se préparer au repos.

Bien entendu que les conseils qui précèdent devront être modifiés dans l'exécution, suivant les lieux, les accidents de la guerre, l'abondance, la pénurie et la nature des approvisionnements ; mais ce que le soldat ne devra jamais oublier, c'est de tenir constamment en réserve, pour les cas où les distributions ou les moyens de préparer les aliments viendraient à manquer, une certaine quantité de viande ou de toute autre substance alimentaire apprêtée pour l'usage.

L'esprit d'association ne saurait être trop recommandé aux soldats ; il est d'autant plus nécessaire et profitable que la guerre se fait dans les pays plus pauvres, plus dépourvus de ressources, et où, par conséquent, il est plus indispensable de tout porter avec soi.

Le soldat doit compter d'abord sur lui-même et sur sa prévoyance, sur son industrie, sur sa force et sur sa santé. Il ne doit rien porter d'inutile ; en réunissant les ressources, en s'approvisionnant au départ, en se distribuant entre camarades les matériaux bien choisis d'alimentation et d'assaisonnement, il pourra, non-seulement suppléer aux distributions régulières et pourvoir à ses besoins réels, mais se créer des jouissances, en rendant plus agréables et plus salubres les aliments qui lui seront donnés, ou ceux que le hasard mettra à sa portée.

Un état moral calme et confiant étant indispensable à l'entretien de la santé, il importe au soldat de combattre et de chasser toutes les pensées de tristesse et de découragement : l'homme qui ne s'abandonne pas lui-même est rarement abattu. Il faut que les plus forts et les plus énergiques aident et stimulent les plus faibles, soutiennent leur moral, les excitent au travail qui entretient les forces, à la préparation et à l'installation de tout ce qui est nécessaire pour les repas, les abris, le coucher. Les occasions de distractions et de plaisir devront être saisies pour rompre la monotonie de la vie des camps ou des garnisons ; mais les excès de vin, ceux des femmes, les veilles prolongées seraient autant de causes actives d'épuisement, qui rendraient plus accessibles aux influences du climat, disposeraient aux maladies et les rendraient plus graves lorsqu'elles se développeraient.

II. MESURES A L'ÉGARD DES HOMMES MALADES OU BLESSÉS.

Les maladies pourront marcher avec une telle rapidité et devenir si graves, qu'il est de la plus grande importance que, dès qu'un homme sera indisposé, le médecin en soit prévenu.

Tout ce qui a été dit des habitations à l'égard des hommes bien portants s'applique plus rigoureusement à celles destinées à recevoir les malades ou des blessés.

Outre les conditions d'exposition, d'abri, de propreté, etc., on s'attachera tout particulièrement à éviter l'encombrement. Pour les malades mêmes, et pour eux plus encore que pour les hommes en bonne santé, mieux vaut le logement dans des baraques ou sous des tentes, d'ailleurs bien installées avec un espacement convenable, qu'une trop grande accumulation, que le resserrement dans des bâtiments insuffisants, surtout si le renouvellement de l'air ne peut s'y faire d'une manière convenable.

Il importe que le nombre des malades dans un même hôpital ne dépasse jamais cinq cents ; au delà, la surveillance trop éparpillée est inefficace, le bruit et la confusion troublent les malades, et, surtout, à raison de l'accumulation des émanations morbides, les affections graves, la fièvre typhoïde, le typhus, la pourriture d'hôpital, sont beaucoup plus à craindre.

On n'oubliera jamais de mettre les malades et les blessés à l'abri des refroidissements subits pouvant résulter des brusques variations de température ; chez les blessés en particulier, cette circonstance a souvent occasionné des cas nombreux de tétanos.

En raison de la pénurie des ressources que l'état du pays et la difficulté des communications pourront fréquemment causer, les médecins devront souvent redoubler d'industrie, afin d'improviser des expédients propres à suppléer aux moyens normaux qui manqueront. On doit se borner à leur rappeler la rareté et le mauvais état des routes, d'où découlera, dans beaucoup de cas, la nécessité d'assujettir les bandages et appareils avec un soin tout particulier. Il sera nécessaire aussi, pendant les transports, de prémunir les blessés contre les ardeurs du soleil d'été, et, en toutes saisons, contre les brusques variations atmosphériques. On devra surtout les abriter avec soin pendant les nuits, et allumer à proximité des feux qui seront constamment entretenus.

Afin d'éviter l'encombrement des hôpitaux qui pourrait devenir si funeste, et leur extension qui exigerait des personnels d'officiers de santé, d'officiers d'administration et d'infirmiers beaucoup plus nombreux, il sera indispensable d'établir à une certaine portée des hôpitaux, dans des endroits très-salubres, particulièrement sur des hauteurs, des dépôts de convalescents, où la plupart des hommes n'ayant plus besoin d'un traitement actif, mais pour qui seront encore nécessaires des soins hygiéniques particuliers, feront un séjour intermédiaire entre la sortie de l'hôpital et la rentrée au corps, soumis à un régime, à une police spériale, sous l'autorité d'un officier, et selon les prescriptions d'un médecin. Indépendamment du régime, une des principales mesures à appliquer à ces convalescents, consistera à leur faire faire tous les jours en plein air un exercice varié, récréatif en même temps que fortifiant, très-modéré d'abord, puis progressivement augmenté, selon que, d'après l'appréciation du médecin, l'état de chacun le permettra : pendant l'été, cette recommandation sera combinée avec celles qui ont été déjà faites pour les hommes bien portants, savoir: de rester en repos et à l'ombre pendant la forte chaleur du jour, et, en tout temps, d'être vêtu de manière à n'avoir jamais à souffrir les effets des variations atmosphériques.

CONCLUSION. — En terminant la présente instruction, le Conseil de santé ne méconnaît pas que les circonstances de la guerre s'opposeront, dans un grand nombre de cas, à ce qu'elle soit entièrement suivie. Mais, dans l'impossibilité de prévoir toutes les situations, il a dû tracer des règles dont les détails, en plus ou moins grand nombre à la fois, devront trouver leur application dans la plupart des circonstances.

Mais pour que cette application devienne assurée et efficace, il importe que les soldats, pour qui une instruction pure et simple, quelque forme qu'on lui donne, n'est que trop souvent stérile, soient à des intervalles rapprochés, en présence des faits, éclairés, dirigés, conseillés, par leurs supérieurs.

C'est surtout pour guider ceux-ci dans l'exercice d'une sollicitude qui sera toujours présente, toujours vigilante et active, que l'instruction qu'on vient de lire a été rédigée avec son étendue, ses détails, ses explications, afin que, bien pénétrés des motifs qui ont inspiré chaque recommandation, ils puissent mieux en saisir et en faire comprendre l'utilité. On est heureusement, d'ailleurs, dispensé d'insister sur cette remarque, qui trouve cependant ici sa place, que *la première, la plus puissante condition d'hygiène d'une armée en campagne, la force réelle de toute instruction médicale à cet égard, réside dans cette intervention, dans l'influence morale autant que matérielle de cette constante sollicitude des chefs pour la troupe.*

Les médecins, de leur côté, prêteront, en toute circonstance, leur concours dévoué. Ils étudieront avec soin les localités, s'enquerront, lorsqu'il y aura lieu, auprès des médecins déjà établis dans le pays, et surtout auprès de ceux des offices sanitaires, afin de compléter et, au besoin, de rectifier les documents fournis dans la présente instruction, lesquels n'ont pu quelquefois être recueillis que sur des documents trop vagues ou contradictoires. Ils se réuniront aussi souvent que les circonstances le permettront, pour se communiquer leurs observations, leurs réflexions, leurs opinions, et déduire de ce commun échange de lumières, les propositions d'améliorations de tous genres à faire aux autorités compétentes, les conseils d'hygiène à donner à la troupe, les règles thérapeutiques à suivre contre les maladies nouvelles ou peu connues.

Ils tiendront des notes précises et détaillées des faits qu'ils observeront, pour leur propre règle de conduite, et afin d'avoir les éléments des rapports qu'ils devront adresser au médecin en chef aux époques qu'il fixera, ainsi que pour être toujours en mesure de fournir aux autorités les renseignements dont elles auront besoin.

Ces documents, en se multipliant, éclaireront de plus en plus toutes les questions médicales ; ils prépareront, par conséquent, et amèneront l'amélioration progressive de la situation sanitaire de l'armée, et, en dernier résultat, ils apporteront à la science, en général, un nouveau faisceau de notions utiles. C'est un des heureux priviléges de la médecine militaire de tirer de l'état de guerre des enseignements qui consolent l'humanité, en faisant tourner à son profit les observations et les traitements des maux qu'il traîne à sa suite. Nos médecins actuels, pas plus que leurs devanciers, ou que plusieurs d'entre eux-mêmes, placés dans des conjonctures analogues, ne manqueront à cette mission.

APPENDICE.

Organisation du service sanitaire en Algérie.

ARTICLE PREMIER.

Des Conseils et Commissions d'hygiène publique en Algérie.

I. *Institution et organisation des Conseils et Commissions d'hygiène publique en Algérie.* — Il est institué au chef-lieu de chacun des départements de l'Algérie un Conseil d'hygiène et de salubrité publique, présidé par le préfet ou par un délégué du préfet. Il peut en être successivement établi par des arrêtés du gouverneur général dans les chefs-lieux de sous-préfectures, et en territoire militaire dans les chefs-lieux de subdivisions. Les premiers sont présidés par le sous-préfet ; les seconds par l'officier général ou supérieur commandant la subdivision. (*Décret présidentiel du 23 avril 1852, art. 1er.*)

Des Commissions d'hygiène publique ou des correspondants peuvent être institués dans les autres villes, savoir : en territoire civil, par les préfets ; en territoire militaire, par les généraux commandant les divisions militaires. — Les Commissions d'hygiène sont présidées, en territoire civil, par le commissaire civil ou le maire, et, en territoire militaire, par l'officier qui en remplit les fonctions. — Les Commissions d'hygiène et les correspondants relèvent du Conseil d'hygiène dans la circonscription duquel ils sont institués. (*Id., art. 2.*)

La composition des Conseils d'hygiène est déterminée par l'arrêté d'institution. — Le nombre des membres est de sept au moins et de quinze au plus, y compris le président. — Les Commissions d'hygiène sont composées du président et de quatre membres nommés en territoire civil par le préfet ; en territoire militaire, par le général commandant la division. — Les correspondants sont nommés, selon le territoire, par le préfet ou le général commandant la division. (*Id., art. 3.*)

Les Conseils d'hygiène et de salubrité publique institués au chef-lieu des départements d'Alger, d'Oran et de Constantine sont composés, indépendamment du président et des membres de droit désignés par l'art. 4 du décret précité, savoir : à Alger, de 14 membres ; à Oran, de 10 membres, et à Constantine, de 8 membres. (*Arrêté du gouverneur général du 8 juin 1852.*)

Sont membres de droit, avec voix délibérative, du Conseil d'hygiène publique et de salubrité de leur résidence, le général commandant la division, le commandant de la subdivision militaire. (*Décret précité, art. 4.*)

Peuvent être appelés à assister, avec voix délibérative, au Conseil d'hygiène de leur résidence, dans le cas où ils n'en font point partie : le chef du service de la police municipale ; le médecin des épidémies ; le médecin chargé du service de la vaccination publique ; l'un ou plusieurs des officiers de santé en chef de l'hôpital militaire ; le médecin en chef ou le chirurgien en chef, ou le pharmacien en chef de l'hôpital civil ; l'ingénieur des mines ; l'ingénieur des ponts et chaussées ; l'officier du génie en chef dans la place ; l'inspecteur de colonisation ; le chef du service des bâtiments civils ; l'officier chef du bureau arabe. (*Id., art. 5.*)

Le personnel médical des Conseils d'hygiène ne peut excéder la moitié du nombre des membres de chaque Conseil, qui est complété par des notables désignés parmi les principaux habitants ou parmi les principaux fonctionnaires en résidence dans la ville. — Un vétérinaire en fait toujours partie. (*Id., art. 6.*)

Les membres des Conseils d'hygiène sont nommés pour deux ans par le préfet ou par le général commandant la division, selon le territoire, et renouvelés par moitié chaque année. Les membres soumis au premier renouvellement partiel sont désignés par la voie du sort. Ils sont toujours rééligibles. (*Id., art. 7.*)

Chaque Conseil élit un vice-président et un secrétaire, qui sont nommés pour un an et sont toujours rééligibles. (*Id., art. 8.*)

Les Conseils et les Commissions d'hygiène se réunissent au moins une fois tous les trois mois et chaque fois qu'ils sont convoqués par l'autorité. (*Id., art. 9.*)

Tout membre d'un Conseil ou d'une Commission d'hygiène qui, sans motif d'excuse agréé par le président, a manqué de se rendre à trois convocations consécutives, est considéré comme démissionnaire. (*Id., art. 10.*)

II. *Attributions.* — Les Conseils ou Commissions d'hygiène publique et de salubrité ont mission de donner leur avis sur toutes les questions relatives à l'hygiène publique de leur circonscription, qui leur sont respectivement renvoyées par les préfets, par les sous-préfets ou les commissaires civils, et par les généraux commandant les divisions ou les commandants de subdivisions. (*Id., art. 11.*)

Les Conseils d'hygiène institués par le présent décret, au chef-lieu de chaque département, réunissent et coordonnent pour tous les territoires civils et militaires de la province : 1° les documents propres à éclairer l'administration supérieure sur la mortalité et sur ses causes, et sur la statistique médicale ; 2° les renseignements fournis par les Commissions d'hygiène et par les correspondants. — Ils adressent respectivement ces pièces au préfet ou au général commandant la division. — Lorsque des Conseils d'hygiène ont été organisés dans des sous-préfectures ou des subdivisions, ils exercent les mêmes attributions dans leurs circonscriptions, et transmettent directement leurs travaux au préfet ou au général commandant la division. (*Id., art.* 12.)

Le Conseil d'hygiène du département est chargé de centraliser et coordonner, sur le renvoi du préfet ou du général commandant la division, les travaux des conseils d'arrondissement et de subdivisions. — Il fait chaque année un rapport général sur l'hygiène publique et la salubrité du département et un pareil rapport sur celles du territoire militaire de la division : le premier est adressé au préfet, le second au général commandant la division ; un double est envoyé au Ministre par l'intermédiaire du gouverneur général. (*Id., art.* 13.)

Quand le Conseil d'hygiène est saisi par le gouverneur général de questions intéressant les deux territoires civil et militaire, le général commandant la division préside le Conseil. — Quand il est saisi de questions concernant exclusivement le territoire militaire, il est présidé par le général commandant la division ou par l'officier général qu'il a délégué à cet effet. — Le préfet a le droit d'y assister avec voix délibérative. (*Id., art.* 14.)

Les dépenses auxquelles peuvent donner lieu la tenue des séances et les travaux des Conseils d'hygiène publique sont déclarées d'utilité provinciale et départementale. Elles sont, à ce titre, acquittées sur les ressources afférentes au budget local et municipal. (*Id., art.* 15.)

ARTICLE DEUXIÈME.

Service de la vaccination publique en Algérie.

§ 1er. — Institution des Comités de vaccine et organisation du service de la vaccination.

I. *Comités de vaccine.* — Il est institué dans chaque chef-lieu de province un Comité de vaccine, dont la mission est de provoquer, par tous les moyens possibles, la propagation de la vaccine, et de seconder l'autorité administrative dans la recherche ou l'application des mesures les plus propres à atteindre ce but. (*Arrêté du gouverneur général du* 20 *juin* 1848, *art.* 1er *modifié par l'arrêté du* 6 *janvier* 1859.)

Sont de droit membres de chaque Comité le maire de la ville chef-lieu et le conservateur du virus-vaccin. — Les autres membres sont nommés par le préfet. (*Arrêté du* 6 *janvier* 1859, *art.* 5.)

Ils sont choisis parmi les notables et les praticiens qui, par leur position, peuvent exercer une influence personnelle sur la population. — Le nombre des membres qui composent les Comités de vaccine n'est pas limité.

Dans les divers arrêtés préfectoraux qui ont réorganisé les Comités de vaccine, conformément à l'arrêté ministériel du 6 janvier 1859, les médecins chefs des hôpitaux militaires du Dey, à Alger, d'Oran et de Constantine, et les médecins militaires des bureaux arabes divisionnaires sont compris parmi les membres de ces Comités.

Chaque Comité de vaccine est présidé par le préfet. La vice-présidence appartient au maire. — En l'absence du préfet et du maire, le Comité élit son vice-président. Les fonctions de secrétaire sont remplies par le conservateur du vaccin. (*Arrêté du 6 janvier* 1859, art. 6.)

II. *Organisation du service de la vaccination.* — La direction du service de la vaccination est dévolue au directeur de l'École préparatoire de médecine, avec les attributions définies par les art. 5, 6, 7 et 8 du règlement d'exécution du 20 juin 1858. (*Id.*, art. 2.)

Il y a au chef-lieu de chacune des provinces de Constantine et d'Oran un conservateur du virus-vaccin, nommé par le préfet et choisi parmi les vaccinateurs publics. — Les vaccinateurs de la province d'Alger s'approvisionnent au dépôt central. (*Id.*, art. 3.)

Sont spécialement chargés du service de la vaccination publique en Algérie : les médecins de colonisation ; les médecins attachés aux bureaux arabes ; les médecins et chirurgiens des hôpitaux civils ; ils reçoivent, à ce titre, les instructions du directeur du service, et lui rendent, tous les six mois, compte de leurs opérations et observations. (*Id.*, art. 4.)

Il est alloué, pour frais de bureau, de correspondance, de conservation et d'expédition du virus-vaccin :

Au directeur du service, une indemnité annuelle de 600 fr.; à chaque conservateur de province, une indemnité annuelle de 300 fr. Ces indemnités sont payables par trimestre et à terme échu. (*Id.*, art. 7.)

Il est alloué à chaque vaccinateur public une rétribution de 0,50 c. par vaccination réussie, jusqu'à concurrence de 500 vaccinations; au delà de ce nombre, la rémunération est purement honorifique.

Le paiement des vaccinations réussies est ordonné par le préfet, sur états semestriels fournis par les vaccinateurs en double expédition, visés et certifiés par les maires des communes où les vaccinations ont été opérées. (*Id.*, art. 8.)

Les médecins militaires particulièrement chargés du service de la vaccination (en territoire militaire) feront certifier leurs états par l'autorité locale, c'est-à-dire par le commandant du cercle. (*Circulaire du gouverneur général du* 18 décembre 1852.)

Indépendamment de la rétribution ordinaire, il peut être décerné, chaque année, sur les fonds votés à cet effet par les Conseils généraux, des *médailles d'honneur* à ceux des vaccinateurs publics ou privés qui, dans chaque province, auront propagé la vaccine avec le plus de zèle et de succès. Ces médailles sont décernées par le Ministre, sur la proposition des Comités de vaccine et l'avis du directeur du service. (*Arrêté du 6 janvier* 1859, art. 9.)

§ 2. —Attributions et devoirs des Comités de vaccine, des conservateurs et des médecins vaccinateurs.

I. *Attributions et devoirs des Comités de vaccine.* — Les Comités de vaccine reçoivent communication de tous les documents, ordres, circulaires, etc., relatifs au service de la vaccination. Ils entendent les rapports des médecins conservateurs et vaccinateurs sur la situation des parties du service qui leur sont confiées. Ils signalent ceux d'entre eux qui ont fait preuve de plus de zèle et d'activité et qui ont obtenu les meilleurs résultats. Ils se préoccupent de l'intérêt qui s'attache à faire apprécier les bienfaits de la vaccine à la population indigène. Ils font dans ce but tous les efforts pour attirer dans leur sein et associer à leurs travaux le plus grand nombre possible de fonctionnaires ou notables musulmans. (*Règlement du 20 juin 1848, art. 1er.*)

Les Comités de vaccine doivent se réunir au moins une fois tous les six mois. Les procès-verbaux de leurs séances sont transmis, avec l'état semestriel des vaccinations opérées, au préfet de la province. (*Id., art.* 2.)

II. *Fonctions et devoirs :* 1° *Du directeur du service de la vaccination.* — Le directeur du service de vaccination, conservateur du dépôt de vaccin, entretient continuellement et sans intermittence le germe vaccinal par des vaccinations périodiques et successives de bras à bras, de manière à pouvoir continuellement fournir du vaccin aux conservateurs. (*Art.* 5.)

Il prend les mesures nécessaires pour que les dépôts secondaires soient toujours abondamment pourvus, pour que le vaccin y soit renouvelé fréquemment et conservé avec soin; il s'assure que la vaccination est pratiquée publiquement et périodiquement dans tous les centres de population. (*Art.* 6.)

Il rédige les instructions auxquelles les conservateurs et les vaccinateurs devront se conformer ; ces instructions seront préalablement soumises à l'approbation du préfet. (*Art.* 7.)

Il fixe et fait connaître aux vaccinateurs l'époque à laquelle ceux-ci seront tenus de commencer leurs tournées dans les centres ou communes de leur ressort. (*Art.* 8.)

Il fait lui-même, lorsqu'il y a lieu, des tournées dans les principaux points de l'Algérie, pour s'assurer que le service fonctionne avec toute la régularité et l'activité désirables. (*Art.* 9.)

A la fin de chaque année, il remet au gouverneur général, d'après les observations qu'il aura recueillies pendant ses tournées ou sur le vu des documents qui lui seront communiqués, un mémoire sur la situation et les progrès du service de la vaccination en Algérie, les moyens de l'améliorer, les épidémies varioliques qui se seront manifestées, le rapport des vaccinations aux naissances, les phénomènes intéressant la science, etc., etc. Ce mémoire sera transmis au Comité central algérien. (*Art.* 10.)

Il remplit les fonctions de secrétaire du Comité central algérien, et sera spécialement chargé à ce titre de la rédaction des rapports à faire sur l'ensemble du service. (*Art.* 11.)

2° *Des conservateurs des dépôts d'Oran et de Constantine.* — Autant que possible, les conservateurs entretiendront continuellement le germe vaccinal dans leur dépôt par des vaccinations périodiques et successives de bras à bras. Quand ils en seront dépourvus, faute de sujets, ils s'adresseront au directeur du dépôt central, qui leur en fera parvenir immédiatement. (*Art.* 12.)

Il satisfera gratuitement, en tous temps et sans délai, aux demandes de vaccin sec ou liquide qui pourraient leur être faites de tous les points de leur circonscription. (*Art.* 13.)

Il se pourvoira à leurs frais de tous les instruments nécessaires, soit pour communiquer, soit pour envoyer le vaccin sec ou liquide. (*Art.* 14.)

Toutes les demandes ou envoi de vaccin, soit du conservateur du dépôt central, soit des conservateurs des dépôts secondaires, se feront sous le couvert de l'administration. (*Art.* 15.)

3° *Des vaccinateurs.* — Les vaccinateurs vaccineront à leur domicile ou à la mairie, et à une heure déterminée, aux mois d'avril et d'octobre, tous les individus qui se présenteront. Ils leur délivreront un certificat huit jours après cette opération, en s'assurant qu'elle a donné tous les résultats qui en caractérisent le succès. (*Art.* 16.)

Les vaccinateurs feront également deux fois par an, aux époques qui seront fixées par le conservateur directeur du service, une tournée dans les communes ou localités qu'ils seront chargés de desservir. Ils vaccineront de bras à bras les sujets européens ou indigènes qui se présenteront. Huit jours après chaque tournée, ils en feront une seconde, à l'effet de constater le résultat de l'opération et de la renouveler s'il y a lieu. (*Art.* 17.)

A la fin de chaque semestre, et après avoir soumis à la vaccination le plus grand nombre de sujets possible, les vaccinateurs feront certifier par l'autorité administrative locale l'état des vaccinations opérées par eux pendant le semestre.

Cet état est transmis par l'autorité administrative locale au préfet de la province. (*Art.* 18.)

Les vaccinateurs visiteront les établissements dans lesquels nul ne doit être admis sans avoir justifié par un certificat qu'il a été atteint de la petite vérole ou vacciné. (*Art.* 19.)

En cas d'invasion de la petite vérole, les vaccinateurs en donneront immédiatement avis au conservateur directeur du service, qui prendra, de concert avec l'autorité administrative, les moyens nécessaires pour la combattre et la circonscrire. (*Art* 20.)

Les conservateurs des dépôts de vaccin exerceront de droit, dans le chef-lieu de leur circonscription, les fonctions de vaccinateur.

Ils toucheront à ce titre, en sus de l'indemnité qui leur est allouée pour frais de conservation et d'expédition de vaccin, l'indemnité accordée à chaque vaccinateur pour les vaccinations réussies. (*Art.* 21.)

III. *Dispositions diverses.* — Par application de l'article 5 d'une instruction du Ministre de l'intérieur, en date du 30 juin 1809, en vigueur

dans la métropole et ainsi conçue : « Les indigents qui reçoivent des
« secours du Gouvernement ou de la charité publique doivent prouver
« qu'eux et leurs enfants ont eu la petite vérole ou ont été vaccinés »,
il ne sera accordé de secours aux indigents des villes et des campagnes qu'autant qu'ils produiront un certificat justifiant que leurs enfants ont été ou atteints de la petite vérole, ou vaccinés, ou inscrits
pour être prochainement vaccinés.

En ce qui concerne les indigènes, ces dispositions ne seront rigou-
sement applicables qu'à ceux qui touchent d'une manière régulière
et permanente des secours sur les fonds de la Mecque et Médine.
(*Art.* 22.)

Les maires devront fournir aux médecins vaccinateurs, au commencement de chaque trimestre, la liste des enfants nés dans le trimestre
précédent, avec indication de l'adresse des parents. Ils leur remettront également, chaque année, en avril et octobre, la liste des enfants des deux sexes qui fréquentent les écoles. (*Art.* 23.)

Aucun enfant ne sera admis dans les hospices, dans les établissements d'orphelins ou dans les écoles primaires, s'il n'a été vacciné ou
atteint de la petite vérole, ou s'il n'est inscrit pour être vacciné.
(*Art.* 24.)

Les indemnités dont jouissent les instituteurs primaires en sus de
leur traitement fixe ne leur seront payées que sur le vu d'un certificat du vaccinateur de la localité portant qu'ils ont veillé, en ce qui
les concerne, à l'exécution des dispositions de l'article précédent. Ce
certificat ne devra pas être joint au mandat de paiement. (*Art.* 25.)

Les Commissions administratives des hospices n'admettront et ne
conserveront pour le service de ces établissements aucun individu
de l'un ou l'autre sexe qui ne justifiera pas, au moyen d'un certificat,
qu'il a été vacciné ou atteint de la petite vérole. (*Art.* 26.)

Les nourrices des enfants placés par les hospices ne recevront leur
salaire que lorsqu'elles auront justifié que les enfants qui leur sont
confiés et les leurs propres ont été vaccinés ou atteints de la petite
vérole, ou qu'ils sont inscrits pour être vaccinés. (*Art.* 27.)

Il sera alloué aux sages-femmes musulmanes, sur les fonds de la
Mecque et Médine, pour chaque enfant indigène nouveau-né qu'elles
feront vacciner, une prime dont le montant sera déterminé par le
préfet. (*Art.* 28.)

ARTICLE TROISIÈME.

Service de santé proprement dit.

§ 1er. — Établissements hospitaliers.

Un décret présidentiel du 13 juillet 1849 a déclaré *établissements
publics*, et aptes à exercer tous les droits, prérogatives et actions
attachés à ce titre les hôpitaux et hospices civils de l'Algérie. Ils sont

administrés, comme ceux de France, par des Commissions gratuites instituées dans les mêmes formes et ayant les mêmes attributions.

I. *Hôpitaux.* — L'Algérie ne possède encore aucun hospice pour la population européenne; elle ne possède que des hôpitaux civils, savoir :

Hôpital civil d'Alger, pour les deux sexes: de Douëra, dans le Sahel d'Alger, pour les deux sexes; hôpital civil d'Oran, dit de Saint-Lazare, pour les deux sexes.

Constantine, Bône et Philippeville ont aussi des hôpitaux civils, mais pour les femmes seulement. Les hommes sont traités aux frais de l'administration civile dans les hôpitaux militaires.

Partout où il existe un hôpital militaire ou une ambulance permanente, cet établissement est ouvert aux colons et aux indigènes malades, à défaut d'hôpital civil. Ils sont tenus de rembourser les frais de leur traitement d'après les décomptes établis par l'administration militaire. Ils ne peuvent être exonérés de ces frais que sur la production d'un certificat d'indigence délivré par le maire de la commune ou l'autorité qui en remplit les fonctions. (*Art.* 7 *de l'arrêté ministériel du 3 septembre* 1852.)

II. *Dispensaires.* — Des établissements spéciaux, sous le titre de *dispensaires*, sont affectés au traitement des filles publiques atteintes de syphilis, dans chacune des villes d'Alger, de Blidah, d'Oran, de Mostaganem, de Constantine, de Bône et de Philippeville.

III. *Asiles pour les indigènes musulmans.* — Ces asiles sont à la fois des *refuges* pour les musulmans des deux sexes que leur grand âge ou leurs infirmités empêchent de se livrer à aucun travail, et un *dispensaire* pour les indigènes atteints de maladies passagères et qui répugnent à se faire traiter dans les hôpitaux affectés aux Européens.

Il existe deux établissements de ce genre en Algérie : l'un à Alger, rue Zama : un médecin et une sage-femme sont attachés à cet établissement; l'autre à Constantine, dans l'ancienne mosquée El Kébir; un médecin est attaché à cet asile.

IV. *Aliénés.* — Les aliénés indigents de l'Algérie sont reçus dans l'asile public de Saint-Pierre à Marseille, en vertu d'un traité spécial.

Les renseignements à fournir pour motiver l'évacuation des aliénés sur cet établissement sont réunis sous la forme du *certificat réglementaire* suivant :

— Je soussigné docteur en médecine.....
Certifie que le nommé X.....
1° *A gé de.....*
   Natif de.....
   Profession.....
2° *Causes de la maladie ; est-elle accidentelle ou héréditaire ?*
3° *Le malade a-t-il eu antérieurement les fièvres d'accès ?*

4° *Dire l'époque du développement de la maladie et indiquer le temps depuis lequel elle dure.*

5° *Savoir si c'est un premier accès ou une récidive ; mentionner le nombre, la durée et la forme des accès antérieurs.*

6° *La folie est-elle intermittente, rémittente ou continue ?*

7° *Quels sont les caractères qu'elle présente ?*

8° *Quel est l'état habituel de la santé physique du malade ?*

9° *Quels sont les moyens thérapeutiques qui ont été employés ?*

10° *L'aliéné est-il dangereux ? est-il ou non privé ?*

11° *Faire savoir tout ce qu'on sait de l'histoire du malade.*

Estime que l'état de la santé est tel qu'il y a impossibilité de guérison dans le pays et que, par conséquent, il est indispensable que .... rentre en France pour y être dirigé sur une maison d'aliénés.

En foi de quoi j'ai établi et signé le présent certificat pour valoir ce que de droit.

Fait à   , le   18   .

§ 2. — Service médical de colonisation.

Le service rural est actuellement organisé de manière à satisfaire à tous les besoins. D'une part, par l'arrêté ministériel du 21 janvier 1853, l'institution du service médical de colonisation a été réglementée; les attributions et obligations des médecins attachés à ce service ont été bien définies; d'une autre part, un service médical a été établi auprès de chaque bureau arabe, par décision ministérielle du 29 juin 1847.

I. *Détermination des circonscriptions médicales.* — Tous les territoires livrés à la colonisation en Algérie sont divisés en circonscriptions médicales dont le nombre est fixé à soixante-neuf par l'arrêté ministériel du 19 mai 1858 (Art. 1er). — 45 de ces circonscriptions sont desservies par des médecins civils; et, jusqu'à ce qu'il en soit autrement ordonné, 24 seront desservies par des officiers de santé de l'armée, conformément aux dispositions de l'art. 5 de l'arrêté ministériel du 21 janvier 1853. Ce sont :

Province d'Alger : — 1. Vesoul-Benian, — 2. Dellys, — 3. Teniet-el-hâad, — 4. Aïn-Defla, — 5. Boghar, — 6. Laghouat, — 7. Dra-el-Mizan, — et 8. Tizi-Ozou.

Province d'Oran : — 9. Mers-el-Kébir, — 10. Aïn-Temouchent, — 11. Nemours, — 12. Lalla-maghr-nia, — 13. Sebdou, — 14. Tiaret, — 15. Saïda, — et 16. Daya.

Province de Constantine : — 17. Condé, — 18. Filfila, — 19. La Calle, — 20. Djidjelli, — 21. Sétif, — 22. Lambèse, — 23. Biskra, — et 24. Souk-Harras.

Des indemnités sont accordées aux médecins militaires chargés de desservir ces circonscriptions; elles sont fixées à 600 francs par an, pour celles portant les numéros 1, 2, 3, 4, 5, 7, 8, 9, 10, 11, 18, 19, 20, 21 et 24, et à 300 francs pour les numéros 6, 12, 13, 14, 15, 16, 17, 22 et 23. (*Id.*, *art.* 5.)

En général les circonscriptions confiées aux officiers de santé de l'armée sont des centres épars sur le territoire militaire où la colonisation européenne ne fait que commencer et n'a pas encore reçu son développement normal. Ces 24 circonscriptions médicales ne comprennent que 32 localités, dont la population coloniale peut être évaluée en nombre rond à 10,000 individus. Les 45 circonscriptions desservies par les médecins civils comprennent dans leur ensemble 194 centres de colonisation dont la population s'élève en nombre rond à 80,000 habitants ; c'est en moyenne un médecin pour quatre villages et pour 1800 habitants.

II. *Obligations et attributions des médecins de colonisation.* — Les médecins de colonisation doivent gratuitement les soins et les secours de leur art à toute personne indigente, européenne ou indigène, de leur circonscription. — L'état d'indigence est constaté par un certificat du maire de la commune de la résidence du malade ou de l'officier public en remplissant les fonctions dans cette localité. (*Arrêté du 21 janvier 1853, art.* 7.)

Les médecins de colonisation ont la direction médicale des infirmeries civiles qui se trouvent dans leur circonscription. — Ils doivent en visiter régulièrement les malades et constater leurs visites sur un registre spécial. (*Id.*, *art.* 8.)

Les médecins de colonisation sont tenus : 1° de faire des tournées périodiques dans chacun des centres ou groupes de population compris dans leur circonscription ; 2° de tenir, au lieu de leur résidence, à jours et à heures fixes, un bureau de consultation gratuite pour quiconque s'y présente ; 3° de propager la vaccine ; 4° d'exécuter gratuitement au lieu de leur résidence, à défaut d'un médecin spécial du dispensaire, les visites périodiques auxquelles sont astreintes les filles soumises par mesure de police sanitaire ; 5° de constater les décès dans le lieu de leur résidence, conformément à l'art. 77 du Code Napoléon ; 6° de fournir à l'administration tous les renseignements statistiques et nosographiques auxquels peuvent donner lieu le service médical et l'hygiène publique de leur circonscription. (*Id.*, *art.* 9.)

L'ordre et le nombre des tournées périodiques, ainsi que les détails du service confié aux médecins de colonisation, sont déterminés, pour chaque circonscription, par des arrêtés du gouverneur général, sur la proposition des préfets ou des généraux commandant les divisions pour leurs territoires respectifs. (*Id.*, *art.* 10.)

Dans les localités où il n'existe pas de pharmacie, les médecins de colonisation délivrent des médicaments. Les médicaments sont tirés des dépôts de pharmacie des hôpitaux civils ou militaires. — Les médicaments sont fournis gratuitement aux indigents et aux prix fixés par l'administration aux autres personnes. — Les médecins doivent tenir registre des médicaments par eux tirés des dépôts de pharmacie, de ceux qu'ils fournissent aux malades, indiquer le nom et la demeure des personnes auxquelles ils sont fournis, et mentionner le prix perçu ou s'ils ont été remis gratuitement. Un règlement spécial du gouverneur général détermine le mode de remboursement tant aux dépôts de pharmacie que par les parties prenantes. (*Id.*, *art.* 12.)

Les dispositions de l'article précédent ne seront applicables que pour les médicaments délivrés aux personnes indigentes dans les localités où il y aura une pharmacie civile. (*Id.*, *art.* 13.)

Les médecins de colonisation sont inspectés chaque année. (*Id.*, *art.* 14.)

Les médecins de colonisation sont placés, pour tout ce qui concerne leur service, sous les ordres immédiats et sous la surveillance de l'autorité administrative. (*Id.*, *art.* 6.)

Les médecins de colonisation sont tenus, dans leurs tournées périodiques, de visiter, au moins une fois par semaine, toutes les habitations agglomérées ou isolées de leurs circonscriptions.— L'autorité administrative fixera trois jours par semaine, pendant lesquels les médecins de colonisation donneront, à des heures déterminées et au chef-lieu de la circonscription, des consultations gratuites. (*Arrêté du gouverneur général du* 20 *décembre* 1853, *art.* 1er.)

Le prix des visites faites à domicile par les médecins de colonisation aux colons non indigents de leur circonscription, est fixé ainsi qu'il suit : — Dans un rayon de 6 kilom. du chef-lieu de la circonscription, visites de jour, 1 fr.; visites de nuit, 2 fr. — A plus de 6 kilom. du chef-lieu de la circonscription, visites de jour, 1 fr. 50 c.; visites de nuit, 3 fr. — Les accouchements leur seront payés 20 fr.— Les médecins de colonisation sont autorisés à accepter des honoraires plus élevés des familles aisées qui leur en feraient l'offre spontanée. —Le prix des opérations chirurgicales (autres que les accouchements) sera réglé à l'amiable entre les médecins de colonisation et les colons. En cas de désaccord, il sera statué, sans appel, par le sous-préfet ou par un arbitre commis à cet effet par ses soins. (*Id.*, *art.* 2.)

Les médicaments qui, en exécution des §§ 1 et 2 de l'art. 12 de l'arrêté ministériel du 21 janvier 1853, seront tirés des dépôts de pharmacie des hôpitaux civils ou militaires par les médecins de colonisation pour le traitement des colons, dans les sections de territoires où il n'existe pas d'officine de pharmacie, leur seront livrés, sur leur demande, dûment visée par l'autorité administrative, au prix de revient de l'État, d'après les marchés ou fournitures ou d'après les tarifs arrêtés par M. le Ministre de la guerre. (*Id.*, *art.* 3.)

Les livraisons se feront contre remboursement préalable. A cet effet, et suivant que les médicaments seront délivrés par les dépôts des pharmacies de l'État ou par les dépôts des hôpitaux civils, les médecins de colonisation verseront au Trésor ou au receveur des domaines, pour le compte de la caisse locale et municipale, le prix de leurs commandes, d'après les décomptes établis par les comptables et les économes des dépôts ou hôpitaux. Ces décomptes devront être visés par l'autorité administrative. La livraison des médicaments ne se fera aux médecins de colonisation que sur la production du récépissé constatant le versement des sommes portées dans les décomptes. (*Id. art. 4.*)

Les dispositions des deux articles précédents sont applicables aux livraisons de médicaments faites exclusivement pour le service des indigents, conformément à l'art. 13 de l'arrêté ministériel du 21 janvier 1853. (*Id., art. 5.*)

Les cessions de médicaments faites en détail par les médecins de colonisation aux colons non indigents dans les localités où il n'existe pas d'officine de pharmacie, auront lieu au prix des livraisons effectuées par les dépôts, augmenté de 10 p. 100 dont le médecin est autorisé à bénéficier, pour se couvrir des déchets et des avances auxquels il est assujetti par les dispositions de l'art. 4. (*Id., art. 6.*)

A la fin de chaque trimestre, les médecins de colonisation remettront à l'autorité administrative de leur circonscription l'état des médicaments fournis par eux gratuitement aux colons indigents. Au vu de cet état, qui devra être appuyé des certificats dont il est fait mention dans le § 2 de l'art. 7 de l'arrêté ministériel du 21 janvier 1853, il sera fait remboursement aux médecins de colonisation des fournitures gratuites par eux effectuées. Ce remboursement aura lieu au prix des livraisons faites aux médecins par les dépôts de pharmacie, également augmenté de 10 p. 100, conformément aux dispositions du § 3 de l'art. 12 de l'arrêté ministériel du 21 janvier 1853.

Le registre dont il est fait mention au § 4 de l'arrêté ministériel du 21 janvier 1853 pour l'inscription des cessions de médicaments sera coté et paraphé par le préfet ou par le sous-préfet et devra toujours être tenu au courant. Il sera établi en deux parties : la première partie, relative aux *livraisons faites par le dépôt de pharmacie de..., à M..., médecin de colonisation de la circonscription de...*, comprendra dans six colonnes : 1° la date des livraisons faites au médecin de colonisation ; 2° la désignation des médicaments ; 3° le poids ou quantité ; 4° le prix de l'unité ; 5° le prix de la livraison ; et 6° les observations. La deuxième partie, relative aux *fournitures de médicaments faites aux colons par M..., médecin de colonisation de la circonscription de...*, comprendra dans neuf colonnes : 1° la date des fournitures ; 2° la désignation des médicaments ; 3° les noms, prénoms et demeures des colons auxquels les fournitures sont faites ; 4° le poids ou quantité ; 5° le prix de l'unité (d'après le tarif des dépôts de pharmacie) ; 6° le 1/10° en sus ; 7° le total ; 8° la date de remboursement par le colon (dans le cas où la fourniture aurait été gratuite, mention en serait faite dans cette colonne) ; 9° les observations. (*Id., art. 8.*)

Les présentes dispositions sont applicables aux médecins militaires chargés momentanément du service médical de colonisation aussi bien qu'aux médecins civils de colonisation. (*Id.*, *art.* 9.)

Il résulte de cette organisation, dit le Ministre (*Rapport à l'Empereur sur la situation de l'Algérie en* 1853), qu'il n'y a pas, en Algérie, une localité renfermant un groupe de population européenne qui ne se rattache à une circonscription médicale et qui, par conséquent, ne doive recevoir au moins deux fois par semaine la visite du médecin, et, s'il s'agit d'un indigent, l'assistance et les soins gratuits de l'homme de l'art.

III. *Statistique médicale en Algérie.* — En exécution des instructions du gouverneur général en date du 4 octobre 1851, les médecins militaires chefs de service dans les hôpitaux militaires qui reçoivent des malades civils, et les médecins militaires chargés du service médical de colonisation d'une circonscription, doivent établir *semestriellement l'état raisonné du mouvement des malades civils européens traités pendant le semestre.*

Cet état nosographique, dont le modèle imprimé est fourni par l'administration civile, comprend une nomenclature nosologique à laquelle on doit se conformer pour la désignation des maladies dans la première colonne du tableau; les malades doivent y être divisés par nationalité, par âge et par sexe, et la quatrième page renferme les observations générales du médecin, observations techniques ou scientifiques et observations dans l'intérêt du service et de la santé publique.

Ces observations doivent être aussi développées que possible; elles ne se borneront pas à mentionner les faits qui peuvent intéresser la science (première partie), elles signaleront encore (deuxième partie) les améliorations à introduire dans le service, les soins hygiéniques à l'aide desquels les colons ont pu se garantir des influences morbides ou les atténuer, les causes présumées des maladies qui sévissent avec le plus d'intensité, les parties de la population sur lesquelles la mortalité a le plus particulièrement sévi, les traitements ordonnés avec le plus succès, etc., etc.

Les médecins attachés aux hôpitaux ou chargés du service des circonscriptions médicales sont invités à apporter des soins attentifs à la rédaction des états et des aperçus qu'ils sont appelés à développer sur l'hygiène publique de leurs circonscriptions.

« Les documents nosographiques, dit M. le Ministre, sont un des éléments les plus intéressants et les plus nécessaires de la statistique algérienne; d'un autre côté, ils donnent les moyens d'apprécier les services rendus, les résultats obtenus par les médecins civils et les médecins ruraux surtout, services qui ne me paraissent pas surveillés avec le soin qu'exige l'intérêt des populations. Mon intention formelle est, en conséquence, de sévir contre les praticiens qui ne fourniraient pas leurs états nosographiques aux époques déterminées.

«Le but principal et immédiatement utile des états nosographiques, dont la rédaction est imposée aux divers agents du service médical en Algérie, est de constater périodiquement le degré d'insalubrité des localités. Il importerait donc, pour éviter toute confusion ou double emploi, que les états dressés par MM. les officiers de santé chargés du service des hôpitaux militaires indiquassent les localités diverses auxquelles appartiennent les malades soumis au traitement hospitalier.

«Quelques-uns l'ont fait spontanément; mais il faut que la mesure soit générale pour produire un résultat utile. Je vous prie de donner des instructions à ce sujet.

«L'une des deux colonnes d'*observations*, inscrites au cadre donné à remplir, pourrait être plus spécialement consacrée à donner ce renseignement, et peut y suffire largement. Quelques médecins ont eu l'heureuse idée de diviser leurs observations générales sous divers titres : *Topographie, Constitution médicale, Hygiène.* Cette méthode est très-favorable à la netteté, à la précision des observations. Il serait à désirer qu'elle fût universellement adoptée.

«J'ai remarqué, avec regret, la tendance de beaucoup de praticiens à modifier la nomenclature nosologique qui forme la première colonne du tableau pour y substituer celles qu'ils croient devoir adopter de préférence; c'est ainsi que plusieurs ont rejeté dans la catégorie des *cas divers* des affections qui ont leur classification naturelle dans le groupe des sporadiques telles que les ophthalmies, quand elles ne revêtent pas le caractère épidémique , la *syphilis*, les *fractures des membres,* etc.

«Ces classifications arbitraires détruisent l'uniformité que le cadre adopté par l'administration, sur les indications des hommes de la science, a pour but d'établir dans la rédaction des documents dont il s'agit, et en compliquent, d'une manière fâcheuse, l'étude et le dépouillement.

«MM. les praticiens devront être avertis que la nomenclature ne doit pas être modifiée ; que toutes les affections par eux observées doivent être scrupuleusement inscrites dans le groupe et en regard du type général qui leur sont assignés par la pathologie, sauf à indiquer dans la colonne d'observations les spécialités sur lesquelles les médecins croient devoir appeler l'attention.

«Je me plais, du reste, Monsieur le gouverneur général, à reconnaître le soin et l'intelligence que la grande majorité de MM. les officiers de santé chargés, soit du service des hôpitaux militaires, soit du service médical des colonies agricoles, ont apporté dans la rédaction des états que vous m'avez transmis. J'ai fait prendre note de toutes les indications utiles que j'y ai trouvées consignées, au double point de vue de la constitution médicale des diverses localités et de l'hygiène publique. » (*Lettre ministérielle du* 15 *mai* 1852.)

§ 3. — Service de santé indigène.

L'arrêté du 1er février 1844 portant création d'une direction des affaires arabes dans chaque division militaire de l'Algérie, et de bureaux désignés sous le nom de *bureaux arabes* dans chaque subdivision, comprend un officier de santé dans la composition du personnel de la direction centrale d'Alger et de chacune des directions des divisions militaires d'Oran et de Constantine (art. 6 et 7). Des allocations fixées à 600 francs pour l'officier de santé de la direction d'Alger, et à 500 francs pour ceux des directions d'Oran et de Constantine leur sont attribuées à titre de *frais de déplacement.*

Telles sont les premières dispositions réglementaires relatives à l'organisation du service médical indigène. Cependant l'influence de la médecine, comme moyen puissant de civilisation chez les Arabes, avait été reconnue par le Gouvernement. L'attention du Ministre de la guerre était vivement portée depuis longtemps sur les avantages qu'offrirait, autant comme mesure d'humanité que sous le point de vue politique, la création d'un service de santé gratuit au profit des indigènes de l'Algérie auprès de chacun des bureaux des affaires arabes. Des difficultés d'exécution avaient jusqu'à ce jour retardé la réalisation de ses vues à cet égard ; mais une étude approfondie et plus complète de la question les ayant levées, le Ministre, par *décision du 29 juin* 1847, a prescrit :

1° Qu'un service de santé gratuit, au profit des indigènes, sera institué auprès de chacun des bureaux des affaires arabes de l'Algérie ;

2° Que ce service sera fait par l'officier de santé militaire de l'hôpital, de l'ambulance ou du corps voisin de chaque bureau désigné à cet effet par l'intendant militaire, ou à défaut requis par le commandant supérieur, sans toutefois que cet officier soit attaché d'une manière permanente au bureau;

3° Que les médicaments et instruments de chirurgie nécessaires seront fournis par l'hôpital ou l'ambulance militaire, à charge de remboursement sur des bons signés par l'officier de santé chef de service et visés par le chef du bureau arabe. Ce remboursement sera opéré au moyen des ressources comprises au budget de la guerre, exercice 1847, chap. 28, art. 3, § 1er.

Les jours et les heures des consultations qui seront données, autant que possible dans le local affecté à chacun des bureaux arabes, seront réglés entre l'officier de santé et le chef du bureau, qui devront tenir un registre quotidien et nominatif détaillé de tous les cas pour lesquels on viendra réclamer leur assistance.

Ce registre, coté et paraphé par le docteur, devra, autant que possible, faire connaître la suite de chaque maladie, et, outre les noms des individus, ceux des tribus, etc. Il devra être visé tous les quinze jours et plus souvent, si besoin est, par le commandant supérieur du cercle.

Les rapports qui sont adressés au Ministre de la guerre, toutes les quinzaines, devront contenir, sous la rubrique *Observations générales*, un relevé numérique contenant les différents genres de maladies qui auront été traitées dans l'intervalle d'un rapport à l'autre, ainsi que les observations climatériques et physiologiques auxquelles ces malades auront pu donner lieu. (*Circulaire ministérielle du* 30 *juin* 1847.)

On ne tarda pas à reconnaître les inconvénients d'une pareille organisation. En effet, les mutations fréquentes des officiers de santé des hôpitaux et ambulances, les obligations du service journalier auquel ils sont astreints dans ces diverses positions, et l'impossibilité pour eux de se transporter dans les tribus où leur présence pouvait être réclamée, déterminèrent le Ministre à apporter quelques améliorations à ce service. La *Circulaire ministérielle du* 27 *août* 1848 renferme les nouvelles instructions suivantes :

« Général, le service de santé établi près des différents bureaux arabes est des plus importants pour notre domination en Algérie. Mais pour qu'on puisse retirer de ce service tous les avantages qu'on est en droit d'en attendre, il me paraît nécessaire d'apporter quelques améliorations à son organisation.

En premier lieu, les chirurgiens militaires appelés aux emplois d'officier de santé près les bureaux arabes sont changés très-souvent, par suite des mouvements des corps auxquels ils appartiennent. Il serait à désirer que ces mutations ne fussent pas aussi fréquentes; ce n'est qu'à ce prix qu'ils pourront gagner la confiance des indigènes et traiter avec succès des affections chroniques toujours fort longues à guérir, et qui sont assez communes en Algérie.

Il y aurait également un grand avantage à ce que les officiers de santé pussent se transporter dans les tribus où leur présence est réclamée par les indigènes qui sont trop malades, pour se rendre à la consultation du bureau et pour des soins à donner à des femmes qui craignent de quitter la tente de leur famille.

Je crois qu'il serait possible d'arriver aux améliorations que je vous signale dans les deux premiers paragraphes précédents, en choisissant les officiers de santé parmi ceux des corps de cavalerie, du train des parcs, du train des équipages, de l'artillerie, du génie, etc.; ils sont montés, et les régiments dont ils font partie changent moins souvent de garnison, et, ne marchant d'ailleurs qu'en détachements, peuvent facilement se passer d'eux. On aurait donc, par ce moyen, la stabilité et la mobilité tout à la fois. Quant à ceux qui ne pourraient pas être choisis dans ces corps, ne pourrait-on pas mettre à leur disposition des chevaux de troupe, si l'on ne trouve une autre combinaison pour leur assurer une monture et des rations de fourrages, Dans le cas où ils seraient tenus d'être montés, ce qui constituerait une dépense, vous examinerez s'il n'y aurait pas moyen de leur allouer des rations en supprimant celles de quelques fonctionnaires, officiers et employés auxquels il en est attribué, et qui sont dans une position habituellement stable. Enfin, vous verriez s'il n'y a pas lieu d'allouer aux officiers de santé désignés pour le service des bureaux arabes importants une indemnité annuelle de 200 fr.

Les officiers de santé se sont souvent plaints, dans les rapports, de n'avoir pas sous la main immédiatement, en médicaments, linge à pansement, etc., tout ce qui leur est utile pour la cure des maladies qu'ils ont à traiter. Cet objet est également très-digne d'attention, et je vous invite à vous faire représenter mes précédentes instructions du 30 juin 1847, n° 521, où vous trouverez les indications nécessaires pour pourvoir à ces besoins.

Je viens de vous signaler, général, les principales améliorations qu'il y aurait à apporter à l'organisation du service de santé; mais il en est encore d'autres : je vous invite à examiner cette question très-attentivement et sur toutes les faces. Lorsque vous l'aurez étudiée avec le soin qu'elle mérite, vous voudrez bien m'adresser un projet complet de réorganisation pour ce service ; mais je vous recommande de ne pas perdre de vue, en l'établissant, que s'il en résulte quelque augmentation de dépense, vous aurez à me proposer en même temps une diminution équivalente sur un autre paragraphe de l'art. 3 du chapitre 28 du budget ou sur tout autre chapitre.

Comme on le voit, les instructions qui précèdent ne renferment encore qu'un essai d'institution régulière du service médical en faveur des indigènes. Cependant l'importance en est appréciée au point de vue politique et humanitaire ; et, pour en obtenir les immenses résultats que le Gouvernement est en droit d'en attendre pour la civilisation des Arabes, il faut espérer que l'on ne tardera pas à donner, dans ce but, aux médecins militaires de l'Algérie, des moyens plus étendus et plus efficaces, et à constituer d'une manière plus complète le service sanitaire auprès des bureaux arabes. Jusqu'à ce jour, en effet, ce sont « des détails, des lésineries de fonds qui ont empêché « dans son entier développement la réalisation d'une pensée qui, « pour nous attacher les indigènes, a une bien grande portée. » (*Aperçu sur l'organisation des indigènes*, par M. Lapassey, officier supérieur des affaires arabes.)

De toutes parts les inconvénients de l'organisation actuelle ont été signalés ; au nombre des améliorations les plus importantes qui ont été réclamées se trouve celle qui concerne l'installation d'infirmeries auprès de chaque bureau arabe et au sein des tribus ; M. E.-L. Bertherand, ancien médecin militaire, a l'un des premiers démontré tous les avantages de ces établissements.

« Les hôpitaux arabes, dit-il, permettront seuls de bien propager la vaccine, parce que les enfants inoculés pourront au moins y séjourner le temps convenable pour assurer le développement du virus préservateur ; ils constitueront ensuite de véritables dispensaires où cette affreuse syphilis, qui ronge le peuple indigène sous toutes les formes, pourra être combattue, dès le début des symptômes, avec plus d'efficacité et de succès. De ces établissements, placés à proximité et sous la responsabilité d'un chef indigène, le médecin rayonnera sur tout le cercle, y fera de nombreuses courses selon les besoins, se portera fréquemment sur les marchés, soumettra aux autorités locales et fera exécuter par leur exemple et par leur appui toutes les mesures d'hygiène publique convenables, encouragera la construction et l'entretien des puits, routes, caravansérails, bains maures, plantations, conduites d'eau, etc., recevra des caïds et des cheikhs de chaque fraction la déclaration des naissances et formera, en un mot, le noyau de l'administration de l'état civil qu'il importe tant d'établir dans les mœurs musulmanes. C'est seulement alors qu'habitant, séjournant au milieu des Arabes, vivant de leur vie intime, s'initiant à tous les mystères de leur existence, le médecin saura capter leur confiance, convaincre les incrédules et confondre les imposteurs. On oublie trop que l'existence toute particulière de la tente et les occupations de la femme dans la tribu ne permettent pas aux indigènes de courir après le *toubibe* au chef-lieu du bureau. » (1)

Mais on comprend que l'intervention de la médecine française chez les Arabes ne peut donner des résultats complets que si chaque médecin connaît familièrement la langue du pays. Il importe donc que les médecins militaires attachés au service de santé indigène remplissent cette condition spéciale, qui devrait d'ailleurs toujours fixer complétement le choix de l'administration pour la désignation à cet emploi.

§ 4. — Système d'ambulances de l'armée d'Afrique.

Avant 1852, le service des ambulances en Algérie n'avait jamais été réglementé ni proportionné d'une manière positive à l'effectif des troupes mises en mouvement ; il est vrai que cette situation était commandée par les divers projets mis successivement à l'étude, et provisoirement les dispositions de l'autorité administrative ont dû se borner à pourvoir aux besoins des colonnes expéditionnaires au fur et à mesure des nécessités du service. Mais sur le rapport (25 *mars* 1852), approuvé par le gouverneur général, d'une commission spéciale instituée à Alger en 1851, un système complet d'ambulance a été adopté aux exigences du service d'Afrique.

L'ambulance divisionnaire pour 10,000 combattants est comme en Europe, la base du système des ambulances en Algérie. Étant donc établie d'abord la composition en personel, en matériel et en moyens de transport d'une ambulance divisionnaire de 10,000 hommes, on a

---

(1) *Médecine et hygiène des Arabes*, in-8°, Paris, 1855.

réglé ensuite la composition des sections d'ambulance, et on a mis cette composition en rapport avec la variabilité même de l'effectif des colonnes expéditionnaires qui opèrent en Afrique. Ainsi la section d'ambulance a été successivement déterminée pour des colonnes de troupes de 8 à 9,000 hommes, de 6 à 7,000, de 4 à 5,000, de 2 à 3,000, de 1500 à 1800, et de 1000 hommes. Cette série de sections comprenant toutes les combinaisons des colonnes expéditionnaires qui peuvent opérer isolément en Algérie, rien n'est plus facile alors que de déterminer les ressources d'ambulance qui devront suivre chaque colonne mise en mouvement.

Dans la guerre d'Europe, l'ambulance est spécialement destinée aux premiers secours sur le champ de bataille. En Afrique, elle est en outre et le plus souvent un hôpital temporaire mobile. On a eu égard à cette double affectation dans la composition du matériel et des ressources du service actuel d'ambulance. Enfin les opérations militaires, en Algérie, sont de deux natures : les unes ont lieu dans des rayons limités à proximité des centres de ravitaillement sur lesquels peuvent être dirigées les évacuations des blessés et de malades ; d'autres au contraire, comme dans le sud, ont lieu à de grandes distances et comportent aussi une longue interruption de communications avec les points de ravitaillement.

Dans le système approuvé, ces deux hypothèses ont été prévues ; et on a déterminé avec précision les approvisionnements et les moyens de transport supplémentaires à mettre à la suite des ambulances des colonnes expéditionnaires opérant à de grandes distances.

I. *Personnel.* — Le *tableau n° 1* donne l'indication du chiffre normal des officiers de santé et d'administration ainsi que des infirmiers de tous grades à affecter en principe aux ambulances et sections d'ambulance, selon la force des colonnes expéditionnaires.

II. *Matériel.*—Le matériel du caisson d'ambulance adopté pour la guerre d'Europe a été approprié au service spécial de l'armée d'Afrique, par sa subdivision dans un nombre déterminé de cantines portées à dos de mulet.

Le *tableau n° 1* donne, d'ailleurs, l'indication des quantités d'objets matériels de toute nature dont il convient de pourvoir les ambulances actives.

En calculant sur une expédition d'une durée de 90 jours, on a supposé que le mouvement journalier des malades s'élèverait à une moyenne de 3 pour 100 de l'effectif de la colonne, base très-large et qui est rarement atteinte, si l'on tient compte des réductions résultant des évacuations successives, et si l'on se reporte au mouvement moyen constaté dans les ambulances attachées aux colonnes expéditionnaires dans ces dernières années.

C'est sur cette proportion que sont évalués les approvisionnements en objets mobiliers, en ustensiles et objets de consommation du service administratif.

Pour les approvisionnements en objets de pansement, on s'est basé sur cette double hypothèse que le nombre des blessés, pendant toute la durée des opérations, atteindrait le rapport de 6 pour 100 de l'effectif de la colonne, et qu'on les évacuerait de dix jours en dix jours, chaque blessé séjournant néanmoins pendant dix jours à l'ambulance. En outre, on a supposé que les pansements seraient régulièrement renouvelés tous les jours, et que l'ambulance serait approvisionnée de manière à satisfaire à ces nécessités pendant toute la durée des opérations sans avoir à compter sur les ravitaillements.

Ce sont là encore des proportions qui, d'après les données générales de l'expérience, répondront largement à toutes les éventualités.

Enfin, prévoyant le cas où la ressource des évacuations fréquentes viendrait à faire défaut, comme cela peut avoir lieu dans les opérations lointaines, celles du sud, par exemple, la Commission s'est appliquée à déterminer exactement les augmentations qu'il conviendra alors d'apporter à certaines parties de l'approvisionnement général.

Ses appréciations sont basées sur cette considération que la colonne expéditionnaire ne pourra évacuer ses malades que deux fois seulement pendant toute la durée des opérations, de telle sorte que le mouvement de l'ambulance, au moment des évacuations, sera le résultat de l'agglomération successive des malades et blessés pendant trente jours au lieu de dix.

Mais on a tenu compte de ce que les expéditions du sud donnent généralement beaucoup moins de blessés que celles qui opèrent en deçà de la ligne de nos avant-postes; on a considéré que dans un intervalle de trente jours l'ambulance aurait nécessairement un assez grand nombre de sortants; puis enfin, on a admis que les ressources en linge à pansement et en denrées d'alimentation pourront, au besoin, être renouvelées une fois au moins pendant la durée des opérations.

Tout compte fait, la Commission a reconnu qu'il suffirait, pour le cas exceptionnel dont il s'agit, d'augmenter d'un tiers les quantités de linge à pansement, de doubler les denrées alimentaires prévues pour les circonstances ordinaires, sans rien changer aux autres approvisionnements, et, en outre, d'augmenter dans la proportion du cinquième le nombre des mulets à cacolets.

1° *Cantine de chirurgie.*—Les objets contenus dans les cantines de chirurgie sont les suivants :

Cantine n° 1. — *Appareil d'ambulance.* — Compresses assorties, 2 k.,100; bandes, 1k.,000; charpie, 0,500; fil à coudre (3 écheveaux), 0,015 ; fil à ligatures, 0,015; éponge, 1 ; aiguilles (dans un étui) 10; épingles, 125; seringue à injection, 1 ; boîte en fer-blanc, 1 ; capsule, *id.* 1; flacons carrés, 4 ; agaric amadouvier, 0,025 ; verre à boire, 1.

Case spéciale.—Boîte n° 1 (instruments pour la bouche); boîte n° 17 (résection des os); crin pur, 1 k.,060.

Tiroirs.— *Grand.* — compresses assorties, 4 k.,000; bandes, 2,200; charpie, 1 k.,450; grand linge, 0,500; gaze à pansement, 0,300; coton cardé, 0,450; boîte n° 3 (à amputation); bougeoir de fer-blanc, 1. — *Moyen :* — compresses assorties, 2,100; bandes, 1,000; charpie, 1,100; ventouses, 1. — *Petit :* — bouchons, broches de liége, canif, crayon, encrier, papier, plumes, bougies stéariques, 1.

Cantine n° 2.—Appareil d'ambulance.—Même composition que pour la cantine n° 1.

Boîte de pharmacie garnie des objets suivants : thé byswen, 0k.,050; agaric amadouvier, 0,050; cire jaune, 0,150; acide acétique à 10°,0,100; acide tartrique purifié, 0,050; ammoniaque liquide à 22°,0,100; tartrate de potasse et d'antimoine (émétique) 0,020; éther sulfurique alcoolisé (liqueur d'Hoffmann) 0,060; acétate de plomb cristalisé (sel de saturne) 0,030; sulfate de quinine, 0,025; alcoolé de camphre, 0,250; alcoolé de cannelle de Ceylan, 0,125; alcoolé d'extrait d'opium, 0,125; extrait d'opium purifié, 0,040; de réglisse pur gommé, 0,500; pilules de sulfate de quinine à 1 déc. (boîtes de 100 pilules), 3 boîtes ou 0,030; poudre de racine d'ipécacuanha 0,010; poudre de cantharides, 0,025; poudre hémostatique de Bonafous, 0,060; percaline agglutinative, 12 bandes; moutarde pulvérisée, 0,400; mélange solidifiable, 0,200.

Tiroirs.—Grand : bandages à fractures de cuisses, 1; bandages de jambes, 1; bandages de bras, 2; bandages d'avant-bras, 2; bandages préparés de corps, 3; bandages carrés, 3; bandages en T, 3; bandages triangulaires, 3; écharpes, 3; suspensoirs, 3; grand linge de drap, 0,500; attelles pour bandages à fractures de cuisses, 2; attelles de jambes, 2; attelles de bras, 6; attelles d'avant-bras, 6; attelles palettes, 1; appareils à fractures, en fil de fer étamé, de cuisses, 2; appareils de jambes, 2; appareils de bras, 2; appareils d'avant-bras, 2; ruban de fil, 0k.,200; ficelles, 2.—*Moyen :* même composition que pour la cantine n° 1.

Planchette mobile, 1; spatule à grains, 1.

On a évalué de la manière suivante les *ressources en pansements* que représentent les quantités de linge à pansement et de charpie réparties dans les cantines de chirurgie.

Dans les nomenclatures qui font suite au règlement du 1er avril 1831, les pansements ordinaires sont calculés d'après les proportions suivantes :

Bandes roulées. .	45 au kilogramme, soit par pansement. .	0k066 ⎫
Petit linge. . . .	25 au kilogramme.	0 040 ⎬ 0k438
Charpie.		0 032 ⎭

Depuis 1831, les progrès qui se sont introduits dans cette branche de l'art de guérir ont apporté de notables simplifications au pansement des plaies, particulièrement de celles provenant d'armes à feu.

— Dans la guerre d'Afrique, la généralité des blessures se compose de plaies produites par des balles ; de là une sensible réduction dans les consommations de charpie aux ambulances d'Afrique. La Commission a reconnu, après attentif examen, qu'on demeurerait au-dessus de toutes les prévisions en calculant sur une consommation moyenne de *quinze grammes* par pansement. En ce qui touche les bandes roulées, il est à considérer que la même bande peut servir pour plusieurs pansements. En outre, depuis 1831, le linge en toile de coton, moins lourd que le linge de fil, lui a été substitué pour la confection de la majeure partie des bandes roulées. Par ce double motif on peut ne compter que sur 20 grammes de bandes au lieu de 66 grammes par pansement. — La proportion de petit linge est maintenue telle qu'elle existait en 1831.

D'après ce qui précède, la Commission a adopté pour les pansements simples dans les ambulances actives, ou, plus nettement, pour les approvisionnements et les consommations à prévoir, les bases d'évaluation ci-après :

Pour un pansement simple. $\begin{cases} \text{Bandes roulées.} \dots \dots \dots & 0^k 020 \\ \text{Petit linge.} \dots \dots \dots \dots & 0\ 040 \\ \text{Charpie.} \dots \dots \dots \dots \dots & 0\ 015 \end{cases} 0^k 075$

D'après ces bases d'évaluation et les résultats de la répartition du linge à pansement et de la charpie dans les cantines de chirurgie, la paire de cantines contient 338 pansements ainsi composés : simples, 310 ; accessoires, 18 ; spéciaux, 6 ; imprévus, 4.

Le grand tiroir de la cantine n° 2 renferme, comme on l'a vu plus haut, indépendamment des appareils à fracture confectionnés avec attelles de bois et coussins de balles d'avoine, quatre appareils de fil de fer galvanisé, dits *gouttières*. Ces derniers appareils, dans la généralité des cas, sont préférables pour le service d'expédition, où les blessés ne voyagent d'ordinaire qu'en litière ou en cacolet. Ils remédient à l'inconvénient de la mobilité du plan inférieur, en permettant de maintenir beaucoup mieux la stabilité des fragments : aussi la Commission a-t-elle jugé utile de retirer les attelles des appareils confectionnés des cantines (ancien modèle) et de vider les coussins préparés, que l'on pourra toujours garnir sur place en cas de besoin, ou remplacer par des matelas en crin. Cette modification a permis de placer dans le tiroir un nombre de gouttières double de celui qui existait précédemment. Les attelles libres, qui tiennent peu de place, sont conservées ; elles peuvent remplir certaines indications que l'on demanderait en vain aux appareils de fil de fer : c'est particulièrement dans les cas de fractures des membres supérieurs que les attelles trouveront leur application.

L'arsenal chirurgical des cantines de chirurgie se compose des boîtes n°s 1, 3 et 17 ; les boîtes n°s 1 et 17, qui n'existaient pas dans les cantines ancien modèle, sont d'une incontestable utilité ; ainsi on a fréquemment l'occasion de pratiquer des opérations sur l'appareil dentaire, et l'ablation d'une ou de plusieurs portions d'os lésées permet quelquefois de conserver un membre. La série d'opérations chirurgicales comprise sous le nom de résections des os est aujourd'hui acceptée, dans la science, au même titre que les amputations dans la continuité et la contiguïté des os. Ces opérations ont leurs indications que le chirurgien doit remplir en temps utile, et il était du devoir de l'administration de lui en fournir les moyens.

2° *Cantine de pharmacie.* — La composition des cantines de pharmacie du modèle proposé par la Commission est telle qu'une cantine unique forme un assortiment complet et peut suffire au service d'une section entière d'ambulance, tandis que, dans le système antérieur, ce service exige deux cantines, l'une ne pouvant remplacer l'autre. De plus, afin de parer à l'insuffisance de la nomenclature des médicaments qu'elles renferment, la Commission a disposé qu'à chaque paire de cantines de pharmacie il serait adjoint un supplément de médicaments, placé dans les cantines dites d'approvisionnement et dont elle a soigneusement arrêté la combinaison.

Les objets renfermés dans les cantines de pharmacie sont les suivants :

CANTINE n° 1. — *Médicaments.* — Thé Hyswen, 0,100 gr.; sureau, 1 kil.; tilleul, 0,500 gr.; huile de semence de ricin, 0,150 gr.; camphre, 0,100 gr.; huile de térébenthine, 0,150 gr.; acide acétique à 10°, 0,200 gr.; acide tartrique purifié, 0,800 gr.; ammoniaque liquide à 22°, 0,200 gr.; chlorure de chaux sec, 0,200 gr.; éther sulfurique alcoolisé, 0,150 gr.; acétate de plomb cristallisé, 0,250 gr.; sulfate de quinine, 0,100 gr.; sulfate de soude, 0,600 gr.; acétate de plomb liquide, 0,250 gr.; alcoolat de mélisse composé, 0,150 gr.; alcoolé de cachou, 0,150 gr.; alcoolé de camphre, 0,300 gr.; alcoolé de cannelle de Ceylan, 0,150 gr.; alcoolé de cantharides, 0,150 gr.; alcoolé de digitale pourprée, 150 gr.; alcoolé d'extrait d'opium, 0,150 gr.; extrait de réglisse pur gommé, 5 kil.; hydrolat de fleurs d'oranger, 0,200 gr.; hydrolat de roses pâles, 0,200 gr.; poudre simple de racine d'ipécacuanha, 0,100 gr.; poudre composée hémostatique, 0,150 gr.

Objets de pansement. — Bandes roulées, 1 kil.; petit linge, 2,100 gr.; charpie de fil, 0,500 gr.; aiguilles, 10; épingles, 125; éponges, 0,015 gr.; fil à coudre, 0,015 gr.; seringue à injection, 1.

Objets divers. — Bouchons de liége, 10; papiers à filtre, 1 main; balance de portée de 1 kil. (sans support), 1; trébuchet garni, 1; et autres objets pour l'exploitation du service.

CANTINE n° 2. — *Médicaments.* — Séné de Tripoli, 0,500 gr.; agaric amadouvier, 0,275 gr.; gomme du Sénégal blanche, 5 kil.; colophane pulvérisée, 0,100 gr.; cire jaune, 2 kil.; créosote, 0,010 gr.; huile volatile de citron, 0,050 gr.; acide sulfurique à 66°, 0,150 gr.; sulfate d'alumine et de potasse, 0,150 gr.; kermès, 0,015 gr.; tartrate de potasse et d'antimoine, 0,050 gr.; azotate d'argent fondu, 0,050 gr.; sulfate de cuivre,

0,100 gr.; bichlorure de mercure, 0,100 gr.; protochlorure de mercure, 0,100 gr.; azotate de potasse, 0,150 gr.; bicarbonate de soude, 0,200 gr.; sulfate de zinc, 0,100 gr.; cérat de Galien, 0,600 gr.; électuaire de roses rouges, 0,250 gr.; emplâtre vésicatoire, 0,250 gr.; espèces pectorales, 1 kil.; extrait d'opium purifié, 0,250 gr.; extrait de ratanhia, 0,200 gr.; pommade mercurielle, 0,250 gr.; poudre simple d'écorce de quinquina jaune, 0,100 gr.; poudre de cantharides, 0,100 gr.; sucre en pain (lumps blanc), 0,500 gr.; moutarde pulvérisée, 2 kil.; mélange solidifiable, 2 kil.; canules longues à fractures, 2; sonde œsophagienne en double tissu, 1; sondes d'hommes, yeux dans le tissu, 6.

3° *Cantines d'approvisionnement du service de santé.* — Les cantines d'approvisionnement complètent le système d'ambulance approprié au service d'Afrique: le *tableau n° 1* donne l'indication du nombre de cantines d'approvisionnement dont il convient de pourvoir les ambulances actives, et selon la force des colonnes expéditionnaires, et le *tableau n° 2* donne le détail des objets de toute nature entrant dans la composition desdites cantines.

La Commission d'Alger a également apporté des perfectionnements de détail aux autres objets qui entrent dans la composition du matériel d'ambulance; ainsi elle a modifié les brancards, les bâches d'enveloppe et pour malades, les cacolets, les tentes et le campement des infirmiers. Comme il n'entre pas dans le plan de notre ouvrage de parler avec développement de ces divers objets comme de tout ce qui concerne ceux destinés à l'exploitation du service administratif de l'ambulance, nous terminerons l'extrait que nous avons fait du rapport de la Commission d'Alger par les observations suivantes sur les tentes et les cacolets.

Les tentes dont on se sert pour le service des ambulances sont les tentes du modèle d'infanterie, dites tentes à 16 hommes. Elles n'offrent pas, à beaucoup près, toutes les commodités qu'exige la bonne exécution du service, et les grandes tentes coniques dites *marabouts* dont on se servait autrefois étaient infiniment préférables; chacune d'elles destinée réglementairement à 40 hommes peut abriter en moyenne 30 malades; le service administratif et chirurgical y est beaucoup plus facile et exige en même temps un moindre nombre d'infirmiers. Ces raisons ont amené la Commission à proposer que ces tentes concourent à la formation du matériel d'ambulance dans la proportion d'environ moitié avec les tentes à 16 hommes.

Les cacolets ancien modèle réunissent les conditions essentielles d'un bon service; mais ils ont cet inconvénient qu'ils sont accouplés par paire et leur construction ne permet pas de les alterner sur le bât, c'est-à-dire de les placer indifféremment à la droite ou à la gauche. C'est là un inconvénient grave, non-seulement en ce que la perte ou la mise hors de service d'un certain nombre de cacolets entraîne immédiatement la réduction des ressources dans la proportion du double de ces objets, mais aussi en ce que la gêne qui en résulte pour le transport des blessés est souvent très-préjudiciable à leur bien-être. La Commission a corrigé cet état de choses en proposant un nouveau genre de cacolet qui ne présente plus le même inconvénient.

On a fait aussi en Afrique l'essai de litières portées, comme les cacolets, à dos de mulet : ces litières offrent le précieux avantage, dans le cas de blessures des membres inférieurs surtout, de permettre de coucher les blessés. Mais nous devons faire remarquer que les transports sur bêtes de somme ont des inconvénients nombreux, tant à cause du chargement, qui est souvent très-pénible pour les conducteurs, que de la fatigue qui en résulte pour les animaux, et on devra toujours donner la préférence aux voitures suspendues, telles que les voitures-Masson et les caissons d'ambulance nouveau modèle en usage en Europe, toutes les fois que le pays que l'on aura à parcourir ne sera pas montagneux et qu'il sera sillonné de routes praticables aux voitures.

FIN DE L'APPENDICE.

NOMENCLATURE A.

Médicaments, objets de pansement et ustensiles de pharmacie que les conseils d'administration des corps de troupes sont autorisés à tirer du service des hôpitaux militaires, pour le service des infirmeries régimentaires.

DÉNOMINATIONS.	QUANTITÉS approximativement nécessaires pendant trois mois pour l'infirmerie d'un régiment.		OBSERVATIONS.
MÉDICAMENTS ET DENRÉES MÉDICINALES.			
RACINES (kil.). . . . Chiendent.	4	»	
Guimauve.	1	»	
Réglisse.	10	»	
Salsepareille.	2	»	
BOIS (kil.). . . . . . Gaïac râpé.	1	»	
FEUILLES (kil.). . . . Mélisse.	»	600	
Thé hiswen.	»	200	
Camomille romaine.	»	500	
FLEURS (kil.). . . . Petite centaurée.	1	»	
Sureau.	»	500	
Tilleul.	1	»	
FRUITS (kil.). . . . . Poivre cubèbe pulvérisé.	3	600	
CRYPTOGAMES (kil.). Agaric amadouvier.	»	100	
Gomme Sénégal blanche.	2	»	
Colophane pulvérisée.	»	040	
SUCS (kil.). . . . . . Oléo-résine de copahu.	4	»	
Goudron.	»	100	
Huile d'arachides.	»	500	
Cire jaune.	»	050	
Animaux et leurs produits. . . . . . Éponges fines.	»	040	
ACIDES (kil,). . . . Azotique (nitrique).	»	060	
Chlorhydrique (muriatique).	»	060	
Tartrique pulv.	»	200	
ALUMINE (kil.). . . Sulfate d'alumine et de potasse pulv. (alun). .	»	500	
AMMONIAQUE (kil.). . Ammoniaque liquide (alcali volatil).	»	200	
ANTIMOINE (kil.). . . Tartre de potasse et d'antim. pulv. (émétiq.).	»	020	
ARGENT (kil.). . . . Azotate d'argent cristallisé.	»	040	
Azotate d'argent fondu (pierre infernale). . .	»	040	
CHAUX (kil.). . . . . Hypochlorite de chaux (chlorure de ch.). (1).	»		
CUIVRE (kil.). . . . . Sulfate de cuivre.	»	060	
ÉTHER (kil.). . . . . Sulfurique alcoolisé.	»	125	
Chloroforme.	»	060	
FER (kil.). . . . . . Sulfate de fer (2).	»		
Tartrate de potasse et de fer purifié.	»	060	
MERCURE (kil.). . . Bichlorure de mercure (sublimé).	»	015	
Protochlor. de mercure à la vapeur (calomel).	»	045	
Proto-iodure de mercure (3).	»	050	

(1) Ne devra être demandé que dans les circonstances extraordinaires où il y aura lieu d'en faire usage, et seulement *sur demande spéciale motivée.*
(2) Même observation que pour le chlorure de chaux.
(3) A délivrer sous forme de pilules de 5 centigrammes chacune, qui seront préparées à la pharmacie chargée de la fourniture.

DÉNOMINATIONS.		QUANTITÉS approximativement nécessaires pendant trois mois pour l'infirmerie d'un régiment.		OBSERVATIONS.
		kil.	gr.	
POTASSE (kil.)	Azote de potasse (sel de nitre)	»	500	
	Oléo-margarate de potasse (savon vert)	2	»	
	Iodure de potassium	»	500	
SOUDE (kil.)	Chlorure d'oxyde de sodium (liq. Labarraq.)	»	350	
	Sulfate de soude	2	»	
SOUFRE (kil.)	Soufre sublimé	1	»	
ZINC (kil.)	Sulfate de zinc	»	200	
ACÉTATES (kil.)	Sous-acétate de plomb liq. (ext. de saturne)	2	»	
	Acétate d'ammoniaque (1)	»	250	
ALCOOLÉS (kil.)	Aromatique (2)	»	200	
	De camphre (eau–de-vie camphrée)	3	»	
	D'extrait d'opium (3)	»	125	
	D'iode	»	060	
ALUN (kil.)	Desséché (calciné)	»	030	
CÉRAT (kil.)	Simple	1	»	
EAU DISTILLÉE (kil.)	Simple	»	500	
EMPLATRES	Brun (de la mère Thècle)	»	250	
	Mercuriel (de Vigo cum mercurio)	»	200	
	Vésicatoires	»	100	
ESPÈCES	Pectorales	1	»	
EXTRAITS	D'opium purifié (en pilules de 5 centigr.)	»	010	
	De ratanhia (4)	»	»	
	De réglisse pure gommée (5)	1	»	
HUILE	Camphrée (liniment camphré)	1	500	
HYDROLÉ	Hémostatique de Moncel	»	300	
	De sulfate de quinine (solution titrée)	»	012	
MELLITE	De roses rouges (miel rosat)	»	600	
ONGUENT	Basilicum	»	200	
PILULES	Copahu (masse pilulaire)	»	250	
	Goudron et alun (masse pilulaire) (6)	»	250	
	Sulf. de quinine (boîte de 120 pil. de 1 déc.)	»	012	
POLYSULFURES (kil.)	De potassium (sulfure de potasse)	»	200	
POMMADES (kil.)	Antipsorique d'Helmérich	2	»	
	Épispastique au garou	»	200	
	D'iodure de potassium	»	200	
	Mercurielle	»	500	
POUDRES (kil.)	De cantharides, n° 1	»	100	
	D'ipécacuanha	»	060	
	De pyrèthre du Caucase (7)	»	(8)	
	De quinquina gris, n° 1	»	100	
	De rhubarbe	»	060	
	De Vienne (caustique)	»	045	

(1) Ne doit être demandé qu'en cas d'épidémie de choléra (Instruction du 1er déc. 1853).
(2) Mêlé à dix parties de vin rouge, forme le vin aromatique.
(3) Remplacera le laudanum de Sydenham, qui avait été autorisé par l'Instruction du 1er décembre 1854.
(4) Ne doit être demandé qu'en cas d'épidémie de choléra (Instruction du 1er déc. 1854).
(5) Pourra être substitué à la racine de réglisse dans l'édulcoration des tisanes, à raison de 2 grammes par litre de tisane d'orge.
(6) Voir le dernier paragraphe de la Note ministérielle du 19 août 1843 (*Journal militaire*, 2e sem., p. 188).
(7) Doit être livrée aux corps de troupes pour la destruction des insectes, conformément à la Circulaire ministérielle du 12 mars 1861 (Décision du 5 octobre 1861).
(8) L'approvisionnement se fait chaque année, en prenant pour base l'effectif, et à raison de 6 grammes par homme présent.

DÉNOMINATIONS.	QUANTITÉS approximative-ment néce saires pendant trois mois pour l'infirmerie d'un régiment.	OBSERVATIONS.
	kil. gr.	
SPARADRAP (kil.). . Diachylon gommé.	» 300	
SPARADRAP(bandes). A l'ichthyocolle (percaline agglutinative). . .	2 »	
VIN (kil.). . . . . . Arsenical cuivreux (collyre de Lanfranc). . .	» 050	
ALCOOL (kil.). . . . A 33° (85° de Cartier).	1 500	
MIEL BLANC (kil.).	1 500	
SEM. DE MOUTARDE. Pulvérisée.	5 »	
ORGE EN GRAIN (kil.)	12 »	
RIZ (kil.).	3 »	
SEMENCES (kil.). . . De lin, entières..	3 »	
De lin, pulvérisées.	6 »	
SON DE FROMENT(kil.) (1).	4 »	
AMIDON (kil.).	» 750	
VINAIGRE BLANC (kil.)	» 500	

OBJETS DIVERS POUR L'EXPLOITATION ET USTENSILES (2).

Bouchons de liége assortis (nombre).	60	
Fioles à médecine de 100 grammes (nombre).	15	
Id. 200 grammes (nombre).	5	
Linge à pansement. Grand (kil.).	3 »	
Id. Moyen (kil.).	3 »	
Id. Petit (kil.).	2 »	
Id. Fenêtré (kil.).	» 200	
Suspensoirs (nombre)..	6	
Bandages de corps (nombre).	3	
Poupées de chanvre (kil.).	» 200	
Charpie de fil (kil.).	2 500	
Epingles (nombre).	200	
Fil à ligature (kil.).	» 050	
Ruban de fil (kil.).	» 200	
Seringues à injections en verre (nombre).	4	
Verres à ventouses (nombre).	6	
Bandes roulées (kil.).	5 »	
Sacs à denrées de 3 à 12 kil. (nombre).	4	
Irrigateur-Eguisier (nombre).	1	
Seringues à injections en étain (nombre).	2	
Boîtes de fer-blanc de la contenance de 3 kil. (nombre).	1	
Id. 2 kil. (nombre).	11	
Id. 1 kil. 500 gr. (nombre). . .	2	
Id. 1 kil. (nombre).	9	
Id. 600 gr. (nombre).	10	
Id. 200 gr. (nombre).	4	
Id. 60 gr. (nombre).	3	
Bougeoir et sa bougie (nombre).	1	
Boîte de fer-blanc pour allumettes (nombre).	1	

(1) Pour la préparation du cataplasme, conformément aux indications de la Note ministérielle du 28 février 1843 (*Journal militaire*, 1er sem., p. 63).

(2) Tous les articles énumérés sous ce titre, excepté le *linge à pansement*, la *charpie* et les *bandes roulées*, ne figurent ici que *pour ordre*. Un avis ultérieur fera connaître le moment où les infirmeries régimentaires pourront en faire la demande.

DÉNOMINATIONS.	QUANTITÉS approximativement nécessaires pendant trois mois pour l'infirmerie d'un régiment.	OBSERVATIONS.
	nombre.	
Cafetière à alcool.	1	
Entonnoir en fer-blanc.	1	
Gobelets en fer-blanc.	10	
Petite passoire en fer-blanc, pour tisanes.	1	
Etuis cylindriques en fer-blanc.	3	
Ciseaux moyens (paire).	1	
Couteau fort.	1	
Gamelle en fer battu de 1 litre.	1	
Tire-bouchon.	1	
Spatule en fer de 30 centimètres.	1	
Id. de 20 centimètres.	1	
Id. de 20 cent., à double cuillère, pour 1/2 décigr. et gr.	1	
Balances-Béranger de 1 kilogramme.	1	
Trébuchet à colonne et ses poids, de 30 grammes divisés.	1	
Série de poids en cuivre, de 1 kilogramme à 1 gramme.	1	
Caisses-armoires pour pharmacie régimentaire.	2	
Boîte à charnières.	1	
Supports pour poser les caisses.	2	
Panier à denrées.	1	
Spatule en os, de 16 centimètres.	1	
Mortier en porcelaine émaillée, de 500 grammes, et son pilon. . .	1	
Poudriers en verre de 1 kilogramme.	2	
Id. de 500 grammes.	4	
Id. de 500 à 200 grammes.	7	
Id. de 60 à 30 grammes.	9	
Mesures graduées en verre.	2	
Pots à médicaments (grès ou faïence), de 300 à 250.	5	
Appareil complet à fracture de cuisse.	1	
Id. de jambe.	1	
Id. de bras.	1	
Id. d'avant-bras.	1	
Livret-nomenclature.	1	
Formulaire pharmaceutique des hôpitaux militaires.	1	

Nota. — La note ministérielle du 7 novembre 1862 recommande expressément :

1° D'établir les demandes de médicaments conformément à cette nomenclature, d'après l'ordre et les dénominations qui y sont employés ;

2° D'indiquer en tête de la demande l'effectif du corps ou de la portion de corps ;

3° Dans le cas où une affection prenant un caractère général ou épidémique, justifierait l'emploi d'une quantité beaucoup plus considérable que ne l'a prévu la nomenclature d'une ou de plusieurs substances médicamenteuses, de la mentionner dans la colonne d'observations.

NOMENCLATURE B.

Objets qui entrent dans la composition du caisson d'ambulance (Modèle du caisson unique, du 20 août 1854).

DÉNOMINATION DES OBJETS.	QUANTITÉS.	NUMÉROS et compartiments des contenants où sont placés les objets.	OBSERVATIONS.
MÉDICAMENTS.			
Feuilles de thé hysweu. Kil.	» 100		
Agaric amadouvier. . . . *id.*	» 300	. . . .	200 grammes dans les appareils,
Gomme arabique. . . . . *id.*	2 »		et 100 grammes dans la boîte
Cire jaune. . . . . *id.*	2 »		à médicaments.
Huile d'olive. . . . . . . *id.*	4 »		
Acide acétique à 10°. . . *id.*	» 500		
Ammoniaq. liquide à 22°. *id.*	» 250		
Emétique pulvérisé. . . . *id.*	» 020		
Ether sulfur. alcoolisé. . *id.*	» 060		
Chloroforme. . . . . . . *id.*	» 300		
Acétate de plomb cristall. *id.*	» 125		
Sulfate de quinine. . . . *id.*	» 025	Panier n. 20.	
Acétate de plomb liquide. *id.*	2 »		
Alcoolé de cannelle de Ceylan. . . . . *id.*	» 100		
Id. de camphre étendu. *id.*	1 »		
Id. d'extrait d'opium. . *id.*	» 200		
Extrait d'opium. . . . . *id.*	» 020		
Mélange solidifiable. . . *id.*	1 800	. . . .	1 kil. dans la boîte à compart.,
Poudre hémostatique de Bonafoux. . . . . . . *id.*	» 500		et 800 gr. dans la boîte à médicaments.
Percaline adhésive. . Bandes.	30 »		
Sparadr. de diachylon. . Kil.	3 400	. . . .	1 kil. dans les appar. de chirur., 1 kil. 400 gr. dans la boîte à médicam., 1 kil. dans la boîte à compartiments.
OBJETS DE PANSEMENT.			
Sondes œsophagienn. Nomb.	2 »	. . . .	Sous la boîte à médicaments.
Sondes d'hommes. . . . *id.*	24 »	Panier n. 20.	
Bandes roulées. . . . . Kil.	82 »		
Linge à pansem. (grand). *id.*	81 »		
Id. (petit). . *id.*	114 »		
Charpie de fil. . . . . . *id.*	60 »		
Coton cardé. . . . . . *id.*	4 »	. . . .	3 kil. 500 grammes dans le panier n. 5, 500 grammes dans la panier n. 20.
Bandes de carton. . . Nomb.	12 »		
Aiguilles. . . . . *id.*	45 »	Caisses n. 14 et 21. Panier n. 20.	
Épingles . . . . *id.*	3000 »	Caisses n. 14 et 21. Panier n. 19.	1000 dans les appar. de chirur. et 2,000 dans les caiss. 14, 21.
Éponges . . . . Kil.	» 640		8 dans les appareils et 8 dans
Fil à ligature. . . . . . *id.*	» 175	Caisses n. 14 et 21.	les caisses n. 14 et 21.
Fil à coudre. . . . . . *id.*	» 300	. . . .	250 grammes en pièces et 500
Ruban de fil. . . . . . *id.*	» 750		grammes pour appareils à fractures et bandages divers.
Bandages herniaires :			
Id. de droite. . . Nomb.	2 »		
Id. de gauche. . . *id.*	2 »	Panier n. 5.	
Id. de 2 ¼ corps. . *id.*	1 »		

DÉNOMINATION DES OBJETS.	QUANTI-TÉS.	NUMÉROS et. compartiments des contenants où sont placés les objets.	OBSERVATIONS.
DENRÉES.			
Bougies stéariques. . Nomb.	30 »	} Panier n. 20.	
Bougies de cire. . . . id.	30 »		
Coton pour mèches. . . Kil.	» 025		
Eau-de-vie. . . . . . Litre.	3 »	} Panier n. 3.	
Huile à brûler. . . . Kil.	1 »		
Savon blanc. . . . . . id.	1 »	Panier n. 20.	
Sel gris. . . . . id.	3 500	Panier n. 3.	
Sucre. . . . . id.	2 »	Panier n. 20.	
Vinaigre . . . . Litre.	3 »	Panier n. 3.	
OBJETS DIVERS.			
Bouchons de liége. . Nomb.	50 »	Panier n. 3.	
Broches en liége. . . id.	10 »	} Panier n. 20.	
Canifs. . . . . id.	3 »		
Corde.. . . . . Kil.	2 »		
Crayons. . . . . . . Nomb.	6 »		
Encriers de corne. . id.	3 »	} Panier n. 20.	
Etuis à aiguille.. . . id.	3 »		
Ficelle. . . . . Kil.	1 »	Panier n. 5.	
Papier blanc. . . . . Mains.	5 »		
Plumes.. . . . . . . Nomb.	24 »	Panier n. 20.	
Verres à boire. . . . id.	8 »	Caisses n. 14 et 21. Panier n. 19.	
EFFETS ET OBJETS MOBILIERS.			
Couvert. de laine beige. Nomb.	3 »	} Plan supérieur.	
Envelopp. en toile pour couvertures. . . . . id.	1 »		
Serviettes. . . . . . . id.	14 »		
Tabliers d'offi. de santé id.	8 »		
Tabliers d'infirmiers.. id.	6 »	} Panier n. 20.	
Torchons. . . . . . . id.	8 »		
Sacs à denrées. . . . id.	3 »	Panier n. 5.	
Biberons. . . . . . . id.	2 »	Panier n. 3.	
Matières premières. — Crin frisé. . . . . Kil.	2 »	Panier n. 7.	
OBJETS DE CHIRURGIE.			
Attelles pour bandages à fractures. { de cuisses. Nomb.	48 »		(1) Dans les appareils, les attelles sont réparties ainsi:
de jambes. id.	20 »		Appareils
de bras.. id.	20 »		à fractures En réserve.
d'av.-bras. id.	30 »	Panier n. 18.	préparées.
Equerres.. id.	5 »		Panier n. 18. Panier n. 5.
Palettes. . id.	10 »		10 8
APPAREILS D'AMBULANCE (1).	8 »	Caisses n. 14 et 21. Panier n. 19.	10 10
Appareils à fractures en fil de fer étamé. { de jambes avec semelle. Nomb.	6 »		10 10
de cuisses. id.	3 »		10 20
de bras.. id.	6 »	Paniers n. 5 et 18.	2 3
d'av.-bras. id.	3 »		5 5

DÉNOMINATION DES OBJETS.	QUANTI- TÉS.	NUMÉROS et compartiments des contenants où sont placés les objets.	OBSERVATIONS.
TABLE D'OPÉRAT. A DOSSIER.	1	Plan supérieur.	
Boîte à amputation et à trépan, n. 2. . . . . . Nomb.	1	Panier n. 20.	
Boîte de couteaux de re- change, n. 4. . . . id.	1		
Brancards avec bretell. id.	3	Plan supérieur.	
Etuis de coutil imper- méable pour caisses d'instruments. . . . id.	2	Panier n. 20.	
Musettes appareils de coutil imperméable. id.	8	Panier n. 16.	
Porte-hampes de bran- cards. . . . . . . id.	1	Plan supérieur.	
Seringues à pist. garnies de cuir, d'un litre. . id.	1	Panier n. 3.	
Id. à injection. . . id.	8	Caisses n. 14 et 21. Panier n. 19.	Dans les appareils.
USTENSILES EN FER-BLANC.			
Bidon (petit). . . . . Nomb.	1	Panier n. 4.	
Boîte à briquet. . . . id.	1	Panier n. 20.	
Boîtes et capsul. d'app. id.	16	Caisses n. 14 et 21. Panier n. 19.	8 boîtes et 8 capsules dans les appareils.
Bougeoirs. . . . . . id.	4	Panier n. 20.	
Ecuelles d'un litre. . . id.	10	Id. n. 4.	
Etui en fer-blanc pour pierre à aiguiser . . id.	1	Id. n. 3.	
Gobelets. . . . . . . id.	30	Id. n. 4.	
Lanternes { à bougies . id.	3	Id. n. 5 et 20.	
avec lampe et capsul. id.	1		
Pots à tisane d'un litre. id.	10	Panier n. 4.	
Seau à bouillon (petit). id.	1		
Vase pr l'huile d'olive. id.	1	Panier n. 3.	
Id. à brûler. . id.	1		
USTENSILES DE FER NOIR, FER FORGÉ ET FER BATTU ÉTAMÉ.			
Aiguilles à emballer. . Nomb.	1	Panier n. 5.	
Bêche. . . . . id.	1		
Couteaux de cuisine. . id.	2	Panier n. 4.	
Cadenas (petit). . . . id.	1	Extérieur.	
Crémaillère de camp. . id.	1	Panier n. 4.	
Fourchettes à distribut. id.	2		
Hache. . . . . id.	1		
Pioche. . . . . id.	1	Plan supérieur.	
Scie à main. . . . . . id.	1		
Serpe. . . . . id.	1		
Spatule à grain . . . . id.	1	Panier n. 20.	Dans la boîte à médicaments.
Sac d'outils complet. . id.	1		
Cuillères à bouillon. . id.	2	Panier n. 4.	
Ecumoire. . . . . . . id.	1		

DÉNOMINATION DES OBJETS.	QUANTI-TÉS.	NUMÉROS et compartiments des contenants où sont placés les objets.	OBSERVATIONS.
Marmite de fer battu étamé de 25 à 30 lit. Nomb.	1		
Id. de 20 à 25 lit. id.	1		
Poêlon de fer battu et étamé de 1 à 2 litres. id.	1	Panier n. 4.	
BALANCES.			
Trébuchet garni. . . . id.	1	Panier n. 3.	Dans la boîte à médicaments.
OBJETS DE BOIS ET D'OSIER.			
Boîtes. . . à sel. . . Nomb.	1	Panier n. 3.	
à bougie. . id.	1		
à compart. id.	2	Panier n. 20.	
à médicam. id.	1		
pour objets de bureau. id.	1		
Caisse à compartim. . id.	2	Panier n. 14 et 21.	
Paniers d'ambu-lance. longs. . grands.	2	Id. n. 5 et 18.	
petits. .	2	Id. n. 3 et 4.	
carrés. grands.	1	Id. n. 20.	
petits. .	12	Id. 6, 7, 8, 13, 15, 16, 17, 19.	
plats. .	2	1 et 2.	
Pilon de buis . . . . id.	1	Panier n. 3.	
Mortier de marbre de 1/2 litre.. . . . . . id.	1	Panier n. 3.	
Pots de faïence de 120 grammes. . . . . id.	2		
Bocal pour 25 gram. de sulfate de quinine. . id.	1		
Flacons à col droit de 500 grammes. . . . id.	2) 7	Panier n. 20.	Dans la boîte à médicaments.
Id. de 300 gramm. id.	3)		
Id. de 30 à 60 gr.. id.	2)		
Flacons bouchés à l'é-meri de 250 gramm. id.	8) 13		
Id. de 125 gramm. id.	5)		
Flacons carrés de 1 li-tre 50 centilitres. . id.	6	Panier n. 3.	Dans la boîte à compartiments.
Id. de 25 à 30 gr. id.	32	Caisses n. 14 et 21. Panier n. 20.	Dans les appareils.
Pierre à aiguiser . . . id.	1	Panier n. 3.	

NOMENCLATURE C.

Objets qui entrent dans la composition d'une paire de cantines d'ambulance,

(Circul. minist. du 5 déc. 1840 et instruct. du 24 mars 1859.)

DÉSIGNATION des OBJETS.	Unités réglementaires.	QUANTITÉS par cantine.		OBSERVATIONS.
		N° 1.	N° 2.	
OBJETS A PANSEMENT ET DE CONSOMMATION.				(1) Bandages composant le linge préparé :
Grand linge { préparé (1)..	kil.	7 »	7 »	Echarpes. . . . . 10 ⎫
{ ordinaire...	id.	1 »	1 »	Bandages carrés.. 10 ⎬ 2 kil.
				— de corps. 10 ⎭
				Bandes roulées assorties. 12 kil.
				————
				14 kil.
Petit linge..	id.	4 »	4 »	
Charpie.	id.	3 500	3 500	y compris le poids du sac.
Etoupes.	id.	0 125	0 125	
Ruban de fil.	mètre.	30 »	30 »	y compris 20 mètres faisant partie des bandages préparés.
Fil.	kil.	0 035	0 035	En 2 écheveaux.
Aiguilles.	nombre.	10 »	10 »	
Epingles.	id.	250	250	(2) La boîte à amputation contient :
Eponges.	id.	1	1	
				8 aiguilles à coudre (dans une boîte en gaînerie) ;
OBJETS DE CHIRURGIE.				8 bistouris ;
				1 boîte de pâte minérale ;
Boîte à amputation (petite).				1 brosse plate ;
(2).	id.	»	1	1 paire de ciseaux ;
Semelle..	id.	1	1	4 couteaux à amputation ;
Palettes.	id.	2	2	1 cuir à rasoir ;
Fanons.	id.	2	»	1 élévatoire ;
Attelles diverses.	id.	8	8	50 épingles ;
				1 pelote compressive ;
USTENSILES ET OBJETS DIVERS.				1 pince à torsion ;
				1 pince ordinaire ;
Seringues à injection. . . .	id.	1	1	1 pince tire-balle ;
Bougeoir en cuivre. . . .	id.	»	1	1 scie à manche (3 lames de rechange) ;
Pots à tisane, de 1 litre. . .	id.	3	»	2 sondes courbes , en gomme élastique (avec mandrin) ;
Gobelets en fer-blanc, de 1/4 de litre.	id.	»	3	1 tire-fond (avec sa canule conductrice) ;
				1 tourniquet à vis (2 pelotes, 4 rouleaux) ;
				1 tréphine avec couronne et curseur.
Flacons de litre , à goulot renversé.	id.	2	»	Bouchés à l'émeri.
Flacons petits..	id.	3	»	
Boîte d'appareils.	id.	1	»	Placée dans l'appareil pour recevoir la colophane.
Appareil à pansements. . .	id.	1	»	Garni au moyen des objets contenus dans la cantine.
Crayons métalliques. . . .	id.	2	2	
Etui à aiguilles.	id.	1	1	
Ficelle fine.	kil.	»	0 100	
Paniers-cantines.	nombre.	1	1	
Cadenas de cantines. . . .	id.	1	1	

DÉSIGNATION des OBJETS.	Unités réglementaires.	QUANTITÉS par cantine.		OBSERVATIONS.
		N° 1.	N° 2.	
PHARMACIE-CANTINE.				(NOTA.) Le poids brut de chaque cantine est de 34 kilogr., et chacune d'elles peut fournir à 100 pansements, à raison, pour chaque pansement (évaluations du règlement de 1831), de :
Agaric amadouvier.	kil.	»	0 100	
Cire jaune.	id.	»	0 100	
Acide acétique à 10°.	id.	»	0 100	
Ammoniaque liquide à 22°.	id.	»	0 100	
Chloroforme.	id	»	0 150	Grand linge en bandes. 70 gr.
Ether sulfurique alcoolisé. .	id.	»	0 100	Petit linge. 40
Acétate de plomb cristallisé.	id.	»	0 050	Charpie. 32
Alcoolé aromatique.	id.	»	0 250	
— de camphre.	id.	»	0 250	142 gr.
— de cannelle de Ceylan	id.	»	0 100	et en adoptant les bases d'évaluation de la commission d'Alger chargée d'organiser un système complet d'ambulances pour l'Afrique, c'est-à-dire à raison de 75 grammes de linge et charpie pour un pansement simple, on trouve que la paire de cantines contient 400 pansements.
Extrait d'opium.	id.	»	0 050	
Poudre hémostatique de Bonafoux.	id.	»	0 100	
Sparadrap diachylon gommé.	id.	»	0 100	
Sparadrap de percaline à l'ichthyocolle.	bandes.	»	4	
Boîte en noyer.	nombre.	»	1	
Flacons, (de 200 à 400 gr.	id.	»	2	
bouchons ⟨de 125 gr. . . .	id.	»	4	
ajustés, (de 60 gr.	id.	»	1	
Flacons à goulots renversés, de 125 gr	id.	»	2	
DENRÉES.				
Alcool à 56° centig. (21°Cart)	litre.	1	»	
Vinaigre blanc.	id.	1	»	
Bougies stéariques. . . .	kil.	»	0 500	

TABLEAU GÉNÉRAL N° 1,

Indiquant la composition en personnel, en matériel et en moyens de transport d'une ambulance active pour une division de 10,000 hommes, et celle des sections d'ambulance à mettre à la suite des colonnes expéditionnaires d'un effectif moindre.

TABLEAU GÉNÉRAL n° 1,

Indiquant la composition en personnel, en matériel et en moyens de transport d'une ambulance active pour une division de 10,000 hommes, et celle des sections d'ambulance à mettre à la suite des colonnes expéditionnaires d'un effectif moindre.

	AMBULANCE divisionnaire pour 10,000 hommes		SECTIONS D'AMBULANCE POUR DES COLONNES DE										
			8 à 9,000 hommes.		6 à 7,000 hommes.		4 à 5,000 hommes.		2 à 3,000 hommes.		15 à 1,800 hommes.		1,000 hommes.
	Nombre.	Transports. — Mulets.	Nombre.	Transports. — Mulets.	Nombre.	Transports. — Mulets.	Nombre.	Transports. — Mulets.	Nombre.	Transports. — Mulets.	Nombre.	Transports. — Mulets.	Nombre.	Transports. — Mulets.
PERSONNEL.													
Médecin-major de 1re cl., chef de service.	1		1		1		1		»		»		»	
Médecin-major de 2e classe.	2		2		2		1		1		1		»	
— aides-majors.	4		4		3		2		2		1		»	
Pharmaciens aides-majors.	4		3		3		1		1		1		1	
Officier d'administration, chef de service.	1		1		1		1		1		»		»	
Adjudants d'administration.	6		4		4		1		1		1		1	
Infirmiers. { Sergents.	6		4		4		3		2		1		»	
{ Caporaux.	8		6		6		4		3		1		1	
{ Soldats.	90		78		68		55		40		25		18	
TOTAUX.	127		103		93		77		57		33		23	
Matériel des hôpitaux.													
Caisses { de chirurgie.	8	4	8	4	6	3	6	3	4	2	2	4	2	4
{ de pharmacie.	4	2	4	2	4	2	4	2	4	2	4		2	4
{ d'administration pour les ustensiles et le mobilier.	12	6	16	8	10	8	8	4	8	4	4	2 1/2	2	1 1/2
{ Service de santé. { d'approvi- { sionnement. { Service administratif.	12	1	14	7	12	8	12	5	8	4	4		2	
Couvertures (mises en bâches par paquets de dix).	200	10	180	9	160	8	140	7	120	6	100	5	0	3
Bâches. { pour les malades.	30	2	28	4 1/2	24	4	20	1	16	1	12		9	
{ pour enveloppes.	20	1	18	1	16	1	14	1	12	1	10		6	
Objets de campement.													
Tentes et accessoires.	30	18	28	14	22	11	16	8	10	5	6	3	4	2
Sacs à piquets.	8	4	6	3	6	3	4	2	4	2	2	1	1	» 1/2
Moyens de transport des malades.													
Train { Litière (paires).	24	24	18	18	14	14	10	10	8	8	4	4	2	2
des { Cacolets (paires).	250	250	200	200	150	150	110	110	80	80	50	50	30	30
équipages. { Mulets (haut le pied).	6	6	6	6	6	6	6	4	4	4	2	2	1	1
TOTAUX.		364		297		235		178		131		81		49

	QUANTITÉS A SUBSTITUER A CELLES CI-DESSUS, POUR LES AMBULANCES DES COLONNES OPÉRANT DANS LE SUD.												
Cantines { du service de santé.	26	13	20	10	16	8	12	6	8	4	5	2 1/2	5	2 1/2
d'approvisionne- { du service administratif.	40	20	36	18	28	14	24	12	14	7	10	5	6	3
Cacolets (paires).	300	300	250	250	200	200	150	150	120	120	90	90	70	70
REPORT du nombre de mulets affectés aux autres parties du matériel.		334		278		222		168		131		97 1/2		75 1/2
		94		80		71		57		44		27 1/2		16 1/2
TOTAUX des mulets pour les colonnes du Sud.		427		358		293		225		175		125		92

(1) Les quantités indiquées ci-dessus sont applicables aux ambulances de colonnes qui opéreraient dans la limite de nos avant-postes, c'est-à-dire à portée des points d'évacuation et de ravitaillement.

Pour les expéditions lointaines opérant dans le Sud le nombre des cantines d'approvisionnement devra être augmenté de manière qu'elles puissent recevoir un tiers de plus de linge à pansement et des quantités doubles de denrées alimentaires. Le nombre des cacolets devra être augmenté dans la proportion du cinquième. Enfin, celui des mulets de transport recevra des augmentations proportionnelles.

TABLEAU N° 2,

Indiquant la composition, en médicaments et objets de pansement, des cantines d'approvisionnement du service de santé.

DÉSIGNATION DES OBJETS.	Unité réglementaire.	EFFECTIF DES COLONNES							OBSERVATIONS.
		de 10000 hommes.	de 8000 à 9000 hommes.	de 6000 à 7000 hommes.	de 4000 à 5000 hommes.	de 2000 à 3000 hommes.	de 1500 à 1800 hommes.	de 1000 hommes.	
1° MÉDICAMENTS.									NOTA. Les cantines d'approvisionnement du service de santé doivent être étiquetées et numérotées afin de faciliter l'ordre et le classement dans l'arrimage des objets.
Feuilles de thé Hyswen	kil.	0 800	0 800	0 800	0 800	0 400	0 400	0 400	
Huile d'olive.	id.	15 »	0 45	0 45	0 45	7 500	7 500	7 500	
Gomme du Sénégal.	id.	20 »	20 »	20 »	20 »	10 »	10 »	10 »	
Aloès.	id.	0 300	0 300	» 300	0 300	0 450	0 450	0 450	
Camphre.	id.	3 »	3 »	3 »	3 »	1 500	1 500	1 500	
Ammoniaque liquide.	id.	0 600	0 600	0 600	0 600	0 300	0 300	0 300	
Azotate d'argent fondu.	id.	0 200	0 200	0 200	0 200	0 100	0 100	0 100	
Chlorure de chaux sec.	id.	1 »	1 »	1 »	1 »	0 500	0 500	0 500	
Ether { sulfurique.	id.	0 300	0 300	0 300	0 300	0 150	0 150	0 150	
{ chloroforme.	id.	0 600	0 600	0 600	0 600	0 300	0 300	0 300	
Iodure de potassium.	id.	0 400	0 400	0 400	0 400	0 200	0 200	0 200	
Sulfate de quinine.	id.	0 400	0 400	0 400	0 400	0 200	0 200	0 200	
Sulfate de soude.	id.	2 »	2 »	2 »	2 »	4 »	4 »	4 »	
Acétate de plomb liquide.	id.	2 »	2 »	2 »	2 »	4 »	4 »	4 »	
Alcoolés { d'aloès.	id.	0 300	0 300	0 300	0 300	0 450	0 450	0 450	
{ d'opium.	id.	4 »	4 »	4 »	4 »	0 500	0 500	0 500	
{ d'iode.	id.	0 300	0 300	0 300	0 300	0 450	0 450	0 450	
{ de quinquina.	id.	0 600	0 600	0 600	0 600	0 300	0 300	0 300	
Extrait de réglisse.	id.	20 »	20 »	20 »	20 »	10 »	10 »	10 »	
Pilules de sulfate de quinine.	id.	0 600	0 600	0 600	0 600	0 300	0 300	0 300	
Poudre de racine d'ipécacuanha.	id.	0 400	0 400	0 400	0 400	0 200	0 200	0 200	
Poudre d'écorce de quinquina jaune.	id.	0 600	0 600	0 600	0 600	0 300	0 300	0 300	
Sparadrap diachylon gommé.	id.	6 »	6 »	6 »	6 »	3 »	3 »	3 »	
Alcool à 33°.	id.	15 »	15 »	15 »	15 »	7 500	7 500	7 500	
Sucre en pain.	id.	50 »	50 »	50 »	50 »	25 »	25 »	25 »	
Farine de moutarde.	id.	10 »	10 »	10 »	10 »	5 »	5 »	5 »	
Farine de lin.	id.	10 »	10 »	10 »	10 »	5 »	5 »	5 »	
Amidon.	id.	2 »	2 »	2 »	2 »	4 »	4 »	4 »	
2° OBJETS DE PANSEMENT.									
Sondes œsophagiennes en double tissu.	nombre	12	40	8	6	6	4	2	
Sondes d'hommes, yeux dans le tissu.		24		48	42		8	4	
Gaze à pansement.	id.	491	167	130	83	47	32	21	de ... ans m nto c ar e indiqués ci-contre devront être augmentées d'un tiers.
Petit linge.	id.	71	62	50	34	»	14	4	
Charpie de fil.	id.	0 500	0 500	0 400	0 400	0 300	0 300	0 200	
Coton cardé et ouaté.	mètre	40 »	8 »	6 »	5 »	5 »	4 »	4 »	
Flanelle de molleton.	id.	3 »	3 »	3 »	2 »	2 »	2 »	4 »	
Toile cirée.	nombre	48	40	36	24	48	42	42	
Aiguilles.	id.	8000	6000	6000	5000	4000	3000	2000	
Épingles.	kil.	5 »	3 »	3 »	2 »	1 500	4 »	4 »	
Balles d'avoine.	id.	0 120	0 400	0 090	0 080	0 070	0 060	0 050	
Éponges fines.	id.	0 500	0 400	0 350	0 300	0 250	0 200	0 150	
Fil à coudre.	id.	0 250	0 200	0 150	0 150	0 100	0 100	0 050	
Fil à ligature.	id.	0 200					0 480	0 240	
Ruban de fil.	id.	4 200	4 080	0 960	0 840	0 720			
Bandages herniaires de droite.	nombre	4	4	2	2	2	»	»	
— de gauche.	id.	3	3	2	2	4	4	»	
— doubles.	id.	2	2	2	2	»	»	»	
— ombilicaux.	id.	4	4	4	4	2	»	»	
Seringues à injection en verre.	id.	4	4	4	4	2	»	»	
Ventouses en verre blanc.	id.	4	4	4	4	2	»	»	
3° OBJETS DE CHIRURGIE ET INSTRUMENTS DIVERS (1)									(1) On fait choix, pour les cantines d'approvisionnement, de la boîte n° 2 de préférence à la boîte n° 3, qui est moins complète et n'a été conservée dans les cantines de chirurgie proprement dites qu'en raison de son plus petit volume.
Boîte d'instrum. de chirurgie pour la bouche, N° 4.	id.	4	4	4	4	»	»	»	
Boîte à amputation et à trépan, N° 2.	id.	2	2	2	2	4	»	»	
Boîte de 12 couteaux de rechange, N° 4.	id.	3	3	3	2	4	4	»	
Boîte pour la résection des os, N° 17.	id.	2	2	2	2	»	»	»	
Appareils à fractures en fil de fer étamé pour { jambes avec semelles.	id.	4	4	4	4	2	»	»	
{ cuisses.	id.	4	4	4	4	2	»	»	
{ bras.	id.	4	4	4	4	2	2	2	
Attelles pour bandages à fractures { de cuisses.	id.	40	7	5	4	3	2	2	
{ de jambes.	id.	40	7	5	4	3	2	2	
{ de bras.	id.	40	7	5	5	3	3	3	
{ d'avant-bras.	id.	45	40	7	6	3	3	6	
Attelles-équerres (Semelles).	id.	25	20	45	40	8	8	6	
Attelles-palettes (Palettes palmaires).	id.	25	20	45	40	8	8	6	
Seringues à piston en étain, de 4 litre.	id.	6	4	4	3	2	2	2	
{ à injection.	id.	24	48	42	8	3	2	4	
Sacs d'ambulance garnis pour arrière-garde.	id.	5	4	4	3	3	2	4	
Nombre de cantines dans les cas généraux.		48	44	42	8	6	3	3	
pour les colonnes du Sud.		26	20	46	42	8	8	5	

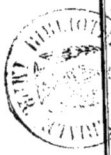

TABLE DES MATIÈRES.

FIN DE LA TABLE DES MATIÈRES.

www.ingramcontent.com/pod-product-compliance
Lightning Source LLC
Chambersburg PA
CBHW070623270326
41926CB00011B/1787